KOREAN ECONOMY

한국경제론

류덕위 편저

현우사

머리말

우리는 경제활동을 하면서 살고 있다. 경제는 살아있는 생명체와 같다. 생명체가 주변환경의 변화에 적응하고 영향을 주면서 진화하듯이 경제도 진화와 발전을 지속하고 있다. 우리를 둘러싼 경제환경은 늘 변해 왔으며 변화의 속도와 내용은 천차만별이다.

생존과 번영을 위해서는 변화에 적절히 대응하는 것이 중요하며, 특히 불확실성이 높을수록 사고와 행동 결정시 보다 깊은 통찰과 지혜를 발휘해야 한다. 세계경제의 글로벌화와 IT기술의 발달로 위기의 전파속도와 변화의 폭이 증폭되고 있다. 금융위기, 에너지 및 생태계위기, 인구폭발과 식량위기, 환경재앙과 정치 · 군사적 위기 등으로 글로벌경제의 리스크가 증대되고 있는 것이다.

오늘날 우리는 지식기반사회이면서 글로벌 경제전쟁 시대에 살고 있다. 세계경제에서 힘(Power)의 중심이 미국과 EU에서 아시아와 BRICs(Brazil, Russia, India, China)로 이동하고 있다. 세계 금융시장에서는 헤지펀드, 국부 펀드 및 기관투자들 간의 글로벌 화폐전쟁이 심화되고, 글로벌 금융경제 환경이 급변하여 부(wealth)의 지도와 미래가 바뀌고 있는 것이다.

4차 산업혁명과 인공지능 혁명으로 경제환경이 급격히 변모하고 있으며, 세계 각국은 첨단기술과 새로운 아이디어를 확보하고 경쟁력을 강화하기 위해 치열한 경쟁을 하고 있다. 사람들은 평생 동안 끊임없이 새로운 지식을 학습하고 교육받아야 하는 평생교육(career long learning)시대에 살고 있는 것이다.

글로벌 지식기반사회에서는 경제의 패러다임(Paradigm)이 근본적으로 변화하고 있다. 전통적인 부와 국경의 개념이 변모하고 있는 것이다. 불과 하루 안에 미국과 일본, 중국 등 세계의 주요 도시들을 넘나들며 상담을 하고 각종 회의에 참석할 수 있다.

새로운 아이디어와 기술로 무장한 첨단벤처기업들은 부의 지도를 바꾸면서 무서운 속도로 성장하고 있다. 기술혁신이 인류의 모든 문제를 해결할 수 있다는 테크노피아(Technopia)를 꿈꾸는 것이다. 정보통신(IT)기술혁신은 컨텐츠나 문화 등 다른 분야의 기술과 결합된 퓨전기술로 새로운 부의 영역을 창출하고 있다.

생명공학(BT)분야는 사람자체를 창조하고 복제할 수 있는 신의 영역에 도전하고 있으며, 인간 장기의 복제나 불치병의 극복도 머지 않아 가능해질 것이다. 나노기술이나 메카트로닉스, 자동화와 로버트, 우주와 해양기술의 발전은 인류의 생활을 근본적으로 변혁시킬 것이다.

빠르게 변화하는 기술혁신과 글로벌 경제는 우리에게 위기이자 기회로 다가오고 있다. 우리는 이러한 속도와 변화에 적응하고 대처하지 못하여 뼈아픈 IMF외환위기를 겪었다.

대마불사의 신화가 깨지면서 수많은 사람들이 직장을 잃었고, 특히 관치금융으로 경쟁력이 약했던 금융부문의 퇴출과 매각, 인수합병(M&A)이 진행되었다. 168조에 달하는 공적자금이 투입되었고, 인수합병을 통해 독과점화된 시중은행들은 대부분 외국인들의 손에 넘어갔다.

구조조정과정에서 은행원과 서민금융기관 직원의 40%가까이 해고되어 "금융인 학살"시기를 겪었다. 공적자금 투입과 뼈아픈 구조조정으로 경쟁력을 향상시키고 있으나, 규제되지 않은 외국자본의 먹튀 논란과 금융양극화 심화 등의 부작용이 심화되고 있다. 금융시장에서 선진금융기법과 자금력을 앞세운 외국인들이 선도적인 역할을 하고 있고, 외국자본과 뉴브리지캐피털, 론스타 등의 투기자본들이 천문학적인 투자수익을 올리고 있다.

금융시장에서 국내금융기관들의 경쟁력이 떨어지는 것은 첨단금융지식과 투자기법, 전문금융인 등이 부족하기 때문이다. 금융산업은 전문지식과 열정을 겸비한 인재의 확보와 양성이 중요한 인재산업으로 변모하고 있다. 국내 금융기관들의 경쟁력과 수익성이 개선되고 있지만 선진금융기관과 비교하면 갈 길이 멀다. 세상에 공짜점심은 없다지만 너무나 뼈아픈 수업료를 지불하고 있다.

적자생존과 승자독식의 원리가 지배하는 치열한 경쟁속에서 살아가지만, 우리는 냉철한 이성과 함께 뜨거운 가슴을 잃지 말아야 한다. 앞만 바라보고 전력 질주하기 보다는 때때로 주변의 경치도 감상하며, 범사(凡事)에 감사하고 나눔의 즐거움을 함께할 수 있어야 한다. 길가에 피어있는 이름모를 들꽃과 곤충들에게서 경이로움과 감사의 마음을 느낄 때 인생은 더욱 아름답고 풍요로워 지는 것이다. 하버드대에서 행복학 강의로 유명한 사하르(T.B.Shahar)는 "행복은 즐거움과 의미가 만나는 곳에 있다"고 했다.

우리 경제는 '한강의 기적'으로 찬사를 받고 있는 비약적인 성장과정과 외환위기와 구조개혁 등에 대한 냉철한 분석을 통해 새로운 전략을 수립하고, 미래의 새로운 성장동력을 찾아야 하는 과제를 안고 있다. 아울러 4차 산업혁명, 지식중심사회와 정보통신 혁명으로 특징 지워지는 21세기의 경제환경 변화에 부응한 정치·경제시스템 개혁과 패러다임의 변화가 요구되어지고 있다.

이 책은 우리경제의 발전과정에 대한 다양한 해석, 한국 경제의 특성과 경제성장 요인, 금융산업 구조개혁과 금융시장, 주요 쟁점과 발전과제 등에 대한 전문가와 연구기관들의 분석을 강의목적으로 편집 · 보완하고 저술한 것이다. 이 책을 저술하도록 격려와 조언을 아끼지 않으신 경제학과 동료 교수님, 그리고 자료의 정리와 편집을 위해 어려운 작업을 해준 송 미정, 우승현조교에게 감사드린다. 한국경제에 관한 많은 쟁점과 과제들이 정리되지 못했으며, 지속적으로 보완하고 개선할 예정이다.

2018년 2월

덕명동 연구실에서 저자

목 차

제 1 장

경제패러다임 변화와 한국경제

제 1 장 4차 산업혁명과 경제패러다임 변화

If you want to go fast, go alone.
If you want to go far, go together.
- African Proverb-

제 1 절 4차 산업혁명과 패러다임 변화

21세기는 창의적인 인재, 새로운 지식과 정보가 부(富)의 원천인 지식기반사회이다. 산업생산력과 공장의 굴뚝 숫자보다는 새로운 지식과 아이디어, 기술혁신이 부의 창출을 선도하고 있다. 세계경제의 글로벌화와 정보화로 기업과 국가간의 무한경쟁이 심화되고 있으며, 자본운동의 범세계화로 다국적 자본(MNC)의 역할이 증대되고 빈부격차와 갈등구조가 심화되고 있다.

우리 경제는 1990년대에 들어서 엄청난 변화를 체험하였다. 정치적으로는 민주화와 지방화가 가속화되어 문민정부의 출범과 수평적 정권교체가 이루어 졌고, 경제적으로는 정부주도의 규제중심에서 민간중심의 자율화로 정책기조가 변모하였다.

특히 1980년대 후반부터 가속화된 개방화정책으로 국내외 시장에서 경쟁이 심화되고 있다. 저임금에 기초한 노동집약적 제품은 중국을 비롯한 후진국 제품들에게 시장을 잠식당했고, 첨단기술이 필요한 하이테크 제품들은 선진국 제품들에게 경쟁에서 밀려 한국 상품은 넛-크레커(Nut Cracker)속의 호두와 같은 위기에 직면하게 되었다.

현재 선진국과 개발도상국을 막론하고 변화의 물결에 휩싸여 있다. 동유럽 국가들의 급격한 자본주의화와 유럽경제 통합, 남미와 아시아의 금융위기, 국제적인 Hot Money의 폐해 증가, 미국발 금융위기와 글로벌 힘의 중심축 이동, 환경보호와 지속가능한 녹색성장 강화 등으로 글로벌경제 환경이 격변하고 있다.

특히 1990년대 후반의 IT버블붕괴와 2008년부터 본격화된 미국발 금융위기, 2009년도에 촉발된 남유럽 국가(PIGS)들의 재정위기 등으로 자유시장경제의 한계와 문제점들이 부각되면서 세계 각국은 뉴 노멀(New Normal) 혹은 새로운 패러다임을 모색하고 있다.

글로벌 경기침체가 장기화 되면서 대외의존도가 높은 한국경제의 어려움이 가중되고 있다. 성장동력이 약해지면서 2%대의 저성장구조가 장기간 지속되고 있으며, 주력산업인 조선, 해운, 철강, 자동차 등의 경쟁심화와 구조개혁, 출산파업과 급격한 노령화, 경제양극화 심화와 청년층 취업난 심화 등 시급히 해결해야 되는 과제가 산적해 있다.

1. 4차 산업혁명의 정의

인공지능 알파고와 이세돌간의 세기의 바둑대결에서 이세돌이 패하면서 인공지능(AI: Artificial Intelligence)쇼크가 세상을 뒤흔들었다. 값진 1승에도 불구하고, 인간을 이기기 어렵다는 바둑에서 인간이 기계에게 패한 사건은 많은 분야의 변혁을 예고하고 있다.

인공지능을 포함한 4차 산업혁명은 2016년도 세계경제포럼(WEF)의 주제였다. 클라우스 슈밥(K.Schwab) WEF회장은 '인류는 지금 4차 산업혁명을 겪고 있으며, 이 혁명은 물리학, 생물학, 디지털 분야의 기술이 융합하면서 정치 · 경제 · 사회시스템에 새로운 능력을 부여하고 충격을 주는 것을 의미한다'고 말한다.

모바일 인터넷, 인공지능, 새로운 기술융합 등을 통한 파괴적 혁신은 세상을 급속도로 바꾸고 있다. 페이스북, 아마존, 우버, 알리바바 등 혁신기업들은 모바일 인터넷, 인공지능, 새로운 기술융합을 통해 기존의 틀과 가치사슬을 깨고 새로운 가치를 세상에 내 놓았다. 이제 인터넷과 인공지능이 결합한 초연결 · 지능시대로 접어들었다. 우리 앞에는 세상을 바꿀 대전환의 물결이 몰려오고 있다.

일반적으로 4차 산업혁명은 인공지능, 디지털기술, 생명공학 등 정보통신기술(ICT)의 융합으로 이루어 지는 차세대 산업혁명이다. 4차 산업혁명은 강조하는 핵심내용에 따라 슈밥 등의 기술융합론, 독일의 인더스트리 4.0, 인공지능 주도론으로 나눌 수 있다[1].

(1) Schwab의 기술융합론

슈밥(Schwab)은 역사 속의 혁명은 신기술과 새로운 사회관이 경제체제와 사회구조를 완전히 변화시킬 때 발생한다고 주장한다. 역사적으로 3차례의 혁명이 있었고 현재 4차 산업혁명이 진행되고 있다고 본다.

4차 산업혁명은 무인운송수단과 신소재 등의 물리학 기술, 사물인터넷과 원격모니터링기술 등의 디지털 기술, 유전공학과 바이오프린팅 등의 생물학 기술이 융합되어 새로운 가치와 상품을 만들어 내는 것이다.

인류는 산업혁명을 통해 획기적인 변혁을 이룩하였다. 슈밥은 농업생산이 획기적으로 증대한 농업혁명 이후, 18세기 중반부터 4차에 걸친 산업혁명이 발생하였다고 주장한다.

① 제1차 산업혁명 : 1784년 증기기관바탕 기계화 생산혁명, 수력 · 증기 기계화

② 제2차 산업혁명 : 1870년 전기에너지, 컨베어벨트, 생산조립라인, 대량생산 혁명

③ 제3차 산업혁명 : 1969년 인터넷, 반도체, 정보기술(IT)기반 혁명

④ 제4차 산업혁명 : 2000년대 시작, ICT, 인공지능(AI)과 융복합기술 기반의 신산업 트렌드

4차 산업혁명은 혁신의 규모와 범위가 광범위하며 파괴적인 변화를 이끌고 있다. 최근에 세계적인 기업으로 성장한 페이스북(Facebook), 우버(Uber), 알리바바(Alibaba), 아마존(Amazon) 등의 시장가치는 수 백년 전통의 자동차, 철강 등을 추월하고 있다.

〈표-1〉 4차 산업혁명 10대 선도기술

	10대선도기술	
물리학 기술	1. 무인운송수단	드론, 무인자동차, 항공기
	2. 3D 프린팅	풍력발전기, 의료산업, 자동차, 항공 우주
	3. 첨단 로봇공학	자율주행 자동차, 가정, 산업, 군사용 로봇
	4. 신소재	형상기업합금, 그래핀, 열경화 플라스틱
디지털 기술	5. 사물인터넷/원격모니터링 기술	원격모니터링, 전자테그, 스마트 팩토리
	6. 블록체인/비트코인	디지털 화폐, 전자정부, 스마트 도시
	7. 공유경제/온디맨드경제	우버 택시, 디지털 플렛폼, 집, 자동차 공동
생물학 기술	8. 유전공학	인간게놈프로젝트, 유전병, 맞춤형 아기
	9. 합성생물학	DNA합성 유기체 제작, 유전자변형 농산물
	10. 바이오 프린팅	생체조직 프린팅, 피부, 뼈, 심장 등 재생

자료: K.Schwab(송경진역,2016)

디지털화와 자동화로 전통경제학의 수확체감법칙이 적용되지 않는 기업이 증가하고 있으며, 디지털경제에서는 생산량 증가에 따라 수익이 증대되는 수확체증법칙(incresing returns to scale)이 작동한다. 디지털 사업의 경우 한계비용이 제로(0)에 가까워지면서 과거보다 훨씬 적은 노동력으로 더 많은 수익을 창출할 수 있게 되었다.

(2) 인공지능(AI) 주도론

인공지능은 방대한 데이터를 바탕으로 컴퓨터가 스스로 추론 · 학습 · 판단하여 인간의 두뇌역할을 하는 시스템이다. 빅데이터의 축적을 통해 컴퓨터의 학습량이 증가할수록 인공지능수준은 더욱 향상될 것이다.

인공지능은 1960년대부터 주목을 받았으나 발전속도가 빠르지 못했다. 그러나 2000년대부터 기계학습이 도입되면서 다시금 주목을 받기 시작했고, 자기학습 프로그램인 딥러닝(deep learning) 등이 각광을 받으면서 구글, IBM, 애플 등 글로벌IT기업들이 투자를 늘리면서 발전이 가속화할 것으로 예상된다.

멕켄지는 금융, 자동차, 의료산업을 중심으로 2025년 인공지능시장 규모가 6.7조 달러에 달할 것으로 전망하였다. 금융부문에서는 금융상품개발과 자산운용, 투자자문 등에 광범위하게 활용되고 있으며, 미국 헤지펀드의 40%가 인공지능 '로보 어드바이저'를 이용하고 있다. 실제로 인공지능 로버트나 컴퓨터가 의료, 금융, 언론, 국사분야 등에서 광범위하게 활용되고 있다.

인공지능은 약한 인공지능과 강한 인공지능으로 나눌 수 있다. 약한 인공지능(Weak A1)은 주어진 특정영역의 문제해결이 가능하다. 스펨메일 필터링, 구글의 포토, 알파고, IBM의 왓슨 등을 예로 들 수 있다. 강한 인공지능(Strong A1)은 영역에 제한 없이 어떤 문제도 해결가능하다. 아직은 영화 속에서 존재하지만, 자각능력과 창의력을 지녀 인간과 전쟁을 일으키는 터미네이터의 스카이넷(skynet) 등을 예로 들 수 있다.

인공지능은 모든 분야에서 인간을 대신하여 좋은 성과를 내면서 일 할 수 있는 잠재력을 갖고 있다. 인지과학의 발전에 따라 뇌와 지능, 생각과 의식메카니즘이 새롭게 규명되고, 축적된 빅데이터가 활용되면서 인간과 가까운 인공지능이 발전될 것이다. 따라서 인공지능 컴퓨터나 로봇은 인간과 협력을 통해 성과와 생산성을 증대시킬 수 있으나, 인간의 일자리를 대체하는 부정적인 효과도 있다.

(3) 인더스트리 4.0

독일은 2011년 하노버 박람회(Hannover messe)에서 4차 산업혁명에 대비하여 인더스트리 4.0 전략을 제시하였다. 그로 인해 일부에서는 인더스트리 4.0과 4차 산업혁명을 동일시하고 있다.

인더스트리 4.0은 기술이 글로벌 가치사슬 구조를 근본적으로 어떻게 바꾸게 되는지 설명하는 용어이다. 사물인터넷(LoT: Internet of Things), 빅데이터, 로버트화, 3D프린팅 등 그 동안 발전해온 물리분야, IT기술들을 모두 활용하여 생산방식을 전면적으로 재편하는 것이다[1].

인더스트리 4.0은 스마트 공장(smart factory)의 도입을 통해 제조업의 가상시스템과 물리적

1) 사물인터넷(Internet of Things) : 인터넷을 기반으로 모든 사물을 연결하여 인간과 사물, 사물과 사물간의 정보를 상호 소통하는 지능형 기술 및 서비스를 말한다. 인터넷에 연결된 기기가 사람의 개입 없이 상호간에 정보를 주고 받아 처리한다.

시스템을 유연하게 협력할 수 있는 세상을 만든다. 스마트 공장은 공장 내부뿐만 아니라 전후방 관련기업 모두와 정보를 교환하여 최적의 생산을 지향한다.

우리나라도 2014년부터 [제조업혁신 3.0]전략을 추진하고 있는데, 핵심은 스마트 팩토리(공장)이다. 스마트 팩토리는 공장 스스로가 생산, 공정 통제 및 수리, 작업장 안전 등을 관리하는 자동화 기술과 사물인터넷, 빅데이터, 클라우드 컴퓨팅 등 전보통신 기술이 결합되어 장비와 부품, 관리 시스템들이 서로 연결되어 소통하는 시스템이다.

스마트 팩토리는 생산의 유연성과 효율성 향상, 부품조달과 물류네트워크의 최적화, 에너지 사용량의 감소, 환경의 지속가능성 향상, 제품가격인하와 품질향상, 작업자 안전 향상 등에도 기여하는 것으로 나타났다.

독일의 사이버물리시스템은 GE를 비롯한 미국기업들의 움직임에 영향을 받았다. GE는 산업인터넷(industrial internet)도입을 통해 생산효율성을 향상시켰다. 산업인터넷은 산업현장의 기계들에게 센서를 내장하고, 제품의 진단과 분석 소프트웨어를 결합해 기계간의 혹은 기계와 사람을 연결시켜 기존 설비나 운영체계를 최적화하는 기술을 말한다. 기계 장비에서 제공되는 정보들을 실시간으로 분석하여 운용을 효율성을 높이고, 장비의 결함이나 고장을 사전에 예방할 수 있다.

사물인터넷이 기반이된 스마트 공장은 독일과 유럽 뿐만아니라 4차 산업혁명시대의 새로운 생산모델로 세계 각국에 빠르게 확산될 전망이다. 일본, 한국, 중국에서도 LoT기반의 스마트 공장혁신 흐름에 참여하는 기업들이 증가하고 있다.

2. 21세기의 메가트랜드와 경제패러다임 변화

인류는 농업혁명과 산업혁명을 통해 비약적으로 발전하였고, 지식과 정보혁명을 통해 새로운 사회로의 발전을 꿈꾸고 있다. J.Nasibitt, A.Toffelr, P.F.Drucker, L.C.Thurow 등 미래학자들의 논의를 요약하면 21세기는 지식과 정보중심사회로 경제운용의 패러다임이 변화하게 된다는 것이다. 20세기가 굴뚝문명으로 대표되는 제 2물결적인 공업화 사회라면 21세기는 지식과 소프트산업이 중심이되는 제 3물결적인 지식·정보화사회가 된다는 것이다.

우리 문명은 '미래는 물리적 제약없이 무한히 뻗어나갈 것이며, 물질적 한계란 없다'는 모더니

즘적 사고에 의해 성장해 왔다. 뉴턴의 물리학에 기초한 신고전학파 경제학에서는 유토피아적인 세계를 상정한다. 미래사회는 기술혁신을 통해 모든 문제들을 해결할 수 있고, 인류의 행복을 기약할 수 있다고 본다. 인류의 미래는 경제적인 부와 인간의 복지, 사회제도와 환경이 안전한 사회가 도래할 것으로 본다.

반면 '엔트로피 법칙(Entropy Law)'에 근거한 사회경제 접근이나 로마클럽, 진화경제학 등에서는 우리 인간의 활동을 제약하는 물리적 한계가 존재한다고 주장한다. 사회진화과정은 물리학적이고 논리적인 시간보다 생물학적이고 역사적 시간을 가진다. 다원주의와 상호작용론을 중시하며, 환경재앙과 인구폭발, 에너지 고갈과 범죄·갈등의 증가 등으로 혼돈의 시기가 될 것이라는 비관적인 견해를 피력하고 있다.

뉴밀레니엄(New Milennium) 혹은 21세기가 시작되면서 디지털혁명과 지식기반경제로의 이행이 본격화되고 있으며, 경제패러다임이 변화(Paradigm Shift)하고 있다. 21C의 키워드는 네트워크(Network)경제, 정보기술(IT), 생명공학(BT), 나노기술(NT) 및 융복합기술을 중심으로 한 지식기반경제이다.

21세기의 경제환경은 단절적 변화와 스피드, 불확실성과 카오스(Chaos)를 특징으로 할 것이다. 속도와 불확실성이 증대되는 경영환경변화로 기업의 평균수명이 감소되고, 모든 분야에서 기존 틀의 대변혁이 가속화 될 것이다.

세계적으로 경제운용의 패러다임이 급변하고 있으며, 변화의 물결이 가속화되고 있다. 변화를 선도하거나 적응하는 기업과 국민만이 발전할 수 있는 것이다. 미래학자들이 지적하고 있는 21세기를 지배할 메가트렌드(Megatrend)는 다음과 같다[1].

(1) 지식기반 경제로 전환

지식기반 경제(knowledge based economy)란 지식이 성장과 변화의 동인이 되는 경제이다. J.Nasibitt은 메가트렌드(Megatrends)와 글로벌 패러독스(Global Paradox) 등의 저서에서 세계화가 강화되면 인종, 민족, 지역주의 증대되며, 경제환경 변화에 신축적으로 적응할 수 있는 중소 혹은 벤처기업의 경쟁력이 강화된다고 주장하였다.

A. Toffler는 [제3물결]에서 공업화시대에는 공장굴뚝의 크기와 숫자가 경쟁력의 상징이나, 제3물결 사회에서는 전자, 컴퓨터산업 혁명을 중심으로 한 산업들이 경쟁력의 원천이라고 보았다. H.Maynard는 '제3물결'에서 '제4물결'로 이행되는 시기로 설명하고 있다.

사회경제학적 관점에서 세계경제의 변화를 예측한 S.P.Huntington은 [문명충돌론]에서 종교와 문화를 기초로한 문명의 경계선을 중심으로 문명권(서구, 아랍, 동양 등)간의 분쟁 이 증대될 것으로 예측하고 있다. 문명충돌의 예로서 유고 코소보사태(알바니아계, 세르비아계), 중동사태(유태, 아랍), 르완다(투치, 후치족), 동티모르, 티벳, 캐나다 '퀘백'의 분리독립 운동 등을 들고 있다.

그밖에 P.F.Drucker나 L.C.Thurow 등의 학자들도 거대한 변화의 물결인 메가트랜드, 혹은 제3의 물결에 적응하는 국가나 기업은 21세기에 살아남고, 적응하지 못하는 국가나 기업, 개인은 퇴출될 운명에 있다는 견해를 피력하고 있다.

〈 표 –2 〉 21C 지식기반사회와 경제변화

	공업화 사회	지식·정보화 사회
경제환경	국가단위 경제, 국내기업·시장보호, 공동체자본주의	경제활동 글로벌화, 무한경쟁, 영미식 개인자본주의
경제운영	중앙집권, 정부주도	지방분권, 민간주도
경쟁력 원천	대량생산, 규모의 경제	기술·지식 집약적 생산, 창의·기술력
주도업종	중후장대형, 하드웨어산업, 대규모 장치산업(조선, 철강, 자동차, 석유화학 등)	경박단소형, 소프트웨어, IT · BT · NT · 융복합기술(MS, Intel, Amazon, Google, 네이버)
생산방식	소품종 대량생산, 공급자중심	다품종 소량생산, 프로슈머, 수요자 중심
기업형태	대기업중심(투자주도)	신기술, 벤처형 기업중심(기술혁신주도)

전통적인 제2물결사회에서는 생산공장의 굴뚝 수와 부존자원의 양이 부의 원천이었지만, 제3물결적인 지력사회에서는 자원을 이용할 기술과 지식이 부의 원천이 되고 있다. 미국의 실리콘밸리와 루트128에 첨단기업이 집적된 까닭은 그곳에 우수한 인재들이 있기 때문이다. 세계은행에 따르면 세계 부의 64%이상이 인적자본으로 구성되어 있으며, 맥킨지 보고서에 의하면 21세

기 초반에 미국의 직업중 80%가 두뇌를 쓰는 종류가 될 것으로 예측하고 있다.

지식기반 경제는 한 국가의 GDP중 정보통신과 고부가가치형 첨단산업에 들어가는 자원의 비중이 늘어나는 경제이다. 또한 기술혁신능력과 전문지식을 갖추거나 고도로 숙련된 지식근로자를 양성하고 수용할 수 있도록 전통적인 조직구조를 변화시킨 사회이다. 국가와 기업의 성장은 혁신과 지식노동에 달려 있으며, 지식노동은 제도개선과 생산성 향상, 혁신적인 하이테크 제품과 디자인 개발, 새로운 서비스와 시장개척 활동 등 모든 분야를 포괄한다.

지식기반 경제로 원활하게 이행하기 위해서는 교육과 공공서비스의 개선, 기업부분의 지식경영 활성화, 기술혁신의 잠재력 제고, 고부가가치 중심의 산업구조 전환, 지식 네트워크 의 구축, 지식을 중시하는 사회적 분위기 조성 등의 노력이 선행되어야 할 것이다.

(2) 디지털 경제와 정보통신 혁명

디지털혁명과 인터넷은 모든 것을 놀라운 속도로 변화시킬 것이다. 마이크로 소프트사(MS)의 Bill Gates회장은 "인터넷이 모든 것을 변화시킨다"고 보았으며, Amazon, Apple, Facebook, Google 등은 인터넷을 기반으로 비약적으로 성장한 기업들이다.

시간과 공간을 압축할 수 있는 비트혁명(Bit Bang)으로 책, 잡지, 신문, 비디오영상 등을 비트기호화 할 수 있으며, 인터넷, 핸드폰과 관련 애플리케이션, 게임산업, 정보수집과 유포산업, 인터넷 뱅킹과 전자화폐 등의 분야에 비약적인 발전을 이룩할 수 있게 되었다.

디지털 경제와 기존의 산업경제는 경제원리, 경제구조, 핵심산업, 불확실성과 불평등의 결정요인 등에서 뚜렷한 차이가 있다. 따라서 디지털경제로 이행기에 있는 우리경제의 주요 과제는 경제의 디지털화와 함께 정보통신 인프라의 구축, 전통산업(off-line)의 첨단화, 인터넷산업(on-line)과의 접목, 전문인력 양성 등이 중요하다.

[디지털 경제의 특징]

디지털경제는 전 세계 기업과 국가의 경쟁력, 운용방식 등에 막대한 영향을 미치고 있다. 미국과 EU 등 경제선진국들의 정보기술(IT)산업의 경제성장 기여도가 급격히 증대되고 있으며, 인터넷 사용인구 및 전자상거래 등이 폭발적으로 증대되고 있다. 인터넷의 발전과 함께 새로운 사이버(Cyber) 세계의 무한한 가능성이 증대되면서 웹노믹스(Webnomics)가 탄생하고 있다.

N세대(Network), 웹(Web)세대의 영향력이 증대되고 있으며, E-Business, E랜서 등이 급격히 증대되고 있다.

새로 태동하고 있는 복잡계 경제학에서는 전통적인 경제이론이 부정되며 새로운 법칙들이 주장되고 있다. 하이테크 산업에서는 수확체감이 아니라 수확체증 현상이 발생하며, 불확실성과 카오스(Chaos)현상의 증대로 기술력과 스피드(선점효과)가 매우 중요해 진다.

1) 수확체증의 법칙(Increasing Returns)

생산 비용의 측면에서 재화 생산의 한계 비용이 거의 영(zero)에 가까우며, 유통측면에서도 복제된 제품이 빠르고 쉬우며 값싸게 유통된다. 기존 경제에서는 생산 및 유통의 한계 비용이 증가하는 수확체감 법칙이 작용하였다. 그러나 디지털 경제에서는 생산자의 입장에서 초기 투자 이후 추가적인 생산확대에 어려움이 거의 없으며, 유통 역시 마찬가지이다. 따라서 1등 기업 혹은 선점효과가 중요하며 MS사의 Window, Google, Naver 등을 예로 들 수 있다.

2) 핵심 생산 요소의 변화

디지털 경제에서는 지식, 정보 등이 경제 활동에 필수적이며, 핵심적인 요소가 된다. 따라서 부존자원의 절대량보다 누가 이용기술과 능력을 보유하는가가 더욱 중요하게 된다.

기존의 산업 경제에서는 부가가치를 창출하는 데 물리적 생산 활동이 가장 의미가 있었으며, 따라서 주요 생산 요소인 토지, 노동, 자본이 경쟁력 유지에 중요한 역할을 하였다. 그러나 디지털 경제의 핵심 요소인 지식, 정보 등은 생산 과정에서 뿐만 아니라, 유통, 소비 등 모든 경제 활동에서 부가가치를 높이는 데 중요한 역할을 하게된다.

또한 인터넷에서 키워드 한 개를 입력하면 곧바로 수 백 개의 관련 정보가 출력되는 예처럼, 요소 자체가 투입의 결과물로 즉시 확대 재생산된다는 점에서 기존의 요소들과는 다른 중요한 특징을 지닌다.

전쟁의 형태도 물리적 전쟁에서 사이버전쟁(Cyber warfare)으로 바뀌게 될 것이다. 사이버 스페이스에서의 공격과 방어능력의 개발스페이공두뇌를 장착한 전쟁 로버트의 개발 등은 전쟁의 양태를 근곡두뇌를 변모시킬 것이다. 게임 같은 사이버 무인전쟁, 로봇, 사이버폭탄, 스마트무기, 해커전쟁 등 전쟁의 양상이 바뀌게 될 것이다.

3) 글로벌 경제(Globalization)의 심화

20세기 말부터 진행된 경제의 글로벌화가 지식, 정보와 같은 정신적·무형적 차원으로 확대됨에 따라 더욱 심화된다. 기존 산업 경제에서의 글로벌화는 재화, 노동력 및 자본의 이동 등 물리적·유형적 차원에 머물러, 진전 속도가 늦고 지리적으로 제한적이었다.

그러나 지식과 정보가 주요한 자원이 되고 정보통신 기술의 발달로, 이러한 지식과 정보가 전 세계적으로 급속히 교환되면서 세계 경제의 단일화가 가속화된다. 이에 따라 국가간 상호 의존성이 증가하고, 기업의 업무 영역은 전 세계로 급속히 확산되게 된다.

〈 표 -3 〉 디지털 경제와 기존 산업 경제의 비교

구 분		기존 산업 경제	디지털 경제
경제 원리	생산법칙	수확체감 법칙, 한계비용 증가	수확체증법칙, 한계비용 제로(0)
	핵심생산요소	토지, 노동, 자본 등이 주로 생산 활동에 투입	지식, 정보 등이 생산 및 유통, 소비 등 모든 경제 활동에 투입
경제 구조	경제의 글로벌화	재화, 노동, 자본 등 물리적·유형적 차원에서 전개	지식, 정보 등 정신적·무형적 차원으로 확대
	실시간 경제	마속 → 차속 → 음속수준의 경제 활동	경제 활동이 광속으로 이루어짐
	연결구조	경제 단위의 계층적 구조	네트워크 구조 형성
산업	핵심산업	철강, 화공, 기계 산업 등	IT · BT, 융복합, 컨텐츠 산업
사회 문제	불확실성의 정도	상대적으로 안정적	불안정성 심화
	불평등 결정요인	노동과 자본의 크기, 질	지식과 정보의 양과 질

4) 세계경제 동조화, 실시간 경제(real time economy)의 구현

경제 환경 변화, 새로운 기술 등의 전파와 확산이 광속으로 이루어져 실시간 경제가 구현된다. 금융시장의 동조화, 화상회의, 실시간 생중계(전쟁, 스포츠, 행사 등) 등 정보와 의사결정의 시차가 줄어들고 있다.

산업시대에서는 경제 활동 변화가 마속(馬速)→차속(車速)→음속(音速) 수준으로 이루어져, 그 변화의 내용이 시차를 두고, 혹은 공간적으로 거리를 두고 전파되었다. 그러나 정보 교환이 실시간, 즉 광속으로 이루어지는 디지털 경제 시대에서는 시간과 공간의 격차 없이 경제 활동이 세계 각 국에서 동시에 일어나게 된다.

5) 네트워크(network) 구조로 전환

디지털 기술의 발달과 더불어 조직과 제도는 상호 연결된 네트워크 구조를 형성하게 된다. 기존 경제에서는 경제 단위가 부문별로 분리된 채 규모나 권력에 따라 단선적이며 수직적인 계층 구조를 형성하였다. 그러나 디지털 경제에서는 모든 부문이 통합되고, 경제 단위의 크기에 관계없이 상호 연결된 네트워크 구조를 기반으로 하고 있다.

전자정부와 관공서의 등장으로 인터넷을 통해 모든 행정업무가 처리되며, 인터넷 광장에서 '텔레-데모크라시(Teledemocracy)' 혹은 '사이버민주주의'가 발전하게 된다. 네트워크 경제의 중요성이 강조되고, 네트워크화된 지능시대에는 정보의 접근과 활용능력이 기업과 국가의 경쟁력을 결정하게 된다.

6) 신산업(new industry)의 출현과 기존 산업의 변화

디지털 경제에서는 새로운 고부가가치 창출 분야가 나타나, 경제 발전을 이끄는 핵심 산업이 변화된다. 산업경제에서의 핵심 산업은 철강, 건설, 석유화학(소비재 포함), 전자, 기계(자동차, 항공, 조선)산업 등이다. 반면 디지털 경제 시대에서는 서비스산업, 특히 컴퓨터, 정보통신, 컨텐츠(contents) 산업 등 이른바 '제4차 산업'이 핵심 산업이 된다[2).

디지털화된 정보가 디지털 네트워크를 통해 전달되면서 새로운 세계의 가능성이 높아지고 있다. 전자상거래와 전자화폐가 보편화되고 E-Campus와 사이버교육, 전자도서관 등이 급격히 증대될 것이다. 코쿤족(Cocoon)과 니트족(NEET), 디자인과 프로그램설계, 작품활동, E-Business 등 소호(SOHO)산업이 번창하며, 가상 세계를 통한 사회생활과 여가활동이 증대될 것이다.

7) 불확실성(uncertainity)이 증대

디지털 경제하에서의 경제 활동의 불확실성 혹은 정보의 비대칭성(Asymetry of information)은 기존 경제 보다 더욱 심화된다. 기존의 산업경제는 경제주체가 인식할 수 있는 경제활동의 영역이 협소함으로 인해 미지의 세계에 대한 불확실성이 주를 이루었다. 그러나 디지털 경제에서의 불확실성은 경제 활동 자체가 광범위하고 순간적으로 발생함으로 인해 경제주체가 인식해야 하는 대상이 너무 많은 데서 생겨나게 된다. 따라서 이러한 인식 대상 범위의 확대로 이전의 산업 시대보다 특정한 변수에 의한 사회 경제적 효과를 계산하고 예측하는 것이 더욱 어려워진다.

8) 디지털 격차, 새로운 불평등(unequality) 현상이 증대

디지털 경제 시대의 불평등도는 디지털화 정도에 따라 결정된다. 기존 산업 경제에서는 노동과 자본의 양에 따라 수입이 결정되고 이에 따라 소득 격차가 발생하였다. 반면 디지털 경제에서의 소득은 보유하고 있는 지식이나 정보의 양과 질에 따라 결정되는데, 이는 디지털화 정도에 의존하게 된다. 따라서 컴퓨터 이용이 용이하지 않은 노령층과 정보 인프라 낙후 지역 주민들의 소득이 상대적으로 감소할 가능성이 커지며, 디지털격차(Digital Divide) 현상이 심화될 것이다.

☞ 정보격차(情報隔差: digital divide)

새로운 정보에 접근할 수 있는 사람과 접근 할 수 없는 사람들 간에 경제적 · 사회적 격차가 심화되는 현상을 말한다. 디지털 디바이드는 1990년대 중반부터 미국에서 사용되기 시작한 용어이며, 디지털화의 진전과 함께 소득수준별, 학력별, 연령별 정보격차(Digital Divide)현상이 증대되고 있다. 지식정보를 공유하지 못하는 노동자계층과 후진국들의 빈곤화가 심화될 가능성이 높다.

정보통신과 네트워크체제의 구축으로 모든 정치·경제활동에 경제주체들의 직접적인 참여가 증대할 것이다. 세계적으로 제품의 생산과 판매, 구매과정에 소비자들이 직접 참여하는 참여시장경제가 확산될 것이다. 지금까지 경제발전을 이끌어 왔던 전통산업들도 이들 첨단 기술을 얼마만큼 활용할 수 있는냐에 따라서 흥망성쇠가 결정될 것이다.

(3) 세방화(世方化)의 가속화와 무한경쟁 심화

21C에는 세계화(Globalization)와 지방화(Localization)이 동시에 진행되는 글로칼리제이션 혹은 세방화(Glocalization)현상이 심화될 것이다. 제도와 도구의 글로벌화에 이어 사고방식과 생활양식에서도 글로벌화를 강요받게 되고, 글로벌스탠다드의 중요성이 증대될 것이다. 이미 N(네트워크)세대에게는 글로벌리제이션이 생활의 일부분이 되어 있다.

세계경제는 공산권국가들이 자본주의화하면서 냉전체제가 붕괴되었고, 이념대립이 약화되면서 과학기술개발전쟁(WTO, TR)과 경제전쟁이 가속화되었다. 세계시장이 단일화된 지구촌경제(Globalization, borderless World)에서는 세계에서 최고의 상품만 살아남는 적자생존의 논리가 강화되었고, 초국적 자본(TNC)들의 역할이 증대되었다.

자동차산업의 경쟁격화로 판도가 급변하고 있으며 미국의 GM, 일본의 TOYODA, 독일의 WV, 한국의 현대자동차 등을 중심으로 생존경쟁이 치열하다. 금융부문에서는 Goldman Sachs, J.P. Morgan, 도이체뱅크, BOA 등이 경쟁력과 수익률 제고에 노력하고 있으며, 미국발 금융위기로 미국의 5대 투자은행중 3개가 퇴출되었다. 그밖에도 항공사(보잉, 더글러스), 전자(삼성, 소니, GE)등이 전략적 제휴와 경쟁을 하고 있다.

21C에는 세계시장을 더욱 가깝게 만든다. 교통수단과 정보통신의 발달은 이동시간과 공간적 거리를 단축시키고, 세계경제의 동조화현상을 심화시킬 것이다. 지구촌이 하루 생활권화 하고, 저궤도 우주비행 교통우주와 해저가 관광상품으로 개발될 것이다.

전통적인 국가의 의미가 퇴색되고, 무한경쟁과 상호신뢰가 공존하는 복잡한 경제환경 속에서 세계적 기업들간의 전략적 제휴와 협력이 증대될 전망이다. 세계시장의 단일화로 금융과 서비스 시장의 동조화가 심해지고, 세계에서 품질과 가격 혹은 서비스 경쟁력을 최고로 유지하기 위한 기업들간의 경쟁이 심화될 것이다.

아울러 자원고갈과 환경의 중요성이 부각되면서 환경친화적 경제발전과 상품개발의 중요성이 증대될 것이다. 경제발전은 필연적으로 환경오염 문제를 야기하게 된다. 중국의 경제개발이 가속화됨에 따라 황해 연안쪽 중국대륙이 공업화가 많이 진행되고 있으며, 이로 인한 환경오염의 증대는 한국경제에 많은 영향을 미칠 수 있다. 현재도 오염물질이 다량 포함된 황사의 피해가 증가하고 있으며, 오염물질 방출증대로 인한 황해의 오염방지를 위해 한중 양국이 공동노력을 기울이고 있다.

공업화에 따른 환경오염도 한 나라 또는 몇 나라에 국한되지 않고 점차 지구전체에 영향을 미치게 된다. 그러므로 환경오염이나 파괴문제는 지구전체차원에서 논의 되어야 한다. 현재 지구차원에서 논의되는 중요한 환경문제는 ① 오존층의 파괴, ②온난화와 이상기후, ③ 화석연료 사용 및 CO2배출 억제 등이다. 이 외에도 해양오염, 열대림의 감소, 야생생물의 멸종, 지구사막화 등이 큰 문제가 되고 있다.

(4) 신지식과 기술패권 경쟁의 심화

역사상 세계를 지배했던 제국들의 공통점은 기술적 패권(Techno-Hegemony)를 쥐고 있었다는 것이다. 21C에도 기업과 국가 경쟁력의 핵심은 새로운 지식과 기술경쟁력이 될 것이다. 정보통신, 생명공학, 환경에너지 기술에서 경쟁우위를 확보한 국가나 기업이 새 천년을 선도할 것이다. 인류는 기술혁신의 무한한 가능성과 테크노피아(Technopia)를 꿈꾸고 있다.

미국은 새 천년에도 팍스 아메리카나(Pax Americana)를 유지하기 위해 총력을 기울이고 있다. 정보기술에서의 절대적 우위를 유지하기 위해 초고속 정보통신망을 건설하고 있으며, '21세기 연구기금'을 조성하고 과학기술 예산도 증대시키고 있다.

일본은 20세기에 위세를 떨쳤던 제조업 의존의 한계를 극복하기 위해 정보·환경·바이오분야를 새롭게 육성하는 밀레니엄 프로젝트를 산학관연이 협력하여 추진중이다. 미국, 일본, 유럽의 주요 국가들은 과학기술 인프라를 구축하고, 정보전송속도가 1천배 빠른 테라(1조)급으로 높인 인터넷II 프로젝트를 추진하고 있다.

21세기가 시작되면서 3C 대신 3D산업이 부상하고 있다. 즉 디지털(Digital), 유전자(DNA), 디자인(Design)관련산업이 새로운 경쟁의 원천이 되고 있다. 선진국들은 정보통신, 생명공학과 신소재, 메가트로닉스, 환경·우주·에너지 등의 분야를 집중적으로 육성하고 있다.

나노테크노로지(Nano Technology)의 발전은 원자와 분자의 조작을 통해 신물질, 환경, 정보통신과 의학분야에 획기적인 변화를 초래하고 있다. 수술용 미세로봇(micro robot), 군사탐지용 마이크로 비행체, 반지·안경 PC, 전자책 등 나노기술을 활용한 새로운 분야의 발전이 확대되고 있다.

휴먼인터페이스(Human Interface)기술의 발달은 인간과 유사한 감각기능과 의사소통이 가능한 휴먼로봇, 인공지능(AI) 로봇의사, 일상생활시설의 인텔리전트 시스템화(음성, 영상인식장치), 생체인증 시스템, 감성섬유(기능성 옷감), 형상기억 합금장치, 하이테크와 감성이 결합된 퓨전디자인, 생태도시(Ecocity), 생체물질 응용한 바이오컴퓨터, 인간의 5감이 작동가능 한 사이버사회(Cyber society) 등이 발전하고 있다.

생명공학(BioTechnology)의 발전과 게놈프로젝트(Genome Project: DNA구성, 인간의 염기서열), 장기이식용 동물생산, 다양한 신약개발(노화방지, 불치병치료) 등으로 인간의 수명이 연장되며, 고령인구의 영향력이 증대되고 이들을 위한 실버산업이 발전하게 될 것이다. 유전공학을 비롯한 바이오산업은 식량, 대체에너지, 환경과 질병 등의 문제를 해결할 수 있는 21C의 유망한 분야로 부각될 것이다.

우주와 해저기술, 복합기술의 발달로 우주여행이 일상화되며 우주상에서 다양한 기술개발, 해저자원의 개발과 해저목장·해중도시, 초전도기술과 신소재, 기존 컴퓨터보다 1천배이상 빠른 광컴퓨터 개발경쟁 등이 심화될 것이다.

한편 기술혁신은 산업간의 전통적인 경계선을 붕괴시키고 신산업을 탄생시키고 있다. 금융기관의 잠재적 경쟁자로 정보통신과 소프트웨어 회사들이 부각되고 있으며, 석유화학과 생명공학이 결합하여 새로운 산업을 탄생시키고 있다. 사람들은 최첨단시설을 갖춘 사이버주택에서 첨단레포츠를 즐기고, 새로운 형태의 테마여행과 모험을 경험할 수 있다.

(5) 경제의 소프트화와 서비스화가 증대.

경제의 소프트(Soft)화가 강화되면서 지식은 논리와 형식을 중시하는 하드웨어 형태에서 감성과 내용을 중시하는 소프트웨어 형태로 변모될 것이다. 논리와 형식중심의 지식은 컴퓨터와 디베이스(Data Base)로 대체되고 있다. Amazon, Facebook, Naver 등에서 보듯이 감성과 새로운 아이디어, 지식은 새로운 콘텐츠웨어를 형성하면서 부가가치 창출의 원천이 될 전망이다.

지식노동자와 무형자산의 중요성이 증대되고, 아이디어와 지식이 권력의 원천이 되는 뇌본주의(腦本主義)가 발전할 것이다. 전문지식을 보유한 컨설턴트, 프리랜서, 소프트웨어 산업(디자인, 설계, 창의적인 아이디어), 전문가집단 등이 부상하고, 정보와 새로운 지식으로 무장한 하이테크 산업이 새로운 주력산업으로 발전하고 있다.

국가보다는 개인, 논리보다는 감성이 중시되는 경향이 증대될 것이다. 전통적인 국가가 지배와 군림을 특징으로 했다면 미래의 국가는 서비스가 중시된다. 서비스 제공 역할을 못하는 국가는 사라질 것이다. 라이시(R.B.Reich)는 국가와 국민을 운명공동체로 생각하는 것은 허구이며, 미래사회에서는 개인의 경쟁력이 국가의 경쟁력을 대체하게 된다고 보았다. 경제의 서비스화에 부응하여 교육의 기본방향도 인력의 고기술화, 초(超)정보화, 다기능화, 범지구화에 초점을 맞추고 있다.

W.Rostow는 한국경제가 4차 산업혁명을 본격화하고 있다고 보았다. 제 4차 산업혁명이란 반도체, 컴퓨터, 로봇, 광섬유, 생명공학, 레이저 등 첨단기술 또는 하이테크와 관련된 산업혁명이다. 새로운 아이디어와 첨단기술의 개발이 발전의 동력이 되며, 정보화산업과 하이테크 산업의 중요성이 증대된다.

정보화사회는 무엇보다 기술과 정보가 중요하다는 점에서 농토가 중시되는 농경사회나 자본과 노동 및 그 관계가 중시되는 공업화사회와는 근본적으로 다르다. 한국이 제 4차 산업혁명을 시작하여 정보화사회로 진입함에 따라 발생되는 또 하나의 큰 변화는 한국의 경쟁상대국들이 앞으로는 주로 선진국들이라는 사실이다.

정보화사회의 대표적인 하이테크 제품들의 생산과 수출에 있어서 한국은 후진국이 아니라 선진국들과 치열한 경쟁을 해야 된다. 다루는 생산물도 중후장대하고 딱딱한 물건보다는 경박단소한 물건이나 정보 및 기술서비스 등 부드러운 것이 되는 것이다. 또는 기존의 자동차, 조선, 철강 등 중후장대한 주력상품에 하이테크 기술을 접목한 상품들이 국제경쟁력을 갖게 될 것이다.

(6) 빈부격차와 갈등의 증대

기술혁신에 기초한 21세기의 메가트렌드가 인류의 행복과 번영을 약속하지는 못한다. 정보와 기술의 독점을 막지 못하면 인류는 새 천년에 전제주의의 지배에 고통을 당하게 될 수도 있다. 첨단기술로 무장한 소수의 엘리트 집단(Big Brothers)이 첨단과학기술을 독점적으로 사용하게 될 경우 다수의 사회인들이 고통속에서 지배를 받게 될 수도 있다.

세계경제가 글로벌화 되면서 국가나 기업, 개인 간의 격차가 확대되고 있으며, 지역단위의 경제블럭화가 심화되고, 달러화, 유로화, 위안화 등을 중심으로 통화전쟁이 격화되고 있다. 글로벌경쟁이 심화되면서 지역화와 민족주의 경향이 증대되는 글로벌패러독스(Global Paradox)현상이 증대되고 있다.

(가) 국가간 혹은 개인간의 격차와 갈등 심화

21C에 들어서 세계인들이 가장 관심을 갖고 있는 것은 경제이다. 경제만 잘 되면 다른 걱정은 없으며 모든 일들이 좋게 풀린다고 믿고 있다. 우리는 돈이 세계적으로 가장 많은 신자를 가진

팍스 에코노미카(Pax Economica), 돈이 사람을 부리고 돈이면 안 되는 것이 없는 맘몬(Mammon)의 시대에 살게 될지도 모른다

정보화사회에서는 정보의 상품가치와 활용능력이 중요하다. 그러나 정보의 비대칭성과 불완전성으로 정보활용도가 높은 '정보 부자' 집단과 '정보 빈자' 집단간의 불평등이 확대될 것이다. 국가와 기업, 개인들의 경쟁력과 지위를 결정하는 핵심 포인트가 정보활용 능력인 것이다. 정보와 기술능력이 뛰어난 선진국과 후진국간의 격차가 심화될 것이며, 개인과 기업들 간에도 경쟁력이 뛰어난 상위 10% 집단과 중하위 90% 집단간의 격차가 커질 전망이다. 특히 상위 1%들이 천문학적인 소득을 올리면서 99%의 손실과 격차확대를 초래하자 월가점령(Occupy Wall Street)운동이 벌어졌다.

21C에 들어서면서 인류가 해결해야 할 과제로는 인구폭발과 노령화 사회, 환경보호와 지속가능한 발전, 빈부의 격차와 문명간의 충돌(종교, 인종, 이념) 등이다. UN보고서에 따르면 20세기에 60억명을 돌파한 세계 인구는 2050년에 120억명으로 증가할 것으로 예측된다. 특히 인구증가의 90%이상이 후진국에서 발생하며, 이들 국가들은 빈곤의 악순환을 벗어나기 어렵게 될 것이다.

인구 고밀도의 후진국으로부터 저밀도 선진국으로의 인구이동 압력이 증대되고, 국가와 인종간의 갈등을 야기할 가능성이 높다. 문명간의 충돌이나 갈등의 심화는 제2의 냉전체제를 초래할 수 있으며, 생화학 및 고성능전자무기 개발경쟁으로 인류의 공멸 가능성이 높아질 수 있다.

20C부터 본격적으로 도입된 자본주의 시장경제는 무자비한 경쟁을 통해 적자생존논리를 관철하며, 효율성 극대화를 추구하는 제도이다. 시장경제는 시장의 불확실성과 불안정성, 빈부격차의 심화 등으로 많은 문제점을 노정하고 있다. 그럼에도 불구하고 사회주의체제의 붕괴이후 힘을 얻은 자본주의는 새 천년에도 상당기간 주도적인 역할을 할 것이다.

금융자본의 이동성 증대와 투기화로 세계 금융시장은 거대한 카지노로 변해 **카지노자본주의(Casino-Capitalism)**를 번창시키고 있다. 1조 5천억에서 2조 달러로 추산되는 국제적 Hot Money는 자본시장의 자유화를 통해 규제를 철폐시키면서 투기활동의 무대를 확산시키고, 분배구조를 악화시키며 국제금융시장의 안정을 교란시키고 있다.

황야의 무법자처럼 국제 투기자본들은 돈을 무기로 국경을 넘나들며 국가를 위협하고, 기업들에게 끊임없는 구조조정을 강요하며 노동시장의 유연성을 확보하기 위해 노조와 노동자를 무력화시키고 있다. 지식과 기술능력을 갖춘 상위 20%계층의 부는 증대되는 반면 경쟁력이 약한

하위 80%의 생활수준은 악화되어 빈부의 격차가 심화될 것이다.

환경보호와 인간성이 존중되는 패러다임이 모색되어야 할 것이다. 교황 요한 바오르2세는 "인간의 얼굴을 한 자본주의"(On Giving Capitalism a Human Face)에서 자본주의의 사회적 책임을 강조하고 있다. 세계 각국은 사회적 자본의 육성, 빈부격차 축소와 지속가능한 발전, 균형개발 전략 등을 통해 갈등과 불균형을 시정하는 정책을 추진하고 있다.

(나) 세계경제의 다극화

이념전쟁과 냉전체제가 붕괴되면서 세계경제는 미·소중심의 양극체제(Bipolar System)에서 유럽, 일본과 중국, 유럽의 다극화체제(MultiPolar System)으로 변모하고 있다. 학자에 따라서는 소련과 동구경제권을 포함하여 4극체제로 나누기도 한다. 경제권역별로 상호협력과 경쟁이 증대되고 있으며, 특히 유럽연합의 단일화폐인 유로화가 발행되면서 세계 유일통화로서의 달러의 위치가 흔들리고 있다. 달러화, 유로화, 엔화, 위안화가 블록경제를 형성하면서 각축을 벌이고 있다.

이념전쟁의 퇴조와 선진국을 중심으로 한 새로운 세계경제질서의 확립, 개방화와 자율화의 확대로 국가간의 과학기술개발전쟁과 경제전쟁(FTA, WTO)이 가속화되었으며, 세계시장의 단일화로 경쟁을 통한 적자생존과 정글의 법칙(World Best추구)이 강화되고 있다.

과거의 세계는 자유·공산 양 진영으로 분할되어 열강들은 많은 인적 및 물적 자원을 이데올로기 대결에 사용하였다. 경제문제는 안보 중심으로 해결되어지는 경향이 심했다. 그러나 공산주의 종주국 소련이 공산주의 이데올로기 포기에 따라 '세계의 안보' 문제는 그 차원이 달라졌다. 지금은 심지어 미국의 CIA나 러시아의 KGB 등도 정보수집방향을 경제문제와 첨단기술보호중심으로 바뀌고 있다.

(다) 지역주의와 민족주의 경향 증대

세계경제의 개방화가 증대될수록 지역과 경제권을 중심으로 한 지역주의 경향이 증대되고 있다. 세계의 주요 권역별로 세계경제의 Block화(FTA, EU, NAFTA, ASEAN등)경향이 증대되고 있으며, 역내무역은 자유화를 통해 효율성과 경쟁력을 제고시키는 반면 역외무역에 대해서는 공통관세와 규제를 가하고 있다.

한편 세계화와 지방화가 동시에 진행되는 글로벌패러독스 (Global-Paradox)현상과 함께 민족주의 경향도 증대되고 있다. 최근들어 세계적으로 민족, 종교분쟁이 증대되고 있다. 소련의 체첸 공화국, 유고슬라비아, 인도의 카시미르, 티베트와 위그루족 문제, 동티모르사태 등은 종교와 인종문제가 결부되어 충돌이 일어나고 있으며, 독일의 신나치, 미국 민병대, 일본의 극우단체(야스꾸니신사 참배, 교과서문제, 헌법개정과 군비증강) 등과 같은 극우주의 경향도 증대되고 있다.

세계 주요 경제공동체(Block)의 현황을 살펴보면 중동의 걸프지역에서는 걸프협력회의(GCC)가 있다. 2008년에 GCC 공동시장이 창설되었으며, GCC 공동시장 내에서 GCC 회원국 국민들은 영업활동, 투자, 취업 등 경제활동은 물론 여행, 거주, 교육 등의 제반 생활분야에서도 모든 회원국내에서 동일한 권리를 누린다. 또 GCC는 금융위기를 계기로 '공동통화 창설 협정'을 체결하고 오는 2013년 사우디 수도 리야드에 걸프 중앙은행(GDB)을 출범시키기로 했다.

중남미 지역에서는 관세동맹 형태인 남미공동시장(MERCOSUR, 메르코수르)이 대표적인 경제공동체로 꼽힌다. 메르코수르는 정식 회원국인 브라질, 아르헨티나, 파라과이, 우루과이 등 4개국만 합쳐도 인구 2억7,549만 명에 경제규모 3조3,247억 달러에 달하는 거대 시장이다. 안데스공동체(CAN)도 남미의 대표적인 경제공동체다. 볼리비아, 콜롬비아, 에콰도르, 페루 4개국으로 구성돼 있으며 인구 1억 111만명에 경제규모는 5,953억 달러다.

2012년 6월에는 칠레를 주축으로 멕시코, 콜롬비아, 페루 4개국이 태평양동맹(Pacific Alliance)이라는 새로운 경제공동체가 구축되기도 했다. 이들 4개 국가는 모두 태평양 연안에 있다는 공통점이 있다. 회원국 4개국의 인구는 총 2억683만 명에 국내총생산은 중남미 전체의 3분의 1에 해당하는 1조 9,072억 달러다. 큰 경제규모뿐만 아니라 각 회원국들의 성장세도 높아 페루의 경우 2011년 6.9%, 2012년에도 6%대의 경제성장률을 기록할 것으로 보인다. 태평양 동맹은 회원국 간의 비자 면세를 최우선으로 실시해 인적 자원 교류를 활발히 하고, 이어 자유무역협정과 아시아 시장에 대한 공동 접근을 목표로 삼고 있다.

아프리카도 세계경제의 글로벌화 및 지역경제통합의 추세에 맞춰 지역경제통합을 더욱 적극적으로 추진하고 있다. 아프리카는 최근까지만 해도 빈곤을 상징하는 대표적인 대륙이었으나, 자원가격의 상승 및 정치 · 경제 · 사회적 안정을 보이면서 블루오션으로 주목 받고 있는 지역이다.

아프리카에는 11개의 경제 공동체가 있다. 이중 가장 눈에 띄는 경제 공동체는 동남아프리카 공동시장(COMESA)다. 이집트, 케냐, 스와질랜드 등 총 20개국으로 구성된 COMESA는 역내 GCP, 인구규모 면에서 아프리카의 최대 지역 경제공동체다. COMESA는 역내 경제통합을 목표로 하고 있으며, 그 일환으로 2000년 FTA 출범을 거쳐 2009년 관세동맹이 정식으로 발족했다.

FTA 출범 이후 COMESA 역내 무역이 2000년 30억달러에서 2008년 150억 달러로 대폭 증가하기도 했다.

이외에도 남아프리카 개발공동체(SADC), 사하라 주변국가공동체(CENSAD), 서부아프리카국가경제공동체(ECOWAS), 아랍마그레브연합(UMA), 남아프리카관세동맹(SACU) 등의 세부 기구들로 구성돼 있다. 이 중 일부는 이미 자유무역지대를 조성하거나 관세동맹을 맺고 상업과 투자를 촉진하고 있으며, 상품과 인력의 이동이 원활하도록 지역 내 공통 여권을 도입한 상태다.

(7) 브릭스(BRICs)의 부상과 국제 세력관계 변화

브릭스(BRICs)경제의 급격한 부상이 우리 경제에 위기이자 기회로 다가오고 있다. 브릭스는 신흥시장인 Brasil, Russia, India, China의 영문 머리글자로 만든 신조어이다. 브릭스에 이어 VISTA(Vietnam, Indonesia, South Africa, Turkey, Argentina)도 주목을 받고 있다. 이 나라들은 방대한 국토와 인구, 풍부한 자원을 배경으로 급속한 경제성장을 이룩하고 있으며, 글로벌 세력관계에서 새로운 강자로 부상하고 있다.

브릭스는 세계에서 가장 역동적인 성장지역이며 향후 수 십년간 세계 경제성장의 견인차 역할을 할 것으로 전망되고 있다. 세계은행에 따르면 브릭스 지역의 인구는 약 30억 명으로 세계 인구의 42%를 점하고 있으며, 면적은 3,846만㎢로 29%를 차지하고 있다.

〈표 - 4〉 브릭스의 경제규모

	Brazil	Russia	India	China	합계(A)	전세계(B)	구성비 (A/B)
인구(백만)	206	144	1,295	1,364	3,009	7,260	41.5
면적(천㎢)	8,516	17,098	3,287	9,563	38,464	134,325	28.6
GDP(명목) (10억$)	2,430	1,931	2,028	10,097	16,481	78,400	21.2
1인당 GNI ($)	11,790	13,220	1,570	7,400	-	10,799	-
구매력GNI (10억$)	15,570	22,160	5,630	13,170	-	14,942	-

자료 : WB, 「World development indicators 2016」.

브릭스 4개국의 GDP는 세계의 21%에 불과하지만 실질구매력을 나타내는 구매력지수(PPP: Purchasing Power Parity)로 계산하면 29%에 달한다. 골드만 삭스는 2040년에 브릭스 국가들이 기존의 G7국가들을 제치고 세계 6대 경제대국으로 부상하고, 2050년 세계 최대 경제대국은 중국이 차지할 것으로 전망했다.

에너지와 원자재 가격이 급등하면서 세계 각국이 브릭스 국가에 대한 자원외교를 강화하고 자유무역협정(FTA) 추진을 서두르고 있다. 브릭스는 세계경제의 블럭화 과정에서도 새로운 경제권 형성의 핵심역할을 담당하고 있으며, 수출 확대와 자원 확보를 위한 전략적 요충지로서 중요성이 증대되고 있다.

중국은 중화경제권의 핵심국가로 경제협력협정(CEPA)을 체결하였고, 아세안과는 자유무역협정(FTA)을 추진하고 있다. 또한 동북아 3국(한중일)과의 경제협력을 주도하여 중국을 중심으로 한 아시아경제권을 구축하고자 노력하고 있다.

인도는 뱅골만과 남아시아 지역을 중심으로 한 대서남아 경제권을 형성하고, 동아시아 국가들과도 협력을 강화하고 있다. 브라질은 남미공동체의 핵심국가이며, 동유럽 경제권의 중심 국가인 러시아도 EU와의 경제협력과 통합을 추진하고 있다.

브릭스는 에너지와 광물자원의 부존량이 풍부하여 주목을 받고 있다. 세계 원유와 철광석 매장량의 10%와 40%를 점하고 있고, 석탄생산의 46%를 차지하고 있다. 이밖에 곡물, 원광석, 수산물, 커피, 설탕 등의 생산은 물론 공산품 생산량도 빠른 증가를 보이고 있다.

브릭스는 우리나라 무역흑자와 해외투자의 핵심지역으로 부상하고 있으며, FTA추진 등으로 경제협력과 교류를 증대하고 있다. 이들 국가의 1인당 국민소득은 낮지만 구매력 평가 소득수준과 성장잠재력이 높아 선진국 경제에 버금가는 시장을 형성하고 있다.

우리 경제는 급격한 노령화, 출산파업과 투자부진 등에 기인한 잠재성장률 저하, 글로벌경제 변동에 따른 리스크 증가, 선후진국의 협공에 시달리는 넛-크레커 경제, 국제원자재가격 폭등과 경제양극화 심화 등으로 어려움을 겪고 있다.

이 같은 위기국면을 돌파하기 위해 새로운 아이디어와 신기술로 가치를 혁신하고 새로운 시장을 개척하는 블루오션 전략(Blue Ocean Strategy)을 추진하며, 브릭스와의 경제협력을 강화해야 할 것이다.

첫째 한국의 수출과 투자 대상지역으로서 브릭스 경제의 중요성이 증대되고 있다. 지난해 기준 우리나라 무역흑자의 71.6%, 수출의 22.7%를 점하고 있고, 중국은 2003년부터 최대 수출국으로 부상하고 있으며 그 구성비가 증가 추세에 있다.

브릭스 국가에 대한 지속적인 수출확대를 위해서는 경쟁이 치열한 기존제품보다 새로운 아이디어와 기술로 무장된 가치 혁신적 제품을 개발해야 할 것이다. 지역의 문화와 감성에 기반한 현지화 전략을 강화하고, 신소재와 부품, IT와 BT 등 첨단산업, 컨텐츠와 소프트웨어 개발 등 새로운 수출상품의 개발에 노력해야 한다.

둘째 신흥시장 브릭스를 선점하고, 명목소득보다 실질구매력이 월등히 높은 시장특성을 활용할 전략을 강구해야 할 것이다. 브릭스의 명목소득은 낮지만 구매력지수 기준 GDP는 중국이 2위이고 브라질, 인도, 러시아도 10위권 내로 진입하게 된다. 구매력지수로 평가한 1인당 실질소득은 브라질과 러시아가 세계 평균수준이고, 중국과 인도는 빠른 속도로 근접하고 있다.

더욱이 5∽10%로 추산되는 상위 중산층은 선진국 못지않은 구매력을 보유하여 광범위한 고가공산품과 사치재 시장을 형성하고 있다. 빈부격차 심화로 부유층이 고급소비를 주도하고 있는 것이다. 브릭스는 비공식경제(지하경제)가 발달되어 실질구매력이 크고, 주거 및 생필품 가격이 저렴하여 실질가처분 소득이 높으며, 중산층의 급증으로 소비수요와 시장규모가 빠른 속도로 확대되고 있다.

블루오션 전략은 기업으로 하여금 경쟁이 무의미한 비경쟁 시장공간을 창출함으로써 유혈경쟁의 레드오션을 깨고 나올 수 있는 새로운 기회에 도전하게 하는 것이다. 포드의 T카, CNN의 24시간 방송, 스타벅스 커피점, MS사의 원도우, Apple사의 핸드폰, Facebook 등의 예에서 보듯이 지역 기업들은 새로운 아이디어와 기술로 가치혁신을 통해 새로운 수요와 고수익 성장기회를 창출해야 하겠다.

제 2 절 경제환경 변화와 경제 선진화

1. 국내 경제환경의 변화

(1) 신자유주의와 경제 패러다임 변화

우리나라는 1960년대부터 시작된 개발년대를 통하여 정부주도적 경제발전을 추진하였다. 그러나 국내외의 개방압력과 자율화 요구증대로 1980년대부터 개방과 자율화정책을 추진하였고, 1997년의 외환위기를 계기로 신자유주의에 기초한 구조개혁과 경제정책을 시행하고 있다.

신자유주의는 규제완화와 시장기구의 효율성을 강조하는 경제사조의 흐름이다. 1980년대 미국의 레이건 대통령이 추구한 레거노믹스(Leganomics), 영국병을 치유하고 경쟁력을 살리기 위해 실시한 영국 대처수상의 대처리즘 등이 대표적인 예이다.

신자유주의 경제정책의 주요 내용을 살펴보면 복지정책과 공공부분의 축소(영국, 뉴질랜드 50%감축), 민영화와 규제철폐, 노동시장 유연성 증대, 금융시장 자유화, 시장의 효율성을 중시한 경쟁촉진 정책 등을 들 수 있다.

신자유주의와 함께 아시아적 가치의 퇴조와 미국식 가치의 확산이 심화되고 있으며, 경제 패러다임 변화(Economic Paradigm Shift)가 급격히 진행되고 있다. 아시아 경제의 특징인 공동체적 자본주의, 유교자본주의(Confusian Capitalism)가 퇴조하면서 개인주의, 경쟁중시 풍조가 급증(연봉제, 스톡옵션제, 계약제 증대)하고 있다. 공동체문화의 전통인 종신고용, 연공서열, 가부장적 씨족문화 등도 급격히 퇴조하고 있다.

시장환경의 변화로 기업의 경영원리도 변모하고 있다. 기업들의 경영중심이 시장지배력(Market Share)중심에서 수익중심(Profit), 생산자중심에서 유통업자(대형할인점, 인터넷 쇼핑몰 등)와 소비자중심(CS)으로 변모되고 있다.

(2) 자율화의 확산

우리 경제는 1980년대 후반부터 국내외적인 경제환경변화로 정부주도의 통제경제에서 민간

주도의 자율경제로 정책기조가 변모하였다. 부존자원과 가용자본이 부족하였던 개발초기에는 한정된 자원을 특정산업과 부문에 집중배분하는 통제경제가 성과가 높았으나, 경제규모의 확대와 복잡화로 통제경제의 메리트를 상실하였다.

또한 통제경제로 인한 부정부패와 관료주의 비효율성을 타파하기 위해 90년대 들어서 공기업 민영화, 금융자율화와 개방화 등의 규제완화 정책을 지속적으로 추진하고 있다.

한편 대외적인 경제환경도 자율화와 개방화를 강요하였다. UR협상의 타결과 WTO체제의 출범으로 시장개방과 자율화가 불가피 하였다. 특히 IMF 구조개혁 프로그램에 따라 투자자금의 유치와 경제구조의 개혁을 위해 금융과 무역 등의 대폭적인 규제완화와 자율화(Liberalization)를 추진하였다.

(3) 개방화의 확산

미국을 중심으로한 선진국들에 의해 새로이 추진된 신국제통상질서는 GATT체제에 비하여 후진국들에 대한 시장개방(Globalization)압력을 증대시키고 있다. UR, WTO체제를 중심으로 금융, 농산물, 서비스분야의 개방요구를 증대시키고 있으며, 상호주의, 쌍무협상(FTA) 등을 통하여 구체적인 개방추진과제와 일정을 요구하고 있는 실정이다.

경제개방의 확대는 선후진국 상품들과의 치열한 경쟁을 통해 국내산업의 국제경쟁력 증대시키는 효과가 있다. 그러나 국내기업들의 기술혁신과 생산성 향상을 통한 국제 경쟁력 증대의 노력이 부족할 경우 해외시장은 물론 국내시장에서도 선진국(하이테크 제품)과 후진국(노동집약제품) 상품들의 시장 잠식이 확대될 우려가 있다.

(4) 분권화와 지방화

우리 경제는 1960년대부터 시작된 총체적 효율성을 중시한 중앙집권적 경제개발로 세계 최고의 경제성장을 이룩하였으나, 지역간, 부문간 경제력 격차가 심화되었다. 부문별로는 대기업과 중소기업, 수출부문과 내수부문, 경공업과 중화학 공업간의 격차가 확대되었다. 지역별로는 수도권(서울, 경기)과 동남권(울산, 부산, 마산 등)과 여타 지역간의 격차가 확대되었다.

이 같은 문제점을 시정하고 지속적인 발전을 이룩하고자 지역간 균형발전과 지방화(Localization) 전략을 추진하였다. 특히 1990년대부터 중반(1995.6자치단체장 선거)부터 지방자치제의 실시와 함께 지역경제 활성화에 대한 관심이 높아 졌고, 지방정부는 지역산업단지, 농공단지조성, 벤처산업 육성정책, 지역개발과 재개발 등의 정책을 추진하고 있다.

(5) 금융시장 개방과 동조화

세계경제의 글로벌화가 가속화되면서 세계금융시장도 개방화와 자유화의 증대로 금융기관 간의 경쟁이 치열해지고 있다. 또한 세계시장을 무대로 한 금융자본의 투기화와 자산유동화 증대, 금융파생상품 등의 증대로 금융거래의 불확실성과 위험성이 높아지고 있다.

국제투기자본(Hot money)의 급증으로 세계경제가 카지노 자본주의화 하고 있으며, 경제구조가 취약한 국가들은 이들의 공격으로 외환위기(멕시코, 칠레, 러시아, 태국, 인도네시아, 한국)를 겪었다.

국제투기자본의 규모는 소로스(J.Soros)의 퀀텀펀드, 타이거펀드 등을 중심으로 3천억~5천억 달러로 추산되며, 신용 및 레버리지 효과 포함하면 1조~1조 5천억 달러로 추산되고 있다. 한국의 1997년 경제위기시 외국투기자본은 매년 50억～ 100억달러의 수익을 낸 것으로 알려져 있다.

금융환경변화의 특징을 살펴보면 세계경제의 단일시장화에 따라 국제금융시장은 자유화, 범세계화(globalization), 그리고 겸업화와 증권화(securitization)가 급진전 되고 있다. 또한 정보통신기술의 비약적인 발달로 세계 주요 자본시장의 변화가 상호간에 영향을 미치는 세계적인 동조화(synchronization)시대를 맞고 있다. 뉴욕, 런던, 동경, 홍콩, 한국증시는 상호간에 많은 영향을 미치고 있는 것이다.

첫째 금융자유화(Financial Liberalization)는 금리의 자유화, 업무영역에 대한 제한의 완화, 환율과 국제금융거래의 자유화 등을 의미한다. 금융혁신과 금융공학(financial engineering)의 발전으로 선물(Futures), 옵션(Options), 스왑(Swaps) 등의 신상품과 금융파생상품(Derivatives)들이 증대하고 있다.

둘째 금융규제의 철폐로 국내시장과 해외시장이 통합되는 금융의 범세계화 현상이 강화되고 있다. 정보통신기술과 금융기술의 발달로 공간적인 거리의 개념이 무의미해 졌다. 거래 및 결제시스템의 혁신과 국제화로 금리, 가격, 규제 및 세제의 차이에 민감하게 반응하며 자본이 이동한다. 특히 투기자본들은 규제와 조세가 적은 조세천국(TAX Heaven: 버뮤다, 산마리노, 벨기에 등)으로 이동하게 된다.

셋째 금융의 증권화와 기관화 추세가 확대되고 있다. 겸업주의(Universial Banking)가 확산되고, 직접금융과 증권을 매개로한 자금조달의 비중이 증대되고 있다. IMF이후 우리경제에서도 각종 국내외 펀드, 연금보험, 반액보험, CMA 및 자산유동화증권 등에 대한 투자가 급증하고, 고객예탁금이 폭발적으로 증대하였으며, 기업들의 증자 등으로 직접금융이 증대되고 있다.

넷째 금융의 동조화가 강화되고 있다. 뉴욕(Wall-ST), 동경, London, 홍콩, 상해 등 주요 금융시장이 동시에 영향을 미친다. 미국(다우, 나스닥지수), 중국(홍콩, 상해), 일본(닛케이 지수) 등이 한국 주가에 영향을 미치며, 한국의 주가도 이들 시장에 영향을 미치게 된다.

IMF외환위기 이후 우리나라 금융경영 패러다임 변화의 특징은 양(Quantity)중심에서 질(Quality)중심으로 변모되었고, 시장지배력(Market Share)중심에서 수익중심(Profit)으로 바뀌고 있다.

(6) 국제경쟁력 강화를 위한 체질개선과 구조조정

경제개발 초기에 부존자원과 투자재원이 부족하였기 때문에 우리 정부는 외국의 자본과 기술을 도입하고, 우리의 저임노동력을 투입하여 대량생산하고 수출하는 가공수출전략을 추진하였다.

이 같은 저임금과 단순조립가공형 수출구조에 기초한 한국경제는 임금상승과 기술혁신 부족 등으로 한계에 직면하게 되었다. 즉 저임금에 기초한 경공업제품과 농산물은 중국 등 후진국과의 경쟁에서 뒤지고 있으며, 기술집약적인 하이테크 제품은 일본 등 선진국과의 경쟁에서 밀리고 있다.

브즈앨런& 해밀턴은 [한국보고서]에서 한국경제의 이 같은 딜레마를 "Nut Cracker속의 한국경제"로 설명하고, 위기 탈출을 위해서는 경제의 체질개선과 구조개혁 노력이 시급하다고 진단하였다. 정치경제적인 낭비요인을 제거하고, 시스템을 선진화하는 것이 시급하다. 한국경제의 고비용(5고: 임금, 지가, 물류, 이자, 규제) 저효율 구조를 저비용 고효율구조로 개편해야 하며, 산업의 중심이 하드웨어(중후장대형)중심에서 소프트산업(벤처, 디자인, 설계, 하이테크)중심으로 변모해야 한다. 아울러 과학기술 투자를 확대하고 분야별 전문가를 육성하며, 미래의 신성장산업을 육성하여 잠재성장율을 제고시켜야 한다.

2. 한국경제의 선진화 과제

글로벌 경제환경의 급격한 변화로 한국경제는 여러 가지 도전을 극복해야 하는 과제를 안고 있다. 그 동안 선진국의 기술과 자본을 도입하여 국내의 저임금 노동력을 통해 가공수출하던 방식은 중국과 동남아 등 저임금노동력이 풍부한 후발 국가들의 추격으로 경쟁력을 상실하고 있다. 또한 첨단기술이 필요한 신기술 제품이나 지식집약적 제품은 선진국들과의 경쟁에서 뒤지고 있어 한국경제는 넛-크레커(Nut Cracker)속에 빠질 위험이 있다.

한국경제는 크게 네 가지의 도전을 받고 있다. 첫째 세계화의 도전이다. 글로벌 경제는 국가간의 장벽을 없애고 무한경쟁에 돌입하는 것을 의미한다. 한-EU, 한-미, 한-중국 등 여러 국가간의 자유무역협정(FTA)추진, 글로벌화와 블록경제화가 동시에 진행, 다국적 기업(MNC)들의 역할 증대와 국내외 시장에서 경쟁심화 등이다.

둘째 첨단제품개발과 신기술의 도전이다. 정보통신(IT), 생명공학(BT), 나노기술(NT), 환경기술(ET), 문화와 컨텐츠(CT) 등의 분야에서 신기술 개발경쟁이 격화되고 있다. 또한 우주와 해양자원개발, 융복합 기술, 지적재산 확보 등에서 경쟁이 치열해지고 있다.

셋째 중국과 BRICs의 도전이다. 특히 중국의 급부상(China Shock)은 한국경제에 위기이자 기회로 작용하고 있다. 몇 년 전부터 중국은 미국을 제치고 최대의 교역국으로 부상하고 있으며, 세계의 생산 기지화가 가속화되고 최대의 소비시장으로 부상하고 있다.

중국경제가 급부상하면서 글로벌 경제질서가 G7에서 미국과 중국의 G2로 변모되고, 자원확보 경쟁과 경제민족주의가 심화되면서 차이나리스크(China Risk)가 증대되고 있다.

넷째 저출산-고령화의 도전이다. 최근 들어 일본의 지역사회를 방문해 보면 노령인구비중이 높고 젊은 사람들이 보기 힘들어 활기찬 모습을 보기 힘들다. 일본의 장기불황이나 '잃어버린 10년'의 근본적인 원인도 인구동학에서 찾는 사람이 늘어가고 있다. 우리경제도 고령화 사회(65세이상 7%)를 지나 2019년 고령사회(65세이상 14%)로 진입할 전망이다. 급격한 출산파업과 고령화는 잠재성장율을 낮추고, 부동산가격과 재정수요에 부정적인 영향을 미칠 것이다.

우리경제를 업그레이드하기 위해서는 성장패러다임을 기술혁신 주도형으로 변모시켜야 한다. 시장의 투명성과 신뢰성을 향상시켜 자원배분의 효율성을 제고시키고, 혁신 인프라를 구축하여 혁신역량을 강화해야 한다. R&D투자를 획기적으로 늘리고 교육투자와 개혁을 가속화하며, 과학기술자와 기업인들을 우대하는 분위기를 조성해야 한다.

(1) 한국 고유의 경제시스템 확립과 효율화

역사상 세계를 호령했던 초강대국의 9가지 Winning전략을 다룬 [대국굴기]는 어떤 나라가 대국의 길로 들어서는 강대국의 패러다임을 다루고 있다. 개인과 마찬가지로 국운(國運)도 중요한 요소이지만, 성장을 위한 절실한 열망과 선구자적 도전정신, 시대를 앞서가는 리더그룹의 존재와 단결력, 시대적 분위기와 스피드 등이 중요하다.

한국의 경제시스템은 동아시아 경제발전모형을 기초로 성장전략을 추진하였다. 이 모형은 제조업발전을 위한 설비투자 확대, 제조업경쟁력 확보를 통한 수출증대, 경제성장 우선정책 등을 특징으로 한다. 따라서 정부주도의 성장전략을 추진하기에 적합한 시스템이다.

그러나 1997년의 외환위기를 계기로 영미식 시장경제시스템으로 패러다임이 변모하였다. 자유시장경제 시스템은 투명성과 효율성, 노동시장의 유연성, 주주중시 경영 등을 특징으로 한다. 수익성과 단기성과를 중시하기 때문에 장기적인 설비투자나 관계금융 등은 약화될 수 밖에 없다. 따라서 시장경제 시스템의 장점은 살리면서 정부주도형 경제체제를 효율적으로 결합한 한국형 경제시스템을 만들어야 한다.

아울러 정치권과 정부의 고비용 · 저효율 구조를 개선하고, 상대방에 대한 비난경쟁을 시정해야 한다. 인기 영합적(Populism) 선심정책을 자제하고 국책사업을 남발하지 않도록 해야 한다. 경제논리에 따른 경제정책을 추진하고 비전제시와 정책의 일관성을 유지하며, 대규모 국책사업이나 지방정부의 무분별한 사업 추진 등의 정책실패를 막아야 한다.

(2) 시스템 개혁과 21C 신 인재 육성

한국경제의 업그레이드를 위해서는 정치경제, 사회, 교육, 금융 등 모든 분야에서 시스템 개혁이 시급하다. 선진국의 효율적인 시스템을 벤치마킹하고, 정치경제의 도약을 위한 대 개혁이 이루어 져야 한다.

지도층과 공직자의 솔선수범, 부정부패와 모럴 헤저드의 방지, 국민의 의식개혁과 통합이 중요하다. 아울러 21세기 지식기반사회를 선도할 창의력과 전문지식을 겸비한 인재를 양성하고, 교육시스템을 개혁해야 한다.

〈 21세기 9Q 인재〉

(1) IQ(Intelligent Q) : 아이큐, 지적능력	(2) EQ(Emotional Q) : 감성지수
(3) MQ(Moral Q) : 도덕, 윤리지수	(4) PQ(Passion Q) : 열정지수
(5) DQ(Digital Q) : 디지털지수	(6) GQ(Global Q) : 세계화 지수
(7) SQ(Success Q) : 성공지수	(8) FQ(Financial Q) : 금융지수
(9) NQ(Network Q) : 네트워크 지수	

(3) 신 성장동력 발굴과 일자리 창출

우리경제가 명실상부한 선진국으로 도약하기 위해서는 새로운 성장동력 발굴과 성장잠재력 제고가 시급하다. '오쿤(A.Okun)의 법칙'에 따르면 경제성장율과 실업율은 역의 관계에 있다. 따라서 실업과 분배문제의 최선 해결책은 고도성장력을 회복하는 것이다.

한국경제는 2007년에 2만 달러(US)를 달성하였으나 고소득 선진국들의 평균소득은 3.8만 달러에 달한다. 미래형 전략산업 발굴, R&D특구 및 혁신클러스터 활성화, 산학협력 강화, 기업하기 좋은 환경조성 등으로 경제선진화 노력을 강화해야 한다.

한편 경제의 정보화와 첨단화가 강화되면서 고용유발계수가 감소하고 있으며, 고용없는 성장(Jobless Growth)과 상시적인 구조조정으로 취업난이 심각해지고 있다. 엘리베이터족, 사오정·오륙도, 낙바생, 면창족, 체온퇴직(36.5세), NG족, 니트(NEET)족, 코쿤족, 캥거루족, 헬리콥터족 등은 취업난을 반영하고 있다.

노사협력과 안정적 일자리를 위한 사회협약을 추진하고, 창업을 활성화하며 일자리 창출펀드 등을 조성해야 한다. 선진국에서 활성화되고 있는 사회적 기업육성정책을 일자리 창출과 연계하여 추진하고, 특히 심각한 청년층의 취업난을 해소할 수 있는 방안들이 강구되어야 한다.

(4) 기업과 개인의 국제경쟁력 강화

세계화(Globalization)의 진정한 의미는 기업과 개인이 세계 최고와 경쟁하는 것이다. 시장경제시스템의 명제(시장의 철칙)는 단순·명쾌하다. 즉 가장 좋은 제품을 가장 저렴하게 공급하라는 것이다. 품질(성능, 디자인, 색상 등)과 서비스는 최고이면서 가격은 가급적 낮아야 장기적으로 시장에서 살아 남을 수 있다.

끊임없는 혁신으로 더 좋은 제품을 싼 가격에 제공하지 못하는 기업이나 개인은 시장에서 퇴출되게 된다. 자동차의 대중화를 선도했던 포드를 비롯한 미국 자동차의 빅3는 일본과 한국, 유럽차들과의 경쟁에서 밀려 구제금융으로 생존하고 있으며, 한때 세계를 제패하였던 유럽의 조선사들은 한국과 중국 등에 밀려나고 있다.

삼성의 일등주의, Apple과 MS의 기존제품 파괴주의, Toyoda와 현대자동차의 혁신전략 등 끊임없는 혁신과 변신노력이 강화되어야 한다. 경제주체들이 창의적 활동과 혁신에 적극적으로 참여하도록 인센티브를 제공하고, 국민의식과 시스템을 개혁하도록 해야 할 것이다.

[미래산업을 바꿀 7大 파괴적 혁신기술]

삼성경제연구소(2013)에 따르면 저성장을 돌파할 모멘텀으로 파괴적 혁신기술이 주목받고 있다. 파괴적 혁신기술은 ① 기존산업의 경쟁질서를 바꾸고, ② 타 산업에 영향을 미치며, ③ 소비자의 행동이나 사고를 변화시켜 새로운 시장과 사업을 창출하는 기술로 정의된다.

스마트폰이 기존 휴대폰 시장을 빠르게 추월한 것처럼, 파괴적 혁신기술은 기존 기술의 성과를 순식간에 넘어서는 잠재력을 갖고 있다. 파괴적 혁신기술은 소비자의 요구를 반영하여 다음 세 가지 키워드를 중심으로 개발되고 있다. 첫째, **[능동형 맞춤]** 사용자의 명령을 수행하는데서 나아가 개인별 요구사항과 의도를 먼저 분석하여 최적의 서비스를 제시한다.

둘째, **[스마트 세이빙]** 통념상 절감하기 어렵다고 생각했던 분야에서 시간, 에너지, 원재료 등을 절감한다.

셋째, **[불균형 해소]** 시간, 공간, 사용층 등의 불균형을 해소한다. 이러한 키워드를 기반으로 한 7대 파괴적 혁신기술이 커다란 변화를 가져오고 있다.

국내외 연구기관들은 7大 파괴적 혁신기술이 가져올 파급효과에 주목하고 있다.

① **[웨어러블 컴퓨터]** 다양한 정보를 수집 · 분석하는 컴퓨터 기기를 신체나 의복에 착용하는 것으로, 최근 스마트폰과 연계한 제품이 증가하고 있다. 웨어러블(wearable) 기기가 확산되면 헬스케어산업이 확대되고, 헤드셋 기기에 증강현실을 구현한 광고가 출현할 것이다.

② **[3D 프린팅]** 3차원 설계도에 따라 한 층씩 소재를 쌓아올려 입체 형태의 제품을 만드는 기술로서 맞춤형 제조가 가능해질 것으로 예상된다. 고분자화합물에 나노입자를 주입하여 새로운 광학 · 열 · 전기 · 화학 특성을 갖는 제품을 제조하거나, 우주선 유지보수에 필요한 부품을 우주공간에서 직접 출력할 수 있게 되면서 나노, 우주항공 등의 기술혁신을 촉진할 것이다.

③ **[상황인식 기술]** 사용자의 행위, 생체신호, 과거 생활이력, 주변환경 등을 분석하여 상황에 맞게 적절한 기능을 자동 수행하는 소프트웨어 기술로서 수동적이던 기계의 역할을 능동적으로 변화시킨다. 여행업, 소매유통업, 소매금융업 등에서 타깃 고객층을 세분화하여 구매할 상품을 추천하고, 의료 · 공공부문에서는 질병, 재해, 범죄 발생을 개인별로 감지하고 사전에 경고할 수 있다.

7大 파괴적 혁신기술

분야	기술	내용	예상변화
전자 /통신	① 웨어러블 컴퓨터	신체나 의복에 착용하여 자유롭게 사용할 수 있게 한 컴퓨터 기기	o섬유산업이 하이테크 化 o기기의존형 헬스케어 확대
	② 3D프린팅	3차원 설계도에 EK라 한 층씩 소재를 쌓아올려 입체 형태로 만드는 기술	o개인 맞춤형 제조 확대 o나노 · 생명 · 우주항공분야 활용
소프트웨어 /서비스	③ 상황인식 기술	사용자 상황(행위/생체신호/이력/환경)에 맞게 적절한 기능을 자동 수행	o타깃마케팅 정교화 · 세분화 o사전에 예측 · 대응하는 패러다임 변화 가속화
자동차	④ 자동주행차	운전자 조작 없이 차 스스로 위치와 상황을 감지해 속도, 조향 제어	o효율적 도로인프라 구축 o사고 감소로 보험 · 병원 변화 o렌털서비스 성행
소재	⑤ 초경량 소재	마이크로래티스 등 가벼우면서도 강한 소재	o항공우주분야에서 운송 수단으로 응용분야 확대 o에너지 절감, 가격하락 전망
바이오 /의료	⑥ 유전자 치료제	질병의 원인인 비정상 유전자를 정상 유전자로 대체하여 질병을 완치	o의료비 지불기준의 변화 o예방형 건강보험 출시 o미용 · 항노화산업 부상
에너지	⑦ 포스트 배터리	구부림(플렉시블), 고밀도(금속공기), 저가격(금속이온) 전지	o웨어러블 디바이스 성장 전기차 · 전력저장시스템 저변 확대

자료: 삼성경제연구소(2013)

④ **[자동 주행차]** 스스로 위치와 상황을 감지해 속도와 조향을 제어하는 자동차로 안전하고 편안한 운전을 가능케 한다. 차량 간 네트워크를 이용하면 근접, 군집주행이 가능해 도로 활용도가 높아지고 교통 인프라 수요가 줄어든다. 또한 안전문제로 인한 자동차 디자인 제약이 완화될 것이다.

⑤ **[초경량 소재]** 기설보다 가벼우면서 전도성, 탄성, 에너지 흡수 등의 특성도 겸비한 소개로서 배터리 전극, 구조물, 충격흡수재 등에 적용할 수 있다. 우주항공 분야에서는 발사체 무게를 줄임으로써 발사비용과 비행시간을 절감할 수 있고, 자동차 무게의 70%에 달하는 외장 · 프레임 대체 시 연비 향상도 기대된다.

⑥ **[유전자 치료제]** 손상된 유전자를 정상 유전자로 대체함으로써 발병원인을 제거하는 '근원(根原) 치료제'다. 이로써 질병 정복시대가 열릴 것으로 보이는데 超高價의 치료비가 문제다. 다만, 한두 번의 치료로 완치되기 때문에 병원비 기준을 치료행위나 기간이아니라 치료결과로 바꾸자는 논의가 활발해질 것이다. 또한 유전자 교체를 통한 피부색 전환, 노화지연 등 미용 및 항노화산업이 부상할 전망이다.

⑦ **[포스트 배터리]** 구부릴 수 있고 용량과 가격이 획기적으로 개선된 배터리로서 현재 주류인 리튬이온전지를 대체할 것이다. 이 배터리를 이용하면 안경, 시계, 신발, 의복 등에 IT를 접목한 다양한 디자인이 가능하고, 전기차 및 신재생에너지의 저변이 확대될 것이다.

1) John Naisbitt, [Global Paradox], [Megatrends], The Economist편집부, [메가체인지 2050, Megachange: The World in 2050], 김소역역, 한스미디어. 전국경제인연합회(2011), [2030 Vision: 미리 가본 대한민국].

2) 3차 산업의 비중이 증대하면서 기존의 1, 2, 3차 산업 구분에서, 3차 산업은 금융, 유통, 수송 등, 4차 산업은 정보, 의료, 교육 등, 5차 산업은 오락, 패션 등으로 세분하자는 주장이 대두되고 있다.

제 2 장

한국경제의 특성과 발전방향

少年易老 學難成(소년은 쉽게 늙고 학문은 이루기 어려우니)
一寸光陰 不可輕(순간의 세월을 헛되게 보내지 말라)
未覺池塘 春草夢(연못가의 봄풀은 아직도 꿈에서 깨지 못했는데)
階前梧葉 已秋聲(계단 앞의 오동나무 잎은 가을소리를 내누나)
- 朱子 -

제 1 절 한국경제의 규모와 특성

우리경제는 비약적인 발전을 통해 '한강의 기적'을 이룩하였다. 유럽이나 미국, 일본 등 선진국은 물론이고 아프리카나 남미의 후진국에서도 한국산 가전제품, 자동차, 다양한 소비재 등이 명품대접을 받으며 팔리고 있다. 수 많은 해외 교포들이 현지화에 성공하여 다양한 분야에서 두각을 나타내고 있으며, 해외 원조와 지원을 증대시키고 있다.

유구한 역사와 전통을 자랑하지만 근대화의 역사가 짧은 한국경제는 다른 나라의 경제와 비교할 때 많은 특성이 있다. 이러한 특성은 여러 면에서 검토할 수 있다. 체너리(H.B. Chenery) 교수는 자원부존도 차이, 국가 규모의 차이, 사회목표와 정책의 차이 등 구조적 특성을 비교기준으로 제시하였다.

그러나 '경제전체의 일반적 특성'을 나타내는 가장 기본적인 요인으로는 (1) 소득수준, (2) 국가의 규모, (3) 부존자원, (4) 경제체제, (5) 성장전략, (6) 지경학적 위치 등이 있다. 이를 통하여 한국경제의 일반적 특성을 다른 나라의 경우와 비교하여 살펴보기로 한다.

1. 소득수준

한국은 소득수준과 주요 기업의 국제경쟁력 등을 기준으로 선진경제에 성공적으로 진입한 것으로 평가받고 있다. 그러나 후진적인 정치구조, 낮은 복지수준, 사회적 안정망 미흡 등 명실상부한 선진국이 되기 위해서는 개선해야 할 부문이 많은 것으로 나타났다.

해외여행을 다녀 보면 소득수준이 비슷한 나라는 여러 면에서 비슷한 점들이 많다는 것을 느낀다. 소득수준이 비슷한 후진국 사람들은 어느 나라에서건 옷차림·얼굴표정·걸음걸이 등에 있어서도 비슷하고, 시민의식이나 부정부패의 정도에 있어서도 유사하다고 한다. 따라서 그 나라의 1인당 소득수준을 알면 국민의 생활수준이나 경제문제의 유형 등을 개략적으로 알 수 있게 된다는 것이다.

많은 국민들이 '한국은 선진국인가?' 에 의문을 가지고 있다. 선후진국의 기준으로 세계은행, IMF, 세계경제포럼(WEF) 등은 1인당 국민소득을 기준으로 하며, 유엔개발계획(UNDP)은 인간개발지수(HDI)를 사용한다.

소득수준은 사실 국가의 발전단계나 국민의 생활수준, 그리고 질서의식이나 교양의 정도 등을 나타내는 가장 중요한 지표가 된다. 세계은행 보고서(2016)에 따르면 우리나라의 1인당 GNI는 2014년 기준할 때 27,090$로서 고소득경제에 속한다.

저소득경제(low income economies) : 1,035 $(US)이하
중소득경제(middle income economies) : 1,035-12,616 $(US)
고소득경제(high income economies) : 12,616$(US)이상

많은 사람들은 경제협력개발기구(OECD) 회원국들을 선진국이라고 생각한다. 한국은 1996년에 가입하였다. 그런데 고소득경제의 평균 1인당 소득이 38,301$임으로 명실상부한 고소득경제에 도달하기 위해서는 1인당 GNI를 1.5배 증대시켜야 한다.

참고로 1인당 소득(2014년)으로 볼 때 부국은 노르웨이(103,620$), 스위스(84,720$), 미국(55,2300$) 등이며, 빈국은 브룬디(270$), 에티오피아(550$), 모잠비크(6000$), 네팔(730$) 등이다.

그런데 이러한 1인당 소득의 국제비교에는 각국의 실질구매력이 감안되어 있지 않으므로 생

활수준의 차이를 정확하게 나타낸다고 볼 수 없다. 예를 들면 맥도날드 햄버거의 가격은 국가마다 상이하며, 중국과 일본을 방문하여 과일과 육류가격을 비교해보면 결과 중국은 한국에 비하여 5~10배 정도 저렴한 반면 일본은 2~5배가 비싼 느낌을 받는다.

〈표 – 1〉 명목소득과 구매력환산소득의 국제비교

단위 : US 달러

	명목소득		PPP(구매력환산)소득	
	1인당GNI	한국=100	1인당GNI	한국=100
한 국	27,090	100	33,650	100
일 본	42,000	155	38,120	113
미 국	55,230	204	55,900	166
스 위 스	84,720	313	59,160	176
영 국	43,390	160	39,500	117
독 일	47,590	176	47,460	141
중 국	7,400	27	13,170	39
인 도 네 시 아	3,630	13	10,190	30
러 시 아	13,220	49	22,160	66
브 라 질	11,790	44	15,570	46
인 도	1,570	7	5,630	17

자료 : World Bank, 「World Development Indicators 2016」.

이와 같이 각국의 소득수준의 비교에는 1 달러당 구매력에 큰 차이가 있을 수 있다는 점을 고려하여야 한다. 세계은행은 이같은 점을 고려하여 1인당 GNI와 구매력지수(PPP: Purchasing Power Parity)로 평가한 1인당 GNI를 발표하고 있다.

이 방법에 따라 세계은행이 각국의 구매력환산소득(이를 ICP소득이라고도 함)을 계산하였는데 그 결과는 〈표 -1〉 에 나타난 바와 같다. 이에 따르면 미국의 1인당 소득은 경상달러로는 한국의 2배가 되나 구매력을 감안할 때는 1.7배에 불과하다.

선진국들은 시장화율이 높기 때문에 후진국에 비하여 GDP가 과대 평가되는 경향이 있으며, 후진국은 시장거래율이 낮고 자급자족형 경제활동 비율이 높기 때문에 구매력 환산소득이 GDP에 비하여 높게 나타난다. 스위스의 경우 1인당GNI는 84,720$로 한국의 3.1배가 되며 구매력환산 GNI는 1.8배 정도가 된다. 반면에 인도의 경우는 1인당 GNI가 3,630$이나 구매력 환산 GNI

는 10,190$였다.

한국과 일본을 비교하면 일본의 1인당 소득도 경상달러로는 한국의 1.6배나 되나 구매력을 감안할 때는 1.1배에 불과하다. 일본을 많이 여행한 사람들 중에는 일본의 100엔(￥)이 환율로 계산하면 1,000원 정도가 되나, 일본 내에서의 구매력은 우리 돈 500원 느낌을 받는다고 말하는 경우를 종종 본다. 명목소득과 구매력 평가소득이 차이가 나기 때문이다.

2. 규모 기준으로 대국

국가의 규모는 국토나 인구 등 어느 기준으로나 논의될 수 있다. 그러나 경제활동에 미치는 영향으로 볼 때 인구가 더 유용한 기준이 된다. 그리고 인구에 1인당 소득을 곱한 GDP를 통하여 국가의 경제규모도 알 수 있게 된다. 그런데 국토규모로 볼 때 세계적인 대국은 러시아(1,709만㎢), 캐나다(998만㎢), 미국(983만㎢) 중국(956만 ㎢) 등이다.

한국의 인구는 5,080만명(2015년)으로 그 규모에 있어서 세계 제26위이다. 노벨상수상 경제학자 크주네츠(Simon Kuznets)는 인구 1,000만명, 그리고 하바드대의 체너리(Hollis B. Chenery) 교수는 인구 2,000만명을 대·소국 구분의 기준이라고 하는데, 한국은 인구기준 '대국이다.

대국은 가령 1인당 소득은 적더라도 인구가 많으므로 이 둘을 곱한 GDP로 나타나는 경제규모는 크게 된다. 인도와 중국이 그 대표적인 예이다. 한국도 1인당 소득은 적으나 인구가 많으므로 전체 경제규모는 스웨덴, 노르웨이, 펀란드, 덴마크 등 많은 선진국보다 크다.

세계은행 자료에 따르면 2014년 한국의 GDP는 북아프리카 전체 GDP보다 크다. 스페인, 멕시코 등과 경제규모가 비슷하다. 인구가 많다는 것은 각 분야에서 세계수준의 전문가, 학자, 기업가, 기술자, 근로자 등이 나올 수 있으므로 인적자원이 풍부하고 국방력에 있어서도 유리함을 의미한다.

싱가포르, 홍콩 등은 인구가 몇 백만명에 불과하므로 각계 각층의 세계적인 전문가를 골고루 배출하기가 어렵다. 싱가포르는 인구가 550만 명인데 노인, 어린이, 학생, 공무원 등을 제외하면 운동선수가 될 사람이 적어서 스포츠 강국이 되기 어렵다. 또한 규모의 경제나 범위의 경제가 필요한 대규모 사업을 추진하기 어렵다.

일반적으로 인구소국은 이런 인적자원부족의 문제가 심각하다. 그러나 한국의 인구는 현재의 주요 선진국들이 옛날에 선진국으로 될 무렵의 규모와 비슷할 정도로 크다. 한국은 인구가 적기 때문에 선진국이 되기 어렵다는 주장은 설득력이 약하다.

현재 선진국 중 한국보다 인구가 많은 나라는 인구규모 순으로 미국, 일본, 독일, 이탈리아, 영국, 프랑스 등이다. 동구권 국가 중 한국보다 인구가 많은 나라는 러시아뿐이다. 불가리아, 폴란드, 헝가리, 체코 등은 모두 한국보다 인구가 적다.

'한국은 대국'이라는 사실의 의미를 좀더 살펴보기로 하자. 동아시아의 다른 신생공업국인 싱가포르, 홍콩, 대만 중에서 싱가포르는 2015년 인구가 550만명, 국토면적은 697㎢로 인구는 서울의 1,002만명보다 적고 면적은 서울(605㎢)보다 약간 크다. 홍콩의 인구는 약 730만명, 면적은 1,104㎢ 정도이다. 대만도 인구가 2,340만명으로 한국의 절반에 못 미치고, 면적은 35,980㎢로서 한국의 36%수준이다.

한국은 대국임에도 불구하고 역사적으로 인구 13.7억의 중국, 1억 3천만의 일본, 1억 4천만의 러시아, 그리고 역시 3억 2천만의 미국 등 세계 초강대국들의 세력 틈바구니에서 생존해 오느라 국민들이 이른바 '약소국'의 관념을 뿌리 깊게 가지게 된 것 같다.

그러나 세계은행(WB)에서 발표한 229개 국가를 놓고 볼 때는 경우가 다르다. 선진국 중에서도 벨기에, 네덜란드, 룩셈브르크 등은 소국이므로 통상 이 세 나라를 합하여 베네룩스 3국이라고도 부른다. 이 지역에서는 국토가 매우 작아 국경이 가정집을 관통하기도 하고, 하루에도 몇 번씩 국경을 넘나들며 생활을 하고 있다.

대국의 경제적 중요성은 무엇보다 국내시장의 규모가 크다는 것이다. 따라서 산업정책이나 경제운영도 이에 맞게 해야 된다. 싱가포르와 같은 소국은 국토가 협소하므로 대규모의 철강이나 자동차 생산공장 등을 건설할 수가 없다. 우선 땅이 좁고, 설령 건설하더라도 국내시장이 작아 제품의 국내 판매가 어렵다.

소국은 이러한 자동차·철강 등 '규모의 경제' 산업을 잘 발전시키기 어렵기 때문에 공업화에는 여러 면에서 한계에 부딪히게 된다. 그리고 기업도 자연 중소형기업이 많게 된다.

싱가포르와 홍콩은 부족한 자원과 교역중심지인 항구도시의 잇점을 살려 서비스주도형'(services-oriented)성장을 추구하였다. 싱가포르는 서비스가 좋기로 이름난 싱가포르항공, 내왕하는 배가 많기로 세계 제 2 위인 항만, 그리고 제약, 금융, 상업 등이 잘 발달되어 있어서 서비스산업을 육성하기 쉬웠다. 서비스는 아직도 GDP에서 높은 비중을 차지한다.

선진국 중 한국보다 1인당 소득은 많으나 인구가 적기 때문에 이 둘을 곱한 GDP에 있어서는 적은 나라들이 많다. 노르웨이는 1인당 소득이 103,620달러이나 인구가 510만명에 불과하므로 GDP는 5,323억달러로서 한국보다 크게 작다. 스위스, 덴마크, 핀란드, 뉴질랜드, 오스트리아 등도 한국보다 잘 살지만 GDP규모는 작다.

한편 중국은 인구가 13.7억으로 인구 규모는 한국의 27배나 되나, 1인당 소득은 7,400$로서 한국의 30%수준이다. 그러나 GDP는 10조 970억 달러로서 한국의 7배를 넘는다. 인도 역시 인구는 13억에 가까워 1인당 소득은 1,570달러에 불과하나 GDP는 20,280억 달러에 달한다..

참고로 GNP를 통하여 한국과 다른 나라의 경제력을 비교해 보기로 하자. 세계에서 가장 빈국인 Burundi는 1인당 소득 270달러, 인구 1,080만명으로 GDP는 약 29억 달러인데, 이는 한국의 1개 중견기업 수출액보다 작다.

북한의 인구는 24,800만명, 1인당 GNI는 1,230$로 추정된다. 전체의 무역규모도 한국의 1개 종합상사의 규모보다 작다. 경제규모가 작은 나라는 한국경제나 세계경제에 미치는 영향이 극히 작다. 따라서 후진국의 경기가 좋으므로 세계경기도 좋게 된다는 등의 말은 설득력이 없는 것이다. 소국과 대국의 일반적 특징을 살펴보면 다음과 같다.

(1) 소국일수록 국제무역의 중요성이 크므로 해외의존도가 높게 된다. 일본보다는 한국, 한국보다는 대만, 대만보다는 홍콩이나 싱가포르의 해외의존도가 높다.

(2) 대국일수록 규모의 경제 산업발전에 비교우위가 있다. 따라서 대국은 비교적 경제성장 초기에도 규모의 경제 산업을 발전시킬 수 있게 된다. 또한 소국보다 각종 산업의 균형성장을 쉽게 할 수 있다. 그리고 대국일수록 중소기업보다는 대기업의 비중이 크다.

(3) 대국은 소국에 비하여 일반적으로 국내수송비의 중요성이 크다. 지리적으로 대국인 경우에는 특히 그러하다. 호주가 좋은 예이다. 호주는 그야말로 국토는 광활한데 인구는 적으므로 어떤 곳에는 한 개의초등학교가 담당하는 지역이 1,300㎞나 떨어진 곳이 있어서 학생들이 등교를 할 수가 없으므로 전화로 수업을 할 정도이다.

(4) 일반적으로 대국은 소국에 비하여 인적 및 자연자원이 많다. 그러나 교육과 개발이 안된 경우에는 그 의미가 줄어든다.

(5) 대국일수록 국내시장규모가 크므로 수입대체정책을 추진하기가 쉽다.

(6) 소국은 개발전략에 있어서 융통성이 크고 비교적 선택의 여지도 많으나 대국은 그러하지 못하다.

한국이 대국이라고 하더라도 일본에 비하면 그 경제규모가 아직도 너무나 작은 편이다. 대만은 더욱 그러하다. 한국과 대만을 합하면 인구면에 있어서는 일본의 약 반이 되나 경제규모에 있어서는 4분의 1도 안된다. 그러므로 한국이나 대만의 기업도 대·중·소규모의 기업을 일본처럼 골고루 발전시키기가 어렵다. 대만은 중소기업형경제 그리고 한국은 대기업형 경제가 된 것도 국가규모와 관계가 큰 것이다.

3. 자원빈국과 고밀도 경제

한국은 석유·철·동·금 등 공업화에 필요한 '지하자원'이나 원목·원면·생고무·식량 등 '지표'자원이 모두 빈약한 '자원빈국`이다. 그리고 국토공간도 좁은 '공간희소국'(space scare country)이다. 국토공간 마저 협소하므로 택지나 각종 시설의 용지부족이 심하고 도처에 혼잡도 심하다.

한국은 세계에서 손꼽히는 고밀도 국가이다. 옛날부터 "삼천리 금수강산"이라 하여 경관을 자랑하고 있지만 세계에 자랑할 수 있는 부존자원도 없는 실정이다. 인구밀도가 1 ㎢당 517명으로 네덜란드와 비슷하며, 국토의 80%가까이가 산지로 되어 있어 국토 이용률이 매우 낮다.

지하 및 지표자원이 풍부하고 지표 자체도 광활한 미국, 캐나다, 브라질, 호주 등의 국가와는 여러 면에서 큰 차이가 있다. 한국은 자원빈국이므로 수입의존도가 원칙적으로 높게 되어 있으며, 국토의 단위면적당 인구뿐만 아니라 경제활동도 많게 되어 있는 고밀도경제이다. 공간을 아끼고 잘 활용하는 것이 무엇보다 중요하다. 앞으로 한국에서 토지의 중요성은 계속 증가할 수밖에 없을 것이다.

일본이 소형자동차와 소형 가전제품 등 소형을 잘 만드는 것은 태어날 때부터 좁은 공간에서 살면서 좁은 공간을 잘 활용하는 일본인의 일상생활과도 긴밀한 관계가 있다고 한다. 일본은 땅이 좁고 집도 좁아서 일본인들은 손님을 집에서 잘 접대하지 않으려고 한다. 그래서 외식을 많이 하게 되어 일본은 음식점이나 술집이 세계에서 제일 많을 정도라고 한다.

미국은 땅이 그야말로 광활하고 또한 부자들은 자기들끼리만 모여서 지내므로 서민들이 부자들을 볼 기회가 별로 많지 않다. 그러나 한국은 땅이 좁아 부자와 빈자가 서로 어깨를 비비며 살 정도이니 빈부의 격차가 그대로 드러난다. 그래서 한국인들은 빈부격차에 대한 인식도 크게 갖게 된다. 땅이 심히 비좁은 한국에서는 국토의 효율적 활용이 무엇보다 중요하게 된다.

4. 경제체제는 공동체적 자본주, 혼합경제체제

한국의 경제체제는 '자유시장경제체제' 또는 자본주의경제체제를 바탕으로 정부의 통제기능이 혼합된 '혼합경제'(mixed economy)이다. 한국은 경제문제의 해결에 있어서 원칙적으로 '시장경제체제의 기능'에 크게 의존하나, 그렇게 할 수 없는 국방·도로·도시관련 문제 등의 해결에 있어서는 '정부의 통제기능'에 의존한다. 한국경제는 이 양기능이 혼합된 혼합경제라는 점에서 미국, 일본, 독일 등과 유사하다. 그러나 그 혼합도에 있어서 큰 차이가 있다.

우리 나라에서는 최근 경제규모가 커지고 또한 복잡·다양해짐에 따라 정부통제기능의 비효율성이 증대하게 되었고, 이에 따라 자유시장기능을 점차 확대하고 정부통제기능은 축소하는 방향으로 제도를 개혁하려 하고 있다. 80년대 초부터 적극 추진된 경제자율화정책의 핵심이 바로 그것이다.

경제체제와 관련하여 80년대 후반부터 시작된 세계적인 추세는 통제경제국가 또는 공산주의국가는 자유시장체제를 채택하고, 자유시장경제체제를 이미 채택하고 있는 국가는 그 기능을 더욱 활성화하는 것인데, 각종 공기업의 민영화도 그 일환이다.

최근 한국, 일본, 대만 등 동아시아국가들의 경제성장이 서구국가들에 비하여 높게 나타나자, 이들 국가의 경제체제에 관한 관심이 높아지게 되었다. 이들도 자본주의경제국가인데 서구와는 큰 차이가 있으므로 많은 경제학자들은 이들 국가의 경제체제를 동아시아자본주의(East Asian capitalism), 유교자본주의(Confucian capitalism) 또는 공동체적 자본주의(communitarian capitalism)체제라고 하여 서구의 개인주의적 자본주의(individualistic capitalism)와 구분하고 있다.

보겔(E.Vogel)교수는 한국 등 동아시아인의 근본가치관은 공동체주의로서 미국 등 서구국가들의 근본가치관인 개인주의와는 다르다고 하였다. 한국 등 동아시아의 경제체제는 공동체적 자본주의 혼합경제체제가 되어 영미식 개인주의적 자본주의 혼합경제체제와 반대가 된다는 것이다.

프린스톤대학의 블라인더(A.Blinder)교수는 동아시아국가들은 영미식 자본주의의 원리와 반대로 하여 성공하였다고 한 바 있다. 아무튼 한국의 경제체제는 혼합경제체제인데, 그 바탕은 자본주의이며 또한 공동체주의에 입각한 것이므로 공동체적 자본주의 혼합경제라고 할 수 있다.

5. 발전전략은 GIO전략

한국경제의 성장전략은 앞의 네 가지를 토대로 하여 논의될 수 있다. 우선 제1의 기준인 한국의 1인당소득을 보면, 60년대 초까지는 그 수준이 100달러에 불과하였는데 이는 국민이 극빈상태에 있었음을 의미한다. 이런 상황에서는 성장지향적 정책이 소망스럽다.

스리랑카는 한때 이와 비슷한 상태에서도 분배지향적 전략을 채택하여 크게 실패한 바 있다. 그들은 곧바로 전략이 잘못되었음을 깨닫고 성장지향적으로 전환하였다. 우리나라에서 이 전략이 채택된 다른 중요한 이유는 경제성장과 관련하여 논의되는 바와 같이 1969년까지 한국이 북한에 경제적으로 크게 뒤떨어져 있었기 때문이다.

다음 제2의 기준인 국가의 규모를 보면, 1962년 제1차 5개년계획이 시작될 때 한국은 인구가 2,500여 만명으로 홀리스 체너리 기준에 따르면 대국이었다. 대국인 한국은 앞서 말한 바와 같이 인적자원이 풍부하고 국내시장도 비교적 크므로 규모의 경제산업인 철강·조선·석유화학 등 중화학공업을 비교적 초기단계에서부터 추진할 수 있었다.

그러나 너무 빨리 그리고 과다하게 추진하여 부작용도 많았음은 물론이다. 대만은 '소국'이므로 경제를 '중소기업형'으로 키워왔음은 잘 알려진 바와 같다. 한국은 대국이므로 대만보다 대기업도 많이 갖게 된다.

자원부존도 역시 경제발전에 많은 영향을 미친다. 말레이시아와 같은 자원부국은 일반적으로 자원지향적 또는 일차산업지향형 성장을 하게 된다. 그러나 한국 같은 자원빈국은 자원을 수입하여 가공한 후 다시 이를 수출하는 식의 성장을 하지 않을 수 없으므로 무역은 '가공무역형' 그리고 공업화는 대외지향형 공업화가 된다.

다른 중요한 기준인 경제체제를 보면, 한국경제는 자유시장경제체제를 토대로 한 혼합경제이므로 기업의 역할이 중시되는 경제이다. 따라서 수출지향적 성장도 공산권국가의 경우에서와 같이 '정부기업주도형'이나 '공기업주도형'이 아니라 '사기업주도형'으로 이루어져 왔다.

지금까지의 논의를 토대로 하여 한국의 성장전략을 보면, 한국은 극빈 상태를 탈피하고 북한을 추월하여야 했으므로 ① **성장지향적 전략**(growth-oriented strategy)을 채택하게 되었고, 자원이 빈약하여 일차산업지향적 정책을 채택하지 못했으며 서비스지향형 정책을 하지 못했다. 따라서 ② **공업지향적 전략**(industry-oriented strategy)을 채택하였으며, 해외원료를 수입하여 가공하는 식의 성장을 해야 하므로 ③ **대외지향적 전략**(outward-looking strategy)전략을 채택하지 않을 수 없었다. 즉 '성장지향적, 공업지향적, 그리고 대외지향적 정책'을 '동시'에 펴왔다. 이들 세 전략의 영문 머리글자를 따서 GIO전략이라고 하였는데, 한국의 성장전략에는 이 세 가지 전략이 모두 합쳐져 있음에 유의해야 한다.

개발전략에 있어서 한국은 국내시장이 방대하고 자원도 풍부하여 수출의 비중이 낮고 국내시장 중심으로 성장을 해온 미국, 그리고 자원도 빈약하고 경제규모도 작아 성장 초기부터 서비스 산업 중심으로 성장해 온 홍콩이나 싱가포르, 그리고 석유자원이 풍부하여 석유산업 중심으로 성장하고 있는 사우디아라비아나 쿠웨이트 등 중동 산유국들과는 큰 차이가 있다.

6. 지경학적으로 동아시아 경제권의 중심

서구의 선진국들은 서로 근접입지하고 있음으로 시장, 기술, 자본, 정보등의 면에서 상호교류가 용이하다. 1980년대 후반부터 동구권국가들에게 시장경제제도의 도입과 개방화의 물결이 본격적으로 일어난 것도 이들이 서구국가들과 근접입지하고 있기 때문에 TV, 인터넷, 라디오 등을 통하여 서구의 문물에 쉽게 접할 수 있었기 때문이라고 한다.

그런데 놀라운 사실은 일본은 서구 선진국들로부터 그렇게 지리적으로 멀리 떨어져 있고 언어나 문화적으로도 고립되어 있었지만 서구 선진국들을 잘 따라 잡을 수 있었다는 사실이다. 한국은 지경학적(geoeconomic)으로 서구 선진국들로부터 멀리 떨어져 있다는 점에서는 다른 나라와 다르다.

한국의 지경학적 특징은 세계 4대 강국인 중국, 일본, 미국, 소련에서도 제일 가까운 나라이며, 또한 이들의 세력 틈바구니에서 살아가고 있는 국가라는 사실이다. 또한 서울은 동쪽으로 도쿄와 오사카, 서쪽으로는 북경 및 상해, 북쪽으로는 장춘, 심양 및 하얼삔, 그리고 남쪽으로는 홍콩 등의 세계적인 대도시들의 바로 중앙에 위치하고 있다.

이와 같은 지경학적인 이점을 잘만 활용한다면 서울은 지리적으로는 물론 기능면에서도 말한 바와 같이 한국은 동아시아 경제권의 중심뿐만 아니라 문화권의 중심이 될 수도 있다.

한국은 미·소·중·일 등 세계 초강대국을 국익에 유리하게 활용할 수 있는, 세계 어느 나라도 갖고 있지 못한 아주 유리한 지경학적 이점을 갖고 있다. 그러나 불행하게도 대륙세력(러중)과 해양세력(미일)의 충돌지역이며, 6.25전쟁에서 보듯이 선진국 세력이 영향을 확대하는 과정에서 갈등을 야기 한다.

제 2 절 서구의 경제학과 아시아적 가치

MIT의 L.Thurow는 일본의 경제학은 생산자경제학으로서 앵글로색슨형의 소비자경제학과 크게 대조가 됨을 강조한 바 있다. 그에 따르면 한국의 경제학도 소비자경제학보다는 생산자경제학에 더 가깝다는 것이다.

하바드대의 E.Vogel교수도 미·일 경제의 특징을 다음과 같이 비교하였다. 미국경제학은 통화량, 이자율, 환율, 세율 등 경제변수, 특히 금융변수간의 '균형관계'를 중시하는 데 반하여, 일본경제학은 산업의 생산능력이나 국제경쟁력의 제고, 그리고 경제의 구조전환 등 실물경제를 중시한다. 그는 금융변수 중심의 미국경제학 때문에 미국경제는 많은 문제를 안고 있다고 하였다.

그는 미국의 주류경제학과는 달리 일본경제학은 산업정책을 중시하는 생산자경제학인 동시에 경제구조전환을 중시하는 구조주의경제학(structralist economics)이라고 주장하였다. H.Chenery도 구조주의경제학의 중요성을 강조해왔다.

한국도 산업정책과 구조정책에 많은 비중을 두어 왔음은 물론이다. 한국경제학은 앵글로색슨식 소비자경제학과 일본식 생산자경제학의 영향을 함께 받았지만, 현실적으로는 여러 면에서 생산활동을 중시하는 일본형에 더 가깝다.

미·일경제학의 근본차이를 이해하기 위해서는 우선 양국의 기본 이데올로기에 대한 이해가 필요하다. 하바드의 G.C.Lodge와 E.Vogel교수는 미국의 기본 이데올로기는 강한 '개인주의'이고 일본의 그것은 '공동체주의'라고 했다.

한국, 대만과 일본은 이데올로기 면에서 같은 공동체주의 그룹에 속한다고 하였다. 참고로, 이들에 따르면 대만의 공동체주의는 강한 '가족주의'(familism)에 뿌리를 두고 있다. 따라서 기업도 가까운 가족중심의 것이 되므로 대만에는 중소기업이 많게 된다.

이러한 이데올로기 때문에 자본주의도 개인을 중시하는 미국에서는 '개인주의적 자본주의가 되지만, 공동체를 중시하는 한국·일본·대만에서는 '공동체적 자본주의'가 된다고 하였다.

미·일의 경제성장과정을 간단히 살펴보기로 하자. 일본은 명치유신(1868) 이후 줄곧 부국강병으로 서구를 따라잡아야 한다는 정책을 채택하여왔다. 그러므로 산업의 생산능력과 국가경쟁력의 장기적인 향상을 중시하였다. 이런 과정에서 일본에서는 자연히 공급과 생산을 중시하는 경제학이 발달하게 되었다.

그러나 영국과 미국은 시차는 있으나 각각 세계를 주도하는 경제대국으로 발전하였으므로 세계 최고수준의 물적 풍요를 누릴 수 있는 위치에 일찍이 도달했다. 그리고 수많은 기업들이 오래 전부터 잘 발달되어 경제전체의 공급능력도 별로 문제가 없었다. 이런 상태에서 중요한 것은 국민들의 소비생활이었다.

이와는 반대로 개개의 기업이 미국에 비하여 크게 약한 일본은 명치유신 이후 지금까지 집단적 생산을 중시하여왔다. 한국도 짧은 기간에 고도성장을 해야 했으므로 생산자경제학이나 집단적 생산을 중시하였음은 당연하다. 소비를 중시하는 미국인들은 기업의 투자를 희생하더라도 개인의 소비는 증가되어야 한다고 믿어왔으며, 반대로 한국인들이나 일본인들은 개인의 소비를 희생하더라도 기업의 투자는 늘려야 한다고 생각한다.

미·일의 기업발달사를 볼 때 일본기업인들은 특히 명치유신 직후에는 미국기업들에 비하여 '후발기업'으로서 경쟁의 대상이 될 수 없을 정도로 미약했다. 따라서 생산력확장이 무엇보다 긴요하였다. 반면 생산능력이 여러 면에서 이미 세계수준에 도달한 미국 기업들에게는 생산능력의 계속적 확장보다는 이윤극대화가 더 큰 관심사가 되었다. 따라서 일본기업의 목표는 미국기업들의 '이윤극대화'와는 달리 '시장점유율', '성장률' 또는 '부가가치의 극대화'에 있었다.

〈표 2-2〉 영·미경제학과 동아시아경제학의 비교

	영 · 미경제학	동아시아경제학
경제학의 기본 성격	·소비자 경제학 ·총수요관리의 중시	·동아시아형 생산자경제학 ·총공급능력 확장의 중시
자본주의의 특성	·개인주의적 자본주의	·공동체적 자본주의
기업의 목표	·이윤의 극대화	·시장점유율, 성장률 극대화
인간관	·독자적인 또는 고립된 인간으로 소비극대화 인간 ·팀워크를 도외시함.	·공동체이 구성원으로서의 인간팀워크의 중시
이윤의 사용	·배당의 증가, 개인의 소비증가	·기업의 생산능력 확대, 시장점유율 제고
기업그룹	- 그룹형성, 독과점화 규제 - 미국 독점금지법 강력 - 소비자 이익침해 방지	- 일본과 한국은 국제경쟁위한 그룹화, 대형화 장려 - 성장위한 생산증대, 기업지원
근로자에 대한 태도	·근로자는 최소의 비용으로 고용되어야 할 생산요소로 간주됨 ·종업원은 팀의 구성원이 아니며, 회사와 더불어 매매 가능함	·근로자는 회사의 전략적인 인적 자원임 ·종업원은 한 식구이며 팀 또는 '공동체'의 구성원임. 매매대상이 아님
법과 규범	-법의 취지는 개인의 권익보장. - 공식적 법적절차가 중요함(일본보다 변호사가 60배나 많음) -특정목적의 계약관계가 중요함.	- 법은 주로 공공질서의 유지를 위함. - 집단의 규범이 구성원의 행위를 규제 - 공식적 법적 관계의 중요성이 적음. - 비공식적 비공개적 행정지도가 중요

기업형태를 보면 개인주의를 표방하는 미국은 기업그룹의 형성을 독점금지법으로 금지하고 있다. 미국에서도 한때는 U.S스틸, J.P.Morgan, GE 등의 기업으로 구성된 Morgan 등 기업그룹이 있었다. 그러나 미국의 독점금지법이 1930년대에 이를 위법으로 규정하여 모두 해체시켰다. 그 중요한 이유 중의 하나는 이런 그룹들이 1929년에 발생한 대공황의 주범이라는 여론 때문이었다.

그러나 반대로 일본의 공정거래법은 케이레쯔(계열)라는 일본식 특유의 기업그룹의 형성을 촉진하고 있다. 독일에도 도이치뱅크 그룹이 있는데, 이 그룹은 한때 독일의 벤즈회사를 쿠웨이트인에게 매각되기 직전에 구출한 바 있다. 독일법도 그룹형성을 허용하고 있는데, 미국에서는 은행법이 '도이치뱅크식 그룹'을 불법으로 규정하고 있다.

다음은 기업의 전략인데, 미국은 개인주의 이데올로기로 인하여 기업그룹의 형성은 불법이므로 개별기업이 국제경쟁이나 기업전략이 기본단위가 된다. 그러나 한국과 일본에서는 기업전략면에서 미국기업보다 두 단계가 더 있다. 즉 기업차원의 전략뿐만 아니라 기업그룹차원의 기업전략이란 있을 수도 없고 또한 해서도 안된다는 여론이 지배적이었다.

이런 기업전략의 차원에서 보면 미국기업은 일본기업에 비하여 불리할 수밖에 없다. 왜냐하면 미국의 '개별기업'과 일본의 '기업집단'간의 경쟁은 '개인과 집단의 경쟁'이므로 미국기업은 일본기업집단의 상대가 안되기 때문이다.

미·일의 기업은 주주, 고객 및 종업원에 대한 태도에 있어서도 큰 차이가 있다. 즉, 미국기업이 제일 중시하는 대상은 주주이고, 그 다음으로 중시하는 대상은 고객과 종업원의 순이다. 그러나 일본기업들은 반대로 종업원을 제일 중시하고 그 다음은 고객과 주주의 순이다. 주주는 미국에서는 서열 제 1위이나 일본에서는 제 3위이다. 이 점에서 양국은 정반대이다.

근로자들에 대한 태도에 있어서는 미국기업이 경영인들은 그들을 한 '팀'으로 생각지 않으나 일본이 경영인들은 공동체의 일원으로서 한 가족처럼 취급한다. 일본에서는 '가정은 기업이고 기업은 가정'이라고 하듯이 근로자나 경영자나 모두 서로를 한 가족처럼 생각한다. 그러므로 일본기업에서는 경영자와 근로자가 같은 테이블에서 식사하는 것이 보통이나 영·미식은 그렇지 않다.

영·미에서는 경영자와 근로자는 다른 계급이나 마찬가지이다. 영·미식 노조가 일본식 노조에 비교할 수 없을 정도로 격렬해지는 이유도 여기에 있다. 영·미식기업에서는 경영층과 노조는 일본에서처럼 협동이나 화합이 관계가 아니라 근본적이 대립관계를 전제로 하고 있다. 한국에서도 영·미식 사고에 젖은 사람들은 노조의 권익은 협조나 화합이 아니라 파업이나 투쟁을 통하여 찾아야 된다고 믿고 있다.

미국기업들은 단기적인 이익을 위해서는 자신이 근무하는 회사를 고소할 수도 있고, 전체를 매각할 수도 있으며, 또한 분할하여 매매할 수도 있다고 믿는다. 분할 매각시에는 근로자와 상의할 필요도 없고 또한 하지도 않는다. 근로자들도 함께 매각하는 것이 보통이다. 이 때문에 L.Thurow는 미국경영인들은 근로자들을 옛날 노예처럼 매도하는데 이는 크게 잘못된 것이라고 지적한 바 있다.

미국에서는 자산 또는 그 많은 돈을 누가 소유하고 있는가? 미국이 공개기업의 주식은 주인이 없는 연금공단이나 사학재단 등이 대부분 소유하고 있다. 이들이 공개회사주식의 60~70%를 소유하고 있는 것이 문제라고 더로우 교수는 지적하였다.

그러나 일본기업들의 경우 주식의 60~70%를 계열기업이나 계열이 중핵이 되는 은행이 소유하고 있다. 일본의 돈은 계열기업이나 계열은행이 소유하고 있다. 연금공단 등을 개인을 위한 기구로 본다면 개인주의인 미국의 돈은 대부분 개인이 가지고 있고, 공동체주의인 일본의 돈은 계열의 기업들이 소유하고 있다.

기업들이 부를 소유하고 있는 일본에서는 기업이나 국가는 부자이나 개인은 가난하다고 한다. 한국기업의 주식, 특히 대기업그룹이 주식은 상당부분 창설자의 가족이나 계열회사들이 소유하고 있다. 이와 대조적으로 대만의 돈은 가족들이 대부분 가지고 있다. 하바드 경영대 포터(Michael E. Porter)교수는 한국의 이러한 소유형태가 한국기업가의 투자의욕을 세계에서 가장 왕성하게 하는 요인이라고 하였다.

소유면에서 일본의 기업들이 미국의 기업들보다 투자를 많이 하도록 되어 있다. 그리고 개인주의적인 미국기업의 최고경영자들은 일본의 경우보다 봉급을 더 많이 받는다고 한다. 더로우 교수에 따르면 그 차이가 최소한 50%는 될 것이라고 한다.

한국은 소유면에서 일본과 대만식의 절충형이다. 회사의 주식을 그 창설자와 가족들이 많이 소유하고 있는 점에 있어서는 대만과 유사하며, 계열기업들도 많이 소유하고 있다는 점에서는 일본식과도 비슷하다. 소유면에서 한국식은 일본식과 대만식의 혼합형이라고 할 수 있다.

제 3 절 한국경제학의 발전방향

현대경제학이 한국에 본격적으로 도입되기 시작한 것은 해방 이후이다. 해방 직후에 한국에 제일 중요한 나라는 말할 것도 없이 군정을 실시한 미국이었다. 특히 1965년 한·일국교정상화까지는 사회 각 분야에서 미국의 영향력은 절대적인 것이었다. 따라서 해방 이후 한국의 경제학에 대한 미국경제학의 영향력도 매우 컸다.

해방이후 한국에서는 경제학의 연구나 정리가 미흡하였기 때문에 미국의 경제학 교과서나 이론들이 수입되어 대학교육에 활용되었다. P.Samuelson, R,Lipsey, N.G.Mankiw, P.Krugman 등 미국학자들에 의해 집필된 교재가 최근까지 기본교재로 많이 활용되고 있다.

한국의 경제학은 미국과 일본의 영향을 많이 받고 있고, 한국이 앞으로 이들 두 나라와 계속 교류하면서 성장하기 위해서는 경제학도 이들 수준으로 높아져야 할 것이다. 미국과 일본, EU 등의 경제이론들을 토대로 한국현실에 맞는 한국경제학을 발전시켜 나가야 한다.

첫째는 글로발 이코노믹스(global economics)의 중요성이다. 한국경제는 해외의존도가 높으므로 각종 해외 경제환경의 변화를 즉각 그리고 경우에 따라서는 대대적으로 받게 되어 있다. 1970 년대의 두 차례의 세계적인 유류파동과 중동건설 수출붐, 1980 년대 중반의 3저 현상, 중국과 소련의 개방정책 등은 이를 증명하고도 남는다.

항상 각종 해외요인의 변화를 즉각 파악하고 또한 신속하고 융통성 있게 대응해나가야 한다. 한국이 지금까지 고도성장을 계속할 수 있었던 요인 중의 하나는 이러한 세계환경 변화에 융통성 있게 대응할 수 있는 탁월한 능력이라고 외국인들은 말하고 있다. 앞으로는 해외 주요지역의 문화, 정치, 경제를 연구하는 지역경제학(regional economics)이 많이 발전되어야 한다.

P.Drucker에 따르면, 지금까지는 주로 국내경제를 위주로 하는 가운데 외국경제를 중시한다는 관점에서 국제경제 또는 세계경제라는 용어를 사용하여 왔으나, 앞으로는 전세계가 하나의 '지구촌경제'(global economy)가 되므로 경제문제도 글로발 이코노믹스 차원에서 풀어나가야 된다고 하였다.

유로존 재정위기와 EU경제, 세계경제 중심의 동아시아로의 이동, 세계경제의 다극화, 글로벌화와 지역화, WTO와 FTA 등은 한국경제의 앞날에 심대한 영향을 미칠 것이다. 일본에서는 세계 각국의 경제연구를 전담하는 아시아경제연구소(IDE)가 있는데, 이 연구소에는 평생 어는 한

나라의 경제만 연구하는 세계수준의 지역 경제전문가들이 수없이 많다.

미국이 군사나 정치외교 정보의 세계 제일이라고 한다면 일본은 경제정보의 세계 제일이라고 하는데, 그렇게 되는 데에는 IDE의 역할이 적지 않았다. 그런데 한국은 오랜 유교적 쇄국주의, 강한 민족주의, 우리끼리 문화와 폐쇄적인 사고, 세계관의 결핍 등의 영향을 많이 받아왔다. 열린사고와 도전정신, 경쟁과 협력, 세계시민정신 등 국민들이 올바른 지구촌관 혹은 글로발-경제관을 갖도록 하는 것이 무엇보다 중요할 것으로 보인다.

둘째는 대기업의 국제경쟁력 강화가 중요하다. 지구촌경제시대에서 기업의 시장이나 경쟁무대는 전 세계로서, 한국의 기업들은 세계적인 기업들과 경쟁해야 한다. 따라서 앞으로는 중소기업보다는 비교우위 분야에 핵심역량을 집중한 대기업의 역할이 더욱 중요하게 된다. 미국에서는 산업생산의 3분의 2를 100대 기업이 생산할 정도로 대기업의 역할이 크다. 일본에서도 마찬가지이다.

한국의 대기업은 한국 내에서만 대기업이다. 미국과 일본기업에 비하면 그 규모는 아직도 극히 작다. [포춘,2010]의 세계 500대기업 중에 미국은 139개, 일본 71개, 스위스 15, 네덜란드 13개, 한국 10개가 포함되었다. 일본은 71개로 한국의 7배로 인구배율보다 월등히 많고, 우리보다 경제규모가 작은 스위스와 네덜란드 등도 대기업 수가 많다.

대기업들은 미·일 등의 세계적인 대기업들 수준의 규모와 능력으로 계속 성장해야 한다. 그리고 대기업이 한국경제에 부작용 없이 더 많이 공헌할 수 있도록 하는 '대기업 경제학'도 잘 발달되어야 한다.

미국·일본 등 거의 모든 선진국에서 이러한 기업들이 자동차·TV·기계류 등의 생산과 수출의 주역을 담당하고 있다. 대기업과 중소기업들이 상생협력하면서 함께 발전해야 한다. 현대경제는 대기업경제이고 대규모 집단형 경제이므로 이들의 건전한 발전을 연구하는 경제학의 발달이 긴요하다.

이런 점에서 전통적 생산이론은 단순한 상품의 생산이론을 초월하여 조직이론이나 대규모 생산조직체의 이론으로 발전되어야 한다. 현대생활의 요체는 조직이므로 기업집단이나 기업조직이론 및 그 경영을 위한 경영경제학(managerial economcis)의 중요성이 커지는 것이다.

셋째는 경제적 이해관계를 배경으로 하는 각 세력집단의 역학관계의 변화이다. 옛날 경제학 특히 마르크스경제학은 시장이 공급측 결정요인 중 노동과 자본만을 중시하였으나, 앞으로는 기술혁신과 토지와 환경적 요인의 중요성이 상대적으로 크게 증가한다.

기술의 격차가 국가 간의 경제, 군사 및 외교관계에 결정적인 영향을 미치게 됨은 말할 필요도 없다. 걸프전에서 이라크가 미국에 참패한 것은 이라크는 병사의 투쟁정신이나 노동력을 믿었고 미국은 첨단기술에 의지했기 때문이다.

앞으로의 하이테크시대에서는 기술이 대세를 결정한다. 따라서 노동과 자본 및 그 관계가 대세를 결정한다고 주장하던 시대는 이미 지나간 것이다. 계층간의 관계에 있어서도 과거에는 노동자와 자본가계층간의 관계만 중시하였으나 앞으로는 그렇지 않다.

세계 어느 나라의 경제이든 정부부문과 민간 기업부문이 혼합된 경제인데, 혼합경제시대에는 양부문의 혼합도나 방식이 대세를 좌우한다. 따라서 정부와 기업간의 관계를 어떻게 유지하느냐가 극히 중요하게 된다.

앞으로의 사회계층이나 이해집단은 단순히 노동자나 자본가계층의 두 가지가 아니라 시민단체, 소비자단체, 농민, 원호대상자, 학생, 노인층, 환경오염 피해당사자 등 다양하게 되므로 이들 각 세력들의 힘이나 서로간의 관계 그리고 이들과 정부간의 관계가 중요하게 된다.

넷째는 4차 산업혁명과 지식중심사회에 부응하도록 전통 경제학의 가치론 내용이 변화되어야 한다. 가치생산의 양태가 크게 달라지고 있기 때문이다. 예를 들면 같은 천을 사용한 여성용 스카프라도 태국인이 만든 것은 몇십 달러에 불과하나 디자인을 잘하는 이태리 사람이 만든 것은 몇백 달러나 된다.

OEM으로 한국에서 생산된 신발의 가격도 한국을 떠날 때는 10달러가 약간 넘으나 미국시장에서는 100달러가 넘게 팔린다. 소득수준이 높아질수록 가치결정에 있어서 노동이나 자본보다 색상이나 디자인의 중요성이 더 커진다.

단순히 노동시간과 노동투입량을 가지고 상품의 가치를 평가하기 어렵게 되었다. 스타워즈, 반지의 제왕, 아바타 등의 이익금 분배과정을 살펴보면, 새로운 아이디어로 작품을 구상하고 기획한 사람이나 회사에 대부분의 이익금이 분배된다.

영화판매를 통해 수익을 얻을 뿐만 아니라, 영화 주인공들을 소재로 다양한 장난감, 옷, 방석, 기념품 등을 만들어 수익을 올린다. 스포츠 용품 제조업체인 나이키(NIKE)는 신 상품개발과 마케팅을 담당하며, 제품은 중국이나 동남아 국가들에서 OEM방식으로 생산된다. 자동차 공유회사인 우버(Uber)는 자동차를 직접 소유하지 않고, 공급자와 수요자를 연결시켜주는 역할을 하면서 수익을 올린다.

다섯째는 지역이나 국가마다 차이가 있는 문화와 가치관 등을 이해하는 것이 중요하다. 즉 미니-마이크로이코노믹스(mini-microeconomics)의 중요성이다. 한국인의 경제행위는 한국인의 기본가치관의 영향을 받고, 이는 다시 종교나 문화 등의 영향을 받는다. 따라서 경제행위를 좌우하는 기본가치관이나 경제윤리에 대한 연구가 필요하다. 최근 국제수지적자의 증가와 관련하여 국민의 과소비, 근로자의 근로의욕의 감퇴, 기업가정신의 쇠퇴, 공무원의 무사안일주의 등 경제윤리나 자본주의정신과 관련된 논의가 많이 이루어지고 있다.

여유자금이 생기면 중국 사람은 금을 사고 일본사람은 저축을 하며 한국 사람은 땅을 산다는 말이 있다. 그리고 일본사람들은 세계 제일의 과자나 간장, 심지어 생선회 만드는 것까지도 대를 물려가면서 가업으로 전승하는 전통이 있다. 대만의 중국인들은 무엇이든 가족중심으로 하여야 잘하고 사업도 가족중심의 중소기업을 해야 잘 한다.

피터 드럭커나 허버트 슈타인은 이와 같은 문제는 문화의 종교 및 가치관 등과 관련되는 것으로서 전통적인 미시경제학으로서는 분석이 어려우므로 미시경제학 한 차원 아래에 이러한 문제를 다루는 미니-미시경제학을 발전시켜야 한다고 하였다.

여섯째는 경제구조전환과 산업재편의 중요성이다. 신고전학파의 경제이론은 경제구조 전환이 이미 거의 끝난 미국과 영국 등의 선진경제를 전제로 하고 있으며, 또한 생산물이나 요소시장이 잘 발달된 선진국을 대상으로 하였다. 따라서 경제내부에는 균형회복능력이 크게 있다는 사실을 가정하고 균형분석에 중점을 두었다.

그러나 한국경제는 선진국들에 비하여 발달되지 못한 부문이 많고, 경제구조전환이 계속 빠르게 이루어지고 있다. 따라서 각종 경제문제를 다루는 데 있어서는 균형분석에 중점을 두는 신고전파적 접근법도 필요하지만 구조접근법의 중요성도 크다.

일곱째는 거시경제학과 미시경제학의 구분이 불분명해진다는 점이다. 경제학을 거시와 미시로 양분한 것은 케인즈경제학의 유산이다. 전통적인 경제학에서는 실업을 거시경제학의 문제로서 재정금융정책의 대상으로 간주하였으나, 현실적으로는 실업이 특정산업의 비능률이나 사양화 또는 산업구조조정의 실패에도 기인하므로 미시경제학의 대상이 되는 문제이기도 하다.

따라서 실업문제는 오로지 거시경제정책에 의하여 해결되어야 한다는 것은 잘못이다. 인플레의 경우도 마찬가지이다. 인플레는 전통적으로 거시경제문제로 간주되어왔으나 현실적으로는 석유가격과 부동산가격 그리고 제조업의 임금상승에도 크게 기인하는 바와 같이 미시경제문제이기도 한 것이다.

여덟째는 돈의 경제적 기능과 역할을 잘 이해해야 한다. 특히 지구촌시대에는 한국돈은 물론 외국돈의 기능과 역할, 그 관계를 나타내는 환율, 그리고 돈을 바탕으로 하는 각종 금융자산이나 국내외의 돈관계 업무를 다루는 각종 금융제도를 잘 이해해야 한다.

아홉째는 경제문제를 정치문제와 연결시켜 해결해야 할 필요성이 커진다. 예를 들면 민주화가 진전될수록 정부의 재정정책 중 세율인상이나 재정지출감소는 정치적으로 인기 없는 정책이 되어가므로 이의 실행이 어렵게 된다. 반대로 세율인하와 재정지출확대는 항상 인기 있는 정책이 되므로 정치가들은 이런 정책을 시행하려고 한다. 특히 선거가 있을 경우 포퓰리즘적 정책공약이 남발되는 경우가 많다.

그러나 정부가 인기영합적 정책을 실시하면 재정적자와 국가부채가 증대하게 된다. 또한 과도한 통화증발이나 저금리 정책은 많은 부작용을 수반하게 된다. 이외에도 민주화추세의 확산에 따라 쌀값이나 노임상승수준의 결정 등 정치의 영향을 받는 정책은 이루 말할 수 없이 많아진다. 또한 미국의 미·중·EU 등에 대한 수출입은 이들의 정치에 영향을 크게 받는 등 국내경제문제가 국내정치는 물론 외국정치에도 영향을 많이 받게 된다.

제 4 절 사회적 자본주의와 문명충돌

1. 사회적 자본주의와 제 3의 길

1989년 동구권의 붕괴 및 소연방이 해체에 의해 구조적 탈냉전이 가속화될 무렵 유럽에는 시대적인 분위기에 편승하여 우파정권이 유럽을 장악한 시기가 있었다. 당시 대부분의 언론들은 사회주의 이념의 퇴조와 더불어 향후 좌파정당들의 약화를 예상했었다.

그러나 1997년 영국의 노동당과 프랑스의 사회당의 집권과 더불어 1998년 독일 사민당이 선거에서 승리함으로써 유럽은 이제 좌파정권의 장악 하에 놓이게 되었다. 현재 유럽연합의 15개국 중 스페인과 아일랜드를 제외한 13개 국에서 좌파정당이 정권을 주도하고 있다. 그 결과 유럽은 좌파의 전성기가 도래한 형국이다.

그러나 최근 유럽좌파 정당들의 집권을 예전의 좌, 우파 정당들의 대결구도 속에서 평가하기는 어렵다. 왜냐하면 최근 유럽 각국에서 집권한 좌파정당들은 과거의 좌파정당들과 성격을 달리하고 있기 때문이다. 대부분의 주요 유럽좌파 정당들은 지난번 선거의 패배를 극복하기 위해 시대적 변화의 요구를 과감히 수용하여 변신을 꾀하였다.

이들은 형평과 분배를 중시했던 교조적 이념에서 탈피해 우파적 요인인 효율성과 경쟁의 개념을 과감하게 수용하였다. 한마디로 이들은 사회주의 지향의 좌파 및 자본주의 견지의 이념을 초월하는 실용주의적 중도 좌파노선인 제3의 길을 택하고 있다.

제3의 길은 급진적 보수주의와 보수화 된 사회주의를 거부하고 '공동체적 동반자 정신'을 바탕으로 한 사회적 자본주의를 지향하려는 노선이라 할 수 있다.

물론 유럽 사회주의 정당들은 대중정당이 되기 위해 50~60년대 이후 노동자계급이 정당이기를 포기하고 그들의 기존당 노선을 변경함으로써 변신을 시도하였다. 예를 들면 1959년까지 독일 사회민주당은 바이마르 공화국하의 사회민주당 노선을 견지했으나, 시장경제와 민주주의의 근본적인 원칙을 승인한 고데스베르그 집회 이후에 인민정당이 되었다.

프랑스 사회당도 1972년 에피네이 집회와 1986년 툴루즈 집회에서 당노선의 변경을 시도했으며, 이태리 공산당 역시 당의 조직과 개념, 전략 등에 수정을 가함으로써 집권의 길을 열어 놓았다.

제3의 길은 영국의 기든스 교수의 '좌파와 우파를 넘어서'라는 저서에 이론적 바탕을 두고 있다. ① 제3의 길의 기본이념과 지향점은 정치적 관점에서 사회주의와 자본주의를 혼합한 중도좌파적 실용주의 노선을 지향하고, ② 경제적 관점에서는 무제한적 자유방임 시장경제에 국가가 개입하는 제한적 자본주의를 지향하며, ③ 복지적 관점에서 일할 수 있는 권리를 복지보다 우선하는 노동주의적 복지제도를 추구하고, ④ 사회적 관점에서는 빈부격차 해소를 위해 부를 평등분배하는 동반자 정신이라 할 수 있다.

제3의 길은 탈냉전기 이후 대부분의 국가들은 세계시장이 단일화되고 각국 시장의 개방화가 가속화되면서 국제적으로 경제적 불안정이 증대되고 국내적으로는 불경기와 대량실업이라는 어려운 사태에 직면하였으나, 자유시장경제를 바탕으로 하는 자본주의나 정부의 통제 및 규제를 축으로 하는 사회주의등 기존의 이데올로기로는 해결할 수 없는 상황이 전개됨으로써 새로운 노선의 모색 속에서 등장하였다 할 수 있다.

한편 제3의 길이 유럽에서 태동되고 확산되는 점을 비추어 보아 이는 미국이 탈냉전 이후 주도하는 세계화 또는 아메리칸 스탠더드에 대한 유럽인의 대안제시로 볼 수도 있다. 즉 세계화가 초래한 무한경쟁과 기능주의 때문에 늘어나는 실업과 인간성 상실에 대한 유럽인들의 반발이라 할 수 있다. 이러한 측면에서 볼 때, 제3의 길에 대한 일부 학자들의 비판에서도 불구하고 아메리칸 스탠더드에 무방비상태로 노출되어 고통을 당하는 많은 국가들에게 이 물결은 널리 확산될 가능성이 있다.

2. 글로벌화와 문명충돌

문명(Civilzation)은 인간의 삶을 규정하는 사회적·물질적 관습, 가치기준, 제도, 사고의 틀을 의미하며, 인간 생활을 지배하고 다른 문명과 조우하고 융합·충돌하면서 정체성 확립한다. 사회적 관습과 종교가 문명을 구성하는 가장 중요한 요소이다. 기독교(서구), 이슬람교, 힌두교, 불교, 유교(동아시아) 등이 문명을 대표하고 있다. 20세기 들어 이슬람 인구가 가장 빠르게 증가하고 있다.

세계경제가 글로벌화 하면서 문명충돌(The Clash of Civilization)가능성이 증대되고 있다. 미국 하버드대학의 S.P. Huntington교수는 '앞으로 인류를 크게 분할하는 분쟁의 원인은 문화적인 것이 될 것이며, 그 중심축은 서구의 힘과 가치에 대한 비서구(아랍, 동양)의 대응이 될 것이라고 주장하였다.

문명의 경계선을 중심으로 문명권(기독교, 이슬람, 유교, 힌두교)간의 분쟁이 증가하고 있다. 새로운 유형의 충돌은 종교적 신념에 기초하여 상대방을 악(Evil)으로 규정하기 때문에 잔인하고 극단적이다. 문명충돌로 3차 세계대전의 가능성을 우려하기도 한다.

미국 무역센터, 국방성테러(기독교권과 아랍권분쟁), 체첸사태(아랍권과 비아랍권분쟁), 중동사태(기독교권대 아랍, 민족과 종교복합), 유고 코소보사태(알바니아계, 세르비아계-종교, 민족), 동티모르(종교, 민족분쟁), 팔레스타인(민족-종교분쟁) 등에서 보듯이 종교와 민족, 자원문제 등이 결합되어 분쟁과 갈등을 일으키고 있다.

〈 세계 주요 종교별 인구 추이 〉

	1900	1970	1980	1985	2000
기독교	26.9	30.6	30.0	29.7	29.9
이슬람	12.4	15.8	16.5	17.1	19.2
힌두교	12.5	12.8	13.3	13.5	13.7
불 교	7.8	6.4	6.3	6.2	5.7
도 교	23.5	5.9	4.5	3.9	2.5
동방정교	7.5	3.1	2.8	2.7	2.4
기 타	0.8	22.0	23.0	23.2	22.9

자료: S.P.Huntington, 「The Clash of Civilization」 및 기타자료

문명충돌의 역사는 종교전쟁, 문화가 다른 민족간의 갈등으로 오랜 역사를 가지고 있다. 특히 중동과 유럽지역에서는 기독교 문명과 이슬람 문명간에 오랫동안 전쟁과 충돌이 있었고, 현재도 진행형으로 볼 수 있다. 특히 최근의 글로벌화 과정에서 갈등이 심화되고 있는데, 그 이유를 살펴보면 다음과 같다.

(1) 이슬람세계와 서구세계의 갈등은 7세기 이슬람의 태동과 함께 시작되어 현재까지 지속되고 있다. 중세기 이슬람이 유럽(프랑스, 포르투갈, 스페인일부)과 북아프리카 진출하였고, 이베리아 반도를 수 백년간 통치하여 알람부라 궁전 등 수 많은 역사적 유적을 남겼다. 11세기 이후 십자군 원정(예루셀렘, 중동공격)과 북아프리카와 아랍지역의 식민지배로 서

구 반감 증대하였다. 특히 이스라엘과 아랍간의 전쟁 등 중동사태 이후 미국과 유럽의 이스라엘지지로 아랍지역과 갈등이 증폭되었고, 1970년대 석유파동 야기하였다.

(2) 세계경제의 글로벌화 과정에서 서구 선진국에 이익 집중되었다. 세계 상위 20%부국이 세계소득의 86%, 수출의 82%, 인터넷 사용자의 93%차지하고 있다. 세계 하위 20% 빈국의 소득비중은 1%, 인터넷 사용자 수는 0.2%에 불과한 것으로 나타났다.

(3) 이슬람 국가들은 세계화 과정에서 낙후되었고 불만이 심화되었다. 이슬람 근본주의자들은 미국이 주도하는 세속주의와 근대화, 미국의 중동에 대한 영향력 행사에 반발하여 테러공격, 미군의 사우디주둔, 이락크공격 등을 성지(Holy Land)훼손, 십자군 공격과 동일시하고 미국과의 싸움을 성전(Jihad)으로 생각하고 있다.

따라서 냉전체제 종식후 군사·정치적 단독헤게모니를 행사하는 미국중심의 세계화를 반성하고, 문명간의 공존, 불평등 문제의 해결과 인간의 얼굴을 한 세계화 추진 등을 통해 평화공존을 모색해야 할 것이다.

<금융경제 카페>

새 천년과 뉴패러다임

인류의 꿈과 불확실성 증대에 따른 우려를 공유하면서 뉴밀레니엄(New Milennium)이 시작되었다. 세계 각국은 기념물의 제조와 다양한 행사를 통해 국가와 인류의 번영과 발전을 염원하였다. 새 천년은 변화와 스피드, 카오스를 특징으로 할 것이다.

뉴밀레니엄은 기독교적 사고로서 기독교의 [至福千年說]에 기초하고 있다. 60년을 주기로 하고 있는 동양의 순환적 시간개념이나, 이슬람력(헤지라曆에)서는 의미가 없다. 뉴밀레니엄의 진정한 의미는 패러다임의 변화를 예측하고 인류의 복지증진과 인간성 존중을 추구하는 것이다.

현재의 지식으로 새 천년의 사회변화를 예측하는 것은 불가능에 가까울 지도 모른다. 새 천년의 경제환경은 속도와 불확실성, 단절적 변화를 특징으로 하기 때문이다. 인간의 꿈이 광속도로 실현될 수 있지만 예측불능의 인위적 재앙이 인류를 파멸시킬 가능성도 증대되었다.

뉴밀레니엄의 메가트렌드

새 천년에 인류의 미래는 경제적인 부와 인간의 복지, 사회제도와 환경이 안전한 사회가 도래할 것이라는 낙관적인 견해와 환경재앙과 인구폭팔, 에너지 고갈과 범죄·갈등의 증가 등으로 혼돈의 시기가 될 것이라는 비관적인 견해가 있다.

속도와 불확실성이 증대되는 경영환경변화로 기업의 평균수명이 감소되고, 모든 분야에서 기존 틀의 대변혁이 가속화 될 것이다. 세계적으로 경제운용의 패러다임이 급변하고 있으며, 변화의 물결이 가속화되고 있다. 변화를 선도하거나 적응하는 기업과 국민만이 발전할 수 있는 것이다. 미래학자들이 지적하고 있는 뉴밀레니엄을 지배할 메가트렌드(Megatrend)는 다음과 같다.

첫째 지식이 성장과 변화의 동인이 되는 지식기반 경제(knowledge based economy)로의 전환이다. 피터 드로커(P.F.Drucker)는 [지식경제]에서 근육중심에서 두뇌에 기반한 경제로 이행하는 광범위한 세계적인 추세와 전략을 설명하였고, 써로우(L.C.Thurow)는 지력산업의 급속한 발달과 지식기반 경제로의 성공적인 이행을 위해 필요한 기술, 숙련, 가치, 제도의 변화를 제시하고 있다.

엘빈 토플러(A.Toffler)는 [제3물결]과 [권력이동]에서 힘의 중심이 자본과 권력으로부터 지식으로 이동한다고 예견하고 있으며, 메이나드(H.Maynard)는 '제3물결'에서 '제4물결'로 이행되는 시기로 설명하고 있다.

전통적인 제2물결사회에서는 생산공장의 굴뚝 수와 부존자원의 量이 富의 원천이었지만 제3물결적인 지력사회에서는 자원을 이용할 기술과 지식이 부의 원천이 되고 있다. 실리콘 밸리와 루트128에 첨단기업이 집적된 까닭은 그곳에 우수한 인재들이 있기 때문이다. 세계은행에 따르면 세계 富의 64%이상이 인적자본으로 구성되어 있으며, 맥킨지의 최근 보고서에 의하면 21세기 초반에 미국의 직업중 80%가 두뇌를 쓰는 종류가 될 것으로 예측하고 있다.

지식기반 경제는 한 국가의 GNP중 정보통신과 고부가가치형 첨단산업에 들어가는 자원의 비중이 늘어나는 경제이며, 기술혁신능력과 전문지식을 갖추거나 고도로 숙련된 지식근로자를 양성하고 수용할 수 있도록 전통적인 조직구조를 변화시킨 사회이다.

국가와 기업의 성장은 혁신과 지식노동에 달려 있으며, 지식노동은 제도개선과 생산성 향상, 혁신적인 하이테크 제품과 디자인 개발, 새로운 서비스와 시장개척 활동 등 모든 분야를 포괄한다.

지식기반 경제로 원활하게 이행하기 위해서는 교육과 공공서비스의 개선, 기업부분의 지식경영 활성화, 기술혁신의 잠재력 제고, 고부가가치 중심의 산업구조 전환, 지식 네트워크 의 구축, 지식을 중시하는 사회적 분위기 조성 등의 노력이 선행되어야 할 것이다.

둘째 디지털(Digital)경제와 정보통신 혁명이다. 지난 천년이 정보를 0과 1의 숫자로 처리하는 디지털기술의 탄생기였다면 새 천년은 개화기로 전망된다. 디지털혁명과 인터넷은 모든 것을 놀라운 속도로 변화시킬 것이다.

미국의 경우 1990년대 후반기에 정보기술(IT: Information Technology)산업의 경제성장 기여도가 30%를 넘고 있으며, 전세계 인터넷 사용인구는 지난해의 1억 7천만명에서 2000년에는 3억 2천만명으로 증가될 것으로 전망되고 있다. 특히 21세기 벽두에 이루어진 AOL(종업원 12,100명, 매출액 31억달러)의 Time Warner(종업원 67,500명, 매출액 146억달러) 인수는 인터넷의 영향력을 상징적으로 보여준 사건이었다.

인터넷의 발전과 함께 새로운 사이버(Cyber) 세계의 무한한 가능성이 증대되면서 웹경제학 혹은 웹노믹스(Webnomics)가 탄생할 것이다. 새로 태동하고 있는 복잡계 경제학에서는 전통적인 경제이론이 부정되며 새로운 법칙들이 주장되고 있다. 하이테크 산업에서는 수확체감이 아니라 수확체증 현상이 발생하며, 불확실성과 카오스(Chaos)현상의 증대로 기술력과 스피드(선점효과)가 매우 중요해 진다.

수확체증이란 시장에서 기술력이나 스피드로 앞서기 시작하면 계속하여 앞서 나가지만, 한번 뒤쳐지기 시작하면 경쟁에서 승리하기 어려운 현상을 말한다. 디지털사회에서 승리할 수 있는 새로운 경제모형은 조직이 스피드와 지식, 기술변화를 결합할 수 있어야 한다는 것이다.

디지털화된 정보가 디지털 네트워크를 통해 전달되면서 새로운 세계의 가능성이 펼쳐진다. 전자상거래와 전자화폐가 보편화되고 멀티캠퍼스와 사이버교육, 전자도서관 등이 급격히 증대될 것이다. 코쿤족과 소호(SOHO)산업이 번창하며, 가상 세계를 통한 사회생활과 여가활동이 증대될 것이다.

화폐의 디지털화로 돈에 혁명적인 변화가 초래될 것이다. 전자화폐는 신속성, 비가시성, 경제성 등에서 기존의 화폐(지폐)보다 월등히 유리하다. 스마트카드, 몬덱스화, 신용카드 등의 전자화폐(E-cash) 발달로 전통적인 돈이 불필요한 사회가 도래할 것이다.

전쟁의 형태도 물리전에서 사이버전쟁(Cyber warfare)으로 바뀌게 된다. 사이버 스페이스에서의 공격과 방어능력의 개발, 인공두뇌를 장착한 전쟁로버트의 개발 등은 전쟁의 양태를 근본적으로 변모시킬 것이다.

전자정부와 관공서의 등장으로 인터넷을 통해 모든 행정업무가 처리되며, 인터넷 광장에서 '텔레데모크라시' 혹은 '사이버민주주의'가 발전하게 된다. 네트워크경제의 중요성이 강조되고, 네트워크화된 지능시대에는 정보의 접근과 활용능력이 기업과 국가의 경쟁력을 결정하게 된다.

정보통신과 네트워크체제의 구축으로 모든 정치·경제활동에 경제주체들의 직접적인 참여가 증대할 것이다. 세계적으로 제품의 생산과 판매, 구매과정에 소비자들이 직접 참여하는 참여시장경제가 확산될 것이다. 지금까지 경제발전을 이끌어 왔던 전통산업들도 이들 첨단 기술을 얼마만큼 활용할 수 있는냐에 따라서 흥망성쇠가 결정될 것이다.

셋째 글로발리제이션(Globalization)의 가속화와 무한경쟁의 심화이다. 새로운 천년에는 글로발리제이션이 생활의 기본 패러다임으로 정착될 것이다. 제도와 도구의 글로벌화에 이어 사고방식과 생활양식에서도 글로벌화를 강요받게 되고, 글로벌스탠다드의 중요성이 증대될 것이다. 이미 N(네트워크)세대에게는 글로벌리제이션이 생활의 일부분이 되어 있다.

새 천년은 세계시장을 더욱 가깝게 만든다. 교통수단과 정보통신의 발달은 이동시간과 공간적 거리를 단축시키고, 세계경제의 동조화현상을 심화시킬 것이다. 지구촌이 하루 생활권화 하고, 저궤도 우주비행 등 우주와 해저가 관광상품으로 개발될 것이다.

전통적인 국가의 의미가 퇴색되고, 무한경쟁과 상호신뢰가 공존하는 복잡한 경제환경 속에서 세계적 기업들간의 전략적 제휴와 협력이 증대될 전망이다. 세계시장의 단일화로 금융과 서비스 시장의 동조화가 심해지고, 세계에서 품질과 가격 혹은 서비스 경쟁력을 최고로 유지하기 위한 기업들간의 경쟁이 심화될 것이다.

넷째 테크노 헤게모니 경쟁이 심화될 것이다. 새 천년에도 기업과 국가 경쟁력의 핵심은 기술경쟁력이 될 것이다. 정보통신, 생명공학, 환경에너지 기술에서 경쟁우위를 확보한 국가나 기업이 새 천년을 선도할 것이다. 인류는 기술혁신의 무한한 가능성과 테크노피아(Technopia)를 꿈꾸고 있다.

미국은 새 천년에도 팍스 아메리카나(Pax Americana)를 유지하기 위해 총력을 기울이고 있다. 정보기술에서의 절대적 우위를 유지하기 위해 초고속 정보통신망을 건설하고 있으며, '21세기 연구기금'을 조성하고 과학기술 예산도 증대시키고 있다.

일본은 20세기에 위세를 떨쳤던 제조업 의존의 한계를 극복하기 위해 정보·환경·바이오분야를 새롭게 육성하는 밀레니엄 프로젝트를 산학관연이 협력하여 추진중이다. 미국, 일본, 유럽의 주요 국가들은 정보전송속도가 1천배 빠른 테라(1조)급으로 높인 인터넷II 프로젝트를 추진하고 있다.

새 천년이 시작되면서 3C 대신 3D산업이 부상하고 있다. 즉 디지털(Digital), 유전자(DNA), 디자인(Design)관련산업이 새로운 경제의 원천이 되고 있다. 선진국들은 정보통신, 생명공학과 신소재, 메가트로닉스, 환경·우주·에너지 등의 분야를 집중적으로 육성하고 있다.

나노테크노로지(Nano Technology)의 발전은 원자와 분자의 조작을 통해 신물질, 환경, 정보통신과 의학분야에 획기적인 변화를 가져올 것이다. 휴먼인터페이스(Human Interface)기술의 발달은 인간과 유사한 감각기능을 가진 휴먼로봇, 기계장치와 편의시설의 개발을 가능하게 할 것이다.

생명공학의 발전과 게놈프로젝트 등으로 인간의 수명이 연장되며, 고령인구의 영향력이 증대되고 이들을 위한 실버산업이 발전하게 될 것이다. 유전공학을 비롯한 바이오산업은 식량, 대체에너지, 환경과 질병 등의 문제를 해결할 수 있는 새 천년의 유망한 분야로 부각될 것이다.

눈에 보이지 않는 무형자산의 중요성이 증대되고, 아이디어와 지식이 권력의 원천이 되는 腦本主義가 발전하게 된다. 기술혁신은 산업들간의 전통적인 경계선을 붕괴시키고 신산업을 탄생시키고 있다. 금융기관의 잠재적 경쟁자로 정보통신과 소프트웨어 회사들이 부각되고 있으며, 석유화학과 생명공학이 결합하여 새로운 산업을 탄생시키고 있다. 사람들은 최첨단시설을 갖춘 사이버주택에서 첨단레포츠를 즐기고, 새로운 형태의 테마여행과 모험여행이 증대될 것이다.

다섯째 경제의 소프트(Soft)화와 서비스화가 강화된다. 지식은 논리와 형식을 중시하는 하드웨어 형태에서 감성과 내용을 중시하는 소프트웨어 형태로 변모될 것이다. 논리와 형식중심의 지식은 컴퓨터와 디베이스로 대체되며, 감성과 내용중심의 지식은 새로운 콘텐츠웨어를 형성하면서 부가가치 창출의 원천이 될 전망이다.

국가보다는 개인, 논리보다는 감성이 중시되는 경향이 증대될 것이다. 전통적인 국가가 지배와 군림을 특징으로 했다면 미래의 국가는 서비스가 중시된다. 서비스 제공 역할을 못하는 국가는 사라질 것이다. 라이시(R.B.Reich)는 국가와 국민을 운명공동체로 생각하는 것은 허구이며, 미래사회에서는 개인의 경쟁력이 국가의 경쟁력을 대체하게 된다고 보았다. 경제의 서비스화에 부응하여 교육의 기본방향도 인력의 고기술화, 초(超)정보화, 다기능화, 범지구화에 초점을 맞추고 있다.

인구폭발과 갈등의 증대

기술혁신에 기초한 새 천년의 메가트렌드가 인류의 행복과 번영을 약속하지는 못한다. 정보와 기술의 독점을 막지 못하면 인류는 새 천년에 전제주의의 지배에 고통을 당하게 될 수도 있다. 첨단기술로 무장한 소수의 엘리트 집단(빅 브라더)이 첨단과학기술을 독점적으로 사용하게 될 경우 다수의 사회인들이 고통속에서 지배를 받게 될 수도 있다.

정보화사회에서는 정보의 상품가치와 활용능력이 중요하다. 그러나 정보의 비대칭성과 불완전성으로 정보활용도가 높은 '정보 부자' 집단과 '정보 빈자' 집단간의 불평등이 확대될 것이다. 국가와 기업, 개인들의 경쟁력과 지위를 결정하는 핵심 포인트가 정보활용 능력인 것이다. 정보와 기술능력이 뛰어난 선진국과 후진국간의 격차가 심화될 것이며, 개인과 기업들간에도 경쟁력이 뛰어난 상위 10% 집단과 중하위 90% 집단간의 격차가 커질 전망이다.

새 천년에 들어서면서 인류가 해결해야 할 과제로는 인구폭팔과 노령화 사회, 환경보호와 지속가능한 발전, 빈부의 격차와 문명간의 충돌(종교, 인종, 이념) 등이다. UN보고서에 따르면 20세기에 60억명을 돌파한 세계 인구는 2050년에 120억명으로 증가할 것으로 예측하였다. 특히 인구증가의 90%이상이 후진국에서 발생하며, 이들 국가들은 빈곤의 악순환을 벗어나기 어렵게 될 것이다.

인구 고밀도의 후진국으로부터 저밀도 선진국으로의 인구이동 압력이 증대되고, 국가와 인종간의 갈등을 야기할 가능성이 높다. 문명간의 충돌이나 갈등의 심화는 제2의 냉전체제를 초래할 수 있으며, 생화학 및 고성능전자무기 개발경쟁으로 인류의 공멸 가능성이 높아질 수 있다.

새 천년을 맞이하면서 세계인들이 가장 관심을 갖고 있는 것은 경제이다. 경제만 잘 되면 다른 걱정은 없으며 모든 일들이 좋게 풀린다고 믿고 있다. 우리는 돈이 세계적으로 가장 많은 신자를 가진 팍스 에코노미카(Pax Economica), 돈이 사람을 부리고 돈이면 안 되는 것이 없는 맘몬(Mammon)의 시대에 살게 될지도 모른다.

20C부터 본격적으로 도입된 자본주의 시장경제는 무자비한 경쟁을 통해 적자생존논리를 관철하며, 효율성 극대화를 추구하는 제도이다. 시장경제는 시장의 불확실성과 불안정성, 빈부격차의 심화 등으로 많은 문제점을 노정하고 있다. 그럼에도 불구하고 사회주의체제의 붕괴이후 힘을 얻은 자본주의는 새 천년에도 상당기간 주도적인 역할을 할 것이다.

시장기구를 신봉하는 신자유주의(Neoliberlism)의 메시지는 간단하다. 종교·정치·공동체사회·국가 등 시장활동에 장애가 되는 모두는 시장에서 떠나라는 것이다. 시장이 자유로우면 경제가 활성화되고 사회는 평화롭고 정의롭게 된다는 것이다.

그러나 시장은 평화나 정의를 수호하지 않으며, 경쟁을 통해 적자생존의 논리를 관철시키는 냉혹한 시스템이다. 시장의 효율성을 강조하는 신자유주의적 개혁정책은 중산층의 약화, 복지제도의 쇠퇴와 분배구조의 악화를 초래한다. 경쟁력이 약한 노동자와 기업은 퇴출의 위협으로부터 안전하지 못하다. 후진국의 노동집약적 산업이나 농업 등과 같은 경쟁력이 떨어지는 산업기반을 위축시켜 공동체의 정체성을 약화시키고 있다.

경쟁에서 승자가된 거대한 자본은 자신들의 이익증대를 위해 세계질서를 재편하고, 국가를 무력화 시키고 있다. 새 천년이 시작되면서 통신, 자동차, 금융 등의 분야에서 세계적 초국적 기업들간의 전략적 제휴와 M&A가 확대될 전망이다.

금융자본의 이동성 증대화 투기화로 세계 금융시장은 거대한 카지노로 변해 카지노자본주의(Casino-Capitalism)를 번창시키고 있다. 1조 5천억에서 2조달러로 추산되는 국제적 Hot Money는 자본시장의 자유화를 통해 규제를 철폐시키면서 투기활동의 무대를 확산시키고, 국제금융시장의 안정을 교란시키고 있다.

황야의 무법자처럼 국제 투기자본들은 돈을 무기로 국경을 넘나들며 국가를 위협하고, 기업들에게 끊임없는 구조조정을 강요하며 노동시장의 유연성을 확보하기 위해 노조와 노동자를 무력화시키고 있다. 지식과 기술능력을 갖춘 상위 20%계층의 부는 증대되는 반면 경쟁력이 약한 하위 80%의 생활수준은 악화되어 빈부의 격차가 심화될 것이다.

지속가능 발전과 인간성 존중

새로운 천년에는 기술혁신을 통한 사회경제환경의 급격한 변화에 부응한 경쟁력 향상과 함께 환경보호와 인간성이 존중되는 패러다임이 모색되어야 할 것이다. 교황 요한 바오르2세는 "인간의 얼굴을 한 자본주의"(On Giving Capitalism a Human Face)에서 자본주의의 사회적 책임을 강조하고 있다.

기드슨 등은 '제 3의길'을 주장하고 있고, 국제기구와 정부의 적절한 개입을 통한 문제해결이 모색되고 있으나 국가와 경제주체들간의 이해가 엇갈려 적절한 해결책을 찾기가 쉽지 않을 전망이다. 자본주의 시장경제가 갖는 장점을 살리면서 파생되는 문제점을 어떻게 극복할 수 있는가에 따라 인류의 미래가 좌우된다고 할 수 있다.

새 천년을 맞이하여 세계 각국은 국가경쟁력 향상과 발전잠재력을 높이기 위해 노력하고 있다. 뉴밀레니엄은 우리에게 기회이면서 위기로 다가서고 있다. 새로운 도전에 슬기롭게 대처할 때 선진국으로 도약할 수 있으나, 실패할 경우 약소국으로 전락할 것이다.

새 천년의 메가트렌드에 부응하여 경제주체별로 경쟁력을 제고시킬 방안을 마련하여 추진해야 한다. 새 천년의 화두인 지식과 정보중심사회, 글로벌화와 기술혁신, 경제의 소프트화와 서비스화에 부응한 대책들이 강구되어야 한다.

정치·경제를 비롯한 모든 시스템의 효율성을 높이도록 개혁하고, 자원이 성장잠재력을 높일 수 있는 부문에 배분되도록 해야 한다. 정치권과 관료사회의 혁신이 시급하며, 학계와 종교계를 비롯한 지도층의 솔선수범이 중요하다. 사회에 만연한 부정부패와 부조리, 비효율적인 구조의 청산 없이는 선진화가 불가능하기 때문이다.

아울러 R&D와 전문인력 양성을 위한 투자를 획기적으로 증대시키고, 과학기술인력과 전문가를 우대하는 풍토를 조성해야 한다. 초고속정보망을 건설하여 네트워크경제를 활성화하고, 금융고속도로를 구축하여 금융의 고부가가치화와 사이버상거래를 정착시켜야 한다.

지력중심의 사회에서는 창의력을 지닌 고급인재의 양성과 이러한 인적자본의 축적이 발전의 원천이 된다. 경제환경 변화에 부응한 인재의 양성과 재교육을 위한 제도의 개선과 투자증대 방안들이 강구되어야 할 것이다〈대학신문〉.

제 3 장

문화경제와 동아시아 발전모형

제 4 절 동아시아 발전모형 논쟁과 경제위기

제 1 절 동서양의 문화와 윤리

踏雪野中去(답설야중거) 눈내린 들판 걸어갈때
不須胡亂行(불수호난행) 모름지기 발걸음을 어지러이 말라
今日我行跡(금일아행적) 오늘 걷는 나의 발자국은
遂作後人程(수작후인정) 뒷사람의 이정표가 될 것이다.
-서산대사, 백범김구 애송시-

1. 유교 문화권과 신유교 윤리의 특성

동아시아 국가들은 공자와 맹자사상에 기초한 유교문화권에 속해 있다. 나라에 따라 차이는 있지만 혈연, 지연 등에 기초한 공동체문화, 가족중심의 복지제도, 어른과 연장자 공경, 개인보다 공동체를 중시하는 문화 등이 있다.

한국의 전통사회는 양반, 상민 및 천민들로 구성된 계급사회였고, 양반들은 「士農工商」식 사상에 젖어 생산활동인 상업과 공업을 천시하였다. 유교적 예의범절과 제례 등에 치중하고 생산활동을 경시하여 경제는 침체하였다.

그러나 이와 같은 단점을 가진 전통적 유교윤리가 서양의 청교도윤리와 접목되자 신유교윤리라는 경제윤리가 탄생했고, 이는 곧 일본, 대만, 홍콩 등 동아시아 자본주의국가들을 성공적으로 성장시킨 '자본주의정신'이 되었다. 투 웨이밍과 에즈라 보겔 교수 등에 따르면 신유교윤리의 특성은 다음과 같다고 한다.

(1) 신유교는 전체사회 구성체의 일원으로서 **인간성과 인화**를 중시한다. 신유교윤리는 인간은 고립된 존재가 아니라 '각종 인간관계의 중심으로서의 인간'임을 강조한다. 따라서 인화와 협조와 조화를 중시한다. 일본인들은 특히 '화(和)'를 중시한다.

그리고 개인의 '권리'보다는 가정, 기업체, 국가 등의 조직체에 대한 '의무'를 중시한다. 특히 가정에 대한 개인이 의무를 중시하므로 동아시아인들의 가정은 견고한 조직체가 될 수 밖에 없다.

동아시아인들은 자신이 일하는 기업체에 대해서도 강한 의무감을 갖는 것이 보통이다. 일본의 종신고용제도나 대를 물려가며 크고 작은 가업을 이어가는 전통이 그 예인 것이다. 때문에 노사간의 대립관계를 전제로 한 영미식 노사관계나 개인주의를 전제로 영미식 민주화모델과 차이가 있다.

(2) 신유교는 가정을 중시하며 **가족복지제도**(family welfare system)와 **공동체문화**가 발달되어 있다. 기독교를 '교회종교'라고 한다면 유교를 '가정종교'라고 할 수 있을 정도로 유교는 가정을 중시한다.

서양에서는 이혼과 가정파탄이 많으나 동아시아에는 그런 경우가 드물다. 특히 한국인의 사회생활은 가정이나 가족을 떠나서는 생각할 수 없을 정도이다. 대만인들은 특히 그러하여 기업활동도 가족중심으로 해야 잘함으로 가족중심의 중소기업발전에 가장 적합한 국민들이라고 한다.

가정은 소비, 소득 및 복지의 기본단위가 되는데, '가정이 중요한 조직체'인 동아시아 국가들은 서양 국가들에 비하여 복지면에 있어서도 큰 차이가 나기 마련이다. 예를 들면 서양의 복지제도는 '국가복지' 또는 '사회복지'제도이나 동아시아의 경우는 '가족복지'제도라고 한다. 가족복지제도가 사회복지제도보다 낫다는 것이 통설이다. 가족복지를 중시하는 중국인들은 노년의 복지를 아들에게 의존하여야 되므로 남아선호사상이 특히 강하다.

동아시아인들은 각종 조직체의 장이 되면 구성원을 가족처럼 다스리는 가부장적 장이 될 소지가 큰 것이다. 나라도 '국가'라고 하고 , 학문 등에 뛰어나 권위를 이룬 사람도 '대가'라고 하는 등 가정과 가족이란 뜻의 '가'자를 극히 중시하고 있다. 그리고 가정을 바탕으로 한 공동체의식이 기본이데올로기가 되므로 서양이 개인주의적 이데올로기와 대조를 이룬다.

한국인은 공동체의식이 특히 강하여, 우리 학교, 우리 회사, 우리끼리, 우리 고향 등 '우리'를 많이 찾고, 또한 상부상조하려는 좋은 습성이 있다. 그러나 '우리끼리'만 모이는 등 파당이 형성되는 단점도 있다. 뿐만 아니라 돈번 사람이나 잘 된 사람에게는 으레 껏 '한턱 내라'고 하면서 나누어 가지려는 성향이 강하다. 이런 의미에서 한국인은 균분, 균점 또는 공유사상이 강한 전통이 있다.

(3) 신유교윤리는 인간의 **자기향상과 교육**을 강조한다. 나무는 불과 십년안에 다 자라는 것도 있으나, 인간은 평생 자신을 가꾸고 키워야 한다는 사실을 강조한다.
유교는 교육에 높은 가치를 부여하므로 경제성장의 중요 요인인 '인적자본'의 형성을 촉진한다. 한·일·대만 등에 우수한 근로자, 기업가, 관리가 많은 것도 이 때문이다. 세계 제일의 유교국가인 한국은 교육열에 있어서도 세계 제일이라고 할 수 있다.

(4) 신유교는 **상부상조와 사회봉사**를 강조한다. 투 웨이밍 교수에 따르면 유교의 기본정신은 "남이 나에게 하면 안된다고 생각하는 것을 남에게 하면 안된다" 인데, 이는 기독교의 황금률 "Don't do to others what you don't want done to you"와 같다. 성서에 따라서는 이를 "너희는 남에게서 바라는 대로 남에게 해주어라" 로 표시하기도 한다. 신유교윤리는 가정, 학교, 직장 등에서 남을 돕고 또한 서로간에 상부상조할 것을 강조한다.

(5) 유교문화권에서는 법보다 **전통과 관습**을 중시하는 경향이 있다. 법은 주로 공공질서의 유지를 위한 것이며, 인간의 조직생활이나 사회활동은 인의예지신 등 유교규범에 의하여 주로 이루어진다. 한국 등 유교규범국가에서는 심지어 법정에서조차 법보다 인정·의리 등을 더 중시하는 경향이 있다. 서양의 개인주의사회는 법률사회이므로 모든 것이 공식적인 법률과 계약에 의해 이루어진다.
그러나 동아시아의 공동체적 사회에서는 개인간의 분쟁이 법률보다는 비공식적인 인간관계나 유교규범에 의하여 해결되는 경우가 많다. 따라서 미국에서는 변호사의 수가 많을 수밖에 없는데, 투 웨이밍 교수에 따르면 그 수는 엔지니어 1 명당 7명 꼴이나 된다고 한다. 미국 MIT의 L.Thurow교수는 미국은 일본보다 매년 변호사를 60배나 더 만들어내어 문제라고 한다.

(6) 유교문화권의 국민들은 **정부의 능동적 역할**(Strong Government)을 중시한다. 정부가 국민에 모범을 보이고 선도하여야 하며, 경제발전에 있어서 리더십을 발휘하고 국민복지도 책임져야 된다고 믿는다. 따라서 동아시아에서는 정부의 역할이 과다해지고 경제운영도 관주도형이 될 소지가 크다. 정부중시 전통 때문에 한국은 일본·대만에서도 젊은이들이 직업선택에 있어서 관직을 선호한다.

동아시아에서는 유능한 젊은이들이 정부관리가 되므로 정부관리의 수준은 서양에 비하여 상대적으로 높다. 미국에서는 우수한 대졸자들이 정부를 기피하고 개인기업에의 취업을 원한다. 그리고 미국등 서구국가들은 시장제도의 '보이지 않는 손'(Invisible Hands)의 기능을 중시하는 데 반하여, 동아시아 국가에서는 '정부의 보이는 손'에 의한 리더십과 경제운영을 강조한다.

(7) 유교는 인본주의적이며 **실용주의 성향**이 강하다. 유교는 현세종교, 기독교는 현세와 미래세를 믿는 이세종교, 그리고 불교는 과거세와 현세 및 미래세를 믿는 삼세종교라고도 한다. 현세를 중시하는 유교는 생활 속에서 생의 의의를 찾고 실천해야 된다고 주장하므로 실용주의 사상이 강하다. 그리고 현세에서의 행복이나 물질적 부의 중요성을 강조한다.
투 웨이밍교수에 따르면 이와 같은 신유교윤리를 바탕으로 하는 동아시아의 유교자본주의는 서양의 개인주의적 자본주의보다 덜 개인주의적이고 덜 이기주의이며 덜 법률적이고 덜 공식적이라고 하였다. 즉, 오히려 개인주의적 자본주의도 집단주의적 사회주의도 아닌 '인본주의'라고 하였다. 그리고 이것은 전통적인 리더십을 바탕으로 서구식 시장경제제도를 받아들이고, 상부상조와 평등의 원리를 받아들이면서도 공산주의식 계급투쟁을 배척한다.

2. 서양의 문화와 기독교 윤리

(1) 미국인들의 기본 가치관

서양의 문화는 기독교에 많은 영향을 받고 있다. 물론 종교개혁 이후에 기독교에도 여러 종파가 있고, 이슬람교나 불교 등도 영향을 미쳤지만 서유럽을 중심으로한 서양의 문화를 기독교와 분리하여 생각하기는 어렵다.

특히 종교와 개인의 자유를 중시하는 미국인들의 기본 가치관은 청교도에 뿌리를 두고 있다. 미국인들은 여러 면에서 한국인들과 다른데, 이는 근본가치관이 다르기 때문이다. 우선 식당에 가서는 종업원들이 자리를 정해줄 때, 주문을 받을 때, 음식을 갖다 줄 때, 그릇을 치울 때, 후식을 갖다 줄 때에는 번번이 고맙다는 말을 해야 한다.

미국인들은 개인들의 자유와 자주를 중시하기 때문에 나의 자유가 침해되는 것을 원하지 않는다. 또한 다른 사람들의 자유도 중요하기 때문에 내가 잘못해서 다른 사람의 자유를 침해했을 경우 즉시 사과해야 한다. 혹시 잘못하여 남의 몸에 자신의 손이나 몸의 일부분이 닿았을 때는 반드시 미안하다는 말로 곧바로 양해를 구해야 한다.

이런 문화를 모르고 미국에 간 한국인들이 그 곳 어린이들의 몸을 귀엽다고 함부로 만지다가 법정에 서게 된 경우도 있다. 미국은 개인의 독자성을 지극히 중시하는 나라이다. 미국인들은 조금이라도 잘못하거나 양해를 구할 경우에는 'Excuse me', 도움을 받거나 고마움을 표현할 때는 'Thank you'로 표현해야 한다.

'미국식'이란 과연 무엇인가? 이를 알자면 미국인들의 기본가치관을 알아야 한다. 커어니(E.J.Kearny)의 [미국문화 입문]의 내용을 통하여 살펴보기로 한다. 이 책은 미국인의 기본가치관을 (1) 개인의 자유, (2) 자주, (3) 기회의 균등, (4) 경쟁, (5) 물질적 부, 그리고 (6) 근면의 6가지로 나눈다. 그런데 개인의 자유는 자주를 전제 자유며, 기회의 균등은 경쟁을 요구하고, 물질적 부는 근면을 필요 자유므로 이 6가지를 (1) 개인의 자유와 자주, (2) 기회의 균등과 경쟁, (3) 물질적 부와 근면의 셋으로 묶을 수 있다.

1) 개인의 자유와 자주

'개인이 자유'는 미국인의 가치관 중 가장 중요한 것으로, 기본이데올로기가 개인주의가 되게 한 근거이다. 미국인들에게 미국을 가장 자랑스럽게 하는 것이 무엇이냐고 물으면 70% 이상은 개인의 자유라고 대답한다. 개인의 자유란 "개인이 정부, 귀족 등의 지배계급, 교회, 그리고 어떠한 조직체로부터 간섭을 받지 않고 자신의 운영을 자주적으로 관리해 나가는 개인의 소망과 능력"으로 정의하고 있다.

종교적 자유와 경제적 부를 위해 미국에 이주해 온 사람들은 정부의 권한을 제한하고, 귀족 등의 계급을 철폐하며, 종교와 국가를 분리하여 교회에 의한 개인의 지배를 방지하는 등 많은 조치를 취하여 개인의 자유가 최대한 보장될 수 있는 사회분위기를 조성하려고 노력하여 왔다.

자주란 「미국식」에 따르면 "자식들이 부모로부터 가급적 빨리 감정적으로나 경제적으로 자립하는 것인데, 보통 18~21세 사이에 그렇게 한다"고 한다. 미국의 부모들은 자녀들에게 가급적 어릴 때부터 독방생활을 하게 함으로써 자립심을 길러주고, 자신의 문제는 스스로 해결해야 한다는 사상을 머리 속에 깊이 심어준다.

그들이 "None of your business"라는 말을 많이 쓰는 것에서 알 수 있듯이 남의 간섭, 특히 사생활에 대한 간섭을 철저히 배격한다. 그리하여 미국의 민주주의도 개인주의적 민주주의가 되었다. 따라서 동아시아의 공동체적 민주주의와는 큰 차이가 있다.

2) 기회의 균등과 경쟁

미국인들은 인생을 장거리 경주로 생각한다. 누구나 이 경기에 참여할 수 있어야 하고, 공정한 경기를 하여야 하며, 또한 이길 기회를 균등하게 가질 수 있어야 한다고 믿는다. 중요한 것은 '기회의 균등'이지 '결과의 균등'이 아니라는 것이다. 경기에서 1등은 한 사람뿐이듯이, 모두가 1등이 된다는 결과의 평등은 있을 수가 없는 것이다.

기회의 균등은 미국인들이 두 번째로 중시하는 가치관인데, 이의 실현은 경쟁을 필요로 한다. 미국이 치열한 경쟁사회가 되고 미국인들이 강한 경쟁의식을 갖는 것은 이 때문이다.

경쟁을 중시하는 미국사회에서는 승자는 사회의 존경을 받지만 패자는 멸시를 당한다. 그러므로 경쟁을 잘 못하는 노인들은 사회적으로 소외되고 무시당하기 쉽다. 한국인의 경로사상이나 장유유서의 가치관과는 거리가 멀다. 미국의 경제학도 경쟁을 중시한다. 경쟁이 치열할수록 경제의 능률은 올라간다고 간주하므로 완전경쟁을 이상적인 것으로 꼽는다.

3) 물질적 부와 근면

온 세계 각 인종이 오랜 세월에 걸쳐 미국으로 갔고, 지금도 가고 있는 것은 미국에 가면 더 잘 살 수 있기 때문이다. 즉 물질적 부 때문이다. 그러나 외국인들이 미국에 가서 더 잘 살기 위하여서는 열심히 일하는 길뿐이다. 그리고 각 인종간의 치열한 경쟁을 거쳐야 하니 근면할 수밖에 없다.

미국인들은 "심는 만큼 거두리라"라는 성서의 말이 진리임을 알고 실천하려고 노력하였다. 그리하여 물질적 보답은 근면의 정도에 따른다는 사상이 미국사회를 지배했다. 미국헌법의 아버지 매디슨(J.Madison)은 "개인의 부의 차이는 노력의 차이를 나타낸다"고 하였고, 1964년 미 대통령후보 골드워터(B.Goldwater)는 "미국에서 가난한 사람은 게으르기 때문"이라고 했다. 미국인들은 대부분 아직도 누구든지 열심히 일하면 잘 살게 된다는 사실을 믿고 있다.

미국인들은 물질은 물론 종교도 중시한다. 옳은 일을 열심히 하여 모은 재산은 신성한 것이라고 믿는다. 이런 재물은 많을수록 좋은 것이므로 재물이 인생의 성공의 지표가 된다.

유럽식 귀족제도를 철폐한 미국인들은 그 대신 물질적 부를 성공의 지표로 삼았다. 그러나 이런 사상 때문에 적지 않은 미국인들이 능력에 맞지 않게 좋은 자동차나 주택을 소유하려는 경향이 있다. “월급도 많지 않은 흑인들이 캐딜락을 탄다”는 말이 이를 나타낸다. 그야말로 미국인 중에도 분수에 맞지 않은 소비를 하는 사람들도 많은 것이다.

(2) 청교도윤리

청교도윤리는 미국을 세계에서 제일 살기 좋은 나라, 부자의 나라, 그리고 세계의 중심이 되는 나라를 만드는 데 기본이 된 경제윤리이다. 그리고 앞서 말한 미국인의 근본가치관 형성의 토대가 되었다.

기독교는 구교인 카톨릭과 신교인 청교도(Protestant)로 구분되는데, 구교는 교황이나 성직자(신부, 수녀 등)들이 신도들에게 교리를 가르치고 또한 신을 대신하여 죄를 용서하여야 된다고 한다. 그런데 신교는 다같은 인간인 이들이 신을 대신하여 다른 인간의 죄를 용서한다는 것은 말이 안된다고 생각한다. 인간은 누구나 스스로 신께 직접 기도하고 죄를 용서받는 것이 타당하다고 믿는다. 그리고 구교에서처럼 각종 교회조직으로부터의 속박을 부당한 것으로 생각한다.

개인은 누구나 자유롭게 종교활동을 해야 된다고 믿는다. 이러한 청교도윤리가 미국인의 제일의 가치관인 개인의 자유의 기원이다. 그런데 이러한 사상을 중시하는 청교도는 구교로부터 많은 박해를 받았음은 물론이다. 그리고 개인중심으로 신을 섬겨야 한다고 믿는 이들은 생각이 비슷한 이들끼리 모여 장로교, 감리교, 침례교 등으로 많은 분파를 형성했다.

분파에 따라서는 그 종교활동이 너무나 특이해서 심지어는 반종교적이라고 하여 다른 분파로부터 많은 박해를 받았다. 구교와 다른 종파로부터의 박해가 심해지자 청교도들 중에서 자유로이 신을 섬길 수 있는 신천지를 찾아야 된다는 사람들이 늘어나기 시작했다. 이를 실천에 옮긴 사람들이 1620년 메이플라워라는 배를 타고 미국에 온 필그림들이다. 이들은 미국 도착 이후 많은 종교적 자유를 누리면서 그 영향력을 확대해 나갔으며, 드디어는 신교가 미국의 지배적인 종교가 되었다.

미국의 국토는 광활하며 인종은 다양하므로 종파간의 통일은 거의 불가능하였다. 어느 종파도 다른 종파를 지배할 수가 없었으므로 서로 자유를 인정할 수밖에 없었다. 또한 국가와 교회는 분리되어야 하며, 국가의 교회설립도 있을 수 없다는 것이 청교도들의 주장이었다.

이 사상은 1789년에 제정된 미국헌법에 그대로 반영되었다. 청교도윤리는 지금까지도 미국의 경제는 물론 사회도덕의 기본 틀을 형성하고 있다. 그럼 어떤 것이 그 내용인가? 종파는 여럿이나 모두에게 공통되는 것은 다음과 같다.

① 자기향상의 강조: 신교도들은 인간은 사악하고 부족한 존재이므로 끊임없이 자신을 향상시켜야 한다고 믿는다. 육체적 향상을 위해서 운동을 해야 하듯 정신적 향상을 위해서는 매일 성서를 읽고 노력해야 된다고 한다. "하나님은 스스로를 돕는 자를 돕기 때문에"인간은 스스로의 향상을 위하여 끊임없이 노력해야 한다고 믿는다. 이런 사상의 보급에는 피일(N.V. Peale)목사의 「적극적 사고방식의 힘」(The Power of Positive Thinking)과 같은 책이 큰 영향을 미쳤다.

② 물질적 성공: 물질적 성공은 끊임없는 자기향상의 당연한 결과이다. 그러므로 물질적으로 성공한 사람은 자기향상을 많이 한 사람이며 신의 축복을 받은 사람이다. 미국인들이 아주 좋아하는 로렌스(W. Lawrence)비숍은 신성함과 물질적 富는 일치하며, 물질적 번영이 국민을 더 격조 높고, 즐겁고, 덜 이기적이고, 더 거룩하게 만든다고 하였다. 유명한 목사인 콘웰(R. Conwell)도 인간은 부자가 될 의무가 있으며 그렇게 되는 것이 곧 성스럽게 되는 길이라고 하였다.

③ 근면과 자제: 청교도는 인간은 누구나 정당한 일을 열심히 하여 부(부)를 축적해야 하며 이런 과정에서 끊임없이 자기수양을 할 것을 강조한다. 구교에서는 가장 성스러운 일은 '성직자의 직업'이라고 하였으나, 신교에서는 농민, 사업가, 노동자 할 것 없이 '모든 사람의 직업'은 성직이라고 하였다.

그래서 인간은 누구나 자기가 맡은 일을 대소경중을 막론하고 신의 부름을 받아서 하는 것처럼, 즉 소명의식(Beruf)을 갖고, 또한 신이 맡겨준 직업이라는 생각, 즉 천직사상을 갖고 해야 된다고 하였다. 그리고 번 돈은 신성한 것이므로 즐기기 위하여 소비할 것이 아니라 자제를 통하여 더 저축하고 투자하여 더 늘어나도록 끊임없이 노력해야 한다고 한다.

④ 박애주의: 청교도는 자기의 일을 하는 가운데 남을 돕고, 또한 남을 돕는 가운데 자기향상을 이룩할 것을 강조한다. 그리고 자신의 시간이나 모은 재산의 일부를 남을 돕는 데 사용해야 신의 구원을 받는다고 한다.

⑤ 재생의 기독교인: 청교도는 신을 믿음으로써 새 사람으로 다시 태어나고 또 새 사람이 되어서도 끊임없이 자기향상을 위해 노력할 것을 강조한다. 미국인들은 이러한 '청교도윤리의 보호가 곧 애국'이라고 믿는다. 그리하여 애국심과 종교는 분리 불가능한 것으로 믿는다.

옛날에는 이러한 청교도윤리와 애국심을 교회 같은 데서 공식적으로 함께 고양하려고 노력하였으나, 1789년에 제정된 헌법에서는 이를 금지하였다. 대신 공휴일이나 미식축구 시합 등의 비공식적 모임에서 애국심과 청교도윤리를 다 같이 고양하려고 노력한다.

예를 들면, 미식축구시합 때는 운집한 군중이 기립하여 기도자의 기도와 가수로부터 '신이여 미국을 축복하소서' 아름다운 미국' 등의 노래를 듣는다. 이런 노래는 교회에서도 많이 불리어지는데, 미국은 신의 축복을 받은 나라이고 또한 국민은 누구나 축복을 더 받기 위하여 노력해야 한다는 사상을 고취하기 위한 것이다.

옛날에 자유롭게 신을 섬길 수 있는 신천지인 미국에 온 사람들은 미국에 온 그 자체가 신의 뜻을 실천하기 위한 것이므로 자신들은 무엇을 하든 신의 가호를 받아 성공할 수밖에 없다고 믿었다. 아직도 많은 미국인들은 이렇게 생각한다. 그렇기 때문에 미국은 위대한 나라이며 앞으로도 계속 성공할 수밖에 없는 나라라고 믿고 있다.

제 2 절 아시아 문화와 동아시아 발전

1. 아시아적 가치에 대한 검토

(1) 아시아적 가치의 정체성

동아시아 경제는 1960년대부터 초고속 성장을 지속하여 전 세계의 주목을 받았으며, 초고속 성장을 뒷받침하는 문화, 전통, 종교, 정치 및 경제체제 등 “아시아적 가치”에 대한 연구가 이루어 졌다. 그러나 1997년부터 금융위기를 겪고, 급기야는 IMF의 구제금융을 받게 되면서 아시아적 가치 혹은 동아시아 발전모형에 대한 비판이 증대되었다.

아시아적 가치라는 개념과 사고는 대체로 1990년대 초에 등장하였다. 또 그것은 학술적인 개념으로 엄밀히 제시되는 것이 아니라 다분히 정치적 구조 또는 상징조작의 형태로 제기되었다. 1990년대 초 ù19싱가포르의 수상 이광요(Lee Kuan Yew)와 말레이시아 수상 마하티르(Mahathir Mohamad)가 그 주요 주창자다.

이광요 수상은 당시 중국과의 유대강화를 노렸다. 아시아적 가치라는 이념으로 중국의 문화적 정체성과 우월성을 인정하고 반 서구적 정서를 촉발하면서 중국과의 유대강화를 의도하였다. 한편 마하티르 수상은 당시 미국 주도하에 이루어질 APEC에 대신하여 미국과 오스트레일리아를 제외한 EAEC(East Asia Economic Caucus)를 창설하려는 정치적 의도를 갖고 있었다.

아시아적 가치라는 이념은 아시아인의 독자성을 강조하고 또한 때에 따라서는 그 우월성을 강조하기도 한다. 당시 동아시아 경제는 20여년을 넘는 기간동안 지속적으로 고도성장을 달성하였다. 아시아인의 문화적 그리고 정치경제적 정체성을 강조하는 이 이념은 아시아인의 자부심을 만족시키기에 충분하였다고 할 수 있다.

아시아라고 할 때 그것은 동아시아만을 포괄하지 않는다. 또한 동아시아라고 할 때도 동북아시아 간에는 큰 차이가 있다. 같은 지역, 같은 국가라 해도 인종적으로 문화적으로 그리고 종교적으로 다양한 지역, 국가로 존재하는 경우가 많다.

아시아적 가치는 대체로 유교적 가치를 일컫는다. 권위에 대한 존경, 가족주의, 근면, 절약, 교육중시, 집단주의라고 할 수 있다. 그러나 이광요 수상은 싱가포르의 말레이인을 의식하여 그것이 유교적 전통에 연원한다는 것을 강조하지는 않고 있다.

(2) 베버의 유교 부정론

아시아적 가치라고 말할 때 대부분의 학자나 정치가가는 유교적 배경에 배태된 가치제계를 의미한다. 그것은 첫째로 유교가 아시아만의 종교일 뿐만 아니라 유교가 개인의 구원이라는 성스러운 문제에 주된 관심을 갖는 종교와는 달리 개인의 윤리, 사회의 윤리, 치국의 방식을 가르치는 세속적인 종교이기 때문이라고 할 수 있다.

근대 서구의 자본주의가 프로테스탄트의 윤리에 의하여 발전의 정신적 기동력을 얻었다는 베버의 논의는 널이 알려져 있다. 또한 베버는 유교가 경제발전 또는 자본주의적 발전을 가져올 가능성을 부정하고 있다.

① 유교는 추상적 관념적이어서 원만한 인격과 인간관계를 강조하고, 따라서 유교가 이상적 인간형으로 제시한 군자는 팔방미인형 인격자이다. 따라서 자본주의 경제가 요구하는 전문직업인의 발전을 저해한다.

② 유교는 보수적이라 경제의 발전에 필요한 창조와 혁신을 저해한다.

③ 유교는 봉건적 계급관에 기초해 있어 사농공상의 계급관에 따라 지식인을 존경하지만 농부, 상공인을 천시한다.

④ 가부장적 권위주의 장유유서를 강조함으로써 유교는 독재적 상하체제를 정당화하고, 인간관계를 수직화시켜 개인적 창의와 수평적 협력을 저해하게 된다.

⑤ 확고한 재산관이 부재한 까닭에 청빈낙도를 미덕으로 여겨 축재를 멸시하고, 결국 저축과 투자의 중요성을 인식치 못해 경제발전을 가로막게 된다.

⑥ 남존여비의 성차별 의식하에 여성의 활동을 억제하게 되고 결과적으로 여성인력의 산업화를 저해하게 된다는 점을 들어 동양에서는 자본주의가 발전하지 못했다고 설명하고 있다.

(3) 공동체주의와 신유교주의

보겔(Ezra F. Vogel)과 롯지(George C. Lodge)는 국가경쟁력 결정에서 가장 중요한 요인은 이데올로기라고 보고, 기존의 가장 중요한 이데올로기는 자본주의와 공산주의였지만, 장래에는 서양의 개인주의와 동양의 공동체주의가 가장 중요한 이데올로기로서 서로 경쟁하게 되어, 결국은 공동체주의가 개인주의를 누르게 될 것이라고 전망했다.

그들은 앞으로의 세계전쟁은 바로 이같은 동아시아의 공동체주의와 서양의 개인우의 사이의 싸움이 될 것으로 보고 동아시아의 유교문명권과 서양의 기독교문명권과의 싸움에서 동아시아가 이긴다고 전망했다.

최근 하바드대의 투웨이밍(두유명)은 동양의 유교사상과 서양의 기독교사상이 결합되어 지금 동북아 사회의 이념이 되어있는 신념체제를 「신유교주의」라고 부르고, 이 신유교윤리가 앞으로 동아시아경제의 이데올로기가 될 것이라고 전망했다.

신유교주의는 정부의 전통적인 권위주의적 리더십을 바탕으로 하여 서구의 시장경제 제도를 수행하고, 상부상조와 평등원리를 수용하면서도 공산주의적 계급투쟁을 거부하는, 자본주의와 사회주의의 중간노선이라고 투웨이밍은 설명하고 있다.

한편 포겔(E. Vogel)은 신유교주의의 이념에 따라 산업화에 긍정적인 영향을 미치는 유교윤리 요소로서 실력주의 엘리트, 시험제도, 집단주의, 자아개발을 제시하고 있다. 그는 이러한 네 가지 제도나 문화적 관행들이 유교적 전통에 깊이 뿌리를 두고 있는 것으로서 산업사회의 근대화 요구에 부합되면서 아시아 신흥공업국의 산업화에 크게 기여하였다고 설명하고 있다.

(4) 가부장적 유교국가론

'아시아적 가치론'은 근면, 저축, 교육에 관한 주장과는 별도로 유교적 가부장적 성격을 갖는 권위주의 정부를 상정한다. 이광요나 마하티르는 권위주의 정부가 유교주의적 전통과 가치에 부합한다고 주장한다. 마하티르는 이러한 가부장적 정부는 서구의 정부처럼 개인들의 사익에 연연하지 않으면서 장기적인 안목에서 공동체 전체의 이익과 선을 추구하며, 개인의 사익과 자유는 전체의 이익과 선 앞에 제한될 수도 있다고 주장한다.

이러한 동아시아 권위주의적 정부의 역량은 고등교육을 받은 엘리트들이 관료로서 충원됨으로서 강화된다. 국가공무원시험제도를 통하여 선택된 관료들은 그들 출신계급의 당파적 이해관계로부터 독립하여 사회의 모든 공동선으로 받아들여지는 경제발전을 촉진하는 주체가 된다. 유교주의적 전통은 집단적 이익을 우선 시하고 또 통치자가 피통치자를 돌볼 책임이 있다는 의식을 강조함으로써 정치적 권위를 정당화하고 있다.

(5) 일본식 경영의 확산

동아시아의 경제발전은 일본이 가장 앞서가고 그 뒤를 한국, 대만, 홍콩, 싱가포르가 뒤따르고, 그 뒤에 태국, 인도네시아, 말레이시아, 필리핀이 뒤따르는 패턴으로 발전하여 왔다. 소위 "기러기형태론(Geese Model)"적 산업의 국제적 이전과 발전이라고 할 수 있다.

일본의 입장에서 비교우위가 상실되는 산업이 해외로 이전되고 이 산업이 이전된 국가에서 비교우위 산업으로 됨으로써 수출이 촉진되는 과정을 밟게 된다. 이렇게 산업발전이 안행형태(기러기 모형)로 이루어짐으로써 동아시아 각국은 일본식 생산시스템을 이전 받게 되었다.

일본식 생산방식은 흔히 노사관계, 연공서열, 종신고용제, 다기능공에 의한 직무통합, 장시간 근로, 다품종 소량 생산, 구상과 실행의 결합, 부품업체와의 하청 계열화 등의 특징을 갖고 있다. 일본적 가치, 관행 등이 생산시스템에 반영된 결과라고 할 수 있다.

이러한 일본식 생산시스템이 세계시장에서 얼마나 경쟁력을 갖는지는 국제경제이론 및 비교경영이론의 주요 연구대상이 되어왔다. 최근에 이르기까지 이러한 일본식 생산시스템은 국제경쟁력을 획득하여 일본 상품의 세계시장에서의 셰어를 크게 확대해 왔다고 할 수 있다.

일본과 유럽간에 자주 야기된 무역마찰은 일본 생산시스템이 경쟁력을 획득해 나가는 과정에서 발생하였다고 할 수 있다. 일본식 시스템이 동아시아 각국으로 확산됨으로써 일본식 시스템이 아시아 시스템으로 발전해 나갔다고 할 수 있다. 마하티르가 동방지향정책(Look East Policy)을 표방한 것은 바로 이러한 배경에서라고 말 할 수 있다.

2. 동아시아 '경제 기적' 과 아시아적 가치

(1) 동아시아 경제의 기적

지난 30년간 동아시아의 경제성장을 대부분 하나의 '성공' 또는 '기적'으로 평가하고 있다. 세계은행은 1960년대 이후 일본, 한국, 홍콩, 싱가포르, 인도네시아, 말레이시아, 태국 등 8개국의 성장을 경제기적으로 정의하고, 연구 보고서의 이름을 The East Asian Miracle 이라고 붙이고 있다.

〈표 3-1〉 미국과 비교한 1인당 GDP

(단위 : %)

국가	1965	1995	2025(전망)	1인당 GDP성장률 1996~2025(전망)
ANIEs	17.3	72.2	98.5	2.8
홍　콩	30.1	98.4	116.5	2.1
싱 가 폴	15.9	85.2	107.0	2.5
한　국	9.0	48.8	82.6	3.5
대　만	14.2	56.2	88.0	3.1
중　국	3.2	10.8	38.2	6.0
동남아시아	10.0	21.2	45.7	4.5
인도네시아	5.2	13.1	35.8	5.0
말레이지아	14.3	36.8	71.2	3.9
필 리 핀	10.7	9.4	28.5	5.3
태　국	9.7	25.6	47.4	3.8
남아시아	8.5	9.2	21.3	4.4
방글라데시	9.9	8.5	17.2	3.9
인　도	6.5	7.8	24.4	5.5
파키스탄	7.7	7.7	18.1	4.4
스리랑카	10.1	12.6	25.3	3.9

자료 : ADB, 「Emerging Asia : Changes and Changes」

〈표 3-1〉는 동아시아 30년간의 경제성장의 실적을 1인당 GDP라는 단일 지표를 통해서 보여 주고 있다. 1995년 기준으로 홍콩, 싱가폴은 미국에 거의 육박하는 단계에 와 있음을 보여주고 있다. 한국의 경우 1965년 미국의 10분의 1에 불과했던 1인당 GDP가 1995년에는 미국의 절반으로까지 급상승하였다. 인도네시아, 말레이시아, 태국도 1인당 소득의 급격한 상승을 보였다.

캄포스와 루트(Jose Edgardo Campos & Hilton L. Root, 1996)는 동아시아의 경제발전 모형을 '공유성장'(shared growth)모형으로 특징짓고 있다. 서구의 대의제도와는 다른 방법으로 사회적 통합을 이루어갔다고 보고 있다.

사회구성원의 합의를 도출하기 위하여 각종협의회 및 심의회 같은 제도가 도입되었고 이러한 제도적 틀 안에서 '선희생 후과실'에 대한 구성원의 동의를 얻고, 성장의 과실을 장기적인 관점에서 지속적으로 구성원에게 확대시켜 나가고 이를 통해 정부의 정통성을 확립시켰다고 주장하고 있다.

(2) 성장의요인

동아시아의 고속 성장의 요인으로 ①높은 투자와 저축 ② 높은 수준의 교육수준과 값싸고 우수한 노동력 ③ 수출지향형 공업화 ④ 개방정책과 후발성의 이익 ⑤ 정부의 효율적인 정책개입 등을 들고 있다.

세계은행의 '기적 모형'(miracle model)은 성장을 가져오는 3개의 성장기능 즉 축적 기능, 배분 기능, 생산성 증가 기능이 정부의 효율적 정책조합, 즉 시장원리에 충실한 기본정책과 선택적 개입의 적절한 조화와 조정에 의하여 효율적으로 이루어진 것이 성공의 기본 요인이라고 설명하고 있다. 성공의 기본 요인을 정책이라고 보는 면에서 동아시아만에 통용되는 동아시아 성장 모형은 없다고 주장하고 있다.

(3) 발전국가의 역할

발전도상국의 경제발전에 있어서 성장의 중심적 요인이 시장인가 아니면 국가인가 하는 것이 경제발전론 문헌에서 항상 제기되는 잇슈이다. 발랏사(B. Ballassa) 등의 신고전파 주창자들은 자유시장 메카니즘에 의한 자원배분이 고도성장의 기본적인 동력이었음을 강조한다.

한편 앰스덴(A. Amsden, 1989), 웨이드(R. Wade, 1990)등 소위 수정주의자, 즉 국가주도형 발전론자들은 동아시아에서 단순히 가격 왜곡을 시정하고 그러한 시장에 의한 자원배분으로 경제적 성공이 이루어진 것이 아니라 국가주도형 성장정책, 즉 국가가 시장을 선도하고 자원을 동원하며 선별적 산업정책을 통하여 시장에 개입하는 경우 더 큰 경제적 성공을 가져왔다는 것을 설득력 있게 제시하고 있다.

동아시아의 경우를 실제로 검토해 볼 때 국가주도형 발전론자들의 견해가 더 사실에 가까운 것으로 이해된다. 시장보다 국가에 의해서 자원이 배분되고 또한 광범한 신용할당, 산업정책이 실시되었고 이것이 성장의 동력이 되었음이 확인된다.

앰스덴은 한국의 발전국가 모델에서 경제적 성공의 핵심요인을 자원과 규율의 상호성 원리에서 찾고 있다. 즉 국가의 재벌에 대한 지원이 부의 일방적 이전으로 되지 않고 경제적 성과를 낳게 한 조건, 즉 국가-재벌이 발전을 위한 연합이 되게 한 것은 지원에 실적 의무를 결합시켰기 때문이라고 설명하고 있다. 수출의무를 부과함으로써 효율성을 살리는 일석삼조의 효과를 거두었다는 설명이다.

정보가 불완전하고 규모의 경제가 있는 경우 그리고 외부경제, 외부 불경제가 있는 경우 국가에 의한 선별적 개입은 시장 성과의 개선을 가져올 수 있다. 그러나 그것만으로는 불충분하다. 그것을 인지하고 실행할 수 있는 의지와 능력이 있는 관료 계급이 있어야 한다.

동아시아가 남미나 아프리카에 비해 관료의 비리와 부정 부패도 없고 또한 관리 능력도 있어 더 나은 시장성과를 성취할 수 있었던 것은 분명하다. 그러나 왜 그리고 어떠한 조건에서 그렇게 되었는지는 불분명하다. '아시아적 가치'한 조렘도 바로 아시아적 가치 때문이라고 할 것이다. 아시아적 가치가 동아시아의 관료계급의 책임감과 능력을 제고시키는데 일조했을 것이라고 생각된다. 그러나 그것만으로는 부족하다고 하겠다.

권의주의적 발전국가들은 다음과 같은 공통적인 모순들을 배태하고 있다. ① 권위주의적 자의주위와 보수주의 ② 산업정책의 문란 ③ 재벌의 족벌적 기업지배 구조 ④ 금융의 불구화 ⑤ 노동배제와 재벌 헤게모니 등으로 요약할 수 있다. 동아시아 각국마다 약간씩 사정의 차이가 있지만 대체로 그 동안 권위주의 발전 국가체제에서 '고도성장'을 걸어온 모든 나라에게 해당되는 특징이라고 할 수 있다.

제 3 절 동아시아 발전모형의 특성

한국은 지금까지 미국과 일본의 영향을 많이 받았는데, 미국모델과 일본모델을 관찰하면 한국모델은 이들과 상당한 차이가 있음을 알 수 있다. 우선 미국은 기업그룹을 불법으로 규정하나 일본은 이를 장려한다. 미국기업은 주주, 고객 및 근로자의 순서로 중시하나 일본은 이를 완전히 거꾸로 하고 있다. 미국은 경제에 대한 정부관여를 가급적 적게 해야 된다고 하나 일본은 그 반대로 생각하고 있다.

미국은 소비경제학을 중시하나 일본은 생산경제학을 중시한다. 한국은 대기업형 경제, 대만은 중소기업형 경제인데, 한국과 대만을 합하면 대·중·소기업이 비교적 골고루 갖춰진 경제가 된다.

한국 및 동아시아모델의 특성은 무엇인가? 우선 지금까지 이에 관한 세계적인 전문가들이 연구결과를 간략히 살펴보기로 한다. 경제발전론의 대가인 하바드대의 퍼킨스(Dwight H. Perkins)교수는 "동아시아 발전경험"에서 다음과 같은 것이 동아시아모델의 특성이라고 하였다. (1) 풍부한 인적자원, (2) 안정되고 성장지향적인 정부, (3) 생산성 증가를 촉진한 포괄적인 경제제도와 정책, (4) 공산품의 수출을 촉진한 개방경제정책, (5) 개발초기에 비교적 평등한 소득분배와 기회의 균등, (6) 정부의 적극적인 투자촉진과 민간부문에 대한 길잡이 역할 등이다.

그리고 동구권경제 연구를 많이 하는 하바드대의 삭스(Jeffrey Sachs) 교수는 하바드대의 미·일 비교프로그램에서 행한 강의에서 일본모델의 핵심을 (1) 일본식 기업제도, (2) 일본식 정부와 기업간의 관계, (3) 일본 家計의 특이한 경제행위와 역할, 그리고 (4) 경제운영에 있어서 일본 특유의 정치적 요인 등의 넷이라고 하였다.

동아시아의 공업화와 발전문제이 대가인 발라사(Bela Balassa)는 "동아시아발전의 교훈"이라는 글에서 다음의 다섯 가지를 주요 특성으로 들고 있다. (1) 중립적이고 일관성 있는 인센티브제도(incentive system), (2) 정부의 수출촉진과 수출지향적 사고방식의 보급, (3) 선별적인 정부규제와 관료의 통제, (4) 노동과 자본시장의 비교적 낮은 왜곡도, 그리고 (5) 민간의존형 성장 등이다.

지금까지의 논의를 종합하면 동아시아 모형은 6가지의 특징을 갖는 것으로 요약할 수 있다.

① 성장지향적, 공업지향적 및 대외지향적 전략
② 공동체적 자본주의
③ 안정된, 그리고 실력중시의 정부리더십
④ 인적 및 물적자본에 대한 높은 투자
⑤ 높은 수준의 형평을 수반한 성장
⑥ 동아시아적 조직과 기구

1. 성장지향적, 공업지향적 및 대외지향적 전략

성장모델에 있어서 중요한 것은 한국 등 동아시아국가들의 전략은 성장지향적전략(growth-oriented strategy)인 동시에 공업지향적전략(industry-oriented strategy)이며, 또한 대외지향적전략(outward-oriented strategy)이라는 사실이다. 이를 저자는 영문 머리글자를 따서 GIO 전략이라고 지칭한다. 한국이 성장지향적 전략을 채택한 이유는 무엇인가? 다음과 같은 세 가지를 들 수 있다.

(가) 제 1차 5개년개발계획이 시작된 1962년의 한국은 1인당 GNP가 100달러가 체 안될 정도로 극빈상태에 있었다. 당시에는 국가전체가 빈곤의 굴레를 하루라도 빨리 벗어나지 않으면 안되었고, 그 길은 성장지향적이 되는 것 뿐이었다.

(나) 한국은 공산주의체제인 북한에 비하여 1 인당 소득수준, 공업화수준, 심지어 국방력에 있어서조차 1969년까지 뒤떨어져 있었다. 따라서 자본주의체제를 부정하고 공산주의를 찬양하는 지성인들이 적지 않게 나올 정도로 국가사회 전체가 불안하였다. 성장지향적 전략으로 하루라도 빨리 북한을 따라잡는 것이 시급했다.

스웨덴의 언론인 헤드버그(Hakan Hedberg)는 「새로운 도전: 한국!」에서 한국은 북한에 비하여 소득수준은 물론 철강생산, 발전, 자동차생산 등 16개의 지표에 있어서 1969년까지 뒤떨어져 있었다고 하였다.

(다) 한국인들은 일본 식민통치, 6·25사변, 4·19혁명 그리고 5·16혁명 등 많은 시련을 겪으면서 60년대 초까지 국가의 장래를 극히 비관하였으며, 거의 모두 좌절감과 패배의식에 사로잡혀 있었다. 이러한 패배의식을 극복하고 각종 사회경제문제를 해결하는 최선의 길은 성장지향적인 것으로 판단된다.

한국이 '공업지향적 전략'을 편 이유는 빈약한 부존자원 때문이다. 한국은 자연자원을 해외로부터 수입하지 않으면 생존이 어렵게 되는 나라이다. 그런데 자원을 수입하자면 외화가 필요하고 이를 조달하는 길은 수입한 자원을 제조가공하여 해외에 다시 수출하는 길밖에 없다. 따라서 '대외지향적 공업화'는 국가의 생존에 절대적인 전략이다.

국제무역론의 대가인 크라우스(Lawrence Krause)도 빈약한 자원이 한국이나 일본으로 하여금 공업을 성장의 엔진(engine of growth)이 되도록 만들었다고 한다. 그런데 홍콩이나 싱가포르는 국가규목 작고 또한 국제무역로상의 유리한 입지나 항구조건 등으로 인하여 성장초기에 서비스산업지향형 성장을 할 수 있었다. 그러나 인구규모가 큰 한국은 이런 형태의 발전을 할 수 없는 것이다. 일본이나 대만이 공업지향형 전략을 채택한 이유도 마찬가지이다.

한국이 '대외지향형 성장전략'를 채택한 이유는 각종 경제계획서에서도 여러 차례 강조했듯이 자원이 빈약하고 국내시장도 협소하므로 자원과 시장을 모두 해외에 의존하지 않으면 안되는 필요성에서이다. 다른 중요한 이유는 대외지향형 성정전략에는 다음과 같은 역동적 이득이 발생하기 때문이다.

첫째 대외지향형 성장전략은 한국의 기업가, 경영인 및 근로자로 하여금 '국제수준'의 상품과 서비스를 '국제수준의 가격'으로 생산하여 수출하지 않으면 안되도록 노력하게 만든다. 따라서 한국이 상품이나 서비스뿐만 아니라 사람의 질도 세계 수준으로 향상되도록 강요한다는 점이 이 전략의 가장 중요한 역동적 이점이다.

둘째 정부의 각종정책 담당자들도 외국의 정책경험이나 사례를 통하여 많이 배우게 되므로 경제정책이나 담당자들의 수준도 높아지게 된다. 흔히 외국인들은 한국경제정책담당자들의 격조 높은 정책시행능력이 고도성장이 중요한 요인이라고 하는데, 이는 대외지향적 전략에 기인하는 바 크다.

셋째 대외지향적 성장전략을 채택하면 당장 한국은 비교우위가 있는 상품을 해외에 수출하여 외화를 벌어들이고, 비교우위가 없는 상품이나 서비스는 수입하여 경제의 능률을 높일 수 있게 된다. 이러한 이득은 이 전략의 정적 이득이라고 하는데, 이런 이득은 오래 가지는 못한다.

실제로 한국은 기업들로 하여금 수출에 필요한 수입은 비교적 자유롭게 할 수 있도록 하였는데, 이는 수입을 가급적 억제하고 국산품으로 대체하려고 한 라틴아메리카국가들의 수입대체정책과는 정반대가 되는 정책이다. 따라서 이와 같은 수입정책을 '부(-)의 수입대체(negative import substitution)정책이라고 한다.

대외지향적 전략의 개념 그 자체는 수출지향적 전략의 개념보다 그 범위가 넓다. 예를 들면 한국의 경우에는 부의 수입대체전략도 아울러 채택한 바와 같이 대외지향형 전략하에서는 수입전략뿐만 아니라 수출전략도 중요한 것이다. 수출지향적 전략이라고 할 때는 일반적으로 국내시장을 주로 하고 외국은 수출시장 정도로밖에 간주하지 않는다.

그러나 대외지향적 전략하에서의 시장이라고 할 때는 국내보다는 해외시장, 시장가격이라고 할 때도 국내가격보다는 국제가격, 그리고 제품의 표준도 한국표준, 즉 KS(Korean Standard)보다는 국제표준St는 세계표준, 즉 IS(International Standard)를 더 중시하는 등 경제이 대대적인 개방과 국제시장 중심의 정책운영이 필요하게 된다. 홍콩과 싱가포르는 개발초기부터 대외지향적 성장을 했다. 정도의 차이는 있겠으나 대만과 일본도 그러했다.

일반적으로 수출주도형 성장전략(EP: Export Promotion strategy)은 수입대체전략(IP: Import Substitution strategy)보다 성장을 더 촉진하게 되는데, 그 이유는 다음과 같다.

(가) 얼마 전까지 한국의 자동차나 칼라TV산업은 수출을 하지 않으면 내수시장의 규모가 작아서 채산성이 없다고 한 사실에서 알 수 있듯이, 수출은 철강·자동차 등 대규모 투자를 요하는 '규모의 경제산업'으로 하여금 '규모의 경제'를 실현할 수 있게 한다. 즉, 방대한 세계시장을 대상으로 하므로 시장규모가 작아서 산업성장이 안된다고 하는 것은 말이 안된다. 또한 한국의 비교우위에 따라 산업의 전문화도 가능케 한다.

(나) 수출산업은 내수산업에 비하여 다른 산업으로부터 더 많은 것을 구매한다. 즉 산업연관효과(interindustry linkage effect)가 크다. 그러므로 수출산업의 성장은 수입대체산업의 경우보다 국내 다른 산업의 성장을 더 많이 촉진한다.

(다) 수입대체전략의 경우에는 기계장비 등 투자재수입에 필요한 외화의 획득이 당장 문제가 되나, 수출주도형 전략의 경우에는 수출로 벌어들인 외화를 곧바로 투자재원으로 사용할 수 있게 되므로 성장면에서 더 유리하게 된다.

(라) 해외 신기술과 신문물의 도입을 촉진한다.

(마) 수출산업은 어느 단계까지 육성하면 그 다음부터는 성공이 성공을 불러 일으키듯 성장이 더 쉬워진다.

일본은 대외지향적 전략을 위하여 일본 특유의 종합상사(GTC: Geneal Trading Company)제도를 고안했다. 일본에서는 이를 총합상사라고 하는데, 미쓰이나 미쓰비시 등의 GTC는 최근까지는 '제조업' 이외의 모든 일을 담당했다고 한다.

즉 원료의 개발이나 제조가공, 수송, 저장, 판매, 보험 등의 모든 업종을 담당했다. 경제활동을 제조가공활동과 비제조가공활동으로 구분한다면, GTC는 최근까지 후자의 업무를 전담했다. 그리하여 제조업체와 GTC간의 확연한 분업이 이루어졌다고 한다.

그런데 최근부터는 GTC가 제조업도 하며, 해외직접투자나 외국기업의 일본시장침투를 막는 활동도 한다. 그리고 금융과 정보수집업무도 한다. 이와 같이 GTC는 종합적인 기업활동과 산업활동을 하는 일본 특유의 기업제도이며, GTC이론의 세계적인 권위자인 하바드 경영대의 요시노(Michael Yoshino) 교수는 기존의 미국등 선진국의 기업이론으로써는 설명이 잘 안된다고 한다.

이와 같은 일본의 GTC에 대항하기 위하여 많은 나라가 GTC를 시작하였으나 그 결과는 대개 실패로 끝났다. 미국에서는 시어즈 백화점그룹 등이 이를 시도했으나 실패했다. 캐나다와 멕시코도 이를 시도했으나 마찬가지였다. 대만도 시도했으나 결과는 보잘 것 없다. 성공한 나라라고는 오직 한국밖에 없다. 한국의 GTC도 대외지향형 전략의 추진을 위하여 시작하였음은 물론이고 앞으로 많이 발전되어야 할 것이다.

2. 공동체적 자본주의

동아시아 자본주의는 이미 앞서 말한 바와 같이 유교자본주의 또는 공동체적 자본주의이다. 자유기업제도의 육성과 강화에 의한 경제성장을 시도했다는 점에서는 미국식 자본주의와 같다. 그러나 기업간, 정부와 기업간 또는 노사간의 공동노력과 협조를 중시한 점에서 근본적인 차이가 있다. 동아시아의 근본 이데올로기인 공동체주의가 기업간의 집단형성과 정부와 기업과 근로자, 즉 관·노·사의 협력을 가능케 하였다.

미국은 이미 말한 바와 같이 기업간의 집단형성을 불법으로 하며, 관·노·사는 근본적으로 대립관계에 있는 것으로 간주한다. 공동체적 자본주의는 이미 앞서 설명하였으므로 여기서는 생략한다. 단지 강조하고 싶은 것은 일본문제에 관한 세계적 석학인 에즈라 보겔 교수는 동아시아 자본주의와 관련하여 다음 사실이 중요하다는 점을 여러 차례 강조한 바 있다. 즉, 동아시아에서는

① 장기적인 인간관계가 중요하다.

② 비계약적 또는 비법률적 관계가 중요하다.

③ 각 조직체는(정부와 기업관계 포함) 공식적 및 비공식 관계로 서로 긴밀하게 연결되어 있다.

④ 시장제도는 관리된 시장(managed market) 또는 유도된 시장(guided market)제도이다.

⑤ 비물질적 동기가 중요하다.

⑥ 정보의 중요성이 크다.

3. 안정된 그리고 실력중시의 정부리더십

한국 등 동아시아 각국 정부의 역할은 몇 가지 측면에서 살펴볼 수 있다.

첫째는 경제발전에 대한 지도자의 헌신(leadership commitment)이다. 흔히 후진국이 발전하지 못하는 것은 경제발전을 위하여 지도자들이 헌신적으로 노력하지 않기 때문이라고 한다. 즉 국가의 지도자들이 마음속으로 국민이 잘 살기를 원하는가, 그리고 원한다면 마음을 다하여 이를 위하여 노력하는가가 중요하다는 것이다. 그렇지 않으면 후진국의 경제발전을 이루어질 수 없다는 것이다.

사실 어느 나라의 경우이든 발전은 '소수의 지도층 인사'들에 의하여 이루어진다. 그런데 패망 직전 월남 지도층 인사들간에 유행병처럼 번진 생각은 어떻게 하든 돈을 벌어서 프랑스에 가서 저택을 사서 부유하게 사는 것이었다고 한다.

지도층을 형성하는 사람들이 나라를 다스리는 것은 자신들 '패거리'가 '해먹기' 위해서라고 생각하고 있고, 또한 오랫동안 그렇게 하기 위해서는 국민의 입을 막아야 되며, 그러기 위해서는 국민에게 뭔가 조금은 해주어야 된다는 식으로 생각하는 한 국가가 불안하게 됨은 물론 발전하는 것은 어렵다. 이를 '지도층문화'라고 하는 사람도 있다.

일본의 놀라운 경제력 상승은 지도층의 헌신 때문이라고 한다. 지도층인사들이 진정으로 국가가 잘 되기를 마음속으로 원했고 또한 이를 위해서 헌신했다는 것이다.

미르달은 정부의 경제발전에 대한 기능과 역할을 기준으로 국가를 soft state(연성국가)와 hard state(경성국가)로 구분하는데, 한국은 어느 의미로 보든지 경성국가이다. 한국에서는 지금까지 지도자나 지도층인사들의 경제발전에 대한 헌신이 대단했다고 할 수 있다.

둘째는 미국에서는 실력 있는 젊은이들이 정부보다는 기업에 취업을 원하나 한국에서는 최근까지 거의 그 반대였다. 따라서 많은 유능한 정부관리들이 양성되었고, 이들이 민간부문의 발전을 주도하기에 이르렀다. 그러나 최근에는 민간부문이 급팽창으로 유능한 인재들이 수많은 기업에서 일하고 있다.

셋째는 수출보조금, 세율, 환율, 이자율 등 각종 인센티브제도를 다른 나라에 비하여 비교적 안정되고 일관성 있게 유지해왔다.

넷째는 인도와 같은 후진국은 경제계획을 세계수준으로 잘 '수립' 할 수는 있으나 이를 시행(implementation)하지는 못하기때문에 발전을 못한다. 그러나 동아시아국가들은 좋은 계획의 수립뿐만 아니라 시행도 잘 할 수 있었던 것이 커다란 강점이다.

다섯째는 해외의존도가 높은데 성장은 빨랐으므로 경제는 많은 변동을 겪게 되었다. 따라서 경제안정이 큰 문제가 되었는데, 동아시아국가들은 두 차례의 세계적인 석유파동을 잘 수습한 데서 볼 수 있었듯이 경제환경변화에 융통성 있게 잘 대처할 수 있었다.

여섯째는 장기간의 성장을 지속할 수 있었다는 사실이다.

마지막으로는 이른바 시장의 실패를 비교적 잘 교정하고 이를 위해 노력했다는 사실이다.

4. 인적자본과 물적자본에 대한 적극적인 투자

인적자본에 대한 많은 투자는 유능한 근로자, 경영인, 기업가 및 정부관료를 만들어냈다. 그리고 선진국으로부터의 신기술도입은 물론 기술혁신도 촉진했다. 인적자본연구로 노벨경제학상 수상자가 된 슐츠(Theodore W. Schultz) 교수는 인적자원이 한국의 가장 귀중한 자원임을 여러 차례 강조한 바 있다.

한국의 높은 교육열은 한국인 개개인의 지식이나 기술수준은 물론 한국 "사회전체의 지식총량 또는 지식스톡"(stock of knowldege)의 수준도 계속 높여가고 있다. 많은 전문가들이 이를 한국경제성장의 가장 중요한 요인으로 꼽는다.

한국의 물적자본형성은 고도성장과정에서 많이 이루어졌는데, 국내저축이 부족한 상태에서 그렇게 되었으므로 한국의 투자는 자연 '외자의존형' 또는 '외채의존형'이 되었다. 그러나 일본과 대만은 높은 국내저축으로 인하여 많은 투자재원을 대부분 국내에서 조달할 수 있었다. 일본과 대만 그리고 1986년 이후 한국의 높은 국내저축을 초래한 요인은 경제성장과 관련하여 설명된다.

5. 형평을 수반한 성장

한국의 소득분배순준을 높게 한 요인으로는 형평문제와 관련하여 설명되는 바와 같이 ① 세계에서 가장 성공적인 것으로 알려진 해방 직후의 토지개혁, ② 모든 것을 파괴하고 모든 사람들은 헐벗고 가난하게 만들어 평등한 입장에서 새출발을 하도록 만든 6·25동란, ③ 문화와 지역의 동질성에 의한 사회 계층간 또는 지역간의 높은 이동성, 그리고 ④ 기회균등이나 일반적인 형평의 제고를 위한 정부의 각종 정책 등이다.

정부는 교육기회를 균등케 하고, 이중곡가제를 통한 농민의 소득을 보조하고, 생필품 가격안정을 통한 저소득층 생활안정 등에 많은 노력을 하였는데, 이러한 요인들이 비교적 높은 수준의 형평을 유지하는 가운데 고도성장이 이룩되도록 하였다.

6. 동아시아적 조직과 기구 및 제도

일본이 서구선진국을 캐치업(catch-up)할 때까지의 일본경제성장에 관하여 미국 및 일본경제학자들이 공동으로 연구한 결과를 수록한 「아시아의 거인: 일본경제는 어떻게 작동하는가?」란 책의 결론부분에서 패트릭(Hugh Partick)과 로숍스키(Henry Rosovksy)는 일본경제는 앞으로도 고도성장을 지속할 것이라고 낙관하였다. 그 이유는 두 가지이다. 하나는 일본의 조직이나 기구가 근본적으로 건전한 것이고, 다른 하나는 일본인의 건전한 가치관이라고 하였다.

한국 등 동아시아에서는 미국 등 서구선진국에는 없는 조직체나 기구들이 있고, 또한 서구선진국에 있는 것이라고 하더라도 그 기능과 성격 및 외부관계 등에 있어서 큰 차이가 있다. 예를 들면 다음과 같다.

(가) 이미 앞서 논의한 바와 같이 동아시아식 기업은 서구의 기업과 목적, 종업원에 대한 태도 등에 있어서 근본적으로 다르다.

(나) 동아시아식 가족제도는 동아시아인들의 각종 경제 및 비경제활동이나 조직의 기본이 된다. 또한 '가족복지'제도를 '사회복지'제도에 우선하게 만든다.

(다) 서구국가들은 모방할 수 없다고 하는 일본의 케이레쯔와 한국의 기업집단 및 종합상사제도가 동아시아 기업들의 국제경쟁력을 높인다. 그리고 한국이 경제 5 단체라고 하는 전국

경제인연합회, 대한상공회의소, 한국무역협회, 중소기업협동조합중앙회, 한국경영자총협회 등의 단체의 역할도 서구국가들과 큰 차이가 있다.

(라) 서양에서는 노와 사는 대립관계이나, 동아시아 특히 일본에서는 협동관계이다. 동아시아의 유교적 전통은 관·노·사의 협동을 중시한다.

(마) 정부와 기업관계에 있어서도 서양에서는 대립관계이나, 동아시아에서는 정부주도형이 되도록 한다.

(바) 동아시아에서는 대학을 졸업하는 우수한 인재들이 기업보다 정부에서 일하기를 원하나, 미국에서는 정부보다 기업에서 일하기를 더 원한다. 미국에서는 정부가 가급적 기업을 적게 간섭해야 된다고 하나, 동아시아에서는 정부가 모든 것에 책임을 져야 된다고 한다.

(사) 각 조직체간의 관계는 서구선진국에서는 공식적·계약적 그리고 단기적이 되나, 동아시아에서는 인간관계가 중요하게 되므로 비공식적·비계약적 그리고 장기적이 된다.

(아) 동아시아에서는 각급 정부부처, 사업자단체, 기업그룹 등의 상호간 또는 그 자체내의 하부조직체들은 조직체들간에 공식적인 관계는 물론 구성원들의 학연·지연 및 혈연 등 비공식적 관계로 서로 긴밀하게 연결되도록 만든다.

제 4 절 동아시아 발전모형 논쟁과 경제위기

1. 동아시아 발전모형 논쟁

'동아시아 발전모형에 대해서는 긍정론과 부정론으로 양분되어 있다. D.H.Perkins, J.Sachs, M.Feldstein, G.Lodge, E.F.Vogel 등은 아시아적 가치를 높이 평가하고, 서구에 비하여 장점들이 많음을 강조하고 있다.

반면에 Paul Krugman, Stanley Fisher 등은 기술혁신과 생산성 향상이 수반되지 않은 아시아 모형과 성과는 허구에 불과하며, 일반적으로 적용할 수 없음을 강조하고 있다.

특히 아시아의 위기 이후 경제위기의 원인과 책임을 둘러싼 정치적 공방이 가열되고 있다. 논쟁이 매우 피상적이며 현상적이고, 그런만큼 더 파괴적인 측면도 있다. 이 '아시아적 가치' 논쟁의 한편에서 선봉에 서 있는 것이 말레이시아 수상 마하티르이다.

〈표 3-2〉 은 아시아 발전모형, 즉 '아시아적 가치'에 비판적인 사람과 옹호론자들을 양편으로 나누어 정리한 것이다. 여기서 옹호론자들은 기존의 전통적 가치를 인정하고 또 앞으로 국가주도형 발전의 지속성에 대하여 긍정적인 입장을 취한다.

〈표 3-2〉 '아시아적 가치'의 비판론과 옹호론

비판론	옹호론
〈L.Thurow MIT 교수, J. Garren 예일대 교수〉 - 장기적인 투자를 군장해 온 일본식 금융제도를 예찬하였던 자신들의 입장을 『학문적 경솔』이었다고 시인하고 미국식 경영의 우수성을 인정함. (Austrailian Financial Review, 98.5.9일)	〈Bergsten 국제연구소(IIE)소장〉 - 아시아 국가들은 일본식 경영모델을 바탕으로 한 생산성·효율성 증대를 통해 성장국면에 재진입, 향후 20~30년간 고속성장을 지속할 것이라고 주장함
〈C.wolf 미 랜드연구소 고문〉 - 아시아 국가들이 정부주도의 수출위주 정책과 과도한 설비투자 확대가 요구되는 일본식 성장모델을 답습함으로써 금융위기를 겪게 되었다고 평가함. (wall Streeet Journal, 98. 2. 4일)	〈J. Sachs 하버드대 교수〉 - 아시아 금융위기가 세계경제 구조조정과정에서 나타나는 진통이라고 지적하면서 아시아 국가들의 GDP가 21세기 초에는 세계 GDP의 50%(현재는 40%수준)을 넘어설 것으로 전망함. (Time, 97. 9. 29일)
〈리차드 홀부르크 전미국무부 차관보〉 - 아시아 가치, 즉 정부의 권한독점. 집단주의가 위기의 원인이다. (한국경제, 98. 11. 16일)	〈리관유 전 싱가포르 총리〉 - 미국식 시스템은 장기적으로 성공하지 못한다. 유교적 가치관은 국가발전에 긍정적으로 작용한다. (한국경제, 98. 11. 16일)
〈제임스 뷰캐넌 미 조지 메이슨 대〉 -정실자본주의, 관료주의, 가족주의, 온정주의가 위기의 원인이다. (한국경제, 98. 11. 16일)	〈마하티르 말레이시아 수상〉 - 오늘날 위기는 국제투기꾼에 의한 것이며 정실자본주의는 아시아만의 문제가 아니다. (한국경제, 98. 11. 16일)

또한 위기의 원인에 대하여는 전통적 가치가 금융위기와 무관하며 위기는 외부적 요인 즉 국제 투기자본의 음모 그 형태에서 찾아야한다는 입장이다.

한편 그 비판론자들은 경제위기의 원인을 과거의 국가주도형 발전방식, 즉 정부의 권한독점, 집단주의 정실자본주의, 정부주도 수출위주 등에서 그 원인을 찾아야 한다고 주장한다.

따라서 원인을 국내의 구조, 즉 권위주의적 개발체제를 유지하였던 구조 및 그 구조에서 배태된 제 모순에서 그 원인을 찾아야 한다는 주장과 국내의 아시안 가치, 로컬 스탠다드는 글로벌 스탠다드로 대체되어야 한다고 주장하고 있다.

2. 아시아 위기의 배경과 경과

위기의 전재와 그 원인을 정확히 이해하기 위해서는 원근법을 이용하여 그 배경부터 검토해 보아야 한다. 너무 미시적으로 보면 그 원인을 객관적으로 정확하게 이해하지 못하게 된다. 크게 다음의 3가지로 정리될 수 있을 것이다.[1]

첫째는 냉전구조의 종언이다. 1989년 말타선언 그리고 1991년 소련의 해체와 함께 동서냉전체제는 소멸하였다고 할 수 있다. 각국의 경제적 이익을 극대화하는 것이 경제정책의 기초가 되었다고 할 수 있다. 이러한 냉전체제 소멸은 미국을 비롯한 선진국의 대발전도상국 대외경제 정책의 변화를 가져오게 되었다고 할 수 있다. 발전도상국에 대한 원조는 축소되었으며 미국도 동서냉전체제에서 공산권 봉쇄를 위하여 발전도상국의 경제를 지원 육성할 필요성이 거의 없어졌다고 할 수 있다.

둘째로 세계경제 글로발화의 급속한 진전이다. 1990년대 들어 미국 주도하에 선진국 뿐만아니라 개도국까지 포괄하는 우루과이라운드가 타결되고 1995년 WTO가 출범함에 따라 새로운 국제무역질서가 형성되었으며, 자유화 및 개방화가 적극 추진되었다.

이와 같이 세계교역환경이 변화한데다 정보통신의 급속한 발전은 각국의 시장을 격리시켜왔던 시간과 공간의 장벽을 급속히 소멸시킴으로써 세계화 현상은 더욱 가속화되었다. 최근의 세계화 과정에서 더욱 두드러진 것은 국제자본 이동의 급격한 증대 즉 금융의 세계화 현상이라고 할 수 있다.

셋째로 미-EU-일본의 3극체제의 성립과 이 3극간의 대항적 관계의 발전이라고 할 수 있다. 즉 세계화 가운데서도 지역화(Regionalization) 현상이라고 할 수 있다. 미국은 NAFTA협정의 체결 및 북미와 중남미를 아우르는 미주경제권의 통합을 통하여 경제권역의 확대를 추진하고 있다.

EU는 1992년까지 유럽단일시장을 완성한데 이어 1992년 마스트리히트조약을 체결하여 통화

통합을 추진하였다. 1999년 1월부터 '유로'라는 명칭의 단일 통화가 사용되고 이를 통하여 역내 자본거래가 크게 활성화될 것으로 기대하고 있다.

일본은 70년대 이후 3극체제의 한 축으로 부상한 이래 90년대 초까지 일본적 생산양식에 힘입어 그 영향력을 확대하고 특히 아시아지역에 대한 자본-기술이전을 통하여 이 지역에 대한 경제적 지배권을 확대해 왔다. 그러나 미국과 EU와는 달리 APEC이라는 매우 느슨한 통합조직을 통하여 경제통합에 대처하고 있다.

동아시아에서의 경제위기는 1997년 태국에서 시작되었다. 태국의 바트화를 달러에 링크시킨 정부의 정책이 국제통화시장에서 강력하게 공격받기 시작하면서 태국 정부화는 바트화 방어에 실패하고 결국 외환위기가 야기되었다고 할 수 있다. 고정환율제 방어 실패와 함께 다시 환율이 급등하고 주가가 폭락하면서 외화유출은 가속화되었다. 외환보유고가 고갈 상태에 이르자 1997년 8월 초 태국정부는 IMF에 긴급구제금융을 요청하지 않을 수 없게 되었다.

인도네시아는 1996년부터 루피아의 급격한 평가절하에 따른 충격을 최소화하기 위하여 경상수지의 상황에 따라 자국화폐를 점진적으로 절하하여 왔다. 그러나 1997년 7월 태국의 바트화 추락으로 야기된 동아시아 국가 통화에 대한 불신이 확대되면서 8월 들어 급격히 하락하기 시작하였다.

인도네시아 정부는 외환보유고를 활용하여 환율상승을 막고자 하였으나 이도 환율상승과 자금 이탈을 막지는 못하였다. 완전 변동환율제로 전환하고 외환투기에 대한 제재조치를 취하였으나 루피아의 가치하락은 지속되었다. 인도네시아도 10월 IMF에 구제금융을 요청하였다.

태국, 인도네시아의 금융위기는 다시 동아시아 인접국으로 확산되는 조짐을 보였다. 아시아 경제의 상호의존성과 연계성이 크게 증대하였기 때문이라고 할 수 있다. 1997년 10월 홍콩 주식시장에서 주가가 폭락하고 이에 따라 평가절하 압력이 가중되었다. 그러나 홍콩 금융당국은 외환유고의 방출과 금리인상으로 홍콩달러 환율을 유지하려 왔다. 홍콩 금융당국은 홍콩통화의 안정이 홍콩을 국제금융센터로 유지, 발전시키는 데 필수적인 것으로 보았기 때문이다.

한국의 경우 금융위기는 1997년부터 표면화되기 시작하였다. 1996년 대규모 경상수지 적자 이후 환율의 절하 압력이 야기되기 시작하였다. 1997년 1월의 한보사태 이후 삼미, 진로, 대농, 한신공영, 기아그룹의 부도와 도산으로 금융부실채권이 늘어나고 이에 따라 국제신용도가 추락하면서 외화유입에 차질이 생기고 환율은 점차 상승되기 시작하였다.

10월 홍콩에서의 주가 폭락 이후 한국의 외환시장에서 환율은 급등하기 시작하였다. 그리고

11월 들어 외환보유고가 거의 바닥나는 가운데 11월 21일 한국정부는 IMF에 구제금융을 신청하였다.

3. 위기의 원인

위기의 배경과 그 경과에 대한 분석으로부터 우리는 위기원인에 관하여 어떠한 결론을 도출할 수 있는가? 첫째 세계적인 자본자유화와 함께 미국, 서유럽 그리고 일본으로부터의 급격한 자금유입이 이 지역 금융위기의 기본 원인이 되었다고 할 수 있다.

특히 90년대 이래 유럽과 일본은 저성장으로 인해 국내의 투자기회가 축소되었고 따라서 누적된 과잉유동성은 개도국 시장으로 그 활로를 찾지 않을 수 없었다. 이들 나라는 경기침체로 인하여 저금리 정책을 유지하였으며 누적된 과잉유동성은 아시아의 고수익처를 찾아 그 잠재적인 위험을 고려하지 않고 투자하기 시작하였다.

한편 아시아의 외자유입국도 대규모 대외적자, 부동산 및 주식시장의 과열경기를 진정시키지 않은 것이 외자유입을 방치한 셈이 되었다. 또한 동아시아 국가들은 대부분 이 기간 중 무역자유화, 자본자유화정책을 적극 추진하였다.

그리고 달러화에 자국통화를 페그시키는 환율정책을 유지하여 왔는데 이 또한 대외차입을 촉진시키고자 한 때문이었다고 할 수 있다. 일단 태국에서 평가절하되자 국제투자가들은 아시아 시장의 취약성과 리스크를 재검토함으로써 자본을 철수하게 되었고 이에 따라 외환위기가 야기되었다고 할 수 있다.

국제 투기금융자본은 환율이 절하 될 것으로 예상될 때 급격히 퇴출한다. 삭스(J. Sachs)는 이를 심리적 공포에 의한 무질서한 퇴출이라고 규정하고 있다. 당시 저축률과 중앙정부 재정수지에서 건전한 구조를 보이고 있었고, 경상수지 적자도 일부 산업에서의 부진에 기인하는 등 그렇게 나쁜 성과를 보이지 않았음에도 불구하고 투자가들의 심리적 공포로 투기자금이 급격히 철수한 데 기인하였다는 것이다.

둘째로 동아시아 국가내의 누적된 구조적 모순이 경제위기를 가중시켰다고 할 수 있다. 즉 족벌적 기업체제, 기업의 팽창주의적 과잉투자, 국가와 재벌간의 유착, 관치금융, 금융의 왜곡화와 부실채권의 누적, 국가 규율의 문란 등이다. 즉 개발독재체제가 갖는 구조적 모순이 누적되면서 외환위기로 나타난 위기가 총체적 경제위기로 발전하였다고 할 수 있다.

셋째로 수출산업의 효율저하와 이에 따른 수출둔화라고 할 수 있다. 동아시아는 일본산업의 이전을 통하여 수출주도형 공업화를 추진하였는데 부품과 소재산업을 함께 발전시키지 못하여 이를 일본에 의존하는 관계로 항상 수입유발적인 구조를 이루고 있다.

또한 동아시아 국가들은 철강, 전자 등에 과잉투자를 하였는데 이러한 과잉투자로 교역조건이 악화되면서 수출은 크게 둔화되지 않을 수 없었다. 이와 더불어 1994년 중국 위안화의 절하는 중국과 경쟁하는 대부분의 동아시아 국가들의 경쟁력을 침식시키고 또한 1995년까지 엔화의 수직절상에 의하여 경쟁력을 유지해오던 동아시아 국가들로서 1995년 이후 점차 절하됨으로써 그 수출 경쟁력이 크게 침식되었다.

〈표 3-3〉 아시아 5개국 대외자금 조달내역

(단위 : 억 달러)

	1994	1995	1996	1997(추정)	1998(추정)
경상수지	-246	-413	-549	-260	-176
대외자금조달	474	809	928	152	152
민간자금	405	774	930	-121	-94
지분투자	122	155	191	-45	79
직접투자	47	49	70	72	98
증권투자	76	106	121	-116	-19
민간대부	282	618	739	-76	-173
상업은행	240	495	555	-213	-141
기 타	42	124	184	137	-32
공적자금	70	36	-2	272	246

주 : 5개국은 한국, 인도네시아, 말레이시아, 태국 및 필리핀

자료 : IMF, 「Capital Flows to Emerging Market Economics」, 1998.

넷째 동아시아 경제위기에 관한 또 하나의 가설은 소위 월가- 미재무부- IMF 복합체 음모설이다. 즉 아시아의 경제위기가 서방 강대국의 음모에 의하여 국제 금융투기자본가들이 의도적으

로 일으켰다는 견해이다. 말레이시아 마하티르 수상이 그와 같이 주장하고 있다.

한편 웨이드와 베네로소(R. Wade and F. Veneroso)도 비슷한 주장을 하고 있다. 즉 그는 서방 자본이 과거의 군산복합체처럼 아시아 경제를 지배하기 위하여 자본을 철수시키고 IMF 관리체제로 편입했다는 주장이다. 그는 IMF가 아시아에서 위기 해소를 위한 외채 재조정에는 큰 관심을 기울이지 않는 반면직접 관련이 없는 자본자유화나 구조개혁을 적극적으로 요구한 것은 이들 나라를 IMF 관리체제로 편입하여 자신의 상품, 자본시장으로 만들고자하는 의도를 드러낸 것으로 보고 있다.

4. IMF 지원과 구조개혁

IMF는 외환 위기에 빠진 동아시아 국가에 대하여 금융지원 하는 대가로 긴축적인 재정 금융정책을 요구함과 동시에 구조조정 정책을 요구하게 된다. 즉 거시경제 안정을 위해서 성장률 목표를 낮추고 재정 지출을 삭감하고 조세율을 높이며 물가안정을 위해서 통화량 목표를 하향 조정한다. 이러한 정책을 요구하는 것은 구제금융 지원국의 경상수지 적자를 줄이고 이로써 IMF 자신도 채권국에 대한 채무상환 능력을 제고시켜야 하기 때문이다.

IMF는 최근에는 IMF 구제금융 제공 조건으로 재정 금융지원 하는 대가로 재정 금융상의 긴축을 요구함과 아울러 산업, 기업 그리고 노동시장에 관련하여 구조조정을 요구한다. 동아시아 국가에 대해서도 국가별로 차이가 있지만 태국에 대해서는 부실 금융기관의 정리와 함께 공기업의 민영화 그리고 보조금 제공 중단을 요구하고 있다.

인도네시아에 대하여는 부실금융기관 정리에 대하여 공공사업의 투명성 보장, 공기업의 농산물 수입 독점 폐지, 그리고 국민차 사업의 조정(2000년까지 국산 부품 사용 규정의 폐지)을 요구하고 있다.

한국에 대하여는 태국, 인도네시아보다 더 광범한 구조조정 정책을 요구하고 있다. ① 부실금융기관의 정리 ② 금융시장의 자유화 및 규제완화 ③ 재벌기업의 부채비율 축소, 상호 지급보증 폐지, 기업경영 투명성 제고 등 기업 구조조정 ④ 무역 및 자본의 자유화와 시장 개방 ⑤ 노동시장의 유연화 등이다. IMF의 한국에 대한 정책 처방이 장기적 경제 안정화 보다는 신자유주의적 방향으로의 구조개혁에 더 초점을 두고 있는 것을 알 수 있다.

〈표 3-4〉 외환위기와 아시아 주요국의 경제 성장률

(단위 : %)

	91	92	93	94	95	96	97	98
한 국	9.1	5.1	5.8	8.6	8.9	7.1	5.5	-5.8
태 국	8.1	8.2	8.5	8.9	8.7	6.4	-0.4	-6.4
인도네시아	8.9	7.2	7.3	7.5	8.2	8.0	5.0	-13.4
말레이지아	8.6	7.8	8.3	9.2	9.5	8.6	7.8	-1.7
필리핀	-0.5	0.3	2.1	4.4	4.8	5.7	5.1	1.9
싱가포르	7.3	6.2	10.4	10.2	8.8	7.0	7.8	1.2
중 국	9.2	14.2	13.5	12.7	10.5	9.7	8.8	7.3
홍 콩	5.1	6.3	6.1	5.4	3.9	4.9	5.0	-1.3
대 만	7.6	6.8	6.3	6.5	6.0	5.7	6.8	4.8

자료 : 통계청(1999), 「국제통계연감」 및 세계은행 자료

IMF 프로그램이 시행된 후 경상수지 개선이라는 효과가 있었으나 성장률은 축소되고, 기업의 도산이 증가하며 금융 불안정이 지속되고 노동자의 실질 소득이 크게 감소하고 실업자가 크게 증가하는 현상이 나타나고 있다.

〈표 3-4〉에서 보듯이 IMF 관리체제에 들어간 동아시아 3국의 1998년 경제성장률이 모두 마이너스 성장으로 큰폭으로 하락하였다. 홍콩도 이들 국가의 영향을 받아 마이너스 성장으로 떨어졌다. IMF의 지나친 고금리 정책에 그 책임이 있다고 통렬히 비판되고 있다.

웨이드와 베네로소(R. Wade & F. Veneroso)가 밝힌 바와 같이 동아시아 경제가 높은 저축률을 보이고 있음에도 불구하고 직접금융시장이 발달해 있지 않고 은행이 기업에 금융 중개기능을 하는 동아시아 경제에서는 기업의 부채비율이 당연히 높을 수 밖에 없다.

이러한 가운데 실시되는 고금리 정책은 어떠한 우량기업이라도 흑자도산 될 수밖에 없음을 명확히 밝히면서 IMF의 고금리 정책을 비판하고 있다. 그는 완만한 인플레이션을 유지하는 것이 기업의 부채해결에 따르는 사회적 비용을 최소화하는 방책임을 밝히고 있다.

동아시아 경제는 2차 대전 이후 최대의 시련기에 봉착해 있다고 할 수 있다. 동아시아 경제가 앞으로 위기를 극복하고 다시 재도약 할 수 있는가 하는 문제는 세계 경제 발전의 상황적 조건 및 각 개별 국민경제의 주체적 선택에 의해서 크게 달라질 것이다.

IMF 차원에서 국제 투기자본의 규제를 위한 대책과 유동성 부족에 시달리는 국가에 유동성 공급을 원활하게 해주도록 IMF 재원 규모를 확대할 필요가 있을 것이다. 또한 역내 산업협력, 통화협력을 강화할 필요가 제기된다고 하겠다. 이에는 일본 및 중국의 역할과 책임이 크다고 할 수 있다. 실제로 지난번 동아시아 외환위기시 역내 통화 안정을 위해 아시아 통화기금(AMF)의 창설이 검토되었으나 미국측 반대로 철회되었다.

최초의아시아 경제의 위기는 일본의 거품경제 붕괴 이후의 경기침체에 크게 기인한다고 할 수 있다. 일본 엔화의 절하는 동아시아의 수출 경쟁력을 잠식하고 있다. 동아시아 각국이 일본이 비교우위를 상실한 저기술 또는 중급기술의 수입대체형 범용산업에 동시 다발적으로 진출하면서 이 부문에 공급과잉을 일으키고 있다. 역내 무역 및 산업 관계를 보완관계로 발전시킬 필요가 있다.

IMF 관리체제하에서 신자유주의적 정책 처방이 어떠한 결과를 가져오는지는 멕시코와 브라질, 칠레, 그리고 러시아 등의 예에서 명확하게 확인되고 있다. 신자유주의적 시장주의는 국민국가의 대내외적 자율성을 국내 재벌과 국제자본의 지배 동맹을 강화하고, 다른 한편으로 노동의 유연성 강화로 노동의 노동조합을 무력화시키며, 빈익빈 부익부 경향을 더욱 심화시킬 우려가 크다고 할 것이다.

한편 마하티브는 경제위기가 국제 투기자본의 약탈적 행동에 있다고 비난하면서 전면적인 외환통제를 단행하여 자본유출을 봉쇄시키는 등 극단적인 해결방식을 채택하고 있다. 국제금융시장의 불안으로부터 말레이시아가 경제를 완전히 차단하겠다는 의도로 이를 시행하였다.

아시아 위기의 극복과정에서 한국과 말레지아는 V자형의 회복과정을 보여준 모범생이었다. 그러나 위기극복 방식은 대조적 이었다. 한국이 IMF처방을 따라 금융개방과 외자유치를 추진한 모범생 이었다면, 말레시아는 IMF처방을 정면으로 거부하면서도 독자적으로 위기를 훌륭하게 극복하였다.

〈 시장의 신들을 무장해제 하라 〉

금융자본의 세계화는 세계의 모든 나라들을 불안정한 상태로 몰아넣고 있다. 세계화의 파고는 국민 국가들을 우회하면서 국가 기능을 잠식하고 있다. 금융세계화를 통해 탄생한 초국가적

기구인 IMF, OECD, WTO, World Bank 등은 시장의 효율성을 합창하고 있다.

다가오는 세기가 투기꾼들의 정글이 되지 않기 위해서는 금융 권력을 무장해제 시켜야 한다. 막대한 투기 자본들은 전 세계를 종횡무진으로 날고 있으며, 주가를 조작하거나 기업에 과다한 배당을 요구하는 등 이윤추구에 혈안이 되어 있다. 구조조정에 의한 대량해고가 오히려 기업의 주가를 높이는 역설을 낳고 있다. 사회를 황폐화하는 자본의 이동에 족쇄를 채우는 것이 우리들의 초미의 관심사이며 긴급한 과제이다.

첫째 과세 천국이라고 불리우는 조세회피처(tax haven)을 없애야 한다. 과세 천국에는 부정한 돈들이 모여들고 있다. 권력자가 황령한 공금, 마피아 같은 범죄조직의 비자금, 금융기관들이 조작한 자금들이 이곳에서 보호되고 있다. 지구상의 거대 은행들은 케이만, 바하마, 리헨스타인 등과 같은 조세회피처에 지점을 세워놓고 큰 이익을 거두고 있다.

둘째 이자나 배당, 그리고 양도 이윤과 같은 금융소득에 대해 세금을 부과해야 한다. 금융소득에 대한 과세는 민주주의적 견지에서 최소한의 요청이다. 적어도 노동에 대한 소득과 같은 비율로 과세해야 한다.

셋째 투기적 금융거래에 대해 과세해야 한다. 자본 이동의 무제한적 자유는 민주주의의 기초를 흔들기 때문에 반드시 이를 억제해야 한다. 그 하나의 방책이 토빈세(Tobin's Tax)이다. 토빈세가 실시된다면 현행 시장제도를 고수하는 신자유주의적 신조가 허물어질 것이다. 토빈세 액션을 위한 전 세계 시민연대인 금융거래과세연합(ATTAC)을 세계적인 규모로 만들어야 한다(ATTAC주창자 라모네).

---

1) 한국경제발전학회(1998), 「한국동아시아 경제발전 모형의 국제적 조명」, 송병락(1992), [한국경제론], KDI 및 연구기관 자료 참조

제 4 장

정부주도적 경제성장과 산업구조 전환

제 4 장 정부주도적 경제성장과 산업구조 전환

A Dream you dream alone is only a dream,
A Dream you dream together is reality!

- John Lennon -

제 1 절 경제정책과 경제체제

1. 경제학 사조와 경제정책

경제학은 현실사회의 경제적 측면을 분석하여 설명하고, 경제생활에서 파생되는 경제문제를 예측하며, 경제문제에 대한 해결책을 제시하는 실천적 과학이다. 그동안의 경제학사를 회고해 볼 때 위대한 경제학자들은 확고한 사회적 문제의식을 가지고 경제학을 연구했으며, 그들이 전개한 경제이론은 그 시대의 경제문제에 해답을 주려고 하였다. 따라서 그 시대의 경제문제가 이미 알려진 경제이론으로 해명할 수 없을 때, 새로운 처방전과 분석도구로 무장한 경제학이론들이 발전해왔다.

그러나 중세 이전에는 체계화된 경제이론이 없었고, 자본주의체제가 성립되면서부터 경제학이 체계화되었다. 그 후 시대변화에 따라 경제문제도 끊임없이 변화 생성되었다. 경제학의 흐름은 ①자본주의 출현과 고전학파, ②자본주의 변화와 사회주의학파, ③한계혁명과 신고전학파, ④대공황과 케인즈학파, ⑤통화주의 혁명, ⑥ 공급측 경제학, 합리적 기대가설, 새 케인즈학파 경제학 등의 현대경제학으로 발전하였다.

경제학이 본격적으로 발전한 것은 산업혁명 이후 시장경제가 발전하면서 부터이다. 그러나 자본주의 시장기구를 어떻게 보느냐에 따라 정책처방은 상이해 진다. 시장기구를 신뢰하는 학자들은 자유주의 경제학, 불완전성과 실패를 가정할 경우 개입주의 경제학으로 발전하였다.

(1) 시장중심주의(자유주의) 경제학

고전학파를 비롯한 주류경제학에서는 시장기구는 인류가 발견한 제도 중에서 가장 효율적이며, 정부의 시장개입은 최소화해야 하고 자유방임과 자유무역정책을 추진해야 한다고 주장한다. 시장중심주의 혹은 자유주의 경제학의 핵심명제는 다음과 같다

① 시장기구를 신뢰하는 자유방임, 자유무역
② 분업과 자유경쟁을 통한 생산성과 효율성 향상
③ 화폐는 교환의 매개수단 역할: 세이법칙.
④ 정부역할 최소화: 야경국가

자유주의 경제학은 고전학파, 신고전학파, 통화주의, 합리적 기대가설, 공급측 경제학 등으로 이어지고 있다. 특히 1980년대부터 미국의 레이건 대통령과 영국의 대처수상을 중심으로 시장의 자유화 혹은 규제를 완화하는 신자유주의 경제학이 글로벌 금융위기 발발까지 풍미하였다. 그러나 2008년 미국 금융위기와 유로존 재정위기 여파로 규제되지 않는 시장의 문제점이 증대되어 감독과 규제를 강화하는 뉴노멀 정책들이 추진되고 있다.

경제학이 하나의 독립된 학문으로 체계화되기 시작한 것은 스미스(A. Smith)의 국부론(1776)에서부터라고 볼 수 있다. 스미스 이전에는 경제학이 윤리학 · 정치학 · 철학 등의 일부분으로 다루어졌다. 학자에 따라서는 케네(F. Quesnay)나 중상주의에서 경제학의 시원을 구하기도 하지만, 전체 경제를 체계적으로 분석한 스미스를 경제학의 시조로 보는 것이 일반적이다.

스미스에 의해 대표되는 고전학파 경제학은 봉건적 지주나 귀족에 반대하고 영국에서 새롭게 부상한 신흥자본가계급을 옹호하는 이론체계이다. 먼저 스미스는 국부의 원천이 귀금속의 양에 있다는 중상주의(mercantilism)를 비판하였다.

스미스는 〈국부론〉에서 이 같은 중상주의를 비판하고, 부를 증가시키기 위해서는 생산적 노동자의 비율과 노동생산성을 증대시켜야 한다고 보았다. 노동생산성의 개선은 분업(division of labor)을 통해 이루어지며, 이 같은 원리는 국제간에도 적용되므로 자유무역을 해야 한다고 주장하였다.

그는 또한 경제주체들이 건전한 사회제도의 배경 속에 이기심에 다라 자유롭게 경쟁하면 '보이지 않는 손'(invisible hand)에 인도되어 경제 전체의 질서와 부의 극대화를 이룰 수 있다고 보았다.

따라서 경제주체들의 자유로운 경제활동을 통제하는 국가의 간섭은 철폐되어야 하며, 국가의 역할은 국방과 치안유지에 국한되어야 한다는 결론이 도출된다. 이 같은 경제관과 국가관에 기초하여 자유경쟁적 기업제도와 시민사회가 발전하였으며, 자본주의는 사회의 생산력을 급격히 증대시켰다.

스미스의 경제학은 리카도(D. Ricardo) · 맬서스(T. R. Malthus) · 밀(J. S. Mill) 등에 의해 계승 발전되었다. 18세기말에서 19세기 초에 걸쳐서 자본가와 노동자의 계급분화가 명확해졌고, 곡물가격등귀에 다른 자본가와 지주의 대립도 격화됨에 따라 경제학의 중심과제도 부의 생산에서 분배로 바뀌었다. 고전학파이론은 밀에 의해 체계적으로 집대성되었으며, 유럽대륙에서는 세이(J. B. Say)에 의해 보급되었다.

그러나 19세기 초기의 유협은 산업혁명 이후 빈부의 격차, 자본가와 노동자간의 계급대립이 심화되었고, 이같은 문제들에 직면하여 자본주의체제를 부정하는 사회주의학파가 대두되었다.

19세기 후기에 이르러 영국의 제본스(W. S. Jevons), 오스트리아의 멩거(C. Menger), 스위스의 왈라스(L. Walras) 등은 상호연계도 없이 비슷한 시기에 각각 독립적으로 동일한 이론을 제창하였다. 이들은 당시까지 지배적이었던 객관적 가치에 기초한 노동가치설을 부정하고, 재화의 가치는 인간이 느끼는 주관적인 만족감, 즉 효용(utility)에 의해 결정된다는 주관가치론을 주장하였다.

이들은 또한 사회주의를 반대하고 시장기구에 기초한 자본주의를 옹호하였고, 경제학에 자연과학적인 정밀한 분석방법을 광범위하게 도입하였다. 고전학파이론의 중심과제가 국부를 증대시키는 자본축적임에 반하여, 신고전학파이론에서는 주어진 자원의 효율적 배분을 주된 분석대상으로 하였고 균형을 중시하였다.

신고전학파의 경제이론은 자유방임(laissez-faire)과 시장기구에 기초한 고전학파 경제이론의 핵심적 내용을 계승하고 있으며, 그 주요 내용은 다음과 같다.

첫째, 모든 재화와 요역의 가격은 신축성을 가지며, 가격기구를 통하여 자원의 합리적 배분이 이루어진다. 모든 생산요소는 완전고용되며, 각 생산요소는 생산에 기여한 만큼 분배를 받는다.

따라서 시장기구의 정상적인 작동을 저해하는 국가의 개입은 배제되어야 한다.

둘째, 경제를 실물경제화 화폐경제로 구분하고, 화폐는 단지 교환의 매개역할만 하는 것으로 생각했다. 따라서 실물부문에서 균형이 달성되면 전체 경제가 균형을 달성하게 된다. 실물부문 분석에서는 "공급은 그 스스로가 수요를 창조한다"는 세이의 법칙(Say's law)을 믿기 때문에 초과생산은 없게 된다.

셋째, 정부의 개입 없이 가격기구를 통해 완전고용균형이 자율적으로 달성되며, 균형가격은 안정성을 갖는다.

이상과 같은 신고전학파이론은 종래의 고전학파와는 분석방법이나 중심과제가 달랐기 때문에, 일부학자들은 이것을 한계혁명(marginal revolution)이라고 불렀다. 가격기구를 중심으로 하는 이들 이론은 통화주의 학파, 합리적 기대가설, 공급측경제학 등으로 이어져 오늘날에 이르기까지 경제이론의 주류를 이루고 있다.

(2) 개입주의 경제학

개입주의 경제학은 시장기구가 기본적으로 불안전하며, 시장실패와 주기적인 경제공황, 적자생존 논리와 분배구조의 악화, 정보의 불확실성 등으로 한계가 있음을 지적한다. 따라서 정부가 적극적으로 개입하여 시장경제의 문제점을 해소하고, 경제성장과 복지국가 구현 등을 이룩해야 한다고 주장한다. 개입주의 경제학의 핵심 명제는 다음과 같다.

① 시장기구의 불안정성, 자유방임 부정
② 시장실패와 문제점 개선을 위한 정부의 적극적 개입
③ 화폐는 가치저장 기능: 화폐의 능동적 역할
④세이법칙 부정, 수요중시
⑤ 정부역할 극대화: 큰 정부

개입주의 경제학에는 모든 무역을 직접통제 했던 중상주의, 사회주의, 케인즈학파, 제도주의, 신케인즈학파 등이 있다.

사회주의는 사유재산제도를 부정하고 사회평등과 재산의 공공소유를 통하여 이상사회를 건설할 것을 내용으로 한다. 19세기 초에 자본주의의 결함을 극복하고자 생시몽(Saint-Simon) · 푸리에(C. Fourier) · 오웬(R. Owen) 등은 각각 특유한 이상사회를 구상하고, 그 사회를 실현하는 방법에 대하여 설명하였다.

마르크스(K. Marx)는 사회주의사상과 이론은 관념적으로 표명하는데 그치지 않고, 경제학적인 입장에서 과학적인 체계를 갖추게 하였다. 이것을 과학적 사회주의라 한다. 마르크스는 유물사관과 잉여가치론에 기초하여 자본주의생산양식의 본질과 운동법칙을 규명하고자 했다.

개입주의 경제학이 본격적으로 발전한 것은 대공황이후 발전한 케인즈학파 경제학이다. 대공황은 가격기구 또는 '보이지 않는 손'의 작동에 의해서 효율적인 자원배분과 완전고용이 자동적으로 달성된다는 신고전파의 생각을 송두리째 뒤흔들어놓았다. 서구의 주요 국가들에서 실업률이 매우 높아지고 생산설비는 유휴상태에 빠지게 되었다. 이러한 경제적 위기에 대해 신고전파경제학은 적절한 해결책을 제시하지 못하였고, 따라서 새로운 접근이 요청되었다.

케인스(J. M. Keynes)는 《자유방임의 종언》을 통하여, 정부가 민간경제에 좀 더 적극적으로 개입하고 정부정책을 통해 유효수요를 늘림으로써 완전고용을 달성해야 한다고 보았다.

그의 이론은 《화폐론》과 《일반이론, 1936》 등에 의해 체계화되었는데, 신고전학파가 믿었던 이론과는 매우 다르기 때문에 **케인스 혁명**(Keynes revolution)으로 불린다. 그 이론의 주요 내용은 다음과 같다.

첫째, 케인스는 세이의 법칙을 부정하고 유효수요이론을 주장하였다. 세계경제는 제1차 세계대전을 계기로 과잉생산능력을 가지게 되어 초과공급 상태가 일반화되었기 때문에 공황이 발생하였다. 이 같은 상황에서는 정부가 적극적으로 개입하여 유효수요를 증대시키는 정책을 실시하여야 한다.

둘째, 따라서 자유방임 대신 정부의 능동적 역할을 강조하는 혼합경제(mixed economy)를 주장하였다. 자유시장 경제는 한계가 있으며 정부가 개입하여 문제를 해결해야 한다는 것이다.

셋째, 물가 · 임금 및 이자율 등이 신축적이지 않고 하방경직성을 가진다고 보았다.

넷째, 화폐는 거래적 기능뿐만 아니라 가치저장기능도 가진다고 보아 고전학파의 화폐의 베일관을 부정하였으며, 본위제도 대신 관리통화제도를 주장하였다. 다섯째, 소비 · 저축 · 투자의 경정주체가 상호 독립적이며, 현실경제는 불확실하므로 불확실성 아래의 예측이 중요하다고 보았다.

케인스의 접근방법은 가격기구의 자동조절기능을 비판하고, 실업 · 불황 등의 거시경제문제에 대한 정부개입을 강조하였다. 이러한 케인스의 접근방법은 국가가 완전고용을 달성하고 경기변동을 조절하기 위하여 재정 · 금융정책을 사용해야 하며, 국민의 생활을 보장해주어야 한다는 복지국가(Welfare State) 이론으로 발전하였다.

케인스이론은 사무엘슨(P. A. Samuelson) · 솔로우(R. Solow)등과 같은 경제학자들에 의해서 케인스의 유효수요원리와 신고전학파의 가격이론이 종합된 신고전파종합으로 발전하였다. 이들은 정책당국이 경제가 불황일 경우에 케인즈의 유효수요조정정책을 통하여 완전고용을 달성하고, 그 뒤에는 다시 시장경제원리에 맡겨야 한다고 생각하였다.

케인즈학파를 중심으로 한 개입주의는 1970년대의 오일쇼크를 계기로 통화주의학파의 공격을 받았고, 1980년대부터 시작된 신자유주의적 구조개혁과 글로벌화로 약화되었다.그러나 2008년의 미국 금융위기, 유로존의 재정위기 등을 계기로 규제되지 않은 시장의 위험성이 증대되면서, 뉴-노멀 등의 정책으로 정부의 역할이 증대되고 있다.

2. 정부주도형 혼합경제체제

(1) 경제체제의 정의와 유형

우리가 사는 사회는 매우 다양한 기능이 얽혀서 하나의 체제를 이루고 있다. 우리가 살아가는 데는 여러 기관이나 제도와 관련을 맺지 않을 수 없다. 이 가운데 경제적 관계들만을 떼어서 사회경제(social economy)라고 한다. 국민경제의 기본과제를 효율적으로 해결하기 위해서는 각 경제주체의 경제의지가 최대로 발휘될 수 있도록 사회경제의 체계와 질서가 세워지고, 제도적 구조가 짜여져야 한다.

경제체제에 관한 정의는 다양하다. 미국의 그로스만(G. Grossman)은 '경제체제란 사회경제의 기본과제를 달성하기 위하여 만들어진 여러 제도의 체계'로 정의했다. 이밖에 쿠즈네츠(S. S. Kuznets) 등 많은 학자들의 정의를 종합하면 경제체제는 사회의 각 구성체가 일정한 원리에 따라 행동하도록 관계 맺어진 조직의 총체이며, 경제활동이 전체로서 질서를 가져오게 하는 사회경제의 틀이다.

경제사회는 나라마다 역사적 조건과 국민들의 수용도에 따라 고유의 경제체제를 형성한다. 우리는 이들을 몇 개의 유형으로 구분할 수 있는데, 유형구분기준에 따라서 대단히 많은 형태가 있을 수 있다. 그 가운데서 가장 대표적인 형태로는 근대산업사회와 함께 생성된 자본주의 시장경제(capitalist market economy)와 사회주의 계획경제(socialist planned economy)가 있다.

이 두 체제를 순수모형(pure model)이라 하며, 두 체제의 구성요소가 혼합된 체제를 혼합모형(mixed model)이라 한다. 혼합모형에는 자본주의 계획경제와 사회주의 시장경제 등이 있다.

〈표-1〉 경제체제의 유형

자원배분 / 생산수단의소유	시 장	계 획
민 간	자본주의 시장경제 (홍콩, 미국 등)	자본주의 계획경제 (한국, 일본 등)
국 가	시장사회주의 (유고, 헝가리 등)	사회주의 계획경제 (북한 등)

자본 혹은 생산수단의 소유자가 민간(개인 또는 기업)이면 자본주의체제, 그리고 국가이면 사회주의체제가 된다. 그런데 전자도 자원배분의 주된 방법이 시장이면 시장자본주의(market capitalism), 그리고 계획이면 자본주의 계획경제(planned capitalism)체제로 구분된다.

경제체제유형의 구별기준에는 자산소유의 형태, 경제활동의 조정기구 및 경영관리방식 등이 있다. 이들 기준 이외에도 의사결정구조나 동기구조 등이 사용되기도 한다.

자본주의시장경제는 생산수단인 토지 · 공장설비 · 원재료 등의 사적소유가 보장되며, 국민경제의 기본과제가 시장기구에 의해 해결된다. 또한 생산자들은 이윤추구 등 생산자의 목표에 따라 생산물의 종류나 생산량을 결정하는 자율 경영을 한다.

〈표-2〉 경제체제별 경제운용 내용

구 분	자본주의 시장경제	자본주의 계획경제	사회주의 시장경제	사회주의 계획경제
자산소유형태	사 유	사 유	공 유	공 유
조 정 기 구	시 장	시장+계획	계획+시장	계획(명령)
경 영 관 리	사 영	사영+공영	공영+사영	공 영
사 례	미 국	한국 · 대만	중국	구 소 련

자본주의경제는 사유재산제도와 경제적 자유가 보장된 상태에서 개별주체가 자유롭게 자기 이익을 추구하는 가운데 시장을 통해 기본적인 경제문제가 해결되도록 하는 경제체제이다. 이 체제의 동기구조는 물질적 유인이 주류를 이류며 의사결정기구도 분산된 형태를 띤다.

사회주의 계획경제는 생산수단의 사적 소유를 부정한다. 즉 생산수단은 공유이며 경영관리도 공영방식을 취한다. 산업자본주의에서 나타난 빈부격차 심화와 공황 등 자본주의 모순을 극복하기 위해 출현한 경제체제다.

따라서 경제활동의 조정은 중앙계획당국의 명령이나 계획에 의해 이루어진다. 이 체제에서는 물질적 유인보다는 규범이나 강제에 의해 동기가 부여되며, 의사결정구조도 중앙에 집중된다.

자본주의 계획경제는 기본적으로 자본주의시장경제와 유사한 방식으로 운용된다. 즉 사유 · 사영 및 시장기구에 의해 경제체제가 운용된다. 그러나 국민경제의 근간이 되는 기간산업이나 전략산업 등은 중앙정부의 계획에 의해 운용되며, 이 같은 계획의 추진을 위하여 사적 소유권을 제한하기도 한다.

사회주의시장경제도 기본적으로는 공유 · 계획 · 공영방식에 의해 운용되나, 소비재나 노동 용역을 중심으로 경제의 많은 부분이 시장기구에 의해 운영되고 있다. 한국인들은 상이한 경제 체제의 대립으로 세계에서 가장 많은 고통을 받고 있다. 그럼에도 불구하고 우리의 체제를 올바로 이해하고 있는 사람들은 극소수라고 할 수 있다.

특히 우리나라에서는 공산경제체제에 관한 연구나 교육은 최근까지 거의 금기시 되었고, 깊이 있게 이를 연구하거나 교육하는 것은 어려웠다. 그러므로 많은 사람들은 아직도 한국의 경제체제에 관하여 많이 혼동하고 있는 실정이다. 우선 한국경제체제의 특성을 살펴보면 다음과 같다.

1) 한국경제체제의 가장 기본적인 특성은 혼합경제(mixed economy)체제라는 사실이다. 각종 재화와 용역의 생산과 소비를 전적으로 시장기구 또는 시장제도에 의존하는 체제를 자

유시장경제체제라고 하며, 반대로 정부의 통제기구에 전적으로 의존하는 것을 통제경제, 지령경제 또는 명령경제체제라고 하는데, 한국은 어느 하나가 아니고 양자의 기능을 혼합한 체제이다.

2) 동아시아문제 전문가인 보겔(Ezra Vogel)과 롯지(George Lodge)교수는 미국의 자본주의는 개인주의적 자본주의이고, 한국은 공동체적 자본주의라는 사실을 강조하고 있다. 유교에 바탕을 두고 있는 한국자본주의는 기독교에 바탕을 두고 있는 미국 및 독일식 자본주의와는 차이가 있다. 한국의 유교자본주의는 공동체적 성격이 강하며, 인본주의(humanism)에 바탕을 두고 있다. 동아시아국가들은 유교주의적 전통에 공동체문화가 접목되어 사회주의와 자본주의가 결합된 모습을 보여주고 있다.

3) 한국경제는 발전단계로 선발 중진국수준에 있으므로 한국자본주의도 선진국의 선진자본주의와는 차이가 있다. 한국경제체제는 이와 같이 유교자본주의이면서 공동체적 자본주의이며, 계획형 자본주의이면서 중진자본주의인 것처럼 많은 특성을 가지고 있다. 한국의 경제체제는 한국의 역사적 및 문화적 환경에서 배양된 것이고, 경제가 선진화하면서 경제발전 수준에 맞도록 발전하고 있다. 따라서 중국과 동남아, 아프리카 국가들이 한국 발전모형과 경제체제에 많은 관심을 보이고 있다.

3. 한국의 경제체제와 고도의 경제성장

한국은 1960년까지 1인당 소득이 100달러가 안될 정도로 세계의 최빈 국가 그룹에 속해 있었다. 그러나 1962년부터 시작된 7차에 걸친 경제개발 5개년 계획의 성공적인 추진, 높은 교육열에 뒷받침된 인재양성, 물적·인적 인프라의 성공적 구축 등으로 한강의 기적을 이룩하였다. 세계은행에 따르면 한국은 30여 년간(1965-1995) 세계 제일의 고도성장 국가로 나타났다.

고도성장이 가능했던 이유는 한국이 경제체제를 잘 선택하고, 이를 효과적으로 활용한 것이라고 할 수 있다. 남북한은 5천년의 역사를 공유하고, 공통의 문화와 전통, 단일민족이었다. 그런데 해방이후 대륙세력인 러시아와 해양세력인 미국이 충돌하면서 남북이 분단되었고, 6.25전쟁의 비극적인 참화를 겪었다.

전쟁의 폐허 속에서 남북한은 분리되어 경제발전을 시작했지만 남북한의 경제력 격차는 확대되고 있다. 한국은행 등의 추정에 따르면 2015년 북한의 1인당 GNI는 1,220$이고, 인구는 2,480만 명이다. 남한의 1인당 GNI가 27,340$이고, 인구가 5,080만 명임을 감안하면 1인당 소득기준으로 22배 이상 차이가 난다.

남북한 경제력 격차의 가장 큰 원인은 경제체제의 차이에 있다고 볼 수 있다. 북한은 국토분단 이후 많은 광물자원과 공업시설 등을 보유하는 등 '경제발전의 초기조건'에 있어서 여러 가지로 한국보다 우위에 있었고, 1969년까지 1인당 GNI가 남한을 앞섰던 것으로 추정된다. 그러나 경제체제의 차이와 유인장치의 부족으로 북한경제는 성장을 하지 못하고 있다.

북한과 접경지역인 두만강과 압록강 유역에서 북한을 바라보면 한국의 1970년대 생활모습이 연상된다. 밤에는 우상화 선전탑과 관공서 등에서만 불빛이 보였다. 전력난으로 밤에 불을 제대로 켜지 못해 위성사진을 보면 북한지역이 흑색으로 나온다.

사회주의체제는 쏘련, 동독 등에서 자본주의에 비해 경제적 유인과 생산성이 부족하여 실패한 것으로 나타났다. 동독은 자본주의 체제인 서독에 흡수통일 되었고, 쏘련과 동유럽 국가들도 자본주의 체제를 도입하여 경제성장을 추진하고 있다.

중국은 등소평의 개혁개방정책으로 자본주의를 도입하여 비약적인 경제발전을 이룩하고 있다. 정치제도는 공산당 독재정치이지만 경제적으로는 자본주의를 도입하여 사회주의 시장경제체제로 발전하고 있는 것이다. 우리 민족은 개인주의 성향도 강하고, 공동체적 문화전통도 강하기 때문에 자본주의 시장경제와 정부의 적절한 통제기능이 결합된 혼합경제체제가 적합할 것으로 보인다.

제 2 절 시장제도의 장점과 시장실패

1. 시장제도의 장점

시장제도는 인류가 발견한 시스템 중에서 경쟁을 통해 적자생존 논리를 관철하는 가장 효율적인 체제로 평가받고 있다. 시장제도는 자원의 최적배분을 통해 파레토 최적(Pareto optimal)을 달성할 수 있고, 치열한 경쟁에서 살아남기 위해 끊임없이 더 좋고 값이 저렴한 신상품개발과 혁신을 강제한다.

소비자들은 질이 좋고 다양한 상품들을 자유롭게 선택할 수 있음으로 후생을 극대화할 수 있다. 자유시장과 자유무역은 국가간의 자원배분 효율성을 증대시킬 수 있다. 또한 자본주의 시장경제는 비효율적인 전(前)근대적인 사회경제시스템을 파괴하여 사회전체의 효율성과 생산성을 향상시킨다.

(1) 수급조건변화의 자동적 및 융통성 있는 조정

시장경제에서 가격을 통해 수요와 공급의 자동적 조절은 가장 중요한 기능이다. 가령 유류파동으로 유가와 전기요금이 상승하게 되면 소비자들은 기름과 전기를 덜 쓰려고 노력하게 된다. 에너지 절약형 상품이 많이 팔리게 되고, 전기를 많이 쓰는 에어컨, 전열기 등의 사용을 자제하게 된다.

핸드폰의 성능이 개선되고 사용이 증가하면 모바일에 기초한 상품판매가 증대된다. 모바일 게임, 모바일 뱅킹, 모바일 결제 등이 증가하고, 유선전화와 우편의 수요가 감소하여 공중전화박스와 시골지역 우체국이 줄어들고 있다.

컴퓨터에 대한 국민들의 수요가 데스크톱 (PC)에서 노트북컴퓨터(NC)로 바뀌게 되면 NC에 대한 수요증대로 가격이 상승한다. 이는 다른 사정이 같은 한 그 생산자의 이윤증가를 의미하므로 생산증가의 신호기능을 한다.

이 신호에 따라 생산자를 NC의 생산을 더 많이 하게 되는데, 소비자가 바라는 양 이상으로 하면 다 판매하지 못하여 손해를 보게 되므로 가급적 소비자가 바라는 양만큼 또한 최소비용으로 생산하려고 노력한다. 이런 과정에서 NC와 PC의 생산증감은 자동적으로 조정된다.

통신과 금융상품, 자동차, 가전제품, 피자, 커피, 농산물 등 모든 상품에 같은 원리가 작용된다. 시장제도는 이와 같이 소비자나 생산자의 이해관계나 수급구조변화를 융통성 있게 자동조절하는 기능을 효율적으로 담당하는 것이다.

(2) 자원배분의 효율성 제고

이미 앞서 말한 바와 같이 시장제도는 내재하는 경쟁시스템 때문에 생산자로 하여금 가급적 국민이 원하는 생산물을, 원하는 양만큼 그리고 최소의 비용으로, 즉 귀중한 국가의 자원을 최소로 사용하여 생산하도록 만든다. 그러므로 효율성이 제고된다. 그러나 시장제도가 자원의 100% 효율적인 사용을 보장하는 것은 물론 아니다. 효율의 정도는 다음과 같은 효율달성조건을 얼마나 충족하느냐에 따른다.

경쟁이 치열하게 되어 ① 상품의 가격은 그 한계생산비와 일치하고, ② 생산비는 생산에 사용된 자원의 기회비용과 일치하며, 그리고 ③ 기업의 자유로운 진입(entry)과 퇴출(exit), 즉 누구든지 그 물건을 만들고 싶은 사람은 만들 수 있게 하고 또한 그 사업을 그만두고 싶은 사람은 또한 그렇게 할 수 있게 함으로써 생산비를 최저수준이 되도록 하는 것 등이다.

시장제도가 자원의 최적배분에 성공하려면 완전경쟁시장에 가까울수록 유리하며, 이러한 기준과 멀어질수록 시장제도의 효율성은 그만큼 저하되는 것이다. 따라서 정부는 독과점을 방지하고 혹은 불완전경쟁 요인을 시정하여 시장제도가 원활하게 작동되도록 해야 한다.

(3) 혁신과 성장의 촉진

국내 가전시장에서 삼성과 LG는 TV, 에어콘, 세탁기 등에서 치열한 경쟁을 벌이고 있다. 글로벌 시장에서 Apple과 삼성은 핸드폰시장에서 격돌하고 있으며, 자동차시장에서는 GM, WV, 토요다, 현대차 등이 생사를 건 승부를 벌이고 있다. 1960년대 10대 그룹중 2010년대 10대 그룹에 살아 남은 기업은 3개에 불과하다.

끊임없는 혁신으로 더 좋고 싼 제품을 개발하지 못하면 시장에서 도퇴되는 것이다. 경제성장의 가장 중요한 요인은 기술혁신이다. 통제경제하에서는 혁신의 비용이나 혜택을 모두 국가가 차지한다. 개인은 돈이 없으므로 기술개발을 하기가 어렵다.

그리고 그 혜택은 자신에게 돌아오지 않고 모두 국가에 귀속되므로 기술개발을 할 의욕도 적게 된다. 또한 기술개발기구와 응용기구는 별개의 국가 기구이므로 양자의 협조가 잘 안된다. 기술도 주로 국방산업기술을 중시하지 소비재관련 기술혁신은 별로 장려하지도 않는다.

그러나 시장경제에서는 양 기구가 통상 기업내부에 있고, 기업이 기술혁신의 비용을 직접 부담하지만 혜택도 직접 차지한다. 성공하는 경우에 돌아오는 혜택은 경우에 따라서는 비용에 비교할 수 없을 정도로 크므로 기술혁신을 위한 노력으로 적극적으로 하게 된다. 이런 과정에서 신상품이 끊임없이 개발되고 생산이 확대되어 경제성장은 촉진되는 것이다.

(4) 불균형의 자동적 시정

시장제도는 내·외적 요인에 의하여 부단히 균형상태를 벗어나지만, 이럴 때는 사람들이 자신의 이해관계에 따라 이에 즉각 대응하므로 그 내부에는 불균형을 자동적으로 시정하도록 하는 힘이 부단히 작용한다. 그러나 통제경제에서는 어떤 상품의 수급불균형이 발생하면, 우선 담당자가 이를 보고 중앙의 통제자가 이를 인지하는 데 많은 시간이 소요된다.

경우에 따라서는 인지는 스스로의 실책의 인정이므로 가급적 피하려고 한다. 설령 인정한다고 하더라도 정확한 시정은 어렵고 또한 시정에는 많은 시간이 소요된다. 이 과정에서 소비자는 이래저래 많은 불편을 겪게 된다.

그러나 시장경제에서는 수급불균형이 발생하면 수요·공급자들이 스스로의 이해관계에 따라 즉각적으로 반응하여 각종 대응책을 강구하므로 수급불균형은 자동적으로 시정되는 경향이 있다. 소비자와 생산자 사이에 '통제기구'라는 조직체가 없고 그 허락을 받을 필요도 없다. 따라서 그만큼 시간과 자원이 절약된다. 또한 통제기구의 설립과 운영에 사용되는 인적 및 물적 자원도 그만큼 더 절약될 수 있다.

(5) 인간에 의한 인간통제의 배제

통제사회의 가장 큰 문제는 사람들이 막강한 권력을 행사하는 정보기관, 비밀경찰, 보안대 등의 엄격한 감시와 통제 하에 살아가도록 되어 있다는 사실이다.

경제문제에 있어서도 가령 어떤 상품의 공급이 부족하게 되면 어떤 소비자가 소비를 얼마나 줄이고 또한 어떤 생산자가 공급을 얼마나 증가시킬 것인가를 통제기구가 일일이 정해준다. 따라서 사람이 사람을 원칙적으로 통제하도록 제도적 장치가 되어 있는 것이 문제이다.

인적통제에는 부정이 개입되기 쉽고, 통제자의 편견, 이해관계, 취향 등이 큰 영향을 미칠 수도 있다. 따라서 국가의 귀중한 자원이 특정인의 편견, 취향 및 이해관계에 따라 사용되어질 소지가 크다. 곧 논의될 각종 '정부의 실패'라는 심각한 문제에 봉착하게 된다.

만약 막강한 권력을 휘두르는 통제자가 전문가가 아니거나 정신이상자인 경우 문제는 심각하게 된다. 시장경제에서는 어느 한 사람이 다른 많은 사람의 소비나 생산을 직접 통제하지 못하도록 되어있다. 인간에 의한 인간의 지배나 통제가 제도적으로 배제되는 것이 큰 장점이다.

2. 시장의 실패

시장기구가 자원의 최적배분에 실패하는 것을 시장실패(market failure)라 한다. 시장경제는 경쟁을 통해 효율성을 증대시키지 만, 생산의 무정부성으로 주기적인 경제공황, 경쟁에서 승리한 그룹과 낙오된 그룹간의 격차확대, 장애나 능력이 부족한 사람들의 소외문제 등이 발생한다.

또한 2008년 글로벌 금융위기에서 보듯이 규제되지 않은 금융시장은 투기와 거품을 형성할 수 있으며, 세계 경제의 변동성과 리스크를 증대시킬 수 있다. 따라서 시장실패가 발생할 경우 정부의 적절한 개입으로 경제의 효율성을 향상시킬 수 있는 것이다.

(1) 경제력집중과 독점력

시장이 완전경쟁에 가까울수록 효율달성의 조건이 잘 충족되므로 자원배분의 효율성은 그만큼 높아지고, 그 반대로 독점에 가까울수록 효율이 저하됨은 이미 앞서 말한 바와 같다.

현실경제에서는 특정기업이 규모의 경제 등으로 비용상의 우위에 있게 되어 경쟁기업들이 퇴출되고 독점화되는 자연독점(natural monopoly)경우가 있다. 철강, 조선, 자동차, 석유화학 등은 규모의 경제가 있어 독과점 기업들이 시장을 지배하게 된다.

완전경쟁과 독점 사이에 존재하는 중요한 경쟁형태로서 문제가 되고 있는 것은 시장이 소수의 기업에 의하여 지배되는 과점적 시장이다. 이 경우 자원배분의 효율성은 일반적으로 독점의 경우보다 높다. 그러나 과점기업들이 담합(collusion)하여 카르텔을 형성하여 독점에 가까운 시장지배력을 행사할 때는 그 피해가 독점에 가깝게 된다. 따라서 어느 나라에서나 이러한 독점적 행사의 방지가 중요하다.

한국은 독점규제 및 공정거래에 관한 법률과 이에 따라 설립한 공정거래위원회를 통하여 이러한 노력을 하고 있다. 일본은 1947년에 제정한 '사적독점의 금지 및 공정거래에 관한 법률'을 통하여 그렇게 하고 있다. 이 법은 일본기업의 치열한 경쟁풍토를 조성하여 전후 일본경제의 성공적인 성장에 가장 많은 공헌을 한 것으로 평가받고 있다.

후진국에서는 고도성장에 따른 경제력집중과 독점력문제가 특히 심각하게 된다. 그 이유는 국내시장의 규모가 작기 때문에 국제경쟁력을 갖춘 대형기업체가 설립되는 즉시 독점기업화할 가능성이 크기 때문이다. 일반적으로 후진국의 고도성장에서는 기업그룹의 형성이 촉진되는데 이러한 경우에는 더욱 그러하다. 그리고 전국적인 강성노조가 형성되어 전국적인 노동운동을 전개하는 경우에도 독점과 같은 시장의 실패가 발생한다.

(2) 공 공 재

공공재((public goods))는 비분할성(indivisibility)의 원칙과 비배제성 원칙(nonexculsion principles)이 적용되는 재화이다. 이 같은 특성으로 수익자부담 원칙이 적용되기 어렵고, 시장기구에 의존할 경우 과소공급과 무임승자 문제를 야기할 수 있다.

따라서 사회전체를 대상으로 하는 국방, 치안, 외교, 공원, 일기예보 등의 공공서비스, 곧 공공재(public goods)는 시장거래의 대상이 됙 어렵기고, 그 수급을 시장제도에 일임할 수 없다. 이런 것은 정부나 공공기관이 담당해야 한다. 국방의무를 수행하지 않으면서 혜택만 보려는 사람들이 늘게 되고, 공유재인 공원이나 자연자원 등을 관리하지 않으면 파괴되는 '공공재의 비극'문제가 발생하게 된다.

전염병예방접종을 시장제도에 일임하면 예방주사를 안 맞으려고 하는 사람들이 많게 된다. 그런 사람들이 만약 전염병에 걸리면 자신은 물론 타인에게도 많은 피해를 주게 되므로 정부가 간여하지 않을 수 없다. 국방의 경우에도 자유방임하면 국토방위가 어렵게 되므로 정부가 국가전체 수준에서 이를 결정하지 않으면 안된다.

(3) 외부효과

외부효과(external effect)는 경제 주체간에 반대급부를 제공하지 않으면서 미치는 효과를 말한다. 경제 주체간에 유리한 효과를 미치는 경우를 외부경제(external economies), 불리한 효과를 미치는 경우를 외부불경제(external diseconomies)라 한다. 외부효과는 생산과 소비측면에서 발생할 수 있다.

예를 들어 강 상류에서 A기업이 폐수를 발생시켜 강 하류의 양식장을 경영하는 B기업에 피해를 입힐 경우 생산의 외부불경제가 발생한 것이다. 정부는 A기업에 폐수발생에 따른 벌금을 부과하거나 행정적 조치를 취할 수 있다. 혹은 A기업과 B기업이 협상을 통해 피해금액을 보상 받을 수도 있는 데, 이것을 외부경제의 내부화 혹은 '코스의 정리'라 한다.

다른 예를 들면 어떤 학자가 어떤 연구를 하는데 가령 1억원이라는 비용이 들고, 그 연구가 사회에 미치는 혜택은 10배인 10억원이라고 한다면 그 학자의 연구는 '외부'에 많은 혜택을, 즉 '외부경제'를 창출한다. 그러나, 만약 본인에게 돌아가는 혜택은 1억원이 안된다고 한다면 그 학자는 이런 연구를 하지 않으려고 할 수도 있다. 이런 경우에는 정부가 그 학자에게 연구비를 보조하는 것이 사회적으로 유리하다.

또 다른 예를 들어보자. 가령 도둑이 물건을 훔치는 경우, 자신에게 돌아가는 혜택은 10에 불과하나 남에게 주는 피해는 이의 몇 배가 될 수도 있다. 그러므로 사회적으로 큰 손해를 주는 도둑은 정부가 개입하여 막아야 하는 것이다.

이외에도 공해배출, 매연차량, 방사능피해, 분진과 소음피해, 신기술개발 등 외부효과의 예는 얼마든지 있다. 정부는 환경부처를 외부불경제이 발생을 막으며, 미래창조부 등을 통한 과학기술의 촉진 등으로 외부경제의 창출은 위한 노력도 많이 하고 있다. 중요한 것은 정부정책이 외부불경제 방지에 치우치기 쉬우나 외부경제 창출에 많은 노력을 해야 된다는 것이다.

(4) 부정확한 정보와 정보의 비대칭성

경쟁시장이론에서는 정보의 완전성을 가정하고 있으나, 현실경제에는 불확실성이 많고 경제주체 간에 정보의 비대칭성문제(Asymetry of information)가 발생한다. 중고차 거래, 주식 및 증권, 부동산거래, 가공식품 거래 등에서 수요자와 공급자간에 정보의 차이가 발생한다.

우리는 보험계약을 할 때, 부동산을 살 때나 주식을 살 때, 병으로 치료나 수술을 받을 때, 자동차를 수리할 때, 각종 약품을 복용할 때, 심지어는 음식물이나 일용품을 살 때도 상품이나 서비스의 수명 내용 장단기효과 및 부작용 등에 관하여 정확히 알지 못하는 경우가 많다. 그리고 그릇된 정보나 지식으로 함량미달, 위변조상품, 항생제 및 잔류농약과다 식품, 그리고 허위·과장광고에 의한 소비도 많이 하게 된다.

그러므로 정부에서는 공정거래법을 통하여 허위·과장광고를 금지시키고, 소비자보호법, 식품위생법 등을 통하여 이런 문제의 해결을 위하여 많은 노력을 하고 있다. 그리고 각종 경제 예측과 경제통계의 보급 및 주요정책의 해설 등을 통하여 개인과 기업에 대하여 올바른 경제관계 지식 및 정보의 제공을 위한 많은 노력을 하고 있다.

(5) 글로벌 리스크 증대 및 거시경제적 불균형

세계경제의 글로벌화로 다른 나라의 경제사정, 전쟁과 갈등, 지구 온난화와 자연재해 증대, 국제 원자재 가격의 폭등과 폭락, 금융시장 버블형성과 붕괴 등으로 변동성과 리스크가 증대되고 있고, 시장기구만으로는 즉각적인 대응이 어려운 경우가 많이 발생한다.

또한 국민의 기대심리의 변화나 수급조건의 변화 등으로 경제 전체의 수요와 공급의 밸런스가 맞지 않을 때는 경기변동·국제수지불균형·인플레 등의 문제가 발생한다. 이는 선·후진국에 공통되는 현상이다.

(6) 성장에 맞지 않는 경제구조의 전환

개도국의 시장가격은 경제발전에 맞는 경제구조의 전환을 잘 유도하지 못한다. 개도국에서 새로운 산업이 생기면, 그 제품은 국제가격보다 크게 높게 되는 것이 보통이므로 국제경쟁을 하게 되면 그 산업은 도태하게 된다. 그러므로 이런 산업은 국가에서 얼마 동안 보호하지 않으면 생존하기 어렵다.

이러한 유치산업(infant industry)은 경영자와 근로자들이 다 같이 산업활동을 "하면서 배우고 익혀서", 즉 학습효과(learning by doing)를 통하여 국제경쟁력을 갖추는 동안은 보호관세 등을 통하여 보호해야 한다. 예를 들면 POSCO, 현대중공업, 자동차 등은 설립 당시 회의적인 시각을 갖는 외국인들이 많았다.

그러나 정부는 이를 보호하여 육성한 결과 최근에는 세계적으로 손꼽는 글로벌 회사들로 성장하였다. 국가가 이런 조치를 취하지 않으면 후진국의 경제구조는 가령 경공업중심에서 중화학공업중심으로, 그리고 다시 첨단산업중심 등으로 전환하는 것이 어렵게 된다. 일본은 1868년 명치유신 이후 선진국을 따라잡은 1970년대 초까지 이런한 조치를 취했으며, 외국산업에 대한 국내시장개방은 최근까지 계속 지연시켜 왔던 것이다.

(7) 시장제도 자체의 미발달

아프리카나 동남아 등 많은 후진국들은 자급자족 비율이 높고, 시장거래를 통해 경제생활을 영위하는 시장화율이 매우 낮다. 우리나라 농촌에서도 농민들이 저축을 하려고 하더라도 가까운 곳에 금융기관이 없어서 하지 못한 경우도 많았다. 뿐만 아니라 많은 농민들은 60년대 초까지도 자가생산한 농산물을 직접 소비하는 등 농촌경제활동의 화폐화(monetization)의 정도가 낮아서 시장제도와 관계가 적었다. 또한 서구선진국 중심으로 개발된 현대금융제도는 한국금융시장에 적합하지 않는 면도 적지 않다.

그리고 아직까지도 우리나라의 금융, 보험, 증권, 선물거래, 국제환거래, 리스 등과 관련된 시장제도는 잘 발달되었다고 할 수 없다. 시장제도 그 자체의 미발달이 한국과 같은 개도국의 경우에는 주요한 시장의 실패인 것이다. 이 때문에 정부는 각종 시장제도의 발전을 위하여 많은 노력을 하게 되는 것이다.

3. 자유시장경제의 구조적 결함

(1) 자본주의의 강인성과 신축성

자본주의는 그 기원이 중세로까지 올라가는 오랜 역사의 산물로서 그 동안 끊임없는 공격과 혁신의 대상이 되어왔다[2]. 18세기 중엽부터 산업혁명이 시작되면서 자본주의는 그 체제 자체를 부정하는 원초적 도전을 받는다. 산업화로 빈부의 격차가 심해지고 근로계층의 참상이 부각되면서 자본주의의 대안을 찾으려는 노력은 사회주의 · 공산주의 탄생의 계기를 마련하였고, 1916년 구소련에 공산주의 정부가 출범하게 된다.

그 후 1929년의 대공황으로 시장경제의 자기조절기능이 마비되자 정부의 시장개입을 합리화

---

2) 한국경제포럼(2012, 겨울), 한국경제학회, M.J.Sandel(2012), *Why Morality?*, 안진환, 이수경역, 한국경제신문.

하고 확대하는 혼합경제제도(mixed economy)가 등장한다. 현재, 자본주의를 표방하는 경제는 정부역할에 있어서 차이는 있으나 모두 혼합경제제도의 넓은 범주에 속한다. 2차 대전 이후 자본주의를 수정 · 보완하려는 노력이 일반대중의 호응을 얻어 탄력을 받게 되자 복지와 공평한 분배 등 사회정의를 강조하는 여러 형태의 사회적 시장 경제가 유럽에 정착하게 된다.

1991년 구소련 경제의 붕괴로 2차 대전 종전이후 50년이 넘게 지속되었던 자본주의와 공산주의의 대립과 경쟁은 자본주의의 압승으로 끝나면서 신자유주의 시대가 열리게 된다. 1990년대 초반부터 안정속의 호황이 지속되자 선 · 후진국 모두 경기변동을 조절할 수 있다는 자신감을 되찾게 된다. 자유 시장 경제 체제는 다시 전성기를 맞데 된다.

그러나 이런 전성기도 얼마 가지 못한 것이 2007년 미국에서 시작된 금융위기가 회복단계에 들어가기도 전에 유럽의 재정위기가 겹치면서 세계경제는 깊은 불황의 늪에 빠져 들고 있다. 예상했던 대로 시장경제의 경기 순환 조절 능력에 대한 회의가 되살아나고 있다.

여기에 설상가상 격으로 대부분의 선 · 후진국들에서 소득분배의 불균등 악화로 사회적 불안이 가중되고 있으나, 그 어느 정부도 적절한 대응방안을 제시 하지 못하고 있다. 이런 혼란 속에서 진보진영은 이 모든 문제의 근본적인 원인을 자본주의의 모순과 구조적인 결함에서 찾고 있다.

진보경제학자로 알려진 스티그리츠(Stiglitz)는 자본주의가 위기를 맞게 된 원인을 시장의 실패와(market failure)와 도덕성을 상실하고 공정한 경쟁 질서를 도외시하는 신자유주의의 구조적 결함에서 찾고 있다. 한 가지 흥미로운 사실은 스티그리츠의 주장이 한국의 경제 민주화 논의의 이론적 · 실증적 근거를 제시하고 있다는 점이다.

(2) 자본주의와 시장실패

미국과 유럽의 경우, 시장의 실패는 금융부문에서 가장 심각한 양상을 보이고 있다. 금융매개의 주축을 이루고 있는 은행을 비롯한 비 은행 금융기관은 경제 친화적으로 (procyclicality) 대출과 투자를 조절하여 부동산을 비롯한 여러 금융시장에서 버블형서 되었다가 소멸(boom-bust)되는 등 경기순환 진폭을 확대시키고 있다. 버블의 소멸은 경제를 침체 심지어는 파국국면으로까지 몰고 갈 수 있다.

은행을 비롯한 대부분의 비 은행 금융기관은 불공정할 뿐 아니라 위법적인 대출 조건을 강요하고 있으며, 리스크를 제대로 판별할 수도 없는 다양한 사기성 파생상품을 판매하여 고객에게 피해를 주고 있다. 그 뿐만 아니라 방만한 자산운영으로 과도하게 리스크에 노출되어 손실이 발생하는 경우 이를 고객에게 전가하고 있다.

1980년대 초부터 전 세계적으로 확산되어온 금융자유화와 개방하는 두 가지 변화를 가져왔다. 그 하나는 금융기관의 대형화와 금융시장의 과점화 현상이었고, 다른 하나는 금융감독과 규제를 완화하는 것이었다.

금융감독 당국은 시장 간의 벽을 허물어 금융기관간의 상호진출을 허용하였으며 심지어는 건전성 감독마저 외면하여 금융감독의 사각지대가 확대되었다.

금융기관과 시장참여자들은 이 사각지대에서 자유화를 남용하기 시작하였다. 금융자유화가 정보화 데이터 처리기술의 혁신과 결합되면서 금융기관은 대형화 · 다각화에 성공하여야만 경쟁력을 확보할 수 있게 되었다. 그 결과로 소수의 대형금융 기관들이 개별 금융시장을 과점하는 부작용이 나타났다.

감독의 허점을 이용하여 투기를 일삼아 금융기관들의 경영진들은 막대한 부를 축적하는 등 상위 1%의 소득이 천문학적으로 증가하는 폐해가 발생하였다. 자연히 분배의 불균등이 악화되었다. 더구나 이들 대형 금융기관은 파산하는 경우 경제전체의 안정이 위협을 받을 정도로 그 규모가 비대해져 경영이 실패하는 경우 정부가 구제할 수밖에 없는 대마불사의 특권을 누리게 되었고, 이에 따른 도덕적 해이는 도를 넘는 수준에 이르게 되었다.

(3) 신자유주의와 도덕성의 상실

자본주의 시장경제는 경쟁을 통해 자원이 가장 효율적으로 배분할 수 있는 제도이나 기업의 이익과 개인 행복의 추구를 위한 수단과 방법의 도덕성은 위법행위가 아닌 한 문제 삼지 않는다. 자본주의는 경제가 어떻게 운영되어야 하는가의 규범적인 문제, 예를 들어 소득분배 불균등은 사회적인 합의로 해결해야하는 영역 밖의 문제로 도외시 하는 결함이 있다.

그러나 소득분배의 불평등이 심화되면 불균등의 시장의 기능을 왜곡할 수 있다. 시장이란 법과 규정 그리고 여러 사회제도에 따라 골격이 형성되는 하나의 시스템에 지나지 않는다.

따라서 고 소득층은 얼마든지 경제력을 이용하여 그들에게 유리하도록 제도를 바꾸어 나갈 수 있다. 바로 이런 경제력의 남용으로 1%로 지칭되는 고 소득층은 새로운 부를 창출하기 보다는 남이 소유하고 있는 기본의 부를 뺏어 오는 비도덕적 행위를 자행하고 있다.

즉 지대추구(rent seeking)에 몰두하여 경제력이 편중되면 시장의 경쟁질서가 왜곡되고, 그 결과로 시장의 수요공급의 원리가 성립되지 않는다. 스티그리츠는 미국의 경우 이러한 지대추구행위가 소득 불균등의 가장 중요한 원인이라고 주장하고 있다.

고 소득층의 경제력이 증가하면 공정한 경쟁체제가 형성될 수 없다. 1%의 고 소득층은 정부, 언론, 법조계 그리고 정치권에 영향력을 행사할 수 있어 "일인일표"의 민주주의 원칙마저 화해될 수 있다. 더구나 시장만능주의는 상품화 할 수 없는 상품과 서비스, 예를 들어 인간장기의 판매, 기여 입학제, 탄소배출권 거래를 허용함으로서 사회적인 도덕성의 타락은 물론 소득불균등으로부터 오는 저 소득층의 고통을 가중시키게 된다(Sandel, 2012).

그티글리치(Stiglitz, 2012)는 고도성장경제에서 소득분배의 불균형의 심화는 불가피하다는 과거의 연구결과는 더 이상 설득력이 없을 뿐만 아니라, 오히려 그 반대로 불균등이 악화되는 경우 실업이 늘고 경제가 불안정해지는 악순환을 거듭하게 된다고 주장한다. 그의 주장을 요약하면, 신자유주의 실패가 입증된 이상 소득분배를 개선하고 민주주의의 토대를 강화하기 위해서는 정부의 폭넓은 시장개입이 불가피하다는 것이다.

제 3 절 경제정책과 정부의 실패

1. 정부실패의 정의와 원인

'정부의 실패'(government failure)란 정부가 자원의 최적배분에 실패하는 것을 말한다. 우리나라는 개발년대를 통해 정부 주도적으로 발전하였기 때문에 자원동원과 배분, 성장전략 수립, 산업구조조정 등에 많은 영향을 미쳤다. 한정된 자원을 특정산업과 지역에 집중적으로 배분하여 비약적인 성장을 이룩했지만, 대기업과 중소기업, 수도권과 지방, 혹은 지역간의 격차도 심화시키는 부작용을 초래하였다.

특히 경제규모가 커짐에 따라 경제가 복잡다양 해졌고, 글로벌화가 증대되면서 정책실패의 가능성이 증대되고 있다. 또한 정부의 고위공직자나 정치인들이 퇴직후 정부산하기관, 혹은 피감독기관의 CEO나 임원들로 임명되면서 원전비리나 저축은행사태에서 보듯이 정부의 감독과 견제기능의 약화를 초래할 가능성이 높아진다.

(1) 독점으로서의 정부기구

각종 정부기구는 국민에게 서비스를 공급함에 있어서 독점적 위치에 있다. 그러므로 "서비스는 가급적 적게 하고 대가는 많이 받으려고 하는" 독점기업과 비슷한 피해를 주기 쉽다. 독점기구에서 일하는 공무원들은 각종 규제를 될 수록 까다롭게 하여 독점적 지위를 강화하려 한다. 서비스를 적게 하고 가급적 천천히 함은 물론 자신의 책임도 회피하려고 한다. 경쟁자가 없기 때문에 서비스공급비용을 자발적으로 낮추려고 노력할 인센티브도 별로 없다.

또한 정부기구를 아무리 불실하게 운영하더라도 민간기업의 경우처럼 부도가 나는 일이 없다. 이런 성향을 막는 방안으로서는 예산통제·국정감사·국민여론 등이 있다. 국정 감사자나 여론을 선도하는 언론 등이 부패하면 국민이 받는 피해는 막대하게 된다. 그리고 정부기구는 커질수록 관료화의 피해가 크게 된다.

(2) 주인-대리인(principal-agent)문제

선거철이 되면 출마자들은 하나 같이 충실한 머슴 혹은 공복(公僕)임을 자처하고 나선다. 나라의 주인이신 국민들의 뜻을 받들어 열심히 일하겠노라고 다짐하곤 한다. 그러나 선거가 끝나고 당선이 확정되는 순간 수 많은 특권과 권력을 가진 슈퍼갑(甲)으로 국민들에게 군림하는 경우가 많다. 국민의 대리인인 정치인과 공무원들이 주인인 국민의 뜻보다 대리인들의 이익을 위해 행동하는 것을 주인-대리인문제라 한다.

"종업원에게 가게를 믿고 맡겨 놓았더니 다 들어 먹었다." "그 회사는 전문경영인이 맡아서 하는데 사장이 요직에 자기 후배들을 모두 앉혀서 마음대로 주무르고 있다." "그 집에서는 머슴이 주인 노릇하고 있다." 이런 예는 주인을 위해서 일해야 할 대리인들이 오히려 스스로를 위하여 일하는 것을 나타내는 예이다.

정부공무원의 경우에도 주인(principal)은 국민인데, 주인보다는 공복인 자신들의 승진이나 또는 소속부처의 이해관계에 따라서 행동할 가능성이 큰 것이 문제이다. 국민의 대리인들인 정치가나 공무원들이 오히려 주인행세를 하는 경우도 비일비재하다.

주인-대리인 문제는 기업의 오너와 전문경영인간이나 정부의 공무원과 국민간에 다 같이 발생하나 다음과 같은 차이가 있다.

① 정부의 경우에는 대리인(공무원)이 아무리 잘못하더라도 민간기업에서와 같이 정부기구자체가 부도가 나거나 파산되는 일은 없다. 대규모 국책사업의 실패, 일부 정치인과 지방사회단체장들의 도덕적 해이와 예산낭비 등은 국민의 혈세를 낭비하나 책임지는 경우는 드물다.

② 기업의 경우에는 주인의 목표가 이윤 등으로 뚜렷하다. 그러나 정부의 경우에는 국민들이 바라는 것이 모두 일치하지 않는 경우도 많다. 가령 국민에 따라서는 급한 것이 학교, 주택, 또는 도로의 건설 등이라고 각각 다르게 주장할 수도 있다. 이럴 때는 대리인인 공무원으로서도 어떻게 하는 것이 주인을 가장 잘 위하는 길인가를 판단하기 어렵다.

(3) 렌트추구(rent-seeking)

렌트(rent)는 공급이 제한된 생산요소에 돌아가는 수익이다. 가령 서울에 택시승객이 많아서 택시의 증차가 필요한데, 택시업자들이 로비를 하여 서울시로 하여금 증차를 못하게 하면 기존 택시에는 권리금이 많이 붙는다.

운전을 열심히 하여 돈을 벌기보다는 단체 활동으로 이런 로비를 하면 큰 돈을 벌 수도 있게 된다. 이 권리금은 택시업자들의 생산활동이 아닌 로비활동에 따라 발생한 것이고 택시의 공급을 제한한 데서 발생한 수익으로 렌트인 것이다.

서울 강남의 대형 유흥업소들도 가령 로비를 통하여 정부로 하여금 신규업소 설립을 금지하게 하면 프레미엄이 붙는다. 다른 업자들도 이와 유사한 경쟁제한행위를 하여 렌트를 추구하려고 한다. 이러한 예는 부지기수로 많다. 따라서 정부의 각종 기구는 알게 모르게 이런 렌트추구행위와 관련될 가능성이 크다. 이는 경제의 능률을 저하시키는 행위인 것이다.

(4) 불완전한 지식과 정보

"정부가 증시부양에 실패했다. 부동산투기를 잡지 못했다. 통화량을 과대 또는 과소하게 책정했다. 국제수지 적자폭의 예측을 잘 못했다"는 등은 정부의 경우에도 정책에 관한 지식이나 정보가 정확하게 되기 어려움을 나타내는 좋은 예들이다.

정부의 정책담당자가 공공요금의 책정, 부동산과표나 세율의 결정, 공해통제기준의 설정이나 효과의 측정 등에 관하여 완전한 지식이나 정보를 가질 것으로 기대할 수 없다. 그와 같은 지식과 정보가 불완전할수록 정부실패의 가능성은 크게 되는 것이다.

정부의 실패가 큰 국가에서는 정부의 규모나 기능을 가급적 줄이는 것이 소망스럽다. 존 스토셀(J.Stossel)은 [신화, 거짓말 그리고 순진한 어리석음]이라는 책에서 국민들이 정부정책이 최선이라고 믿는 직관이 잘 못되었음을 강조하고 있다. 프리드만(M.Freedman)은 작은 정부를 주장하면서 정부의 기능은 다음의 세 가지에 국한되어야 함을 강조하고 있다.

① 심판관으로서의 정부: 정부는 국민이 이른바 '경제게임'을 하는 데 필요한 '룰, 즉 '룰 오브 게임(rule of game)을 잘 정하고 공정한 게임을 하도록 감시하며, 이를 어기는 자가 있을 때는 가려서 공정하게 처벌하는 등 공정한 심판관으로서의 역할만을 해야 된다는 것이다.

② 자연독점의 통제: 자연독점은 시장실패의 대표적인 예이므로 이를 통제해야 된다.

③ 외부효과의 통제: ②와 ③은 이미 설명한 바와 같이 시장실패의 대표적인 예이므로 정부가 이를 통제해야 한다는 것이다.

이러한 프리드만식 정부역할은 자유시장경제체제를 주창하는 그의 기본이념이 반영된 것이다. 그러나 한국정부는 경제의 성장·안정·능률·분배 그리고 생활이 질 등 근본경제문제의 거의 모든 면에서 경제에 깊이 간여하고 있으므로 그 역할은 프리드만이 주장하는 정부기능의 범위를 크게 넘어서고 있다.

한국처럼 정부가 경제에 깊이 간여하는 나라에도 많은 경제문제가 발생하며 프리드만의 주장대로 정부간여를 극히 적게 하는 나라에서도 역시 많은 경제문제가 발생한다. 앞으로 정부·기업간의 관계에 관한 한국형모델을 어떻게 정립하고 발전시켜 나가느냐가 경제의 장래를 좌우하는 기본과제가 된다.

제 4 절 국가부채와 재정위기

1. 정부실패와 부채 부메랑

우리 속담에 "외상이면 소도 잡는다"는 말이 있다. 당장 대금을 지불하지 않아도 되는 외상의 유혹이 달콤한 것은 동서양을 불문하고 같은가 보다. 손에 쥔 현금없이도 지름신이 강림할 수 있는 신용카드 남발로 카드사태를 겪었고, 과도한 SOC투자와 개발사업으로 인천시는 재정위기에 봉착해 있다.

미국은 할부와 모기지의 천국이다. 사람들은 저축하는 대신 주택, 자동차, 가전제품 등 외상으로 미래소득을 땡겨서 소비한다. 일본은 외상재정으로 손자세대에서 내야할 세금까지 미리 써버렸고, 토건사업 등에 허비하여 국가 부채비율이 200%로 세계 최고수준이다.

남유럽은 재정수입을 초과하는 방만한 복지지출, 불로소득으로 국가가 보장해주는 것을 누리는데 익숙하다가 재정이 고갈되었다. 디폴트 위기에 몰린 그리스는 민간 기업의 3배 수준인 공무원 봉급, 뇌물과 사기, 지도층의 도덕적 해이와 탈세, 자본도피 등으로 초래된 부실규모가 1.2조 달러에 달한다.

해외에서 막대한 해외자본을 차입하여 미국 월가의 헤지펀드를 능가할 정도로 무분별한 대출과 투기를 하던 아이슬란드는 파산후 부채의 늪에 빠져있다. 남의 돈으로 흥청거리던 인구 40만의 아이슬란드 은행손실이 1,000억 유로가 넘었고, 정부가 은행채무를 보증하였기 때문에 재정대부분을 빚 상환에 써야할 처지가 되었다.

마이클 루이스(M.Lewis)의 주장처럼 과도한 부채의 향연이 끝나면서 부채 부메랑(Boomerang)이 고통스런 후유증을 남기고 있다. 문제는 자본시장이 개방된 상호의존적인 구조하에서는 한 나라의 금융위기가 전염병처럼 급속히 확산된다는 것이다.

신용을 확대한 대형 은행들이 위기에 처할 경우, 금융위기를 막기 위해 대부분의 국가들은 민간 금융기관들의 부실채권을 중앙은행과 정부가 떠안아 재정위기와 경기침체를 초래하고 있다. 서브프라임 모기지 사태로 리먼 브라더스와 베어스턴스가 파산하자 미국 연방준비제도이사회(FRB)는 2조 달러에 이르는 부실증권을 다양한 형식으로 흡수하였다.

위기극복을 위한 천문학적인 공적자금 투입과 양적 완화정책은 과잉유동성을 해외로 수출하여 글로벌 리스크를 증폭시키는 요인이 되고 있다. 위기를 겪고 있는 PIGS(그리스, 이탈리아, 스페인, 포르투갈)도 민간부채를 정부가 흡수하여 재정위기를 심화시키고, 빚으로 빚을 갚는 악순환을 벗어나지 못하고 있다.

이들 경제의 공통적인 특징은 빚을 내어 경제를 운영하는 부채자본주의 시스템이다. 그러나 가정이나 국가나 운영원리는 같다. 벌어들이는 소득이나 재정보다 지출이 많은 적자(赤子)가 지속되면 위기가 올 수밖에 없는 것이다.

유로존 위기가 남의 일이 아니다. 우리나라의 부채규모와 증가속도가 빨라 대책마련이 시급하다. 기획재정부가 OECD기준으로 집계한 [2015년 국가결산] 에 따른 국가부채는 1,285조원이었다. 중앙정부 556.5조원, 지방정부 34조원으로 중앙정부와 지방정부를 합한 국가채무는 590.5조원이다. 공공기관 부채는 480.9조원으로 2008년 이후 큰 폭으로 증가하고 있다. 또한 연금충당부채 등이 꾸준히 증가하고 있다.

가계부채는 더욱 심각하여 IMF 등 국제기구와 저명한 학자들도 우려를 표명할 정도이다. BIS에 따르면 2015년 한국의 GDP대비 가계부채비율은 88.4%로 미국 79.2%, 유로존 59.3% 보다 높았다. 국제통화기금(IMF) 등에서도 한국경제의 리스크 요인으로 가계부채 급증을 지적하고 있다.

우리나라의 2015년 말 가계신용은 1,203조 1천억원이고, 2016년 6월말 1,257조원으로 증가하였다. 가계부채가 중대한 것은 2000년대 중반부터 불어 닥친 지방분권 확대에 따른 지자체 사업 증대, 무분별한 대형사업 추진과 부동산 버블, 저금리기조 장기화에 따른 자금의 투기화, 은행들의 소매금융과 가계대출 확대 때문이다.

글로벌 금융위기로 부동산 거품이 빠지면서 부동산 투기꾼은 물론 부동산 불패신화로 집값 상승을 기대하면서 무리한 대출로 집을 산 '하우스 푸어'들의 어려움이 가중되고 있다. 더구나 부동산시장이 침체에 빠지면서 지역경제에 파급효과가 큰 건설업계의 자금난이 심화되고, 내수시장이 위축될 가능성이 높아졌다.

국가부채와 가계부채가 급증한다는 것은 국가의 기초체력이 떨어졌다는 것을 의미한다. 유로존 재정위기는 근본적인 해결책이 쉽지 않아 글로벌 금융시장에 많은 충격을 주고 변동성을 심화시킬 가능성이 높다. 부채규모가 자체적으로 해결하기 어려운 수준이고, 지원국들도 밑빠진 독에 물 붇기 식의 지원을 꺼리기 때문이다.

근본적인 해결책은 그리스를 탈퇴시켜 독자적인 환율, 금융정책이 가능하도록 하거나, 통화는 물론 재정까지 통합하여 완전한 연방 국가를 만드는 것이다. 그러나 각국의 이해관계가 첨예하게 대립되고, 파급효과와 부담이 크기 때문에 쉽게 동의를 얻기가 어렵다.

유로존 재정위기가 확산되고 미국과 중국 등의 악재가 겹친다면 퍼펙트 스톰(Perfect storm) 효과가 발생할 수 있다. 막대한 부채가 쌓여 있는 상황에서, 해외발 악재가 기초체력이 약화된 우리경제를 타격할 경우 심각한 위기가 올 수 있다.

유비무환의 자세로 재정건전성을 높이고 가계부채를 감축하는 노력을 강화해야 한다. 공공부문의 수익성이 없는 개발사업과 대규모 투자사업을 자제하고, 공기업부채를 감축하도록 해야 한다. 유로존 재정위기를 통해 부채 부메랑의 무서움을 다시 한번 깨닫게 한다. 위기에 대비하여 부채를 줄이고 건전성을 높이도록 최선을 다해야 한다

2. 국가와 공기업 부채현황

(1) 국가 부채현황

정부는 세금을 징수하여 경제발전과 국민들의 복지향상을 위해 지출한다. 정부재정은 크게 세가지 역할을 한다. 즉 효율적인 자원배분과 공공재 공급, 경제의 안정과 성장, 그리고 복지증진과 형평성 높은 소득분배 등이다.

국가부채와 채무는 혼용하기도 하나, 국가부채는 당장 상환해야 하는 의무가 없더라도 장기적으로는 채무를 유발할 가능성이 있는 것을 포함한 개념이다. 반면에 국가채무는 직접적, 가시적으로 국가가 상환해야 할 의무가 있는 빚을 말한다. 국가재정법에서는 '국가채무'개념을 사용하고 있다.

국가부채의 발생원인은 ① 전쟁발생 등에 따른 일시적인 지출증가로 20세기 이전 국가채무발생의 가장 큰 이유였다. ② 경기침체 등에 따른 재정수입 감소이다. 경기침체로 인한 조세수입 감소와 경기부양자금 지출증대로 국가부채가 발생하며, G20국가들의 경우 글로벌 위기가 발생한 2007-2009년의 기간중 20%p 이상 증가하였다. ③경제발전이나 SOC투자 등 국책사업이나 미래를 위한 투자가 급증할 경우 채무가 증가하게 된다. ④ 경기침체와 복지수요 급증 등으로 만성적인 적자가 누적되는 경우이다. 유럽과 일본 등은 복지수요 급증과 경기침체 등이 경합되어 국가부채가 증가추세를 보이고 있으며, PIGS 등 유로존 재정위기의 원인이 되고 있다.

국가부채 통계는 어느 국가의 중장기 재정건전성을 보여주는 핵심 지표이다. 국가부채 통계를 통해 특정국가의 국가채무의 규모, 추세, 증가속도 등에 대한 분석이 가능하다. 또한 국가간 비교를 통해 우리나라 재정상태에 대한 모니터링이 가능하며, 향후 국가재정의 운용방향에 참고자료로 활용가능하다.

국가부채는 기준에 따라 포괄범위와 용도가 다르다. 기획재정부에 의하면 2015년 국가부채는 첫째 IMF의 현금주의에 기초한 국가채무는 590.5조원이다.

〈표-3〉 2015년도 국가채무 결산

(단위 : 조원)

	2014	GDP대비, %	2015	GDP대비, %
◈ 중앙정부	503.0	33.9	556.5	35.7
◈ 지방정부	30.1		34.0	
◈ 국가채무	533.2	35.9	590.5	37.9

자료: 기획재정부

둘째 발생주의에 기초한 [2015년도 재무제표]상 정부부채는 1,284.8조원이다. 국채 등이 624.9조원, 연금충당부채 659.9조원 등이다. 자산은 1,856.2조원으로 현금유가증권 등이 794.8조원, 토지건물 등이 1,061.4조원이었으며, 순자산이 571.4조원으로 나타났다. 자산대비 부채비율 등을 통해 정확한 재정상태를 파악하고, 중앙정부, 연금충당부채 등 잠재부채를 인식해 적극적인 재정위험 판단지표로 활용하고 있다.

〈표-4〉 OECD 주요국 부채비교

(단위: %)

한 국	미 국	일 본	이태리	독 일	프랑스	스위스	OECD평균
44.8	113.6	230.0	160.2	78.7	120.8	45.9	115.2

자료: OECD(2016), 기획재정부

우리나라의 2015년 GDP대비 일반정부 부채비율은 44.8%로 OECD평균 88.3%, 미국 113.6%, 일본 230%, 독일 78.7% 등에 비해 낮은 것으로 나타났다[3]. 그러나 문제는 증가속도이다. 1997년 60조원으로 GDP대비 11.9%이었으나 IMF외환위기에 따른 대규모 공적자금 투입, 무분별한 국책사업 추진, 4대강 · 부자감세 등의 정책실패로 최근 들어 급격한 증가세를 보여주고 있다.

(2) 공기업 부채현황과 개선방향

1) 한국의 공기업 현황

한국의 공기업은 새로 제정된 『공공기관의 운영에 관한 법률(2007.4)』 에 의하여 그 정의가 변경되었다. 이 법률은 정부의 투자, 출자 또는 지원 등으로 설립되고 운영되는ㄴ 기관을 '공공기관'이라고 한다. 그리고 공공기관을 다음과 같이 3개의 유형, 즉 공기업, 준정부기관 및 기타 공공기관으로 분류한다.

① 공기업

공기업은 시장형 공기업과 준시장형 공기업으로 구분된다. 시장형 공기업은 자산 규모가 2조원 이상이면서 총수입액 가운데 자체수입액의 비중이 85% 이상인 공공기관이고, 비시장형 공기업은 이 비율이 50~85% 사이의 공공기관이다.

- 시장형 공기업 : 한국전력공사, 인천국제공항공사, 한국가스공사, 한국공항공사, 인천항만공사 등 6개
- 준시장형 공기업 : 한국조폐공사, 한국관광공사, 한국철도공사, 한국도로공사, 한국방송공사 등 18개

② 준정부기관

이는 기금관리형과 위탁집행형의 두 가지로 구분된다.

- 기금관리형 : 「국가재정법」 에 따라 기금의 관리를 위탁받은 기관으로 예금보험공사, 국민연금공단, 한국수출보험공사, 신용보증기금, 근로복지공단 등 16개

---

3) 기획재정부는 국가부채비율을 37.9%로 발표하였다. OECD발표와 차이가 나는 이유는 국가부채 기준으로 OECD는 국제기준인 일반정부부채(D2)를 사용했고, 기재부는 국가채무(D1)를 사용했기 때문이다. 국제비교에는 D2를 사용하며, D2는 D1에다 정부가 최종책임이 있는 비영리공공기관의 부채를 포함한 개념.

- 위탁집행형 : 정부 업무의 위탁집행을 하는 기관으로 한국농촌공사, 한국가스안전공사, 한국학술진흥재단, 대한무역투자진흥공사, 한국디자인진흥원, 한국전기안전공사 등 64개

③ 기타 공공기관

위의 공기업과 준정부기관을 제외한 공공기관으로서 한국산업은행, 한국투자공사, 한국개발연구원, 중소기업은행 등 193개

지방공기업이란 지방자치단체가 운영하는, 지방공기업법의 적용을 받는 사업이다. 지방자치단체가 직접 기업을 행정조직형태로 설치 · 운영하거나, 지방공사, 공단, 또는 민관공동 출자법인을 설립하여 운영하는 기업을 말한다. 지방공기업에는 다음과 같이 3개의 유형이 있다.

① 지방직영기업 : 지방자치단체가 100% 출자하여 정부조직형태로 직접 운영하는 상하수도사업, 공영개발사업 등 238개

② 지방공사 · 공단 : 지방자치단체가 설립하여 간접적으로 운영하는 도시개발공사, 시설관리공단 등 131개

③ 제3섹터 : 지방자치단체가 자본금 또는 재산의 2분의 1 미만을 출자 또는 출연한 주식회사 또는 재단법인 등이다.

한국의 지방공기업 369개의 자산규모는 119.5조 원(2008년)이고 예산은 약 49조 원이다(행정안전부, 『지방공사 · 공단현황』,2009).

2) 우리나라 공기업 부채

최근 공기업 부채는 급격히 증가하고 있는 추세에 있다[4]. 공기업의 부채는 현행 국가채무 통계에서 제외되고 있지만, 공기업 파산 등 위험 상황 하에서는 재정 위험을 야기할 수 있다. 2006년 117.7조원에서 2015년 480.9조원으로 최근 10년동안 4배 넘게 증가하였다.

공공기관 재무현황과 각 기업별로 부채 현황을 살펴보면 일부 기관에 부채가 집중된 것을 파악할 수 있다. 한국토지주택공사, 한국전력공사, 한국가스공사, 한국도로공사, 예금보험공사 등

---

4) 박정수(2012), "공기업부채 무엇이 문제이고 어떻게 해결할 것인가?", [한국경제포럼] 등의 내용을 수정 보완.

상위 5개 공공기관 부채가 공기업 전체 부채의 약 58%인 278조원이다.

〈표-5〉 상위 5개 공공기관 부채현황

(단위: 조원, %)

순위	기관명		2016	2017	2018	2019	2020
1	LH 공사	부 채	135.0	138.8	139.9	138.8	135.6
		부채비율	358	351	345	332	312
2	한국전력공사	부 채	52.6	53.8	55.8	57.5	59.1
		부채비율	94	92	92	92	92
3	한국가스공사	부 채	32.0	32.4	32.7	33.2	33.4
		부채비율	302	288	277	264	247
4	한국도로공사	부 채	28.4	29.1	29.6	30.5	30.1
		부채비율	30.2	25.1	20.3	15.7	13.5
5	예금보험공사	부 채	30.2	25.1	20.3	15.7	13.5
		부채비율 : 무자본 특수법인- 산출불가					
	합 계	부 채	278.2	279.1	278.3	275.8	271.7
		부채비율	220	205	194	180	168

자료: 기획재정부, ['16-20년 공공기관 중장기 재무관리계획]

공기업의 부채를 원인별로 나누어 살펴보면, 위기관리, 미래대비 중장기투자, 국가정책사업 추진관련, 저렴한 공공서비스 제공 등으로 구분된다. 먼저 부실 저축은행 지원 등 위기관리를 위한 예금 보험공사의 부채가 크게 증가하였고 한전, 석유공사, 가스공사 등 에너지관련 공기업의 국내외 시설투자가 확대되었다.

보금자리 주택사업, 세종시 건설 등과 4대강사업 등 국가정책사업 추진에 공공기관 부채를 통한 재원조달기제가 동원되었으며 글로벌 경제위기 극복 등 서민생활안정, 물가안정을 위해 국제유가 상승에도 불구하고 공공요금인상을 억제하였다.

그 결과 원가보상율이 100%에 미치지 못하는 경우가 많아 부채증가의 요인이 되고 있다. 따라서 전기, 가스, 도로, 철도, 수도 등 에너지와 SOC서비스에 대한 과학적인 원가산출과 공급가격 결정으로 경영합리화를 위해 노력해야 한다. 또한 독과점체제의 공기업에 경쟁체제를 도입하고, 생산성과 효율성 향상으로 국민들에게 양질의 서비스를 합리적인 가격으로 공급하도록 해야 할 것이다.

3) 공기업 부채 관리의 문제점

(가) 국책사업의 수행과 공기업의 재무관리

기본적으로 공기업은, 특히 EU와 같은 선진국의 경우 상업적/수익적 활동을 위주로 사업을 수행하며, 이러한 특성 때문에 GFS 등 국제기준에서 공기업부문을 일반정부에서 제외하고 있다. 해외 주요국 공기업들이 수행하는 국책사업 또는 비상업적 활동을 계리하는 부분에 있어서는 나라들 간에 현격한 차이가 존재한다.

기업의 공적수유, 국가소유에 대한 근거는 다음과 같이 요약할 수 있다. 첫째, 자연독점이다. 공공독점에서 민간독점으로의 전환으로 인한 잠재적 이점은 효율성의 증대이다. 그러나 공기업의 민영화에는 추가적 규제비용이 필요하며 그 이익이 제한적일 수 있다는 한계가 존재한다. 이와 같은 이유로 많은 정부는 공기업형태인 공적소유권(state ownership)의 유지 및 운영을 선호한다.

둘째, 보편적 서비스 공급이다. 공기업은 공공서비스 제공 의무가 있다. 예를 들어 우편사업자의 경우 전국의 모든 지역에 우편을 배포하여야 하는 의무가 있다. 경쟁입찰을 통한 공공서비스는 실행할 수 없거나 비효율적인 것으로 간주되기 쉽다.

셋째, 불완전계약이다. 공기업의 경영은 경제의 다른 부분에 중요한 파급효과를 가지며 일부 정부는 공항과 항공기의 공공통제를 유지하기 위해 이 같은 논의를 사용해 왔다.

넷째, 국가산업 전략의 일환이다. 정부는 정책도구로서 특정 공기업 운영을 방어 할 뿐만 아니라 사전대책의 용도로 이용할 수 있다. 방어 사례로 높은 고용률을 유지하기 위해 특정기업을 유도하여 경기 안정을 돕고 경제 외부효과 그 자체로 정당화 할 수 있다. 사전전략으로 정부는 공기업을 광범위한 경제개발을 위한 도구로 설립하고 이 외부효과를 이용한다. 이 전략은 공기업을 통해 개발사업에 중요한 인프라구조 개발 혹은 노하우 생성이나 기술 확산에 투자하는 것을 포함한다.

EU 및 OECD 국가들을 중심으로 공기업의 비상업적 활동과 공공기관의 지배구조에 대한 관심이 증대하고 있다. 상당수 공기업의 경우는 정부의 재정지원을 통해 정부정책사업을 수행하고 있는 것이 현실이나, 수익사업 활동을 하는 공공기관들은 민간 기업들과 같이 일반 기업법을 적용하도록 법적으로 기업화하는 것이 경쟁중립성 확보의 요체라고 보고 있다.

(나) 공공요금관련 문제

원료비의 구성비가 높은 공기업의 경우 해외 원자재가격이 인상되면 제품가격에 반영하는 것이 원칙이다. 그러나 전기, 가스처럼 수입원자재 가격이 급등했어도 서민생활안정, 산업의 국제경쟁력 강화 등의 명분으로 전기와 가스요금 등이 정치적으로 결정되어 가격구조의 왜곡을 초래하였다.

가격구조의 왜곡으로 1차 에너지인 석유류 대신 2차 에너지인 전기사용이 폭증하여 전력대란의 원인이 되고 있다. 한국가스공사, 한국전력 등에서는 원료비연동제지침을 활용한 원가제도를 운용하였고, 요금에 반영이 되지 못한 원가인상요인분(환율과 유가 변동분)을 손실이 아니라 자산계정인 미수금으로 회계처리했다.

정부의 공공요금 억제로 한전과 가스공사의 부채가 폭발적으로 증대하였다. 2011년 말 기준 가스공사의 부채는 36.9조원, 부채비율은 317%에 달한다. 한국전력의 경우 별도기준으로 2011년 말 부채는 50.3조원, 차입금은 30조원 수준이며, 부채비율은 2006년 47.9%에서 113.3%로 급증하였다. 원가회수율은 90%수준이다.

정부는 출연금, 출자금, 보조금, 이전수입 등으로 공기업에 매년 수십조원씩 지원하고 있다. 특정 사업에 과도한 지원 또는 보조금을 지급하면 자율적 시장 수급량을 초과하는 생산과 매출이 이루어지는데, 이는 소비자의 지불의사를 초과하는 생산비용을 우리 사회가 부담하도록 만들기 때문에 낭비적 생산이라는 점에서 이 또한 사중손실(deadweight loss)에 해당된다.

공공기관의 사업이 지나치게 확대됨으로써 유능한 젊은이들이 민간기업 대신 공공기관으로 취업하는 노동시장의 왜곡은 이러한 현상을 반증한다. 또한 공기업이 지나치게 공격적인 사업확장을 추진함으로써 민간기업의 비용효율적인 투자를 구축하고, 민간기업의 해외진출을 방해하는 것이 바로 여기에 해당된다. 특히 배당되지 않는 공공기관 잉여금으로 과다한 공공사업을 수행할 수 있고, 과다한 자산(예컨대, 호화청사)을 보유하는 경우도 어렵지 않게 볼 수 있다.

4) 공기업부채 개선방향

그 동안 정부는 공기업의 부채를 IMF 기준 등에 의해 국가채무에 포함하지 않고 있지만, 글로벌 경제위기 이후 재정건전성의 유지가 중요한 국정과제로 되고 있는 상황에서 공기업의 부채의 관리도 중요한 과제가 되고 있다. IMF는 2001년에 공기업이 수행하는 정책적 사업에 대해서는 '거래의 재분류'를 통해 재정범위에 포함시킬 것을 요구했다. IMF는 2007년 '재정투명성 지침'에서 준재정활동(Quasi-Fiscal Activities)을 재정통계에 포함시킬 것으로 명시하고 있다.

(가) 구분회계제도의 확산

공기업 부채는 규모뿐만 아니라 증가속도가 빨라 심각한 문제로 등장하고 있다. 이들 공기업은 선진국들의 공기업과는 달리 정부사업을 대행하거나 공공요금 가격지도에 의한 원가이하의 가격설정으로 부채를 지게 되는 구조를 갖는 문제를 극복해야 한다.

공기업 부채를 국가관리 대상 공기업 부채와 공기업 자체 부채로의 이분화하여 별도관리(중장기 재무관리계획의 일환) 및 대응전략을 모색해야 할 것이다. 구분회계제도가 결산 및 예산부문에 도입되면 구분회계 재무정보는 향후 의사결정지원, 업적 및 성과관리, 전략 수립 및 실행에 활용될 수 있다.

사업유형별로 실제 성과와 예산의 비교분석을 통해 경영자원의 배분과 투입에 대한 효율적인 계획을 수립할 수 있어 사업합리화, 사업 철수 등 의사결정 지원 자료로 제공될 수 있다. 전략적 구분회계를 통해 타사와의 경쟁우위 확보가 가능한 전략을 수립하고 대내적으로는 각 부문별 자사의 강・약점을 분석하기 용이하다.

(나) 공공요금 원가보상의 현실화

우리 정부는 서민생활안정, 물가안정을 위해 공공요금인상을 억제하였다. 그 결과 원가보상율이 전기 87.4%, 가스 87.2%, 도로 81.7%, 철도 76.2%, 수도 81.5%에 그치고 있으며, 수요관리의 문제와 함께 공기업 서비스의 가격구조를 왜곡하는 문제가 심화되고 있다.

전력, 수도, 가스, 도시철도 등 공공요금을 원가 이하로 제공하도록 강제하는 것은 수요관리의 측면은 물론이고 공공기관 관리의 차원에서도 바람직하지 않다. 자원의 비효율적 배분뿐만 아니라 주인-대리인 문제에 편승 공공기관의 merit-base 성과관리 측면에서도 문제를 야기한다.

예산의 연성제약문제에서 탈피, 공기업으로서 자기책임 하에서 효과적인 재무관리를 수행할 수 있도록 하기 위해서는 정부재정과의 관계를 보다 엄격하게 통제하는 것이 필수적이다.

(다) 공공기관 예비타당성 조사 범위의 확대 및 실효성 제고

공공기관 예비타당성 조사의 역사는 일천하지만, 그 성과가 이미 나타나고 있는 것으로 보인

다. 2011년 상반기 조사대상 12개 사업 중 3개 사업을 걸러 내는 실적을 시현했다.

기본적으로 공공기관 예비타당성조사는 공공성평가(경제성, 정책성) 및 수익성평가(기관의 재무안정성을 부채비율, 재원조달가능성, 운영중 추가조달위험으로 나누어 평가), 그리고 최종적으로 AHP를 통해 종합적으로 판정하는 형식이다.

공공기관은 기관의 설립목적 및 사업수행의 방식, 해당 산업의 경쟁수준이 상이한바 현재와 같은 획일적인 적용은 보다 유형화할 필요가 있다. 특히 B/C분석과 PI분석을 모든 사업에 대해 적용하고 있는 현실은 기관의 설립목적, 사업의 성격에 따라 평가방법을 차별적으로 적용할 필요가 있다.

(라) 경영평가제도의 개선

공기업들의 부채감소와 자체적인 효율성 향상노력에 대한 평가를 강화해야 한다. 현행 경영평가제도에 있어서 부채관리는 경영효율평가범주, 재무예산관리 및 성과 평가지표의 하위지표로 공기업을 기준으로 비계량 재무예산관리로서 4점, 계량 재무예산성과의 6점 중 2점이 할당되어 있다.

물론 비계량 재무예산관리는 생산성, 자산회전율, 이자보상비율, 관리업무비, 총인건비인상률, 매출액증가율, 총자본회전율, ROIC(return on invested capital) 등과 함께 부채비율이 하나의 부분을 구성된다. 수익중심 기반구축, 재무구조의 안정화를 도모하는 하나의 수단이다. 기관별 특성에 적합한 맞춤형 평가를 위해 공기업 유형 중 재무구조개선이 필요한 기관 등에 대해서는 업무효율 범주 내 지표별 가중치를 조정하고 있다.

공공기관의 부채관련 재무정보에 대한 DB를 보다 미시적으로 구축해 상시평가가 가능하도록 하고, 조기경보시스템을 도입 활용하도록 부채관리의 실효성을 제고하여야 한다. 계량부문은 평가시점을 비계량부문과 별도로 구성해 분기별 측정이 가능하도록 함으로써 비계량 평가의 컨설팅 기능을 강화하고, 평가순응비용을 축소하며 부채관리의 상시적 모니터링이 가능하도록 해야 한다.

제 5 절 경제구조 전환과 서비스산업 발전

경제가 발전하면서 산업구조가 변화한다. 미국에서는 GDP에 대한 제조업의 비율이 이미 1920년대에 최고수준에 도달하였다. 한국경제가 경제개발계획을 시작하였던 1960년대 초에는 농업부문의 구성비가 60%를 넘었으나, 최근에는 8%수준으로 낮아졌다. 일본과 한국 등 동아시아 국가들은 경제발전과 경제구조 전환문제를 매우 중시하였다.

미국과 유럽국가에서는 시장의 균형문제가 중시되었으나, 한국에서는 고도성장과정에서 급변하는 경제구조가 항상 문제가 되었다. 성장, 안정, 능률, 형평 등 근본경제문제의 논의에 있어서 구조전환은 핵심을 이루었다.

영·미식 경제학에서는 시장이라는 메카니즘이 경제구조를 소망스러운 방향으로 잘 전환시킨다고 가정한다. 그러므로 경제구조에 관한 논의는 심지어 무용지물이라고 주장하는 경제학자들도 있다. 그러나 일본 경제학자들은 이러한 영·미식 경제학자들의 주장에 반대한다. 왜냐하면 그들은 시장이라는 메카니즘이 경제성장과 국제경쟁력을 촉진하는 방향으로 산업구조를 잘 전환시키지 못한다고 믿기 때문이다.

그러므로 일본은 1868년 명치유신 이후 1970년대 초까지 선진국을 따라잡는 과정에서 항상 국제경쟁력을 향상시키는 방향으로 경제구조를 개편하는 데 많은 노력을 해왔다. 이러한 이유로 일본에는 산업구조나 경제구조에 관한 책이 많고, 미국에는 이와는 대조적으로 균형분석에 관한 책이 많다.

MIT의 L.Thurow교수가 주장하듯이 미국경제학은 소비자 경제학이므로 산업구조를 도외시했다. 반면 일본경제학은 생산자경제학이므로 생산과 공급측면을 중시하여 산업구조와 경제구조분석에 주력하였다.

한국도 소비자 경제학보다는 '생산자 경제학의 국가'이므로 구조분석을 중시한다. 사실 후진국의 근본문제는 경제발전인데, 경제발전이란 곧 경제구조의 전환이다. 경제구조전환을 모르고서는 후진국의 경제문제를 이해한다고 할 수 없다.

경제발전론자들이 논의한 것은 거의 대부분 경제구조전환과 관련된 것이다. 경제구조전환의 핵심은 산업구조전환이며, 산업구조전환의 핵심은 산업의 성장이다. 산업의 성장을 이해하기 위해서는 우선 산업의 뜻과 유형을 알아야 한다.

1. 한국의 산업구조는 독일형

(1) 2차산업 주도의 경제성장과 산업구조전환

모든 경제활동은 크게 지표나 지하로부터 자원을 채취하는 활동과 채취한 자원을 제조 및 가공하는 활동으로 구분될 수 있는데, 전자를 1차산업, 후자를 2차산업이라고 한다. 그리고 제조·가공된 제품을 소비자가 소비할 수 있도록 하는 데 필요한 유통·보관·판매 등 모든 활동을 3차산업 이라고 한다. 이 방식은 콜린 클라크(C.Clark)가 처음으로 주장한 것으로 '클라크의 산업분류 방법'이라고도 한다.

쿠즈네츠(S.Kuznets)는 모든 경제활동을 A, I 및 S의 3부문으로 분류하는데, 이는 각각 농업(agriculture), 공업(industry) 및 서비스업(services)의 첫 알파벳 글자를 딴 것으로, 클라크의 분류방식과 유사하다. 중요한 차이는 2차산업에 클라크는 광업, 제조업 및 건설업만을 포함시키는데 반하여, 쿠즈네츠는 이에 전력, 수송, 통신, 용수 및 가스산업을 추가시킨다는 것이다.

한편 채너리(H.B Chenery)는 이와 달리 「발전의 제유형」에서 공업에는 제조업과 건설업만을 포함시키고 전력, 수송, 통신, 가스 및 용수 등을 3차산업에서 분리하여 '공익산업'(utilities)이란 독립부문으로 분류한다. 그는 산업을 1차산업, 2차산업, 공익산업 및 서비스업으로 분류하였다.

그리고 세계은행은 이와 약간 다른 방법을 사용하고 있다. 즉, 모든 경제활을 농·림·수산업으로 구성되는 농업부문(agriculture sector), 광업, 제조업, 건설업, 전기, 가스 및 수도업으로 구성되는 공업부문(industrial sector), 그리고 이 이외의 경제활동을 포함하는 서비스부문(services sector)의 3부문으로 나누고 있다.

- 콜린 클라크: 1차산업(농·림·어업), 2차산업(광업, 제조업 및 건설업) 및 3차산업(서비스업)
- 세계은행: 농업부문(농·림·어업 및 수렵업), 공업부문(광업, 제조업, 전기·가스·수도업) 및 서비스부문

〈표 -6〉 산업별 고용 구성비

(단위: %)

	1965	1975	1985	1995	2005	2014
1차 산업	58.6	45.9	24.9	12.5	7.95	0.18
2차 산업	13.3	23.4	30.5	32.8	26.53	25.49
광 업	1.0	0.5	1.0	0.1	0.08	0.08
건설업	2.9	4.3	6.1	9.3	7.93	5.52
제조업	9.4	18.6	23.4	23.4	18.52	19.89
3차 산업	28.1	30.7	44.6	54.7	65.52	74.33
합 계	100.0	100.0	100.0	100.0	100.0	100.0

자료: 통계청, KOSIS.

경제발전 초기에는 1차 산업이 경제활동의 주가 되나, 공업화의 진전에 따라 그 비중은 줄어들고 반대로 2차 산업의 비중이 증가한다. 그러나 어느 단계가 되면 2차 산업보다 3차 산업의 비중이 더 커지게 된다. 이와 같이 경제성장에 따라서 산업구조는 1차 산업에서 2차 산업 그리고 다시 3차산업 중심으로 전환되는데, 이를 '콜린 클라크의 법칙'이라고 한다.

클라크와 같은 수준의 세계적인 분석은 아니나, 17세기 말 영국의 경제학자인 페티(W.Petty)가 이미 「정치산술」에서 이러한 현상을 발표한 바 있으므로, 이를 산업구조변화의 '페티-클라크의 법칙(Petty-Clark Law)'이라고도 한다.

한국의 산업구조는 산출과 고용 그 어느 기준으로 보든지 1차 산업의 비중은 계속 감소하고 반면에 3차 산업의 비중은 계속 증가하는 추세를 보여주고 있다. 2차 산업의 경우 1990년대 중반까지 증가추세를 보여주었으나, 2000년대 들어서면서 감소추세를 보여주고 있다.

산업별 생산구조(2015)도 농림어업 2.3%, 광공업 29.7%, 전기 · 가스 · 수도 3.2%, 건설업 5.1%, 서비스업 59.7%로 선진국형 산업구조로 변모했음을 알 수 있다.

2. 산업구조전환의 방향

산업구조의 전환은 경제성장의 핵심적 과제이다. 산업구조전환이 잘못되면 산업부문간의 불균형이 심화되어 각종 경제사회문제가 발생한다. 수출산업위주의 사업정책으로 내수산업이 소홀히 다루어지기 쉽고, 중화학공업 우선정책으로 경공업부문 성장이 저조하기 쉬우며, 대기업편중정책으로 중소기업의 발전이 저해될 수도 있다.

그리고 공업투자 우선정책으로 인하여 농업이나 교통산업의 발전이 저해되기 쉬우며, 생산성이 낮은 산업에는 비교적 많은 투자가, 높은 산업에는 오히려 적은 양의 투자가 이루어져 자원배분이 왜곡될 수도 있다. 이렇게 되면 주요산업부문간에 수급불균형이 초래되어 이른바 공급애로 인플레(bottlenect-inflation)가 발생할 수도 있다. 그럼 산업구조전환은 어떻게 이루어져야 하는가?

첫째 현재는 국제경제의 시대이므로 산업구조전환은 국제경쟁력을 향상할 수 있는 방향으로 이루어져야 한다. 한국의 수출은 지금까지 신발·합판·TV·자동차 등 최종제품(end products)중심이었다. 이들 제품을 만드는 데 필요한 기계장치는 수입에 의존해야 했으므로 한국의 수출증가는 곧 기계류 수입증가를 의미한다.

한국의 대일 무역에서 많은 적자를 보고 있는 것은 일본으로부터의 기계장치 수입 때문이다. 그리고 한국의 수출품은 중급품과 고급제품이 섞여있다. 따라서 제품의 고급화를 하고 또한 최종제품생산에 필요한 각종 기계장치를 생산할 수 있는 방향으로 한국의 산업구조를 전환해 가는 것이 긴요하다. 한국은 앞으로 최종재산업의 폭을 넓히고 깊이도 깊게 함은 물론 각종 수출품생산에 사용되는 기계장치 관련산업 및 부품소재산업을 대대적으로 육성해야 한다.

둘째 산업구조전환은 국민의 수요변화와 부합되도록 이루어져야 한다. 수요는 산업간의 수요인 중간수요, 민간수요, 정부수요, 기업의 투자수요 그리고 수출(순수출) 및 수입대체 등으로 나누어볼 수 있다. 이 중 국민생활 및 장기적인 경제성장과 관련하여 가장 중요한 것은 민간수요, 곧 민생용 수요이다.

지금까지는 산업정책의 초점이 해외수요, 즉 수출에 두어졌으므로 민생용 수요는 비교적 소홀히 다루어져 왔다. 국민소비생활의 변화를 충분히 감안한지 않은 산업정책은 장기적으로 반드시 많은 문제를 야기하기 마련이다.

예를 들면, 주택수요가 팽창하는 데도 이를 도외시하면 주택가격의 급등으로 인플레가 발생하고 사회불안이 고조되며 수출산업의 국제경쟁력이 떨어지게 된다. 또한 소득수준 상승에 맞추어 고급소비재의 국내공급이 적절히 증가하지 않으면 그 가격이 상승함을 물론, 해외여행자나 관광객들의 고가외제품 국내반입이 늘어난다.

그리고 국민의 자동차수요 증가에 필요한 도로·주차장 등 사회간접자본시설에 대한 투자가 부족하게 되면 이들 서비스의 비용이 급증하게 된다. 이와 같이 산업구조전환은 무엇보다 국민의 수요구조변화에 맞게 이루어져야 한다.

셋째 산업구조는 요소조건과 기술의 변화를 감안하여 국제경쟁력의 변화단계에 맞는 방향으로 전환되어야 한다. 한국은 포터(Michael E. Porter)의 주장과 같이 경쟁의 4단계, 즉 요소주도형 단계, 투자주도형 단계, 혁신 주도적 단계 및 富주도형 단계 중 현재 투자주도형 단계에서 혁신주도 단계로 전환하고 있다.

이제 한국은 노동집약적 산업이나 자본집약적 산업에서는 경쟁력을 잃어가고 있다. 앞으로는 기술혁신이 중요하며 첨단산업중심의 혁신주도형 산업구조를 만들어가야 한다.

넷째 산업연관관계를 고려하여 이루어져야 한다. 예를 들면 중화학공업의 발전은 전·후방인쇄효과를 통하여 다른 산업의 발전을 촉진시킨다. 그러나 공해물질의 배출을 통해 어장과 양식장의 파괴 등 다른 산업에 마이너스의 영향을 미치기도 한다.

또한 철도, 항만, 전력, 용수 등 각종 사회간접자본시설의 확장이나 배후도시건설을 필요로 한다. 따라서 산업구조의 고도화에 있어서는 이와 같은 일련의 산업연관관계를 잘 고려해야 한다.

다섯째 가격 메카니즘의 기능을 최대한 활용해야 한다. 산업구조전환은 사회주의국가에서는 중앙통제기구의 명령에 의하나 자본주의경제에서는 가급적 시장메카니즘에 의하여 이루어지도록 해야 한다.

여섯째 수출비중이 높은 한국의 산업구조전환은 국제분업과 국제경제관계의 변화에 맞게 추진되어야 한다. 예를 들면, 경공업의 육성에 있어서는 중국·태국·말레이시아 등 후진국의 산업구조를 보아야 하고, 중화학공업이나 첨단산업의 육성에 있어서는 일본·미국 등 선진국들의 관련 산업이나 시장 및 기술 등을 잘 고려하여 추진해야 한다.

3. 제조업의 서비스화와 서비스산업 경쟁력 향상방향

저성장의 늪에 빠진 우리경제가 탈출전략을 찾지 못하고 있다. IMF자료에 의하면 2011년 이후 한국 경제성장률은 세계 성장률보다 낮은 2%수준을 기록하고 있다. 글로벌 경기침체의 장기화로 국내총생산(GDP)의 29%를 차지하는 제조업의 부진이 계속되고 있으며, 조선 · 해운 · 철강산업 등의 구조조정으로 일자리가 감소하고 있다.

수출 및 대기업 의존적 성장전략을 추진해온 우리경제가 '탈공업화 함정'에 빠졌다는 우려가 높아지고 있다. 1990년대부터 제조업의 고용비중이 감소하는 탈공업화가 심화되고 있는데, 산업재편을 하지 못하고 임시방편적인 과거의 정책처방을 반복하여 경제체질과 경쟁력이 약화되고 있다.

수출 및 부채 의존적 경제에서 탈공업화는 일자리와 소득양극화를 심화시킨다. 또한 일자리 감소와 소득불평등은 결혼회피와 출산파업을 통해 인구구조와 내수를 악화시킨다.

내수취약성을 극복하기 위해 기업들은 수출에 의존할 수밖에 없고, 수출경쟁력을 확보하기 위해 임금인상 억제와 비정규직 선호, 생산 자동화와 공장 해외이전 등 노동비용절감으로 대응하여 구조적 악순환이 심화된다.

(1) 제조업의 첨단화·서비스화

장기적인 저성장 국면과 구조적 악순환에서 벗어나기 위해서는 산업재편과 구조개혁의 중장기적 마스터플랜을 구축하고, 4차 산업혁명에 부응한 제조업의 첨단화 · 서비스화, 서비스산업의 경쟁력 강화 등의 정책이 강구되어야 한다.

첫째 제조업의 첨단화, 생산성증대로 국제 경쟁력을 향상시켜야 한다. 탈공업화 추세로 제조업의 비중이 줄어들고 서비스업은 증대하고 있지만, 글로벌 금융위기 이후 제조업이 강한 국가가 위기국면에서 빠르게 탈출하면서 제조업의 중요성이 부각되고 있다.

미국과 독일은 제조업 르네상스라는 말이 나올 정도로 제조업 활성화정책을 실시하고 있다. 미국은 2011년부터 3D프린팅, 스마트 센서, 첨단기술연구를 지원하는 '첨단제조 파트너십' 프로그램 등 제조업 육성정책을 시행하고 있다.

독일은 제조업 혁신을 위한 "하이테크 전략 2020"의 일환으로 '인더스트리4.0' 프로그램을

2012년부터 시행하고 있다. 전통 제조업에 사물인터넷(IOT), 클라우드 컴퓨팅 등 첨단기술을 접목하여 생산성을 30%이상 향상시키는 스마트 팩토리(smart factory)의 실현을 목표로 하고 있다. 중국은 2025년까지 중국 제조업의 경쟁력을 독일 · 일본 수준으로 높이는 것을 목표로 '중국 제조 2025'를 추진하고 있다.

특히 독일은 2000년대 중반까지 통일의 후유증, 노동시장 경직성 등으로 유럽의 병자(sick man)로 조롱 받았으나, 글로벌 금융위기 이후에는 제조업 수출증대로 대규모 무역흑자와 견실한 경제성장을 이룩하고 있다.

서비스업 중심의 남유럽 국가들은 재정위기와 대외채무 위기로 장기침체에 빠졌다. 반면에 독일은 선진국들의 탈공업화 경향 속에서도 높은 제조업 비중을 유지하였고, 세계 최고수준의 제조업 경쟁력을 바탕으로 경상수지 흑자와 빠른 경제회복을 이루고 있다.

제조업 · 수출 중심의 독일경제 성공은 유사한 경제구조를 가지고 있는 한국경제에 많은 함의를 주고 있다. 독일 제조업의 경쟁력 원천은 ①경기와 무관한 R&D투자와 혁신활동, ②안정적인 노사관계와 높은 노동생산성, ③직업교육을 통한 전문기술인재 양성 등이다. 특히 매출액 50억 유로 이하이고, 세계 시장 점유율이 1~3위에 해당하는 히든챔피언(hidden champions) 기업은 1,300개가 넘어 세계의 47%를 점하고 있다.

둘째 제조업의 서비스화와 서비스산업 생산성 향상이 시급하다. 과학기술정책연구원 보고서에 따르면 우리나라 제조업의 서비스화 비율은 17.7%로 미국 55.1%, 독일 28%, 일본 32%, 중국 19.3% 등 주요 제조업 강국의 평균 30.1%의 절반수준이며, 27개 비교대상 국가 중 가장 낮은 것으로 나타났다[5].

해외 기업들은 연구개발, 생산과 판매, 사용과 폐기 등 전체 단계에서 제조업 서비스를 제공하고 있지만, 한국 기업은 판매와 사용단계 서비스제공에 집중하고 있는 것으로 나타났다.

제조업 가치사슬(value chain)과 관련 있는 서비스업종 발굴육성, 제조업과 관련된 융 · 복합 산업의 경쟁력 강화, 제조업 R&D투자확대와 가치사슬 업그레이드 등 제조업 서비스화 확대를 위한 정책지원과 노력이 강화되어야 할 것이다.

또한 서비스업의 낮은 생산성이 제조업의 경쟁력 향상에 걸림돌이 되고 있다. 우리나라 서비스업의 노동생산성은 제조업의 50%수준으로 제조업 강국인

5) STEPI(2015), [제조업의 서비스화 R&D 혁신전략].

독일과 일본의 70~80%수준에 크게 못 미친다. 특히 제조업에서 직접적으로 활용되는 정보통신, 금융, 사업서비스 등 중간재 서비스업 육성이 시급하다.

더욱 우려되는 것은 제조업의 혁신성과를 나타내는 총요소 생산성의 성장기여도가 하락하고 있다는 점이다. OECD가 20개 회원국을 대상으로 생산성을 분석한 자료에 따르면 2008년 금융위기 이후 노동투입의 경제성장 기여도가 크게 높아졌으나, 혁신성과를 나타내는 총요소 생산성의 성장기여도는 낮아진 것으로 나타났다.

한국경제의 노동투입 성장기여도는 위기 이전의 0.04%에서 위기 이후에 0.44%로 높아졌으나, 총요소 생산성의 성장기여도는 3.42%에서 1.87%로 낮아졌다. 기술혁신과 노동생산성, 개방과 경쟁성과 등을 나타내는 총요소 생상성의 성장기여도를 높이지 않고는 우리경제의 지속가능성장을 기대할 수 없다.

산업간 경계가 해체된 4차 산업혁명시대에는 제조업과 서비스업의 융합발전이 중요하다. 제조업의 르네상스 없이 우리경제의 구조적 위기를 타파하기 어렵다. 산업구조 개편과 스마트 팩토리, ICT를 이용한 서비스 플렛폼 구축, 혁신투자 확대와 기술혁신 인재양성 등의 방안이 강구되어야 한다. 특히 고용유발계수가 높은 지방중소기업의 서비스화와 첨단화 지원이 시급하다.

(2) 서비스산업의 경쟁력 향상방안

한국의 산업구조는 서비스산업의 구성비가 증가하여 선진국 산업구조와 유사하게 발전하고 있으나, 서비스산업의 생산성이 제조업의 절반 수준에 불과하여 서비스 산업의 경쟁력이 중요하다.

제조업과 서비스업의 노동 생산성을 비교하면 1980년대 까지는 서비스업의 1인당 실질부가가치가 제조업의 2~3배 수준이었다. 그러나 1997년 외환위기 이후 제조업에서 해고된 노동자들의 서비스업 이동과 제조업의 첨단화와 생산성 향상 등으로 2015년 서비스업의 1인당 실질부가가치는 제조업의 절반이하에 불과하다.

서비스업의 생산성이 낮은 원인은 서비스업으로 과도한 노동이동, 내수시장 부족과 수출경쟁력 취약, 규모의 영세성과 비생산적 서비스업종 과다 등을 들 수 있다.

첫째 외환위기 이후 제조업 등의 구조조정으로 서비스업으로의 과도한 노동이동이다. 1997년의 외환위기, 2008년 글로벌 금융위기 등으로 제조업, 건설업, 금융업 등에서 산업재편과 구조조정과정에서 대규모 실직사태가 발생하였다. 또한 신규채용 등 고용시장이 위축되면서 음식점, 구멍가게, 체인점 등 생계형 창업과 계약직 서비스업 종사자들이 급증하게 되었다.

서비스산업의 기대이윤이 낮아 기업들의 투자유인이 높지 않았고, 자본이 결합되지 못한 노동시장 과잉공급으로 노동투입 중심의 저부가가치 산업을 고착화하는 악순환이 발생하고 있다.

둘째 내수시장의 규모가 협소하고, 업종의 특성상 수출을 통한 시장확대가 어렵다. 물론 최근에 K-pop, K-beauty, 한류문화수출 등 성과가 있는 부문도 있으나 서비스시장의 무역불균형은 개선되지 않고 있다.

한국의 GDP 규모는 미국의 8%수준이나 서비스시장 규모는 5%에 불과하다. 2014년 제조업 생산액중 수출비중은 38%이나 서비스업은 7%로 관광, 특허와 새로운 아이디어 사용료, 컬설팅 등 생산적 서비스업의 국제경쟁력이 취약함을 알수 있다.

셋째 서비스업에 대한 투자부진이다. 컨텐츠, 통신, 아이디어 신산업 등에 대한 과도한 규제가 경쟁과 투자를 제약하고 있다. 서비스업의 경쟁력을 향상시키기 위해서는 서비스업의 인프라와 장비투자가 중요하다. 따라서 제조업위주로 지원하는 정부지원과 정책금융을 서비스산업으로 확대해야 한다.

한국 설비투자의 서비스업 비중은 38%로 미국, 일본의 60%대에 비해 부족하다. 한국 서비스업의 자본스톡을 취업자 수로 나눈 서비스업 자본장비율은 9만달러인데, 미국은 22만 달러, 일본 38만 달러이다.

넷째 서비스업의 영세성과 비생산적 서비스업 비중이 높다. 산업구조 개편과 제조업 등의 고용창출 감소로 서비스시장의 인력의 공급과잉으로 규모가 영세하며 경쟁이 치열하다. 우리나라 창업기업의 5년 이내에 폐업률은 70%수준으로 OECD 국가 중 가장 높은 수준이다.

서비스산업 중에서도 비생산적인 서비스업(저부가 서비스업)의 비중이 높은 것이 문제이다. 도소매, 음식, 숙박 등 비생산적인 서비스업 비중은 한국이 21%로 주요 선진국들보다 높다. 반면에 생산적인 서비스업(고부가 서비스업) 비중은 37%로 선진국들보다 낮다.

한국의 서비스산업은 구성비에 있어서는 선진국 수준이나 생산성과 경쟁력, 서비스 산업내의 구성비 등은 개선되어야 한다. 서비스산업의 구성비 증대에 맞게 경쟁력 향상방안을 모색해야 한다.

첫째 제조업중심의 지원정책에서 서비스산업 지원확대로 정책 패러다임을 변화시켜야 한다. 우리나라는 개발년대를 통해 수출 · 제조업 중심의 성장전략을 추진하였고, 서비스업의 육성과 지원은 상대적으로 소홀하였다. 4차 산업혁명과 지식중심사회에서는 ICT, 신기술개발, 문화컨텐츠 등 생산적 서비스의 중요성이 증대되고 있다.

세계경제는 Google, Amazon, Alibba, Ubber, 드론, 무인자동차 등 컨텐츠와 새로운 아이디어 중심으로 산업구성이 재편되고 있는데, 우리나라는 아직도 하드웨어 중심의 정책을 벗어나지 못하고 있다.

투자확대를 위해 서비스산업의 특성에 맞는 인센티브 전략을 수립해야 한다. 서비스산업 규제철폐와 세제혜택 확대, 자금지원 증대, 다양한 진입확대와 육성정책 실시 등이 필요하다.

둘째 서비스업의 R&D투자 확대, 기술개발 및 혁신역량 확보전략을 추진해야 한다. 정부의 서비스산업 R&D투자와 지원을 확대하고, 민간부문의 기술개발과 혁신역량 확보를 위해 다양한 지원정책을 마련해야 한다.

서비스업과 제조업, 도소매, 금융, 사업 서비스 등과 ICT기술, 컨텐츠와의 융합을 통해 서비스산업의 경쟁력을 증대시켜야 한다.

셋째 서비스산업 전문인재 양성을 위한 교육이 강화되고, 선진국 수준의 인프라구축 지원을 확대해야 한다. 서비스산업은 인적자원의 전문성과 생산성이 중요하다. 서비스산업 진출자들에 대한 전문교육, 재취업 교육훈련 강화, 전체 고용의 70%수준인 서비스업 노동력의 생산성 증대와 노동력의 효율적 활용방안 등이 모색되어야 할 것이다.

제 5 장

기업성장과 경제발전

제 1 절 중소기업의 정의와 역할

제 2 절 한국은 대기업형 경제

제 3 절 한국의 국제경쟁력 향상방안

제 4 절 한국과 지식주도경제

제 5 장 기업성장과 경제발전

The Road Not Taken - Robert Frost

Two roads diverged in a yellow wood,
And sorry I could not travel both
And be one traveller, long I stood
And looked down one as far as I could
To where it bent in the undergrowth

Then took the other, as just as fair,
And having perhaps the better claim
Because it was grassy and wanted wear,
Though as for that the passing there
Had worn them really about the same

And both that morning equally lay
In leaves no step had trodden black
Oh! I kept the first for another day!
Yet knowing how way leads on to way
I doubted if I should ever come back

I shell be telling this with a sigh
Somewhere ages and ages hence
Two roads diverged in a wood, and I-
I took the one less traveled by,
And that has made all the difference

제 1 절 중소기업의 정의와 역할

1. 중소기업의 정의

선진국과 후진국을 구별하는 중요한 기준은 글로벌 경쟁력을 가지고 있는 기업 수의 많고 적음에 있다. 선진국은 거업의 수가 많고 규모도 크다. 인구가 천만도 안되는 스위스, 벨기에 등은 세계적인 대기업을 여러 개 보유하고 있지만 인구가 8천만이 넘는 이집트와 베트남 등은 세계적인 기업이 없다.

기업이 발달하지 못한 나라에는 일자리가 적고 소득도 낮을 수 밖에 없다. 아프리카나 동남아의 후진국에서는 월급을 200$~500$ 주고 사람을 고용할 수 있다. 인구 8천만의 에티오피아 경제규모는 삼성그룹보다 작다. 창업의 활성화와 기업 육성은 경제발전의 가장 중요한 요소이다.

기업은 생산요소를 사용하여 재화와 서비스를 생산하는 조직체이다. 이들의 소유와 운영은 민간이 하기 때문에 민간기업 혹은 사기업(私企業)이라 한다. 민간기업에는 돈 벌이를 목적으로 하는 영리기업과 교회, 사립학교, 사찰 등과 같이 영리를 목적으로 하지 않는 비영리 기업이 있다.

영리기업은 개인기업, 합동기업, 주식회사 등의 형태가 있다. 영리기업은 자영농장, 상점, 의사, 변호사 등 자영업주로 형태는 다양하다. 합동기업(partnership)은 2인 이상의 무한책임사원으로 구성되는 합명회사, 무한 및 유한책임사원으로 구성된 합자회사가 있으며, 합동변호사 사무실이나 합동공인중개 사무소 등이 있다. 또한 7인 이상의 주주가 인수한 주식 만큼 책임을 지는 주식회사가 있다.

기업의 형태나 규모 등은 국가마다 산업발전단계, 역사적 및 문화적 요인, 독과점 형성단계, 경제의 규모, 국민의 기업관이나 기업활동 참여도 등이 다름으로 차이가 있고, 중소기업과 대기업의 상대적 중요성에 있어서도 차이가 있게 마련이다.

중소기업은 규모가 적고 복잡하며 다양하다. **중소기업의 특징**을 살펴보면 첫째 독자적인 소유와 경영이다. 중소기업은 외부의 통제 없이 독자적인 경영을 하는 것이 특징이다. 중소기업 경영자는 경영에 필요한 모든 문제를 스스로 해결해야 하며, 무(無)에서 유(有)를 창조하고 도전 정신과 기업가 정신으로 무장하여 해쳐나가야 하는 것이다.

둘째 소유자에 의한 자본조달과 경영의 무한책임이다. 창업을 하거나 자영업을 하는 거의 모든 경영자는 사업자금을 스스로 조달해야 하며, 경영과정에서 발생하는 모든 문제에 대해 무한책임을 져야 한다.

셋째 주로 지역기업으로 존재한다. 대기업은 전국이나 글로벌 경제를 대상으로 하지만 중소기업은 지역을 대상으로 하는 경우가 많고, 지역사회 발전의 견인차 역할을 하게 된다. 그러나 교통과 통신, 유통망의 발달로 지역에서 창업한 향토기업, 특화기업의 경우에도 판매망을 전국적으로 넓히거나 수출시장을 개척하는 경우도 많다.

넷째 소규모의 조직과 경영이다. 중소기업은 가족단위, 혹은 종업원 5인 이하의 기업이 많으며, 소규모 조직으로 경영하는 경우가 많다. 우리나라의 2014년 사업체수 조사자료에 따르면 종사자가 1~4인 기업이 310만개, 5~9명 기업이 42만개로 10명 미만의 기업이 전체 기업 381만개의 92%에 달한다.

다섯째 가족, 친구 등 인적관계중심의 공동체 경영이다. 가족단위 경영, 경영철학을 공유할 수 있는 소규모 인원으로 운영하기 때문에 인간본위 경영, 가족분위기 경영을 하는 경우가 많다. 직원들 간에도 공식 · 비공식적 정보를 공유하고, 거래처에 대해서도 인간관계 중심의 지속적인 거래가 유지되는 경우가 많다.

중소기업은 경제발전에 중요한 기능을 하며, 크게 세 가지 유형으로 나누어 볼 수 있다.

(1) 생계형 중소기업으로 식당, 채소가게, 꽃집, 빵집, 문방구, 치킨집, 떡집, 재래시장 상인 등이 있다. 주민들의 일상생활과 관련된 재화와 서비스를 공급한다. 고객의 대부분이 지역주민들이며 이들과 긴밀한 유대관계를 형성한다.

(2) 성장벤처형 중소기업으로 새로운 재화나 서비스 생산, 신기술제품, 전통제품의 첨단화 등을 통해 창업을 하고 대기업으로 성장할 수 있게 된다. Facebook, Google, HP, Naver, Alibba, 골프 존 등의 벤처기업들은 소수의 창업자들이 새로운 기술과 아이디어로 세계적인 기업으로 성장시키고 있다.

(3) 하청기업으로 대기업이 필요로 하는 재화나 서비스를 공급한다. 자동차나 전자제품의 부품생산 기업, 대형건설사의 도배, 창호, 전기배선, 설비 등을 담당하는 하청기업, 조선, 철강, 석유화학 등 대기업의 하청기업들이 있다. 하청기업 혹은 협력기업들은 대기업이 해외 진출하여 현지 생산공장을 설립하는 경우에 동반 진출하는 경우가 많다.

〈표-1〉 기업규모별 사업체 및 종사자 수

단위: 개, %)

	종사자 규모	사업체 수	구성비	종사자 수	구성비
소기업	20인 미만	3,676,000	96.4	10,364,050	52.1
중기업	20 - 299	133,364	3.5	6,820,376	33.3
대기업	300인 이상	3,456	0.1	2,715,360	13.6
합 계		3,812,820	100.0	19,899,786	100.0

자료: 통계청(2016), KOSIS.

한국의 기업규모별 사업체 수를 살펴보면 종사자 20인 미만의 소기업이 368만개로 96.4%, 20인 이상 300인 미만의 중기업이 13만개로 3.5%로 중소기업이 99%를 차지하고 있다. 반면에 대기업은 3,456개로 0.1%를 점하고 있다.

종사자 수를 기준하면 소기업이 1,036만명으로 52.1%, 중기업이 682만명으로 33.3%, 대기업이 272만명으로 13.6%를 점하고 있다. 중소기업 종사자 구성비가 85.4%로 고용창출에 중요한 역할을 하고 있음을 알 수 있다.

한국에서 대·중·소기업은 정부정책의 대상이 되므로 명확한 '법률적 정의'가 필요하다. 이를 규정하는 법은 중소기업기본법인데, 소·중·대기업을 상시종업원 기준으로 다음과 같이 정의하고 있다.

◈ 소기업: 광공업, 운송업 및 건설업의 경우에는 20인 이하, 그리고 상업 및 서비스업의 경우에는 5인 이하의 기업

◈ 중기업: 광공업, 운송업의 경우에는 21~300인, 건설업의 경우에는 21~200인, 그리고 상업 및 서비스업의 경우에는 6~20인의 기업

◈ 대기업: 광공업, 운송업의 경우에는 300인 이상, 건설업의 경우에는 200인 이상, 그리고 상업 및 서비스업의 경우에는 20인 이상의 기업

기존에는 중소기업과 대기업으로 분류하다, 2014년 1월 [중견기업 성장촉진 및 경쟁력 강화에 관한 특별법]이 제정되었다. 중견기업은 중소기업법상 중소기업이 아니면서 대기업 계열사도

아닌 기업으로, 3년 평균매출이 1500억원 이상 이지만 공정거래법상 상호출자제한 기업집단에 속하지 않는 회사를 말한다.

중소기업을 넘어서 중견기업이나 대기업이 되면 세액공제 및 감면, 정책자금, 인력공급, 판로확보 등 여러 방면에서 약 160종의 혜택이 사라지기 때문에 중소기업들은 중견기업으로 성장하기를 회피하는 경향이 있다. 이러한 현상을 피터팬 신드롬이라 한다.

중견기업은 다음의 조건이 충족되면 **중견기업**으로 지정된다. ① 상시 근로자 수 1,000명이상, ② 자산총액 5,000억원 이상, ③ 자기자본 1,000억이상, ④ 3년 평균매출 1,500억원 이상 등이다. 규모기준이 상시 근로자 수 300명이상이거나 자본금이 80억원(제조업기준)이상이면 3년 유예기간을 거쳐 지정된다.

한국의 법률적 정의는 산업에 따라 종업원 수, 자본금 규모 등을 기준으로 소기업, 중기업, 중견기업, 대기업을 구별한다. 일본도 종업원 규모와 더불어 자본금 규모도 중시한다. 또한 대만은 자본금규모를 기준으로 정의하고 있다. 이렇듯 어느 나라에서나 많이 사용되는 양적 기준은 종업원과 자본금규모이다. 이윤이나 자산 등도 유용한 양적 기준은 되나 잘 사용되지 않고 있다.

그런데 위의 두 정의와 더불어 질적 정의가 필요하다. 예를 들면 미국의 소기업법(Small Business Act)은 소기업을 "독립적으로 소유되고 경영되며 또한 비지배적이고 소규모인 기업"으로 정의한다. 그런데 규모는 소규모이더라도 대기업그룹에 소속되어 긴밀한 계열관계를 유지하고 있는 경우에는 그렇지 않은 기업과 큰 차이가 있게 마련이다. 그러므로 이러한 '질적 정의'가 중요한 것이다.

미국의 경우에는 중소기업의 정의에 있어 융통성이 크다. 중소기업에 관한 적절한 정의는 정책문제의 성격이나 분석기관 등에 따라서 다르다. 따라서 미국에서 중소기업은 종업원 100인 미만의 것에서부터 500인 미만의 것까지 다양하다.

미국 행정관리예산국(OMB)은 〈표-2〉에서와 같이 종업원수 20인 미만의 기업을 '영세(very small)기업', 20~99인의 기업을 '소(small)기업', 100~499인의 기업을 '중규모(medium-sized)기업' 그리고 500인 이상의 기업을 '대(large)기업'으로 분류한다.

〈표 –2 〉 중소기업과 대기업의 정의

	한 국	일 본	미 국
소기업	상시종업원 기준으로 광공업과 건설업 및 운송업은 20인이하, 그리고 상 업 및 기타서비스업은 5인 이하의 기업	중소기업을 상시종업원과 자금기준으로 정함. 광공업의 경우 에는 상시종업원300인이하나 자본금1억엔 이하	상시종업원 20인 이하의 기업은 영세(very small)기업, 20~99인의기업은 소(small)기업임.
중기업	상시종업원 기준으로광공업과 운송업은 21~300인,건설업은 21~200인, 그리고 상업 및 서비스업은6~20인까지의 기업	도매업의 경우는 100인 이하, 또는 3천만엔 이하 소매업 및 서비스업의 경 우에는 50인 이하 또는 1천만엔 이하의 기업	중규모(medium-sized)기업은 100~499인의 기업, 소매점의 경우는 상시종업원100인 미만의 기업을 중소기업.
대기업	광공업 및 운송업은 300인 이상, 건설업은 200인 이 상, 그리고 상업 및 서비스업은 20인 이상의 기업	위의 규모를 초과하는 기업	상시종업원 500인 이상의 기업
비 고	중소기업기본법.	일본 중소기업기본법.	미국 행정관리예산국의 정의. 정부부처에 따라서 정의에 차이가 있음

2. 중소기업의 역할

(1) 중소기업의 역할

한국경제에서 사업체 수의 99%를 차지하는 중소기업은 경제발전에서 매우 중요한 역할을 한다. 재화와 서비스를 생산하고, 일자리 창출과 인재양성, 기술혁신과 창업촉진, 세수증대와 지역경제 활성화, 특화산업 육성과 경쟁의 촉진 등에 기여 하는 역할을 한다. 따라서 선후진국을 막론하고 중소기업을 육성하고 활성화하기 위한 다양한 지원정책을 실시하고 있다.

〈표-3〉 기업규모별 사업체 및 종사자 수

(단위: 개, 명 %)

	사업체 수	구성비	종사자수	구성비
농 림 어 업	3,184	0.1	36,474	0.2
광업 · 제조업	399,184	10.5	3,973,705	20.0
건 설 업	128,215	3.4	1,098,535	5.5
서비스, 기타	3,282,237	86.0	14,791,072	74.3
	3,812,820	100.0	19,899,786	100.0

자료: 통계청(2016), KOSIS.

우리나라 기업규모별 사업체 구성비는 서비스업이 328만개로 86%를 차지하고, 광업제조업이 약 40만명으로 10.5%, 건설업 3.4%, 농림어업 0.1%를 점하고 있다. 종사자 수의 구성비도 서비스, 기타부문이 74.3%, 광업, 제조업이 20%, 건설업 5.5%, 농림어업 0.2%였다.

미국인들은 자유와 경쟁, 물질적 풍요 등 그들의 이상실현에 있어서 기업활동이 가장 좋은 방법이라고 생각한다. 누구든지 기업을 자유로이 시작할 수 있고 또한 기업을 통하여 성공하려고 한다. 자유기업활동으로 치열한 경쟁에서 승자가 되면 가장 많은 존경을 받는 사람이 된다.

미국은 성공한 기업가가 사회적으로 가장 존경받는 사회이다. 열심히 사업을 하고, 부를 축적하며 사회를 위해 기부하는 전통이 있다. 최근에 가정 성공적으로 평가 받고 있는 MS사의 빌게이츠, 금융지주회사인 벅셔헤더웨이 운영자인 버핏 등은 천문학적인 부를 사회를 위해 기부하고 있다.

일본에서는 중소기업의 역할을 '중소기업기본법'에 명시된 바와 같이 생산의 확대, 상품유통의 원활화, 해외시장의 개척 및 고용기회의 증대 등으로 밝히고 있다. 그리고 일본 중소기업청은 중소기업을 대기업과 더불어 사회를 활력있고 혁신적인 사회로 만드는 데 결정적인 역할을 한다는 사실을 강조하고 있다.

인도의 간디는 소규모의 가내공업의 중요성을 강조하고 있으며, 중국도 농촌지역의 자조적인 생활기반과 관련하여 소형농기구제작, 농산물가공 등이 소규모 농촌산업(village industries)의 중요성을 강조하고 있다. 한국에서는 중소기업기본법 제1조에서 중소기업의 역할을 "국민경제의 균형있는 발전에 기여할 것으로 규정하고 있다.

중소기업의 활성화와 경쟁력 강화는 국가발전을 위해 매우 중요하다. 일반적으로 중소기업의 역할을 살펴보면 다음과 같다.

1) 중소기업은 재화와 서비스를 생산하여 소득증대와 부(wealth), 경제발전의 원천이 된다. 중소기업은 국가의 귀중한 인적 및 물적 자원을 생산적인 목적에 사용되게 하고, 소득과 고용을 창출한다. 또한 많은 중소기업간의 경쟁을 통하여 사회전체의 능률을 향상시키므로 '부(富)의 원천'이 된다.

   한국경제에서 85.4%의 근로자들이 중소기업에 근무하고 있으며, 대기업에 비해 취업유발계수가 높기 때문에 중소기업의 활성화는 일자리 창출과 경제발전에 필수적이다. 제조업 경쟁력이 강한 독일과 일본 등의 국가 경쟁력 원천은 작지만 세계적인 경쟁력을 보유한 중소기업에서 나온다.

2) 경제발전에 필요한 혁신적인 사회분위기 조성과 '기업가정신(Entrepreneurship)'의 발휘의 장이 된다. 기업가란 무로부터 현재 경영하고 있는 유형의 기업을 창업한 사람이다. 기업가 정신은 혁신으로 생산된 상품으로 시장을 형성하고, 소비자들에게 새로운 수요를 창출하는 것이다.

   창의성(creativity)은 이전에 없었던 것을 새로 만들거나 새로운 아이디어로 상품과 서비스 가치를 높이는 것이다. 중소기업은 개인의 다양한 적성과 능력의 '창조적'발휘의 장이 되며, 창의성을 존중하고 과학자와 기업가를 우대하는 사회적 분위기는 기술혁신적 기업들의 창업과 발전에 매우 중요하다.

3) 중소기업은 활력 있는 사회건설의 원천이 된다. 가난한 나라들은 사회의 활력이 부족

하다. 아주 가난하게 사는 나라를 '죽은 사회'에 비유하는 사람도 있다. 그리고 인플레가 극심한 라틴아메리카 후진국에서는 "돈도 죽었다"고 한다. 못살고 가난한 나라를 활력 있게 만드는 것은 기업뿐이다.

기업들이 없거나 발달하지 못한 후진 지역을 보면 사람들이 일거리가 없어 가난하게 살며, 교육과 훈련을 받지 못해 장래의 희망도 기대하기 어렵다. 기업들이 없기 때문에 일자리와 소득창출 기회가 없고, 소득이 낮아 기업들이 생산한 제품의 수요가 없기 때문에 기업이 활성화되지 못하는 악순환에 빠지게 되는 것이다.

4) 산업활동이나 경제의 융통성이나 적응력을 높인다. 개·폐업이나 업종간 또는 규모간 높은 이동성을 특징으로 하는 중소기업은 경제환경변화에 융통성 있게 대처할 수 있다.

소비자의 수요가 고급화될 경우 새로운 수요에 부응한 기업들이 신설되며, 사양산업 혹은 인기없는 제품을 생산하던 중소기업들은 도산하여 자연스럽게 경제가 고도화되는 것이다. 물론 파산하거나 퇴출되는 중소기업의 규모가 경제 전체에 비하여 크지 않기 때문에 경제에 미치는 충격도 작다. 그리고 하도급기업이나 계열기업의 형태로서 대기업과 분업체제를 유지하면서 경제전체의 유연성과 효율성을 높인다.

5) 지역특화산업육성 및 지역경제발전의 관건이 된다. 특히 지역특성에 맞는 소규모 지역특화산업(staple industry)발전에 관건이 된다. 대덕연구단지를 중심으로 한 벤처기업, 대전의 타올산업, 이천의 도자기 산업 등을 예로 들 수 있다.

아울러 전통적 산업(traditional industry), 민속산업(folk industry) 또는 가내공업의 유지발전에 중요하다. 충남 한산의 모시, 남원 목기, 청양의 구기자, 보령의 석재, 강경의 젓갈, 공주 정안의 밤, 금산의 인삼산업 등이 있다.

제 2 절 한국은 대기업형 경제

해방과 6.25전쟁의 혼란 속에서 우리경제는 1950년대 까지 세계 최빈국에 속해 있었다. 남북의 대치상황 속에서 한정된 자원으로 급속한 경제성장을 이룩하기 위해 특정산업과 기업에 지원을 집중하였고, 정부의 경제개발 계획과 산업구조 전환에 부응하는 기업들이 재벌을 형성하면서 발전하게 된다.

대만은 중소기업 중심으로 경제가 발전하였고, 한국은 대기업중심으로 경제를 발전시켰다. 한국의 많은 대기업은 집단을 형성하고 있으므로 한국경제는 재벌경제 혹은 기업집단형 경제라고 할 수 있다.

독점금지 및 공정거래에 관한 법률(공정거래법)은 기업그룹을 공식용어로 '기업집단' 또는 '대규모기업집단'이라고 한다. 대규모기업집단을 일반인들을 재벌이라고 하는데, 우선 용어의 정의부터 보기로 한다.

대규모기업집단의 기준은 경제규모의 확장과 함께 변화하였다. 1980년대는 총자산 4천억 이상의 기업집단이었으나, 최근에는 자산규모 5조원이상을 의미한다. 경제의 독과점화와 집중화로 10대 재벌 특히 5대 재벌의 생산액과 수출비중은 큰 폭으로 증가하고 있다.

한국의 재벌은 가족을 기반으로 한 거대복합기업이라고 할 수 있다. 한국은 대만에 비하면 대기업의 비중이 높다. 그리고 미국에는 한국이나 일본에서와 같은 대규모 기업집단이 없으며 대만의 기업집단도 한국에 비하면 미미하다.

우리 경제가 기업집단형 경제가 된 이유는 다음과 같이 몇 가지로 나누어볼 수 있다.

(1) 국가의 규모

한국은 인구규모가 이미 50년대에 체너리 교수가 주장하는 '국가의 대소국구분의 기준'인 2천만명을 초과하여 '대국'이 되었다. 반면 대만은 1958년에야 인구가 겨우 천만 명이 되었을 정도로 소국이었다.

현재 한국의 인구는 5,080만명을 넘고 있는데, 이 많은 인구를 위한 식량, 원유, 원목, 광석 등 자원의 수입에는 대규모의 기업조직이 필요하다. 또한 이 생필품의 국내공급과 이에 필요한 외화조달을 위한 대대적인 수출에도 대규모의 기업조직이 필요하다.

이는 규모의 경제(economies of scale)를 가능케하는 대기업형 접근방식이 아니고서는 해결하기 어려운 문제이다. 체너리 교수는 대국은 규모의 경제 산업 때문에 기업의 규모도 대형화된다고 하였다.

(2) 성장전략과 강요된 기업의 확장

고도성장을 시작하던 60년대 초에는 한국이 하루라도 빨리 적빈상태를 벗어나야만 했다. 또한 1969년까지 남한을 앞서있던 북한을 따라잡아야 했으므로 성장주도형 전략을 채택하지 않을 수 없었다.

그렇게 하는 데에 있어서는 신규기업의 창설도 중요하였으나 기존기업의 확장이 더 시급하였다. 당시 채택한 성장제일주의는 '기존기업 성장제일주의'나 마찬가지였다. 사실 많은 경우에 정부는 기존기업의 성장을 강요하였다.

(3) 정부의 정책

대만은 본토인으로 구성된 정부와 원주민으로 구성된 기업계간에 갈등이 심하였다. 본토에서 온 사람들은 대형 공기업부문을 담당하였고, 원주민들은 가족중심으로 사기업부문을 담당하였다.

대만정부는 정책적으로 원주민들이 가족중심의 중소기업을 경영하는 것을 장려하였다. 그러나 한국의 경우에는 관민합동으로 기업의 대형화를 촉진했다. 특히 1972년부터 중화학공업정책을 적극 추진하기 시작하였고, 산업과 기업의 '대형화'를 적극 추진하였다.

(4) 국제경쟁과 산업구조 변화

한국은 일본에 제일 비슷하고 또한 가까운 나라로서 일본의 대기업들과 국제시장에서 많은 경쟁을 해야 하므로 서둘러 기업의 대형화를 일본에 비견되는 수준으로 추진할 수밖에 없었다. 일본이 미국과는 달리 기업집단형 기업정책을 실시하였듯이 한국도 일본식의 기업집단형 정책을 실시하였다.

중화학공업은 전형적인 '대기업형 산업'인데 한국은 중화학공업을 경제발전단계로 볼 때 비교적 빨리 시작하였으며, 따라서 이들 산업발전에 따라 경제는 대기업형 경제로 비교적 빨리 이행되어갔다.

(5) 시장 특히 요소시장의 미발달과 수출주도적 성장

경제발전 초기에 금융시장, 고급인력시장 등이 잘 발달되어 있지 못하였으므로 기업들은 필요한 인력·자금 및 자원을 그룹차원에서 확보해야 할 필요성이 컸으므로 집단화가 이루어질 수밖에 없었다.

또한 수출주도형전략으로 한국의 기업은 수출상품위주로 그리고 전세계를 대상으로 하였으므로 기업의 규모가 국내시장을 대상으로 하는 경우보다 크지 않으면 안되었다. 또한 성공하는 기업은 전세계시장규모에 맞게 기업의 규모를 얼마든지 키울 수가 있었다. 중소기업형태로서는 전세계를 대상으로 하는 수출시장에 쉽게 진입(entry)하기 힘들다.

(6) 정보획득과 리스크 분산

국내외 기업관계정보수집의 필요성이 증대하여 왔다. 그리고 해외의존도가 높아 기업활동이 해외변동요인에 의해 쉽게 충격을 받았으며 또한 국내정치사회의 불안요인도 많았으므로 위험부담을 줄이기 위해서라도 기업집단화의 필요성이 컸다. 단독기업으로서는 한국사회가 겪어온 수많은 변화를 감당하기 어려웠다.

(7) 법 및 제도적 요인

특히 경제성장 초기에는 기업활동에 관련된 법규정이 후진적인 것이 너무나 많았으며 또한 까다로웠을 뿐만 아니라 수많은 정부기관과 접촉하는 데도 유교전통이 중요한 한국사회에서 '면대면(face to face)'관계가 긴요하였다.

대기업이나 기업집단이 아니고서는 수많은 정부기관과 거래선을 면대면으로 접촉하며 기업활동을 하는 것이 어렵게 되어 있다. 초창기는 물론 최근까지도 정부의 고위공직자가 퇴직하면 대기업의 임원이나 고문 등으로 취업하며, 정부정책의 고급정보를 얻거나 불리한 입법활동을 막는 데 활용되고 있는 실정이다.

(8) 기업경영인의 능력

자유기업경제에서는 경험이 많고 유능한 기업경영인과 이러한 고급경영인을 많이 확보한 대기업들이 빨리 성장할 수밖에 없다. 후진국일수록 유능한 기업경영인이 가장 희소한 자원인데 이들 자원을 많이 확보하고 양성하는 그룹이 빨리 성장할 수밖에 없다.

(9) 수출품 생산면에서의 특성과 계열기업과의 협동생산 필요성

한국 수출품의 상당부분은 신발, 합판, 섬유, TV, 자동차 등 이른바 OEM식의 최종제품(end products)으로서, 선진국바이어가 주문하는 대로 그리고 선진국 기계장치를 사용하여 대량으로 생산하고 수출하는 것들이었다.

최근까지 한국의 수출산업은 최종제품대량생산의 이점을 잘 이용하는 것이 성공의 요건이었으므로 자연적으로 대기업형생산이 되지 않을 수 없었다. 대량생산구조의 수직적 분업구조를 위해 계열사를 만들게 된다. 오늘날의 많은 기계와 전자제품의 생산에는 부품업체와의 협조가 필요한데, 대기업이 아니고서는 많은 하청기업과의 협업에 의한 생산이 어렵게 된다.

(10) 범위의 경제와 규모의 경제성

더 많은 업종을 경영하는 가운데 더 많이 배우고 경영정보도 더 많이 또한 쉽게 획득하며, 원료조달이나 마케팅면에서도 유리해진다. 따라서 많은 업종을 경영할 때 각종 생산물의 단위당 비용을 줄일 수 있게 된다.

또한 기업의 규모가 크게 되면 생산비나 판매비 등이 저하되는 이점이 있는데, 그 요인은 다음과 같다. 즉, 대규모경영의 경제성, 대규모판매의 경제성, 투자재원조달이나 금융면의 경제성, 그리고 연구개발(R&D)의 경제성 등이다.

제 3 절 한국의 국제경쟁력 향상방안

1. 경제 강국의 조건

사람들이 지구에서 진화를 하고 발전을 이룩하는 동안, 지구상에는 수많은 국가와 한 때는 세계를 호령하던 제국들이 있었다. 기원전에는 이집트, 페르시아, 중국 등에 강력한 제국들이 있었고, 기독교 문명이 전파되면서 로마와 오스만 터키 등이 두각을 나타내었다.

지리상의 발견시기에는 스페인과 포르투갈, 네덜란드 등이 강대국으로 부상하였고, 산업혁명 후에는 영국이 부상하게 된다. 강대국으로 부상하기 위한 가장 중요한 조건은 강력한 군사력을 유지하기 위한 경제력이 필수적이다. 경제강국이 되지 못하고서는 군사적 · 정치적 강대국이 될 수 없다.

세계경제의 중심축은 2차 세계대전 이전에는 영국이었으나, 2차 대전을 계기로 미국이 세계 최대강국으로 부상하였으며, 다음 세기에는 중국 등 동아시아 지역이 중심권으로 부상할 수 있을 것으로 전망되고 있다.

영국의 세계경제 지배는 18세기 말의 산업혁명으로부터 시작되었는데, 그 때는 섬유산업이 선도적 역할을 하였고, 수많은 식민지 국가들이 영국의 발전의 희생 양이 되었다. 영국은 식민지에서 면화와 지하자원 등 원재료를 값싸게 수입하고, 영국에서 생산된 공산품을 비싸게 수출하여 막대한 무역흑자를 달성하게 된다.

특히 1850~90 기간 영국의 무역이 세계무역보다 2배나 빠르게 성장하게 되자 영국의 세계경제 주도권은 확고하게 되었다. 이에 따라 파운드화가 세계무역의 주 결제통화 또는 중심화폐가 되었다.

그리고 경상수지는 흑자를 유지했고, 영국은 거의 이 흑자만큼의 해외투자를 하여 외국의 경제도 그만큼 활성화되었다. 이러한 과정을 통하여 영국경제와 세계경제는 성장의 상호 피드백 속에서 세계질서는 안정을 유지할 수 있었으며, 흑자를 배경으로 강력한 군사력을 유지하여 영국에 의한 세계평화인 팍스브리타니카(Pax Britannica)를 형성하게 된다.

미국을 보면, 경제성장초기 상당 기간 영국에 여러 면으로 크게 의존하였고, 무역에서도 적자를 면치 못했다. 그러나 1870년대부터 무역수지는 흑자로 전환되었고, 그 이후 무역흑자는 계속 증가하였다. 1914~8기간에는 흑자가 수출의 거의 반이 될 정도로 증가했다.

이러한 미국의 무역흑자는 1960년대 후반까지 계속되었다. 그러나 전환점은 1968년에 도래했다. 그 때부터 무역흑자는 대폭 줄어들기 시작했고, 1970년부터 무역수지는 적자상태로 되었다. 그 이후는 몇 년을 제외하면 적자상태가 지속되었다. 1980년대 중반부터는 적자폭이 크게 확대되었다.

무역흑자가 계속될 때는 미국이 세계경제를 주도했고, 달러화가 세계중심통화의 역할을 했다. 무역흑자가 쌓일 때는 금이 계속 유입되었다. 이 때 미국은 쌓이는 금을 현금으로 해외투자에 사용하여 세계경제의 성장에도 기여했고, 다른 한편으로는 인플레방지를 위하여 금불태화정책을 실시하기도 하였다. 그러나 지금은 약화되는 국제경쟁력과 증가하는 국가채무 등 노쇠한 옛 경제대국의 모습을 드러내고 있다. 이와 같은 것이 팍스 아메리카나(Pax Americana)의 배경이다.

앞으로 어느 나라가 세계를 지배할 수 있는 강대국이 되기 위한 조건으로 시노하라 교수는 다음의 4가지 조건을 제시하고 있다.

① 강대한 군사력의 보유

② 지배적인 기술력과 경제력의 확립

③ 경상수지 흑자의 지속

④ 세계의 기축통화의 제공과 금융시장의 노하우 확립

그럼 앞으로 미국은 어떻게 되는가? 미국은 위의 4개의 조건 중 현재③을 잘 충족시키지 못하고 있다. 반대로 일본은 현재 ①과 ④에서 약한 편이다. 미국의 경우에 대하여는 케네디(Paul Kennedy) 의 「세계열강의 흥망성쇠」(The Rise and Fall of the Great Power)논이 유명하다. 이를 통하여 미국의 장래를 보기로 하자. 케네디는 이 유명한 책에서 다음의 두 가지 명제를 제시했다.

① 세계열강의 경제적 흥망성쇠는 군사력의 부침과 장기적으로 아주 분명한 관계가 있다.

② 세계열강의 상대적 힘은 결코 불변적인 것이 아니라 국가간의 경제성장률의 차이나 기술혁신의 차이에 따라 변하는 것이다.

케네디는 이 기준으로 볼 때 앞으로도 미국도 쇠퇴할 가능성이 있다는 사실을 분명히 하고 있다. 그는 세계 GDP나 제조업에서 차지하는 미국의 비중은 1945년을 피크로 하여 계속 하락해왔고, 경제성장의 중요성에 대한 국민들의 공감대형성도 현재 어려운 상태이며, 또한 많은 기업들이 경쟁력을 잃어가고 있는데, 이런 것이 모두 미국 국력쇠퇴의 뚜렷한 창조임을 강조하고 있다.

2. 한국의 국제경쟁력 향상 방안

우리경제는 국토면적도 협소하고 부존자원도 부족하다. 따라서 수출입이 많을 수밖에 없는데, 무역의존도가 높은 경제는 해외 경제환경의 변화에 취약하다. 이념전쟁이 종식을 고하고 경제전쟁이 가속화 되는 21세기에는 국가와 기업의 경쟁력 향상이 중요하다. 한국이 앞으로 국제경쟁력을 향상시키기 위해서는 다음과 같은 경쟁력향상 조건의 충족이 필요하다.

(1) 끊임없는 혁신과 질적 향상을 위한 시스템 구축

한국경제는 개발년대를 통해 선진국의 자본과 기술을 수입하고, 단순가공조립한 제품을 수출하면서 경제성장을 이룩하였다. 그러나 한국의 전자, 자동차, 화학, 조선 등 핵심수출 상품들은 모방 기술로는 더 이상 성장이 어렵고, 글로벌 선도기술을 개발하여 수출해야 하는 과제를 안게 되었다. 기초기술과 선진기술은 선진국에 뒤지고, 표준화된 기술은 후진국의 추격으로 넛크레커에 빠졌다는 비판을 받고 있다.

특히 정치제도의 후진성과 관치행정은 국가경쟁력을 향상시키는데 큰 걸림돌이 되고 있다. WEF나 IMD평가에서 정치, 행정, 투명성 등의 부문에서 낮은 등급을 나타내고 있다. 정치인들의 특권 내려놓기, 제왕적 대통령제도의 개선, 엘리트 연합적인 부패구조 청산 등이 시급하다.

한국의 경쟁력을 향상시키기 위해서는 끊임없는 혁신과 질적 개선은 물론 고급요소의 창출이 이루어져야 한다. 특히 한국경제를 이끌어갈 유능한 기업경영인과 첨단산업발전에 필요한 고급기술인력 그리고 첨단기술 산업과 관련된 각종 사회간접자본시설의 끊임없는 창출이 이루어져야 한다. 그리고 창출된 혁신과 고급요소의 자질향상도 끊임없이 이루어질 수 있도록 시스템이 구축되어야 한다.

(2) 규제완화와 국내시장의 경쟁여건 강화

자본주의 시장제도의 장점은 경쟁을 통해 혁신과 가격인하가 이루어 지는 것이다. 자동차, 전자제품, 휘발유, 통신시장 등 공산품은 물론, 커피, 설탕, 우유, 밀가루, 라면 등 식품산업의 대부분도 독과점구조이다. 독과점시장에서는 가격 담함과 불공정 경쟁으로 소비자의 후생이 극대화되기 어렵다.

우리나라 국내의 모든 산업분야에 걸쳐서 기업들이 치열한 경쟁을 할 수 있도록 시스템을 개선해야 한다. 기업들로 하여금 끊임없는 혁신을 위하여 노력하도록 만드는 것은 치열한 경쟁이다. 국내 기업들간의 치열한 경쟁에 적절한 수입개방으로 외국기업과의 경쟁을 잘 가미하게 되면 경쟁은 아주 '혁신적인 경쟁'이 될 수 있다.

글로벌 경제의 특징은 수 많은 외국기업들이 국내에 진출하여 국내기업들과 경쟁하는 것이다. 시장진출 제한적인 규제를 철패하고, 업종제한을 완화하여 치열한 경쟁을 할 수 있도록 해야 할 것이다.

(3) 기업창업 촉진과 벤처기업 활성화

일자리 창출의 가장 중요한 방법은 기업창업을 촉진하고, 벤처기업을 활성화하는 것이다. 한국은 대기업주도의 경제성장을 했기 때문에 독과점시장이 많고, 새로운 기업들이 창업하기 어려운 환경이다.

한국은 기업의 수와 고용비율에 있어서 경쟁국인 일본이나 대만에 크게 뒤진다. 신규기업의 창업은 경쟁이나 관련 산업의 발전을 촉진하며, 한국산업의 폭을 넓게 하고 구조를 튼튼히 한다. 뿐만 아니라 혁신적이고 경쟁적인 분위기를 조성하므로 활력있는 사회건설에 요체가 된다.

(4) 동기부여와 의식구조의 개선

노와 사 그리고 있는 사람이나 없는 사람이 모두 열심히 일할 수 있게 되는 사회적 분위기가 범국가적 차원에서 조성되어야 한다. 특히 열심히 일하거나 혁신을 통하여 돈을 많이 번 사람들이 우대를 받고 더 많은 사람들도 그렇게 될 수 있도록 노력하는 사회가 되어야 한다.

창의적이고 의욕적인 기업가들로 하여금 돈을 더 벌고 기업체를 더 크게 만들 수있도록 해야 한다. 기업인들도 권력과 유착하거나 특혜적 방법으로 기업을 운영하던 방식을 개혁해야 하며,

기업인을 죄악시하고 돈버는 사람을 천시하는 풍토가 시정되어야 함은 물론이다.

(5) 품질향상과 수요의 고급화

국민들의 소득이 상승하면 품질과 성능이 우수한 제품에 대한 수요가 증가할 것이다. 핸드폰, 컴퓨터, TV, 자동차, 통신기기 등의 성능향상과 고급화 속도는 놀랍다. 시장에서는 더 좋고, 더 싼 제품이 팔리기 때문이다. 각종 상품이나 서비스에 대한 수요의 고급화가 긴요하다.

그런데 수요의 고급화는 과소비와는 다르다. 같은 돈으로 싸구려 화장품을 많이 사서 많이 바르는 사람도 있고 좋은 화장품을 사서 아껴서 잘 사용하는 사람도 있다. 한국산업 제품의 종류와 고급화는 국민의 수요에 의하여 결정된다. 기업들의 끊임없는 품질향상 노력과 국민들의 수요 고급화가 필요하다.

(6) 끊없는 도전과 불리한 여건의 극복

부존자원과 핵심기술이 부족하고, 해외사장에 의존도가 높은 우리경제는 글로벌 경제환경변화에 영향을 많이 받는다. 또한 글로벌 금융위기 이후 증대되는 보호무역주의와 자국산업 육성을 위한 비관세 장벽의 증대 등 위험요소가 산재해 있다.

모방단계에서 선발혁신단계로 도약해야 하는 우리경제는 많은 도전에 직면할 가능성이 높다. 이를 얼마나 잘 극복하느냐가 경쟁력향상의 중요한 요인이 된다.

새로운 지식과 기술혁신 능력이 경쟁력의 원천이 되는 21세기에는 부존자원의 부존량이 경쟁력을 결정하는 것이 아니라 자원을 활용할 수 있는 능력, 즉 기술력과 지식자원의 축적, 고급인력의 양성 등이 경쟁력의 원천이 된다.

제 4 절 한국과 지식주도 경제

한국경제가 개혁에 성공하기 위해서는 구조조정을 지식중심으로 해야 한다. 21세기의 강국은 새로운 지식이 지속적으로 창조되며, 그 지식이 적절히 활용되고 확산되어 높은 부가가치를 만들어 내는 나라를 말한다. 우리나라가 지식경제로의 이행을 위한 6대 과제를 살펴보면 다음과 같다[2].

(1) 부채축소 중심의 구조조정에서 탈피하여 지식 경쟁력을 기준으로 구조조정을 추진해야 한다. 우리 나라의 기업들이 과다한 부채를 통해 고비용구조를 창출하고, 위기관리 능력을 약화시켰기 때문에 부채비율의 축소는 구조조정의 필요조건이다.

그러나 부채축소=구조조정의 등식은 성립할 수 없다. 부채를 줄이는 과정에서 기업의 장기발전에 필수적인 자산까지 상실해서는 안된다. 구조조정의 핵심은 지식 경쟁력을 향상시키는 것이다. 이를 위해서는 네덜란드의 예와 같이 기업들의 지식역량을 측정할 수 있는 '국가기술 평가제도(National Technology Rating System)'를 시행하고, 기업들의 지식자산을 측정하여 지식자산이 많은 기업들에게 지원이 증대되도록 해야 한다.

(2) 노동시장의 유연성 확보를 위해 국가 고시제도와 집단 공채제도를 없애야 한다. 고시와 공채제도는 집단내의 배타성으로 이업종간의 교류를 막고, 조직내의 경쟁풍토를 약화시킨다. 지식경제가 발전할수록 직업별 부가가치 생산능력을 결정하는 데 있어 전문화정도와 지식집약도(Knowledge Intensity)의 중요성이 커진다. 전문화의 정도는 서로 다른 분야의 지식을 얼마나 효과적으로 연계할 수 있느냐에 의해서 결정된다. 전문화는 이업종간의 교류를 통해 진전된다.

노동시장의 유연성 지표로 직업 이동성을 들 수 있다. 미국과 유럽 등 선진국의 실증분석에 따르면 직업 이동성이 높을수록 새로운 지식이 창조될 가능성이 높아지고, 창조된 지식이 더 많이 활용되며 확산의 속도가 빨라진다. 직업 이동성과 실업율 간에는 역의 상관관계를 나타낸다.

고시와 공채는 필요한 인력을 필요할 때 채용할 수 있는 길을 원천적으로 봉쇄하고 있다. 연공서열에 의한 승진은 지식축적과 자기개발의 동기를 약화시키는 단점을 가지고 있다. 따라서 인재의 적시, 적소 활용 방법으로 인재활용의 JIT (Just-In- Time)제도를 도입해야 한다.

(3) 필요 인력의 수요 공급 불균형을 해소하기 위해 평생교육 시스템을 추진할 주체를 만들어야 한다. 교육부와 노동부를 화합적으로 통합한 학습고용부(Ministry of Learning and Employment)를 신설해야 한다.

한국의 교육은 현장과 대학교육의 괴리가 많아 산업체들의 불만이 많다. 고학력자는 많지만 인재가 없다. 한국의 노동생산성은 미국의 1/3에 불과하며, 학교교육은 현장에 적용할 수 있는 지식능력(Knowledge Skills)을 향상시키도록 개편되어야 한다. 이를 해결하려면 교육부와 노동부를 화합적으로 통합해 학교와 현장을 연결하는 '산학연계 프로그램'을 마련하여 시행해야 한다.

(4) 한국 대표 산업의 고부가가치화를 위해 세계 수준의 산업집합체(Cluster)를 육성해야 한다. 클러스터란 이탈리아의 신발산업에서 볼 수 있듯이 원재료, 기계·설비, 관련 및 지원산업이 같은 동일 지역에 공존하는 지식과 부가가치의 네트워크를 의미한다. 이것은 지식경제에 중요한 지식 흐름(Knowledge Flow)을 배증하는 효과적인 방법이다.

세계적으로 경쟁력 있는 산업들은 한결같이 클러스터를 형성하여 부가가치를 극대화하고 있다. 미국의 실리콘밸리(하이테크산업)나 할리우드(영화산업), 스위스의 바젤(염료)과 제네바(시계산업) 등이 대표적인 예이다. 산학연관이 네트워크를 형성하여 지식의 공유체계를 형성해야 하며, 전문화된 인력 풀을 공동으로 활용할 수 있어야 한다.

(5) 선진국과의 지식격차(Knowledge Gap)을 해소하기 위해 해외지식 유치(FKI: Foreign Knowledge Inflow)에 힘써야 한다. 이는 현재의 자본유치 일변도의 외자유치 전략이 수정되어야 함을 의미한다.

한국기업 스스로 세계 최고의 파트너가 될 수 있도록 외국기업들과 전략적 제휴와 협력을 강화하고, 인터넷의 활용을 극대화 하며, 해외지식인들과 커뮤니케이션 능력을 키워야 한다.

(6) 감사제도를 개혁하여 비리적발 위주의 감사를 대안 제시형 감사로 변경시켜야 한다. 공무원의 복지부동, 신토불이 문화는 경직된 감사제도의 결과이다. 감사는 컨설팅 위주로 개편되어야 한다. 컨설팅사와 감사원이 경쟁관계를 유지할 수 있도록 법과 제도가 개혁되어야 하며, 고객중심의 감사제도가 정착되어야 한다.

〈 디지털 신경제 12가지 특징 〉

(1) 신경제는 지식 경제(Knowledge based Economy)이다. 정보기술은 지식을 기반으로 한 경제를 가능하게 한다. 지식은 지식 노동자와 지식 소비자에 의해서 창출된다. 새로운 지식을 추가한 제품, 스마트 카드와 의복, 자동차, 도로 등이 출현하게 될 것이다.

(2) 디지털 경제(Digital Economy)이다. 디지털 경제는 부의 창출에서 새로운 패러다임을 형성하고 있으며, 디지털 혁명과 정보통신기술의 발전은 인간생활의 모든 측면에 혁신적인 변화를 초래하고 있다.

(3) 가상화(Virtualization) 경제이다. 정보가 아날가 에서 디지털로 이동하기 때문에 물리적인 실체는 가상적인 무형으로 전환 될 수 있고, 나아가 경제 동화작용의 변화, 가상기관의 형태와 관계, 경제활동 자체의 본질을 변화시킨다.

(4) 분자화(Molecularization) 경제이다. 예전의 회사들이 경제활동의 기초를 이루는 본체와 개개의 구성원들이 모여서 이루어진 집단들과 역학적 분자들에 의해서 대체되면서 구경제가 새롭게 재창출되고 있다. 조직은 변형되고 있으며, 경제와 사회적 삶의 모든 측면에서 대규모의 분자화가 진행되고 있다.

(5) 네트워크(Network) 경제이다. 네트워크를 구성하는 수많은 분자들을 부를 창출하기 위해 다른 요소 및 집합체들과 통합시킨다.

(6) 중간기능이 축소화(Disintermediation) 된다. 생산자와 소비자를 중개하는 기능은 디지털 네트워크에 의해 감소되고 있다. 중간 사업, 중간기능, 중간매개자들은 새로운 가치를 창출할 수 있는 체인으로 이동해야 할 것이다.

(7) 집중(Convergence) 경제이다. 신경제에서 지배적인 경제분야는 모든 부문에 의해 부 창출의 하부구조를 제공하는 3대 집중산업에 의해서 새롭게 형성되고 있다. 새로운 경제에서 지배적인 영역은 새로운 매체이며, 컴퓨팅, 통신, 컨텐츠 산업에 집중되어 나타날 것이다.

(8) 혁신(Innovation)을 기반으로한 경제이다. 처음개발한 제품을 스스로 폐기하고, 끊임없이 새로운 제품을 개발해야 한다.

(9) 소비자 생산(Prosumption)이 이루어 지며, 소비자와 생산자간의 차이가 없어진다. 대량생산이 주문생산으로 대체되면서 생산자들은 개별적 소비자들의 기호와 요구를 반영하는 제품을 만들어야 한다. 새로운 경제에서는 소비자들이 실제로 생산공정에 참여하게 된다.

(10) 비트를 기반으로 한 신경제에서는 동시성(Immediacy)이 경제적 활동과 사업성공의 핵심 요소와 변수로 되고 있다.

(11) 글로벌(Globalization) 경제이다. 지식은 경계가 없으며, 전세계를 대상으로 생산과 마케팅, 기술개발 및 분업이 이루어 진다.

(12) 불일치(Discordance)가 빈발하고, 유례가 없는 사회적 이슈가 제기되고 있다. 디지털 경제에서는 많은 영역에서 미개척분야가 존재하기 때문에, 우리는 권력, 프라이버시, 접근, 평등, 노동 생활의 질, 일반적인 삶의 질, 자본과 노동가치의 급변 등 불일치와 갈등의 요인을 가지고 있다.

〈 지식경제에 대한 3가지 오해 〉

1. 섬유를 버리고 정보통신으로 가야 한다. 많은 사람들은 지식경제를 실천하기 위해 전통산업을 포기하고 첨담산업 혹은 신산업을 육성해야 한다고 믿는다. 지식산업은 생산활동에서 지식의 활용도에 중점을 두는 것을 말한다. 이탈리아의 베네통, 미국의 나이키, 3M, 스위스의 시계와 나이프 등은 전통산업에 신지식을 접목하여 지식산업화에 성공한 경우이다.

2. 최신 설비만 갖추면 경쟁력이 생긴다. 기업의 경쟁력은 기존설비의 과학적 활용, 시장밀착형 신제품개발 능력에 좌우된다. 최신설비를 갖추고 있어도 효율적인 사용능력과 신제품 개발에 응용력이 부족하면 성공하지 못한다.

3. 부채를 줄여야 구조조정에 성공한다. 부채를 줄이는 것이 구조조정의 성공을 보장하지는 않는다. 구조조정과정에서 핵심지식 역량이 유실되면 경쟁력 향상이 불가능하다.

〈 사회적 혁신정책 〉

최근 과학기술이 첨단화되면서 기술혁신을 통해 사회문제를 해결하려는 노력이 선진국을 중심으로 급속히 확산되고 있다. 환경파괴, 대형사고, 비만과 질병, 고령화, 교육 양극화 등 사회적으로 우려되고 있는 문제들을 기술혁신을 통해 해결하려는 '사회적 혁신정책(Social Innovation

Policy)'을 적극적으로 추진하고 있는 살RP가 늘어나고 있다.

일본의 경우 2025년까지 장기 기술혁신 전략을 제시한 '이노베이션25'를 통해 어려움에 봉착하고 있는 사회문제들을 해결할 수 있도록 방안을 모색하고 있다. 일본과학기술기구(JST)산하 사회기술연구개발센터(RISTEX)가 대표적인 사례이다. 2001년 설립된 사회기술연구개발센터에서 하는 일은 과학기술을 통해 사회문제들을 해결하기 위한 다양한 연구를 진해하고 있다. 지역 단위별로 탈(脫)온난화·환경공생사회를 구축하는 방안, 범죄로부터 어린이를 보호하기 위한 방안, 최근 급속히 발전하고 있는 정보통신, 뇌 과학 등이 사회현상과 어떤 관계를 갖고 있는지, 그 가능성 등을 연구하고 있는데, 연구 목표는 사회적·공익적 기술을 창출하자는 것이다. 연구방신 역시 광범위한 분야 전문가들이 참여하는 융합연구 방식을 채택하고 있다. 자연과학뿐만 아니라 인문·사회과학 등 거의 모든 학문 분야의 최근 연구결과와 함께 산·학·연·시민단체 등 이해 당사자들의 견해를 취합하고 있다.

영국 정부도 사회적 기술 개발에 많은 노력을 기울이고 있다. 에덴 프로젝트(Eden Project)가 대표적인 사례이다. 영국정부는 이 프로젝트를 밀레니엄 사업으로 선정한 후 폐광지역인 콘웰(Cornwall)에 씨앗은행과 노아의 방주 같은 거대한 식물원을 조성했다. 관광 및 엔터테인먼트 사업 등을 통해 지역사회의 고용을 창출하고, 청소년들에게는 실질적인 환경교육을 할 수 있도록 해 기후변화와 대응능력을 높이기 위한 의도였다. 결과는 성공적이었다. 수익의 80%를 관광객 입장료로 충당할 수 있었으며, 사회적 기업으로서 자립기반을 구축할 수 있었다.

네덜란드 정부는 경제부. 법무부, 국방부, 내무부, 농무부, 교육문화과학부, 고용부, 환경지역개발부, 보건복지스포츠부, 교통 및 물 관리부 등 10개 부처 간의 기식협력을 도모하기 위한 '지식·혁신 프로그램국(K&I)'을 설치 운영하고 있다. 여러부처에서 분산 운영되고 있는 지식창출과 혁신, 벤처기업 육성 등과 같은 혁신 관련정책의 실효성을 높이기 위한 조치로 K&I에서는 에너지, 물, 보건, 교육, 안전 등 사회적 이슈와 관련되 혁신어젠더를 발굴, 투자를 동반한 장기 전략을 제시하고 있다.

미국에서는 민간 기업이 사회적 혁신 기업으로 떠오르고 있다. 미국 내 거대 약국체인사업 소유주인 월마트 그룹, CVS, Target등이 공동 운영하고 있는 '미닛클리닉(MinuteClinc)'은 경험이 많은 간호사가 서민들의 출입이 잦은 쇼핑몰에서 저가 진료를 수행하는 의료사업으로 국민의 호응을 얻으면서 그 사업 영역이 미 전역으로 확산되고 있다.

최근 우리나라에서도 '사회적 혁신정책'에 대한 관심이 높아지고 있다. 지난 2007년 국가과학기술위원회는 기술을 기반으로 한 삶의 질 향상 종합대책을 발표한 바 있으며, 교육과학기술부는 올해 공공복지·안전연구 사업을, 지식경제부는 QoLT(Quality of Life Technology) 기술개발 사업을 발표한바 있다. 사회적 혁신정책이 성공하기 위해서는 사회서비스 혁신, 공공연구개발, 산업 육성등을 종합적으로 고려할 수 있는 '통합형 사회적 혁신정책' 구현이 요구되고 있으며. 사회적 혁신을 주도할 수 있는 기술집약적 사회적 기업을 적극적으로 육성할 필요가 있다.

---

1) 송병락, 전게서. KDI 및 경제연구소 자료.

2) 매일경제 신문사(1999), 「두뇌강국 보고서」

제 6 장

한국 경제성장의 특징과 요인

제 6 장 한국 경제성장의 특징과 요인

자세히 보아야
예쁘다.

오래 보아야
사랑 스럽다

너 도,
그렇다

- 풀꽃, 나태주詩-

제 1 절 경제성장의 의미와 한국의 경제성장

1. 경제성장의 의미

국민들의 생활수준이 높아지고 경제가 활력을 가지려면 높은 경제성장율을 유지하는 것이 중요하다. 경제가 성장하면 생산과 소비가 늘어나고, 생산에 필요한 인력수요가 늘어 일자리가 창출되며 소득이 증대된다. 산업단지가 조성되고 기업설립이 늘어나면 주택, 소비재 유통시장, 교육, 생활편의 시설 등에 대한 수요가 유발되어 지역경제가 활성화 된다.

경제성장(economic growth)이란 일정기간의 국민총생산(GNP)의 증가를 의미한다. 이 때의 GNP는 물론 물가상승분이 제외된 실질(real) GNP이다. 물가상승분이 포함된 것은 경상GNP라고 한다. GNP는 대한민국 국민이 생산한 것이면 국내에서는 물론 외국에 진출하여 생산한 것도 포함한다.

대조적으로 대한민국 영토(국경) 내에서 생산된 것이면 한국인이나 외국인이 생산한 것을 불문하고 모두 포함하는 것을 국내총생산(GDP)이라고 한다. GNP는 '국민'을, GDP는 '국토'를 기준으로 한 개념으로 경제성장분석에 다 같이 사용된다. 이 중 '국내'의 경제상황을 판단하는 데에는 GDP가 유용한 개념이다. 그러므로 우리 나라도 최근부터 국내경기분석에 GNP 대신 GDP를 사용하기 시작했다.

경제성장은 일반적으로 다음과 같이 몇 가지로 정의된다.

첫째 이미 말한 바와 같이 경제성장을 일정기간의 실질GNP의 증가로 정의하는 것이다. 예를 들면, 2010년의 GNP가 3.5% 증가한다면 경제도 곧 그만큼 성장한다는 것이다.

둘째 경제성장을 1인당 GNP 기준으로 파악하는 것이다. GNP의 증가는 경제전체 규모의 증가를 나타낸다. 그러나 국민 개개인의 소득이 얼마나 증가하느냐는 인구 1인당 기준으로 검토되어야 한다. 만약 인구가 GNP보다 더 빨리 증가하는 경우에는 국민 개개인의 평균복지는 오히려 감소한다.

반대로 GNP가 감소하더라도 인구가 더 빨리 감소하는 경우에는 1인당 GNP는 오히려 증가한다. 그러므로 경제성장은 인구증가를 고려하여 검토되지 않으면 안된다. 인구증가가 빠른 후진국의 경우에는 더욱 그러하다.

GNP와 인구와 물가의 상호관계는 경상GNP = 1인당 실질GNP × 인구 × 물가지수로 나타낼 수 있다. 이 식에서 좌변(경상 GNP)을 인구와 물가지수로 나눈 것이 우변의 1인당 실질 GNP가 된다. 그리고 좌변을 물가지수로 나누면 실질GNP가 된다. 실질 GNP = 경상 GNP/물가지수가 된다.

셋째 경제성장을 경제전체의 인력과 시설의 생산능력이 다 발휘되는 상태에서의 GNP, 즉 잠재적(potential) GNP의 증가로 정의하는 것이다. 즉 경제의 모든 인력과 생산시설이 완전가동되는 상태에서 생산시설의 확장으로 GNP가 증가하는 경우를 말한다.

2. 경제성장률과 우리나라 경제성장

선진국은 과거 약 200년간 선진국이 되는 과정에서 경제가 연평균 약 3%씩 성장하였다. 이는 소득수준이 매 23~24년마다 또는 세대마다 2배씩 상승했음을 의미한다. 즉, 자식대가 부모대보다 두 배 정도 더 잘 살게 되었음을 의미한다. 한국은 고성장기인 1963~1991기간의 29년간 연평균 9.5%씩 성장하여 세계 최고수준의 고도성장을 이룩하였다.

경제성장률은 어느 나라의 경제 역동성을 설명하는 중요한 변수이다. 경제개발 초기에는 투자증대와 자원개발 등으로 고도성장을 이룩할 수 있으나, 고도성장기가 무한정 지속될 수는 없다. 일본, 한국, 중국 등의 사례를 보면 경제성장률에 따라 경제성장 단계를 ①고도 성장기, ②중성장기, ③저성장기로 구분할 수 있다.

고도 성장기에는 투자와 산업발전이 가속화되어 일자리가 늘어나고, 소득이 향상되어 소비수요가 늘어나며, 이는 다시 제품수요를 증대시켜 투자를 유발하는 확산적 선순환구조가 형성된다. 한국경제는 1960년대 초부터 경제개발 5계년 계획의 성공적인 추진으로 고도성장을 이룩하였고, 1963년부터 1991년기간 중에 년평균 성장률은 9.5%에 달했다.

그러나 1990년대에 들어서면서 국내외적인 경쟁격화, 중복과잉투자 구조개혁 등으로 성장률이 하락하였고, 1992년에서 2011년 기간중 20년간 평균성장률은 5.1%였다.

2012년부터는 글로벌 경기침체, 조선과 철강, 해운 등 주력산업의 경쟁력 약화와 구조조정,

새로운 성장동력 미흡 등으로 2~3%수준의 저성장기로 접어들고 있다.

고도성장은 국민소득 증대와 밀접한 관련이 있다. 소득의 성장률과 그것이 배가 되는 데 걸리는 연수의 계산은 [70 나누기의 공식]을 통하여 구할 수 있다. 예를 들어, 소득의 연평균 성장률이 7%이면 두 배가 되는 연수는 70÷7% = 10년이 된다. 그리고 10년에 2배가 되는 성장률은 70 ÷ 10년 = 7%이다. 따라서 소득이 평균 3%씩 성장하면 2배가 되는 연수는 70 ÷ 3 ≒ 23년이 된다.

그리고 소득이 매년 5%씩 증가하면 몇 년 뒤에 두 배로 증가하게 되겠는가? 그 답은 70 ÷ 5% = 14년이다. 연평균 경제성장률 3%가 고도성장의 기준이 되는 이유는 무엇인가? 이는 한 세대 안에 소득이 2배가 됨을 의미한다. 인류의 장구한 역사를 놓고 볼 때 이 정도로 경제가 빨리 성장한 국가는 별로 없었다.

현재의 선진국들이 과거 200여 년간 이 수준으로 성장했을 뿐이다. 자식들이 부모들보다 2배나 더 잘 살게 된다는 것은 어느 면으로 보든지 생활수준의 커다란 향상인 것이다. 연평균 3% 이상의 복리계산식 고도성장은 국민생활에 큰 변화를 초래하는 것이다.

〈표-1〉 한국의 경제규모 성장

	단위	1970	1980	1990	2000	2015
국내총생산(GDP)	억$	81	643	279	562	1,378
1인당 국민소득	$(US)	255	1,660	6,505	11,865	27,340

자료: 통계청, KOSIS.

우리나라는 1997년 외환위기 이전까지 세계에서 가장 빠른 속도로 경제성장을 하였다. 국내총생산은 1970년의 81억 달러에서 2015년에는 1,378억달로 증대하였고, 1인당 국민소득도 255 달러에서 27,340달러로 증가하였다.

제 2 절 한국경제성장의 특성

1. 높은 성장률과 장기간의 고도성장

한국은 개발년대를 통해 고도성장을 이룩하였다. 고성장기의 경제성장률은 1963년부터 1991년기간 중에 년평균 성장률은 9.5%에 달해 세계 최고수준이었다. 중성장기인 1992~2011기간중에도 년평균 5.1%로 성장하여, 쿠즈네츠의 '고도성장기준'인 연평균성장률 3.0%(GNP기준)를 크게 상회한다.

한국은 선진국들이 오랜 세월에 걸쳐서 이룩한 경제성장을 단기간에 이룩하였는데, 이런 의미에서 한국의 성장을 압축발전(compressed developement)이라고 한다. 한국의 경제성장률은 제4차 5개년계획기간을 제외하면 제6차 5개년계획 기간까지는 상승하는 추세를 나타내었다.

일본의 고성장기는 1959~1973기간이며, 년평균 8.9%로 성장하였다. 중성장기는 1974년부터 1991년까지 이며 18년간 년평균 성장률은 4.2%였다. 한국의 고도성장기간은 일본에 비하여 보다 장기적이다.

다른 나라의 연평균 경제성장률을 보면, 1956~90기간 중 41개 후진국의 경우에는 2.9%(1인당 GNP기준), 58개 중진국의 경우에는 2.2%, OECD국가는 2.4%, 인도 1.9%, 그리고 일본 4.1% 등이었다. 같은 기간 마이너스 성장을 한 나라들도 적지 않다. 예를 들면, 쿠웨이트 -4.0%, 리비아 -3.0%, 우간다 -2.4%, 그리고 자이레 -2.2% 등이다.

2. 많은 변동을 수반한 성장

한국경제의 성장은 많은 중요한 특징은 많은 변동을 수반한 성장이었다. 예를 들어, 경제성장률은 1973년 13.2%에서 75년 6.4%, 76년 13.1%, 80년 -3.7%, 83년 12.6% 등으로 많은 변동을 했다. 한국경제의 성장이 그렇게 된 이유는 무엇인가? 그 이유는 다음과 같이 몇 가지로 나누어 볼 수 있을 것이다.

첫째, 성장제일주의로 말미암아 안정에 대한 정책적 우선순위가 낮았다.

둘째, 급속한 산업구조의 변동이 많은 경제변동을 초래했다. 고도성장과정에서 10년마다 주력산업이 바뀌면서 경기변동이 심화되었다. 1960년대에는 경공업이 주력산업이었다. 1970년대부터 본격적인 중화학공업화를 추진하였다. 산업구조가 경공업에서 중화학공업중심으로 급전환하자 그 생산과 투자패턴도 급변했고, 이에 따라 경제변동도 심했다. 70년대 후반의 해외 건설업의 팽창이나 해운업의 통합도 마찬가지의 결과를 초래했다.

셋째, 경제성장 초기에는 경제전체의 규모가 작았으므로 포항제철, 경부고속도로 등 대형건설공사에 의해서도 경제는 많은 변동을 했다.

넷째, 대외지향형 정책으로 말미암아 한국경제는 수출입양면에서 해외경제의 변동에 많은 영향을 받을 수 밖에 없었다. 특히 70년대 두 차례의 세계적인 에너지파동이 발생했을 때는 더욱 그러했다.

다섯째, 한국경제의 성장과정에는 정치적, 환경적 변화가 심했다. 헌법의 개정, 오일쇼크, 1997년의 외환위기, 북핵문제, 박근혜-최순실 게이트 등 많은 우발적 또는 환경적 요인의 변화가 있었고, 이에 따라 경제는 많은 변동을 했다.

3. 높고 변동이 심한 인플레를 수반한 성장

한국경제의 고도성장은 높은 수준의 그리고 변동이 심한 인플레를 수반하는 성장이었다. 특히 70년대의 두 차례의 석유파동을 계기로 더욱 그러하였는데, 한국의 인플레는 80년대 중반까지 일본이나 아세아 NICs에 비해 그 수준이 크게 높았고 변동폭 또한 컸다.

고도성장기의 한국경제가 경험한 인플레의 가장 중요한 원인 중의 하나는 성장제일주의에 따른 생산시설의 과도한 확장과 이에 따라 산업부문이나 사회간접자본부문에서 발생하는 공급애로(bottleneck)라고 할 수 있다.

이러한 관점에서 고도성장기의 한국의 인플레는 '개발인플레'적 성향이 컸다. 그리고 기업의 과다한 설비 투자와 정부의 활발한 도로, 용수, 항만, 공업단지, 각종 도시시설의 개발 등 공공투자는 땅값을 크게 상승 시켰고, 이는 부동산투기를 유발했다.

그리고 기업투자촉진을 위한 저금리정책은 국민들의 저축을 금융기관보다는 부동산 쪽으로 쏠리도록 했다. 그 결과 금융기관 저축자들, 특히 소액저축자들은 손해를 보고 부동산 투자자들은 득을 보는 경우도 적지 않았다.

그런데 이와 같은 고도의 인플레에도 불구하고 고도의 성장이 지속되었다는 사실을 인플레가 경제전체의 '성장'에 반드시 나쁜 영향을 미쳤다고는 분명하게 말할 수 없게 만든다. 그러나 계층간의 소득분배에 미친 부정적 영향은 비교적 분명한 것으로 보인다.

4. 비교적 높은 수준의 형평을 수반한 성장

한국의 경제성장은 상대적으로 공평한 소득분배를 수반하는 성장이었다. 개발초기에 60%를 넘는 농어촌부문의 잠재실업 자 등이 공업화과정에서 제조업, 서비스업 등으로 취업되었고, 노동에 대한 급여증대로 분배구조가 악화되지 않았다.

또한 정부는 지속적으로 평균화 지향적인 경제정책을 실시하였다. 해방이후 귀속재산의 불하과정에서 경자유전의 원칙에 따라 토지가 공평하게 분배되었다. 1가구 2주택 금지, 최저 임금제도, 부동산 투기억제 정책, 영세민 지원증대 정책 등이 시행되었다.

노동소득분배율로 본 한국의 소득분배는 1963년 이후 1985년까지 계속 개선되었다. 그 비율은 63년 30.7%에서 85년 53.2%로 상승하였다. 1990년대 중반까지 Gini계수 등 분배지표가 가선되었으나, 외환위기 이후에는 분배구조가 악화되고 있다.

고도성장과정에서 한국의 소득분배가 비교적 균등하게 유지될 수 있었던 것은 성장과정에서 기업설립과 투자가 증대되었고, 많은 일자리가 만들어졌으므로 가난한 실업자들이 취직하여 경제성장의 혜택을 임금이라는 형태로 받을 수 있었기 때문이다.

따라서 전체 노동자계층에게 돌아가는 소득의 몫은 고도성장기간 동안에 계속 상승하였던 것이다. 그러나 다른 한편으로는 공업지향적 정책으로 인하여 농공간의 격차가 커지고, 인구와 경제활동의 도시 집중이나 도시개발에 따른 부동산가격의 상승으로 인하여 특히 80년대 말에 두드러지게 나타난 바와 같이 도시 주택이나 부동산 가격이 상승하여 소득집중도가 높아지고 빈부격차가 심화되었다.

5. 많은 무역적자를 수반한 성장

자본과 기술이 부족한 상태에서 성장전략을 추진하였기 때문에, 성장초기에 많은 무역적자가 발생할 수 밖에 없었다. 기업설립과 운용에 필요한 기자재와 원자재를 수입할 수 밖에 없었고, 해외기술과 자본에 국내의 저임노동력을 활용한 단순가공수출은 무역적자를 수반하였다.

한국의 고도성장은 80년대 중반까지는 많은 국제수지적자를 수반한 것이었다. 그 이유는 첫째, 자원빈국인 한국은 공업화나 국민생활에 필요한 에너지, 광물, 식량 등의 자원을 대부분 수입에 의존하지 않을 수 없기 때문이다.

둘째 한국기업들은 성장초기에 국제경쟁력이 높은 상품을 쉽게 개발하고 수출하여 많은 외화를 벌어들이는 등 국제수지를 흑자를 만들 수 있는 능력이 없었다. 단순가공무역, OEM생산 등으로는 흑자구조로 전환이 어려웠다.

셋째, 정부가 기업들에게 수출상품생산에 사용될 원자재와 기계장비의 수입을 비교적 자유롭게 할 수 있도록 허락하였으므로, 수입은 수출과 더불어 빠른 속도로 증가했다.

이와 같은 이유로 말미암아 국제수지는 만성적인 적자상태에 놓이게 되었고, 한국은 채무국의 상태를 면치 못했다. 80년대 중반에는 한국이 세계 4대 채무국의 하나가 될 정도였다. 그러나 86년부터는 사정이 크게 달라져 89년까지 한국은 4대 국제수지 흑자국의 하나로 전환되었다. 그러나 그 이후 국제수지는 곧 다시 적자상태로 돌아섰으며, 특히 1990년대 중반이후 개방화와 자유화로 적자폭이 급증하여 1997년에는 누적외채가 1,500억달러를 초과하게 되어 경제위기의 원인이 되었다.

6. 생활의 질을 도외시한 성장

한국의 경제성장은 최근까지 많은 환경오염을 수반하는 성장이었다. 그 이유는 첫째 성장초기에 절대빈곤을 탈출하는 것이 급선무였기 때문에 환경문제를 고려하기 어려웠다. 또한 외채의존형 성장추진과정에서 환경오염방지에 귀중한 투자재원을 많이 할당할 수가 없었다.

둘째 한국인은 오랫동안 소득수준이 낮은 상태에서 생활하였으므로 환경오염제거용 투자를 일종의 사치로 간주하는 등 가치면에서 관·민이 모두 환경오염방지에 높은 우선순위를 두지 않았다. 유럽, 미국, 일본 등의 선진국들도 발전 초기에는 환경에 대한 관심이 부족하였다.

셋째 주택정책에 있어서도 생활과 긴밀한 관계가 있는 주택의 건설에만 치중하고, 학교·공원·상가 등 주변 환경시설의 건설은 우선순위에서 밀리게 되었다. 각종 정책은 국민생활의 질(Quality of Life)인 복지제도, 노동조건과 생활 환경개선 등의 개선보다는 향상보다는 기업의 수출능력 향상에 초점을 두었다.

제 3 절 한국경제의 고도성장 요인

한국경제는 지난 50 여년간 고성장기(29년)와 중성장기(20년)를 통해 세계에서 유래가 없을 정도로 고속성장을 하였다. 한국경제 성장의 요인에 대하여 다양한 연구가 진행되었다.

한국의 수출은 60년대 초 1억 달러에 불과하였으나 2015년에는 5,488억억 달러로 증가하였고, 1인당 소득도 100달러 수준에서 27,340달러로 증대하였다. 해방 후의 혼란과 6.25전쟁의 폐허 속에서 비약적인 성장을 이룩한 것이다.

외국인들은 이러한 한국의 고도성장을 한강의 기적(Miracle of Han-River)이라고 칭송하며, 고도성장의 원인을 구명하려고 하거나 한국의 성장경험을 배우려고 하는 나라들도 적지 않다. 한국경제의 기적적인 성장을 초래한 요인을 과연 무엇이었겠는가?

경제성장은 앞서 말한 바와 같이 수출, 투자, 수입대체, 소비, 투입-산출계수변화 등의 수요측 요인과 노동·자본 및 기술진보 등의 공급측요인, 그리고 정책적 요인과 각종 환경적 요인 및 제도적 요인의 복합작용에 의하여 결정된다.

한국경제의 성장도 물론 예외는 아니다. 이 많은 성장요인들 중 어느 하나에 의해서가 아니라 모든 요인의 복합작용에 의하여 경제성장이 이루어짐은 물론이다. 개도국인 한국의 성장은 시장경제체제 자체의 성장도 수반한 것이었으므로 성장요인에 있어서는 선진국의 경우와 차이가 있기 마련이다. 한국의 고도성장을 초래한 중요한 요인으로는 다음의 8가지를 들 수 있다.

1. 시장경제원리를 중시한 성장

남북한은 5천년의 역사와 단일민족, 같은 문화전통과 역사를 공유하고 있다. 그러나 현재의 남북경제는 1인당 소득이 30배 가까이 차이가 날 정도로 격차가 심하다. 남북격차의 가장 큰 요소는 해방이후 북한에는 소련군이 진주하면서 사회주의체제가 도입되었고, 남한에는 미군이 들어오면서 자본주의 시장경제체제가 도입되었다는 점이다.

한국은 사유재산권을 보호하고 기업의 자유와 경쟁을 중시하는 시장경제제도를 채택했으며, 또한 시장경제의 원리를 중시하고 이 원리에 의한 경제게임을 할 수 있는 룰과 터전을 비교적 잘 마련하였다는 것이다.

헌법이 사유재산권과 기업 및 경제활동의 자유를 보장하고 있을 뿐만 아니라 독점규제 및 공정거래에 관한 법률, 토지개혁법, 노동기본법, 국토이용관리법, 산업개발촉진법 등 경제성장을 촉진할 수 있는 각종 법의 제정을 통하여 정부는 시장경제체제의 정착과 발전을 촉진하려고 하였다.

아울러 경제기획원, 대한무역진흥공사, 한국과학기술연구원, 한국개발연구원 등의 기구를 창설하여 시장경제의 성장을 촉진시키는데 필요한 각종 계획과 정책의 수립과 시행을 뒷받침하였다. 정부가 시장경제에 많은 간여를 하였지만 그 많은 간여가 비교적 시장경제원리에 맞게 이루어졌다고 할 수 있다.

2. 정부의 리더십과 개발의지

한국, 대만, 싱가폴, 말레지아 등 발전에 성공한 아시아 국가들은 개발초기에 강력한 리더십을 가진 정치 지도자들이 통치하였다. 한국의 경제성장정책은 주로 정부주도로 이루어졌으며, 그런 의미에서 한국의 경제성장은 정부주도형이라고 할 수 있다. 한국정부의 정책이 경제성장에 기여한 것은 다음과 같이 몇 가지로 나누어볼 수 있다.

첫째는 올바른 성장정책방향의 설정과 체계적인 정책의 수립이다. 즉, 앞서 말한 바와 같이 한국의 성장에 적합한 성장 지향적, 공업 지향적 및 대외 지향적 정책을 채택하였으므로 경제성장이 크게 촉진되었다.

그리고 이러한 정책의 체계적인 수립과 시행을 위하여 관·민이 협동하여 후진국 중에서는 가장 성공적이라고 할 수 있는 5개년 계획을 지금까지 6차례나 수립한 바 있다. 이러한 정책이 국민을 적빈상태에서 벗어날 수 있게 하였고, 한국이 첨예하게 대처하고 있는 북한을 추월하게 만들었다.

둘째는 지도자의 헌신과 시행의 성공이다. 한국의 각종 경제계획과 정책은 성공적으로 추진되었고, 시행(implemention)이 비교적 잘 되었다. 이는 우리나라 지도층의 경제성장에 대한 확고한 의지 또는 헌신이 있었기 때문이다.

메이슨 하바드대 교수는 한국에서 경제발전이 지속된 것은 지도자나 정부의 경제성장에 대한 의지와 태도와 헌신이 확고하였기 때문이라고 하였다. 즉 국민들이 잘 살게 되기를 진심으로 바라고 노력했기 때문이라는 것이다.

인도, 파키스탄 등 세계적인 전문가들이 무수히 많은 후진국들도 경제계획이나 정책의 수립은 세계적 수준으로 잘한다. 그러나 성장에 실패하는 이유는 지도자들이 경제성장에 대한 열의가 없고 헌신하지 않으므로 시행단계에서 실패하기 때문이다. 사실 많은 후진국의 경우 부정부패가 심하고, 헌신은 물론 관심도 없는 지도자가 많다.

셋째는 정부와 기업간의 협조이다. 미국에서는 정부와 기업이 합심하여 산업정책 등을 수립하지 않는다. 그러나 한국에서는 정부와 기업이 같은 배를 탄 공동운명체라는 강한 인식 하에서 합심하여 산업정책을 수립하는 등 경제를 키우는 데 노력하였다. 민관이 협력하여 한국주식회사(Korea, Inc)를 발전시킨 것이다.

넷째는 경제발전에 국력을 결집해야 된다는 데 국민의 공감대가 형성되었다. 많은 국민들이 빈곤 타파와 경제발전을 간절히 원했고, 국력이 경제발전에 집결될 수 있었다. 이 점에 있어서 경제계획이 많은 공헌을 했다.

경제계획은 우선 국민들로 하여금 국가경제의 장래에 대한 비전을 갖도록 하였고, 계획작성에 참여토록 하였으며, 또한 경제성장에 국민의 마음이 모이게 하고 시행과정에서 협조하도록 했다. 경제계획은 '국민적 협조'를 바탕으로 경제성장을 이룩하는데 있어서 결정적 역할을 하였다.

다섯째는 경제계획 초기에는 시장의 가격기구가 발달하지 못하였기 때문에 정부가 적절히 개입하여 한정된 자원을 효율적으로 배분하였다. 또한 시장실패가 발생하였을 경우 적절히 개입하여 시정하는 노력을 하였다.

여섯째는 정부의 경제구조조정 정책으로 인하여 경제구조가 비교적 경제성장을 촉진하는 방향으로 이루어졌다는 점이다. 주력산업이 바뀔 때마다 적절히 개입하여 구조개혁을 지원하였다. 또한 한국경제의 중요한 성장요인은 교육수준이 높고 기강이 있는 근로자, 낮은 수준의 임금, 효율적인 환율정책, 적당한 수준의 정부의 재정적자와 기업지원정책 등이 있다.

3. 성장의 엔진으로서의 수출확대

1960년대 초부터 지금까지 한국의 수출은 비약적으로 증대하였다. 수출규모는 1960년대 초의 1억달러에서 2015년에는 5,488억달러로 증가하였다. 수출을 증대시키기 위해 국력을 집중하였고, 기업들은 국제시장에서 팔릴 수 있는 첨단제품개발과 혁신에 노력하였다. 이와 같이 급증한 수출은 한국경제의 '성장의 엔진'(engine of growth)역할을 했다.

우선 한국은 자원빈국이므로 국민의 생활이나 공업화에 필요한 각종 자원을 해외로부터 수입해야 하는데, 이에 필요한 외화는 수출을 통하여 획득해야 하므로 수출의 적극적인 확대가 긴요하였다. 한국은 대외 지향적 정책의 수립과 시행의 과정에서 많은 실책과 시행착오를 한 것도 사실이다. 그러나 수입대체정책을 채택한 많은 후진국에 비할 때 그 정도는 비교될 수 없을 정도로 적었다.

수출 지향적 정책으로 기업들이 국제시장에서 경쟁력 있는 상품을 생산하기 위해 노력했고, 선진기술과 생산노하우 등을 접목하여 혁신과 산업발전을 이룩하였다. 미국, 독일, 일본 등 선진국들의 앞선 기술을 수입하였고, 선진 제품들을 벤치마킹하고 새로운 아이디어를 접목하여 수출하였다.

(3) 경제정책 자체의 개선

경제정책이 수입대체의 경우에는 국내시장 중심으로 국내표준에 따라서 행해지게 되나 수출지향의 경우에는 세계시장을 대상으로 국제표준(Global Standard)에 따라서 행해지게 되므로 정책도 그만큼 개선될 소지가 크다.

선진국의 법과 제도, 생산품 규격, 환경오염방지 등의 기준을 충족하여 생산하게 되고, 글로벌 경제환경 변화에 맞도록 정책들도 개선해 왔다. 정책담당자도 외국의 경험으로부터 각종 정책의 수립이나 시행 등을 배울 수 있게 된다. 우리나라의 공산품 규격, 기업지원제도, 다양한 경제정책들은 선진국들의 변화에 부응하여 수정되고 보완되고 있다.

4. 물적자본의 형성

물적자본(physical capital)의 형성은 산업입지와 경제발전에 매우 중요하다. 도로, 항만, 공항 등의 사회간접자본(SOC)의 투자가 부족하면 국내외 자본의 투자유치가 어렵게 된다. 또한 기업들은 최첨단 기계설비와 인프라 구축을 위해 지속적인 투자를 해야 한다.

한국의 투자 또는 물적자본형성에는 각종 제품의 생산을 위한 설비투자는 물론, 이를 간접지원하는 도로·항만·전략·용수 등의 사회간접자본투자도 포함됨은 물론이다. 이러한 물적자본형성은 60년대 이후 계속 활발하게 이루어져왔으며 70년대 초까지는 총수요에서 차지하는 비중이 수출보다 컸다.

물적자본의 형성에 필요한 국내저축과 재원이 부족하였기 때문에 경제방전 초기에는 외국자본에 의존할 수 밖에 없었다. 외자도입 방식은 크게 나누어 외국자본이 직접투자하여 공장을 세우거나 상업시설을 구입하는 등의 직접투자 유치 방식과 금융기관이 외국자금을 조달하여 국내기업에 대출해주는 간접투자 방식이 있다.

한국의 경우 철강, 조선, 자동차, 전자, 통신 등의 주요 산업을 국내기업들이 주축이 되어 성장시키는 간접투자 방식이 대부분이었다. 그러나 마산수출자유지역 등 일부지역에서는 외국기업들이 자유롭게 직접투자할 수 있도록 허용되었다.

5. 인적자본의 형성

한국은 세계에서 교육열이 가정 높다. 한국 경제발전의 가장 중요한 요인은 높은 교육열과 인적자본 투자에 있다. 인적자본 또는 인간자본(human capital)의 형성은 일반교육, 기업체의 각종연수, 생산현장의 작업경험, 사무실의 근무경험이나 사업경험, 그리고 일반적인 사회교육 등을 모두 포함한다. 이는 근로자는 물론 기술자, 전문지식인, 공무원 및 경영층 모두에게 해당된다.

한국의 높은 교육열은 많은 우수한 근로자, 경영자, 기업가 및 공무원을 배출하여 경제성장을 크게 촉진하였다. 특히 초등교육의 의무교육화는 저소득층이나 여성인력의 경제활동참가를 촉진하게 하였고, 가발·섬유·합판·전자제품 등 성장초기의 노동집약적 산업의 발전에 큰 공헌을 했다.

그리고 선진외교에서 교육을 많이 받았거나 기업체나 공공기관에서 일하며 경험을 쌓은 한국의 고급두뇌들이 많이 귀국하여 기업이나 정부 등 각종 조직체의 경영층을 형성하고 있는데, 이들이 성장에 큰 공헌을 하였다.

한국의 경우에는 60년대까지만 하더라도 국내에 좋은 일자리가 별로 없었으므로 많은 젊은 이들이 유학 등으로 해외에 진출했고, 두뇌유출(brain drain)이 심했다. 그러나 70년대에는 경제구모가 팽창하고 고급인력의 수요가 급증하게 되자 이러한 두뇌들이 선진국에서 고급신기술과 경영방법을 습득한 후 속속 귀국하여 경제성장에 활력소 역할을 했다.

한국경제가 지식기반 사회와 글로벌 혁신경쟁에서 뒤지지 않기 위해서는 고급인력의 양성과 확보가 중요하다.

6. R&D투자와 기술혁신

한국경제는 선진국 기술을 벤치마킹하고 개선하면서 국제 경쟁력을 향상시켜 왔다. 일본, 독일 같은 선진국에서는 기술진보가 자본과 노동 등 생산요소의 증가를 합한 것보다 성장에 더 큰 공헌을 하고 있다. 선진국의 성장은 기술주도형 성장이 되고 있는 것이다. 기술진보는 새로운 에너지나 자원의 개발기술, 새로운 생산이나 경영방법의 개발, 신상품의 개발, 그리고 신시장의 개척 등을 모두 포함한다. 슘페터는 이를 혁신이라고 하였다.

그런데 한국이 비약적으로 성장하면서 선진국들과의 경쟁이 심해졌고, 선진국들의 기술보호주의 강화로 천문학적인 기술사용료를 지불하고 있다. 따라서 R&D투자의 증대와 기술인력 양성을 통해 미래의 성장산업을 발굴하고 혁신잠재력을 향상시켜야 한다.   지금까지 한국의 기술진보는 자체개발보다는 주로 선진기술의 응용이었다. 우리가 늘 사용하는 텔레비젼, 자동차, 냉장고, 세탁기 등은 모두 선진국이 개발한 것이다. 한국이 자체 개발하여 세계에 보급한 상품은 거의 없는 편이다. 지금까지는 한국이 선진국과의 기술갭(technology gap)의 혜택을 크게 누릴 수 있었다.

일본의 경우에도 선진국을 따라잡은 70년대 중반까지는 그렇게 할 수 있었다. 그러나 선진국과의 기술격차가 줄어들고 있고 또한 앞으로는 반도체, 로보트, 등 하이테크산업 제품의 생산과 수출에 있어서 선진국과 치열한 경쟁을 해야 하므로 기술격차의 혜택을 옛날처럼 누리기가 점차 힘들어지게 되어가고 있다. 기업이나 정부 모두 R&D투자와 기술개발을 많이 해야 할 필요성은 날로 증가하고 있다.

7. 왕성한 기업가정신

한국의 경제발전은 정 주영, 이 병철회장 등과 같이 무에서 유를 창조하는 왕성한 기업가정신이 중요했다. 현대그룹의 창업주인 정주영 회장은 '할 수 있다(Can Do)정신'으로 유명하다. 조선, 중동건설, 자동차 등의 신사업을 추진할 때 임직원들이 반대하면, '당신 해봤어?'로 반문하며 자신의 생각대로 추진하여 성공하였다. 한국의 고도성장은 그 동안 "독창성 있고 강인하며 기업의욕이 왕성하고 모험심이 강한" 기업가들이 많이 탄생했다는 점이 크게 기인한다.

많은 사람들이 경기가 침체할 때마다 경기부양의 길은 오로지 기업가들의 '투자마인드'를 회복하는 것이라고 하는 것도 이런 이유에서이다. 기업가정신(entrepreneurship)이 쇠퇴하는 국가는 경제가 침체하고 활력을 상실하기 쉽다.

보몰과 블라인더에 따르면 미국에서는 1939년 대공황 이전까지는 기업가정신이 세계 제일일 정도로 왕성하였으나 그 이후는 계속 쇠퇴해왔다고 한다. 특히 제2차 세계대전 이후에는 일상적 조직과 경영을 강조하는 전문경영인은 많이 배출되었으나 '창조적 파괴'의 역할을 담당하는 기업가들은 별로 탄생되지 않은 데에 미국경제의 근본문제가 있다는 것이다.

그러나 최근들어 인터넷과 모바일에 기초한 IT기업들과 바이오 기업들이 새로운 혁신을 일으키고 있다. 미국의 Amazon, Facebook, Apple 등의 기업과 중국의 Alibaba 등이 주목받고 있다. 경제성장에 있어서 기업 및 기업가의 역할을 절대적인 것으로 강조한 경제학자는 슘페터이다. 그는 경제발전의 결정적 요인은 혁신이고 이의 담당자는 기업가이므로 경제발전은 물론 사회발전에 있어서 기업가는 '기관차의 역할'을 해야 한다고 하였다.

8. 환경적 요인

어떤 나라를 둘러싸고 있는 환경적 요소는 경제성장에 많은 영향을 미친다. 우리나라 경제에 영향을 미친 환경적 요인은 다음 셋으로 나누어볼 수 있다.

(1) 동아세아 유교권 국가

한국은 동아세아 유교권 국가인데, 유교문화는 무엇보다 교육에 높은 가치를 부여하므로 인적자본형성을 촉진한다. 그리고 화합과 더불어 기업 등 조직체에 대한 의무를 강조하므로 일반적으로 노·사관계도 서구와는 달리 협조적이므로 생산성향상에 이바지한다.

또한 가정을 중시하므로 소득분배와 소비생활 및 국민복지 등에 있어서 가정의 역할이 크다고 할 수 있다. 그리고 정부의 역할을 강조하므로 정부와 기업간의 관계가 긴밀하게 될 뿐만 아니라 한국과 같은 정부주도형 성장이 되기도 한다. 또한 성취와 진보를 강조하므로 경제성장에 도움이 된다.

보몰과 블라인더는 일본의 생산성이 미국보다 10~20% 높은 것은 이런 문화적 요인 때문이라고 하였다. 이들은 미·일의 문화적 차이를 다음과 같이 밝히고 있다. 즉, 일본의 근로자들은 기업에 대한 충성심이 강하므로 그렇지 못한 서구기업에 비하여 생산성이 높다. 예를 들면, 종신고용제도는 생산성을 높일 뿐만 아니라 기술혁신 특히 노동절약적인 신장비의 도입을 촉진한다.

영국에서는 노동자들이 자신의 실직을 초래할 수도 있는 새로운 생산장비의 도입에 대하여 강력하게 반발하는 것이 보통이다. 따라서 공장수준에서의 기술혁신이 어렵게 되어 있다. 또한 일본에서는 노와 사가 같은 식당에서 식사를 하는 등 일체감이 강하여 의사소통이 잘되고 경영정보나 기술의 파급도 용이하게 된다. 그리고 일본근로자들은 '분임조'같은 것을 만들어서 생산성 향상을 위한 노력을 부단히 하고 있다.

이와 같은 문화적 요인은 개개인의 생산성은 물론 경영조직, 신장비의 도입, 노사관계, 정부와 기업과의 관계, 가족복지와 국가복지 등에 많은 영향을 미치게 된다.

(2) 지정학적 위치

영국 이코노미스트지(Economist)의 더글러스 람지는 북으로부터의 남침위협이 한국 경제성장에 오히려 플러스요인으로 작용했다고 한다. 그러나 사실 한국은 공산권의 2대 강국인 소련 및 중국과도 대치하여 온 상태이므로 알빈 토플러가 「한국과 제3의 물결」에서 강조하였듯이 세계에서 가장 위험한 곳에서 살아왔다.

그러므로 경제력이나 군사력의 증강은 항상 시급한 과제가 되어왔다. 세계 제5위의 군사력을 유지한 것도 이 때문이다. 이와 같은 요인들이 결국은 한국의 경제발전을 촉진했다는 것인데,

그 이유는 다음과 같이 몇 가지로 나누어 볼 수 있다.

① 공산국들 북한·중공 및 소련과의 첨예한 대립은 전 국민으로 하여금 경제발전을 위하여 합심단결할 수 있도록 했다.

② 한국의 군은 경제성장 초기에는 많은 젊은이들, 특히 경제수준이 낮은 농촌청년들을 기강 있는 근로자로 만들고 사회적 이동성을 높이는 데에 많은 공헌을 했다.

③ 군은 젊은이들로 하여금 각종 현대식 군장비나 기술에 접할 기회를 제공했다.

④ 지금의 기업과 같은 조직체가 없던 옛날에 한국인들이 대규모 조직체에 접하고 경영원리를 익힐 수 있었던 것은 오직 군조직을 통해서였다.

⑤ 무기나 군장비생산의 필요성은 중화학공업의 발전을 촉진시켰다.

이와 같이 북으로부터의 남침위협과 세계 제1 및 제2의 공산국들과의 첨예한 대치는 경제성장에 플러스요인이 될 수도 있었다. 그러나 이는 언제라도 마이너스요인이 될 수도 있음은 물론이다. 예를 들면, 각종 군관계훈련이 능률적으로 잘 실시된다면 근로자의 기강이나 생산성향상에 큰 도움이 될 수도 있으나, 잘못되면 언제든지 비능률의 주요한 요인이 될 수도 있는 것이다.

그리고 제대군인이나 고급퇴역장성들에게 많은 일자리를 만들어주어야 할 필요성이 크며, 경제문제가 경제원칙을 벗어나 국방이나 '안보차원'에서 다루어질 소지도 적지 않다 그리고 국방비지출이 지금까지는 경제성장을 저해할 정도는 아니었다고는 하나 경제가 침체되면 당장 큰 부담이 된다.

한국의 지정학적 위치가 경제성장에 미친 다른 영향은 한국이 세계에서 경제규모가 첫째 및 둘째로 큰 미국과 일본에 아시아에서는 가장 가까운 나라이며 현재 국제경쟁력 면에서는 세계 제일인 일본에 가장 가까운 나라이다.

그리고 한국이 경제침체를 거듭하는 아프리카국가들이나 인플레와 외채로 시달리는 라틴아메리카국가들 사이에 입지하고 있는 것이 아니라, 세계의 성장지역인 동아시아의 중심부에 위치하고 있다는 사실이다. 이러한 요인은 한국경제의 성장에 유리하게 작용한다.

(3) 글로벌 경제환경변화

한국이 수출주도형 성장을 채택했던 1960년대는 국제경제환경이 한국의 수출확대정책에 유리하게 작용했다. 2차 세계대전 후 쏘련과 미국중심의 냉전구조가 강화되면서 한국은 군사적,

경제적으로 도움을 받고 수출에도 유리한 환경이 조성되었다. 그리고 1970년대에는 석유파동 등으로 국제경제환경이 불리하게 되었으나 다행히 '중동건설 수출붐'을 통하여 중동산유국들이 보유한 '석유달러'를 상당 정도 한국경제성장에 '리사이클'하여 활용할 수 있었다.

1980년대 후반에는 이른바 3저 현상으로 1986년부터 3년간 연속 국제수지 흑자를 기록하였으며, 1990년대에는 자율화와 개방화로 선진국 자본의 유입이 증대되었다. 그러나 1997년부터 시작된 아시아 금융위기사태로 자본의 이탈이 급속히 진행되어 경제위기의 원인이 되었으며, IMF 구제금융을 받아야 했다.

한국경제는 금모으기 운동 등 국민들이 혼연일체가 되어 위기를 극복하였고, 구조개혁을 성공적으로 추진하였다. 그러나 2008년 글로벌 금융위기로 세계 경제가 장기침체를 맞으면서 우리경제도 경제성장률이 낮아지고, 양극화 심화와 취업난으로 어려움을 겪고 있다.

〈 웹 경제학 〉

현재 전세계의 인터넷 사이트는 약 2,000만개이며, 매 분당 하나씩 새로운 사이트가 선보이고 있다. 인터넷에 연결된 호스트 컴퓨터 수는 5,600만대이며, 인터넷 사용인구는 1억 5,000만명에 이른다.

인터넷 칼럼니스트인 에번 슈워츠는 인터넷에서 통용되는 새로운 경제이론을 웹경제학 혹은 웹노믹스(Webnomics)이라고 하였는데, 이는 웹(Web)과 경제학(Economics)을 결합한 말이다.

전통경제학과 웹경제학을 비교하면 전통경제학이 희소성의 원칙과 수확체감의 원칙에서 출발하고 있는 데 반하여 웹경제학은 성장을 가로막는 물리적 제약이 없는 무한공급의 세계이며, 생산량의 증가에 따라 투입요소량이 감소하는 수확체증의 법칙이 작동한다.

〈 전통경제학과 웹경제학 비교 〉

전통경제학	웹경제학
* 희소성의 원칙	* 무한 공급의 원칙
* 공급주의 경제학 --〉공급이 수요를 창출한다.	* 수요중심 경제학 --〉수요를 초과하는 공급
* 수확체감의 법칙 --〉생산량 증가에 따라 투입요소량 증가	* 수확체증의 법칙 --〉생산량 증가에 따라 투입요소량 감소
* 규모의 경제 --〉일정규모 달성해야 효율성 발휘	* 작은 기업의 미학 --〉규모가 작아도 높은 효율성 달성
* 고비용 구조	* 저비용 구조

제 7 장

인구변화와 인적자본

제 1 절 인구변화와 경제구조

제 2 절 인구와 인력증대 방안

제 3 절 교육과 경제성장

제 4 절 기술진보와 과학기술투자

제 5 절 벤처기업 활성화와 경제발전

제 7 장 인구변화와 인적자본

If life deceives you

If, perhaps, life should deceive you, be not gloomy, be not riled!
To sad days be reconciled; Days of gladness, trust, are near you.
In the future the heart lasts, And the present is not cheering
All's but a moment, all will pass; What has passed will be endearing

-Alexander Pushkin(1799-1837)

생활이 그대를 속일지라도 슬퍼하거나 노하지 말라
절망의 날을 참고 견디면 기쁨의 날은 반드시 오리라.
현재는 언제나 슬프고 마음은 미래에 사는 것
모든 것은 순간에 지나가고 지난 것은 모두 그리워진다.

제 1 절 인구변화와 경제구조

1. 인구변화 전망과 인구 피라미드

(1) 인구현황과 전망

한국은 출산파업과 세계에서 가장 빠른 고령화로 인구문제가 가장 심각한 나라이다. 통계청이 2015년에 발표한 '인구현황 및 전망' 보고서에 따르면 한국은 2012년에 생산가능 인구비중이 73.1%로 정점에 이른 후 감소중이다. 한국의 인구는 2015년 5,100만명에서 2030년에 5,200만명으로 정점에 도달하고, 2060년에는 4,400만명으로 감소될 전망이다[6]. 세계 인구는 2015년 73.2억명에서 2060년에 99.6억명으로 증가될 것으로 예상된다.

이러한 인구 감소세가 지속될 경우 한국의 총 인구 순위는 2015년에 세계인구의 0.7%로 27위에서 2030년 31위, 2060년에는 세계인구의 0.4%로 감소하여 49위가 될 전망이다. 남북한 통합인구는 2015년 7,600만명에서 2060년 7,100만명으로 감소할 전망이다. 북한 인구는 2044년, 남북한 통합인구는 2032년을 정점으로 감소할 전망이다.

〈표 1〉 세계와 한국의 인구규모

(단위: 백만 명, %)

	1960년		2000년		2015년		2030년		2060년	
	인구	구성비	인구	구성비	인구	구성비	인구	구성비	인구	구성비
세 계	3,026	100.0	6,128	100.0	7,325	100.0	8,425	100.0	9,957	100.0
아프리카	285	9.4	808	13.2	1,166	15.9	1,634	19.4	2,797	28.1
아 시 아	1,695	56.0	3,717	60.7	4,385	59.9	4,887	58.0	5,152	51.7
유 럽	606	20.0	729	11.9	743	10.1	736	8.7	691	6.9
라틴아메리카	220	7.3	526	8.6	630	8.6	717	8.5	791	7.9
북아메리카	204	6.8	315	5.1	361	4.9	403	4.8	465	4.7
오세아니아	16	0.5	31	0.5	39	0.5	47	0.6	61	0.6
남 북 한	36	1.2	70	1.1	76	1.0	79	0.9	71	0.7
한 국	25	0.8	47	0.8	51	0.7	52	0.6	44	0.4
북 한	11	0.4	23	0.4	25	0.3	27	0.3	27	0.3

자료: 통계청(2015), [세계와 한국의 인구현황 및 전망].

6) 통계청(2015), [세계와 한국의 인구현황 및 전망], 김현기외(2008), [2018, 인구변화가 대한민국을 바꾼다], 한스미디어.

인구 감소가 예상되는 가장 큰 원인은 최근의 출산율 저하를 꼽을 수 있다. 통계청에서 발표한 장래인구추계는 15세에서 49세까지 가임여성이 평생 낳는 아기의 수를 말하는 합계출산율을 기준으로 하는데, 2015년도는 1.2명에 지나지 않았다. 1970년 4.5명, 1983년 2.1명으로 떨어지더니, 최근에는 1명대로 떨어져 OECD국가 중 최저수준을 기록하고 있어 대책이 시급하다.

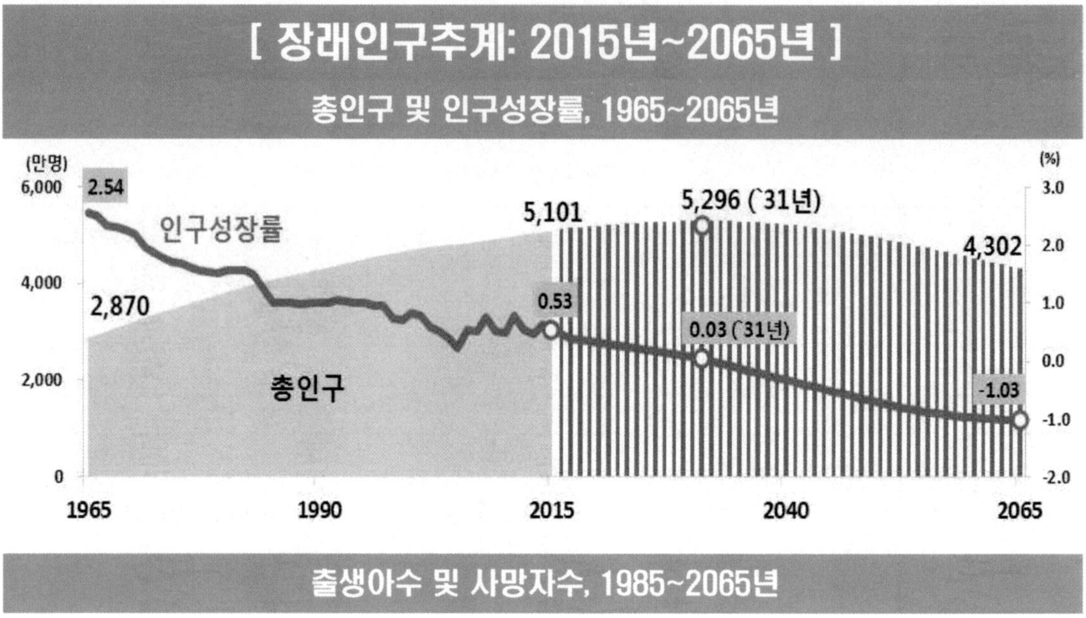

대한민국 정부 수립 이래로 인구구조의 변화는 지속적으로 있어왔다. 그리고 우리 사회와 경제 시스템에도 적지 않은 영향을 준 것이 사실이다. 인구 피라미드 구조는 알게 모르게 개인들의 삶과 생존 방식에도 영향을 주었을 것이다.

20세기 초는 전 세계적으로 공산주의와 자본주의 간의 이데올로기 대립 시기였다. 우리나라 역시 6 · 25전쟁을 겪은 바 있다. 1950년대 3년 동안의 전쟁은 남한에서만 250만 명 이상의 민간인과 군인들이 사망하거나 실종되는 결과를 낳았다. 전쟁이 끝나고 전란의 인구 격감을 보충이라도 하듯 한국 사회는 새 생명을 탄생시키는 작업에 몰두했다. 세계적으로도 1955년부터 1963년 사이에 많은 아이들이 태어났는데, 이들을 가리켜 인구 학자들은 **'베이비붐 세대'** 라고 말한다. 이시기의 인구증가율은 연평균 3%에 달했다. 먹을 건 없는데 집집마다 식구만 늘어나니 문제가 심각했다.

우리나라가 경제개발에 주력하며 계획경제를 추구하던 무렵 또 하나의 과제도 인구 문제였다. 1962년 박정희 정권은 인구 폭발을 우려하기도 했던 것 같다. 경제개발의 필요성을 절실히 느끼는 동시에 배고픔을 겪었던 시기이기 때문이다. '보릿고개'라는 말이 나온 것도 이 당시다.

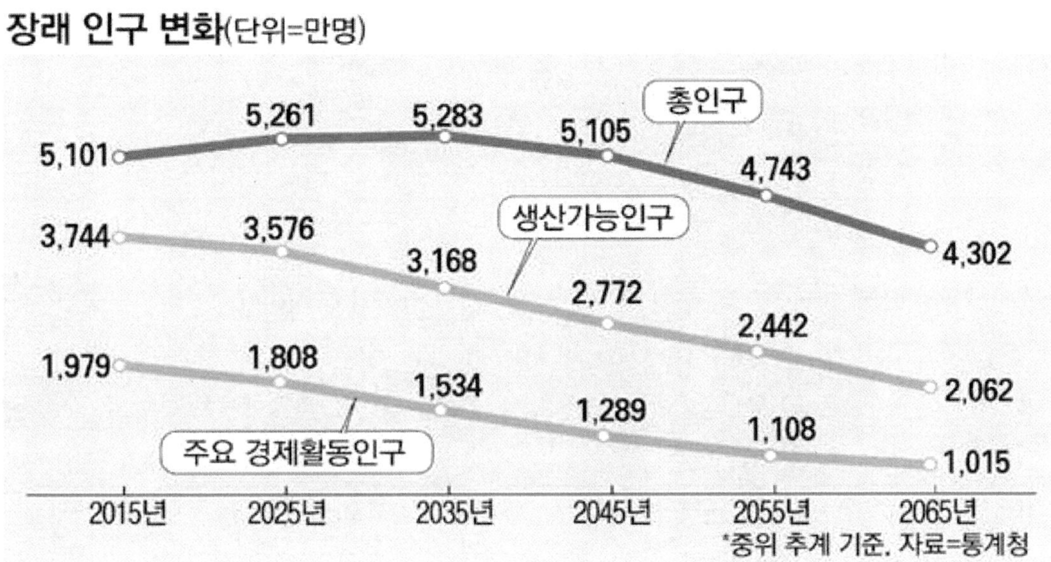

그래서 가난한 집의 자식들이 돈을 벌기 위해 무작정 서울로 상경을 감행했고, [딸 아들 구별 말고 둘만 낳아 잘 기르자] 라든지, [잘 키운 딸 하나 열 아들 안 부럽다]라는 표어가 등장했다. 가족계획 정책이 적극적으로 추진되기 시작한 것이다.

베이비붐 세대는 1984년에 이르러 20대의 나이가 되었고, 결혼과 출산의 연령에 이른다. 이 시기에도 정부는 '인구 폭발' 문제를 걱정했다. 정부의 관심은 여전히 베이비붐 세대의 출산율을 어떻게 제어 할 것이냐에 있었다. 정부의 인구계획은 1988년까지 합계출산율을 2.1명 수준, 즉 인구대체수준으로 낮춘다는 것이었다.

그러지 않으면 폭발한 인구가 관성에 따라 60년간 계속 증가해 2050년에는 6,131만명에 이를 것이라고 내다봤다. 이에 따라 정부는 1996년까지도 출산 억제정책을 유지했다. 그런데 정부의 인구 예측은 보기 좋게 어그러졌다. 2005년 합계출산율이 1.08명으로 떨어져 심각한 사회문제가 되었다.

정부의 인구정책이 실패한 이유는 시대의 변화를 읽지 못한 것이 결정적이다. 한국 사회는 1990년대 말 외환위기와 IMF 관리 체제를 겪은 데다 여기에 인터넷 시대가 전개되면서 구조적인 변화가 불어 닥쳤다. 그리고 여성의 경제활동 참여 또한 폭발적으로 증가한다.

문제는 사회 시스템이 이를 뒷받침하지 못했다는 점이다. 여성의 경제활동이 느는데도 여전히 사회는 육아문제를 여성에게만 떠넘겼다. 설령 육아 문제가 해결되어 아이를 낳는다고 해도 또 다른 장애물이 기다리고 있었다. 맞벌이를 해도 감당하기 어려운 살인적인 사교육비였다. 여기에 부동산값 폭등은 젊은 부부로 하여금 출산 의욕을 꺾어버렸다.

(2) 인구구조 변화

저출산율과 급격한 고령화로 우리나라 인구 피라미드가 변화될 것이다. 한국 인구 중 65세이상 인구비중은 2015년 13.1%에서 2060년 40.1%로 증가할 전망이다. 같은 기간에 세계 인구중 65세 이상 인구비중은 2015년 8.2%에서 2060년 17.6%로 증가할 전망이어서 한국의 고령화 속도가 심각한 수준임을 알 수 있다.

한국 인구의 중위연령은 2015년 40.8세에서 2060년 57.9세로 증가할 전망이다. 세계인구 중위 연령이 2015년 29.6세, 2060년 37.3세로 예상되는 것에 비하면 한국의 고령화 속도가 빠른 것을 알 수 있다. 우리나라의 2015년 중위연령 40.8세는 유럽의 중위연령 41.4세와 유사하나, 2060년에는 유럽중위 연령 45.8세보다 높아질 전망이다.

인구증가율 감소는 가장 먼저 고령화 진행 속도로 나타난다. 2005년을 기준으로 노인 1명당 14세 이하의 아동이 2.1명이었다. 2020년이 되면 노인 1명당 아동수가 0.8명으로 떨어져서 아동보다 노인이 많아지고, 2030년에는 노인 1명당 아동수가 0.5명이 되어 노인 2명당 아동 1명이 된다. 손자 손녀가 정말로 금값이 되는 시대가 된다.

그리고 2020년이면 전후 베이비붐 세대를 열었던 1955년생이 노인 인구에 편입된다. 이때부터 매년 80 - 100만 명이 새롭게 노인 인구가 된다. 노인층 인구가 증가하면서 생산가능인구 1백명당 피부양 인구수(유소년 인구 + 고령인구)는 2015년 37명에서 2060년 101명으로 증가할 전망이다. 세계의 총부양비가 2015년 52.1명에서 2060년 61.4명으로 증가되는데, 한국의 증가속도가 훨씬 빠르다.

〈표 2〉 세계와 한국의 부양비

(단위: 생산가능인구 1백 명당)

	1960년			2015년			2060년		
	총	유소년	노년	총	유소년	노년	총	유소년	노년
세 계	72.9	64.2	8.8	52.1	39.5	12.5	61.4	33.1	28.3
남 북 한	**78.2**	**72.9**	**5.3**	**39.3**	**22.7**	**16.6**	**83.8**	**23.5**	**60.3**
한 국	82.6	77.3	5.3	37.0	19.0	17.9	101.0	20.5	80.6
북 한	69.3	63.9	5.4	44.3	30.5	13.8	61.1	27.4	33.6

자료: 통계청

6 · 25전쟁 이후 50년 이상 한국은 꾸준히 인구가 증가하였기 때문에, 인구 감소는 선진국의 일로만 여겼다. 그런데 합계출산율이 1명대 시대가 지속되면서 대한민국은 2018년부터 생산가능 인구, 2030년부터 총 인구가 줄어들 전망이다.

인구 감소는 대한민국의 경제, 사회, 문화 전반에 거대한 패러다임을 바꿀 것이다. 예컨대 생산가능 인구가 줄게 되면 기업의 성장 잠재력에 지장을 줄 수 있고, 소비 감소로 이어질 수도 있다. 게다가 장기적으로는 고용 창출이 어려워 세금 낼 사람이 줄게 될 경우 사회 안전망도 위험에 빠질 수 있다는 얘기다.

〈그림 1〉 세계와 한국의 인구구조

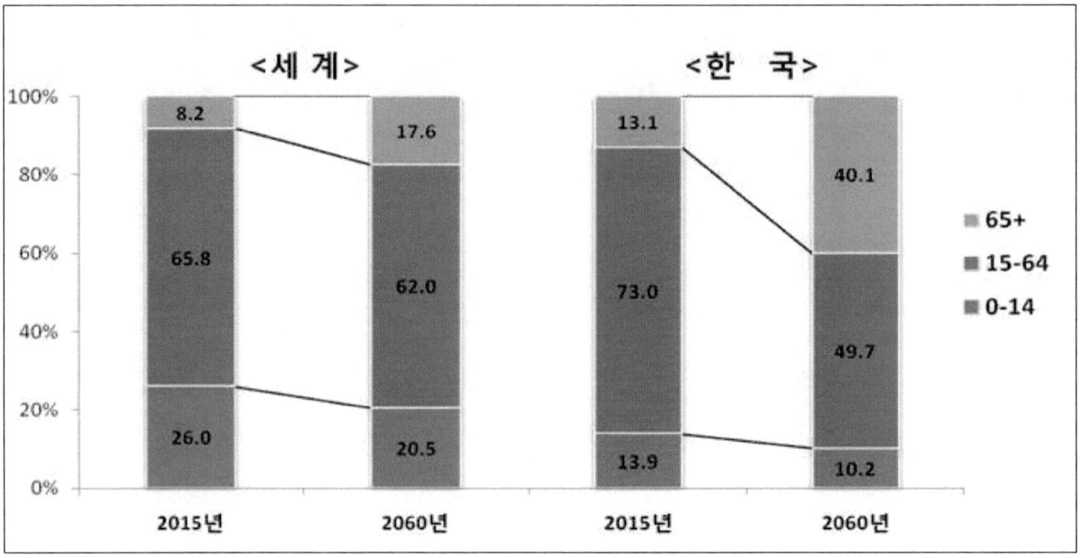

자료: 통계청

(2) 인구변화와 경제 트렌드 변화

인구변화는 대한민국을 송두리째 바꾸어놓을 수도 있다. 따라서 개인들의 생존방식도 과거와는 다른 형태로 변모할 것으로 보인다. 개인들의 삶을 둘러싸고 있는 금융과 투자, 산업과 기술, 소비와 시장, 사회와 문화 및 비즈니스 영역 전반에 걸쳐 직간접적인 영향을 미칠 것이기 때문이다. 인구변화에 따라 예상되는 대한민국의 트렌드를 살펴보자.

1) 금융과 투자 트렌드 : 기회와 위기의 공존시대

베이비 부머들의 은퇴가 시작되면서 금융과 투자환경이 변화될 것이다. 베이비부머와 쌍봉세대의 자산운용시장이 변화하면서 금융, 주식, 펀드 및 부동산 시장을 변화시킬 것이다. 쌍봉세대란 인구 가운데 40-59세에 해당하는 사람들을 말한다. 이들이 중요한 이유는 일생 동안 자산을 가장 많이 보유하고 있으며, 자산운용에 대한 관심이 높다.

최근 글로벌 금융위기, 유로존의 재정위기 등으로 실물경제가 극도로 나빠졌지만, 향후 10년간의 인구구조 변화와 맞물려 있는 상황에서는 그리 비관적으로 만 볼 수 없을 것이다. 주식, 부동산, 예금, 채권 등의 투자대상 중에서 부동산의 보유비중을 축소하고, 간접투자 중심으로 금융자산 투자분을 증대시킬 가능성이 높다.

그러나 개인들의 투자 패턴에는 소폭의 변화가 예상된다. 미래지향적인 펀드투자와 주식에 대한 직접 투자가 활성화될 것으로 보이나, 부동산은 기대수익률이 하향 안정세로 이어질 것으로 보이기 때문이다. 단, 고가 주택이나 도심재개발을 중심으로 차별적인 틈새시장이 존재할 것이다. 또한 노후에 대비한 연금투자, 역모기지론 활용, 라이프사이클펀드 등이 조심스럽게 기지개를 펼 것으로 예상된다.

3) 산업과 기술 트렌드 : 끊임없는 기술의 진화

현재 선진국은 물론 우리가 필연적으로 맞이할 것으로 보이는 초고령화 사회의 등장으로 산업과 기술트렌드가 변하고, 헬스케어 및 실버산업, 자연친화적이며 친환경적인 제품들의 수요가 증가할 것이다. 이는 끊임없이 진화하고 있는 기술 발전과 궤적을 같이할 것이다.

인구구조 변화와 맞물린 물 부족 현상에 따라 물 사업(Water Business)이 확장될 것이다. 21세기에는 물로 대표되는 블루 골드시대가 도래할 것이다. 인구 감소에도 불구하고 대도시로의 인구 집중 현상이 낳을 메가시티(Mega-City) 인프라 산업, 대체에너지로 각광 받을 태양광 산업, 생명 연장의 꿈을 실현시킬 인체 장기의 부품화, 개인서비스용 로봇산업, 생체인식 산업(Biometrics), 환경지능(Ambient Intelligent) 가전산업, 노약자를 포함한 모든 이를 위한 유니버설 디자인 패러다임 등 다양한 분야에서 산업 기술의 비약적인 발전이 이루어질 것으로 보인다.

현재도 많은 우리 기업들이 이에 주목하고 선도적인 시장 진입 시기를 놓고 저울질하고 있다. 우리나라 기업들의 미래를 판가름할 기회와 위기 요인이 공존하고 있기 때문이다. 물론 개인들의 삶의 영역도 직간접적으로 이것의 영향을 받을 것으로 보인다.

4) 소비와 시장 트렌드 : 초고령 실버 사회

인구구조 변화로 인한 초고령 실버사회에 소비자들의 소비성향과 이에 대응한 기업들의 마케팅 유행 포인트들이 급변하고 있다. 노령인구의 급증으로 실버컨슈머들이 부상하고, 여성 소비자들의 중요성이 증대하여 여성마케팅 시대가 도래할 것이다.

가치 성향의 변화, 기후 및 기술 진화로 가상 세계, 친환경적인 고객가치 발굴과 전달을 중시하는 그린마케팅 등에도 영향을 주고 있다. 또한 사회 전반적으로 다양성이 증가하면서 다양한 소비군과 트렌드가 복합화된 하이브리드(Hybrid) 소비패턴이나 소수 성향의 사람들에게 접근하는 마이너리티(Minority) 마케팅도 유행할 것으로 예상된다. 특히 기업에서는 이에 대항하기 위한 새로운 마일리지 서비스나 고객과 소비자를 경영의 동반자로 만드는 관계 마케팅에 주력할 것으로 예상된다.

5) 사회와 문화 트렌드 : 가족해체 시대의 새로운 돌파구

인구감소와 노령화는 사회와 문화 트렌드를 변화시킬 것이다. 특히 인구 감소로 가장 큰 타격이 예상되는 대학 사회는 전문성의 깊이로 차별화된 특성화 교육(specialty education) 체제로 진화할 가능성이 크다.

그리고 고령화 사회의 도래와 함께 가장 큰 변화가 예상되는 것은 가족 사회다. 가족해체의 위기 시대라는 말까지 나올 것이 분명하기 때문이다. 자식이 부모를 모시는 효 의식은 점점 희박해지고, 세대 간의 갈등이 심화될 가능성이 높아진다.

이와 함께 결혼 풍속도 빠르고 간편한 시대로 진입할 것으로 보인다. 게다가 국제결혼은 꾸준히 증가해 향후 한민족이라는 순혈주의적 시각을 벗어던져야 할지도 모른다. 다민족 사회에 대비한 이민, 교육, 사회시스템이 변해야 할 것이다. 이런 와중에서도 우리 사회 많은 구성원들의 과거에 대한 향수, 웰빙에 대한 인식 등은 그 이전보다 훨씬 더 빠르게 사회 전반을 파고들 것으로 전망된다.

6) 비즈니스 트렌드 : 멀티 코드 시대를 이끌어갈 가치 조합 경영

인구 변화는 경제나 사회 시스템을 변화시키고, 기업 내부의 운영 방식과 조직 문화를 변경시킬 것이다. 대부분의 현대인들이 하루의 절반 이상을 직장이라는 일터에서 생활한다는 점을 감안해볼 때, 귀담아 두어야 할 내용들이다.

인구가 줄어들 것으로 예상됨에도 불구하고, 향후 10년은 창의성을 필두로 다양성이나 유연성, 투명성 등이 주요한 키워드로 자리 잡을 것으로 보인다. 특히 다양성과 양성평등 시대에 고령 인력과 여성 인력 활용 방안, 창의성 제고를 위한 공간 혁신, 평판조회 시대의 신뢰 구축, 직장 내 프렌드십과 가족 친화적 경영의 부상, 프로페셔널 인재들의 피할 수 없는 생존 법칙으로서 퓨전이즘(Fusionism), 그리고 가치 생산에서 가치 조합 경영으로의 진화 과정 등에 주목할 필요가 있다.

7)기술, 환경 그리고 가치관 변화

인구변화는 대한민국의 미래를 바꾸는 중요한 요인임에 틀림없다. 그런데 변화의 다이내믹스를 인구 변화만으로 완벽히 설명해낼 수는 없다. 이와 함께 관련된 변화의 동인들에 대해서도 함께 고려해보아야 하기 때문이다.

흔히 미래 트렌드를 연구하는 학자들은 미래의 트랜드를 살펴볼 때 4가지 요인을 고려하곤 한다. ① 인구구조와 같은 사람의 변화, ② 새로운 기술의 진화, ③ 기후와 같은 환경의 변화, ④ 가치관의 다양화 등이 바로 그것이다. 실제로도 대한민국에 이와 관련된 새로운 변화의 움직임이 속속 발견되고 있다. 이 또한 인구 감소국이 되는 대한민국의 미래에 직간접적으로 영향을 주는 요인들이다.

먼저 빠른 기술 진화가 이루어지고 있다는 점도 주목하자. 대한민국은 세계적으로도 유명한 IT 강국이다. 인터넷을 기반으로 한 IT 인프라는 세계 어느 나라보다 앞서 있다. 이와 함께 더욱 가속화되고 있는 것은 기술 간 융합이 두드러지게 나타나고 있다는 점이다. 이외에도 기술의 진화는 상상을 초월하기도 한다. 마이크로 세상에서 이루어지는 나노기술의 진화, 대체에너지를 향한 기술적 도전 등도 빠르게 진화하고 있는 영역이 아닌가 싶다.

다음으로 기후와 같은 환경 변화도 관심을 가져야 할 부분 가운데 하나다. 전 세계적으로 진행되고 있는 지구 온난화 문제도 더 이상 딴 나라 얘기가 아닌 우리의 현실이 되고 있기 때문이다. 뚜렷한 사계절을 자랑하던 대한민국의 기후가 평균온도 상승으로 해마다 아열대기후로 바뀌고 있다. 이는 농어업을 비롯해 우리의 일상생활에도 적지 않은 영향을 주고 있다.

마지막으로 가치관의 변화에도 귀 기울여야 한다. 전통적으로 유교적 집단주의 문화가 강했던 대한민국은 향후 극도의 개인화와 다양성이 공존하는 탈집단화 시대를 맞을 것으로 예상된다. 가족해체의 시대로 인해 세대 간 갈등과 단절이 절정에 달할 수 있을 것이다. 게다가 한민족이라는 순혈주의적 가치도 퇴색될 것으로 보여, 세대 간 갈등 관리는 더욱더 중요한 요소가 될 것으로 보인다.

〈 10년후 달라지는 경제환경〉

10년 뒤 대한민국과 세계경제는 어떻게 달라질까? 소비에서도 지금과는 전혀 다른 세상이 된다. 모든 소비재의 70%는 여성이 구매한다. 구매력의 70%를 여성이 차지하는 것이다. 가구의 94%, 여행과 휴가지 결정의 92%, 집 구입의 91%, DIY 제품의 80%, 은행계좌의 89%, 투자 결정의 67%, 창업의 70%가 여성의 손에 달렸다. 모든 상거래를 여성이 좌지우지하는 위미노믹스(womenomics)의 시대가 올 수 있다.

44 - 65세가 새로운 최대 소비 계층으로 떠오른다. 이 세대는 18-43세의 구매력보다 45% 더 크다. 학력 인플레와 함께 돈과 직업이 없는 18-43세 사이의 소비 계층은 급격히 힘을 잃는다. 고령화사회에서는 제품의 양극화가 일어난다. 고령인구는 단순하고 강한 것을 원하지만 신세대들은 다양한 서비스를 함께 요구하기 때문이다.

고령인구는 다양한 디자인 대신 사용하기 쉽고 튼튼한 제품을 원한다. 떨어뜨려도 깨지지 않고 세게 눌러도 부서지지 않으며 사용하는 버튼만 있는 것을 좋아한다. 단순하고 신뢰할 수 있는 상품이 최고다. 고령자를 위한 다양한 재택 서비스도 각광 받는다. 광고의 주인공으로 중 · 노년층이 많이 등장하고, 드라마도 중 · 노년층 대상으로 바뀐다.

체험적 소비자인 트라이슈머(trysumer)의 시대가 온다. 트라이슈머란 '시도하다try'와 '소비자 concumer'를 합친 말이다. 소유가 아닌 경험을 사는 신세대에게는 새로운 경험이 구매에서 중요하다. 이들은 관습이나 광고에 얽매이지 않고 항상 새로운 무언가를 시도한다.

사전에 정보와 리뷰를 확인하고 새로운 서비스나 맛, 제품이나 장소 경험을 체험한 뒤 구매하는 것이다. 이들은 구두나 핸드백을 구매할 때 신발을 신고 한 블록을 걸어보거나 핸드백을 두세 시간 사용해본 뒤 제품을 구입한다. 소비 트렌드의 변화는 늘 빌려서 쓰고 질리면 새로운 제품으로 바꾸는 트랜슈머(transumer)를 낳았다. '누군가가 나를 위해 만들어주던 유행'에서 '스스로 경험하는 DIY'로 변한 것이다. 권태감을 빨리 느끼고, 항상 변화와 새로운 충격을 원하는 신세대들의 소비 트렌드다.

비싼 파티복이나 가방, 액세서리 대여는 물론 비행기나 조종사, 심지어는 회사나 사람을 빌리는 서비스까지 가능하다. 부분 소유권, 즉 회원권이 뜨는 것이다. 룸메이트 교환 서비스, 아파트 전체를 빌려 그룹임대를 통해 친한 친구들끼리 모여서 사는 경우도 생겨난다. 모험 프로젝트를 공유하는 사람들도 늘어난다.

선진국에는 레즈비언이나 게이 등 동성애자들의 공동체가 커지고 이들이 새로운 유행을 만들어내고 있으며, 이들의 강력한 소비력은 기업들에게 중요한 의미를 가질 것으로 예상된다.(위클리 조선, 〈유엔미래보고서〉 2018년)

제 2 절 인구와 인력증대 방안

1. 인구증가 방안

한국은 세계적으로 자원이 부족한 고밀도 국가이다. 한국은 높은 교육열과 인구증가로 고도성장을 이룩하였으나, 출산파업과 급격한 고령화로 성장잠재력이 약화되고 있는 실정이다.

한국의 총 인구는 2016년에 5,080만명이다. 생산가능 인구(만15세 이상)는 4,351만명으로 총인구의 85.7%이다. 이 중 경제활동을 할 능력과 의사가 있는 인구, 즉 '경제활동인구'(economically active population)는 2,750만명인데, 이중 2,658만명은 취업, 그리고 나머지 92만명은 실업상태에 있어 실업률은 3.4%로 나타났다.

경제활동인구는 취업자와 실업자의 합계이기도 하다. 만 15세 이상 인구중 비경제활동인구는 가정주부, 학생, 노약자, 심신장애자 등이다. 생산가능인구에 대한 경제활동참가인구의 비율인 경제활동참가율(labor force participation rate)은 61.1%이며, 남자가 71.7%인 반면 여자는 50.9%에 불과해 여성 인력의 참가율을 높이는 방안이 강구되어야 할 것이다.

인력의 증가는 한국경제의 공급력 증가의 가장 중요한 원천의 하나이다. 그럼 한국의 인력증가 방안을 살펴보면 다음과 같다.

(1) 생산가능 인구의 증가

이는 인력증가의 가장 기초적인 것으로, 일반적으로 인구증가율이 높을수록 생산가능 인구의 증가율도 높게 된다. 한국에서는 6·25동란 직후 시작된 '베이비 붐' 때 출생한 사람들이 성장하여 지금은 생산가능 인구 층을 형성하고 있다. 1963~82년 사이 노동가능인구는 연평균 3.1%, 취업자는 3.4%씩 증가했다.

〈표 –3〉 인력관련 주요지표

(단위:천명, %)

	총인구	생산가능 인구	경제활 동인구	취업자	경제활동참가율			실업률
					전체	남자	여자	
1965	28,705	16,476	8,859	8,206	55.6	76.6	36.5	7.4(14.7)
1970	32,241	18,194	10,199	9,745	55.9	75.1	38.5	4.5(9.2)
1980	38,124	24,463	14,454	13,706	57.1	73.6	41.6	5.2(5.7)
1990	42,869	30,801	18,487	18,036	60.0	73.9	47.0	2.4
2000	47,275	36,139	21,950	21,061	60.7	74.2	48.6	4.1
2016	50,802	43,512	27,499	26,577	63.2	74.2	52.6	3.4

자료 : 통계청, KOSIS

1982년 이후에도 그 추세는 비슷하다. 특히 도시부분에서는 급속한 농촌인구의 유입에 따라 그 증가가 몹시 빨랐다. 한국경제는 배 무기교수에 따르면 1975년에 노동과잉상태에서 노동부족이 발생하기 시작하는 이른바 노동공급의 전환점(turning point)을 맞이하였다고 한다.

그러나 베이비 붐세대의 은퇴가 본격화 되면서 생산가능 인구가 줄어들 가능성이 높아졌다. 따라서 적극적인 출산장려 정책과 미래를 내다보는 이민정책으로 생산가능 인구를 늘려나가는 정책을 실시해야 할 것이다.

(2) 경제활동 참가율의 증가

경기불황이 장기화 되면서 취업을 포기하는 NEET(No Employment, Education, Training)족 인구가 일본의 경우 200만명, 한국의 경우 100만명으로 추산되고 있다. 경제활동 참가율이 낮을 경우 많은 사회경제적 문제를 배태할 가능성이 높다. 이 비율이 증가하면 노동력 인구 규모는 증가하고, 감소하면 그 반대가 된다. 그런데 이 비율은 일반적으로 호경기에 상승하고 불경기에 하락하는 등 경기변동의 영향을 많이 받는다.

한국의 경제활동참가율은 완만한 증가추세를 보이고 있다. 남자의 경우 1990년대까지 완만한 하락세를 보이다가 2000년대 들어서면서 증가하고 있다. 여자의 경제활동 참가율은 1965년의 36.5%에서 2016년에 52.6%로 꾸준히 증가추세를 보여주고 있다. 그러나 선진국들과 비교하면 여성의 경제활동 참가율은 낮은 수준을 보이고 있어, 여성들의 근무환경 개선과 경제활동 참여 기회를 늘여주는 정책이 마련되어야 할 것이다.

(3) 노동력의 질적 향상

노동력의 질적 향상과 인적자본 축적은 지속적 경제발전을 위해 매우 중요하다. 노동력의 질적 향상을 위해서는 근로자의 인적 자본(human capital)의 축적, 즉 교육·작업경험 및 기술수준의 향상 및 근로자들의 건강의 증진이 중요하다.

한국 근로자들의 평균교육수준을 비롯한 인적자본은 계속 증가하고 있으며, 건강 또한 생활수준의 향상과 의료보험의 확대 등으로 계속 증진되고 있는 것으로 보인다. 노동력부족이 심화되어 가는 상태에서 노동력의 질적 향상은 가장 중요한 인력증가의 방안이 될 것으로 보인다.

특히 21세기의 지력사회에 대비하여 분야별 전문지식과 기술력을 갖춘 전문인력의 양성이 중요하며, 이 같은 관점에서 과학기술인력의 양성과 분야별 전문가 양성이 시급한 과제로 대두되고 있다.

(4) 노동의 생산성 향상

한국의 노동생산성은 OECD 상위 17개 국가의 절반수준인 것으로 나타났다. 특히 고용시장에서 70%를 차지하고 있는 서비스산업의 생산성은 OECD 국가중 최저수준이었다.

OECD '구조개혁 평가보고서'(2016)에 따르면 한국의 서비스업 1인당 노동생산성이 제조업의 40%수준으로 OECD 26개 회원국 중에서 가장 낮은 것으로 나타났다. 특히 네트워크 산업, 전문서비스업, 소매유통부문의 규제완화와 경쟁력을 촉진할 필요가 있음을 지적하고 있다.

< OECD 상위 17개 국가들 대비 근로 시간당 산출량 >

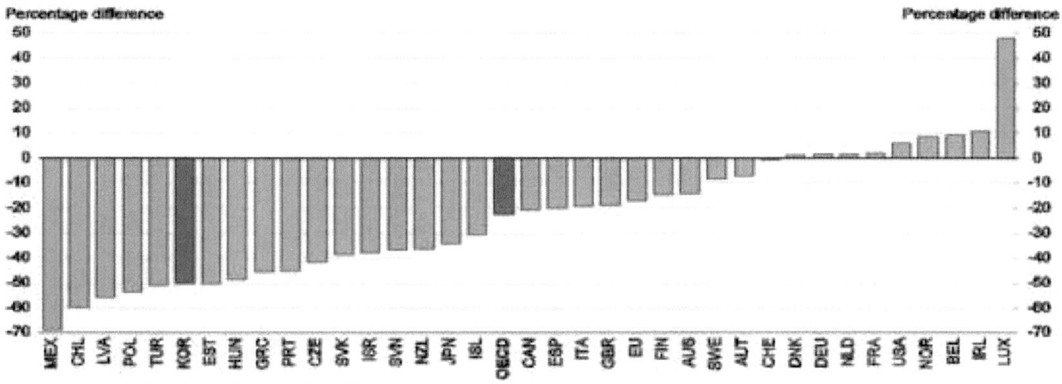

2015년 구매력 평가 환율을 사용함.
출처: OECD, National Accounts, Productivity, Employment and Economic Outlook Databases.

한국의 노동시간은 선진국에 비하여 길다. 그러나 노동생산성은 선진국에 비하여 매우 낮은 실정이다. 따라서 4차 산업혁명에 부응한 스마트 팩토리 구축, 생산과정의 IT화, 자동화와 함께 근로자들의 교육과 훈련 강화를 통한 생산성 향상노력이 강화되어야 한다.

또한 한국은 저출산 · 고령화로 생산가능 인구가 감소하고 있어 심각한 문제로 부각되고 있다. 인구감소문제를 해결하기 위해 노령층과 여성인력의 참여율을 증가시켜야 한다. 일과 가정이 양립할 수 있게 하여 여성들의 경제활동 참여율을 제고시키는 방안들이 강구되어야 할 것이다.

(5) 고용기회의 개선

산업구조가 고도화되고 상시적인 구조개혁이 진행될수록 사양산업 노동자들의 실업가능성이 증대되므로, 교육과 훈련을 통해 첨단산업부문에 취업이 가능하도록 지원시스템을 강화해야 한다. 이는 산업구조를 개혁하고 저생산성부문에서 고생산부문으로 인력을 전환함으로써 생산성을 향상시키는 것이다.

2016년 한국의 경제활동 인구 2,750만명중 26.8%인 509만명이 자영업주인데, 이들의 상당수는 좋은 취업기회가 주어지면 자영업을 그만둘 사람들이다. 소위 영세자영업 등 도시비공식부문에 종사하는 인구를 좋은 직장 등으로 잘 활용함으로써 경제 전체의 생산성을 증가시킬 수 있다.

1997년 외환위기 이후 우리나라 기업들은 비용을 절감하기 위해 계약직 혹은 비정규직 형태의 고용을 증대시켜 고용의 불안정성이 증대되었다. 양질의 일자리를 늘릴 수 있는 첨단산업 육성, 해외기업 유치, 창업활성화 정책을 강화하고, 적절한 훈련으로 고생산부문직으로 이동할 수 있게 하는 것도 인력증가의 좋은 방안이 될 수 있다.

(6) 직업구조의 개선

4차 산업혁명으로 산업구조가 급격히 변모하고 있다. 산업구조의 고도화에 부응하여 사양산업의 퇴출노동자들을 재교육하여 첨단산업에 재취업할 수 있게 하는 정책이 강구되어야 한다. 한국의 직업구조를 첨단기술산업 중심의 산업구조변화에 부응케 하고, 또한 직업간의 원활한 인력수급조절이 될 수 있게 함으로써 노동생산성을 크게 높일 수 있다. 특히 국제수준의 고급두뇌직과 전문기술직의 중요성은 계속 높아질 것이므로 이에 대한 대응책이 중요하다.

(7) 장인정신과 근로자의 의식전환

자기분야에서 세계 최고가 되려는 장인정신은 생산성 향상과 직결된다. “기술에 앞서 마음”이라고 하듯이 근로자의 근로의식이 나빠서는 생산성향상을 크게 기대할 수 없다. 최근 한국수출품의 높은 불량률은 근로자의 직업의식의 퇴보를 의미한다. 근로자의 근로태도가 나빠지면 감독자의 수가 늘어난다.

성실한 근로태도는 제품생산은 물론, 복잡한 기계장치나 시설의 수리와 보수에도 중요하다. 이탈리아나 일본, 독일 등에서는 자기가 일하는 분야에서 세계 최고를 유지하기 위해 노력하는 장인정신이 발달해 있으며, 이들은 사회적으로도 존경을 받는다.

우리나라는 역사적으로 사농공상의 계급의식 때문에 기술자 혹은 장인들을 높이 평가하지 못했으며, 고려청자나 이조백자, 금속활자, 화약제조기술 등과 같은 첨단기술들이 계승 발전되지 못하였다.

기술자와 과학자들을 우대하는 사회적 풍토를 만드는 것이 중요하며, 특히 첨단산업의 발전에 있어서 그리고 국제경쟁의 시대에 근로자들도 성실한 근로의식을 가지고 자기분야에서 최선을 다하는 자세가 중요하다.

<인력 다양성 시대>

인력의 다양성 관리(Diversity Management)는 다양한 인종과 문화가 공존하는 미국, 브라질과 같은 나라의 중요한 사회적 이슈다. 그러나 이제 우리 사회도 다양성 관리에 신경 써야 할 때가 온 것 같다.

인구 구성비와 가치관의 급격한 변화, 국경과 문화적 경계를 뛰어넘은 인력 이동의 가속화 등 향후 우리나라의 민간 기업은 물론 정부 산하 조직들도 지금보다 훨씬 더 복잡한 인력 구성을 가질 것으로 예상되기 때문이다. 실제로도 최근 우리나라는 조직 내 구성원이 다양해지면서 다양성 관리가 인적자원 관리의 중요한 이슈로 급격히 부상하고 있다. 이로 인해 제기되거나 향후 제기될 수 있는 인적자원관리의 이슈들은 크게 다음의 4가지로 요약해볼 수 있겠다.

■인력 다양화 추세와 주요 특징

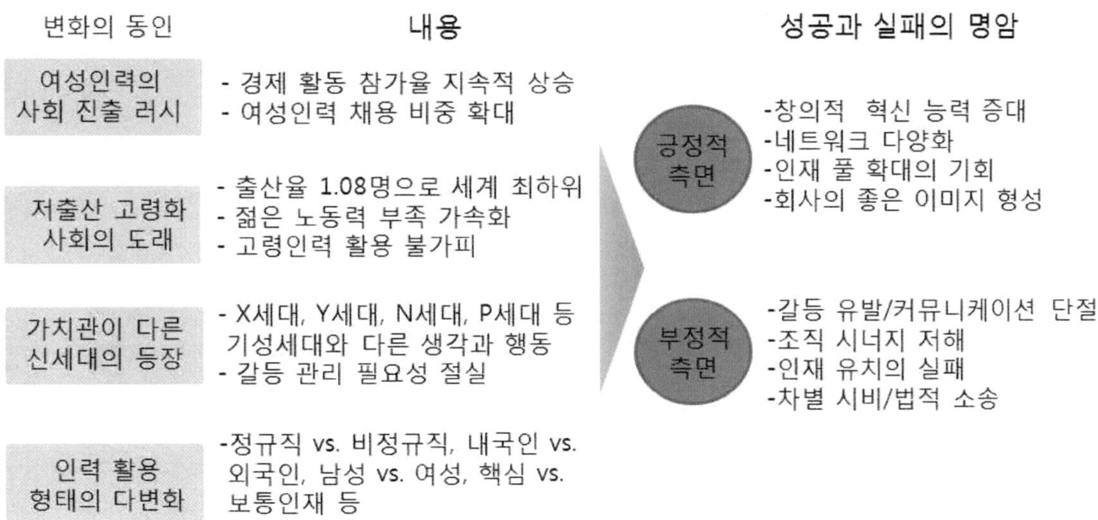

① 여성 인력의 사회진출 러시

여성 인력 활용도가 빠르게 증가하고 있다. 이는 조직 내 인력 다양성을 높이는 대표적인 변화 가운데 하나다. 최근 통계청 자료에 따르면, 지난 2000년 약 55%였던 여성의 경제활동 참가율이 2020년경에는 60%까지 늘어날 전망이다. 또한 2005년 60개 중견 기업의 채용 실태를 보아도 이와 유사한 변화가 감지된다.

남성인력의 채용 비중은 전년 대비 4% 증가했지만, 여성 인력은 31%나 증가해 여성의 활용 비중은 1980년대 3.5%대에서 2003년 16.9%대로 상승했다. 상황이 이렇다 보니, 인사관리 부서의 담당자들은 "과거와 같이 남성 중심의 인력관리 패턴만으로는 효과적인 인재관리가 어려워질 것이다"라고 얘기한다. 따라서 회사는 양성평등 시대에 적합한 인력관리 방안을 보다 적극적으로 모색해야 할 때가 왔다.

② 저출산 · 고령화사회의 도래

저출산 · 고령화사회의 도래로 인해 예상되는 인구구성비의 변화도 인력의 다양성 관리 필요성을 높인다. 젊은 노동인구의 공급 부족 현상이 예상되기 때문이다. 구체적으로 OECD 조사에 따르면 현재 우리나라의 출산율은 1.3명으로 세계 최하위 수준이다. 이를 놓고 일각에서는 머지않은 장래에 '한국인 멸종설'까지 얘기한다. 심각한 사회문제가 아닐 수 없다.

실제로 이러한 추세가 지속될 경우, 기업도 젊은 노동인력의 공급 부족으로 인력관리의 위기를 겪을 가능성이 크다. 문제는 여기서 그치지 않는다. 왜냐하면 젊은 노동력 부족은 지금까지 인건비 부담이나 생산성 등을 고려해 조기 퇴출의 대상이었던 고령 인력의 활용을 불가피하게 만들고 있기 때문이다. 따라서 고령 인력의 숙련된 기술, 축적도니 지식과 경험들을 보다 효과적으로 활용 할 수 있는 관리 방식도 절실히 요구된다. 이는 기존의 인력관리 방식만으로는 힘들다는 의미가 된다.

③ 가치관이 다른 신세대의 등장

예견되는 젊은 노동력 감소 및 신세대 인력의 사회진출 증가도 다양성 관리에 주목하게 하는 이유다. X세대, Y세대, N세대, 그리고 월드컵을 계기로 등장한 P세대 등 신세대는 기성세대와 상당히 다른 생각과 행동을 보인다. 따라서 앞으로 조직에서는 구성원들 간의 세대 갈등과 가치관 충돌의 문제에 대해서도 각별한 관심을 기울일 필요가 있다. 이를 효과적으로 활용할 수 있는 지혜도 요구된다.

④ 인력 활용 형태의 다변화

또한 최근 민간 기업이나 정부 조직에서 두드러지게 나타나는 변화 가운데 하나인 인력 활용 형태의 다변화도 다양성 관리의 필요성을 부추긴다. 예컨대 2012년 국내 체류 외국인 근로자는 144만 명으로 지속적으로 증가해왔다. 대부분이 3D 업종에 편중되어 있긴 하지만, 최근에는 그 추세도 달라지는 모습니다.

민간 대기업을 중심으로 고급 두뇌 인력 확보의 일환으로 국적을 불문한 인재 채용의 붐이 일고 있기 때문이다. 그래서인지 국내 대기업에서 파란 눈의 CEO나 외국인 동료를 만나는 것이 그리 낯설지 않다. 이외에도 단기 계약직부터 전문가까지 다양한 형태의 비정규직 등 기업은 물론 정부 기관에서도 과거에는 경험해보지 못했던 인력들이 점차 늘어만 가고 있다. 다문화와 다인종사회에 선제적인 대응이 필요한 이유다.

2. 출산 파업과 저출산 대책

(1) 저출산과 인구감소 사회

한국경제의 가장 시급한 문제 중의 하나가 OECD 최저수준의 출산율과 생산가능 인구의 감소이다. 옥스퍼드대학 인구 학자 데이비드 콜먼(D.Coleman)은 '한국은 저출산 고령화로 지구촌에서 사라지는 첫 번째 국가가 될 것이다'고 경고하였다. 지금추세라면 300년 후에는 단일민족으로서 한국인은 존재하지 않을 수 있다는 것이다.

〈표-4〉 합계출산율과 출생아 수

	1958	1970	1975	1980	1983	1990	2000	2005	2010	2015
합계출산율(명)	6.3	4.5	3.4	2.8	2.1	1.6	1.5	1.08	1.22	1.24
출생아수(천명)	1,046	1,007	874	863	769	650	635	435	470	438

자료: 통계청, KOSIS

한국의 인구문제는 OECD국가 중에서 가장 심각하다. 합계출산율은 베이비붐 세대(1955~1963년생)를 중심으로 1970년대 까지 높은 수준을 유지하였고, 1958년에 6.3명으로 최고 수준을 기록하였다. 그러나 1980년대부터 본격적으로 감소하기 시작하여 1983년에는 2.1명으로 저출산 사회, 2001년에는 1.3명으로 초저출산 사회에 진입하였다[7].

출산율은 세계 최하위 수준인 반면 고령화 속도는 선진국에 비해 2~3배 빠르다. 미국, 영국, 독일 등 선진국들이 고령화사회에서 초고령사회로 이행하는데 약 80년이 소요되었고, 가장 빨리 진입한 일본도 36년이 걸렸다[8]. 그런데 우리나라는 2000년에 고령화사회에 집입하였고, 2018년에 고령사회, 2026년에 초고령사회로 이행할 것으로 예상되어 세계에서 가장 빠르다[2]. 지금 추세라면 2030년부터는 총 인구가 감소하게 된다.

한국의 인구정책은 성공적이지 못했다. 1950년대 후반에는 합계출산율이 6.3을 기록하였으나, 1960년대부터 산아억제정책이 본격화되면서 출산율이 급격히 하락하였다. 출산율이 하락하여 1983년에 출산율 2.1명의 저출산 사회로 진입하였으나, 출산억제 정책은 1990년대 초까지 지속되었다.

한국의 인구정책은 일본과 유사하게 3단계로 추진되었다. 급격한 인구증가 이후 ① 인구 억제기, ②자질 향상기, ③ 출산 장려기의 3기로 구분할 수 있다[3].

첫째 인구 억제기(1961-1995년)에는 산아제한 정책이 지속적으로 추진되었다. 경제개발 5개년 계획과 함께 산아제한정책과 가족계획사업이 실시되었다. 35년간의 산아제한 정책으로 출산율이 1950년대 후반의 6.3명에서 1995년에는 1.57명로 하락하였다.

둘째 인구자질 향상기(1996-2003년)에는 인구자질 및 복지향상을 기본내용으로 수정하였다. 경제사회발전을 위해 현재 출산율을 유지하고, 출생 성비균형, 임신중절수술 방지, 여성권리 보호 및 신장, 성병예방과 가족복지 증진 등이 추진되었다. 출산율은 2003년 1.19명으로 감소되었다.

---

7) 합계출산율은 여자 1명이 가임기간(15-49세)동안 낳을 것으로 예상되는 평균 출생아 수이다. 대체출산율은 인구 수를 현상유지 할 수 있는 수준으로 2.1명이다. 저출산은 합계출산율이 대체출산율 이하인 경우를 말하며, 초저출산은 합계 출산율이 1.3명 이하인 경우를 말한다.

8) UN기준에 따르면 고령화 사회(aging society)는 전체 인구 중 65세 이상 인구비중이 7% 이상, 고령사회(aged society)는 14% 이상, 초고령사회(super aged society)는 20% 이상인 국가를 말한다.

〈표-5〉 주요 국가의 고령화 속도

국가	진입년도			소요기간(년)	
	고령화사회 (7%)	고령사회 (14%)	초고령사회 (20%)	7%→14%	14%→20%
프랑스	1864	1979	2019	115	40
미 국	1942	2014	2030	72	16
영 국	1929	1976	2020	47	44
독 일	1932	1972	2010	40	38
일 본	1970	1994	2006	24	12
한 국	**2000**	**2018**	**2026**	**18**	**8**

자료: KDB(2016)

셋째 저출산 고령화사회 대응기(2004년~)에는 저출산 심각성을 인식하면서 출산장려와 고령화사회 대응정책을 추진하게 된다. 저출산 고령사회 기본법(2005년)이 통과되었고, 정책추진기구로 대책본부를 만들고, 저출산 고령사회 기본계획(2006~2020)을 실시하였다.

출산파업과 고령화는 경제에 부정적인 영향을 미친다. 공급측면에서는 생산가능 인구가 감소되고, 노령층의 피부양 인구가 증가하여 저축과 투자가 감소하며, 생산인구의 고령화로 생산성이 감소할 것이다. 따라서 잠재성장율이 하락하고 인구 오너스 현상이 증대할 가능성이 높아진다.

저출산으로 절대인구가 감소하면 수요에 부정적인 영향을 미칠 것이다. 사회의 활력이 감소하고, 부동산 등 자산가격이 하락할 가능성이 높아진다. 일본의 사례를 보면 농어촌 마을들이 사라지고, 중소도시와 대도시 주변의 계획도시들이 인구감소로 타격을 입는다. 의료, 건강, 레저 등 고령친화산업의 수요는 증가하지만, 사회복지 지출의 증가로 재정에도 부정적인 효과를 미친다.

한국의 인구문제는 위험수위를 넘어섰다. 저출산・고령화의 인구감소로 발생하는 다양한 사회경제적 문제인 "인구병"증상이 심해지고 있는 것이다. 인구감소로 불편, 불안, 축소와 사회활력 감소 등의 사회병리 현상은 치유하기 어렵다.

출산율을 제고시킬 수 있는 획기적인 대책마련이 시급하다. 결혼과 출산이 가능하도록 안정적인 일자리 제공, 주택 등 젊은 층의 주거문제 해결, 육아비용과 교육비 절감과 지원, 여성 근로자들의 출산여건 조성지원 등 출산과 육아의 환경조성과 체계적인 국가지원 시스템구축이 시급하다.

또한 한 부모 자녀의 출산 및 육아 · 입양지원, 독신자, 성소수자 등 사회구조 다양화에 부응한 다양한 형태의 가정 인정, 이혼 및 재혼 자녀문제, 우수한 해외 인력유치를 위한 이민제도 개선 등 인구증대를 위한 대책들이 마련되어야 한다.

(2) 저출산의 원인과 문제점

1) 저출산의 원인

선진국의 저출산 현상은 2차 세계대전 직후의 인구급증에 대한 반작용과 여성의 경제적·사회적 변화에 따른 결과이다. 여성이 경제활동 참여가 확대되면서 출산의 기회비용이 증가해 출산율 감소가 심화 되었다. 한국의 경우 여성의 경력단절 우려, 결혼기피와 양육 부담으로 인한 출산기피가 저출산을 심화 시켰다.

〈그림-2〉 한국 저출산 원인

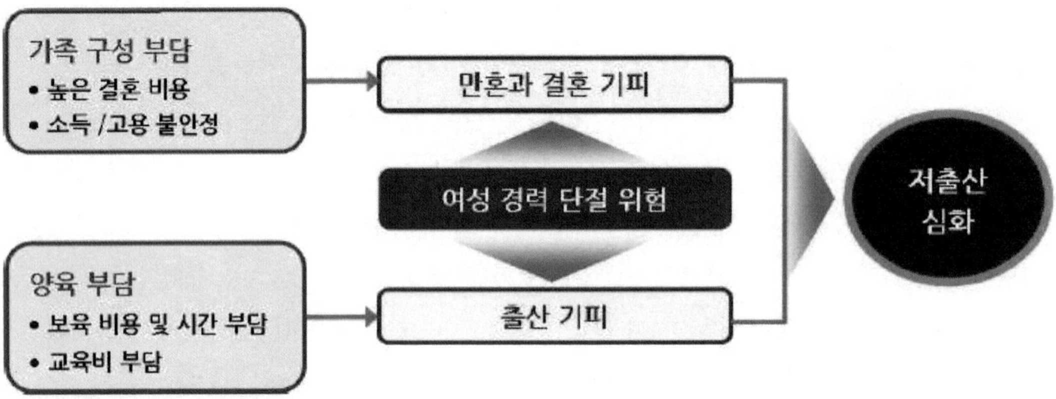

자료 : 삼성경제연구소, 2010.

저출산의 원인으로 첫째는 만혼 및 결혼기피 증대이다. 1980년대까지는 기혼자의 출산율 감소가 저출산의 주요 원인이었으나, 1990년대 이후부터는 만혼으로 인한 결혼연령 상승이 저출산을 주도 하였다. 1980년대 출산율 하락의 61% 이상은 기혼자 출산율 감소에서 기인한 반면, 1990년대 이후에는 결혼연령 상승이 51%를 차지 하였다. 여성 결혼연령은 1990년 24.9세에서 2007년 28.1세로 상승하였다.

결혼할 의사가 있는 남녀가 결혼을 기피하는 가장 큰 이유는 소득과 고용불안 및 결혼비용 부담 때문이다. 40~44세 임금대비 25~29세 임금은 1990년 74.7%에서 2008년에는 65.5%로 하락했으며, 20~29세 실업률은 4.9%에서 6.7%로 증가하였다. 결혼비용의 72.7%는 주택비용 부담이 차지하며, 2009년 현재 수도권 중위 주택가격은 연간 중위 소득의 12.2배에 달하고 있다.

둘째는 교육 및 보육 부담 과다이다. 양육비용 부담이 높고 양육시간 부담이 여성에 집중되어 기혼여성도 추가적인 출산을 기피하게 된다. 출산 의향이 있는 기혼여성의 50% 이상이 보육 및 교육 비용 부담으로 인해 출산을 기피한다.

한국은 중고등학교 교육비 부담이 OECD 선진국보다 높고 국가의 양육비용 지원 및 가정 내 양육시간 분담이 저조한 실정이다. 2005년 GDP 대비 중고등학교 과정 사교육비는 0.9%로 OECD 선진국 평균 0.3%를 크게 상회하는 최고수준이다. GDP 대비 공공보육 지출은 0.1%, 남성의 육아시간 분담은 20.3%로 각각 OECD 평균인 0.3%, 36.9%로 매우 낮다.

셋째는 여성의 경력단절 우려 때문이다. 결혼과 출산으로 인한 여성의 경력단절 현상이 심각하여 자아성취 욕구가 높은 여성 중 결혼을 기피하는 경우가 발생하고 취업한 기혼여성도 출산을 기피하는 경향이다.

2009년 여성 고용률은 25~29세의 경우 65.6%이나 초임연령인 30대 초반에는 50.15로 급감하여 경력단절 위험이 높은 상황이다. OECD 선진국은 30~34세 평균 고용률이 74.7%로 25~29세 평균 고용률 73.8%보다 오히려 높으며 이후 50~54세까지 70%대를 유지하고 있다. 취업 기혼여성은 자녀 양육부담으로 경력유지에 장애를 겪고 있으며 경력단절 우려는 만혼의 중요한 요인으로 작요한다.

2) 저출산의 문제점

저출산으로 인구가 감소하면 양적으로는 노동공급이 축소되고 질적으로는 기존 고용인력의 숙련기술 전수에 애로가 발생한다. 고용인구는 2010년 2,384만명에서 2050년에는 1,907만명으로, 중추 노동인구(25~54세) 고용은 같은 기간 1,769만명에서 959만명으로 감소할 전망이다.

숙련기술을 전수받는 연령층은 25~34세 고용인구 비중이 2010년 21.7%에서 2050년 12.9%로 낮아져 노동력 질 저하가 우려된다. 한국은 작업장 교육(On-the-job Training) 등 암묵지의 전달이 중요한 제조업 고용 비중이 높아 숙련기술 단절에 취약하다.

저출산으로 2029년 경제성장률이 마이너스로 전환 될 전망이다. 2010년 이후부터 노동공급의 중추인 25~54세 고용인력의 감소가 시작될 것이다. 저출산 현상으로 고령인구 비중이 증가함에 따라 2029년에는 성장률이 마이너스로 전환되고 이후 지속적으로 하락할 전망이다. 청년인구 감소로 인한 노동수급 애로, 고령자 관련 재정지출 증대에 따른 세부담 증가로 성장률이 저하 될 전망이다.

65세 이상 인구 비중이 가장 높은 일본은 성장률이 1.3%로 23개국중 18번째이며, 일본 다음인 이탈리아와 독일도 성장률이 1%미만이다. 65세이상인 비중은 일본이 19.9%, 이탈리아 19.6%, 독일이 18.9%이다. 한국의 GDP대비 복지 및 보건 지출이 2010년 7.2%에서 2025년 15.4%로, 재정지출은 GDP의 23.6%에서 32.5%로 증가할 전망이다. 2025년까지 저출산 현상이 지속될 경우 65세 이상 인구 비중은 38.2%에 달하고 성장률은 -4.8%로 크게 하락할 전망이다.

저출산은 적극적인 생산활동을 담당할 청년층의 감소를 야기하여 경제 전체의 성장동력을 저하시키고, 사회의 전통적 유대관계를 해체시킨다. 리스크를 기꺼이 부담하고자 하는 진취적 사과가 실종되고 현실에 안주하려는 사회기풍이 확산된다. 특히 저출산이 가속화될수록 이미 청년층이 부족한 지방 소도시가 더 심각한 타격을 받아 생산기반이 약화되고 지역 커뮤니티의 붕괴도 심화될 전망이다.

고령인구 비중의 증가로 비생산적 복지지출을 옹호하는 정치적 이익 집단의 영향력이 증대될 전망이다. 노령층은 국가재정을 연금, 건강보험 등 노후소득보장에 우선 지출할 것을 요구하는 경향이 증가 될 전망이다. 미국의 경우 전미은퇴자협회(AARP)는 2005년 부시 정부의 사회보장제도 민영화안을 좌초시키는 데 주도적인 역할을 하였다.

저출산 그늘 : 일본 사례

▶ 일본은 2007년 합계출산율이 1.34로 OECD 국가 중 한국 다음으로 낮아 2009년 인구 1억2,800만명에서 2050년에는 1억명 수준으로 감소할 것으로 예상

▶ 일본은 저출산으로 인해 심리적 위축과 지역공동체의 해체 위기에 직면

- 일본국민은 아동인구의 감소로 인해 일본이 미국에 이은 경제대국으로서의 지위를 잃을 수 있다는 두려움을 표시
- 저출산의 여파로 병원, 학교 등 주요 사회시설이 줄면서 일자로도 감소
  - 1994~2004년 사이 초·중·고등학교 교사 6만 3,000명이 실직
- 이촌향도 현상보다 저출산이 현재 농촌사회의 가장 큰 해체위험으로 작용

(3) 저출산 대책과 정책과제

1) 양성평등 환경 조성이 출산율 제고 정책의 핵심

출산율을 제고시키기 위한 대책의 유형은 크게 양성평등 황경 조성, 자녀비용 경감, 보육환경 개선으로 구분된다. 이미 저출산 문제를 경험한 선진국은 세 가지 유형의 정책을 적절히 혼합하여 출산율 제고를 시도하였다.

대체적으로 출산율에 대한 영향은 '양성평등 환경조성 〉 자녀비용 경감 〉 보육환경 개선'의 순이다. 남성의 일자리 우선권, 파트타이머 중 여성의 비중을 양성평등 환경조성 여부를 대표하는 변수로 사용했을 때, OECD 20개 국가를 대상으로 분석한 결과에서도 출산율 제고에 가장 큰 영향을 미치는 정책은 양성평등 환경조성 정책으로 나타났다.

선진국 중에서도 가사 및 육아 등 가정 일은 여자가 맡아야 한다는 생각이 강한 일본, 스페인, 이탈리아는 전통적으로 출산율이 낮다. 이에 일본은 2004년 '신신엔젤플랜'을 발표하여 양성평등을 주요 과제로 설정한 바 있다. 반대로 프랑스, 덴마크 등의 사례에서 볼 수 있듯이 양성평등을 지향하는 사회·문화적 기반 조성 여부는 출산율 제고에 기여하는 바가 크다.

✪ 선진국 저출산 극복의 Key

▶ 1970년대부터 저출산, 고령화 문제를 경험한 선진국은 이를 극복하기 위한 해법을 내놓았지만 결과는 국가별로 상이하게 나타남.

- 출산율 회복 : 스웨덴, 핀란드, 덴마크, 프랑스, 벨기에, 미국, 캐나다 등
- 출산율 하락 : 스페인, 이탈리아, 그리스, 일본 등

▶ 저출산 극복 여부를 결정 짓는 두 가지 요인

① 사회·문화적으로 양성평등의 기반이 조성되어 있는가의 여부

② 여성의 경제활동 참여를 뒷받침 할 수 있는 제도 및 인프라 구축 여부

2) 한국의 현상 : 3개 정책분야 모두 OECD 평균 대비 취약

한국은 무엇보다 출산율 제고에 핵심이 되는 양성평등 환경 조성이 미흡하다. 남성의 '일자리 우선권'에 대한 긍정대답 비율이 14%로 OECD 평균인 12%를 상회하는 등 1일자리가 부족할 경우 남성에게 우선권이 있다고 인식하고 있는 비율이 타 OECD 국가에 비해 높게 나타나고 있다. 또 전체 인력 대비 파트타임 비율이 낮을 뿐 아니라 파트타임 인력 중 여성 인력의 비율은 59.0%(2004년 기준)로 OECD 국가 중 최저 수준이다.

자녀를 양육하기 위한 교육 및 주거의 부담이 증가하고 있으나 자녀 양육을 위한 지원은 미미한 것도 문제이다. 한국의 사교육지는 국내총생산(GDP)의 2.9%로 OECD 국가 중 1위를 차지하는 반면 공교육비는 4.2%로 23위에 그치고 있다. 또 주택가격 상승, 희망 주택규모 증가, 40%에 근접한 주택가격 대비 대출 비율은 다자녀 출산에 대한 경제적 부담을 가중시키는 요인으로 작용하고 있다.

한국의 경우 자녀 출산으로 받는 혜택이 미흡하여 자녀를 키우는 데 드는 비용은 전적으로 부모의 부담으로 돌아가고 있고, 맞벌이를 할 경우 기존 소득 재비 90%이상의 소득증가가 기대되어 자녀 양육을 위해 직장을 포기하기가 쉽지 않은 실정이다. 공공보육 시설의 미흡 등으로 출산 전후 여성의 직장생활 유지가 어려운 현실은 저출산 문제를 더욱 심각하게 만드는 주요한 요인이다.

첫째 아이 출산 전후에 여성 직장인의 가장 큰 변화는 취업을 중단하는 것이며, 따서 직장생

활을 계속하기를 원하는 경우 출산을 미루는 경향이 강하게 나타날 수밖에 없다. 더욱이 2004년 설문조사 결과에 의하면 민간보육시설보다는 국공립보육시설을 선호하고 있으나 전체 보육시설 중 국공립 시설의 비중은 오히려 감소하는 추세이다.

OECD국가 중 3세부터 취학 전 아동의 공공보육시설 이용률 역시 30%수준으로 최하위로 나타났다. 출산장려정책과 육아 인프라 구축사업을 적극적으로 추진한 프랑스, 네덜란드, 벨기에, 이탈리아, 스페인 등은 공공보육시설 이용율이 90%를 넘고 있으며, 개부분의 유럽 국가들은 60%이상을 기록하고 있다.

OECD국가 중 3세부터 취학 전 아동의 공공보육시설 이용률 역시 30%수준으로 최하위로 나타났다. 출산장려정책과 육아 인프라 구축사업을 적극적으로 추진한 프랑스, 네덜란드, 벨기에, 이탈리아, 스페인 등은 공공보육시설 이용율이 90%를 넘고 있으며, 개부분의 유럽 국가들은 60%이상을 기록하고 있다. 육아지원과 공공보육시설의 시급한 확충이 중요한 이유이다.

(4) 출산율 증대 정책방안

우리나라에서는 자녀양육이 가정의 책임으로 인식되어 자녀 양육비용은 모두 가정에서 부담해 왔다. 그러나 저출산은 더 이상 개인의 문제가 아니라 사회 전체가 공동을 해결해야 할 문제라는 인식의 확산이 필요하다. 일본이 오랜 정책 실패 끝에 내린 결론은 육아 책임을 여성에만 돌리는 보수적인 가치관이 가장 큰 원인이라는 것이다. 즉, 육아나 가사 책임을 여성에게만 돌리는 사회 환경도 개선되어야 출산율 제고가 가능하다.

저출산은 하나의 요인에 의해 발생한 현상이 아니라 경제, 사회, 문화화 관습 등 복합적인 원인에 의해 나타난 결과이다. 따라서 양성평등 환경조성, 자녀비용 경감, 보육환경 개선 모두를 고려한 전방위적 종합대책이 강구되어야 한다.

정책의 효과에 따라 과제 추진의 우선순위는 결정되어야 하지만, 나머지 과제들도 병행하여 추진되어야 큰 효과를 기대할 수 있으므로, 우선순위에 따라 중점과제를 결정하되, 다른 대책들과 유기적인 연결고리를 가지고 추진 될 수 있도록 설계해야 할 것이다. 또 세계 최저 수준의 출산율을 기록하고 있는 와중에 출산율 하락 속도마저 매우 빠른 현실을 감안해 볼 때, 특단의 조치 없이는 출산율 제고를 기대하기 어렵다.

이에 향후 조치는 종합적이면서도 대책의 강도를 지금보다 훨씬 강화한 'Big Push'를 필요로 한다. 한국의 출산율이 OECD 평균인 1.7명 수준으로 회복되기 위해서는 각 정책 영역에서 최소 OECD 평균 수준 이상의 정책을 실시할 필요가 있으며 특히, 양성평등 환경조성, 보육시설에 대한 투자와 다자녀 가구에 대한 지원 부문에서 보다 적극적인 정책이 추진되어야 할 것이다.

출산율 제고를 위한 가장 중요한 추진 과제는 역시 '양성평등 환경조성'으로서 여성이 가정과 직장을 양립하기 위해 필요한 사회 환경의 개선에 주력해야 한다. 실증분석 결과에 의하면 양성평등 환경조성은 출산율 제고에 가장 큰 기여를 하 수 있는 정책수단이며, 한국의 저출산에 가장 큰 영향을 미친 것은 여성 고용 환경과 관련된 사회·직장 요인으로 나타나고 있다.

따라서 OECD 평균 대비 격차가 튼 보육시설의 양적 확대·서비스 개선 및 자녀비용 지원을 보완대책으로 추진하는 등 양성평등 환경 조성에 중점을 두고 보육시설 개선과 자녀비용 경감을 보완과제로 하는 전방위적 종합대책을 마련해야 한다.

출산율 제고를 위한 정책과제

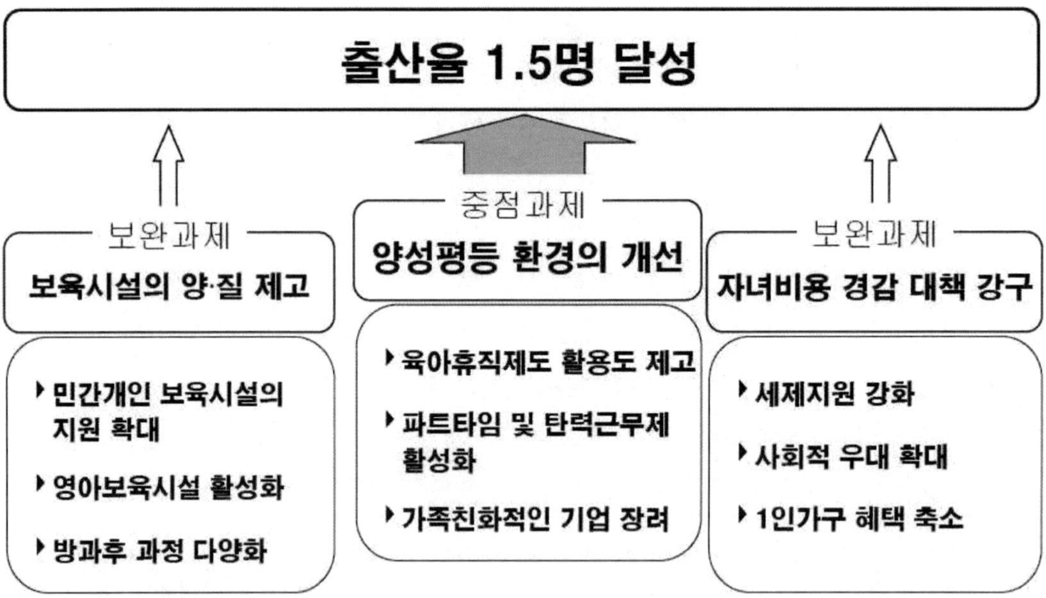

1) 양성평등 환경의 개선

직장과 가정을 양립할 수 없는 환경 하에서는 여성의 경제활동 증가가 출산율 감소로 직결될 수밖에 없다. 따라서 시간 활용이 자유로운 파트타임 및 탄력 근무제를 확대하고 육아 휴직제도가 실질적으로 가동될 수 있도록 지원하는 등 여성이 직장과 가정을 양립할 수 있는 가족친화적 제도를 강화해야 한다.

◎ 한국기업의 가족친화적 제도 도입 사례

▶ 아시아나항공은 산전후 휴가 기간을 최대 120일까지 확대하고 출산휴가 급여를 상향 조정

- 최근 1년간 출산한 여성근로자 중 71.8%가 육아휴직을 사용하였음
- 유산 시 휴가 부여, 임신 인지 시 산전휴직 제도도 운영하고 있으며 월 7만원의 보육수당을 지급

▶ 유한킴벌리는 모성보호 및 직장-가정 양립을 위한 다양한 제도를 시행

- 유사산 유사 및 태아 검진휴가, 출산 전 휴직 제도를 운영하고 있으며 남성에게도 2일의 출산 휴가를 제공
- 수유시간을 1일 2회 1시간씩 제공하고 있으며, 직장 보육시설 설치를 준비 중. 이외에 유아보육비용으로 자녀 1인당 연강 100만 원을 지급

또 고용 관련 제도나 관행의 개선은 기업 차원에서 이루어져야 하나, 부담이 커지는 경우 기업의 자발적 참여를 기대하기 어려우므로 기업 지원을 강화할 필요가 있다. 양성평등 환경의 개선을 위한 정책 목표를 크게 3가지로 나누어 좀 더 자세히 살펴보자.

첫째, 육아휴직제도의 활용도를 제고해야 한다. 생후 1년 미만의 영아를 둔 여성이 직장과 가정을 양립하기 위해서는 육아휴직제도가 현재보다 활성화되어야 한다. 영아는 육아에 비해 탁아비용도 훨씬 많이 들 뿐만 아니라 정서상으로도 부모와 긴밀한 접촉을 필요로 하는 시기이다.

가능한 한 부모가 영아에게 할애하는 시간을 많이 가질 수 있도록 하는 것이 바람직하다. 또 2004년 조사결과에 의하면 0세 이하를 둔 부모의 3/4이 스스로 자녀를 돌보아야 하는 상황에 있어, 영아를 둔 직장여성이 퇴사를 결심하는 직접적인 계기가 되고 있다.

최근 들어 육아휴직 사용자가 증가하는 추세이지만 2005년 육아휴직을 사용한 비율은 26.0%에 불과하여 육아휴직 제도가 정착되어 있는 스웨덴(84.9%가 196일 이상의 육아휴직을 사용) 등의 국가와 비교하면 상당히 낮은 수준이다. 여성뿐만 아니라 남성도 부모휴가 등의 육아휴직 제도를 적극 활용할 수 있는 사회분위기가 조성되어야 한다. 무엇보다 육아휴직 이후, 이전 업무로 복귀할 수 있다는 신뢰와 보장이 있어야 육아휴직의 활성화가 가능할 것이다.

둘째, 파트타임 근무 및 탄력 근무제의 활성화가 이루어져야 한다. 즉 여성이 육아와 취업을 병행할 수 있도록 고영 형태의 유연성이 제고되어야 하는 것이다. 현재 59% 수준인 전체 파트타이머 중 여성 근로자 비율을 OECD 평균인 73.2% 수준으로 제고하고 탄력근무제를 활성화하는 것은 여성이 직장과 가정을 양립하기 위한 기본 전제이다.

◎ 스웨덴의 취업형태와 여성 고용율

▶ 스웨덴 여성의 취업형태는 전일제 고용이 50.0% 수준이고, 시간단축형 고용이 35.1%에 이를 만큼 파트타임 근무제가 보편화.

- 주당 근로시간은 35~40시간이 51.0%로 가장 많지만, 20~34시간도 36.3%나 됨
- 스웨덴 여성의 고용율이 80% 이상 되는 고수준을 유지하고 있는 데에는 시간 단축형 근로형태가 일반화된 것이 기여

또 보육시설이 원활히 공급되고, 취학아동의 방과 후 수업이 다양화되어 체계를 갖추더라도 기본적으로는 직장에 다니는 부모의 근무시간에 탄력성이 부여되어야 직장과 가정의 양립이 가능하므로, 근무시간이나 근무장소에 대해 유연성을 부여해야 할 것이다.

근로형태의 유연화 유형

근무시간 유연성	근무장소 유연성
• 상용직 파트타임 • 맞춤식 근무시간제 • 압축 근무시간제 • 플렉스 타임 • 시간 외 근로의 면제	• 원거리(Tele)근무 • 재택근무(주 1~2일)

셋째, 가족친화적인 기업문화 조성을 위한 인센티브를 강구해야 한다. 제도적인 강제나 규제보다는 기업 스스로가 참여할 수 있는 기반을 조성하기 위해 모범 기업에 인센티브를 부여해야 한다. 이는 기업 입장에서도 가족친화적인 제도 도입을 통해 직원들의 만족도가 높아져서 생산성이 향상되는 효과를 기대할 수 있을 것이다.

대체인력에 대한 지원금을 현재의 20~30만원에서 대폭 인상하거나 인건비의 일정높아져서 지원한 지방안, 적절한 대체인력서 공급할 수 있는 '대체인력 뱅크제'와 같은 네트워크 구축, 대체인력의 숙련도를 높이기 위한 직업훈련도 강화 등도 가족친화적인 거업문화 조성에 크게 기여할 수 있을 것이다.

2) 보육시설 서비스의 양적·질적 제고

한국의 아동 공공 보육시설 이용 비율이 OECD 평균의 1/3에 불과한 수준으로서 공공시설 확충을 통해 이용 비율을 제고하는 것에는 한계가 있다. OECD 국가 평균인 71.8%의 공공 보육시설 이용률에 도달하기 위해서는 공공 보육시설의 수용 가능 인원을 현재의 92만 명에서 227만 명으로 135만 명 이상 늘려야 하는 실정이고, 세부과제로서 민간 보육시설의 지원 확대, 영아보육 시설의 활성화와 취학아동의 방과 후 과정 다양화 등이 추진되어야 한다. 자녀양육의 사각지대를 해소하기 위한 보육시설 개선 방향을 크게 3가지로 나누어 생각해 보자.

첫째, 민간 보육시설의 지원을 국·공립 수준으로 확대해야 한다. 절대적으로 부족한 국·공립 보육시설을 단기간에 확대하기보다는 기존의 민간 보육시설에 대한 지원을 확대하여 보육 수요를 충족시켜야 한다. 국·공립과 민간시설을 구분하여 지원하는 현 제도에서 탈피하여 기관의 구분 없이 아동 수에 비례하여 지원을 실시하되 서비스 제고를 위해 관리감독을 강화하는 방안이 현명할 것이다.

또 직장보육시설의 의무화보다는 지역을 중심으로 보육시설을 개선하여 시설 이용자 범위를 확대하는 동시에, 기업이 납부하고 있는 고용보험료의 일부를 그 기업이 속해 있는 해당지역의 지역보육에 지원금의 형태로 할당하는 방안도 고려해 볼 만 하다.

둘째, 영아보육시설을 활성화해야 한다. 2004년 조사결과 보육시설에 맡겨지는 0세 영아는 0.8%에 불과하다. 취약한 영아보육 인프라로 인해 여성들이 출산을 미루거나 포기하는 경향이 짙어지고 있고, 여성들이 육아를 위하여 직장을 포기한 후 어느 정도 아이가 자라면 재취업을 하는 구조가 만연하여 여성의 경제활동 참가율은 M자 형으로 나타난다. 따라서 0~2세 영아 보육률을 높일 수 있도록, 영아보육시설에 대한 투자와 세제지원을 통해 부모의 비용부담을 경감시킬 수 있는 대책이 마련되어야 한다.

셋째, 취학아동의 방과 후 과정을 다양화해야 한다. 취학아동을 둔 여성이 직장과 가정을 병행할 수 있도록 하기 위해서는 방과 후 과정의 확대가 필수적이다. 학교, 학부모회, 시민단체와 지역사회 등이 운영주체가 되어 학교수업의 연장이라기보다는 학교수업과는 독립적으로 다양한 취미 활동을 위한 과정이 필요하다. 방과 후 과정의 활성화는 사교육의 필요성을 줄여서 부모의 부담을 줄이고 안전하게 자녀를 위탁할 수 있는 기회 제공처가 될 것이다.

3) 자녀비용 경감

OECD 국가는 평균적으로 소득의 8.21%를 지원하고 있으나 한국은 0.48%에 불과한 실정이다. 즉, 두 자녀 가구에 대해 세금 감면이나 보조 등이 거의 없는 상황으로, 이는 출산율 저하의 큰 요인으로 작용한다. 따라서 다자녀 가구에 대한 혜택을 확대하고 1인 가구의 혜택을 축소시키는 정책이 필요하다.

현재 자녀 1인당 100만 원인 유자녀 가정의 소득세 기초공제를 대폭 확대하고, 교육비 및 양육비를 소득공제에서 세액공제로 전환하는 등 다자녀 가구에 대한 자녀비용 경감 대책을 펼치고, 현재 3천만 원인 상속·증여세 납부 시 자녀공제를 확대하는 방안도 검토해 볼 만 하다. 물질적인 지원과 함께 공공시설 이용 시 할인 혜택 부여 등과 같이 생활 속에서 체감할 수 있는 우대제도를 운영하는 등 다자녀 가구에 대해 사회적인 혜택도 확대되어야 한다.

저출산 문제는 사회공동의 책임이므로 다자녀 가구에 대한 혜택을 늘려줌과 동시에 1~2인 가구에 대해서는 부담을 강화해야 한다. 적어도 소수공제자 추가공제제도와 같이 독신자에게 상대적으로 유리한 제도는 폐지되어야 하고 사회적 책임을 분담한다는 취지에서 다소간의 책임은 감수해야 할 것이다.

4) 공교육 활성화와 교육비 지원증대

OECD 교육지표(2013)에 따르면 한국의 공교육 학부모 부담은 13년째 세계 1위를 기록한 것으로 나타났다. 특히 민간부담률은 GDP의 2.8%로 OECD 평균의 3배 넘어서고 있다. 여기에다 학원 및 개별 과외비 등을 포함하면 대학졸업까지 1억에서 2 억원으로 추산되어 교육비과다가 출산율 제고에 장애요인이 되고 있다.

대학등록금을 포함한 한국의 공교육비 민간 부담률이 경제협력개발기구(OECD) 회원국 가운데 13년 연속 세계 1위로 나타났다. 이번 교육지표는 OECD회원국의 2011년 주요 지표와 2010년 재정지표를 토대로 작성됐다.

2010년 기준 국내총생산(GDP) 대비 한국의 공교육비 부담은 7.6%로 전년(8.0%)보다 낮아졌지만 여전히 OECD 평균(6.3%)을 웃돌았다. 이 가운데 정부가 초 · 중 · 고교 및 대학 교육에 쓰는 공교육비 부담은 4.8%에 그쳐 민간 부담률(2.8%)은 OECD 평균 (0.9%)의 세 배를 넘었다. 여기에는 학원비 등 사교육비가 제외된 수치여서 한국 학부모의 교육비 부담은 세계에서 가장 큰 것으로 추정된다.

교육 성과는 상당수 지표가 OECD 평균을 넘어섰다. 2011년 기준 25~34세 젊은 층의 98%가 고교를 졸업했고, 고등교육(전문대 이상) 졸업률도 64%로 분석돼 각각 OECD 평균인 82%와 39%를 크게 앞섰다. 고교 이수율은 2011년 이후 11년째, 고등교육은 4년 연속 1위였다. 학력이 높을수록 고용률이 높아 남성은 고졸 84%, 전문대 90%, 대학이상 90%의 고용률을 보여 OECD 평균인 각각 80%, 86%, 88%보다 높았다.

고졸자 임금을 100으로 했을 때 한국 중졸자의 상대적 임금은 71, 전문대 116, 대학 이상164로 나타나 OECD 평균(각각 76, 125, 168)보다 소폭 낮았다. 학력에 따른 임금 격차가 OECD 회원국 가운데 상대적으로 작다는 의미다.

사립대 등록금은 연평균 9383달러(미국 달러의 구매력 지수환산액 기준)로 미국 (1만 7,163달러), 슬로베니아(1만 1,040달러), 호주(1만 110달러)에 이어 12개국 중 4위를 차지했다. 지난해 2위에서 소폭 순위가 내려갔다. 국공립대 등록금(5,395달러)은 25개국 가운데 4위로 전년 2위에서 두 계단 내려갔다.

교사 1인당 학생수는 초등 19.6명, 중학교 18.8명, 고교 15.8명으로 OECD 평균보다 각각 4.2명 5.5명, 1.9명 많았다. 학급당 학생수도 초등 26.3명, 중학교 34.0명으로 각각 5.1명과 10.7명이 많아 초 · 중 · 고교 학습환경은 OECD 평균에 크게 못 미쳤다.

제 3 절 교육과 경제성장

미국의 Schultz, Becker 등은 인적자본이론(human capital theory)에서 노동자들의 교육투자가 많을수록 생산성과 임금이 높다는 주장을 하고 있다. 한국은 우골탑이라는 말이 있을 정도로 교육열이 높고, 교육에 대한 투자도 많다. 교육수준이 높은 인적자원을 많이 보유한 국가는 성장 잠재력이 높아지게 된다.

첫째, 높은 교육수준은 산업인력의 질을 높이므로 생산성향상과 직결된다. 그리고 시민정신의 함양과 문화발전의 기반이 되며, 경제발전을 촉진하는 원동력이 된다. 그리고 높은 교육수준은 그 자체가 개인의 행복증진의 요인도 된다.

둘째, 높은 교육수준은 기술혁신과 신기술도입을 촉진한다. 교육을 충분히 받은 양질의 고급인력은 기술의 습득능력과 신기술 개발능력이 뛰어나다.

셋째, 높은 교육수준은 기업의 조직체 내에서는 계급격차의식을 줄인다. 영국을 움직이는 사람은 옥스브리지, 즉 옥스퍼드나 케임브리지 대학을 졸업한 불과 수 천명의 엘리트라고 할 정도로, 영국에는 대졸자의 수가 적고 반면에 교육수준이 낮은 근로자가 많다.

〈표-6〉 학생수 추이

(단위: 천명)

구분	전체학생수	유치원	초등학교	중학교		고등학교
2016	6,636	704	2,673	1,457		1,752
2015	6,820	683	2,715	1,586		1,788
2010	7,823	539	3,299	1,975		1,962
2000	8,550	545	4,020	1,861		2,071
1990	9,966	415	4,869	2,276		2,284
1980	10,045	66	5,658	2,472		1,697
1970	7,794	22	5,749	1,319		590

자료: 교육부(2016), [교육기본통계].

우리나라 학생수 추이를 보면 베이비 부머들이 학교를 다녔던 1980년에 1천만을 넘었으나, 1990년대 들어 출산율 저하로 지속적인 감소추세를 보이고 있다.

〈그림 - 3〉 진학률과 취업률

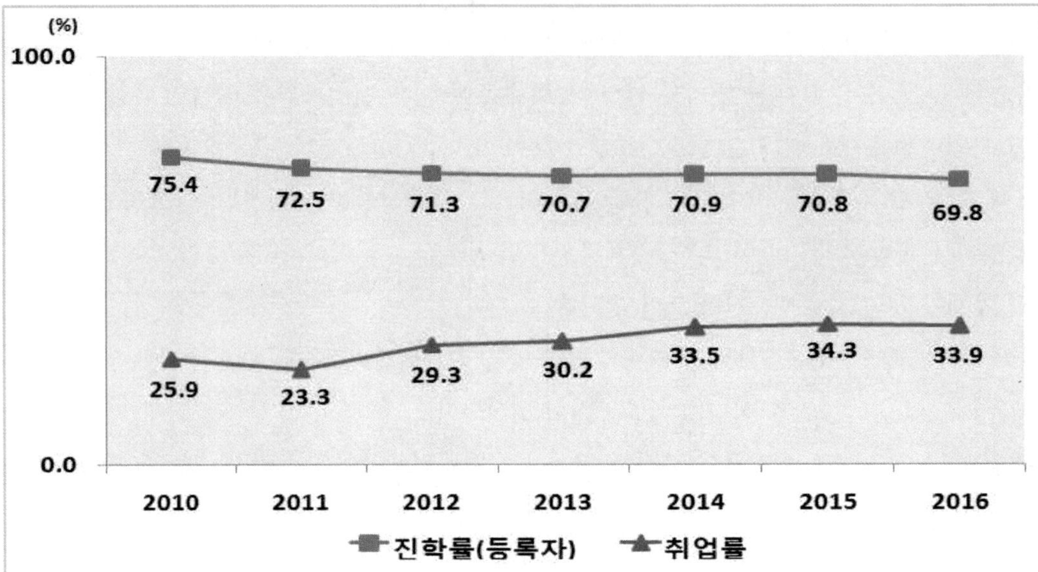

자료 : 교육부(2016).

고등학교 졸업 후 진학률은 69.8%로 2010년의 75.4% 이후 지속적인 감소추세를 보여주고 있다. 반면에 취업률은 2010년의 25.9%에서 2016년에는 33.9%로 증가하였다.

한편 한국경제의 글로벌화와 외국인 노동자 증대, 국제 결혼의 증대 등으로 다문화가정이 증대됨에 따라 다문화학생 수가 급격히 증가하고 있다. 다문화 학생 수는 2012년 47천명에서 2016년 99천명으로 증가하였다.

부모의 출신 국적별 다문화학생 수는 베트남이 23,968명(24.2%)으로 가장 많은 비중을 차지하고 있다. 부모의 출신 국적별 다문화학생 비율은 베트남 24.2%, 중국 21.3%, 일본 13.0%, 필리핀 12.6%, 중국(한국계) 12.4%, 기타국가 16.5% 순이다.

〈표-7〉 고등교육기관 입학자 수

구분	고등교육기관	일반대학	대학원	전문대학	기타
2016	756,527	348,393	126,972	208,808	72,354
2015	774,611	355,772	129,201	214,466	75,172
2014	791,242	363,655	127,757	221,750	78,080
2013	788,994	365,515	126,860	227,707	68,912
2012	817,142	372,941	126,116	238,952	79,133
2011	832,631	361,686	126,872	249,693	94,380
2010	817,225	358,511	126,958	249,144	82,612
2000	819,779	321,399	94,079	318,135	86,166

자료 : 교육부(2016)

출산파업의 영향과 대학 진학률 저하로 고등교육기관의 입학생 수는 2011년의 83.2만명을 최고로 감소추세를 보이고 있으며, 2016년에는 75.6만명으로 감소하였다. 또한 고등학교 졸업자 수가 감소함에 따라 정부는 대학정원을 감축하는 정책을 추진하고 있다.

우리나라는 학교교육뿐만 아니라 직장에서의 각종 교육과 연수, 가정교육이나 자기훈련 등으로 한국인의 교육수준은 앞으로도 계속 높아질 전망이며, 이는 경제성장을 촉진시키는 요인이 될 것이다. 그러나 지나치게 높은 교육열은 많은 문제를 초래하기도 한다. 지나친 교육비지출은 우선 개인으로 볼 때는 저축은 물론 생활을 어렵게 하며, 경제전체로 볼 때는 지나치게 많은 자원이 교육부문에 배분되어 자원을 낭비하게 만든다.

제 4 절 기술진보와 과학기술투자

1. 경제성장과 기술혁신

미래 성장동력을 발굴하고 산업경쟁력을 높이기 위해 기업과 국가간의 기술개발경쟁이 치열하다. 우리는 앞에서 선진국들의 경제성장 핵심결정요인은 기술혁신이라는 사실을 알았다. 그리고 앞으로 우리나라의 경쟁우위의 결정요인도 투자주도 경제에서 기술혁신 주도경제로 이행하기 때문에 기술혁신이라는 사실이 강조된다.

경제학자 슘페터(J.Schumpeter)는 혁신(innovation)이 경제성장의 원동력이라고 했다. 그런데 지식과 기술은 일반적으로 크게 다음과 같이 두 가지로 나눌 수 있다. 하나는 기술혁신을 통한 생산 등 경제생활과 관련된 것이고, 다른 하나는 사회·정치·도덕 등과 관련된 것이다. 전자인 하드웨어(hardware)기술 혹은 K.Marx가 말하는 하부구조는 일반적으로 급속히 발전하며 진보적 발전법칙이 작동한다. 그러나 후자인 소프트웨어(software)기술 혹은 상부구조는 보수적인 법칙이 작동하며, 오히려 퇴보하는 경우도 많다.

따라서 문제는 전자와 관련된 고도의 물질문명에 부응하는 사회정치제도 및 도덕면에서의 변화를 이룩하는 것이 중요하다. 양자의 균형있는 발전을 잘하지 못하는 국가들은 많은 선진국들이 현재 겪고 있는 바와 같이 정치지도층의 부정부패, 청소년범죄 증가, 사회정의 실종, 정치 및 사회적 혼란 등 많은 문제에 당면하게 된다.

경제활동 관련기술은 생산기술, 경영관리기술, 국제마케팅기술, 경제관계법규 및 제도, R&D 등 그 범위가 광범하며, 그 경제 사회적 영향 또한 지대하다. 기술의 사회경제적 영향을 보면 합성고무나 합성섬유의 발명은 생고무나 자연섬유의 생산을 감소케 한다.

TV의 발명과 보급은 정보와 기술의 공간적 확산과 전파를 촉진하며 국가사회의 문화적 동질성을 증가시킨다. '녹색혁명'(green revolution)은 농업생산성과 농가소득을 증대시키고 농촌생활의 변화를 초래하며, 도·농간의 인구이동도 촉진시킨다. 의학기술의 진보는 인구의 평균수명을 늘리고 또한 구조를 변화시킨다.

새로운 교통·통신수단의 개발과 보급은 인구의 기동성을 높이고 생활권과 행동권을 확대시킨다. 그리고 산업기술의 발전은 한국의 경쟁력을 높인다. 무인자동차, IoT기술, 인공지능과 로버트, 바이오기술 등 선진국들이 치열하게 경쟁하고 있는 미래 성장산업 기술개발에 우리정부와 기업도 체계적인 노력을 강화해야 할 것이다.

2. 한국의 기술진보

한국경제는 투자주도 경제에서 기술혁신 주도경제로 이행하고 있어 R&D투자 증대와 기술혁신이 중요하다. 우리나라는 개발년대를 통해 선진국의 자본과 기술을 수입하였고, 저임금에 기초한 단순가공수출로 경제성장을 이룩하였다.

그러나 경제가 성장할수록 선진국과 경쟁기업들의 견제가 심해졌고, 핵심 기술이전도 기피하게 되어 기술혁신을 통한 기술자립화와 첨단 기술개발의 중요성이 증대하고 있다.

경제협력개발기구(OECD)(2016)에 따르면 한국의 국내총생산(GDP) 대비 연구개발(R&D)투자비율이 OECD 34개 국가중에 가장 높은 것으로 나타났다. 한국의 2014년 기준 GDP 대비 R&D 투자비율은 4.29%로 1위였고, 이스라엘이 4.11%로 2위, 일본이 3.58%로 3위를 차지하였다.

각국의 R&D투자총액은 미국이 4,569억 달러로 가장 많았고, 중국이 3,687억 달러로 EU의 3,630억 달러를 넘어섰다. 이어서 일본 1,669억 달러, 독일 1,068억 달러 등의 순이었다. 한국의 R&D투자액은 723억 달러로 OECD 6위를 기록했다. 한국의 R&D 투자 총액은 미국의 6분의 1에 불과했다.

한국의 R&D 투자액 구성비를 보면 정부부문의 투자가 적고 민간부문이 많은 것으로 나타났다. 한국의 R&D 투자액 중 정부부문이 차지하는 비중은 23%로 OECD회원국 평균인 28%에 미치지 못하였다.

〈그림-4〉 한국의 기술무역

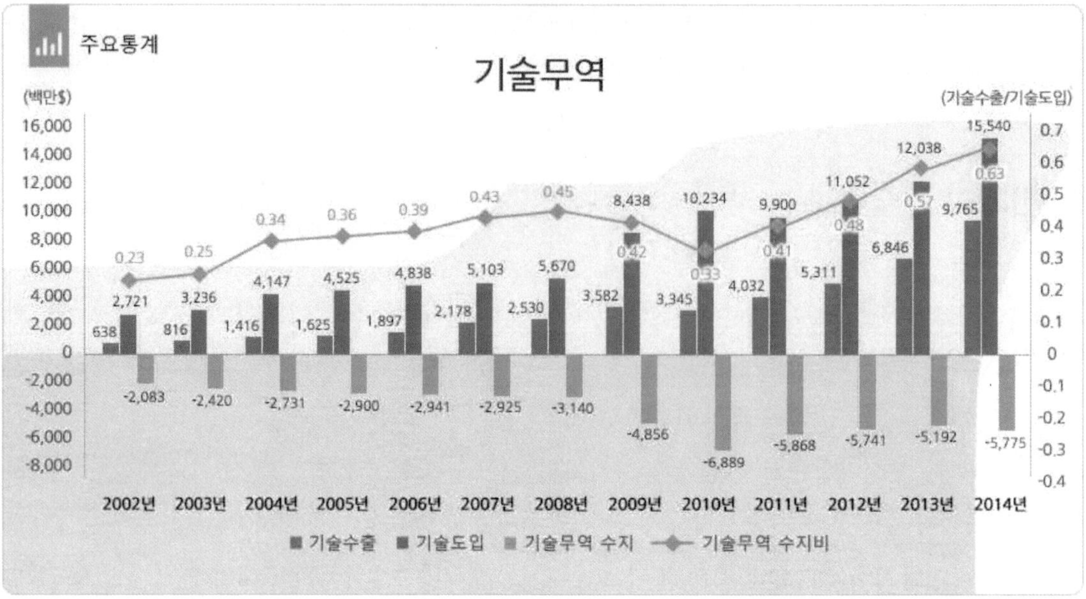

자료: 국가과학기술심의회

혁신주도경제에 성공적으로 진입하고 글로벌 기술패권주의에 대응하기 위해 우리나라의 연구개발비(R&D)는 꾸준히 증가하고 있다. 그러나 기술무역구조를 보면 수입이 수출을 초과하여 적자수준이 줄어들지 않고 있는 실정이다. 한편 기술수출을 기술수입으로 나눈 기술무역 수지비는 2010년에 0.33에서 2014년에 0.63으로 개선된 것으로 나타났다.

〈그림-5〉 연구원 수 추이

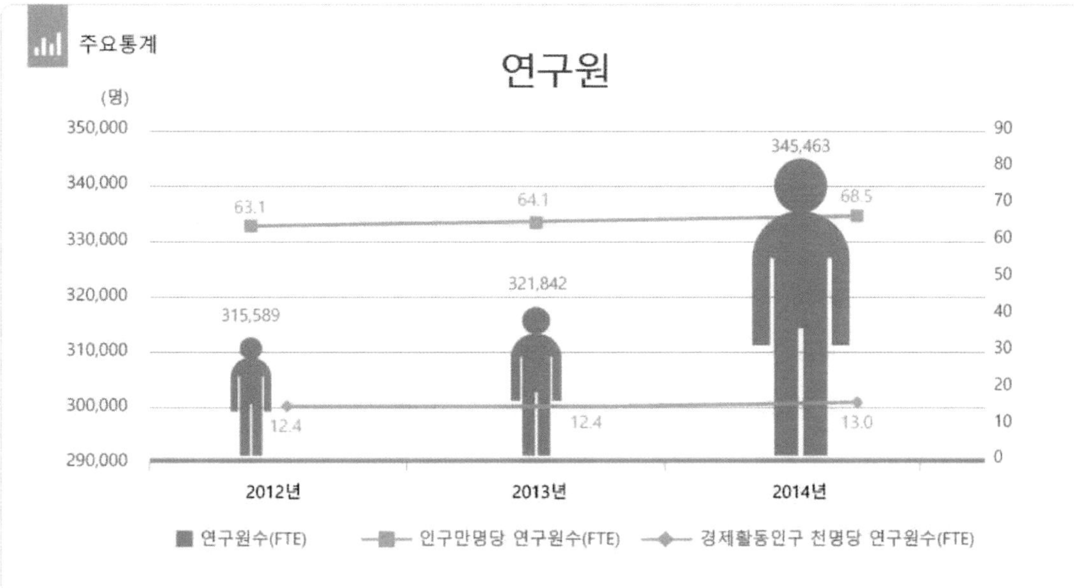

우리나라의 상근상당 (FTE: Full-Time-Equivalent) 기준 연구원 수는 2014년에 345,463명으로 세계 6위 수준이다. 인구 만명당 연구원 수는 68.5명으로 가장 높은 수준을 유지하고 있는 것으로 나타났다. 국가별 경제활동인구 천명당 연구원 수(ETF기준)도 13명으로, 미국 8.1명, 일본 10.4명보다 많았다.

이렇게 기술개발투자를 지속적으로 확대하고 연구인력의 규모확대와 고급화를 추진하여 우리나라는 세계시장에서 상당한 경쟁력을 확보하였다. 그럼에도 불구하고 선진국에 비하여 투자와 인력의 절대 규모에서 큰 차이가 존재하고 있다.

특히 연구개발에서 출발하여 제품의 생산·판매·서비스에 이르는 혁신프로세스의 비효율로 말미암아, 투입된 자원이 성과로 연결되지 못하였거나 세계시장의 주도적인 기술개발이나 기술장벽에 뒤늦게 대처함으로써 국제적인 시장경쟁에서 뒤지는 등 기술개발 전략상에도 문제점들이 노정되고 있다.

새로운 기술경쟁시대에는 핵심능력을 보유한 기업만이 생존할 수 있다. 또한 핵심능력을 확보한 경쟁업체간의 제휴, 핵심역량의 공개와 외부판매를 통한 시장확대, 전략적 제휴와 합병 등과 같은 새로운 현상들이 심화되고 있다.

이러한 기술경쟁의 변화양상은 세계시장의 구조변화에 의해 초래되고 있다. 세계시장에서 하이테크 제품은 매년 6%의 비율로 성장하여 일반제품 성장률 2.4%에 비해 매우 높게 나타났다.

향후 하이테크 시장은 몇 개의 기업에 의해 과점형태로 지배될 가능성이 높다. 이는 하이테크 시장의 네트워크 외부효과로 수확체증현상이 발생하고, 시장잠금(lock-in) 현상으로 후발기업의 진입을 막기 때문이다. 일경 비즈니스는 향후 5년후 세계시장을 지배할 기업을 전망하였는데, 12개 산업분야에서 36개 기업만이 생존할 것으로 예측하였다.

이중 우리나라는 반도체 부문의 삼성전자, 철강분야의 포항제철만이 거론되고 있으며, 세계 생산 5위를 기록하는 자동차와 세계 1~2위를 차지하고 있는 조선산업은 제외되고 있어 이들 부문의 경쟁력 확보가 시급함을 알 수 있다.

세계는 이제 기술경쟁의 시대다. 우리나라는 중국의 저임금 구조하에서 생산된 노동집약적 생산품과 농산물, 그리고 미국과 일본을 비롯한 선진국의 하이테크 제품사이에서 이른바 넛 크레커(Nut Cracker)상태에서 탈출해야 하는 과제를 안고 있는데, 그 돌파구는 기술혁신만이 유일하다고 할 수 있다.

그러나 이러한 필요성에도 불구하고 우리나라의 기술수준은 아직도 크게 떨어지고 있다. 스위스의 국제경영개발원(IMD)이 발표한 국가경쟁력 평가결과에 따르면 우리 나라의 과학기술분야의 종합순위는 대만이나 싱가폴에 비하여 뒤지고 있다.

21세기는 지식기술기반경제가 될 것이며 이를 위해서는 두뇌강국이 되어야 한다는 것은 누구나 알고 있는 사실이다. 그러나 지식사회의 기반이 되는 기술력이 약해서는 21세기에 능동적으로 대처키 어렵다. 과학기술투자를 지속적으로 증대시키면서 효율성도 제고시켜야 한다. 아울러 과학기술인재 양성과 인프라 구축, 과학기술자들이 경제적으로 풍족하고 안정된 생활을 할 수 있어 마음껏 연구활동에 집중할 수 있는 환경조성이 중요하다.

제 5 절 벤처기업 활성화와 경제발전

1. 창조경제 생태계와 기업가 정신

21세기의 지식중심사회에서 새로운 금맥은 새로운 아이디어와 혁신이다. MS사의 빌게이츠, Apple사의 스티브잡스 등은 혁신적인 신제품개발로 당대에 세계 최고의 부자가 되었다. 열악한 자연조건하에서도 창조경제 생태계가 발달한 이스라엘과 핀란드는 세계 최고수준의 경쟁력을 자랑하고 있다.

창조경제(Creative economy)는 사용자에 따라 의미와 강조점이 차이가 있는 다소 추상적인 개념이다. 경제발전과정에서 기술혁신과 창조를 강조한 학자는 슘페터이다. 슘페터는 낡은 것을 파괴하고 새로운 것을 창조하는 창조적 파괴와 혁신이 자본주의 경제발전의 원동력이라고 보았다.

영국 경제학자 존 호킨스는 2001년 출판한 〈창조경제〉에서 창조경제의 가장 중요한 동력은 자본이 아니라 창조적 아이디어와 지식재산이라고 주장하였다. 유엔무역개발협의회(UNCTAD)는 2010년 〈창조경제보고서〉에서 '창조경제는 경제발전과 성장을 유도하는 창조자산을 근거로 하며, 기술과 지적재산, 관광산업 등과 상호작용하는 경제적 · 문화적 측면을 포괄한다'고 보았다.

스티그리츠는 미국경제위기의 원인은 실물경제 위기이며, 기술과 교육투자확대를 통해 소비자가치를 창조하는 창조경제로의 전환이 중요하다고 주장했다. 창조경제는 새로운 아이디어와 창의성, 융합지식, 첨단 과학기술에 기반하여 새로운 성장동력과 시장, 일자리를 창출하는 것이다.

창조경제로의 성공적인 패러다임 전환을 위해서는 창의지향적인 교육시스템의 개혁, 도전정신과 기업가 정신의 함양, 창의적 사고를 통해 부(富)를 창출하고 혁신과 창업하기 좋은 창조경제 생태계를 구축하는 것이 중요하다.

첫째 암기와 입시위주의 교육시스템을 창의와 융합적 인재를 양성하도록 개혁해야 한다. 창조경제가 발달된 이스라엘, 핀란드, 스웨덴 등은 창업관련교육이 활발하다. 스웨덴에서는 초등학생부터 창의적 교육에 힘쓰며, 대학의 예술관련 학과에서도 창업과 기업경영관련 교육을 실시한다.

우리나라 학부모들은 아이들이 '학교에서 몇 점을 맞았는지'를 묻지만, 이스라엘 부모들은 '학교에서 무엇을 질문했는가'를 묻는다고 한다. 교사들은 "왜(Why?), 다른 학생과 다른 너의 생각은?" 등의 질문과 토론을 통해 학생들의 창의성과 사고력을 키워준다.

도서관의 좌석배치도 토론식으로 정렬되어있어 동료들이나 선후배들 간의 질문과 토론으로 창의적 사고를 배양한다. 끊임없는 질문과 토론으로 배양된 창의성과 정부의 체계적인 지원으로 이스라엘은 세계 최고의 창업경제로 발전하고 있다.

충청도 크기의 면적에 인구 750만명의 작은 나라에서 노벨상 수상자를 4명이나 배출할 정도로 탄탄한 기술력을 자랑한다. 미국 나스닥에 54개 기업이 상장되어 있으며, IBM, MS, GE, 오라클, 애플 등 290개의 다국적 기업이 이스라엘에 R&D센터를 두고 있다.

유태인들의 창의성중시 교육은 글로벌경제에서 더욱 빛을 발하고 있다. 세계인구의 0.2%(약 1300만)에 불과하지만 역대 노벨상 수상자의 22.3%, 미국 아이비리그 대학교수의 30%를 차지하고 있다. 미국과 유럽의 주요 금융회사, 언론기관, 석유 및 곡물회사, 급성장한 IT회사 등에서 핵심적인 역할을 담당하고 있다.

둘째 기업가정신을 살리고 창업의 성공률을 높일 수 있는 창업경제 생태계를 조성해야 한다. 기업가 정신의 함양은 모든 분야에서 교육의 핵심이 되어야 한다. 지난해 신설법인 수는 약 7만 5천개지만, 대부분이 생계형 서비스업이고 기술창업으로 볼 수 있는 제조업비중은 23.9%에 불과하였다.

창업기업들이 시장진입의 성패를 결정하는 죽음의 계곡(death valley)을 지나 10년간 생존한 비율은 25%에 불과하다. OECD가 발표한 나라별 기업가정신 조사에서 '창업을 좋은 기회로 본다'는 비율은 스웨덴 71%, 핀란드 61%였으나 한국은 11%에 불과하였다. 한국은행의 기업가정신 지수는 2000년의 49.6에서 최근에는 음(-)으로 급락하고 있다.

창업기업들의 생존율을 높이고, 창업에 실패해도 재도전할 수 있는 생태계를 구축하는 것이 중요하다. 자연생태계의 통섭과 공생원리를 이용해 융합과 퓨전기술, 감성이 접목된 신상품개발을 촉진하고, 창조적 공존이 가능한 생태계를 구축해야 한다.

셋째 과학기술자와 창업 기업가를 우대하는 사회분위기 조성과 지원시스템 개혁이 시급하다. 우수한 인재들이 의대나 로스쿨로 모이는 것은 의사나 법조인들의 기대수익이 높기 때문이다. 새로운 아이디어와 혁신을 주도할 과학기술인들에 대한 처우를 획기적으로 개선하고, 마음 놓고 연구와 혁신에 전념하도록 연구인프라 투자확대를 통한 연구환경 개선이 시급하다.

창조경제 생태계를 성공적으로 구축하기 위해서는 정부운영 시스템부터 창조적으로 변모해야 한다. 역대 정부에서 그랬듯이, 구호만 요란하고 정부의 모든 시책에 창조라는 용어를 넣는 것에 그쳐서는 곤란하다. 공공조직이 더 많은 혁신을 선도하도록 인센티브를 제공해야 한다.

아울러 창조적 파괴와 혁신을 선도하는 기업가들이 존중받고 신명나게 일할 수 있는 분위기 조성이 중요하다. 분야별 · 지역별 열린 플랫폼을 만들어 새로운 지식과 아이디어의 소통과 통섭이 활발하도록 하고, 산학연관간의 유기적인 협력을 강화해야 한다. 창조경제 패러다임의 성공적인 전환을 통해 혁신 선진사회로 도약을 기대해 본다.

2. 벤처기업의 역할

경제활동의 중심이 지식산업으로 변모됨에 따라 지역발전에서 첨단기술과 새로운 아이디어를 갖춘 기술집약적 중소기업인 벤처기업의 중요성이 증대되고 있다. 첨단기술·지식산업의 성장과 기술혁신의 가속화로 제품 수명주기가 짧아지고 시장차별화가 심화된다.

이러한 역동적인 경제환경속에서 기술개발능력과 적응력이 뛰어난 벤처기업들이 경쟁우위를 점하게 되는 것이다. 첨단기술로 무장된 벤처기업들은 시장의 불확실성과 수요자의 니즈(needs)변화에 유연하게 대처할 수 있다.

일반적으로 벤처기업은 새로운 기술과 지식 및 아이디어를 바탕으로 성장성과 모험심이 강한 기업가에 의해 경영되는 기업이며, 정의와 내용은 경제발전 단계나 국가에 따라 상이하다[1]. 미국은 「중소기업 투자법」에서 "위험성이 크나 성공할 경우 높은 기대수익이 예상되는 신기술 또는 아이디어를 독립기반 위에서 영위하는 신생기업"으로 정의하고 있으나, 일반적으로 고위험·고수익의 신생기업(new business with high risk·high return)을 의미한다.

일본은 「임시조치법」에서 "중소기업으로 R&D투자비율이 매출액의 3%이상의 법인, 창업후 5년 미만인 기업"을 지칭하고 있으나, 신규사업의 새로운 출현과 급격한 변화를 고려하여 명확한 정의를 유보하고 있다. OECD는 "R&D집중도가 높은 기업, 기술혁신이나 기술적 우월성이 성공의 주요 요인인 기업"으로 정의하고 있으며, 대만은 「촉진산업조례 제8조」에서 '기술집약형 기업'으로 규정하고 있다.

한국의 「중소기업법」에서는 신기술·지식집약형 기업으로 규정되어 있으며, [특별조치법]에서 상세한 기준을 규정하고 있다. 벤처기업협회(KVS)에서는 "개인 또는 소수의 창업인이 위험성은 높으나 성공할 경우 높은 기대수익이 예상되는 신기술의 개발아이디어를 독자적인 기반위에서 사업화하는 신생 기술집약적 중소기업"으로 정의하고 있다.

세계경제의 글로벌화가 가속화되고 21세기형 지식·정보중심산업으로 산업구조의 중심이 급격히 이동됨에 따라 기술·지식집약적이며 동태적인 벤처기업의 중요성이 증대되고 있다. 위험성은 크나 성공할 경우 높은 기대수익이 예상되는 벤처기업은 국민경제의 발전단계나 경제상황에 따라 역할과 내용이 상이하나, 급격한 환경변화에 적응하면서 역동적 성장을 이루는 견인차 역할을 하고 있다. 벤처기업의 역할을 살펴보면 다음과 같다.

첫째 벤처기업은 첨단기술혁신을 통하여 지식·정보중심사회로의 이행을 촉진한다. 21세기는 불확실성에 기초한 혼돈(chaos)과 변화를 특징으로 하며, 벤처기업들은 변화를 선도하고 적응력도 빠르다. 경쟁력의 원천이 가격 경쟁력에서 스피드와 품질 경쟁력으로 변화됨으로 대기업보다는 벤처기업이 유리한 것이다.

벤처기업들은 소프트웨어, 정보통신, 신소재, 전자, 의료·생명공학 등 미래의 선도산업을 중심으로 발전되고 있으며, 첨단기술의 발전을 촉진하고 생산증대를 가져와 첨단분야의 산업구성 비중을 높이고 있다.

선진국 경제들이 투자주도경제에서 기술혁신 주도경제로 이행되고, 세계시장의 통합화가 가속화됨에 따라 경제환경과 비교우위를 결정하는 주도업종이 급변하고 있다. 투자주도경제에서는 자동차·철강·조선·유화 등 중후장대형, 하드웨어 산업이 경쟁력이 있으며, 공급자 중심으로 소품종 대량생산 시스템을 특징으로 한다.

기술혁신 주도경제에서는 정보통신·생명공학·전자·마이크로 일렉트로닉스·의료산업 등 경박단소형, 소프트웨어 산업이 비교우위가 있으며, 제 3의 물결산업들이 발전하게 된다. 시장구조도 공급자중심에서 수요자중심 시장으로 변화되고 다품종 소량생산 시스템을 특징으로 한다. 기업경영도 대기업의 수직형 조직에서 중소·벤처기업중심의 수평형 조직으로 변모되게 된다.

둘째 벤처기업은 소득과 고용을 창출하여 경제발전을 촉진하고, 혁신적 사회분위기 조성과 기업가 정신의 발휘의 장이 된다. 미국과 영국을 비롯한 선진국은 물론 우리나라의 벤처기업들도 높은 성장률과 이익률을 달성하고 있으며, 새로운 고용과 소득창출 효과가 전통산업보다 월등히 높았다.

새로운 기술로 무장된 모험적이고 도전적인 벤처기업들은 정보통신·생명공학 등의 첨단산업에 도전하며, 전통산업보다는 3C(Computer, Communication, Control)와 3S(System·Software·

Service engineering) 등 주로 신규분야에 진출하여 부가가치 창출과 성장효과가 크다.

셋째 벤처기업은 지역의 대학·연구기관 등과의 긴밀한 협력을 통하여 지역경제의 내생적 발전과 활성화에 기여하게 된다. 대기업 위주의 성장전략은 집중화의 경향이 강하여 생산거점이 지방에 있더라도 중앙에 예속되거나 생산된 부가가치의 대부분이 역외 유출하게 된다.

반면에 지역에서 창립된 벤처기업은 지역의 기술혁신과 기술인프라의 구축에 기여하며, 관련산업과의 연쇄효과와 상호작용을 통해 지역발전에 기여도가 높게 되는 것이다.

넷째 벤처기업은 산업의 생산성을 향상시키고, 산업구조의 고도화에 기여한다. 벤처기업들이 개발한 신기술의 사업화는 관련산업에 새로운 제품과 기술을 제공함으로써 기술수준과 생산성 향상에 기여하게 된다. 신기술과 신상품의 개발은 자원과 인력투입을 절감할 수 있게 하며, 신기술의 확산으로 관련산업의 혁신과 생산성 향상을 유발하게 된다.

한편 벤처기업의 활성화는 전통산업의 퇴출을 원활하게 하며, 산업구조를 고부가가치화하여 지식·정보중심 사회로의 이행을 촉진한다. 모험적인 벤처기업들은 업종이나 기술영역에 구애받지 않고 적극적으로 신제품개발을 시도함으로 산업내 혹은 산업간의 상호경쟁을 심화시킨다.

3. 벤처기업과 지역경제발전

최근들어 세계화와 지방화가 동시에 진행되는 글로칼리제이션(Glocalization)이 본격화 됨에 따라 지역의 자생능력 확보와 지역발전을 위한 기술집약적 중소기업과 벤처기업의 육성이 시급한 과제로 부각되고 있다. 세계화속의 지방화가 가지는 경제적 의미는 지방정부와 기업, 주민 등 모든 경제주체들에게 경쟁력 강화라는 과제를 부여하는 것이다.

지식·기술집약적인 중소기업과 벤처산업의 활성화는 지역의 고용증대와 지역발전에 기여도가 높으며, 경제성장률과 벤처기업들의 성과와는 유의한 양(+)의 관계를 가지는 것으로 나타났다. 벤처기업들은 창조적인 아이디어와 기술혁신을 추구함으로 지역경제의 기술개발기반을 강화하고 산업구조를 고도화하며 관련산업의 생산성 향상에 기여하게 된다.

미국과 EU를 비롯한 선진국은 물론 개발도상국들도 산업구조 전환과 지역의 균형발전 전략으로 기술집약적 중소기업과 벤처기업들을 육성하고자 노력하고 있다.

총체적 효율성을 중시하는 전통적 개발전략에서는 중앙정부차원에서 비교우위개념에 기초하여 산업입지정책을 추진하였다. 정부주도로 공업단지 조성을 위한 하부구조가 구축되었고 외부로부터 기업유치를 통한 지역경제 활성화를 추구하였기 때문에 외발적 경제발전(Exogenous economic development)이라 한다.

지방정부는 지역내에 공업단지를 조성하고 외지의 기업들을 유치하기 위한 각종 유인정책을 실시하였다. 이같은 정책은 대기업들을 중심으로 외지기업들을 역내로 유치하려는 지방정부간의 경쟁을 유발하여 지역갈등과 사회정치적 문제를 심화시켰다.

또한 대기업들의 성장발전은 집중화의 특성이 있어 생산거점이 지방에 위치하더라도 중앙집권화의 경향으로 지역경제에 대한 기여도가 상대적으로 낮아진다. 더욱이 경제여건의 변화에 따른 경쟁력의 약화나 산업구조의 변동으로 지방공장을 폐쇄할 경우 지역산업의 공동화와 낙후를 초래하여 외발적 전략은 한계를 노정하게 되었다.

지방정부들은 외발적 전략의 한계를 인식하면서 기술혁신 토양의 조성과 전통산업의 발전을 통한 내발적 발전전략(Endogenous Development Strategy)[2] 을 추구하게 된다. 지역내에 새로운 산업의 창출을 위해 창업보육센터, 사이언스파크 등의 조성, 기술인력양성과 혁신적 기업군(innovative cluster)의 형성과 지원을 위한 다양한 프로그램이 추진된다.

지역기술과 자원을 토대로 향토기업과 벤처기업들이 발전할 경우 지방자치단체와 지역의 대학·연구소들간의 긴밀한 협력관계로 기술혁신과 지역경제 활성화를 촉진하게 된다. 이 같은 전략을 모색하는 과정에서 미국의 Research Triangle Park, Silicon valley, Route 128 등이 성공적인 지역발전 모형으로 각광을 받게 되었고, 특히 A.Saxenian, A.Scott, M.Storper 등의 LA학파는 2차 세계대전이후 급격히 성장한 실리콘밸리의 발전과정과 요인들을 광범위하게 연구하였다.

1970년대부터 선진국들은 세계적인 경기침체를 극복하고 지역경제를 활성화시키기 위해 과학기술단지[3] 를 조성하고, 교육과 연구 및 산업생산의 유기적인 결합을 통해 신기술제품의 경쟁력 향상을 도모하고 있다.

과학기술단지의 개발은 대학과 연구소의 연구개발 성과를 상품화로 연결하여 지역발전에 기여하고 있으며, 지역산업의 기술혁신, 첨단산업의 발전과 고용창출, 산학연협동과 과학기술개발의 하부구조구축 등 다양한 파급효과를 나타내고 있다.

미국에서는 스탠포드대학의 F.Terman교수의 영향으로 1940년대부터 벤처기업들이 탄생하였으며, 1997년 현재 지방정부와 대학들의 주도로 144개의 과학기술단지가 운영되고 있다. 영국에서는 1970년대부터 캠브리지 대학을 중심으로 과학단지(Cambirdge Science Park)를 조성하였으며 현재 48개가 운영되고 있다. 그밖에 프랑스 51개, 카나다 19개, 이탈리아 8개 등이 운영되고 있는 것으로 나타났다.

최근들어 선진국에서는 과학기술단지가 성숙단계에 도달한 반면 한국, 대만, 말레지아, 브라질 등의 개발도상국과 폴란드, 헝가리, 러시아 등의 체제이행국가들이 급격한 신장세를 보이고 있다. 1997년에 전세계에 411개가 운영되고 있으며, 위험을 감수하고 실패를 용인하며 경쟁력을 중며,는 실리콘밸리현상(Silicon Valley Phenomenon)으로 기술혁신과 지역발전에 기여도가 높은 것으로 나타났다(R.Lakaka, 1998).

한편 Cooke, Uranga, Etxebarria는 Lundvall(1992), Nelson(1993), Freeman (1995), Edquist(1997) 등의 국가혁신체제(NIS)의 개념을 원용하여 제도적·조직적 차원에서 지역혁신체제(RIS: Regional Innovation System)를체계적으로 연구하였다.

이들에 따르면 RIS가 성공적으로 구축되기 위해서는 다음과 같은 조건들이 충족되어야 한다.

첫째 지역혁신체제의 구성을 위한 자금조달이 중요하다. 중앙정부와 지방정부차원에서 기술혁신에 대한 지원제도가 확립되어야 하며, 지방정부의 예산확보와 기술혁신 하부구조(Infrastructure) 구축을 위한 재원조달체계가 확립되어야 한다. 가용예산의 규모가 클수록 기술혁신에 대한 잠재적 투자능력이 증대되며, 지방정부의 예산운영 자율권이 많을수록 효율적이고 생산적으로 사용될 수 있다.

하부구조는 지역공간에서 기술혁신을 위한 물질적 토대를 말하며, 정보통신설비, 공항과 철도와 같은 사회간접자본, 지역적 과학·기술공원, 인텔리젼트빌딩 등이 구축되어 있어야 혁신활동이 활발해 진다.

둘째 제도적으로 생산적 문화가 정착되어야 한다. 기업과 사회의 생산적 체제는 지역발전의 형태를 결정하게 된다. 효율성과 창조적 활동을 중시하는 지역사회의 전통문화가 중요하며, 높은 교육열과 협조적 노사관계, 공동체의식 등은 기술혁신의 분위기 형성에 기여하게 된다는 것이다.

셋째 효율적인 교육과 혁신체제가 확립되어야 한다. M.Porter (1990)가 강조한 것처럼 교육과 기술혁신은 경쟁력을 향상시키는 원동력이다. 지역발전을 위한 기술혁신이 활성화되기 위해서는 연구역량의 집중화가 중요하다.

기술혁신에 영향을 미치는 기업과 정부, 대학간에 사회적·문화적으로 긴밀한 유대관계를 형성해야 하며, 내생적 기술혁신이 가능하도록 교육과 자금조달이 이루어 져야 하는 것이다.

국제경쟁력 강화를 위한 각국의 기술혁신 경쟁이 치열해 지면서 효율적인 기술혁신체제 구축의 중요성이 증대되고 있다. 기술혁신과 벤처기업이 활성화되기 위해서는 민간기업이 활용가능한 과학·공학 및 기술적 지식이 축적되고, 과학기술이 체계화된 인적자원이 풍부해야 하며, 기술 인프라의 구축과 선진적 제도의 정비가 선결되어야 한다. 아울러 지방정부는 혁신지향적 지역개발정책을 지속적으로 추진해야 한다.

지역벤처산업의 발전은 지역경제에 영향을 미치는 환경적 요인에 의해 결정된다. 세계적으로 벤처산업이 발전된 지역들은 벤처산업이 발전되는 데 유리한 외부적 요인과 내부적 요인들이 잘 갖추어져 있다(Vesper(1997), Timmons & Bygrave(1992)).

◎ 벤처산업발전의 외부적 요인

① 벤처캐피탈에 대한 각종 지원제도와 인센티브제도, 자금 및 세제상 혜택, 과학기술개발과 기술혁신 중소기업 지원제도 등의 정부정책

② 진취적이고 창조적인 기업가 정신(entrepreneurial culture)과 사업기회의 존재, 기업가와 과학기술자들을 우대하는 사회적 가치(societal values)

③ 기술개발 잠재력을 제고시키는 대학, 연구소 등 연구기관

④ 기업활동에 필요한 인프라의 구축(national/ regional technical & business infrastructure), 지역의 사업환경 등의 지리적 요소 등

◎ 벤처산업발전의 내부적 요인

① 기술혁신의 주체인 기술개발 인력, 교육과 훈련이 잘된 노동자 등 풍부한 인적자원

② 기술개발을 촉진하고 사업화를 지원할 수 있는 자본과 제품 및 서비스시장 ③ 과학기술자와 연구원, 자원공급자, 경영·회계·법률가 등 지원시스템(support organization) 등이 있음

벤처산업의 활성화로 지역경제발전과 국가경제의 성공적인 구조조정을 이룩한 대표적인 국가는 미국이다. 미국은 벤처산업들이 발전할 수 있는 내부적·외부적 요인들을 이상적으로 갖추고 있다. 대학과 연구기관들은 세계 최고의 기술개발 능력을 자랑하며, 질 높은 교육으로 우수한 과학기술개발 인력을 배출하고 있다.

또한 벤처기업들에게 창업자금을 제공하고, 기업경영에 필요한 정보제공과 지원을 해주는 벤처캐피탈리스트들이 풍부하다. 지방정부에서도 창업에 필요한 각종 지원시책을 적절히 제공하고 있으며, 모험적이고 도전적인 과학자들과 기업인들을 우대하는 사회적 분위기가 발전되어 있다. 이같은 요인들이 적절히 조화되어 벤처기업들이 활발한 창업과 발전을 이룩하고 있는 것이다. David L. Birch(1981) 등의 연구에 의하면 경제가 성장하는 지역은 여타 지역에 비하여 기술혁신을 직업창출로 연결하는 능력이 탁월하였고, 자본대비 수출액도 Fortune 500대 기업보다 3배이상 높게 나타났다.

또한 미국의 벤처기업은 고용증가에 대한 기여도가 높은 것으로 나타났다. 미국 벤처캐피탈협회(NVCA)에 따르면 1988~1992년까지의 기간중 포춘지 대기업 500사는 고용이 0.8%감소한 반면 벤처기업은 연평균 19% 증가하였다.

4. 선진국의 벤처클러스터

선진국들은 국가경쟁력을 향상시키기 위해 새로운 아이디어를 가진 벤처기업들의 창업과 육성을 지원하고 있다. 세계적으로 유명한 벤처클러스터에는 미국의 실리콘 밸리, 리서치 트라이앵글, 일본의 쓰꾸바 연구단지, 한국 대덕밸리, 중국 중관촌, 대만 신죽구, 영국 캠브리지 산업단지, 프랑스 소피아 앙티폴리스 등이 있다.

(1) 미국 실리콘밸리

1) 실리콘밸리의 형성과정과 의의

실리콘밸리의 모태가 된 것은 켈리포니아의 센프란시스코 주변 산타클라라 카운티에 형성된 대규모 첨단 산업단지이다. 산타클라라의 북부 폴로 알토에서 시작하여 남쪽으로 산호세에 이르는 이 지역은 전통적으로 농업지역이었으나, 2차 대전 이후의 냉전시기를 통해서 첨단산업지구로 발전하였다.

이 지역은 원래 일조시간이 길고 강우량이 적어서 컴퓨터산업, 항공산업 및 해 · 공군 기지 등 군사지역으로도 유리한 조건을 갖추고 있던 지역이다. 그러던 것이 스텐포드대학 터만(F.

Terman)교수의 선도적인 역할로 첨단산업지역으로 성장하게 되었다. 스텐포드대학 출신자들이 졸업 후 지역 내 취업기회를 확대하기 위하여 캠퍼스 내 600에이커에 산업단지를 조성하여 졸업생들을 중심으로 대학의 연구 기능을 이용한 첨단기술 개발을 추진한 것이다.

1950년대 이후에는 산타클라라에 반도체산업도 발전되기 시작하였는데, 반도체 시장에 대한 접근이 용이하여 미국 항우주국에 의한 우주개발 경쟁을 포함한 이 지역에 대한 정부투자가 증대한 것이 가장 중요한 요인으로 작용하였다.

1960년대 중반부터는 반도체 기업들이 새로이 발전하기 시작하였고, 컴퓨터산업 등 민간산업의 발진이 반도체에 대한 수요를 창출하였다.

이 지역이 '보스톤 128'가 지역과 함께 '실리콘벨리'라는 명성으로 미국 전체는 물론 세계적으로 유명한 첨단산업지역으로 알려진 것은 1970년대부터이다. 이 지역 엔지니어들이 기업가 정신으로 충만되어 있을 뿐만 아니라 많은 기업들로부터 창업, 스핀오프가 활발히 이루어진다는 측면에서 매우 독특한 산업지역으로 인식되었고, 이때부터는 멀티미디어산업, 생명공학 등을 중심으로 전략적 제휴가 활발하게 이루어지는 것으로 인지되었다.

1980년대 말에 와서 다소의 침체기가 있었으나 실리콘밸리가 갖고 있는 독특한 문화와 산업조직적 특징을 통해 극복 할 수 있었다. 실리콘밸리는 다른 어느 지역보다도 대기업과 중소기업간 네트워크가 충실히 조성되어 있으며, 이를 통해 정보, 기술, 인력 등이 활발히 교류되어 기술혁신이 신속히 이루어지기 때문에 급변하는 산업 및 기술환경에 신속히 대응 할 수 있는 체제를 갖추고 있었던 것이다.

현재 실리콘밸리는 8,000여개에 이르는 중견 벤처기업들이 입주해 있고, 5일에 한 개 기업의 나스닥에 상장되고 60여명의 백만장자 탄생이 이루어지고 있다. 미국 벤처캐피털 회사들은 1988년 총투자의 31.5% (45억 달러)를 실리콘밸리에 투자하였고, 실리콘밸리는 고용 15만 명, 매출액 1,200억 달러에 으르는 최첨단 벤처집적지가 되었다.

〈표-8〉 실리콘밸리의 발전과정

시기 구분	형 성 기	성 장 기	성 숙 기
연 대	2차대전-1960년대 중반	1960년대-1980년대	1980년대 후반이후
주종산업	군수산업	반도체, 컴퓨터	컴퓨터, 소프트웨어, 통합정보산업, 생명공학
발전의 핵심동인	군수 수요, 스탠포드대 노력, 기업 및 시술유치	지역내 집적효과, 생태환경 구축 (판매: 군수산업, 자금: 벤처캐피탈, 경영: 사업서비스 정보: 비공식적 네트워크)	지역내 집적효과, 유연생산체계, 지역네트워크
사회기반 시설 및 제도	대학, 물질적 기반 시설과 기후	기업협회, 지역신문 등 지원조직	새로운 기반시설

실리콘밸리는 미국 켈리포니아 주에 위치한 첨단산업지역이며, 반도체와 컴퓨터산업이 주종을 이루고 있다. 휴렛팻커드, 애플, 마이크로소프트사 등 신생기업이 세계적인 대기업으로 성장한 사례가 많고 첨단기술, 혁신, 도전, 성공 등을 상징하는 지역으로 알려져 있다. 실리콘밸리가 성공할 수 있었던 요인으로는 효율적인 인력공급, 모험자본의 발달, 기술재창출 능력, 활발한 네트워크 교류, 자유로운 창업문화 등을 들 수 있다.

2) 실리콘밸리의 문제점

실리콘밸리의 성공 뒤에는 여러 가지 문제점도 있는 것이 사실이다. 인구의 성장으로 인한 사회간접자본의 부족과 도시의 과밀현상, 교통 혼잡, 환경오염 및 인종 간 사회적 갈등의 심화가 야기된 것이다.

특히 인종 간 사회적 갈등을 대변하는 것은 취업구조상에 잘 나타나 있다. 백인 등의 노동력은 행정관리직이나 전문직과 같은 고급직에 집중되어있으나, 흑인이나 멕시칸 등은 미숙련 생산직과 같은 저급 노동에 집중되어 있다.

3) 실리콘밸리가 제공하는 교훈

실리콘밸리가 주는 벤처산업의 성공요인은 다음의 6가지로 요약할 수 있다.

① 혁신적 사고방식

② 동종업계의 원할한 교류

③ 전략적 제휴: 경쟁과 협조 정신

④ 전문분야화: 전문가와의 연계

⑤ 개방된 정보 전달체계를 통한 신속한 시장정보 수집 체계

⑥ 연구개발 정신

(2) 미국 리서치 트라이앵글

노스캘로니아(North Carolina)주는 1980년대 이전까지도 주민 1인당 평균소득수준이 50개주 가운데 47위였고, 지역의 경기기반이 담배, 가구, 의류제조업 등에 한정되어 있었다. 1960년경 Raleigh-Durham 대도시권의 인구는 324,000명이었고, 총고용인구는 124,000명이었으며, 이들은 주로 3개의 대학과 주정부기관에 근무하는 전문직 또는 행정직 종사자, 재래산업에 종사하는 비숙련 노동자와 농민들이었다.

이렇듯 이 지역은 1960년 이전까지 첨단산업과 관련된 산업 전무하였으나, 경기침체와 지역 내 대학에서 교육을 받은 고급인력을 적절히 활용하기 위한 방안으로 과학연구단지를 조성하여 첨단산업을 육성하기 시작하였다.

1959년 Chapel Hill, Raleigh, Durham시의 중간 지역에 연구단지 조성하고, 주정부와 지방정부 그리고 이 지역에 소재한 3개 대학 (University of North Carolina, Duke University, North Carolina State)의 설립과 입주를 시작으로 민간기업연구소, 정부출연연구소, 창업벤처 등이 입주하면서 연구개발시설의 집적이 점진적으로 이루어졌다.

1965년 IBM의 지사, 국립환경보건연구소(NIEHS)를 유치하기 전까지는 입주하려는 기관이 거의 없었으며, 1960년대에 입주하였던 8개 민간연구소들 가운데 5개 연구소가 다른 곳으로 이전하였다. 그러나 전체적인 입주기관 수는 지속적으로 증가하여 현제 98개의 연구기관이 입주해 있다.

이 지역의 전체 개발면적은 약 28km² (6,900 acre)이고, 총고용인구 37,000명중 90% 이상이 연구개발과 관련된 활동에 종사하고 있으며, 이중 2,000여명이 박사학위 소지자이다. 입주기관의 업종별 분류에 의하면, 전자 · 통신 · 생명공학 · 의학품 · 환경공학 등 다양한 업종이 입주해 있는 것으로 나타난다.

(3) 일본 쓰꾸바연구단지

1) 쓰꾸바연구단지의 형성과정

1958년 동경 대도시권 계획의 일환으로 추진된 쓰꾸바연구단지의 조성은 동경의 위성도시로 출발하였다. 이는 영국의 전원도시 개념을 도입한 것으로 1963년에 정부기능의 이전과 연구 진흥을 목적으로 한 계획에서 시작되었다.

쓰꾸바는 후지산의 완만한 경사와 매력적인 배후지, 동경과 1시간 거리이고 이 지역에 이미 소도시가 형성되어 있었다는 점, 카스미가우라 호수가 있어 용수문제도 유리한 점 등의 유리한 조건이 고려되어 입지가 결정되었다.

쓰꾸바시의 실질적인 건설은 일본 주택공단과 건실성이 담당하였는데, 초창기에는 지역 주민의 반발이 있었지만, 1967년부터 토지매입이 시작되고, 1970년에 쓰꾸바 과학도시 건설법이 통과되면서 본격적인 건설이 시작되었다. 물론 처음 10년간은 동경에 소재한 많은 기업들이 쓰꾸바시로 이전하는 것을 별로 환영하지 않았기 때문에 기업의 입주가 미미했으나, 1980년까지 80%의 정부기관이 이전하여 총 9,000명의 고용규모로 성장하게 되었다.

이 지역은 초창기에는 민간기업 연구소를 위하여 3개의 연구단지를 계획했으나 기업의 유치에 큰 성과를 올리지 못했다. 그러던 것이 1985년 일본 세계무역박람회를 개최하는 것을 계기로 전기를 맞이하게 되엇다. 기업들이 동경에서 1시간 이내에 도달할 수 있는 장소를 찾기 시작하였고, 또 쓰꾸바 주변에 고속도로 등의 기반시설이 갖추어지기 시작하였기 때문에 쓰꾸바가 이전 대상지로 환영을 받게 된 것이다. 1987년에 정부기관과 기업 간의 시설을 공동으로 사용과 인력의 교류를 자유롭게 하기 위해 제정된 연구교류진흥법은 쓰꾸바의 건설을 가속화시켰다.

1989년 현재 8개의 산업연구단지가 기업투자가를 위해 준비되어 있으며, 1987년 수립된 4차 전국종합개발계획에서 쓰꾸바와 츠치우라시는 동경의 분산을 위한 정책 일환으로 업무중심지역으로 지정되었으며, 최근에는 교통여건도 크게 개선되었다.

쓰꾸바연구단지는 28,559ha의 면적에 핵심지역은 전체의 1/10 정도인 2,696ha로 이를 연구교육지구라 부르고 있다. 이 지구는 연구, 교육, 상업, 주거로 구성되어 있으며 이를 둘러싸고 있는 주변지역은 민간기업 연구기관, 미래지향적인 산업이 입지, 농업지구가 보존되어 수준 높은 자연 환경의 질을 유지하고 있다.

목표인구가 22만 명으로 설정되어, 1989년까지 162,189명으로 성장하였으며, 그 중 연구교육지구에 46,096명(28.4%), 주변 교외지역에 나머지 116,093명이 살고 있다. 인구 구성은 연구직이 10,000명, 외국인 20,000명, 단기 체류연구자가 1,800명(주로 아시아계)이고, 도시구성은 48개 국가연구기관(이전 및 신설포함)이 있으며 1980년대에 국가연구소의 30%, 일본의 모든 연구기관에 예산 50%가 쓰꾸바에 투입되었다.

2) 쓰꾸바연구단지에 대한 평가

일본은 쓰꾸바연구단지를 건설하는데 1990년 3월까지 총 10억 6,700만 달러를 투입하였다. 쓰꾸바의 성공한 측면을 살펴보면 우선 메인플레임 컴퓨터로 네트워크가 형성되어 연구자간이나 기관간의 정보교호나이 원활하게 되었고, 심포지움, 세미나 등이 개최되는 등 소규모의 모임도 많아져 연구교류가 활발하게 되었다. 이러한 성공에 기여한 가장 큰 요소는 공공과 민간기업간의 불균형의 심화가 1980년대 이후에 민간기업 연구소의 추가적인 입주를 통해 해결된 것이다.

또 대학들이 많이 이전하여 문부성의 산학공동연구를 위한 기금이 지원되었고, 이 지역이 모두 하이테크 산업인 것은 아니며, 민간과 공공간의 교류가 교류진흥법에 의해 가능하게 되었을 뿐만 아니라, 민간컨소시움에 의해 연구지원센터가 설립되어 공동실험실을 위한 핵심장비를 공급하고 연구교류, 전시장, 창업보육, 정보제공, 주택공급등의 기능을 충실히 수행할 수 있었다.

이에 반해 쓰꾸바시는 여러가지 문제점도 안고 있다. 초기에는 학군의 조정이나 인프라의 미비로 인한 지주들의 반대가 심하였고 지가의 상승도 문제로 대두되었다. 매우 수직적이고 관료주의적인 일본 정부의 특성상 연구장비 및 시설의 기관간 공동 사용이 쉽지 않고, 장비의 중복투자가 심하였다.

또 공공연구기관과 민간부분간의 교류가 빈약하기 때문에 공동연구와 spin-off회사를 창출하지 못하고 있고, 대형프로젝트에 관심이 집중되어 기초연구에 무관심하며 현재도 일본의 일상생활과 떨어진 일종의 섬(Island)으로 간주되고 있다. 여기에 연구자간의 네트워크가 구축되지 못하고, 정기적인 연구그룹 정도가 있는 형편이어서 쓰꾸바 내에서 연구개발정보를 얻기가 매우 어려운 실정이다.

현재 쓰꾸바 내에서 얻는 정보는 8.8%에 지나지 않고 오히려 동경에서 23.1%의 정보를 얻고 있다. 즉 환경은 조성되어 있으나 연결이 안 되어 있고 또한 연구 지원도 잘 이루어지지 않고 있다.

(4) 대만 신죽과학산업단지

대만은 미국의 실리콘밸리의 경험을 토대로 국가적인 산업 경쟁력 제고와 산업구조의 첨단화, 고도화 및 신산업 육성을 위하여 현재까지 약 100개의 산업단지를 형성하였다. 신죽과학산업단지는 1976년부터 대만 정부가 실리콘밸리를 모델로 계획을 수립하여 조성된 생산위주의 첨단과학공업지구이다.

신죽과학산업단지는 2000년까지 150~200개의 기업을 수용한 고용인구 3~4만 명 규모의 산업단지를 목표로 1980년부터 정식으로 입주업체를 모집하였으나, 1998년 이미 그 목표를 초과 달성하였다. 그 결과해외의 고급인력, 특히 화교인력을 국내로 유치하여 인력과 자본, 기술, 경영능력을 향상시킴과 동시에 지방경제를 육성할 수 있었다.

신죽과학산업단지는 대북에서 70km, 중정 국제공항으로부터 30km 남쪽에 위치한 신죽시와 그를 둘러싼 신죽군의 경계지역에 조성되었다. 신죽과학산업단지와 인접한 국립교통대학 및 국립청화대학 등 2개의 유수대학이 소재되어있는 이 지역은 산업지구, 연구지구, 주거 및 위락지구로 구성되어 있다.

산업지역은 표준 임대공장과 입주자 설계공장지역으로 구성되며, 주거 및 여가지구에는 1,500세대의 아파트와 수영장 등 레저시설과 식당, 호수, 서점 등도 입주해 있다. 신죽과학산업단지는 쾌적한 생활환경을 제공하기 위하여 넓은 녹지대와 환경친화적 소각장과 쓰레기 매립장를 조성하고, 특수 산업폐기물은 외부업체에 위탁하여서 처리하고 있다.

신죽과학산업단지에는 정부출연 연구기관과 대학, 그리고 첨단기업이 공존하고 있다. 연구기관 가운데는 1973년 설립된 국립공업기술원(ITRI)이라는 연구소가 가장 핵심적인 연구기관으로 1976년에 신죽에 입주하였다. 신죽은 전체적으로 5개의 연구소를 포함하고 있는데 그 연구기관들은 총 4,000명의 엔지니어 고용하고 있다. 그 중 가장 큰 것이 850명의 기술인력을 고용하는 Electronics Research and Service Organization (ERSO)이다.

신죽은 미국으로부터 기술이 전해 오는 것을 주요 목표로 조성된 과학산업단지인 만큼 1970년대 중반에는 과학자를 1-2년간 미국으로 보내서 반도체칩 만드는 기술을 이전받기도 하였다.

신죽공원으로 기업들이 입주하게 되는 주 이유는 정부와 밀접한 연계를 가지기 위한 것이 가장 크게 작용하였는데, 정부로부터 세금 감면 및 숙련인력의 활용이 쉽고 부품공급자 및 고객과의 네트워크 형성이 용이하기 때문이다.

신죽단지는 1976년 대만정부가 첨단산업의 집적화와 실리콘밸리내 대만 출신 인력의 활용을 위해서 건설을 시작하여 현재 200여만 평의 부지에 1,500여개의 기업들을 입주해 있고 성공한 아시아판 실리콘밸리로 부상하였다. 실리콘밸리 내 중국계 인사들과 네트워크 구축과 쌍방향 교류로 실리콘밸리로부터 인적자원과 정보를 수혈받고 있는 것이다.

국립공업기술원(ITRI) 산하에 있는 전자공업연구소(ERSO)가 신주단지 발달에 지대한 공헌을 하였고, 초기에는 중앙정부 주도로 단지를 개발한 이후 현재 민간주도로 운영되면서 자율적 벤처생태계가 조성되었다.

(5) 영국 케임브리지

영국 케임브리지는 런던의 북쪽 80km 지점에 소재하고 있다. 이 지역은 1960년대까지 농촌지역이었으나 1970년대부터 케임브리지대학을 중심으로 성장한 지역이다. 1986년까지 350개의 첨단기업이 케임브리지대학 주변에 입주하면서 약 16,500명의 고용이 창출되었다.

첨단산업인력은 지역 내 전체 고용의 11%를 차지하는 것으로 고소득의 고용기회 창출에 크게 기여하였다. 1979년에서 1987년까지만 해도 총 6,000개 정도의 취업기회를 창출하였는데, 이는 지역 총고용이 당시 120,000명에 지나지 않는데 비해 상당한 것으로 판단된다.

영국의 또 하나의 첨단산업지역인 M4 Corridor가 1960년대에 이루어졌다면 케임브리지는 1970년대와 1980년대에 이루어졌다. 케임브리지는 원래는 생산기능이 없는 순수한 대학촌으로 계획되었다. 1950년대의 도시계획가 Sir William Holford가 케임브리지를 순수한 대학촌으로 보존하고자 했는데, 시정부가 이를 받아들여 기업을 타지역으로 입주하도록 유도하고 이 지역을 산업기능으로부터 자유로운 곳으로 조성하고자 한 것이다.

케임브리지의 첨단산업구조를 분야별로 보면 신구기업 가운데 22%가 전자분야, 23%가 소프트웨서, 17%가 장비산업으로 나타난다. 이들 기업의 규모는 소규모로 평균 종업원 수는 11명에 지나지 않으며, 고용자 가운제 30%가 과학자나 엔지니어다. 또 전체의 반 정도가 지방의 연구기관과 관계를 맺고 있으며, 그 중의 90%는 대학과 연계되어 있다.

창업 첨단기업들은 지방의 금융기관과 특별한 연계를 형성하고 있지는 않으나 영국 굴지의 컨설팅 회사인 Barclay의 자회사로부터 창업에 관란 도움을 받고 있다. 케임브리지는 창업에 특별한 전통을 가지고 있다. Cambridge Instruments는 1881년에 대학 파생기업으로 창업하였고, 그 후 1930년대에도 소규모 기업들이 다소 창업하였다.

케임브리지 지역은 신규기업, 은행, 투자기관, 비즈니스 서비스회사 및 연구기관간의 시너지 효과가 큰 것이 특징적이며, 이 지역의 기업들은 "생산"보다는 "R&D"에 집중하고 있으며, 쾌적한 환경의 조화를 이루고 있고, 최근에는 컴퓨터 하드/소프트웨어, 과학장비, 전자산업, 그리고 바이오텍을 중심으로 성장하고 있다.

(6) 프랑스 소피아 앙티폴리스.

소피아 앙티폴리스는 프랑스 남부의 니스와 칸 사이인 라이베이라에 위치하고 있다. 지중해 연안의 칸, 앙티브, 니스와 내륙의 그라스 등 4개 도시의 중심에 있어 주변의 도시기능을 활용할 수 있고, 니스국제공항에서 자동차로 20분 거리이다. 공항에서 소피아 앙티폴리스까지 매 15분 간격으로 헬리콥터를 운행하고 있어서 국제적인 접근성이 양호하다. 소피아 앙티폴리스는 이러한 장점을 바탕으로 지방정부에 의해 조성되었으며, 다국적기업의 유럽 본부, 중소기업, 정부출연 대규모 연구소, 대학 등의 조합으로 이루어져 있다.

조성단지의 규모를 보면, 총면적은 2,300ha(약 700만 평)이며 그 중에서 800ha가 개발되어 경제활동에 이용되고 있으며, 앞으로 4,600ha까지 확장될 예정이다. 아직 개발되지 않은 지역은 그림벨트와 공원 등의 녹지로서, 단지의 환경을 지키기 위해 2/3를 녹지로 보전하고 1/3만 개발하겠다는 기본 원칙을 고수하고 있으면, 간지 내의 건물의 경우에도 건폐율(30%), 고도제한, 건축형태 등을 엄격하게 규제하고 있다.

소피아 앙티폴리스는 한 개인의 아이디어가 공적으로 수용되는 과정에서 시작되었다. 1968년 피에로라티프(Pierre Lafitte)란 해양대학의 학장이 과학, 문화, 지식이 합쳐진 미래의 도시인 소피아 앙티폴리스를 구상하였고, 1972년 한 용역회사가 토지이용계획을 발표하녀 1/3을 혁신기술, 주택 등을 위한 지역으로, 나머지를 그린벨트로 지정함으로써 구체화되었다.

소피아 앙티폴리스는 1989년까지 400개의 회사를 수용하여 9,500명의 고용을 창출하게 되었는데, 그 중 70%가 첨단산업분야에 종사하는 사람들로 구성되어 있다. 소피아 앙티폴리스는 국제적인 채용이 이루어지고 있으며, 1981~88년 사이 총 1,300세대의 집, 200개 정도의 점포, 서비스 기관, 용역회사, 클이 등의 주거단지가 조성되어 있다.

실제로 단지 내 총 거주인은 6,000명 정도인데 그 중 상당부분이 단지에 근무하고 있다. 1982년만 해도 167개의 입주기관에 1,164명이 고용되어 있었지만, 1999년에는 각각 976개와 20,530명으로 급속히 증가하는 추세를 보였다.

소피아 앙티폴리스의 가장 큰 특징 중의 하나는 단지의 전체적인 경제활동과 기술혁신과정에서 중추역할을 소규모 기업들이 담당하고 있다는 것이다. 1998년을 기준으로, 고용자 수 100명 이상의 대기업의 32개, 50면과 100면 사이의 중기업은 41개, 50명 미만의 소기업은 230개, 10명 이하의 기업은 800개로 영세규모의 기업 비중이 가장 큰 것으로 나타난다.

1) 벤처기업(Venture Business)은 기술집약적 중소기업으로 불리우기도 하며 이 논문에서는 동의어로 사용하였다. 신기술과 모험을 기초로한 기업들이기 때문에 Venture Company, Small Business Venture, High Technology Small Firm, New Technology Based Firm, New Venture, Entre Firms, Risky Business, Start-up Company, High-tech Firms, Venture Capital Backed Firms, Small Technology Firm 등으로 다양하게 사용된다(권오혁(1998), 류덕위(1997))

2) 내발전 발전은 ① 지역주민들의 기본적 욕구를 충족하는 필요 지향적(Need-oriented) ② 자신들의 가치와 자주권을 보존하는 내발적(Endogeneous), ③자립적(Self-reliant), ④ 환경친화적(Ecologically sound), ⑤ 경제사회구조의 변화에 기초(Based on structural transformation)한 발전이다(학견화자, 천전간(1989), 우야중소, 학견화자(1994)).

3) 과학기술단지 혹은 연구단지는 Science City, Science Park, Research Park, Innovation Center, Incubation Center, High Technology Park, Techno-Park, Technopolis, Technopole 등으로 강조점이나 차별화된 내용을 반영하면서 사용된다.

제 8 장

소득분배와 복지정책

제 8 장 소득분배와 복지정책

心不在焉(**심부재언**) **마음이있지아니하면**
視而不見(**시이불견**) **보아도보이지않고**
聽而不聞(**청이불문**) **들어도들리지않으며**
食而不知其味(**식이부지기미**)**먹어도그맛을알지못한다.**
-대 학-

제 1 절 성장분배 논쟁과 분배지표

1. 성장 우선주의와 분배 우선주의

국가경제가 성장하는 것도 중요하지만 구성원들 간에 공정한 분배도 중요하다. 공정한 소득분배를 우선시하는 사회적 분위기는 시대의 변천과 함께 변화되어 왔다. 평등(equality)이란 모든 사람이 재산이나 소득을 똑같이 나누는 것으로 공산주의사회 등에서 추구하였으나 현실적으로 적용하기 어렵다.

형평(equity)은 공정한 기회를 부여하지만 개인간의 능력 차이를 인정하는 것이다. 열심히 노력하여 높은 성과를 낸 사람에게는 인센티브를 부여하며, 개인의 능력, 노력과 열정, 도전정신에 따라 차별적인 성과를 제공하는 것이다.

불평등에 대한 사회적 인내는 사회적 가치와 태도, 경제정책 등에 의해 결정된다. 성장과 변화를 통하여 구성원 모두에게 절대소득의 증가를 가져올 경우 상대적인 불평등은 갈등을 야기하지 않을 것이다. 만일 도시-농촌 혹은 국내 이주를 통하여 빈곤과 불평등의 탈출구(exit)가 있다면 불평등이 다소간 심해도 사회적으로 인내되어질 수 있다.

부와 빈곤에 대한 사회적 태도는 종교, 문화 및 역사에 의해 영향 받는다. 서구 사상에서는 빈곤한 사람들은 도덕, 검약, 진취적 정신이 부족하다고 가정되어 광범위한 빈곤을 합리화 하였고, 기독교에서도 한편으로 기존질서를 수용하는 것을 합리화 하면서 다른 한편으로 자선을 베풀었다. 동양의 유교는 불평등을 인내하지 못하며, 이같은 철학적 전통이 동아시아 지역의 분배상태를 개선시켰다는 견해도 있다.

2차 세계대전후 발전목표로써 경제성장과 소득분배중 어떤 것을 우선시 하는가에 따라 3시기로 나눌 수 있다[4]. ① 경제성장을 우선시한 1950-1970년 기간, ② 소득분배를 우선시한 1970-1975년 기간, ③ 분배를 악화시키지 않는 경제성장을 추구하는 1975년 이후의 기간이다.

첫째 2차 세계대전이 끝나면서 경제성장과 원조에 대한 낙관론이 지배적이었고, 선진국 학자들에 의해 주장된 성장모형에서 성장의 제약요소는 자본축적이었다. 현대부문을 중심으로 한 자본축적은 낙수효과가설(trickle down hypothesis)에 의해 시간이 경과함에 따라 경제 전체에 골고루 혜택을 주게 된다는 것이다.

노동자들에 비하여 자본가들의 저축성향이 높기 때문에 장기적인 자본축적을 위해서는 분배와 형평의 문제를 희생할 수 밖에 없다는 견해가 지배적이었고, 외자와 국내저축을 동원하여 수입대체 공업화 혹은 수출주도적 공업화를 추진하였다.

둘째 1960년대 말부터 서구경제학자들의 발전모형에 한계가 나타나기 시작하였다. 1950년대에서 1960년대의 발전모형들은 대부분이 전통적인 농촌부문으로부터 노동과 자본축적을 위한 경제잉여의 동원에 기초하고 있었다.

Lewis모형의 가정과 달리 전통부문에서의 광범위한 잉여노동에도 불구하고 근대부문의 임금은 상승되었다. 또한 적절한 노동집약적인 기술보다는 자본집약적인 기술이 사용되는 경우가 많았다. 후진국들의 고용사정은 개선되지 못했고 분배구조도 악화되었으며, NICS 등을 제외하면 경제성장도 정체하게 된다.

1970년대에 들어서 기존 이론들의 비판과 함께 발전문제에 대한 새로운 접근들이 시도되었다. R.Prebisch 등은 교역조건이 장기적으로 후진국에 불리하다는 주장을 하였고, A.G.Frank 등의 종속학파에서는 후진국 중심의 새로운 이론을 모색하였다.

셋째 1970년대 중반이후에는 분배와 구조변화에 대한 관심이 높아졌다. 선진국에서는 '모든 경제활동의 목표는 소비자의 물적 사회적 심리적 복지를 증진시키는 데 있다'는 소비자주의가 대두되었다[5]. D.A.Aaker, G.S.Day 등에 따르면 소비는 경제활동의 종착점이며, 소비자는 안정된 생활과 만족을 얻을 수 있도록 보호되어야 한다는 것이다.

후진국들은 경제성장과 분배구조개선을 동시에 추구한 동아시아 신흥공업국들의 성공에 고무되어, 빈곤계층에게 혜택이 돌아가는 구조개선과 성장전략을 모색하게 된다. IMF를 비롯한 국제기관들도 구조조정과 경제안정, 분배구조의 개선을 위한 정책들을 개발하고 개발도상국들이 사용하도록 권장하고 있다.

2. 소득분배의 지표와 현황

(1) 기능적 분배와 인적 분배

소득분배문제의 접근방법은 기능적 분배론(functional distribution)과 인적 분배론(규모별 분배론)(size distribution)의 두 가지로 크게 나누어 진다.

기능적 분배이론은 재화의 생산에 생산요소가 기여하는 바에 따라서, 즉 생산요소의 기능에 따라서 소득이 분배되는 것이다. J.B.Clark, P.H.Wicksteed, L.Walras, A.Marshall 등이 주장한 분배의 한계생산력설에 따르면 생산요소의 가격이나 생산물가치의 분배가 한계생산력에 의해 결정된다. 따라서 노동, 토지, 자본 등 각 생산요소의 생산적 기능을 중심으로 하여 분배문제를 다룬다.

이 이론은 생산요소의 소유방식이나, 생산에 기여한 대가로서의 소득이 사회적 메카니즘 속에서 타인에게 이전되거나 착취되는 과정에 대해서는 관심을 갖지 않는다. 따라서 기능적 분배이론은 결국 생산요소의 가격결정론이 된다.

기능적 분배론은 생산요소가격을 결정하는 데 있어 독점력, 단체교섭력, 정치력 등과 같은 비시장적 세력(power)의 역할을 고려하고 있지 못하다. 분배과정에서 갈등 요소는 없으며, 생산에 기여한 비율에 의해서 분배가 이루어 진다.

인적 분배이론 혹은 규모별(계층별) 분배이론은 어떤 특정인 혹은 특정한 계급에게 소득이 어떻게 분배되는가를 다루는 것이다. 이 이론에서는 개별적인 경제주체의 총수입이 중요한 관심사이며, 각 경제주체간의 생산요소의 배분기능과 생산과실의 이전 및 착취과정이 중요시 된다.

계층별 분배를 다룬 이론에는 J.A.Hobson, F.Oppenheimer 등에 의해 주장된 세력설 등이 있다. 이들은 소득이 자본가 대 노동자의 사회적 세력을 기초로 해서 자산소득과 노동소득으로 나누어 지며, 분배는 생산이나 교환과는 달리 경제적 이론보다 사회경제의 역사적 구조속에서 설명되어야 한다는 것이다. 계층별 분배론에서는 기본적으로 분배의 형평성에 관심을 갖는다.

(2) 소득불평등도의 지표와 현황

제3세계의 발전과정에서 중요한 것은 계층별 소득분포이다. 계층별 소득불평등도를 측정하는 지표에는 ①5분위 혹은 10분위 분배율, ②로렌스 곡선(Lorenz curve), ③지니계수(Gini coefficient) 혹은 지니집중계수 등이 있다.

(가) 5분위 혹은 10분위별 소득분배

한 나라의 소득분배상태를 측정하는 가장 기본적인 지표는 5분위 혹은 10분위별 소득점유율이다. 이것은 전체 가구를 소득수준에 따라 5등분 혹은 10등분하고, 각 계층의 소득이 전체소득에서 차지하는 비율을 나타낸다.

5분위별 소득분포에서 1분위는 하위 20%계층이 차지하는 소득의 구성비이며, 5분위는 최상위 20%계층에게 분배되는 소득의 비율을 나타낸다.

10분위 분배율지수(DDR: Docile Distribution Ratio)은 전체 소득에서 최상위계층 20%가 차지하는 소득점유율에 대한 최하위계층 40%가 차지하는 소득점유율의 비율이다. 즉 10분위 분배율 = 최하위 40%의 소득점유율/ 최상위 20%소득점유율 이다. 10분위 분배율은 값이 작을수록 소득분배가 불평등함을 의미한다. 극단적인 경우 소득분배가 완전평등하면 2가되고, 완전불평등할 경우 0의 값을 가진다.

(나) 로렌츠곡선과 지니계수

로렌츠곡선(Lorenz Curve)은 소득인원의 누적비에 대한 소득액의 누적비를 그림으로 나타낸 곡선이다. 〈그림-1〉에서 종축 OP는 소득액의 누적비, 횡축 OC는 소득인구의 누적비를 나타낸다. 대각선 OD는 완전평등한 소득분배선이며, 소득분배가 완전 불평등할 경우 로렌츠곡선은 OCD가 된다.

〈그림 -1〉 로렌츠곡선과 지니계수

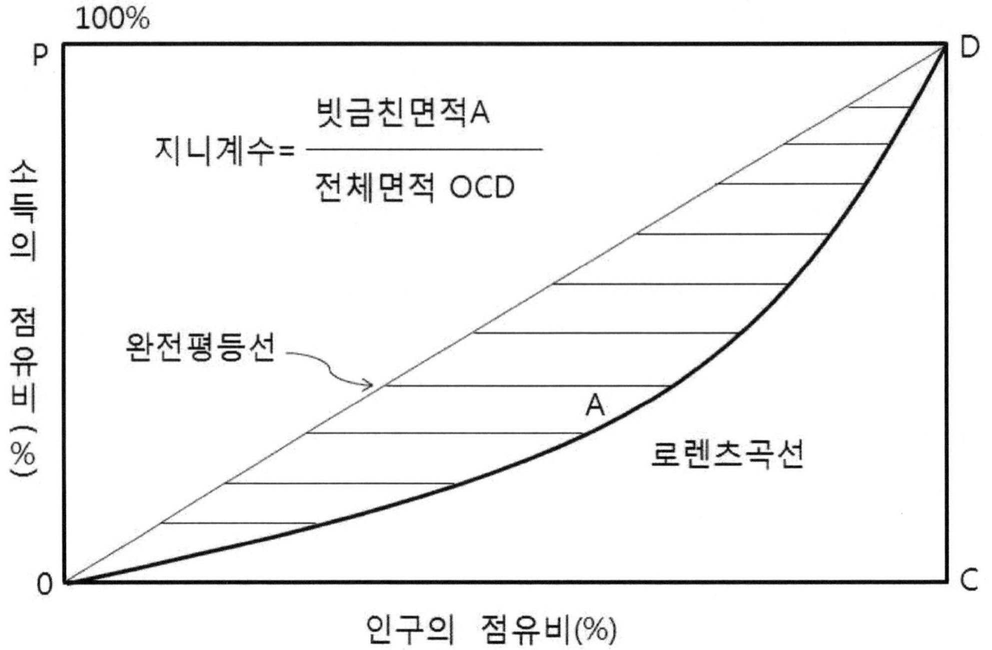

곡선 OAD는 소득분배의 불평등도를 나타내며, OAD곡선이 완전 평등선인 OD선에 가까울수록 소득분배가 평등함을 의미한다. 일반적으로 후진국들은 OCD선에 가깝고, 상대적으로 분배가 평등한 선진국들은 OD선에 가깝다.

지니계수는 로렌츠곡선을 계수로 나타낸 것이다. 로렌츠곡선은 서로 다른 경제의 소득분배상태를 비교하기 어렵다는 단점이 있다. 이 같은 결점을 보완하기 위해 이탈리아의 Gini가 고안한 계수이며, 로렌츠곡선과 완전평등선 사이의 면적을 완전평등선 아래의 총면적으로 나눈 값이다.

지니계수는 0과 1사이의 값을 취하며, 그 값이 1에 가까울수록 소득불평등도가 높다는 것을 의미한다. 반대로 지니계수가 0에 가까우면 소득이 균등하게 분배되었음을 의미한다.

제 2 절 분배의 균등화 및 불균등화 요인

한국의 소득분배는 복지제도가 발달된 선진국에 비해서는 열악하나, 대부분의 후진국들에 비해서는 분배상태가 양호하다. 해방이후 귀속재산의 분배와 토지개혁, 6.25전쟁 등으로 전통적인 지주계층이나 지방토호들이 몰락한 점은 분배를 균등화한 요인들이다.

반면에 총체적 효율성을 중시한 불균등 발전전략으로 대기업과 중소기업, 수출과 내수, 산업입지의 불균등화에 따른 지역간 격차심화 등은 불균등화 요인이다. 특히 IMF체제이후 신자유주의적 경제정책의 확대는 산업부문 혹은 소득계층간의 불균등을 심화시킬 것이다.

〈표-1〉 한국의 소득분배

	1990	2000	2012	미국(2010)	독일(2010)
지 니 계 수	0.266	0.279	0.338	0.41	0.28
5분위 분배율	3.93	4.40	5.76	-	-

자료: 통계청, KOSIS.

우리나라의 소득분배 구조는 비교적 양호한 것으로 나타났으나, 1997년 외환위기 이후 신자유주의적 구조개혁과 세계화로 분배구조가 악화되고 양극화가 심화되는 것으로 나타났다. 지니계수는 1990년의 0.266에서 2012년에 0.338로 증가하였고, 5분위 분배율도 3.93에서 5.76으로 악화되었다.

1. 우리나라 분배의 균등화요인

첫째는 해방이후 **성공적인 토지개혁**이다. 토지개혁은 1947~50기간에 실시되었는데, 일본인 소유의 귀속농지를 농민들에게 분배하였다. 당시 한국인의 가정 중요한 소득원은 농업소득이었고, 농업소득의 결정요인은 농토였다. 따라서 당시의 성공적인 농지개혁은 소득분배를 크게 균등화시켰다. 당시 토지는 대부분 일본인 지주들 소유의 것이었으므로 토지개혁에 대한 반대가 거의 없었다.

해방 당시 자가소유 농지에 농사지은 농민은 14%에 불과했다. 농토가 전혀 없는 농가의 수도 51.6%나 되었다. 농촌인구의 4%(지주계급)가 농업소득의 약 반을 차지할 정도였다. 소수의 한국인 지주들도 상당수는 일제치하에서 재산을 축적하였거나 일본에 협조한 사람들이었으므로 토지개혁에 반대할 처지가 못 되었다.

그러므로 당시 한국의 토지개혁(총 57.7만 헥타르의 분배)은 반대가 거의 없는 가운데 아주 성공적으로 실시될 수 있었다. 그 이후에도 지금까지 정부는 농지상한선을 3헥타르로 정하는 등 농지소유의 편재나 지주제를 강력히 금지하고 있다.

결론적으로 '경자유전(耕者有田)'의 원칙에 따라 실시된 당시의 토지개혁은 전 세계적으로 가장 성공한 것으로, 한국의 소득분배를 균등화시키는데 결정적 역할을 했다. 토지 개혁 직후 농가 1인당 생산은 약 33%상승했다고 한다. 그 이후 실시되어 온 농지소유상한제와 더불어 부재자농지소유금지 등의 조치도 농가소득의 균등화에 큰 기여를 했다.

둘째는 경제기반을 파괴한 **한국전쟁(1950-1953년)**이다. 6.25한국전쟁은 한국인을 모두 가난한 사람이 되는 쪽으로 평준화하는 데 결정적 역할을 했다. 한국이 이 동란으로 말미암아 입은 파괴는 일본이 2차 세계대전 때 입은 파괴보다 더 심했다고 한다.

대만의 경우는 장개석정권과 모택동정권간의 전투가 본토에서 발생했으므로 생산시설이 거의 파괴되지 않았다. 그래서 한국은 경제개발 초기조건에 있어서 이웃 나라인 일본이나 대만보다 크게 불리한 상태에 있었다.

한국전쟁은 한국인들을 모두 헐벗고 굶주리게 만들었고, 맨주먹으로 무에서 유를 창조하는 경제활동을 해야 했다. 아델만 교수는 한국의 거의 모든 자본시설은 6.25동란으로 파괴되거나 못쓰게 되었으므로 1953년 현재 한국의 산업자본스톡의 총량은 제로라는 사실을 강조한 바 있다. 한국은 이 동란으로 1953년 제로 베이스에서 출발했다는 것이다.

셋째는 **인종적·문화적 및 지역적 동질성**이다. 다양한 민족과 문화로 구성된 나라는 인종간, 문화간 갈등이 심하다. 중국에는 56개의 인종이 있고 소련에는 100개 이상의 인종이 있다. 이민의 나라 미국에는 전 세계 인종들이 있다. 일본에도 아이누족, 북중국계 인종, 남방계 인종 등이 있다.

인도는 카스트 계급제도와 15개 이상의 언어, 다문화와 다민족으로 복잡한 사회이다. 힌두교가 대부분을 차지하고 있지만 이슬람, 불교, 기독교 등 다양한 종교가 있다. 베트남과 태국에도 많은 인종이 있으며, 말레이지아는 부미푸트라(땅의 자식)라는 말레이계통의 원주민과 인구의 거의 반이나 되는 중국계 인종 간에 갈등이 심하다.

우리나라에도 영호남간의 지역갈등, 최근에 급증하는 외국인, 다문화 가정 등의 문제가 있으나, 역사적 문화적으로 동질성이 매우 높다. 또한 지리적으로도 전국토가 거의 동질적이다.

일본은 4개의 큰 섬으로 구성되어있고 섬마다 어느 정도의 특성이 있다. 그러나 한국은 하나의 반도로 구성되어 있고 규모도 작으므로 時空이나 기후에 있어서 차이가 별로 없다. 그러므로 전국이 같은 농작물생산지역이 된다. 전국의 모든 농가가 거의 같은 시기에 같은 농사를 짓는다.

국토가 광활한 나라들은 지역에 따라 기후, 자연조건, 문화 등이 다르다. 러시아는 국토의 동쪽 끝은 대낮이고 서쪽 끝은 한밤중일 정도로 시간차가 크다. 국토의 동서 양 끝간의 시간차이는 무려 11시간이나 된다. 남북의 길이가 긴 미국이나 칠레는 여름휴가에 해수욕과 스키를 함께 즐길 수 있다.

넷째는 한국인의 **높은 교육열과 교육의 기회균등**이다. 한국인의 교육열은 세계적으로 유명하다. 전통적으로 사농공상의 유교적 배경으로 교육에 대한 가치가 높았고, 일찍부터 시작된 초등교육 의무화로 교육받을 기회가 늘어났다. 신분상승에 대한 강한욕구, 자식세대에 가난을 물려주지 않으려는 부모들의 헌신적인 노력으로 대학 진학률이 82%로 세계 최고수준이다.

오랜 전통을 가진 영국 등 유럽 국가들은 교육기회에서도 사회지도층을 우대하는 경향이 있다. 그러나 한국에서는 사회적 지위의 고하나 재산의 유무를 불문하고 실력만 있으면 누구나 명문대학에 입학할 수 있다. 일본의 경우에도 교육기회균등정책이 일본을 치열한 경쟁사회와 균등분배사회를 만드는 데 결정적인 역할을 하였다.

한국의 높은 교육열 때문에 가난한 사람들도 빚을 내서라도 자녀교육에 최선을 다한다. 그들 자신은 몰라도 자녀들은 공부만 잘하게 되면 당대에 상류층으로 진출할 수 있다. 높은 교육열 때문에 한국인들은 사회 하층계층에서 중층 또는 상층에로의 진입을 쉽게 한다. 곧 높은 교육열이 한국의 사회계층간 장벽을 허물어뜨리고 이동을 쉽게 만든다.

1960년대 초부터 노동집약적 공업이 많이 발달할 때 초등교육들 받은 많은 사람들은 노동집약적 산업에 취업하여 경제성장의 혜택을 임금형태로 받을 수가 있었다. 그리고 미국과 유럽 등에 이민간 한국인들의 자녀들도 높은 교육열 때문에 상당수는 곧바로 상류층에 진입하게 된다고 한다. 반면 교육열이 극히 낮은 멕시코 등 중남미 출신들은 미국에 이민을 가서도 대를 이어가며 식당일이나 청소부 등 사회밑바닥 생활을 하게 된다.

다섯째 **고도의 경제성장**이다. 경제성장은 새로운 일자리와 소득창출, 소비 및 후생증대, 사회문화적 시스템 개선, 소득분배구조 개선 등의 효과가 있다. 오쿤의 법칙(A.Okun's Law)에 의하면 경제성장은 실업율을 저하시킨다. 하바드대 퍼킨스(D.H. perkins)교수는 개발도상국에게는 경제성장이 소득분배의 균등화를 위한 최선책이라는 사실을 강조하고 있다.

소득이 1,000$미만의 후진국들을 여행해 보면 많은 사람들이 일자리가 없어 돈을 벌지 못하고, 영양실조와 교육기회 박탈 등으로 아이들은 미래 희망이 없게 된다. 경제성장이 없으면 빈곤의 악순환을 벗어나기 힘들게 된다. 경제성장은 무엇보다,

① 많은 일자리를 창출하여 가난한 사람들로 하여금 돈을 벌 수 있게 하고, 수 많은 사람들로 하여금 될수록 능력과 적성에 맞는 직종에서 일할 수 있도록 만든다. 직업이 없어서 굶주리는 빈공 층에게 일자리를 제공하여 빈곤을 면하게 하고, 자녀교육과 미래 희망이 가능하게 되는 것이다.

② 근로자들에게 임금 몫으로 지불될 수 있는 파이의 크기를 크게 만든다. 즉 국민들의 소득이나 생활수준을 가장 평화롭고 자연스러운 방향으로 상승시킨다. 한국인의 평균소득은 물론 소비수준도 크게 증가했음을 알 수 있는데 이는 경제성장에 기인한다.

고도 경제성장은 누구에게나 중산층이나 고소득층으로 올라갈 수 있는 기회를 제공한다. 우리나라가 고도성장을 달성하면서도 분배구조가 악화되니 않은 것은 총생산중 임금분배몫이 증가했기 때문이다. 잠재실업 상태였던 농촌의 과잉인구, 도시비공식부문의 잉여인력이 취업되면서 노동분배액이 증가했기 때문이다.

③ 사회보장기금이나 연금 · 실업수당 등 가난한 사람들을 도울 재원의 조달을 용이하게 한다. 이와같은 세 가지 요인으로 인하여 경제성장은 소득분배의 균등도를 높인다.

물론 경제성장 과정에서는 이른바 '성장의 그늘'에 가려 피해를 받는 사람도 적잖이 발생한다. 그러나 성장이 안되면 온 국민이 '빈곤의 사슬'에 묶이게 된다. 소수의 사람들이 성장의 그늘에 가리는 것과 다수의 사람들이 빈곤의 사슬에 묶이는 것에는 큰 차이가 있다.

고도의 성장이 고도의 균등분배를 촉진하므로 고도성장을 지속한 일본과 대만이 자본주의 진영 국가 중에서는 분배의 균등도가 가장 높다. 한국의 분배의 균등도가 높은 것도 경제성장에 크게 기인한다.

여섯째는 **한국인의 평등사상과 평준화지향적 정책**이다. 한국인들은 맹목적인 평등주의가 강

하다. 옛말에 사촌이 땅을 사면 배가 아프다는 말이 있다. 주변 사람들이 잘되면 심기가 불편하고, 한턱 내라고 한다. 한국정부는 지금까지 평준화정책을 광범하게 실시하여 시스템적으로 불평등이 심화되는 것을 억제 하고 있다.

① 농가당 최고 3Ha로 농지소유상한제를 통하여 농지소유의 균등화를 기하였다. 또한 부재자농지소유 억제정책을 통하여 가급적 '경자유전'이 되도록 했다. 농촌인구의 고령화에 따른 영농기계화 등의 필요성 때문에 농지상한제의 개선논의도 있으나, 아직도 상한제 유지는 농정의 근간이 되고 있다.

② 도시에서는 1가구 1주택, 택지 소유상한선 200평, 공공주택 건설정책 등으로 도시인들의 생활이나 재산의 소유를 균등화 하려고 하였다. 정부에서 지원했던 국민주택 규모는 대지 50평에 건축면적 25.7평 이하 주택이었다.

국토가 광대한 미국에서는 대지 면적을 보통 에이커(1,224평)단위로 계산한다. 서민주택의 경우에도 대지가 반(1/2) 에이커나 1 에이커가 되는 경우가 많다. 미국의 중산층들은 보통 1 에이커 그리고 상류층들은 몇 에이커의 주택에서 생활한다.

③ 농가소득보조를 위하여 1969년부터 이중곡가제를 실시하였고, 농가소득 안정을 위한 다양한 지원정책을 실시하고 있다. 농가소득에 대한 세율도 극히 낮게 유지하고 있다. 한국은행의 최근 투입산출표에 따르면 종가가 부담하는 세금은 부가가치총액의 3%가 채 안된다.

④ 쌀, 밀가루, 쇠고기, 고추 등 생필품의 가격안정정책을 통하여 서민들의 생활을 안정시키려고 노력했다. 고소득층의 과시적 소비로 계층간의 위화감조성을 방지하기 위하여 고급소비재에 많은 사치세를 부과하였다. 또한 근로자 재산형성저축, 근로자 지원, 종업원 지주제, 사내근로복지기금제 등을 통하여 중산층을 육성하는 정책을 시행하였다.

⑤ 기업부문의 평준화 정책으로서는 재벌의 경제력집중 방지정책과 중소기업육성책 등을 들 수 있다. 기타 정책으로 최저임금제, 저소득층 지원사업, 취로사업, 이재민구호와 원호사업 등을 들 수 있다. 정부는 이를 통하여 저소득층의 생계를 보조하는 정책을 펴왔다.

이와 같은 많은 정책이 국민의 소득, 재산 및 생활환경면에서의 평준화의 정도를 높여왔다. 앞에서도 논의된 바와 같이 한국인들은 공동체의식이 강하며, 따라서 수많은 정부의 정책과 경제문제에 관한 일반인들의 논의의 방향은 평준화 쪽으로 기울어지고 있다.

2. 우리나라 분배의 불균등화요인

한국의 분배를 불균등하게 한 가장 큰 요인은 총체적 효율성을 중시한 불균등 개발정책 이었다. 경제개발 초기에 한정된 자원을 특정산업이나 지역에 집중투입하여 성장시키는 불균등 성장전략을 채택하였고, 성장단계별로 전략산업이 차별화 되면서 지역간 · 부문별 격차가 심해지고 있다. 우리나라 분배의 불균등화 요인은 다음과 같다.

첫째 **경제성장 초기의 농공(農工)간의 격차**가 심화되었다. 1962년부터 경제개발 계획이 추진되었고, 수출주도형 공업화정책을 지향하면서 농공간의 격차가 확대되었다. 정부는 1969년부터 이중곡가제 시행, 1971년의 새마을운동 등으로 격차를 줄이기 위한 정책을 시행하였다.

그러나 기술과 자원, 자본이 없는 상태에서 초기 공업화는 원자재와 기술을 수입하여, 단순가공수출하는 OEM 등이 많았기 때문에 비교우위의 원천인 인건비 상승을 억제하였다. 도시 근로자들의 생계비 상승을 억제하기 위해 농산물가격은 억제되었고, 도농간의 격차는 확대되었다.

둘째 **수출산업과 내수산업간의 불균형**이다. 한국경제정책의 핵심은 GIO(성장,공업, 수출)이었다. 한국의 수출은 1960년대 초 1억 달러에서 2012년에 5,000억 달러를 넘을 정도로 급팽창했다. 한국이 60년대 초부터 채택해온 수출제일주의로 인하여 수출의 급팽창은 가능케 되었으나, 수출산업과 내수산업간의 격차는 심해졌다.

수출의 계속적인 확대에 따라 최근에는 수출부문과 사회간접자본부문 및 주거생활관련 부문간의 격차도 심화되었다. 특히 내수중심의 공산품, 장류 등 식품, 의류, 특산물 등의 산업은 발전이 정체하거나 퇴출되는 경우가 많았다.

세째 **고소득층과 저소득층간의 격차와 양극화**가 심화되었다. 공업화에 따라 발생한 도시의 인구집중과 지가의 상승은 있는 사람과 없는 사람간의 격차를 더 크게 만들었다. 주택은행조사에 따르면 도시인의 내집 마련의 기간이 80년대 중반 5~6년에서 1990년에는 9년으로 증가하였다.

부동산과 주식, 채권 등을 보유한 부유층의 자산소득이 증가하여 소득 상위계층과 하위 계층간의 격차가 확대되고 있다. 특히 경제의 글로벌화가 심화되면서 국제경쟁력을 보유한 기업, 계층과 경쟁력이 없는 기업간의 격차가 확대될 전망이다.

네째 **대기업과 중소기업의 격차**가 확대되고 있다. 1960년대 초에는 한국의 거의 모든 민간기업들이 중소기업이었다. 그러나 대규모의 기업형태를 필요로 하는 중화학공업이 1972년부터 본격적으로 추진되고, 일본·미국 등 세계적인 대기업들과 국제경쟁을 해야 하는 필요성 등으로 인하여 한국의 기업들은 적잖이 세계적인 규모의 대기업으로 성장하게 되었다.

정부의 대기업 위주의 경제정책과 인플레 유발형 금융정책 등으로 대기업과 중소기업간의 격차가 크게 되었다. 아울러 생산성이 높은 대기업근로자와 낮은 중소기업근로자나 서비스직종 근로자간의 소득격차도 크게 벌어졌다. 많은 사람들은 정부통제하에 있는 은행돈이 대기업에 많이 저리 융자되는 것을 보고 대기업이 한국의 분배를 그르치고 있다고 한다.

또한 많은 사람들은 수출산업인 대기업의 수출촉진을 위하여 정부가 임금상승을 억제하는 정책을 채택하였으므로, 근로자계층이 손해를 보고 대기업이 득을 보게 되어 한국의 분배는 악화되었다고 한다. 정부의 GIO정책은 부분별 · 계층별 · 지역별 격차를 유발하였다. 과도한 격차는 사회갈등을 심화시키고 성장잠재력을 약화시킬 가능성이 증대됨으로 분배정책전환이 필요하다.

제 3 절 분배정책의 기본방향

1. 복지국가와 형평정책

소득분배의 형평성 정도는 그 나라의 역사적 · 문화적 배경, 경제발전 정도, 사회경제적 통합 정도와 분배정책에 따라 다르게 된다. 산업화에 따른 자유시장경제 발전에 따라 노동자들과 시민들의 생활안정문제가 고려되기 시작하였다.

생활안정에 관한 제도적 발전은 1601년에 제정된 구빈법이 있으며, 비스마르크의 사회보험법(1883), 영국 국민보험(1911) 등이 있다. 복지국가의 황금기는 케인즈혁명과 베버리지 보고서(1942)가 영향력을 발휘한 대공황 이후 1970년대까지의 기간이다.1980년대부터 시작된 신자유주의, 탈냉전과 세계화로 복지국가 모형은 축소 · 재편되고 있다.

〈표-2〉 복지국가체제 유형

	자유주의체제유형	보수주의체제 유형	사회민주주의체제 유형
표적 대상	빈곤층 중심	피용자 중심	모든 시민
중심사회정책	공공부조, 낮은 급여수준의 사회보험	지위유지형 사회보험	사회수당, 사회보험, 사회서비스
교육, 인적자원 관리	시장중심(공교육 미약)	공공역할 강조(일부 무상교육)	포괄적 무상교육, 여성참여 확대
사회지출수준	낮음	중간	높음
주요국가	미국, 캐나다, 영국	독일, 프랑스	스칸디나비아 국가
고용상태	높은 고용률, 노동시장 이원화	상대적으로 낮은 고용율	높은 고용율, 높은 생산성

자료: 이 혜경(2010), "복지국가의 유형과 한국", 건강정책 열린세미나 수정보완

미국과 영국 등의 자유주의적 복지국가 체제에서는 사적복지에 보조금을 지급함으로서 시장을

강화하고, 자산조사에 의한 사회부조, 낮은 급여수준 보편주의적 이전급여, 사회보험계획이 지배적인 특징이 있다. 교육시스템도 수익자부담의 시장중심이고, 노동시장이 이원화되어 있다.

보수주의적 복지국가체제는 독일과 프랑스 등에서 발달하였고, 조합주의적 경향이 강하며 보수적이다, 지위차별의 유지가 지배적이고 사회적 보험이 발달하였으며, 교육에서도 공공부문의 역할을 강조한다. 복지비용 부담과 국가의 역할이 자유주의체제 유형보다는 높으나, 사회민주주의체제 유형보다 낮다.

노르웨이, 스웨덴 등 북유럽 복지모형 혹은 사회민주주의체제 유형에서는 국민들이 직장이 있을 때 복지비용을 많이 지출하고, 퇴직하거나 실업상태에 있을 경우 많은 보상금을 받고 있다. 조세체계도 누진세제도를 채택하여 고소득층과 저소득층간의 격차를 최소화 하려고 노력한다.

사회민주주의자들은 국가와 시장, 노동계급과 중산계급의 이원화를 용인하지 않고, 상층계급이 누리던 수준의 권리와 혜택을 노동자계급에게도 보장하려고 노력한다. 모두가 혜택받고 모두가 의존하며 모두가 기꺼이 돈을 지불하고, 교육과 육아 등의 비용도 국가가 부담해야 한다고 주장한다.

2. 빈곤과 분배문제

분배정책을 강구함에 있어서 일차적으로 중요한 것은 한국인으로서 최소한의 생활에 필요한 소득수준이 얼마인가를 아는 것이다. 이 소득수준을 빈곤선 소득 또는 빈곤선(poverty line)이라고 한다. 소득이 이 이하가 되면 생존 그 자체가 불가능하게 되므로 이를 절대빈곤선이라고 한다.

이 빈곤선을 기준으로 국민을 그 이하와 이상의 계층으로 구분할 수 있는데, 양 계층에 대한 분배정책의 방향은 근본적으로 다르다. 빈곤선 이하계층에 대한 대책은 소득분배차원 이상의 대책을 필요로 한다. 그러므로 빈곤선이하계층의 문제를 빈곤문제(poverty problem)그리고 빈곤선 이상 계층의 문제를 분배문제(distribution problem)로 구분하기도 한다.

그럼 한국의 빈곤선소득은 얼마일까? '빈곤'이란 심리적이고 또한 상대적인 개념이다. 국가에 따라서도 큰 차이가 있음은 물론이다. 예를 들면 미국의 빈곤선소득(의료보험 Medicaid 가입자격 기준)은 4인가족 기준으로 2012년 30,657달러였다. 같은 해에 1인당 국민소득이 1,000달러에도 미치지 못하는 나라들과는 차이가 크다.

이와 같이 빈곤선소득은 국가나 물가수준에 따라서 큰 차이가 있을 수 있는 개념이다. 그러므로 이를 정하는 방법도 상대적일 수밖에 없다. 가장 일반적인 방법은 두가지 이다. 하나는 그 나라 그 시대의 물가수준에서 그 나라 사람이 최소한의 생활을 하는 데 필요한 생활비, 즉 최저생계비를 계산하여 이로써 가름하는 것이다. 다른 하나는 '최저 食생활비'를 구하여 이의 3배가 되는 수준을 빈곤선으로 정하는 방법이다. 그런데 대개의 경우 이 두가지 방법으로 구한 빈곤선소득은 일치하게 된다.

도시가계조사 자료를 기준으로 계산한 한국의 최저임금(복지부)은 2013년에 4인가족 기준 154만 6,399원이다. 그러나 최저는 상대적이고 심리적인 개념이므로 이를 어떻게 정의하느냐에 따라서 빈곤선소득의 수준은 다르게 된다. 한국에서는 고령층 빈곤증가, 맞벌이 부부 빈곤증대, 준실업상태 가구주 증가, 청년층 실업 증대 등으로 빈곤층 인구가 증가하고 있다.

경제민주화와 함께 분배구조 개선을 위한 정책들이 강화되어야 한다. 모든 국민들이 최소한의 복지를 누릴 수 있도록 사회안전망을 확충하고, 사회보장과 복지시스템을 확충해야 한다.

사회안전망에 대한 대책에는 취약계층 지원, 보육 및 공공의료서비스 지원, 국민연금 등 4대보험 정착, 고령화에 대한 대책 등이 있다. 취약계층 지원은 근로능력이 없는 사람들에 대해서 기초생활비를 지급하고, 근로능력이 있는 사람에게는 자활사업 등을 지원하는 것이다.

북유럽 국가들에서 보듯이 보육과 교육은 국가부담을 증대시켜야 하며, 사회안전망에 중추적 역할을 하는 국민연금, 고용보험, 산재보험, 국민건강보험 등을 정착시켜야 한다. 특히 급격히 진행되는 고령화 대책으로는 노인 일자리 창출, 소득보장 및 노인건강 증진 등을 중심으로 구체적인 방안을 마련해야 한다.

현대경제연구소의 빈곤층에 정책적 대응방안을 보면

① 고령자의 일자리 창출 정책을 강화하고 기초노령연금의 현실화와 고령자에 대한 노후 생활지원을 확대해야 한다.

② 공공 보육시설을 확충하고 주거비 부담을 완화하여 맞벌이 부부의 소득 안정화를 지원해야 한다.

③ 인터십과 산학협동 프로그램 내실화, 고용정보 시스템 혁신과 직업훈련 강화 등을 통해 고

학력 빈곤층의 취업경쟁력을 제고 해야 한다.

④ 서민층을 위한 안정적 일자리 창출과 근로빈곤층을 위한 맞춤형 복지 정책이 필요하다.

제 4 절 지역균형발전 및 지역경제 활성화

1. 지역균형발전 추진전략

(1) 지역불균형의 실태

우리나라의 수도권 집중현상은 외국에 비해 심각한 수준이다. 지난 40여 년간의 개발정책 실패로 국토면적 11.8%의 수도권의 과밀화가 심각한 수준이다. 2012년 수도권의 인구비중은 49.3%로서 지난 1960년 20.8%, 70년 28.3%, 80년 38.4%에 비해 급격한 증가세를 보여주고 있다. 수도권의 사업체 수는 277만개로 수도권 비중은 52.2%이다.

인구와 사업체 수 등 실물부문에 비해 금융부문의 수도권 집중도는 심각한 수준이다. 수도권의 예금은행 예금의 구성비는 71%이고, 대출비중은 68.3%에 달하여 대부분의 금융활동이 수도권을 중심으로 이루어지고 있으며, 그 결과 지역중소기업들의 자금난을 심화시키는 요인이 되고 있다.

〈표 –3〉 수도권 집중 현황

구 분	전 국	수도권	수도권비중(%)
주민등록 인구 수(천명)	50,948	25,132	49.3
사업체 수(개)	5,304,807	2,767,541	52.2
예금은행 예금(십억)	990,273	703,179	71.0
예금은행 대출(십억)	1,099,782	750,739	68.3

자료 : 통계청, KOSIS. 한국은행, [조사통계월보], 2013,6.

유럽학자들이 제기한 '지역혁신 패러독스(Regional Innovation Paradox)'에 따르면 낙후된 지역일수록 새로운 혁신에 대한 필요성은 크지만 중앙정부의 지원자금 흡수력이나 투자자금의 조달능력에서 뒤지는 현상이 발생한다. 낙후된 지역경제를 활성화하기 위해서는 미래첨단산업을 지역에 유치해야 하지만, 6T산업의 특성상 수도권의 집중 가능성이 매우 높아 수도권과 비수도권간의 격차와 갈등을 심화시킬 가능성이 높다.

세계 최대의 밀집도와 천문학적인 과밀비용을 자랑하는 수도권집중의 원인은 정치·경제·교육·문화 등 모든 중추관리기능이 그 곳에 모여있기 때문이다. 경제활동의 핵심인 정보·자금·인력 등이 서울에 집중된 '서울공화국'이며, 그 결과 수도권과 지방간의 구조적 악순환이 지속되고 있는 것이다. 물론 정부도 수도권집중을 규제하기 위한 다양한 정책을 시행하고 있으나 실효를 거두지 못하고 있고, IMF구조개혁과정에서 국가경쟁력 강화를 명분으로 다양한 수도권규제완화정책들이 추진되고 있다.

국토의 효율적 활용과 지역균형발전은 장기적인 국가경쟁력 강화와 지방자치의 성공적인 정착을 위해 매우 중요하다. 이제 분권의 문제는 지방이 중앙을 상대로 '쟁취한다'는 각오로 임하지 않으면 안 된다.

지역격차와 지역정책에 관한 선진국의 경험을 보면 해당 지방자치단체를 중심으로 한 지역의 주도적인 역할이 무엇보다 중요하다. 지방에 자치권을 주는 이유는 지방주민들이 지역의 당면 문제와 해결방법에 대해 잘 알 수 있기 때문이다.

우리의 지방자치 현실은 이상과 거리가 멀다. 지역문제를 해결하는데 있어서 중앙의 논리와 중앙정부의 강제가 지배적 힘으로 작용하고 있다. 토지의 이용과 개발, 지방공무원 임용과 보수, 지방세와 국세체계, 지방자치법 등에서 자치권이 제약받고 있는 것이 현실이다.

서울집중의 문제점은 국민 누구나 공감하고 있다. "지방에 산다는 것"이 손해가 되는 체제가 지속되어서는 곤란하다. 수도권이 블랙홀이 되어 미래 성장산업 마저 집중이 가속화된다면 지방은 희망이 없다. 중앙에 맞설 지방의 논리와 전략을 세워서 대응해야 한다. 새롭게 선출된 자치단체장과 지방정치인들의 능동적 역할과 지역주민들의 적극적 참여가 중요하다.

(2) 지역균형발전 추진전략과 시책

과거 지역균형발전시책들이 제대로 성과를 거두지 못한 데는 대책은 많았으나 그러한 대책들이 종합적이고 일관성있게 실천되지 못한데 가장 큰 원인이 있다. 또한 지방의 기회와 매력을 적극적으로 증진시키기보다는 수도권집중억제와 지역간 형평에만 중점을 두었다.

또한 지방이 입안하여 시행하기보다는 중앙정부 주도하에 도로, 산업단지 등 물리적인 SOC 확충에 치중하여 고 교육·문화·금융등 지방의 종합적인 생활·기업여건을 개선하고자 하는 노력이 부족했던 것도 문제점으로 지적할 수 있다.

1) 분산·분권화를 통한 지방의 자치역량 확충

지역의 균형적인 발전을 위해서는 중앙의 각종 권한과 기능을 지방에 이양하고 중추관리 기능의 분산을 통해 지방의 자치역량을 확충하는 것이 무엇보다 중요하다. 첫째, 수도권 중추기능의 지방분산·이전을 촉진하기 위하여 중장기적으로 일부 공공기관의 지방이전을 추진하는 것이 필요하다. 2001년부터 이전대상기관으로 선정하여 추진하고 있다.

둘째, 기업의 지방이전을 촉진하기 위하여 이전기업 등에 대한 세제상지원도 강화해야 한다. 법인세, 취득세, 등록세 등을 감면 등의 조치가 강구되어야 한다. 또한 지방 이전기업에게 배후도시개발권을 부여하여 학교, 주택 등 생활기반시설을 설치할 수 있도록 하고, 도시개발구역내에 공장·사옥 및 학교 등을 건축하는 경우 국·공유지를 장기임대하는 방안도 마련되어야 한다.

셋째, 중앙정부 권한 및 기능의 지방정부로의 이양하고, 수도권집중억제시책을 강화해야 한다. 현재 수도권 집중억제를 위해 공공청사·상업용 업무시설 등 인구집중유발시설에 대해 부과하는 과밀부담금제도를 개선하여 제도의 실효성을 제고하고, 공장과 사업장의 신증설은 가급적 지방에 하도록 유도해야 한다.

네째 지방재정제도를 개선해야 한다. 지방정부의 재정자립도를 높이기 위해 국세중 일부를 지방세로 전환하고, 낙후지역에 대해서는 집중적인 지원을 해야 한다. 이와 함께 자치단체의 재정자율권을 제고하기 위해 영세·유사보조금을 통폐합하기고, 자립도 격차를 반영하여 지방사업지원과 교부금배분에 활용해야 한다.

2) 자생력 있는 지역경제 발전기반 구축

균형적인 지역발전을 위해서는 각 지역이 특성과 비교우위를 바탕으로 자력성장을 도모할 수 있도록 산업, 과학기술, 교육 등 지역경제 발전기반을 적극적으로 구축하는 것이 필요하다.

첫째, 지역산업발전계획 및 전략을 수립하여 시행해야 한다. 중앙정부는 지역산업발전계획 수립의 기준 및 절차, 전략 모델 등을 제시하고 지방자치단체가 주도적으로 지역별 전략산업 발전비전과 체계적·세부적인 발전 전략을 수립해야 한다.

둘째, 지방의 과학기술혁신기반을 확충하기 위하여 테크노파크를 중심으로 산·학·연기술역량을 결집하여 범국가적 기술혁신체제를 구축해야 한다.

셋째, 지역정보격차(Digital Divide)의 해소에 노력하해야 한다. 농어촌지역 초고속정보통신서비스 제공을 확대하고 지역주민들에게 무료 컴퓨터교육과 인터넷 활용기회를 제공하기 위하여 「우체국 정보센터」 설치 등을 확대해야 한다. 정보화시설이 취약한 기초자치단체의 읍·면·동에 「지역정보접근센터」를 설치하며, 저소득층 학생, 농업인 등에 대한 PC보급 확대 등이 필요하다.

넷째, 획일적인 교육에서 벗어나 지역교육의 특성화를 추진해야 한다. 지역특성을 반영한 초·중등학교 교육과정을 편성·운영하고, 지역특성 및 산업과 연계한 특성화고교를 육성해야 한다.

지방대학의 육성을 위하여 지방대학의 특성화 및 소규모대학의 통합을 유도하고, 권역별 연합대학체제를 구축하여 대학간 교수교류, 협동프로그램 개발·운영, 도서·실험기자재 공동사용 등을 지원하는 방안이 강구되어야 한다.

다섯째, 낙후된 지역금융을 활성화시켜야 한다. 지역경제에 대한 금융지원을 강화하기 위하여 중소기업청 등 중앙부처의 중소기업에 대한 정책자금지원시 지역기업을 우대하는 방안을 강구하고, 산업은행의 자금지원시 지방공단 입주기업 우선지원 및 중소기업은행의 지방유망중소기업 지원규모 확대해야 한다. 또한 지방은행의 설립, 지역신용보증재단의 활성화 및 기능강화 방안도 강구해야 한다.

여섯째, 지방중소·벤처기업 육성을 위하여 지방중소기업육성자금 조성시 지방재정 자립도를 고려하여 중앙정부 지원비율을 탄력적으로 운용해야 한다. 또한 민·관 공동으로 벤처기업전문투자조합 결성, 엔젤펀드 조성 등을 통하여 융복합기술, 생명공학 등 첨단분야에 대한 투자자금을 확대해야 한다.

2. 국토사용구조의 개선과 지역균형발전

(1) 국토사용구조 개선

국토사용구조를 개선하는 방안은 다음과 같이 몇 가지로 나누어 볼 수 있다. 첫째는 택지의 비율을 높이는 것이다. 일본의 세계적 경제평론가 오오마에겐이찌는 「신국부론」에서 일본의 극심한 도시혼잡과 높은 땅값은 국민의 75%인 도시인구를 국토의 2%의 땅에 살도록 만든 국토정책 때문이라고 하였다.

그러나 일본도 식량자급과 농지보존정책 때문에 농지의 택지나 도시용으로의 전환을 몹시 억제해 왔다. 때문에 택지면적이 이렇게 좁게 되었고, 극심한 혼잡과 지가상승이 초래되었다는 것이다. 일본인은 '비둘기집' 또는 '토끼집'에 산다고 하는데, 이는 모두 그릇된 국토정책 때문이라는 것이다.

첫째 택지와 도시용 토지의 면적을 확대해야 한다. 일본은 선진국 중 국토정책에 가장 실패한 나라로 꼽힌다. 그 주된 이유는 국민의 75%를 국토의 2.6%에 살도록 만든 국토정책 때문이다. 그런데 한국도 일본식 국토정책을 답습하는 것이 아닌가 한다. 한국의 대지 면적은 국토의 1.9%에 불과하다.

둘째는 공업용지의 확대이다. 기업들의 가장 큰 애로중의 하나가 비싼 땅값으로 공장용지를 구입하기 어렵다는 것이다. 새로 조성된 간척지, 임야 등을 공업용지로 활용할 수 있는 방안을 강구해야 한다.

셋째는 교육 · 훈련 · 연수 등의 시설용지를 대폭 확장하는 것이다. 한국은 자연자원은 극히 빈약하고 반대로 인적자원은 극히 풍부한 국가라고 한다. 앞으로 한국의 국력증강을 위하여 각종 인구를 대상으로 하는 각종 교육훈련의 필요성을 아무리 강조해도 지나침이 없다. 앞으로 각종 학교교육과 기업체의 인재훈련용 시설용지를 대폭 증가시켜야 한다.

넷째는 자동차교통을 전제로 한 미국 등 서구선진국 도시들의 도로나 주차장의 면적은 전도시 면적의 20~25%가 된다. 그러나 서울의 도로율은 10.3%이고, 73개 시 전체의 도로율은 4.1%에 불과하다.

앞으로 자동차보급률의 증가와 더불어 도시교통혼잡은 극심할 것으로 보인다. 서울의 도로확장은 비싼 도로변 토지매입이나 건물철거 등에 천문학적 비용이 든다. 서울 등 대도시의 경우에는 도시기능의 재배치 등 근본적인 도시계획이 필요할 것으로 보인다.

(2) 지역균형발전

정부는 지역발전 5개년 계획을 발표하였다. 이 계획은 2009년부터 2013년까지의 계획을 수립한 것이다. 부문별로 4대 발전전략을 정책을 세우고 있다.

첫째, '5+2'의 광역경제권을 구축하여 성장 잠재력을 확충한다는 것이다. 수도권, 충청권, 호남권, 동남권, 대경권의 다섯 권역에 강원, 제주권을 포함하는 것이다. 광역경제권을 통하여 자원 공동이용을 활성화 하고 글로벌 경쟁력을 확보를 위한 산업, 인력 및 SOC 분야별 선도 사업을 추진한다는 것이다. 지역내 인프라와 R&D성과의 광역적 공유를 위한 '광역경제권 발전위원회' 주도로 발굴한 광역 경제권 연계·협력사업을 지원한다. 또한 지역산업을 육상하고 지역인력 양성 및 과학기술진흥을 계획하고 있으며, 교통물류망 확충 및 지역발점거점 육성, 지역 문화·관광 육성을 위한 정책을 추진한다.

둘째, 기초생활권 형성하여 쾌적한 생활환경을 조성하는 것이다. 기초지자체 163개 시·군(자치구 제외) 중 하나의 생활권을 형성한 단일 또는 다수 시·군을 대상으로 전국 어디에 살든지 기본적인 삶의 질 보장을 위한 정책이다. 기초생활권 자구노력에 대응한 국가지원체계를 구축하고 발전단계·유형별 맞춤형 개발 및 지원한다는 것이다. 지역의 자조적 성장 잠재력을 발굴토록 5대 내발적 발전과제와 주민의 최저한의 삶의 질을 보장토록 5대 국가적 지원과제를 제시했다.

◈ 내발적 발전과제 : ①지역 부존자원의 성장 동력화, ② 향토·지역연고산업의 고부가가치화, ③역사 · 문화의 장소 마케팅, ④지역리더의 활성화, ⑤지역간 연계 · 협력체계 구축

◈ 국가적 지원과제 : ①지역의료 · 복지 여건 개선, ② 지역 문화복지 수준 향상, ③ 지역교육의 활성화, ④지역의 생활여건 개선, ⑤ 지역의 녹색성장

중점추진과제를 효율적으로 추진하기 위해 3가지 유형별 맞춤형 지역개발, 여건불리지역 차등지원, 포괄보조금제도 도입·운영, 평가 및 인센티브 강화하는 지원체계를 갖춘다고 한다.

셋째, 개방·협력을 촉진시키기 위해 초광역권 개발구상 정책이다. 해안권과 접경지역을 대외

개방형 4대 초광역개발권으로 육성하고 개발효과를 내륙으로 확산되록 내륙초광역개발권도 설정한다는 것이다. 5대 중점 추진 전략으로 동북아의 초국경 개발·협력 기반구축, 국토의 초광역 인파라 구축 및 거점간 연계강화, 국가 신성장동력 육성 및 산업직접연계 강화, 초광역 공유자원 및 문화권을 활용한 지역공동발전, 한반도 통일시대에 대비하는 국토기반 조성 이다.

넷째, 지역주도와 상생발전을 위한 지방분권, 규제합리화 정책이다. 광역경제권 발전위원회를 설치 및 운영하고 국가균형발전특별법을 전면 개정하는 것이다. 그리고 지방분권 촉진을 위해 지방소비세 도입 등을 통한 지방재정 자립기반 확충, 광특회계 포괄보조금 제도 활성화, 인허가권 지방이양 확대의 정책 추진이다. 또한 적극적 규제완화 및 시장친화적 환경 구축위한 정책추진이다.

〈 빅데이터(Big Data) 경영〉

엄청난 양의 데이터를 분석해 다양한 분야에서 활용하는 빅데이터(Big Data)가 전 산업 분야에서 혁명적 변화를 예고하고 있다. 앞으로 정보기술(IT) 시장을 뒤흔들 3대 키워드인 빅데이터 · 클라우드 · 모바일 가운데 핵심이 바로 빅데이터다. 하지만 빅데이터는 개인정보 유출이나 약용 등 부작용도 무시할 수 없다. 빅데이터 산업 육성이 시급하지만 한편으론 신중해야 하는 이유다.

디지털 정보의 확산으로 규모를 가늠할 수 없을 정도로 많은 정보가 생산되는 '빅데이터(Big Data)' 환경이 도래했다. 빅데이터는 말 그대로 대용량 정보다. 데이터는 언제 어느 때고 항상 만들어진다. 웹사이트 방문이나 온라인 검색을 하는 행위도 데이터로 쌓인다. 각종 인터넷 게시판에 글을 올리고 주변 사람들과 채팅을 하는 것 역시 데이터로 남는다. 사물지능통신이 갈수록 확산됨에 따라 사람의 움직임뿐만 아니라 사물지능통신과 관련된 것도 데이터가 된다.

시장조사기관 IDC에 따르면, 세계 빅데이터 시장은 해마다 39.4%씩 성장해 2015년 169억달러 규모가 될 것으로 나타났다. 국내 시장 상황은 어떠할까. 한국과학기술정보연구원에 따르면 국내 빅데이터 시장 규모는 2015년 2억6300만달러, 2020년께는 8억500만달러(약 9천억원)에 이를 것으로 예상된다. 정보통신기술(ICT) 관련 산업에서 빅데이터 분야가 차지하는 비중은 2013년 0.6%에서 지속적으로 증가해 2020년께는 2.3%에 도달할 것으로 추정된다.

이제 빅데이터는 국가와 개인뿐만 아니라 기업의 미래 경쟁력을 책임지는 핵심 '자원'이 됐다. 정부와 공공기관 역시 빅데이터를 정확하게 이해하고 효과적으로 활용하기 위해 전략 마련에 적극적인 모습을 보이고 있다.

미래부 · 안행부뿐만 아니라 한국과학기술정보연구원, 서울시까지 빅데이터 분석 기술을 도입할 계획이다. 특히 정부는 빅데이터 공동설비 구축, 빅데이터 기술개발 로드맵 마련, 전문 인력 양성 법령정비 등 정책 마련에 고심하고 있다. 공공데이터를 이용한 빅데이터 활용 방안(범죄 발생 장소와 시간 예측, 스마트 교통사고 예방 시스템, 자연재해 조기감시 시스템 등) 과제를 추진하고 있다.

빅데이터 산업은 크게 세가지로 나눌 수 있다. 첫째는 클라우드 컴퓨팅과 그와 관련된 서버 산업이다. 이는 빅데이터를 다룰 수 있는 컴퓨터 하드웨어 기술이라고 할 수 있다. 두 번째는 대용량의 정보를 활용하고 필요한 데이터를 수집한 뒤 모델을 만들어 예측 · 분석하는 컨설팅 산업이다. 마지막으로 시스템 소프트웨어다. 빅데이터를 다루기 위한 저장 공간과 처리 시설 제공에 관련된 데이터베이스 시스템과 분산 컴퓨팅, 가상 머신 등이 여기에 포함된다.

소셜미디어는 트위터와 페이스북 같은 소셜네트워크서비스(SNS)에 가입한 이용자들이 정보와 의견을 공유하면서 대인관계망을 넓힐 수 있는 플랫폼을 가리킨다. SNS를 통해 사람들은 직접 뉴스를 말하거나 전달하고, 그 뉴스를 들으려고 전달자 주변에 몰려든다. 소셜미디어 사용의 증가에 따라 사용자가 직접 제작해 공유하는 디지털 콘텐츠도 날로 확산되고 있다.

이에 따라 기업들은 갈수록 빅데이터 관리의 중요성을 절감하게 된다. 기업 처지에서 보면 소셜미디어를 통해 고객뿐만 아니라 잠재 고객과 경쟁사에 관한 유용한 정보를 얻을 수 있다. 여기서 더욱 중요한 것은 매일 상호작용하는 수백만건의 정보에서 필요한 정보만을 빼내 얻는 것이다. 다시 말해 빅데이터의 시대에 기업이 우선적으로 갖춰야 할 것은 대규모 소셜 스트림을 이용해 데이터 활용법을 효과적으로 찾는 것이다.

현재 이뤄지는 소셜미디어를 활용한 비즈니스는 고객의 의견을 듣고 자사의 제품을 홍보하는 창구로 이용하는데 그치고 있다. 하지만 앞으로는 소셜미디어가 제품 개발에도 활용될 것이다. 결국 여기에서 가장 중요한 관건은 데이터마이닝(Data Mining)이라고 할 수 있다.

세계 최대 반도체 제조사이자 휴대전화, 가전제품 1위 제조사인 삼성전자는 최근 데이터마이닝을 전사적으로 도입하기 위한 프로젝트에 착수한 것으로 전해지고 있다. 삼성의 정보기술(IT) 시스템은 그동안 업종을 불문하고 모든 기업들의 벤치마킹 대상이 돼왔다는 점에서 이번 사업은 국내 산업계의 전방위적 빅데이터 확산의 신호탄이 될 것으로 보인다.

앞에서 살펴본 것처럼 빅데이터가 엄청난 시장 잠재력을 가진 만큼 우리 기업들도 빅데이터에 관한 경쟁력을 높이고 세계시장으로 나아갈 수 있는 역량을 키워야 한다. 다만 빅데이터는 정보 공유에 따른 부작용도 있다. 개인정보 유출이나 악용의 소지가 있는 것이다.(Economy Insight, 2013.7)

주1) 프랑스 수도권은 파리 및 일부 프랑스 지역을, 일본 수도권은 동경 및 사이타마, 치바, 카나가와 등 3개현을 포함한다. 프랑스의 경우 1970년 18.9%에서 2006년 18.7%로, 일본의 경우 1970년 23.2%에서 2006년 32.4%으로 수도권 인구비중이 증가하였다.

2) 미설립(전남, 전북, 제주) 지역신용보증재단의 설립 추진

3) 대도시권(부산, 경남권, 대구·포항권, 광주·목표권, 대전·청주권), 신산업지대권(아산만권, 전주·군장권, 광양만·진주권), 연담도시권(강원동해안권)

4) 강원(영월), 충북(충주·제천), 경북(영주)등 3도가 인접한 지역을 연담도시형 광역권으로 지정개발

5) 제주도를 개방화와 세계화를 선도하는 교두보로 육성하고 동북아의 관광·휴양 등의 거점도시로 조성

제 9 장

국제경쟁력 향상과 경제정책

제 9 장 국제경쟁력 향상과 경제정책

나는 사람들에게 무엇을 하라고 말하지 않는다. 그들이 무엇을 할지 스스로 결정하도록 어려운 질문을 할 뿐이다. - 피터 드러커 -

제 1 절 글로벌 경제와 국제 경쟁력

기업이나 국가나 운영원리는 유사하다. 개별기업은 글로벌 시장에 더 좋은 제품을 더 싸게 공급해야 살아남을 수 있다. 기업들의 경쟁이 치열해 지면서 기업의 평균수명이 1930년대 90년, 1980년대 30년, 21세기 글로벌 경쟁시대에는 15년으로 단축되고 있다. 기업과 국가 경쟁력 향상이 중요한 이유이다[9].

미국 포브스(Forbes)가 발표한 자료에 따르면 2011년 세계 2,000대 기업 수에 한국은 68개로 5위를 차지하고 있다. 미국 524개, 일본 258개, 중국 136개, 영국 90개, 한국 68개 순이었다. 1위는 미국의 엑슨모빌, 2위 JP모건 체이스, 3위 GE였고, 한국의 삼성전자 26위, 현대차 96위, 포스코 151위였다.

미국 경제전문지 포천이 발표한 2013년 '글로벌 500기업'에는 삼성전자 등 한국기업이 14개 포함되었다. 매출액 기준으로 삼성전자 14위, SK홀딩스 57위, 현대자동차 104위 등은 순위가 상승하였고, 포스코 167위, 현대중공업 206위 등은 순위가 하락하였다. 글로벌 1위는 로열더치셀, 2위 월마트, 3위 엑손모빌 순이었다.

제조업 경쟁력이 강한 일본에는 기업의 역사가 긴 회사가 많다. 100년 이상 기업이 약 22,000개, 200년 이상 약 1,000개, 300년 이상도 435개이 달한다. 한국의 경우 100년이상 기업은 두산

9) 송병락(2010, 1992), [한국경제포럼](2012), 한국경제학회.

과 동화약품 2개 이다.

글로벌 경제시대에는 글로벌경쟁력 우위기업이 승자가 되고, 글로벌 경쟁력 확보기업이 많은 나라의 국제경쟁력이 향상된다. 한국은 지금까지 대외지향형 성장을 하는 가운데 많은 교역대상국들과 치열한 경쟁을 하여 왔다. 그런데 앞으로의 지구촌경제(global economy)시대에는 국제경쟁이 더욱 치열해질 것이다. 한국의 성장이나 안정문제를 국제적인 차원을 떠나 논의할 수 없듯이 능률문제도 마찬가지이다.

미국과 같은 나라는 국내시장이 방대하고 무역의존도가 낮으며 또한 국내수준의 능률이 곧 세계수준일 정도로 높기 때문에 능률을 국내와 국제차원으로 구분하여 논의 할 필요가 없다. 경쟁도 국내경쟁만 고려하면 된다. 그러나 선진국과의 경제력이나 능률면에서 큰 차이가 있는 한국의 경우는 다르다.

아직 한국의 많은 산업의 경제력과 기술력은 선진국산업의 수준에 비하여 열악하다. 우리나라에서는 지금까지 많은 사람들이 산업의 경쟁력을 미국에서와 같이 국내시장중심으로만 논의하려는 경향이 강했다. 앞으로는 국제경쟁중심으로 바뀌지 않으면 안된다.

세계 2차대전 이후 세계경제학의 발전을 주도한 나라는 세계 제일의 경제대국 미국이었다. 그러나 미국에서는 80년대 후반, 특히 90년대에 들어오면서부터 경쟁력이 일본에 비하여 점차 뒤떨어지게 되자 경쟁과 능률에 관한 미국경제관에 대한 비판의 소리가 높아져가고 있다.

새로운 경제관을 주창하는 대표적 학자로는 MIT대의 더로우(L.Thurow)교수와 하바드 경영대의 포터(M.E.Porter)교수 등을 들 수 있다. 포터의 이론은 세계 10개국의 100개 산업에 대한 경쟁우위의 비교분석에 기초를 두고 있다. 더로우 교수의 주장을 중심으로 새로운 경제관점의 요지를 보기로 한다.

1. 경쟁의 무대는 지구촌시장

미국의 정부나 경제정책담당자들이 대상으로 하는 '시장'(market)은 지금까지 국내시장(domestic market) 또는 국내의 지역시장(regional market)을 의미하였다. 특히 미국의 독점금지법(Antirust Law)이 대상으로 하는 시장이 그러하였다. 반대로 일본의 통산성이나 산업정책담당자가 말하는 시장은 대개의 경우 국제시장이나 해외시장을 의미하였다.

미국에는 다국적기업이 많고 이들은 오래 전부터 국제경쟁과 국제시장에 대한 뚜렷한 견해를 갖고 있었다. 그러나 미국의 공정거래위원회나 기업정책담당자들 만은 그렇지 못하다. 그러므로 미국에서는 최근 국제경쟁을 하는 많은 기업들을 국내시장에서만 경쟁하는 것으로 간주하고, 과다한 규제를 하여 왔다.

일본에서는 반대로 국내의 대기업도 국제 시장으로 볼 때는 오히려 규모가 작다고 간주하고 육성하는 정책을 펴왔다. 그 결과 일본의 많은 대기업들이 미국에 비하여 앞서게 되었다고 더로우는 지적하고 있다.

부연하면, 제품의 시장가격(P)은 그 한계생산비(MC)와 같아야 한다는 능률달성조건 P=MC를 검토함에 있어서도, 미국에서는 경제정책담당자들이 항상 P는 '국내 시장가격', MC는 '국내'산업의 한계생산비라고 생각하였다. 일본 산업의 MC와 비교할 때 미국산업의 MC가 어떠한가는 생각조차 하지 않았다. 그러나 일본의 정책담당자들은 항상 미국 등 경쟁대상국들의 P와 MC를 감안하였다.

그리고 일본의 MC가 경제대상국의 MC보다 낮게 되도록 적극적인 노력을 했다. 미국의 경제전문가들도 시장에 대한 견해를 국내시장에서 국제시장으로 바꾸어야 된다는 것이 더로우 교수의 주장이다.

경영학자인 드럭커(P.Drucker)도 이미 오래 전에 같은 주장을 했다. 그는 영국과 미국은 경제문제를 항상 국제경쟁을 도외시하고 국내시장중심으로 해결하라고 하였는데, 영·미의 많은 국제수지적자 등의 경제문제는 바로 이 점에 기인한다는 사실을 강조한 바 있다.

드러커는 지구촌경제시대에서는 어느 나라든지 영·미식으로 국내시장 중심적 경쟁관을 갖는 나라는 모두 영·미와 같은 국제수지적자와 성장둔화 등의 문제에 봉착하게 될 것이라고 하였다.

사실 한국의 많은 대기업들은 국제시장을 대상으로 하므로 능률달성조건 P=MC를 따질 때 P와 MC를 다 같이 일본 등 경쟁대상국 산업들의 MC를 기준으로 하고 있다. 예를 들어 한국의 칼라 TV회사는 먼저 해외수출을 하고 난 다음 국내판매를 시작했다. 한국에서 매출액규모가 제일 큰 삼성물산은 매출의 60% 정도가 해외시장을 대상으로 한 것이다.

삼성물산이나 현대종합상사 등과 같은 종합상사들의 매출액 구성을 보면 해외시장 의존도가 매우 높다. 현대그룹도 세계시장을 대상으로 성장한 그룹이라는 사실을 강조하고 있듯이 해외경쟁을 많이 하고 있다. 국제시장에서의 경쟁은 국제적인 대기업간의 경쟁이다.

앞으로 한국의 대기업은 범세계적 시장(global market)에서 경쟁을 해야 함은 물론이다. 개발년대를 통하여 한국 정부는 수출품의 가격을 보조금을 통하여 국제가격과 거의 같은 수준으로

한 올바른 가격정책을 실시하였는데, 이 같은 정책은 성공적인 무역확대를 초래하였다고 평가된다.

2. 한국의 국가경쟁력

글로벌 경제에서 비교우위를 가지려면 국가와 기업의 경쟁력 향상이 중요하다. 국가경쟁력은 세계경제포럼(WEF: World Economic Forum)과 스위스 국제경영개발원(IMD: International Institute for Management Development)에서 발표하고 있다.

WEF는 144개국을 대상으로 (1)기본요건(가중치 20%), (2)효율성 향상(가중치 50%), 혁신 및 정교성(가중치 30%)을 기준으로 순위를 발표하고 있다. 기본요건에는 제도, 인프라, 거시경제 환경, 보건 및 초등교육 등의 지표가 있다.

효율성 향상지표에는 고등교육 및 훈련, 상품시장 효율성, 노동시장 효율성, 금융시장 발달, 기술개발, 시장 크기 등이 있다. 혁신 및 정교성 지표에는 비즈니스 정교성, 혁신 등이 있다.

WEF의 '2016년 국제경쟁력 보고서'에 따르면 한국은 26위를 차지하였으며, 2015년에 비하여 순위가 하락하였다. 국제경영개발연구원(IMD)발표한 '2016년 국가경쟁력 평가'에 따르면 한국은 국가 경쟁력순위에서 2015년 25위에서 2016년에 29위로 하락하였다. 아시아 태평양 국가중에는 10위, 인구 2천만명 이상의 국가 중에서는 11위, 주요 20개국(G20)가운데 8위로 나타났다.

〈표-1〉 국가경쟁력 순위(IMD)

	2007	2008	2009	1010	2011	2015	2016
국가경쟁력 순위	29	31	27	23	22	25	29
- 아시아태평양국가	10	11	10	8	8	8	10
- 인구 2천만 이상	12	13	11	9	9	9	11
- G20국가 중 순위	-	-	8	7	7	7	8

IMD는 국가 경쟁력을 제고하기 위해 약점으로 지적된 부문에 대한 지속적인 개선노력이 필요함을 강조하고 있다. 노사관계 생산성, 기업이사회 경영감독, 외국인 직접투자 유치 등에 대한 개선이 필요하다는 지적이다.

한국경제의 시급한 정채과제로는 가계부채 완화, 실업율 관리와 양질의 일자리 창출, 재정건전성 강화, 낮은 물가, 맞춤형 복지제도를 통한 저소득층 가구지원, 북한 위협에 대비한 경제체질 강화 등을 제시하였다.

3. 기업정책과 글로벌 경쟁

일본은 오래 전부터 전 세계시장을 대상으로 하고 또한 미국 등 선진국에 비하여 낙후되었다고 믿어 대기업을 적극 육성하는 정책을 펴왔다. 뿐만 아니라 해외진출과 국제경쟁력 제고에는 '기업집단식' 접근이 유리하다고 판단하여 일본식 기업집단인 '케이레쯔'의 형성을 적극 장려하였다. 그러나 미국은 일본과는 반대로 국내시장의 경제력 집중억제를 중시하였으며 기업들의 집단형성을 법적으로 금지하였다.

미국은 독점금지법에 따라 이미 1930년대에 일본의 케이레쯔나 한국의 기업그룹과 같은 자국의 기업집단을 모두 해체하였다. 결과적으로 미국의 기업은 현재 원칙적으로 하나 하나가 독립적 국제경쟁단위가 되어 많은 대기업들이 집단을 형성하고 있는 일본의 케이레쯔와 경쟁 할 수 있도록 해야 한다는 주장이 많이 나오고 있다.

사실 이러한 이유로 인하여 미국의 독과점금지정책은 80년대에 들어와서 레이건행정부의 공급경제정책과 더불어, 그 목적이 과거 대기업의 독점규제에서 현재는 능률향상으로 크게 변화했다.

한국경제는 이미 많이 개방되어 있으나 앞으로는 더욱 더 개방될 수밖에 없다. 외국의 크고 작은 기업들이 그야말로 떼를 지어 몰려와서 이제는 우리 기업들과 국내에서도 경쟁을 한다. 과거 한국기업들이 외국에 가서 외국기업들과 경쟁하던 것과는 사정이 크게 변화했다.

미국, EU, 칠레 등과의 FTA추진으로 관세 및 비관세 장벽이 낮아지면서 해외시장은 물론 국내시장에서도 경쟁이 치열해지고 있다. 국내자동차 시장에서 독일, 일본, 미국 차들의 시장점유율이 증가하고 있다. 관세인하와 한국 시장 공략으로 도요타, BMW, WV 등이 성능은 향상되면서 가격이 싸졌기 때문이다. 이에 대응하여 국내 자동차회사들도 성능향상과 할인 증대, 가격인하 등의 판매증대 전략을 강구하고 있다.

지금은 능률달성의 조건인 P=MC에서 한국기업의 P와 MC는 외국에 있거나 국내에 진출한 가장 우수한 외국기업의 수준으로 낮추어가지 않으면 안된다. 최근 많은 중소기업들이 쓰러지고 있는 것은 경제의 개방 및 외국기업들과의 경쟁에도 기인하는 바 크다. 앞으로 한국의 기업은 전 세계에서 가장 경쟁력이 강한 기업과의 경쟁을 국내외에서 할 수 있어야 한다.

4. 경쟁유형의 변화

한국수출상품의 해외시장에서의 경쟁은 지금까지는 주로 제품의 생산비를 최소로 하는 '가격위주의 경쟁'이었다. 신상품개발에 의한 경쟁이 아니었다. 아직 그러할 능력이 약했던 때문이다. 앞으로는 급속한 기술혁신에 따른 신상품 개발과 이에 의한 경쟁이 중요하게 된다.

즉 경쟁의 개념이나 유형이 크게 바뀌고 있다. 개성과 다양성, 창조성이 중시되는 21세기에는 가격경쟁력과 더불어 기술력과 아이디어로 무장된 세계 제일의 제품만이 생존할 수 있는 것이다.

가전시장에서는 TV, 에어컨, 냉장고, 로봇 청소기 등에서 경쟁이 치열하다. 제품의 고급화와 문화를 접목시킨 감성 마케팅, 다양한 기술을 접목한 퓨전제품의 개발경쟁이 심화되고 있다. 삼성전자는 반도체, LCD, 정보통신, 디지털 미디어, 생활가전 등 5대 제품의 복합생산전략을 추진하고 있다.

Apple은 1984년 매켄토시 컴퓨터, 2001년 아이팟, 2007년 아이폰, 2010년 아이패드를 만들어 새로운 시장을 개척했다. 아이패드는 계산기, 텔레콤 및 미디어를 유합한 것이고, 아이폰은 휴대폰, 컴퓨터, 음악영화, 인터넷 등의 산업을 융합하여 소비자들에게 감동을 준 것이다.

5. 한국의 경쟁우위 단계

국가의 발전단계에 따라 경쟁우위의 요소가 달라진다. M.Porter는 경제가 발전함에 따라 4단계의 비교우위를 갖는다고 주장한다. 공업이 발달하지 못한 상태에서는 부존자원의 존재량이 비교우위의 원천이 되며, 이 같은 단계를 요소주도형 단계라 한다. 공업이 발전함에 따라 대규모 투자와 대량생산 체제가 확립되고, 제2물결적인 사회에서는 투자의 량이 경쟁우위를 결정하게 된다.

기술혁신 주도경제에서는 새로운 기술의 개발과 신상품의 생산이 경쟁력 우위의 원천이 되며, 각국은 신기술개발에 노력하게 된다. 우리나라는 투자주도경제에서 기술혁신주도경제로 이행하는 과도기에 있다. 부주도 경제는 과거에 축적된 부(Wealth)의 양이 경쟁우위의 원천이 되며, 영국과 미국 등의 선진국이 이에 해당된다.

제 1 단계: 요소주도형 단계(factor-driven stage)
제 2 단계: 투자주도형 단계(investment-driven stage)
제 3 단계: 혁신주도형 단계(innovation-driven stage)
제 4 단계: 부(富)주도형 단계(wealth-driven stage)

포터는 이러한 경쟁력 단계의 분석틀은 개인 · 기업 · 산업에도 적용될 수 있는 극히 유용한 개념으로 보인다. 어느 홍콩인의 예를 들어 보자. 어느 홍콩인이 양돈업을 하였더니 돼지의 수가 많아져서 돼지와 사료 등의 수송에 트럭이 많이 필요하게 되었다고 한다.

그래서 트럭을 몇 대 사서 일부는 양돈업에, 그리고 여유분은 다른 화물수송에 사용하여 보았더니 화물수송이 양돈업보다 낫더라는 것이다. 그리하여 양돈업에서 트럭업으로 업종을 전환하였다고 한다.

트럭업에서도 성공을 하였는데, 그리고 보니 트럭을 위한 주차장이 많이 필요하게 되었다고 한다. 그래서 주차장을 많이 샀는데, 얼마 지나고 보니 주차장사업이 트럭사업보다 이익률이 더 높더라는 것이다. 그래서 업종을 주차장사업으로 다시 바꾸었다고 한다.

그리고 직원도 늘리고 본사빌딩을 건설했었는데, 몇 년 지나고 보니 빌딩업이 주차장업보다 수익률이 더 높더라는 것이다. 그리하여 업종을 다시 빌딩업으로 전환하여 많은 돈을 벌었다. 그 사람은 현재 홍콩의 손꼽는 재벌이 되어 있다.

이와 같이 업종을 잘 전환하는 것도 혁신주도형이다. 한국의 손꼽는 삼성그룹도 옛날에는 먹고 입는 것과 관련된 산업에서 보고 듣는 것과 관련된 라디오 · TV등 전자산업으로 그리고 다시 컴퓨터 · 반도체 · 생명공학 등 첨단산업으로 끊임없이 혁신하는 가운데 세계적인 기업으로 성장하였다. 현재 세계시장을 주름잡는 일본 케이레쯔들의 성장과정도 이와 대동소이한 과정을 겪었다.

제 2 절 경제적 효율의 내용

우리가 일상생활을 하면서 효율(efficiency)이라는 말을 많이 듣고 사용한다. 경제적 효율의 핵심은 국민이 바라는 제품을 바라는 양만큼 최소의 비용으로 생산하는 것이다. 경제적 의미의 효율성은 일반적으로 투입대 산출의 극대화를 의미한다. 즉 주어진 산출량을 생산하기 위해 투입요소를 극소화하거나, 주어진 투입요소로 산출량을 극대화하는 것을 말한다.

1. 기업과 산업의 효율성

(1) 기업의 효율성

기업에서의 효율성은 기업이 사용하는 노동 · 자본 · 토지 등 생산물에 투입된 자원의 양, 즉 요소의 비용을 최소로 하는 것이다. 그러기 위해서는 같은 금액의 돈을 노동 · 자본 · 토지 등 어느 것에 사용하든지 그로부터 얻어지는 한계생산물(MP: marginal product)의 가치가 같아지도록 하는 것이다.

이를 식으로 나타내면 다음과 같다. 노동의 비용을 P_e, 자본의 비용을 P_k, 그리고 노동과 자본의 한계생산물을 각각 MP_e 과 MP_k 라고 하면, MP_e / P_e = P_k / MP_k 가 기업차원에서의 효율성 달성 조건이다. 즉 한계생산물 균등의 법칙(Law of equal marginal product)이 달성되었을 경우 기업 효율성이 극대화 된다.

같은 돈으로 노동 한 단위 더 쓸 때보다 자본 한 단위를 더 쓸 때 얻어지는 한계생산물이 크면 노동을 줄이고 자본을 늘리는 것이 이롭다. 이를 계속해서 더 이상 그렇게 할 수 없는 상태가 되었을 때 생산적 효율성(productive efficiency)이 달성되었다고 한다.

(2) 산업의 효율성

같은 제품의 생산에 있어서 어떤 기업은 높은 가격으로, 또 어떤 기업은 낮은 가격으로 생산한다면 '산업전체' 의 효율성이 달성되었다고 할 수 없다. 같은 산업에 속하는 모든 기업들이 모두 최소의 비용으로 생산할 때 산업차원에서의 효율성이 달성된다.

(3) 경제 전체의 효율성

기업과 산업차원에서의 효율성이 달성되더라도 경제전체로 볼 때 제품에 따라서 과다하게 또는 과소하게 생산될 수도 있다. 어떤 것은 남아돌 정도로 많게 또 어떤 것은 구하기 힘들 정도로 적게 생산된다면 경제전체가 효율적이라고 할 수 없다. 이럴 때는 남는 것은 줄이고 부족한 것의 생산은 늘리는 것이 효율성 향상의 길이다.

더 이상 그렇게 할 수 없을 때 경제전체차원에서의 효율성 곧 배분적 효율성 (allocative efficiency)이 달성된다. 즉, 어떤 사람의 복지를 줄이지 않고 다른 사람의 복지를 더 이상 향상시킬 수 없는 상태가 될 때 이러한 효율성이 달성되며, 이를 파레토최적(Pareto Optimality)이라 한다.

이는 어떤 생산물에 대한 소비자의 한계효용(MU: marginal utility)이 그 제품을 생산하는 기업의 한계생산비(MC: marginal cost)와 같게 될 때 달성된다. 그런데 완전경쟁시장에서는 소비자의 효용극대화의 조건이 P=MU이고, 기업의 비용최소화의 조건은 P=MC이므로 경제 전체 수준에서의 효율성 달성조건인 MC=P=MU가 충족된다.

완전경쟁시장에서는 배분적 효율성이 달성되는 것이다. 요약하면, 한국경제전체 수준에서의 효율성 곧 배분적 효율이란 "한국경제가 국민이 바라는 제품을 바라는 양만큼 얼마나 잘 생산할 수 있느냐"이다. 즉 겨울상품, 여름상품, 생필품과 여가상품, 내수품과 수출 상품, 어린이용품과 노인용품, 남성용품과 여성용품 등 다양한 상품을 적당한 양만큼 얼마나 잘 생산하는가이다.

위의 설명을 부연하면, 가령 곰탕이나 TV 등 어느 것이나 국가의 자원을 최소로 사용하여, 곧 최소의 비용으로 생산되면 생산적 효율성은 달성된다. 그러나 한국의 귀중한 자원이 모두 곰탕이나 TV를 만드는 데 사용된다면 한국경제가 효율적이라 할 수 없다. 경제 전체 수준에서 볼 때는 국민이 원하는 것이 고루 생산되어야 하는 것이다.

국민이 원하는 물건의 생산에 자원이 잘 배분되는 것을 배분적 효율성이라고 한다. 그러므로 아무리 최소의 비용으로 생산되더라도 국민이 바라지도 않는 지도자의 동상이나 기념물이 생산되면 경제 전체는 비효율적인 것이 된다. 생산가능성곡선(production possibility curve)을 사용하여 말한다면 생산이 이 곡선 내부에서 이루어지면 비효율적이다.

이 곡선상에서 이루어질 때만 '생산적 효율' 이 달성된다. 그러나 그렇다고 하더라도 이 선상의 모든 점이 배분적 효율 달성조건을 충족하는 것은 아니다. 단지 MU=MC를 만족시키는 점만이 그러하다.

그런데 국민이 필요로 하는 재화와 용역에는 음식, 의복, 주택, 이발서비스 등의 사유재(private goods)와 일기예보, 국방, 치안, 전력 및 용수관련서비스 등 공공재(public goods)도 있다. 사유재와 공공재의 모두에 있어서 원하는 것이 양만큼 그리고 최소의 비용으로 달성될 때 한국경제는 효율적이라고 할 수 있다. 그러나 사유재와 공공재의 최적량을 결정하는 방법에는 차이가 있다.

2. 소비자주권과 관련된 쟁점

시장경제에서 재화와 용역은 소비자들이 원하는 것이 원하는 만큼 생산된다. 소비자들의 주권행사, 즉 돈이라는 표를 어느 물건 사는 데 얼마나 쓰느냐에 따라서 결정된다. 그런데 과연 소비자들이 독자적으로 건전하게 주권을 잘 행사할 수 있는가? 즉 배분적 효율의 전제가 되는 소비자주권이 과연 적절하게 행사되고 있는가 하는 점이다. 이에 관하여 다음과 같은 쟁점이 있다.

첫째는 소비자 주권의 행사와 관련된 형평의 문제이다. 즉 선거권행사에 있어서는 모든 사람이 '한 표'라는 점에서 공평하다. 그러나 소비자주권행사에 있어서는 있는 사람과 없는 사람간의 '돈이라는 표'의 차이가 심하다. 그런데 이는 분배의 개선을 통해 해결되어야 할 문제이지 능률과 관련된 문제는 아니다.

둘째는 소비자의 독자적인 '주권'행사가 어렵다는 것이다. 즉 소비자의 소비행위는 다른 사람의 소비행위나 기업체의 선전광고 등의 영향을 많이 받는다는 것이다. 이러한 주장은 일리는 있으나 소비자들이 언제든지 이른바 '거부권 행사'를 할 수 있다는 사실을 과소평가하고 있다.

셋째는 소비자가 시장정보의 부족으로 주권행사를 잘할 수 없다는 것이다. 사실 소비자들은 일반적으로 일상용품의 시장정보에는 비교적 밝으나 자동차,VCR,주택, 부동산 등 일상거래가 잘 되지 않는 내구재의 경우에는 그러하지 못하다.

그리고 교육, 의료서비스 등 오랜 시간에 걸쳐 효과가 발생하는 것에 대해서도 그러하다. 소비자주권에 관해서는 이러한 문제점들이 있는 것은 사실이나 이에 의하지 않고 배분적 효율을 달성하는 대안은 아직 없다.

제 3 절 독과점 규제와 경쟁촉진

1. 한국의 경쟁유형과 시장집중도

공정거래위원회와 한국개발연구원의 「공정거래 10년」에 따르면 한국의 경쟁유형은 시장점유율(market share) 기준으로 다음과 같이 네 가지로 구분된다.

- 독점형 시장: 상위 1개사의 시장점유율이 80%이상이고, 2위사와의 점유율 차이가 10배 이상인 경우
- 복점형 시장: 상위 2개사의 시장점유율이 80%이상이고, 이 2개사의 점유율차이가 5배 이내이며, 제3위사의 시장점유율이 5% 미만인 경우.
- 과점형 시장: 상위 3개사의 시장점유율이 60%이상으로서 독점형이나 복점형시장에 해당되지 않는 경우.
- 경쟁형 시장: 상위 3개사의 시장점유율이 60% 미만인 경우.

(1) 시장집중도와 독과점 고착산업

공정거래 위원회(2010.12)에 따르면 2008년 시장집중도는 CR_3 **단순평균 기준**으로는 전년도와 비슷한 수준이나, **가중평균 기준**으로는 **상승**한 것으로 나타났다.

【시장집중도 변화】

(단위 : %)

구 분		2006	2007	2008
CR_3	단순평균	45.6	45.2	45.5
	가중평균	51.2	54.2	55.3

가중평균: 산업별 시장규모(출하액)를 가중치로 하여 산정한 평균값

5년간(04~08년) 계속해서 상위 1사의 시장점유율이 50% 이상 또는 상위 3사 시장점유율 합계 75% 이상 **시장지배적 사업자 추정기준에 해당하는 독과점 구조 고착산업은 46개이다.** 시장규모 **10조원 이상**인 산업은 정유, 승용차, 반도체 등 **3개**, **1조~10조원 미만**인 산업은 타이어, 라면, 맥주 등 **15개**, **1,000억~1조원 미만**인 산업은 커피, 설탕, 화약 등 **14개** 산업으로 나타났다.

❑ **(상위3사 집중도 변화)** 5년간(04~08년) 상위 3사의 집중도(CR3)가 상승한 독과점 구조 고착산업의 수는 **20개**

- **승용차**(84.0%→90.5%), **담배**(92.9%→99.7%), **라면**(75.9%→83.6%), **화약**(88.9%→97.8%), **위스키**(82.3%→90.8%) 등의 산업이 큰 폭으로 상승
  - * 독과점 구조 고착산업의 평균 CR3는 08년 **92.9%**로 광업 · 제조업 전체 평균인 **45.5%**(단순평균 기준) 보다 매우 높은 수준임

□ **(상위3사 기업구성 변동)** 5년간(04~08년) 상위 3사의 기업구성에 변동이 없는 독과점 구조 고착산업의 수는 **10개**

- 5년간(04~08년) 상위 1사 혹은 상위 3사에 포함되는 **기업구성 및 순위에 변동이 없는 경우 ⇒ 9개 산업 ***
  - * 타이어, 담배, 라면, 식물성유지, 커피, 재생섬유, 청주, 나전칠기가구
- 5년간 상위 1사 혹은 상위 3사의 **기업구성에는 변동이 없이 순위만 바뀐 경우 ⇒ 1개 산업** (설탕)
- 5년간 상위 3사의 **기업구성에 변동**이 있는 경우 ⇒ **36개 산업**
  - 출하액 비중이 높은 **정유**, **승용차** 등은 상위 3사의 기업구성에 변동이 있으나 상위 1사와 2사의 기업구성 및 순위에는 변동이 없음

□ **(특징)** 독과점 구조 고착산업은 경쟁이 제한된 결과 **영업이익률**이 높으면서 R&D**비율**과 **해외개방도**는 낮고, **내수시장집중**도 및 **중간규모출하액**은 높게 나타남

□ **(영업이익률)** 독과점 구조 고착산업의 평균 **영업이익률**은 **32.5%**로서 광업 · 제조업 전체 평균인 **30.2%** 보다 높음

* 영업이익률 = 순부가가치(부가가치-총급여) / 출하액

○ 영업이익률이 전체 평균을 초과하는 산업은 **18개**

* **맥주**(62.6%), **청주**(52.4%), **담배**(50.3%) 등의 산업이 영업이익률이 높음

□ **(연구개발투자비율)** 독과점 구조 고착산업의 **연구개발투자 비율**은 **1.7%**로서 광업 · 제조업 전체 평균인 **2.0%** 보다 **낮음**

* 연구개발투자(R&D) 비율 = 자체사용 연구개발비 / 매출액

○ R&D 비율이 전체 평균보다 낮은 산업은 30개

* 정**유**(0.1%), **철강**(0.6%), **맥주**(0.6%), **조미료**(1.0%) 등의 산업이 R&D 비율이 낮음

□ **(해외개방도)** 독과점 구조 고착산업의 **해외개방도**는 **27.4%**로서 광업 · 제조업 전체 평균인 **30.2%** 보다 **낮음**

* 해외개방도 = (수출액 + 수입액) / 출하액

○ 해외개방도가 전체 평균보다 낮은 산업은 **27개**

* **담배**(19.6%), **맥주**(19.9%), **설탕**(23.8%) 등의 산업이 해외개방도가 낮은 것으로 나타나 해외로부터의 경쟁압력이 낮은 것으로 평가됨

□ **(내수집중도)** 독과점 구조 고착산업의 **내수집중도**는 **67.8%**로서 광업 · 제조업 전체 평균인 **32.1%** 보다 **높음**

* 내수집중도 = 내수출하액 / 내수시장규모
(내수출하액 = 출하액-수출액, 내수시장규모 = 출하액-수출액+수입액)

○ 내수집중도가 전체 평균보다 높은 산업은 **42개**

* **컨테이너**(97.4%), **철도차량**(90.6%), **승용차**(80.5%) 등의 산업이 내수집중도가 높음

□ **(중간규모출하액)** 독과점 구조 고착산업의 중간규모출하액은 **1,025억원**으로서 광업 · 제조업 전체 평균인 **154억원** 보다 훨씬 **높음**

* 중간규모출하액은 해당산업에서 시장점유율 누적값 50%에 해당하는 기업의 출하액으로, 해당산업에서 규모의 경제를 측정하고 진입장벽의 존재여부를 판단하는 지표로 사용

ㅇ 중간규모출하액이 전체 평균보다 높은 산업은 13개

* 승용차(1조 6천억원), 정유(5,580억원), 담배(3,570억원) 등의 산업이 중간규모 출하액이 높음

□ (시장지배력 행사 가능성) 시장집중도가 높은 독과점 구조 고착산업을 대상으로 영업이익률, R&D비율, 해외개방도, 내수집중도, 중간규모출하액 등을 종합적으로 분석하여 시장지배력 행사의 가능성을 판단

ㅇ 맥주, 담배, 라면, 커피, 설탕, 판유리, 화약, 조미료 등의 경우 영업이익률이 높으면서 R&D비율과 해외개방도는 낮고 내수집중도는 높아 시장지배력 행사의 가능성이 높음

ㅇ 정유, 승용차 등의 경우 R&D비율은 낮고 중간규모출하액은 매우 높은 수준으로 신규기업의 진입이 어려워 독과점 구조가 장기간 고착화되면서 소수기업에 의한 시장지배력 행사의 가능성이 높음

* 정유산업의 경우 46개 독과점 구조 고착산업중 R&D비율이 가장 낮으며, 승용차산업은 중간규모출하액이 가장 높음

⇒ 독과점 구조 고착산업의 시장지배력 남용 또는 불공정행위 가능성에 대한 면밀한 감시 필요

〈표-2〉 시장지배력 남용의 가능성이 있는 독과점구조 고착산업

(단위: %, 억원)

산업	시장집중도 (CR3)	영업 이익률	연구개발 투자비율	해외 개방도	내수 집중도	중간규모 출하액
정유	81.8	13.8	0.1	31.8	67.3	5,580
승용차	90.5	25.4	2.8	37.3	80.5	15,960
담배	99.7	50.3	1.8	19.6	89.4	3,570
라면	83.6	30.8	0.9	23.8	67.7	30
맥주	100.0	62.6	0.6	19.9	84.1	3,010
커피	83.7	29.8	0.9	23.8	67.9	70
설탕	100.0	30.1	0.9	23.8	81.0	3,320
판유리	99.7	32.4	1.0	26.2	76.8	680
화약	97.8	41.3	1.6	33.7	69.2	40
조미료	99.3	33.0	0.9	23.8	80.4	70
46개 독과점산업 평균	92.9	32.5	1.7	27.4	67.8	1,025
광업·제조업 전체 평균	45.5	30.2	2.0	30.2	32.1	154

〈표-3〉주요 독과점구조 고착산업의 특성 및 시장현황

산업	특성	시장현황(시장점유율, 08년말 기준)
정유	원유생산에서 석유류 제품판매에 이르기까지 수직계열성이 강하고 자본집약적이며 기술집약적인 장치산업의 특성상 신규기업의 진입이 어려움	○ **SK에너지, GS칼텍스, 현대오일뱅크, S-OIL** 등 4개 기업에 의한 과점적 시장구조 - SK에너지(29.3%), GS칼텍스(25.1%), 현대오일뱅크(11.9%), S-OIL(10.6%), 기타
자동차	막대한 설비투자비와 신제품개발 및 품질향상을 위한 연구개발비가 소요되고 규모의 경제효과가 크게 작용하는 산업특성상 신규기업의 진입	○ **현대차**와 **기아차**가 70%를 상회하는 시장점유율을 보이며 선도기업으로 활동 - 현대차(47.1%), 기아차(24.0%), 지엠대우(18.0%), 르노삼성

	이 어려움	(5.4%), 쌍용차(3.7%), 타타대우상용차(1.0%), 대우버스 (0.8%)
담배	종래 국가 독점산업이었으나, 01년 담배제조업이 허가제로 개정되면서 경쟁체제로 전환	○ KT&G가 시장점유율 70%에 달하는 시장지배력 보유 - KT&G(70.3%), 브리티시 아메리칸 토바코 코리아(15.9%), 필립모리스 코리아(9.5%), 기타 중소기업(우리담배 등)
라면	설비자동화와 생산라인의 증설 등 대규모 설비투자가 필요한 자본집약적 산업이며, 타제조업에 비해 물류비부담이 2~2.5배에 이름	○ **농심**이 시장점유율 60%를 상회하는 가운데 **오뚜기, 삼양식품, 한국야쿠르트**가 나머지 시장을 분할 - 농심(63.7%), 오뚜기(15.6%), 삼양식품(12.6%), 한국야쿠르트 (8.1%)
맥주	과도한 제조시설기준 및 유통망 확보의 어려움 등으로 신규기업의 진입이 어려움	○ **하이트맥주**와 **오비맥주**의 양강구도 - 하이트맥주(58.2%), 오비맥주(41.8%)
커피	제조공정상의 어려움 및 제품선택에 있어 브랜드 이미지가 중요한 요인으로 작용하여 기존기업의 시장지배력이 강해 신규기업의 진입이 어려움	○ **동서식품**과 **한국네슬레**가 시장을 선점하는 과점형태 - 동서식품(76.0%), 한국네슬레(21.7%), 기타 중소기업
설탕	설비규모가 큰 자본집약적 산업으로 초기 투자비용이 높아 신규기업의 진입이 어려움	○ **대한제당, CJ, 삼양사**의 3사 과점체제 - 대한제당(39.0%), CJ제일제당(37.0%), 삼양사(24.0%)

2. 한국의 공정거래법과 독과점규제

(1) 공정거래법의 역할과 개요

공정거래법이란 기업의 자유로운 경제활동을 보장하고, 공정하고 자유로운 경쟁을 유지·촉진함으로써 시장활동이 유효하게 기능할 수 있도록 환경을 정비하고자 하는 제도로 독점규제정책의 실현을 목적으로 한다. 우리나라는 공정거래법 제1조에서 독점규제정책의 목표를 명시하고 있으며, 독점규제정책은 금융정책 및 재정정책과 함께 현대 자본주의국가의 3대 경제정책을 구성하고 있다.

공정거래법의 정식명칭은「독점규제 및 공정거래에 관한법률」이며, 사업자의 시장 지배적 지위의 남용과 과도한 경제력의 집중을 방지하고, 부당한 공동행위 및 불공정거래행위를 규제하여 공정하고 자유로운 경쟁을 촉진함으로써 창의적인 기업활동을 조장하고 소비자를 보호함과 아울러 국민경제의 균형 있는 발전도모를 목적으로 한다.

공정거래법의 특별법으로서 하도급거래의 공정화를 위하여 원사업자가 준수하여야 할 기준을 정한「하도급거래 공정화에 관한법률」이 1984년 12월 31일에 제정되어 운용되고 있고, 부당한 표시·광고를 방지하고 공정한 거래질서를 확립하기 위한「표시·광고의 공정화에 관한법률」이 1999년 2월 5일에 제정되어 1999년 7월 1일부터 운용되고 있다.

(2) 공정거래법의 구조와 주요 내용

공정거래법이 유지하고자 하는 경쟁조건으로서는 크게 경쟁적인 시장 구조의 유지와 시장에서의 경쟁에 대한 인위적인 제약의 제거 등 2가지를 들 수 있으며, 이러한 시장구조의 규제와 경쟁제한행위의 금지는 상호 유기적이고 보완적인 관계를 유지하면서 경쟁조건의 유지라는 목적을 수행해 나가고 있다.

공정거래법상의 제 규제들은 크게 구조규제와 행태규제로 구분할 수 있다. 구조규제는 구조적인 시장결함 및 과도한 경제력집중을 개선하고자 하는 제도로서 시장경쟁의 회복을 통한 소비자들의 실질적인 경제적 후생증진을 목적으로 한다. 독과점적 시장구조의 개선, 지주회사의 행위제한, 경제력집중억제 등이 있다.

행태규제는 개별기업 또는 사업자단체의 경쟁 제한적 거래행태 및 관행을 시정하고자 하는 제도로 경제적 약자인 중소기업을 대기업의 횡포로부터 보호하고자 하는 보다 사회적·정치적 정책목표의 성격을 강하게 가지고 있다. 시장지배적 지위의 남용금지, 불공정거래행위 금지, 부당한 공동행위 금지 등이 있다.

일본에서는 이 법을 『사적독점의 금지 및 공정거래의 확보에 관한 법률』, 미국에서는 『독점금지법』(Antitrust Laws)이라고 한다. 한국의 공정거래법은 독과점규제와 경쟁촉진의 영역을 다음과 같이 7개로 구분하고 있다.

① 시장지배적 지위의 남용행위의 금지
② 기업결합의 제한 및 경제력집중의 억제
③ 부당한 공동행위의 제한
④ 불공정거래행위의 금지
⑤ 사업자단체의 경쟁제한행위의 금지
⑥ 재판매가격유지행위의 제한
⑦ 국제계약의 체결제한

1) 시장 지배적 지위의 남용금지

공정거래법은 ① 상품의 가격이나 용역의 대가를 부당하게 결정·유지 또는 변경하는 행위, ② 상품의 판매 또는 용역의 제공을 부당하게 조절하는 행위, ③ 다른 사업자의 사업활동을 부당하게 방해하는 행위, ④ 새로운 경쟁사업자의 참가를 부당하게 방해하는 행위, ⑤ 부당하게 경쟁사업자를 배제하기 위하여 거래하거나 소비자의 이익을 현저히 저해할 우려가 있는 행위 등 5개 유형을 시장 지배적 사업자의 대표적인 남용행위로 규정(3조2)하고 있다.

시장 지배적 사업자의 추정기준은 일정한 거래분야에서 1사업자의 시장점유율이 100분의 50 이상이거나, 3이하 사업자의 시장점유율의 합계가 100분의 75이상(100분의 10미만인 자 제외)인 사업자로 되어 있다.

시장 지배적 사업자란 시장에서 경쟁을 배제할 수 있는 힘 즉, 일정한 거래분야의 공급자나 수요자로서 단독 또는 다른 사업자와 함께 상품이나 용역의 가격·수량·품질 기타의 거래조건을 유지 또는 변경할 수 있는 시장지위를 가진 사업자를 말한다.

2) 기업결합의 제한 및 경제력집중의 억제

공정거래법은 누구든지 직접 또는 대통령령이 정하는 특수한 관계에 있는 자를 통하여 일정한 거래분야에서 경쟁을 실질적으로 제한하는 주식취득, 임원겸임, 합병, 영업양수, 회사신설 등 5가지 유형의 기업결합을 금지(제7조 제1항)하고 있다.

기업결합의 경쟁제한성 여부를 심사하기 위하여 자산총액 또는 매출액의 규모가 1천억원 이상인 회사 또는 기업결합신고 대상회사의 특수 관계인이 다른 회사의 발행주식총수의 100분의 20(주권상장법인의 경우에는 100분의15)이상을 소유하게 되는 경우, 임원겸임의 경우, 합병 및 영업양수의 경우, 새로 설립되는 회사주식의 100분의 20이상을 인수하는 경우 등은 이를 30일 이내에 공정거래위원회에 신고하도록 하는 기업결합 신고의무조항(제12조)과 일정한 거래분야에서 경쟁을 실질적으로 제한하는 기업결합에 대한 추정조항(제7조 4))을 두고 있다.

또한, 지주회사를 설립하거나 또는 전환하고자 할 때는 공정거래위원회에 신고(제8조)하여야 하며(개정 '99.2), 지주회사는 순자산액을 초과하는 채무액을 보유하거나 자회사의 주식을 발행주식 총수의 100분의 50(주권상장 또는 협회등록법인인 경우는 100분의 30, 벤처지주회사인 경우는 100분의 20)미만을 소유하거나 자회사 외의 국내회사의 주식을 지배목적으로 소유하는 행위 등을 금지(제8조의2)하고 있다.

그리고, 경제력의 과도한 집중을 방지하기 위하여 자산규모가 5조원이상인 기업집단을 출자총액제한 기업집단으로 지정하고 자산총액이 2조원이상인 기업집단을 상호출자 및 채무보증제한 대규모기업집단으로 지정(제14조)하고, 대규모 기업집단에 속하는 회사에 대해서는 합병 또는 영업양수 및 담보권의 실행 또는 대물변제의 수령의 경우 등을 제외한 상호출자를 금지(제9조)하고 있다.

3) 부당한 공동행위의 제한

공정거래법은 산업합리화, 연구·기술개발, 불황극복, 산업구조의 조정, 중소기업의 경쟁력향상 또는 거래조건의 합리화를 위한 경우로서 공정거래위원회의 인가를 받은 경우를 제외하고는 사업자가 계약·협정·결의 기타 어떠한 방법으로도 다른 사업자와 공동으로 부당하게 경쟁을 제한하는 ① 가격의 결정·유지·변경행위, ② 상품·용역의 거래조건 및 대금 지급조건 결정행위, ③ 상품의 생산·출고·수송 또는 거래의 제한이나 용역의 거래를 제한하는 행위, ④ 거래지역·거래상대방을 제한하는 행위, ⑤ 설비의 신·증설 및 도입을 방해하거나 제한하는 행위, ⑥ 상품의 종류·

규격을 제한하는 행위, ⑦ 영업의 주요부분을 공동으로 수행하거나 관리하기 위한 회사의 설립행위, ⑧ 기타 다른 사업자의 사업활동 또는 사업내용을 방해하거나 제한함으로써 일정한 거래분야에서 경쟁을 실질적으로 제한하는 행위(신설 96. 12) 등을 부당한 공동행위로 규정(제19조 제1항)하고 있다.

부당한 공동행위에 관해 약정하는 계약 등은 이를 무효로 한다고 규정(제19조 제4항)하고, 2 이상의 사업자가 부당한 공동행위를 하고 있는 경우 동사업자간에 명시적인 합의가 없더라도 공동행위를 하고 있는 것으로 추정하는 조항(제19조 제5항)과 신고자에 대한 면책조항(제22조의2)을 두고 있다.

4) 불공정거래행위의 금지

공정거래법은 ① 부당하게 거래를 거절하거나 거래의 상대방을 차별하여 취급하는 행위, ② 부당하게 경쟁자를 배제하는 행위, ③ 부당하게 경쟁자의 고객을 자기와 거래하도록 유인하거나 강제하는 행위, ④ 자기의 거래상의 지위를 부당하게 이용하여 상대방과 거래하는 행위, ⑤ 거래의 상대방의 사업활동을 부당하게 구속하는 조건으로 거래하거나 다른 사업자의 사업활동을 방해하는 행위, ⑥ 부당하게 특수관계인 또는 다른 회사에 대하여 가지급금·대여금·인력·부동산·유가증권·무체재산권 등을 제공하거나 현저히 유리한 조건으로 거래하여 특수관계인 또는 다른 회사를 지원하는 행위(신설 '96.12), ⑦ 기타 공정한 거래를 저해할 우려가 있는 행위(신설 '99.2) 등을 공정한 거래를 저해할 우려가 있는 불공정거래행위로 규정하고, 사업자에 대하여 이를 금지함은 물론 계열회사 또는 다른 사업자로 하여금 이를 행하도록 하여서도 아니 된다고 규정(제23조 제1항)하고 있다.

불공정거래행위의 유형 및 기준은 대통령령으로 정하도록 규정(제23조 제2항)하고 불공정거래행위를 예방하기 위하여 필요한 경우 공정거래위원회가 사업자가 준수하여야 할 지침을 제정·고시할 수 있도록 규정(제23조 제3항)하고 있다.

5) 사업자 단체 경쟁제한 금지

공정거래법은 ① 부당한 공동행위에 의하여 부당하게 경쟁을 제한하는 행위, ② 일정한 거래분야에 있어서 현재 또는 장래의 사업자수를 제한하는 행위, ③ 구성사업자의 사업내용 또는 활동을 부당하게 제한하는 행위, ④ 사업자에게 불공정거래행위 또는 재판매가격유지행위를 하게 하는 행위 등을 사업자단체의 금지행위로 규정(제26조 제1항)하고 동 규정에 위반하는 행위를 예방하기 위하여 필요한 경우 공정거래위원회가 사업자단체가 준수하여야 할 지침을 제정·고시할 수 있도록 규정(제26조 제3항)하고 있다.

6) 재판매가격유지행위의 제한

공정거래법은 저작물과 ① 당해 상품의 품질이 동일하다는 것을 용이하게 식별할 수 있을 것, ② 당해 상품이 일반소비자에 의하여 일상 사용되는 것일 것, ③ 당해 상품에 대하여 자유로운 경쟁이 행하여지고 있을 것 등의 3가지 요건을 갖춘 상품으로서 사업자가 당해 상품에 대하여 재판매가격유지행위를 할 수 있도록 공정거래위원회의 지정을 받은 경우를 제외하고는 재판매가격유지행위를 제한(제29조 제1항, 제2항)하고 있다.

또한, 공정거래위원회는 재판매가격을 유지할 수 있는 상품을 지정한 때에는 이를 고시(제29조 제4항)하여야 하며, 지정·고시된 상품을 생산 또는 판매하는 사업자가 당해 상품의 재판매가격을 결정·유지하기 위하여 체결한 계약이 소비자의 이익을 현저히 저해할 우려가 있거나 공공의 이익에 반하는 경우에는 계약내용의 수정을 명령(제30조)할 수 있다.

7) 국제계약의 체결제한

공정거래법은 사업자 또는 사업자단체가, 당해 국제계약의 내용이 일정한 거래분야에 있어서 경쟁에 미치는 영향이 경미하거나 기타 부득이한 사유가 있다고 공정거래위원회가 인정하는 경우를 제외하고는, 부당한 공동행위, 불공정거래행위 및 재판매유지행위에 해당하는 사항을 내용으로 하는 무체재산권계약, 수입대리점계약 및 합작투자계약 등과 같은 국제적 협정이나 계약체결을 금지(제32조 제1항)하고 있다.

또한, 공정거래위원회는 국제계약상의 부당한 공동행위, 불공정거래행위 및 재판매가격유지행위의 유형 및 기준을 정하여 고시(제32조 제2항)할 수 있도록 하고 있으며, 사업자 또는 사업자단체는 국제계약을 체결함에 있어 당해 국제계약이 공정거래법에 위반되는지 여부에 대하여 공정거래위원회에 심사를 요청(제33조)할 수 있도록 하고 있다.

기타 공정거래에 관한 법률로는 하도급거래 공정화에 관한 법률, 표시·광고의공정화에관한법률, 약관의규제에관한법률, 전자상거래법, 방문판매 등에관한 법률 등이 있다.

제 4 절 한국의 경제계획과 경제정책

1. 경제사상과 경제정책

정부의 적극적 기능을 강조한 케인즈(J.M.Keynes)는 다음과 같은 말을 한 바 있다. 출세하여 권좌에 앉은 사람들 중에는 경제문제에 관한 한 자신은 허공에서 영감 같은 것을 받는다고 하는데, 사실 이들을 자세히 관찰해 보면 어떤 죽은 경제학자 사상의 노예가 되어 있다는 것이다.

다시 말하면 어떤 사람들은 경제문제에는 오로지 정부가 재정정책으로 적극 간여해야 된다는 케인즈사상의 노예가 되어 있는가 하면, 또 어떤 사람은 중상주의적인 먼(T.Munn)등의 노예가 되어 어떻게 하든 정부가 경제에 적극 개입하여 될수록 수출은 늘리고 수입은 줄여서 무역흑자를 키우고 외화수입을 늘려가야 된다고 한다.

어떤 사람들은 마르크스사상의 영향을 받아 노동자계급은 단결하여 자본가계급에 투쟁해야 된다고 한다. 또 어떤 사람들은 통화론자들의 사상에 몰입되어 인플레를 잡는 길은 통화긴축 뿐이라고도 한다. 다음의 몇 가지 사실을 보면서 우리들은 그야말로 어느 경제학파나 학자의 '사상의 노예'가 되어 있지나 않은가를 생각해 보기로 하자.

(1) 세계은행 부총재를 역임한 바 있고 세계적인 「경제원론」과 「거시경제학」의 저자인 MIT의 핏셔(S.Fischer)교수는 다음과 같은 말을 한 바 있다. 즉 미국경제학은 총수요관리 등 수요측요인을 중시하는 수요경제학인 데 비하여 일본경제학은 공급경제학인데, 한국경제학도 공급경제학이 아니겠느냐고 한 바 있다.

미국에는 이미 오래 전부터 세계적인 대기업들이 양성되었고 각종 산업들도 골고루 잘 발달되어 있으므로 산업이나 경제의 공급능력 확장은 별 문제가 안되었다. 그러므로 미국의 경제문제는 수요측의 문제였다.

그러나 반대로 미·영등의 선진국보다 공업화를 한 세기 정도 늦게 시작한 일본의 경우에는 산업의 생산능력확장이나 국제경쟁력제고 등 공급능력확장이나 공급측 요인이 문제가 되었다. 일본은 1868년 명치유신 때부터 영·미의 산업에 비하면 유치산업이나 마찬가지였던 자국산업의 보호·육성에 국력을 쏟아 부었다.

그런데 일본보다 거의 한 세기 늦게 공업화를 시작한 한국의 경우에는 산업이나 경제의 공급능력확장이 더욱 긴박한 문제로 대두되었다. 이와 같이 미국의 경제정책은 재정·금융정책을 통한 총수요관리를 중시해 왔고, 일본이나 한국의 경제정책은 산업정책을 통하여 산업의 생산능력이나 국제경쟁력 확장을 중시해 왔다.

그런데 MIT의 더로우(L.thurow)교수에 따르면 미국의 경제학은 수요중시경제학이기 때문에 산업의 국제경쟁력이 일본에 뒤진다고 한다. 그러므로 그는 미국도 일본과 같은 산업정책을 실시하고 공급경제학을 중시해야 된다고 주장하고 있다.

2. 한국의 경제발전전략과 경제정책

한국의 경제발전전략의 핵심은 GIO전략이었다. 1960년대부터 지금까지 성장주도형(Growth), 해외주도형(Outward) 그리고 공업주도형(Industry)전략이 경제정책의 핵심을 이루고 있다. 한국의 발전전략은 지금까지 각종 경제정책으로 구현되었는데, 양자의 관계를 지금까지의 각종 5개년계획서를 통하여 간단히 살펴보기로 한다.

제 1 차 5개년계획(1962~66)에서는 전략이라는 용어를 사용하지는 않았으나 첫째 "한국경제의 궁극적인 진로는 산업의 근대화를 통한 공업화에 있으며," 둘째 "자연자원과 인구자원을 합리적으로 결합시킴으로써 생산력의 극대화를 꾀한다"는 사실을 강조하고 있다.

제 2 차 5개년계획 기간중 일관된 장기개발전략을 다음의 넷이라고 하였다. 즉 ① 수출증대에 의한 자립달성, ② 자본동원의 극대화, ③ 효율적인 인력활용, 그리고 ④ 안정기조의 견지이다. 이를 위하여 계획기간중 "수출제일주의로 일관할 것임"을 강조하고 있다.

제 3 차 5 개년계획(1972~76)에서는 전략이라는 용어를 사용하지는 않았으나 "그 주축을 농어촌경제의 혁신적 개발, 수출의 획기적인 증대 및 중화학공업의 건설에 둔다"고 하였다.

제 4 차 5 개년계획(1977~81)에서도 전략이라는 용어는 사용하지 않은 채 ① 자력성장구조의 실현, ② 사회개발의 촉진과 기술의 혁신, ③ 능률의 향상을 3대 목표로 정하고 있다.

제 5 차계획(1982~86)에서는 "기본발전 전략을 경제체질의 재편을 통한 안정적이고 항구적인 발전기반의 구축에 둔다"고 하였으며, 구체적으로 "수출주도전략을 지속하고 대외개방정책을 적극화할 것"임을 강조하였다.

제 6 차 5 개년계획(1987~91)은 "능률과 형평을 토대로 한 경제선진화와 국민복지의 증진을 기본목표"로 하고 있다.

제 7 차 5 개년계획(1992~96)서는 기본전략을 ① 산업의 경쟁력강화, ② 사회적형평의 제고와 균형발전 그리고 ③ 국제화 및 자율화의 추진과 통일기반조성의 셋으로 나누고 있다.

(1) 경제정책의 목표와 특성

우리정부는 수출기업, 성장선도산업 등을 육성하기 위해 다양한 재정적, 금융적 지원정책을 실시하였다. 한정된 자원을 통해 총체적 효율성 극대화를 도모하고자 A.Hirshman 등의 불균형 성장전략을 추진하였고, 정부가 경제발전을 계획하고 선도하는 정부주도적 발전을 하였다.

정부의 **경제정책 목표**는 경제성장, 물가안정, 수출증대, 완전고용 등이 있다. 이 같은 목표를 달성하기 위해 정부는 재정정책과 금융정책을 활용할 수 있고, 특정한 정책목표를 달성하기 위한 미시적 경제정책을 쓸 수도 있다.

재정정책은 케인즈주의자(Keynesian)들이 선호하는 정책으로 정부지출(G)과 조세(T)를 조절하여 정책목표를 달성하는 것이다. 경제가 침체국면에 있어 확대정책을 추진할 경우 정부지출을 늘이거나 조세를 줄이는(감세) 정책을 추진한다. 반면에 경제가 과열되어 있을 경우 G를 줄이거나 T를 증대시키는 정책을 사용하게 된다.

통화정책 혹은 금융정책은 통화론자(Monetarists)들이 선호하는 정책으로, 통화량(M)과 이자율(r)을 조절하여 정책목표를 달성하는 것이다. 경기가 불황일 경우 통화공급량을 늘리거나 이자율을 하락시켜, 투자의 활성화를 유도하게 된다. 2008년 글로벌 금융위기와 유로존 재정위기 극복과정에서 미국과 EU중앙은행은 이자율을 영(0)에 가까운 최저 수준으로 하락시키고, 통화공급량을 무제한으로 증대시키는 양적 완화정책을 추진하였다.

반면에 경제가 과열되거나 버블형성이 문제가 될 경우에는 이자율을 상승시켜 시중의 과잉유동성을 금융기관으로 흡수하고, 투자비용을 증대시켜 과잉투자를 축소시키게 된다. 또한 지준율을 높이거나 통화안정증권 판매 등을 통해 통화를 환수하는 정책을 사용하게 된다.

경제정책은 (1) 금융정책, (2) 재정정책, (3) 무역정책, (4) 외국인투자정책, (5) 소득정책, 및 (6) 산업부문정책의 6가지로 나누어지는데, 이중 (1)~(5)는 거시경제정책이고, (6)은 미시정책이다.

정책수단에는 ① 법적 수단, ② 행정적 수단, 및 ③ 직접시장조절수단의 3가지가 있는데, 이를 정책별로 정리하면 〈표 -*〉에 나타난 바와 같다.

〈표-4〉 정책분야와 정책수단

정 책 수 단	정 책 분 야					
	거시경제정책					미시경제정책
	①금융	②재정	③무역	④외국인투자	⑤소득	⑥산업부문
①법 적	지준율	세율보조금	수입통제	소유관계법	노동관계법	토지관계법
②행정적	대출보증 이자율 여신규제	공공요금 조세징수	수출보조금 관세 수입쿼터 환율과 외환통제 수출입 통제 행정서비스 세무사찰	이윤송금 투자승인	가격통제 이중가격제 임금통제	산업인허 또는 자원사용권 국산품 비중 기술인허
③직접 시장조절	대 출 통화창출	정부구매 정부판매	정부수입 정부수출	합작투자	정부급료	정부연구 산업별공기업

거시경제정책은 모든 경제주체들에게 영향을 미치기 때문에 정부가 특정한 목적을 가지고 정책을 수행하려면 미시적 정책을 써야 한다. 예를 들어 강남의 버블세븐 지역을 중심으로 투기가 있을 경우, 금융기관 대출이자율을 올리면 부동산 구입자금 억제의 목적은 달성할 수 있으나 제조업의 투자를 위축시키게 된다.

이 경우 특정지역 부동산 투기를 억제할 미시적 정책수단을 강구하게 된다. 특정용도 대출억제와 금리인상, 금융기관 창구지도, 한시적인 세금인상 등의 정책이 시행될 수 있다.

특히 산업정책은 공업부문, 농업부문, 유통부문, 사회간접자본부문, 간접자 부문 등 특정산업부문을 대상으로 하는 미시경제정책으로서 (1) ~ (5)의 거시경제정책의 범위를 넘어선다. 거시경제정책으로서는 특성을 달리하는 특정산업부문별 정책목표달성이 불가능하게 되는 경우가 많기 때문에 산업정책이 필요하게 된다.

(2) 수출지원 정책

우리나라의 산업지원정책 중 가장 대표적인 수출지원 정책이다. 자원이 부족한 과밀경제에서 수출을 통해 경제성장을 추진했기 때문이다. 수출주도형 공업화전략에 각종 정책들이 어떻게 시행되어 왔는가를 보기로 하자.

1) 무역지원 정책

정부는 특히 개발연대(60년대와 70년대)에 수출촉진을 위하여 수출산업에게 수출보조금(export subsidies)을 지급하였고, 수출품생산에 필요한 원자재나 기계장비 등의 수입을 거의 자유롭게 할 수 있도록 했으며, 또한 이들 제품의 수입에 대하여 관세감면(tariff exemptions)의 혜택도 부여했다.

그리고 수출산업보호를 위하여 동일 또는 유사제품의 수입을 법으로 금지하거나 고율의 관세로 보호해 주었다. 또한 환율을 국내인플레 등을 감안하여 수시로 대폭 현실화함으로써 수출산업의 경쟁력이 상실되지 않도록 노력했다.

뿐만 아니라 수출촉진을 위하여 대기업과 기업그룹도 많이 육성하였으며, 수출공단·수출자유지역 등의 건설을 통하여 수출에 필요한 각종 사회간접자본시설을 제공하였으며, 무역진흥공사·무역협회 등을 통하여 국제마케팅이나 수출관련정보나 행정적 서비스를 제공하였다.

그리고 개발연대에는 대통령이 직접 월별 수출확대회의를 주재하면서 수출추진상황의 점검과 수출업자들의 애로점을 즉각 해결해주려고 노력하였다.

이와 같이 한국의 무역정책은 ① 수출보조금, ② 관세감면, ③ 수출상품생산에 필요한 자본재나 중간재의 수입허가, ④ 환율, ⑤경쟁력이 높은 외국산업으로 부터의 보호, ⑥ 수출공단 등의 사회간접자본시설의 제공, ⑦ 무역진흥공사·무역협회·수출확대회의 등의 제도적 지원, ⑧ 종합상사의 육성 등 포괄적인 수단을 사용하였다. 이러한 것은 이른바 正의 유인책(positive incentives)들이다.

그러나 정부는 이 외에 부의 유인책(negative incentives)도 적잖이 사용하였는데, 그 대표적 예가 세무사찰이다. 세무사찰의 유형은 여러 가지이며, 정부정책에 협조하지 않는 기업들은 세무사찰로 인하여 도산하거나 거의 도산상태에 빠진 경우도 있었다.

2) 금융지원 정책

정부는 수출업체들에게 장기저리융자를 통하여 수출능력을 확대토록 했다. 장기저리융자는 기업들로 하여금 수출능력을 확대토록 하는 데 가장 중요한 정책수단이었다. 장기저리융자는 수출실적이나 목표를 기준으로 제공되었으므로 상당 정도 능률적으로 시행되었으며 수출확대에 크게 이바지하였다.

수출입은행, 산업은행 등을 통해 수출에 필요한 시설과 인프라 구축, 원자재수입과 운용자금, 수출지원 자금 등의 금융지원정책을 실시하였다.

정부가 수출업체들의 수출능력 확대를 거의 강요하다시피 한 적도 적지 않았으며, 많은 수출업체들은 과다한 융자를 받아 과다한 투자를 하기도 하였다. 만약 정부가 수출목표를 달성하지 못하였다는 이유로 대출자금을 회수하면 파산할 상태에 있던 기업도 많았다. 그러므로 정부는 이 '돈줄'을 가지고 기업들로 하여금 수출능력 확대와 목표달성에 열심히 노력하도록 만들었다.

3) 재정정책

정부는 수출업체들에게 조세감면(tax exemptions), 수출용 원자재 수입 등에 대한 조세환불, 시설투자에 대한 감가상각면에서의 혜택 등을 제공했다. 그리고 전력 · 용수 · 통신서비스 등도 실비 또는 염가로 제공하기도 했다.

4) 외국인 투자유치 정책

싱가포르는 유능한 국내기업가가 적어서 많은 다국적 기업을 유치하여 기업가부족문제를 해결하려고 노력하였다. 그러나 한국은 일본, 대만과 마찬가지로 국내 기업경영인 자원이 비교적 풍부하였으므로 외국인 투자정책에 크게 의존하지 않았었다.

그러나 마산수출자유지역 등을 통하여 제한된 범위 내에서 외국투자기업을 유치하려고 했다. 1990년대 들어 지방자치가 본격화되고 경제의 글로벌화가 심화되면서 지방자치단체들이 경쟁적으로 외국기업을 유치하고 있다. 특히 지역경제 활성화와 일자리 창출을 위해 외국기업 유치, 해외 진출했다가 유-턴하는 지방기업 등에 대한 지원을 증대시키고 있다.

5) 비용절감 지원정책

한국은 1980년대까지 노조활동을 제한함으로써 수출산업의 임금상승을 억제하고 아울러 파업으로 인한 인력낭비를 방지하려고 하였다. 그리고 수출업체들로 하여금 수출품을 해외시장에서는 낮은 국제가격으로, 그리고 국제시장에서는 높은 국내가격으로 판매할 수 있도록 하여 해외판매에서 본 손실을 국내판매에서 보전할 수 있도록 했다.

또한 수출공단 등을 통하여 제공되는 전력·용수·통신서비스의 가격도 낮게 유지하려고 노력했다. 아직도 산업용 전력요금은 가정용에 비하여 저렴하고, 원가에도 미치지 못하는 산업용 전기요금 체계로 전력대란과 한전의 부채증가 원인이 되고 있다.

신제품 개발에 필요한 R&D투자, 직원교육 등을 직간접적으로 지원하고 있고, 산업단지조성의 염가분양, 도로 등 SOC투자를 통해 기업활동을 지원하고 있다.

< 세계 일류상품 중 세계시장 1위 한국상품 >

✪ 세계 일류상품 수는 2012년 634개로 지난 해에 비하여 43개 증가하였으며, 세계시장 점유율 1위 품목도 143개로 증가하였다. 143개중 대기업 제품은 67개, 중소기업 제품이 76개였다.

〈표〉 세계 일류 상품 수

	합 계	현재 일류	일류중 1위	차세대 일류
일류상품 수	634	444	143	190
대기업제품	221	190	67	31
중소기업 //	405	253	76	152
기업미지정	8	1	-	7

세계 일류상품중 세계시장 점유율 1위 품목(2012)은 메모리 반도체, 프레시 메모리(삼성전자, 하이닉스), TFT-LCD, 해수담수설비(두산), 대형선박용엔진, LPG운반선 등이다.

니혼게이자 신문에 따르면 2012년 50대 주요상품과 서비스 점유율 1위 세계 순위를 보면, 1위 미국 19개, 2위 일본 12개, 3위 한국 8개, 4위 중국 6개, 5위 유럽 5개이다. 한국의 1위제품은 ⊛휴대전화 단말기(점유율 23.5%), ⊛스마트폰(30.2%), ⊛D램(41%), ⊛초박형 TV(27.7%), ⊛Hand형 플레시메모리(36.9%), ⊛유기EL패널(93.5%), ⊛리튬이온전지(25.1%), ⊛액정디스플레이(LCD) 패널(24.6%) 등이다. 8개중 7개는 삼성그룹 제품이었고, LCD패널은 LG그룹 제품이었다.

총성 없는 무한경쟁시대에서 살아 남는 방법은 최고가 되는 것뿐이다. 업종간 영역이 허물어지고 산업지도가 달라지는 숨가쁜 변화의 소용돌이 속에서 차별된 마케팅 전략과 기술력으로 외국 수입시장 점유율 1위를 달리는 '메이드 인 코리아' 제품이 적지 않다.

✪ 10대 수출품 변천사

우리나라 산업 발전의 역사는 주력 수출 품목의 변천사와 궤를 같이 한다고 할 수 있다. '수출만이 살 길'이라고 외치며 강력한 수출 드라이브 정책을 펼친 70년대를 거쳐 2000년도에 접어들기까지 우리 산업은 급격한 발전과 변화의 과정을 거쳤다.

예를 들어 60년대 초 철광석과 무연탄, 생사, 오징어 등 1차 산품에 의존해야 했던 우리 수출은 세계 1위 기술력의 반도체(D램)와 선박을 포함해 컴퓨터, 무선통신기기, 자동차 등 선진국형 고부가상품으로 진용을 갖추게 됐다. 61년 10대 수출상품의 수출액(2530만달러)이 지난해 반도체 수출실적(262달러)의 1000분의 1에도 못미치는 것을 봐도 이 같은 변화를 실감할 수 있다.

한국이 60년대 내놓은 수출제품은 대부분 광산물과 수산물 등 1차 상품이었다. 61년 4000만달러의 수출실적을 올릴 당시 10대 수출품목 중 철광석(530만달러)과 중석(510만달러)이 1~2위를 차지했다. 60년 21%였던 공산품 수출비중이 69년에 81.4%로 껑충 뛰면서 섬유제품이 수출 주력군으로 부상했다.

70년에는 섬유류(3억4110만달러) 한 품목이 전체 수출의 40%를 점유할 정도로 막대한 비중을 차지했다. 합판(9190만달러)과 가발(9040만달러)이 수출 2~3위 품목으로 꼽힐 만큼 우리 산업기반은 여전히 열악했다. 전자제품(5위), 철강제품(9위), 금속제품(10위) 등 2차산품이 점차 두각을 나타낸 데 만족해야 했다.

80년에도 수출 1위 품목은 의류(27억8800만달러)였으나 비중은 75년 36.2%에서 16%로 갑감했다. 선박(6억1000만달러)의 수출이 급격히 늘어 3위를 차지했으며 철강판은 7억 1700만달러의 수출을 기록하며 2위 품목으로 자리잡았다. 또 반도체(4억 3400만달러·9위)가 10위 품목안으로 편입되면서 점차 고부가 제조업종으로 무게중심이 이동하기 시작했다.

90년대에는 반도체가 2위(45억4000만달러)로 뛰어오르면서 '반도체 신화'를 예고했다. 컴퓨터는 21억7800만달러의 수출식적을 올리며 8위를 기록했고 자동차(19억2000만달러)도 10위를 유지했다.

선박(27억9900만달러·4위)과 철강판(24억 4600만달러·6위) 등의 품목을 함께 고려하면 90년에는 중화학공업과 전자제품 등 고부가가치 제품이 수출 대표주자로서의 자리를 굳혔음을 알 수 있다. 세계에서 12번째로 수출 1000억달러를 달성하는 위업을 이룬 95년에는 반도체와 자동차가 1~2위를 차지했고 석유화학제품과 선박이 3~4위를 기록했다.

2000년대(2006년도기준)에 들어서는 반도체가 1위(373억6000만달러)로 뛰어올라서 반도체 강국이 되었다. 자동차는 329억2200만달러의 수출로 2위를 차지하게 된다. 200년대 들어서는 기존의 선박, 컴퓨터 이외에도 휴대폰으로 대표되는 무선통신기기가 270억1700만달러의 수출로 3위를 차지하고 평판디스플레이가 123억8800만달러로 6위를 차지하여 전자제품이 수출 대표 주자가 되었다.

2010년에는 반도체가 515억달러, 선박 471억달러, 유무선 전화기 376억달러, 석유제품 319억

달러, 자동차 318억달러 등 반도체, 성유화학, 통신기기, 자동차와 부품산업 등이 수출주력상품으로 부상하였다.

〈 10대 수출품목 변화추이 〉

(단위: 백만달러)

1960년		1970년		1980년		1990년		2010년	
품 목	수출액	품 목	수출액	품 목	수출액	품 목	수출액	품 목	수출액
철광석	5.3	섬 유 류	341.1	의 류	2,788	의 류	7,600	반도체	51,464
중석	5.1	합 판	91.9	철 강 판	717	반 도 체	4,540	선 박	47,112
생사	2.7	가 발	90.4	선 박	610	피 혁	3,021	유무선 전화기	37,567
무연탄	2.4	철 광 석	49.3	섬유직물	564	선 박	2,799	석유제품	31,862
오징어	2.3	전자제품	29.2	음향기기	494	영상기기	2,636	자동차	31,782
활어선	1.9	과 자 류	19.5	타이어 ·튜브	477	철 강 판	2,446	액정 디바이스	29,577
흑연	1.7	신 발	17.3	목 재 류	477	섬유직물	2,343	자동차 부품	18,963
합판	1.4	연 초 류	13.5	잡 제 품	449	컴 퓨 터	2,178	플라스틱 제품	16,462
미곡	1.4	철강제품	13.4	반 도 체	434	음향기기	1,934	유무기 화합물	14,448
돈모	1.2	금속제품	12.2	영상기기	416	자 동 차	1,920	가전제품	13,618

제 10 장

한국재벌의 공과와 개혁방향

제 10 장 한국재벌의 공과와 개혁방향

새로운 테크놀로지 산업의 새로운 규칙들은 독창성, 민첩성, 신속함 이상을 요구한다--네일 그로스--

한국사회의 한가운데에는 재벌(BG)이 있다. 이들 재벌은 지난 40여년 동안 한국경제의 양적 성장만이 아니라 구조변화의 중심축을 이루어왔다. 따라서 그 동안 한국경제의 전개과정은 재벌을 빼놓고는 제대로 이해될 수가 없다[1].

급속한 경제성장과 산업화만이 아니라 최근 경제위기의 발발 역시 재벌과 불가분의 관계에 있다. 그 동안 경제발전의 주역으로 자부해 오던 재벌이 이제 개혁의 단두대 아래 놓이게 된 것도 바로 이러한 사정 때문이다. 다소 새삼스러운 바가 없지 않지만, 경제위기를 계기로 재벌개혁의 필요성이 고조되고 이에 대한 논의도 무성하다.

현재 우리가 맞고 있는 위기는 단순히 현상적인 것이 아니라 구조적인 문제에서 비롯된, 사회시스템 전반의 부실에서 온 총체적 위기이므로 이를 극복하기 위해서는 한국사회의 총체적 개혁이 요구된다는 데에는 이미 국민적인 합의가 이루어져 있다.

그리고 그 핵심사안으로 재벌개혁이 지목되고 있는 것은, 재벌이 비단 경제적인 영역만이 아니라 사회시스템 전반에 막강한 힘을 발휘해 왔기 때문이다. 재벌의 폐해를 최소화하면서 국제경쟁력을 강화하고, 중소기업이나 국민들에게 파급효과가 크도록하는 방안이 강구되어야 한다.

제 1 절 재벌의 장점과 단점

한국은 기업그룹인 재벌(BG: Business Groupe) 체제로서 세계에서 가장 빠른 경제성장을 이룩하였다. 그러나 재벌에 대한 평가는 다양하다. 재벌은 다양한 장점으로 국제경쟁력 향상에 유리하며 대기업 수를 늘려야 한다는 긍정론이 있다. 한국 10대그룹의 자산총액이 미국 GE의 자산에 불과하며, 세계 500대 기업에 10개밖에 포함되지 못하여 미국, 독일, 일본 등과 비교할 때 3-4배로 증대시켜야 한다는 것이다.

1. 재벌의 장점

(1) 규모의 경제와 범위의 경제

1990년대 초 세계 4대 회사는 모두 일본 종합상사였다. 한국은 수출구조가 일본과 비슷하여 일본의 거대기업들과 해외시장에서 치열한 경쟁을 하지 않으면 안 되었다. 한국기업들은 그룹을 만들어서 힘을 합치지 않으면 안 되었다. 한국정부는 과거 세계시장 대상의 수출주도형 공업화 정책을 추진하면서, 우리 기업들로 하여금 규모의 경제와 범위의 경제를 실혈할 수 있도록 기업그룹을 장려했다. 그러나 지금도 기업그룹의 규모는 글로벌대기업에 비하면 작은 편이다. 삼성그룹 67개 회사 전체의 매출액은 미국의 GE, 일본의 도요타와 비슷한 규모이다.

다양한 업종의 기업들을 그룹화하면 범위의 경제의 혜택을 볼 수 있다. 자동차 산업은 기계·전자·화학산업 등의 융합산업이다. 일본의 미츠이(三井)그룹은 이런 산업을 모두 갖고 있다.

미국은 산업 안에 기업이 있으나, 한국은 기업그룹 안에 기업과 산업이 있다. 한국의 기업그룹은 기업과 산업의 통합조직이다. 이는 범위의 경제 관점에서는 효과적이다. 세계에서 가장 존경받는 기업의 하나인 GE가 여러 분야(GE인프라, GE인더스트리얼, 건강관리, NBC유니버설, GE상업금융, GE소비자금융 등)의 사업에 다각화하는 것은 범위의 경제에 기인하는 바 크다.

(2) 대규모 투자

일반적으로 미국 기업은 증권시장, 일본과 독일기업은 은행으로부터 필요한 자금을 조달한다.

그런데 삼성이 반도체를 시작할 때에 증시는 잘 발달하지 못했고 은행은 정부 통제 하에 있었다.

삼성은 투자에 필요한 막대한 규모의 돈을 주로 삼성그룹 소속회사들을 통해 동원했다. 반도체 사업 시작 후 5년간이나 계속되는 적자도 그룹사들이 공동 부담했다. 그룹전체가 부도 직전까지 간적도 있다. 삼성의 반도체는 삼성전자가 아니라 삼성그룹이 만든 것이다. 현대자동차, LG전자, SK텔레콤도 그룹의 합작품이다.

기업그룹은 대규모 투자에서 단독 기업에 비하여 월등히 유리하다. 대기업 문제의 권위자인 알프레드 챈들러 하버드 경영대 교수는 『규모와 범위』에서 산업화시대 대기업은 다음과 같은 투자를 잘 해야 한다고 말한다.

- 규모의 경제(economics of scale)의 이점을 누릴 수 있는 대규모 생산공장에 대한 투자
- 원료조달과 제품판매를 원활하게 할 수 있는 유통망에 대한 투자
- 최고 경영층이나 중간 경영층 등 경영에 대한 투자

(3) 세계정보망과 무역망의 형성

정보화시대, 글로벌시대, 경제환경 급변의 시대에 정보의 중요성은 그 어느 때보다 크다. 일본의 경우 전 세계 주요 도시에 진출한 무수한 종합상사와 자회사들이 형성한 무역망, 중국의 경우에는 전 세계 주요 도시에 진출한 화교상인들이 세계 경제정보망 역할을 하고 있다.

미국의 경우에는 맥도널드, 코카콜라, 월마트 등 거대기업의 해외지사들과 정부기관이 그런 역할을 한다. 한국은 기업그룹의 수많은 계열사 해외 지사들이 세계 경제정보망 역할을 하고 있다.

삼성전자와 LG전자가 해외에 파견한 직원의 수는 앞서 말한 바와 같이 장파(장기 파견)와 단파(단기 파견)를 포함하여, 해외주재 한국외교관의 수보다 각각 많다. 삼성그룹 전체, LG그룹 전체가 해외에 파견한 직원의 수는 이를 크게 상회한다. 정보는 글로벌 경쟁시대 승부를 결정하는 주요 요인 중의 하나이다. 한국의 세계정보망과 무역망을 형성하는 것은 BG이다. BG는 세계경제 정보수집과 활용에 있어서 단독기업에 비하면 대단히 효과적인 조직이다.

(4) 신 산업육성과 소속기업을 세계적인 회사로 육성

LG그룹은 LG전자를 세계적인 전자회사로 만들었다. 삼성그룹은 삼성전자를 비롯하여 많은 회사를 세계적인 회사로 만들었다. 한국의 기업그룹은 소속 회사를 세계 일류로 많이 만들었다.

대한항공, SK텔레콤, 현대자동차, 현대중공업 등도 그 예이다. 피터 드러커 교수는 한국의 BG의 역할 중 하나는 소속기업을 세계 수준으로 만드는 것이라고 말한다. 또한 한국은 통일을 앞두고 BG를 해산하면 안 될 것이라고 한다.

삼성그룹은 한국의 반도체 산업을 세계적인 산업으로 만들었다. 현대그룹은 한국의 조선산업과 자동차산업을 일으켰고, 한진그룹은 한국의 항공산업을 일으켰다.

(5) 산업의 융합화와 전략적 제휴

휴대폰은 전화기, 시계, 계산기, 디카, MP3 등 다양한 산업제품이 컨버전스(융 · 복합)된 것이다. 다가오는 기술과 산업의 컨버전스 시대에 한국의 기업그룹은 기술과 산업을 잘 컨버전스 할 수 있는 조직이다.

글로벌 경쟁시대 기업들에게 가장 좋은 성장방법의 하나는 기업간의 전략적 제휴(SA : Strategic Alliance)이다. 그런데 기업그룹은 소속 기업들 간에 SA를 가장 잘 할 수 있게 하는 조직이다.

(6) 인재확보와 양성

GE가 운영하는 미국 크론톤빌 연수원은 이미 오래 전 1년 예산이 1조 원이나 되었다. 미국 최고의 기업인 연수원이라고 한다. 삼성그룹의 삼성인재개발원은 GE연수원에 버금가는 동양 최고의 기업경영인 양성소이다. 이런 연수원은 대기업이 아니면 운영할 수 없다. 개별기업은 이런 연수원을 독자적으로 운영하기 어려울 뿐만 아니라 연수받을 인재도 부족할 수 있다.

지식기반시대에는 세계수준의 변호사, 금융전문가, 컨설턴트, 기술자를 개별 회사마다 고용하는 것보다 그룹차원에서 소수를 거용하여 회원사들이 공동 활용하는 것이 효율적이다. 기업그룹은 지식이나 기술의 축적면에서도 단독기업에 비하여 유리하다. 기업그룹의 다종다양한 일자리, 승진기회, 좋은 대우 등은 우수한 인재를 확보할 수 있는 요인이다.

(7) 글로벌마케팅과 협상력

전 세계 시장을 대상으로 하는 마케팅은 단독기업보다 기업그룹이 월등히 유리하다. 현재 삼성과 LG, 현대자동차 등은 세계 주요 도시와 공항에 선전 광고 탑을 세우는 등 마케팅을 한다.

어느 한 회사가 이를 한다는 것은 어렵다. 그러나 한 그룹이 하면 그룹회사 전체가 혜택을 볼 수 있다. 아프리카, 남미, 중동 등에 진출하여 에너지자원을 조달하는 경우에도 마찬가지이다.

외국기업이나 정부와 협상을 할 때도 기업그룹이 단독기업보다 유리하다. 후진국의 부정부패한 정치인이나 정부관리를 대상으로 한 협상에 있어서도 마찬가지이다. 그룹에는 다양한 인재가 있고, 외부에서 협상 전문가를 고용하여 소속기업들이 공동으로 활용할 수 있다.

(8) 경쟁촉진과 적대적 M&A 안전망 역할

기업그룹의 가장 큰 장점 중 하나는 경쟁의 촉진이다. LG전자, 삼성전자는 해당그룹의 지원을 받으면서 사운을 걸고 국내외에서 상상을 초월할 정도로 치열하게 경쟁했다. 이런 경쟁이 한국의 전자회사를 세계 일류로 만들고, 한국을 전자강국으로 만든 것이다.

삼성건설, GS건설, 현대건설 등의 경우에도 마찬가지이다. 이들이 중동에 진출하여 오일달러를 벌어들이는 등 한국의 공업화에 결정적인 역할을 했다. 한국인들이 세계수준의 고속도로를 세계적인 한국 자동차로 달리고, 세계수준의 아파트에서 살게 된 것은 이런 건설회사들 때문이다. 기업그룹은 소속 기업들이 국내외에서 치열한 경쟁을 통해 글로벌 경쟁력을 높일 수 있는 대단히 효율적인 조직이다.

전 세계는 넘쳐나는 유동성 때문이기도 하지만 현재 기업의 M&A열풍이 불고 있다. 어느 나라 기업이나 적대적 M&A 당하지 않기 위하여 많은 노력을 해야 한다. 한국의 기업그룹은 소속기업들로 하여금 M&A 당할 위험이 적은 상태에서 장기적으로 투자할 수 있게 만든다.

어느 기업그룹 소속사가 외국기업에 인수 당할 위험이 있을 때는 회원사들이 뭉쳐서 이를 막을 수 있다. 예컨대 삼성이나, LG그룹의 회원사가 외국기업의 M&A로 부실기업이 된다면 삼성과 LG의 브랜드 이미지에 큰 타격을 준다. 그룹 소속기업들은 단기적인 주가관리나 외국기업에 의한 M&A 방지 등의 면에서 단독기업에 비하여 유리하다.

(9) 기업그룹의 신뢰성과 공동체 문화

서민들이 어렵게 모은 돈으로 중소 건설업체가 건설하는 아파트에 청약했다가 부도로 낭패보는 경우가 있다. 공사가 부실하게 되어 추가로 돈을 많이 지출해야 하는 경우도 있다. 그러나 기업그룹 소속 건설업체가 건설한 아파트의 경우에는 이런 일이 거의 없다.

기업그룹은 한국인의 강점인 공동체주의를 잘 활용할 수 있는 조직이다. 기업그룹은 개인주의가 기본 이데올로기인 나라의 사람들과는 잘 맞지 않는 것으로 보인다. 레스터 서로 MIT 교수는, 미국인들은 일반적으로 기업그룹 경영을 쉽지 않다고 생각하나 한국과 일본에서는 성공하고 있는 것이 놀랍다고 말했다. 기업그룹은 모든 나라가 잘 할 수 있는 것이 아니다. 한국인의 강점을 살릴 수 있는 조직은 기업그룹이다.

암스덴 MIT 교수는 공업화를 늦게 시작한 한국은 선진국의 진입장벽 때문에도 기업그룹이 필요하다고 말한다. 현재의 선진국들이 공업화를 추진할 때에는 진입장벽을 설정하는 다른 선진국이 없었다. 그러나 일본이 공업화를 할 때에는 기존의 선진국들이 진입장벽을 설정했다. 한국이 공업화를 할 때는 선진국뿐만 아니라 일본도 진입장벽을 설정했다. 이를 극복하기 위해서는 단독기업보다 기업그룹이 절대적으로 유리하다.

대기업 문제의 권위자인 알프레드 챈들러 교수는 선진국이 되는 데는 사람, 기술 및 조직력이 중요하다고 말한다. 기업은 사람, 기술, 자연 및 자본 등 각종 자원의 힘을 뭉치는 조직이다. 기업그룹은 기업의 힘을 다시 뭉치는 조직이다. 기업그룹은 잘만 하면 엄청난 힘을 발휘할 수 있는 것이다.

2. 재벌의 단점

(1) 재벌과 문어발식 확장

이는 기업그룹이 사업을 한두 업종에 전문화하지 않고 문어발식으로 확장한다는 것이다. 삼성그룹 창설자 이병철 회장은 사업을 도 · 소매업(삼성상회)으로 시작하여 반도체까지 다각화를 잘하여 삼성그룹을 세계적 기업으로 키웠다. 현대그룹 창업자인 정주영 회장도 쌀가게(복홍상점)에서 출발하여 세계적인 자동차 및 조선회사를 일으키는 등 다각화에 성공했다.

다각화는 곧 설명하는 바와 같이 글로벌 시대 기업성장의 한 방법이다. GE 잭 웰치 전 회장은 그의 책 『위대한 승리』에서 사업의 다각화를 통해 성공했다고 밝혔다. GE는 그야말로 사업을 문어발식으로 확장해서 성공한 대표적인 기업이다.

다각화는 국가경제 성장과 긴밀한 관계가 있다. 가령 한국경제가 심한 마이너스성장을 하게 되면 모든 사업이 어렵게 되어 문어발식 사업 확장이 불가능하다. 그러나 고도성장을 지속하게 되면 산업이 팽창되어 새로운 사업기회가 증대되고, 모든 사업이 잘됨으로 문어발식 확장이 쉬워진다.

(2) 기업그룹과 경제력 집중

재벌해체 옹호자들은 삼성의 규모가 국내 시장 규모에 비하여 과다하므로 시장지배적 사업자로 지정하여 규제해야 한다고 말한다. 그런데 삼성전자는 수출비중이 매출액의 80% 이상으로 국내시장과 큰 연관성이 없다. 한국의 많은 기업그룹 회원사들은 글로벌 시장에서 외국기업들과 치열한 경쟁을 한다. 기업그룹의 경제력 집중은 국내시장이 아니라 글로벌 시장을 기준으로 따져야 한다.

대기업이 나라경제에서 차지하는 비중이 현저하게 낮은 나라는 세계 2대 경제대국인 미국과 일본뿐이다. 스위스는 그 비율이 대단히 높다. 프랑스와 네덜란드의 비중은 한국보다 크게 높다. 경제규모가 작은 나라일수록 세계적인 대기업을 한 개라도 갖게 되면 경제력 집중도는 급증한다.

반대로 글로벌 기업이 없어지거나 경쟁력을 잃게 되면 경제력 집중도는 급감한다. 경제력 집중도를 낮추다 보면 소득수준도 낮게 된다. 농업 의존도가 높고 기업발전이 미진한 후진국들은 경제력 집중도가 매우 낮다.

(3) 기업그룹과 족벌경영

많은 사람들은 기업그룹의 단점이 족벌경영이라고 한다. 경영능력이 부족한 창업주의 자녀나 친척들이 경영에 대거 참여하여 기업을 부실하게 만든다는 것이다. 이런 경우도 적지 않았다. 그런데 가족이 모두 나서서 경영을 하다가 실패하면 온 가족인 패가망신할 수도 있다. 따라서 가족경영을 하는 사람들은 최선을 다하려고 한다.

그러므로 역으로 기업경영인들로 하여금 최선을 다하도록 만드는 길은 경영에 가족을 참여시키는 것이라고 할 수 있다. 가족경영의 장단점을 일률적으로 말하기는 어렵다. 창업주 아들이 상속받아 기업경영에 성공한 경우도, 실패한 경우도 많다. 중소기업의 경우에도 마찬가지이다.

일본에서는 창업자 가족이 경영에 참여하는 기업을 '동족기업' 이라고 한다. 도요타는 창업자의 후손들이 승계하여 가족경영이 되고 있다. 도요타는 동족기업의 의사결정이 빠르고 창업자가 그룹의 구심점이 되는 강점을 잘 살린 기업으로 평가받는다.

독일의 BMW는 창업자 가문이 지분의 40% 이상을 소유하고 있다. 창업자 2세는 경영에 직접 참여하지 않고, 감사위원회 위원으로서 경영진 선임에 영향력을 많이 행사할 정도이다. 세계적으로 유명한 스웨덴의 발렌베리그룹은 5대에 걸쳐서 소유권과 경영권을 행사하고 있다. 지주회사 인베스터를 통해서 그렇게 하고 있다. 이 그룹은 1930년대 고용보장을 요구하는 정부의 건의를 수용하는 대신 소유와 경영권을 보장받은 독특한 사례이다.

(4) 중소기업의 성장 저해

재벌을 비판하는 많은 사람들은 대기업 때문에 중소기업이 성장하지 못한다는 사실을 지적한다. 중소기업이 대기업의 틈바구니에서 살아남으려면 나름대로의 전략이 있어야 한다. 대기업의 자녀나 손자들이 재래시장의 고유 업종을 침범하여 서민들의 생활기반을 약화시킨다는 비판이 거세다.

재래시장과 골목의 빵집, 치킨과 김밥, 구멍가게, 떡볶이, 커피점, 음식점 등을 대규모 자본과 기술력으로 무장한 대기업들이 프랜차이즈 형태로 침투하면 경쟁상대가 되지 못한다는 것이다. 또한 원자재와 부품 등을 납품하는 중소기업 제품의 가격을 과도하게 낮추거나, 갑을관계의 횡포로 비난을 받는 경우가 많다.

정부는 한때 대기업들로 하여금 벤처기업을 M&A하지 못하도록 했다. 벤처기업은 개발한 기술을 대기업에 팔고 다시 기술개발을 해야 하는데, 정부규제 때문에 이를 할 수 없었다. 벤처기업이 생존하는 하나의 방법은 대기업에 흡수되는 것이었다. 다행히 지금은 정부가 이를 허용하고 있다.

중소기업은 성쇠가 무상한 것이 중요한 특징 중의 하나이다. 경기가 좋을 때는 창업이 많아지므로 생산을 늘리고, 반대로 경기가 나쁠 때는 폐업으로 생산을 줄여서 나라경제의 유연성을 높이기도 한다. 중소기업에 유리한 환경을 조성하여 잘 성장하도록 하는 것은 매우 중요하다.

(5) 경제위기의 원인과 기업그룹

1997년 경제위기의 원인으로 재벌들의 중복과잉투자와 비효율적인 경영을 지적하는 사람들이 있다. 한보, 대우, 진로, 해태, 기아자동차 등은 높은 부채비율과 국제 경쟁력 하락으로 퇴출되었다. 금융기관들은 대마불사 신화를 신봉하면서 부채비율이 높은 재벌들에게 금융자금을 제공하였고, 결국 금융기관 부실로 이어져 천문학적인 공적자금을 투입 받게 된다.

재벌그룹의 부실화는 국민경제에 엄청난 파장을 일으킨다. 국민들은 학습효과를 통해 골목상권 침투나 무분별한 문어발식 확장을 경계하는 것이다. 그러나 삼성, LG, SK, 현대그룹 등은 경제위기 전후 반도체, 자동차, 조선, 철강 등에 많은 투자를 했기 때문에 수출로 한국경제를 지탱해 나가고 있다. 재벌의 장점을 살리되 문제점을 최소화하도록 노력해야 하는 이유이다.

제 2 절 재벌의 성장과정과 단계

1. 재벌의 성장단계

한국 재벌의 뿌리는 길게 보면 19세기 개항기까지 거슬러 올라가지만, 대부분이 재벌은 해방 후부터 1950년대 말까지의 원조경제기에 형성되었다. 따라서 한국재벌의 역사는 50년 정도에 불과하다. 그러나 이들은 세계사에 그 유례가 없을 정도로 빠른 성장을 하였다.

〈표 -1〉 한국재벌의 성장과정

	1950년대 이전 (1945~1960)	1960~1970년대 (1960~1980)	1980년대 이후 (1980~1997)
성장영역	경공업	수출 경공업 중화학 공업	전산업 자본수출
성장 원천	환율차익 (유통과정)	저임금 노동력 (생산과정)	국내 및 해외 노동력 (생산과정) 소비자 및 중소기업 (유통과정)
성장단계	산업자본 (상인자본적 성격)	산업자본	독점자본

1960년 한국의 최대 재벌인 삼성의 매출액은 당시 세계 최대기업(미국GM)의 매출액은 127억 달러의 1/300불과하였지만, 1985년에 이르면 세계최대기업(GM)의 매출액964억 달러의 1/7 수준으로 증가하였다.

대내적으로 보더라도 재벌의 성장은 급속한 것이었다. 예를 들어 1960년 삼성의 매출액은 27억원 이었지만, 1985년 그것은 12조 2,306억원으로 4,530배나 증가하였다(경상가격기준). 같은 기간에 국민 총생산이 295배 증가한 것과 비교해 볼 때 15배 이상 빠른 성장을 한 것이다.

이러한 고속 성장과정에서 자본으로 한국 재벌이 지닌 성격도 단계적으로 변화되어 왔다. 자본주의 발전과정에서는 다수의 산업자본들이 경쟁을 거치면서 도태되고 소수의 살아남은 자본이 독점자본으로 성장하게 된다. 독점자본은 국민경제에 대한 독점적 지배를 통해 초과이윤을 수취할 뿐만 아니라, 점차 자본수출을 통해 해외에서의 초과이윤수취를 아울러 도모하게 된다.

한국재벌의 경우도 해방 후 오늘날까지 양적으로 성장해 오는 과정에서 산업자본에서 독점자본으로 단계적 변화를 겪었다. 그러면 그 동안 한국재벌의 성장단계와 성격이 어떻게 변화되어 왔는지 살펴보자.

(1) 1950년대 이전

이 기간은 한국 재벌의 형성기이다. 당시 재벌의 주된 성장기반은 귀속재산의 불하와 미국의 원조였다. 일제가 남기고 간 산업시설인 귀속공장은 정부가 소유하고 있었는데, 민간기업의 성장은 정부로부터 이 귀속공장을 불하받아 시작되었다.

1950년대 미국의 원조는 면방직, 제분, 제당등 3백(삼백)산업이라 불리는 업종의 기업들을 성장시켰는데, 이들이 부(부)를 집적하여 1950년대 말에 이르면 삼성, 삼호, 개풍등과 같이 개인이 지배하는 기업집단, 즉 재벌을 형성하였다.

3백산업을 위시한 경공업에서 성장한 1950년대 재벌은 외양으로는 생산에 종사하여 이유을 얻는 산업자본이었으나, 실제로는 생산과정이 아닌 유통과정에서 부를 축적하였다는 점에서 산업자본(기업가)이라기 보다는 오히려 그 전 단계의 자본 범주인 상인자본(상인)에 가까웠다.

이들 기업이 부를 축적한 원천은 당시 극단적으로 저평가된 환율로 인한 환율차익이었다. 이승만 정부는 원조량을 늘리기 위한 목적으로 공정환율을 시장환율보다 훨씬 낮게 유지하였는데 그 수준은 1953~1959년간 0.40~0.64정도였다.

따라서 3백산업의 기업들은 원조물자인 원료를 정부로부터 배정 받아 약간의 가공만 거치면 국내시장에 약 2배의 가격에 팔 수 있다. 이런 폭리(폭리)를 통해 당시 재벌은 유통과정에서 막대한 부를 축적하였고, 수입원료의 단순한 가공과정인 생산과정은 이들의 자본축적에 부차적인 의의밖에 지니지 못하였다.

(2) 1960~1970년대

이 기간은 한국 재벌이 본래적 의미의 산업자본으로 성장하는 시기이다. 1960년대부터 정부는 수출산업중심의 경제개발을 시작하였고, 1960년대에는 경공업을, 1970년대에는 중화학공업을 각각 주력 수출산업으로 육성하였다. 이에 따라 재벌은 1960년대에는 섬유, 목재 등을 비롯한 경공업 수출산업에 진출하였고, 여기서 부를 축적한 재벌은 1970년대 들어 전자, 자동차, 기계, 철강, 석유화학등 중화학 공업에 진출하여 성장기반을 넓혔다.

결과적으로는 1970년대 말에 이르면 한국재벌은 경공업에서 중화학공업에 이르는 실물부문의 전 영역에 진출되어 일정한 지배력을 확보하게 되었다. 1970년 30대 재벌의 계열 기업수는 평균 4.1개(총 125개)에 불과하였으나 1979년에는 평균13.7개(총412개)로 증가하였다. 그리고 실물부문에서 재벌의 비중이 증가하여 1979년에 이르면 30대 재벌은 광공업 총출하액의 35.2%를 차지하였다.

1960~1970년대에 걸쳐 한국재벌은 근대적 의미의 산업자본으로 변모하였는데, 이것은 당시 일관되게 추진된 수출 중심의 경제개발정책이 가져온 귀결이었다. 1960년대 들어 수출증대가 주요 정책목표로 되면서 종래 저평가되었던 환율이 현실화(인상)되었다.

이에 따라 1950년대 자본축적의 주요원천이었던 환율차익은 사라지게 되고, 그 대신 저임금 노동력이 수출 경쟁력을 높이고 수출을 증대시키는 주된 수단이 되었다. 즉 생산과정에서 노동력에 대한 착취가 종래 유통과정에서의 환율차익을 대신하여 재벌의 성장원천이 되었다. 이로부터 재벌의 성장기반이 유통과정에서 생산과정으로 바뀌었고, 재벌은 상인자본적 성격을 탈각하고 산업자본으로 성장하였다.

(3) 1980년대 이후

이 기간에 한국 재벌은 독점자본으로 성장하였다. 실물부문에서 성장한 재벌에게 가장 시급한 것은 금융부분으로 진출하여 일정한 지위를 확보하는 일이다. 금융부분은 국민경제 전반을 지배하고 통제하는, 일종의 관제고지이기 때문이다. 재벌 형성 초기인 1950년부터 재벌들은 금융부분에 진출하기 위한 노력을 기울여왔고, 1950년대 후반에 일시적이지만 시중은행을 소유하였다.

그러나 정부는 1961년 재벌의 은행주식을 환수하고, 그 경영권을 아울러 장악하였다. 이렇게 함으로써 1970년대 말까지 정부는 수출경공업이나 중화학공업 같은 전략산업에 금융자원을 집중 배분하여 국내기업들을 유인하였다.

그러나 1980년대 초 재벌의 금융권 참여 요구가 강화되었고, 이러한 요구에 의해 시중은행의 민영화가 이루어졌다. 1981년 한일은행이 민영화된 이후 1983년 조흥은행까지 민영화됨으로써 전 시중은행의 민영화가 완료되었고. 재벌은 종래 정부가 지배하던 은행산업에 진출할 수 있게 되었다. 그런데 재벌은 1970년대 들어 금융부문의 핵심인 시중은행을 소유하게됨으로써 금융부분에서도 실물부문과 마찬가지로 지배력을 행사할 수 있게 되었다.

재벌마다 여러 시중은행과 소유관계를 맺고 있는데, 예를 들면 1995년 현대 재벌은 제일(2.30%), 한일(2.45%), 서울(2.04%), 강원(11.75) 등 5개은행에, 삼성재벌은 조흥(3.09%), 상업(6.66%),제일(3.95%), 한일(4.60%),서울(3.57%), 한미(5.79%),대구(5.66%) 등 17개 은행의 진출해 있다.

아직까지는 정부의 금융부문의 대한 영향력이 일정하게 유지되고 있고, 법률적 제한이 있기 때문에 시중은행을 재벌이 단독으로 지배하는 것은 불가능하다. 그러나 각 시중은행별로 30대 재벌에 소속된 지분률을 합치면 30%를 상회하고 있고, 50%상회하는 은행도 있어서 몇몇 재벌이 담합하면 시중은행을 집단적으로 지배하고 경영에 영향을 미칠 수 있게 되었다.

한편, 1980년대 들어 실물부문에서 재벌의 지배력이 한층 강화되었다. 먼저 재벌은 국내 생산물 시장을 독점 또는 과점하고 있었을 뿐만 아니라 국내 생산요소시장(특히 전자, 조선, 자동차 등 조립가공산업의 부품시장)에서도 하청 관계를 통해 중소기업에 대한 지배력을 강화하기 시작하였다. 중소기업가운데 재벌대기업의 하청생산에 종사하는 비중은 1978년까지 18.2%에 불과하였으나, 1987년에 이르면 48.5%로 늘어나게 되었다.

중소기업의 절반가량이 재벌의 하청기업으로 재편된 것이다. 이러한 변화를 통해1980년대 실물경제에서 한국재벌의 성장원천은 크게 확대되었다. 즉, 1970년대까지는 재벌의 축적 원천은 생산과정에서의 저임금노동력 이용에 한정되어 있었으나, 1980년대에 들어서면 이와 더불어 유통과정에서 소비자와 중소기업에 대한 독점적 지배가 추가적인 축적 원천으로 등장하게 된 것이다.

다른 한편, 1980년대 들어 한국재벌의 국제화가 본격화되었다. 1960년대 시작된 재벌의 상품수출은 1980년대 이후 큰 폭으로 증가하였다. 1994년 현재 삼성의 경우 전체 매출액 639억 달러 중에서 수출은 293억 달러로 45.9%를 차지하였다.

〈표-2〉 시기별 10대 재벌(자산기준)

	1960	1972	1979	1996	2010	2015	자산(조원)
1위	삼성	삼성	현대	현대	삼성	삼성	304.4
2위	삼호	LG	LG	삼성	현대차	현대차	202.0
3위	개풍	한진	삼성	LG	SK	SK	160.1
4위	대한전선	신진	대우	대우	LG	LG	105.8
5위	LG	쌍용	효성	SK	롯데	롯데	99.6
6위	동양	현대	국제	쌍용	포스코	포스코	78.6
7위	극동해운	대한전선	한진	기아	GS	GS	60.3
8위	한국유리	한화	쌍용	한진	현대중공	한화	44.0
9위	동립산업	극동해운	한화	한화	금호아시	현대중	52.5
10위	태창방직	대농	SK	롯데	한진	한진	37.0

자료 : 재벌닷컴, 통계청

이와 함께 1980년대 초반부터 시작된 재벌의 자본수출(직접투자)이 1990년대 들어 체계적이고 본격적으로 전개되었다. 1994년 현재 삼성의 경우 해외에 생산법인 35개, 연구개발 법인 11개를 설립하였고, 해외에서 고용한 종업원수는 28,400명으로 국내 종업원수의 17.4%에 달하였다. 초과이윤 획득을 목적으로 하는 이러한 자본수출 역시 한국 재벌의 새로운 축적 원천이 되었다.

1980년대 이후 나타난 이러한 몇 가지 변화, 즉 금융부문 진출, 실물부문에서 소비자와 중소기업에 대한 독점적 지배, 자본수출의 본격화 등은 이 시기 한국 재벌이 산업자본의 지위에서 벗어나 독점자본으로 성장하고 있음을 보여주는 지표들이다.

1970년대까지 한국 재벌의 부침은 빈번하였다. 불과 몇 년 사이에 거대 재벌로 성장한 경우도 많고, 또 거대 재벌이 일시에 몰락해 버린 경우도 많이 있었다. 1960년의 10대 재벌 중 1972년의 10재벌에서 탈락한 것이 6개이며, 1972년 10대 재벌 중 1979년 10대 재벌에 탈락한 것도 4개였다. 그러나 1980년대 이후에는 상위 재벌을 중심으로 하여 재벌의 서열이 거의 고정되었다.

제 3 절 재벌 비대화와 경제력 집중

대기업 집단 혹은 재벌은 한국에만 존재하는 독특한 기업의 지배구조가 아니다. 유사한 형태의 대기업 집단은 미국, 영국, 독일, 일본을 제외한 선 · 후진국 도처에서 발견할 수 있다. 일반적으로 대기업 집단은 자원의 효율적인 배분을 저해하고 경제력을 남용하여 시장의 경쟁질서를 왜곡하고 경제의 안정 기반마저 교란하는 등의 여러 문제점을 안고 있는 지배구조이다.

세계적으로는 단일 기업으로서 매출액이 GDP의 20% 이상을 차지하는 대기업들은 여러 나라에서 발견된다. 예를 들어, 2011년 기준으로 네덜란드의 Royal Dutch Shell은 56%, 스위스의 Glencore는 29%, 노르웨이의 Statoil은 24%, 그리고 핀란드의 Nokia는 20%를 차지하고 있다(The Economist, 2012).

이에 반해 삼성 그룹 전체의 매출액은 22%(비 보험 금융 18%)에 지나지 않는다. 한국과는 달리 이들 외국의 대기업들은 별다른 사회적인 문제를 일으키지 않고 있다. 우선 소유와 경영이 분리되어있고, 소유가 넓게 분산되어 있으며 비도덕적인 행위가 용납되지 않고 있기 때문이다. 한국의 경우 중요한 차이점이 있는데 그것은 바로, 30대 대기업 집단이 총 수출의 80% 이상을 차지할 정도로 수출 의존적인 경제 발전의 주역을 맡아왔다는 사실이다.

1. 규모의 팽창

1997-98년의 외환이기 이후 김대중 정부는 대폭적인 재벌개혁을 추진하여 16개의 크고 작은 재벌이 문을 닫았으며, 퇴출을 면한 재벌들도 부채비율을 줄이고, 새로운 지배구조를 도입하여 경영의 투명성을 강화해야 하는 혁신의 대상이 되었다. 재벌개혁은 무엇보다도 문어발식 경영을 지양하여 전문화 하도록 사업과 투자를 조정하고 재무건전성을 개선하고 경영을 합리화 하는데 주력하였다.

외환위기 이전에는 재벌은 정부와의 유착으로 여러 형태의 보조와 보호를 받아 비정상적으로 비대해졌고, 사업의 다각화 · 대형화를 무리하게 추진하여 부채비율이 크게 상승하는 등 외환위기의 원인을 제공하였다. 그 후 추진된 경제의 자유화 · 개방화는 이러한 정경 유착의 고리를 절단하여 시장 규율에 의한 재벌의 성장을 유도할 것으로 기대되었다. 그러나 15년이 지난 현재 재벌은 다시 한 번 사회적 지탄과 개혁의 대상이 되고 있다.

그동안 개혁의 성과나 개혁과정에서 나타난 정부의 정책적인 과오를 분석한 자료는 찾아보기 어렵다. 다만 진보진영과 정치권의 시각은 외환위기 이후 추진된 경제 자유화와 개방으로 재벌이 비대해졌고 그 결과로 중소기업 부문이 축소되고, 소득불균등이 심화되고, 재벌의 비도덕적인 행태가 만연되어 계층 간의 갈등과 사회적 불안이 가중되고 있다는 결론을 내린다.

심지어 일부에서는 재벌을 이미 오래 전에 사라진 공룡에 비유하고 있다. 공룡이 초식동물을 위한 풀과 나무를 다 먹어치워서 사라진 것과 마찬가지로 재벌들도 중소기업 업종과 중소기업 상인들을 궤멸시켜 공룡처럼 모두 사라지게 될 것이라고 한다.

그러면 외환위기 이후 지난 15년 동안 재벌은 어느 정도 비대해졌는가? 어떠한 과정을 통해서 그리고 수단과 방법을 이용하여 사업을 늘려 왔는가?

(1) 계열사 증가

공정거래 위원회가 발표하는 자산총액 5조원 이상 재벌 즉 상호출자 제한기업 집단의 수는 2012년 현재 63개이며 산하 기업수는 1,831개이다. 2009년 총출제가 폐지된 수 2012년 4월까지의 기간 중 63대 재벌의 계열 기업 수는 1,137개로부터 1,831개로 증가하였으며 신설 계열사 694개중 30.8%인 188개사가 30대 재벌에 속한다. 대부분의 신설계열사는 하위 재벌이 설립하였다.

〈표 1〉 연도별 기업집단 지정기준 및 지정현황

(단위: 개)

연도	집단수	계열사수			평균 계역사수			기준
		총수	비금융보험	금융보험	총수	비금융보험	금융보험	
1987	32	509						자산총액 4,000억원이상
1992	78	1,056						
1993	30	604						자산순위기준 30대기업
2001	30	624						
2002	43	704	626	78	16.4	14.6	1.8	자산총액 2조원이상
2008	79	1,680	1,570	110	21.3	19.9	1.4	
2009	48	1,137	1,055	82	23.7	22.0	1.7	자산총액 5조원이상
2012	63	1,831	1,666	165	29.1	26.4	2.6	

자료: 공정거래위원회, 「공정위, 자산 5조원 이상 상호출자제한 기업집단으로 63개 지정」, 공정거래위원회 보도자료, 2012.4.13, p.2.

〈표 2〉 기업집단 유형별 계열회사 수 추이

단위: 개 (전체 대상)

year	전체 기업집단	민간 기업집단						공기업
			총수있음	4대	10대	30대	총수 없음	
2002	704	674	640	201	312	630	34	30
2012	1,831	1,740	1,565	294	592	1,194	175	91

자료: 공정거래위원회,(http://groupopni.ftc.go.kr/).

이와는 대조적으로 동일 기간 중 금융 · 보험 계열사의 수는 2009년의 82개사로부터 2012년에는 배가 넘는 162개사로 늘어났다. 83개 신규 계열사 중 68.7%인 57개 사는 30대 재벌이 신설하였다. 즉, 총출제가 폐지된 후 30대 재벌의 금융업으로의 진출이 활발해지고 있다.

(2) 자산규모 증대

2002~2008년 기간 중 자산총액 2조원 이상의 총수 있는 대기업집단의 자산규모는 두배로 증가하였다. 그러나 4대의 경우는 1.6배에 그쳐 4대 재벌의 자산비중은 2002년의 35%로부터 2008년에는 30%로 하락하였다.

계열 기업사의 경우와 마찬가지로 총출제가 폐지된 2009 - 2012년 3년 동안 자산규모 5조 이상 민간 대기업집단의 자산은 1.5배나 증가하였다. 재벌들의 평균 자산규모의 추이를 보면, 총수가 있는 4대와 10대 재벌이 빠르게 성장하고 있다.

(3) 매출액과 부가가치

비 금융 매출액을 기준으로 할 때, 2002-2011년 기간 중 4대 재벌은 2.1배, 30대는 2.3배의 성장을 기록했다. 동일 기간 중 명목 GDP의 증가는 1.8배에 그치고 있다. 2002년 4대(30대) 재벌의 비 금융 총매출액은 215(370)조원으로 명목 GDP의 38.2%(59.5)였으나, 2011년에는 44.6%(75.1)로 크게 증가하였다. 즉, 5-30대 재벌이 4대보다 더 빠른 속도로 사업을 확장해왔다.

〈표 –3〉 기업집단 유형별 매출액 추이(비금융보험회사)

단위: 조원(총액기준)

year	전체 기업집단	민간 기업집단					총수 없음	공기업
			총수있음	4대	10대	30대		
2001	510	454	410	261	347	407	44	56
2011	1,461	1,313	1,126	640	881	1,078	187	148

자료: 공정거래위원회 기업진단정보포탈 오프니(http://groupopni.ftc.go.kr/).

중소기업청 통계인 제조업의 생산액(부가가치)을 기준으로 하는 경우 중소기업의 비중은 1990년 42.7%(44.3%)에서 2009년 47%(50.5%)로 증가했다. 동일기간 중 종업원 300인 이상 대기업의 종사자 비중은 38.3%에서 23.2%로 크게 하락하였으며 생산액과 부가가치도 병행하여 하락했다.

2009년 이후 중소기업과 대기업이 경제에서 차지하는 비중은 변하지 않았으나, 종업원 300인

이상 대기업 군에 속하는 재벌의 비중이 상승하여 대기업 중심으로 경제력이 집중되고 있는 것으로 추정된다.

대기업집단으로의 경제력 집중을 좀 더 상세히 분석하기 위해 대기업 진단 유형별 명목 GDP 대비 부가가치 비중을 추산해 본 결과, 총수가 있는 30대 민간기업 집단을 대상으로 할 때 명목 GDP 대비 부가가치 비중은 2001년 23.0%에서 2011년 26.2%로 3.2pt 커졌다. 구체적으로 30대 민간기업 집단의 명목 GDP 대비 부가가치 비중은 2007년 까지는 낮아지는 추이를 나타내다가 2008년부터 2011년까지 꾸준히 상승하는 양상을 보이고 있다.

이는 참여정부 시절과 비교할 때 이명박 정부에 이르러 30대 재벌, 나아가 4대 재벌의 경제력 집중이 다소 심화하는 경향이 있었음을 나타내는 증거로 볼 수 있다. 4대재벌의 비중은 2001년 14.8%로부터 하락하다가 2008년부터 다시 증가하여 2011년에는 15.5%를 기록하고 있다.

재벌로의 경제력집중과 관련하여 종업원 300명 이상의 대기업집단 내부에서는 규모별 기업간의 비중과 관련하여 주목할 변화가 일어나고 있다. 광업 · 제조업 부문에서 1999 - 2009 기간 중 300명 미만 중소기업의 GDP 대비 부가가치 비중이나 기업 규모별 부가가치 비중은 증가세를 보이다가 2006년부터 하락하여 원점으로 돌아가고 있다. 반면, 대기업군에서는 동일 기간 중 1000인 이상을 고용하는 대기업군(재벌 포함) 의 비중이 감소하다가 2007년부터 급속도로 증가하는 변화가 나타나고 있다. 물론 타 산업 특히 서비스 부문의 통계가 없기 때문에 경제 전체에서의 대기업 · 중소기업의 비중은 구할 수 없으나, 광업 · 제조업의 비중 변화만을 고려할 때 상위 재벌은 중소기업 부문보다는 하위재벌 및 중견 기업의 비중을 잠식하여 비대해지고 있다는 잠정적인 결론을 내릴 수 있다.

이상 위에서 인용한 모든 통계 추정치를 종합해보면 3대 이상의 매출과 부가가치는 상대적으로 증가하였으나 그 이하의 재벌을 포함하는 대기업군의 경우는 하락하여 중소기업 · 대기업 비중은 변하지 않은 것으로 추정 할 수 있다.

2. 중소기업 부문 진출

4대, 10대, 30대 기업집단의 계열회사는 2007~2011 기간 중 평균기준으로 4대의 경우는 27개, 10대는 21개, 30대는 14개로 늘어났다. 재벌이 계열사 확장으로 중소기업 적격 업무 분야를 잠식하고 있다면 이는 효율성의 차원을 떠난 도덕성의 문제를 제기할 수 있다.

공정거래 발표 자료를 보면, 2007.4 - 2011.4 기간 중 자산 5조 이상의 상호출자 제한집단 중 35개의 집단의 총 계열사 수는 2011년말 현재 1,282개사이며, 이는 2007년 4월 비교하여 볼 때 393개나 증가한 숫자이다.

35개 집단중 22개 집단이 74개 계열 회사를 설립하여 중소기업 적합업종, 지정품목, 사업조정 신청업종, 식 · 음료 소매업, 수입품 유통업, 교육서비스업, 웨딩서비스업 등에 진출한 것으로 난타난다. 총수자녀(2~3세)가 지분 보유 등을 통해 경영에 참여하고 있는 경우는 8개 집단의 17개 회사로 집계되었다.

공정위는 계열사 수 증가 자체보다는 계열 확장 과정에서 총수일가의 사익 추구와 중소기업 영역잠식이 재벌문제의 핵심이라고 지적하고 있다. 재벌기업들도 리스크 분산을 위해 사업을 다각화 하다보면 중소기업 영역에 진출할 수도 있다. 그러나 김, 면류, 상조업, 웨딩 서비스업, 베이커리, 커피판매점에까지 투자를 한다면 이는 경제논리를 떠나 도덕적으로 비난 받을 수 있는 사업 확장이다.

제 4 절 재벌과 국민경제

1. 재벌과 정치권력

재벌 형성기부터 오늘날에 이르기까지 한국 재벌과 정치권력은 긴밀하게 결합되어 공생관계를 유지해 왔는데, 그것은 크게 제도적인 결합과 인적결합이라는 두 가지 방식으로 이루어졌다.

그 동안 재벌의 이해를 결집하는 대표적인 조직으로 운영되어 온 것이 전국경제인연합회(이하 전경련)이다. 이 단체는 5·16 직후 12개 재벌을 중심으로 창설된 한국경제인협회가 1968년 현재의 이름으로 바뀐 것으로, 오늘날 수천 개의 회원사를 둔 거대조직으로 성장되었다.

이 단체는 재벌집단의 공동이익을 결집하고 이를 관철시키기 위해 고위관료과 공식모임, 로비활동, 정치자금 제공 등 각종 수단을 통해 정치권력과 제도적으로 유착해 고왔다. 특히 전경련이 정치에 영향력을 행사하고 재벌집단에 유리한 입법이 정치도가 실현되도록 압력을 행사해 왔는데, 그 주된 수단은 정치자금 제공이었다. 전경련의 공식적인 정책건의는 이미 1980년대 초에 70%정도가 정치정책에 반영되었고, 1980년대 이후 그 비율은 더욱 높아지고 있다.

이러한 제도적 결합뿐만 아니라 재벌과 정치권력 간에는 긴밀한 인적결합이 유지되고 있다. 우선 한국 재벌의 관리자층은 경제정책을 수립·시행하는 정부 부처 관료층과 출신지역이나 출신학교 등을 통해 연결되어 있다. 예를 들어 1996년 30대 재벌의 최고경영자 중 43%가 서울대 출신이며, 3개 주요 경제부처의 과장급 이상 관료들의 54%가 같은 대학 출신이었다.

상위 재벌일수록 전·현직 관료나 정치인 중 유력인사를 고문이나 임원으로 다수 채용하고 있는데, 이들이 기업에서 할 수 있는 역할은 정치로비활동 외에 있을 수 없다. 한편, 재벌과 정치권력은 통혼(통혼)관계를 통해서도 인적 결합을 공고히 하고 있다.

예를 들어 1980년대 후반 한국 100대 재벌의 아들이 관료나 정치인 딸과 결혼한 비율은 37%, 100대 재벌의 딸이 관료나 정치인의 아들에게 시집간 비율은 26%에 달하여 재벌과 정치권력은 한 다리만 건너면 모두 친·인척이 될 정도로 긴밀한 인적관계를 형성하고 있다. 이러한 지연, 학연, 혈연, 등 인적 결합요소는 정부의 경제정책 형성과 집행과정에서 재벌의 이해관계가 작용하도록 만들고 있다.

유착관계는 정치권력에게도 필요한 것이었다. 그 동안 한국에서 정치를 하고 권력을 유지하는 데는 많은 비용이 들었다. 특히 국민적 정당성이 결여된 군사독재권력의 경우 이 비용이 더 컸을 것이다. 물론 1965년 '정치자금에 관한 법률'이 제정되어 정치자금을 양성하도록 하였지만, 그것으로 필요한 정치자금이 거의 조달되지 않았다.

이 법률에 의해 1979년까지 15년간 조성된 액수는 18억 원 정도에 불과하였다. 오히려 대부분의 정치비용은 개별 재벌이나 전경련 등을 통해 은밀하게 조달되는 것이 일반적이었다.

한편 재벌의 입자에서 볼 때, 그간의 정부주도 경제하에서 기업을 성장시키기 위해서는 정치권의 보호와 지원은 필수적이었다. 갖다 바치는 만큼 베풀고, 베풀어주는 만큼 클 수 있었다. 오늘날 성공한 재벌은 정치권력과의 밀월관계를 통해서 다른 자본보다 훨씬 빠른 속도로 성장하였고, 단기간에 세계적 규모의 자본으로 변모하였다.

4·19이후 부정축재 처리과정에서 드러났듯이 1950년대 한국재벌의 탄생부터 정치권력의 특혜지원이 그 기반이었다. 귀속재산 불하에서 원조물이 배정에 이르기까지 정치권력과 무관한 것은 하나도 없었다. 재벌의 권력지향성은 5·16이후 정부가 경제개발을 주도하면서 재벌의 체질로 고착되었다.

1970년대 말까지 정부의 사적 자본축적에 대한 개입은 자본 축적과정의 여러 측면, 즉 생산요소로서의 금융자원과 노동력을 조달하는 과정에서 생산된 상품을 판매하는 과정에 이르기까지 매우 포괄적으로 이루어졌다. 정부는 강력한 노동통제를 실시하여 기업이 저렴한 노동력을 구입할 수 있도록 하고, 노사분규가 발생하는 기업에는 공권력을 투입하여 무력으로 해결하였다.

정부는 재벌의 국내 상품시장을 보호하는 데도 적극적이었다. 1981년 상품시장 전체의 수입자유화율이 74.7%에 달하였으나, 독과점 상품시장의 그것은 35.7%에 불과하였다.

노동력 구입과정이나 상품 판매과정에서 정부의 재벌지원은 재벌 전반의 이익을 보호·육성하는 성격이 강한 반면, 개별 재벌의 차원에서 기업성장에 보다 결정적인 영향을 미친 것은 금융자원 조달과정에 대한 정부지원이었다.

정부는 1961년에 부정축재 처리법을 제정하여 시중은행을 환수하였고, 1962년에는 은행법을 개정하여 한국은행의 자율성을 박탈하고 금융권을 장악하였다. 이렇게 하여 정부는 내자뿐만 아니라 이 시기 대규모적으로 도입된 외자의 배분까지 직접 주도하였다.

개별 재벌의 성장과 관련하여 정부의 금융지원은 두 가지 측면에서 이루어졌다. 즉 평상시에는 사업을 시작하거나 확장하는데 필요한 시설자금과 운영자금을 제공해 줌으로써 재벌의 성장

계기를 마련해 주었고, 재벌이 부실화되는 위기 시에는 구제금융을 제공함으로써 그 성장한계를 해소해 주었던 것이다.

그 동안 한국 재벌은 경기가 좋을 때면 외부차입을 통해 최대한까지 사업을 확장시킨 다음, 불황기에 그것이 부실화되면 정부로부터 제공받은 구제금융으로 사업을 유지해 가고, 다시 경기 흐름이 바뀌면 외부차입을 통해 사업을 재차 확장하는 방식으로 경이적인 기업성장을 달성할 수 있었다.

재벌의 성장과 몰락이 정치권력과의 관계에 따라 좌우될 수밖에 없기 때문에 재벌의 정치권력에 대한 항상 일방적이고 종속적이었다. 그런데 국제 재벌의 해체나 노태우·전두환 전대통령의 뇌물수수사건을 통해 볼 때, 1970년대까지 뿐만 아니라 1980년대 군사정부 하에서도 재벌은 여전히 정치권력에 종속된 지위에 있었던 것으로 보인다.

노태우 전대통령 뇌물수수사건의 경우 노씨에게 뇌물을 준 35명의 기업인에는 주요 재벌총수가 망라되어 있고, 이들이 준 뇌물은 검찰조사에서 밝혀진 것만도 각각 최저 5억원에서 최고 250억 원에서 총 2,839억 원에 달하였다. 대우나 한보와 같은 재벌은 이렇게 조성한 돈을 불법적으로 실명전환하는 역할까지 맡았다.

그러나 재벌이 독점자본으로 성장함에 따라 재벌과 정치권력의 유착구조는 변화되기 시작하였다. 재벌이 정치권력에 대해 일방적이고 종속적지위에서 벗어나 점차 대등한 지위를 형서하게 된 것이다. 이러한 변화는 1990년대 이후 이른바 문민정부에 들어서면서 분명해졌다. 1994년 정부는 제2이동통신의 사업자선정을 전경련에 위임하였다. 이처럼 국책사업을 민간 독점자본집단에 맡겨 결정하도록 한 것은 이전의 군사정부에서는 찾아볼 수 없는 경우이다.

1990년대 들어 재벌집단 천체의 정치권력에 대한 힘이 강화되었을 뿐만 아니라 상위 재벌의 경우 개별적인 정치력도 강화되었다. 1994년 삼성의 승용차사업 신규진출은 당시 관계부처 장관과 정치권이 불허방침을 공식적으로 밝혀 결론이 난 문제였다.

그러나 삼성 재벌은 정치권력에 대한 대대적인 로비와 이해관계가 있는 지역주민들에 대한 여론공작을 통해서 정부의 당초 방침을 철회시키고 승용차사업 진출을 관철시켰다. 또한 1995년 이 재벌의 총수는 언론을 통해 한국의 행정관료와 정치가들을 싸잡아 3류와 4류라고 공개적으로 비난하였지만, 10년 전 국제 재벌의 경우와는 달리 해체 당하는 수모를 겪지 않았다. 이미 1992년에 총수가 대통령선거에 출마하여 여당후보에게 불리한 영향을 미친 현대 재벌이 새 정부가 들어선 이후에도 지위상의 변동없이 사업을 계속하고 있었다.

재벌이 독점자본으로 성장하고 이에 따라 정치권력에 대한 종속적 지위로부터 점차 탈피해 나가게 되자 정치권력의 재벌의 대한 종래의 입장에 변화가 나타났다. 재벌의 지위상승에 대응한 정치권력의 입장 변화는 양면적으로 나타났다.

첫째 1970년대까지는 존재하지 않았고 존재할 필요가 없었던 재벌규제정책을 도입하기 시작하였다. 1984년에는 재벌에 대한 금융집중을 견제하기 위해 여신한도 관리제도를 도입하였고, 1986년에는 공정거래법을 개정하여 출자총액 제한 제도 등을 도입함으로써 재벌의 경제력집중을 본격적으로 견제하기 시작하였다.

둘째 이와는 반대로 1980년대부터는 경제운용방식을 정부주도에서 민간주도로 전환하고 경제에 대한 정부개입의 범위와 강도를 축소하기 시작하였다. 정부의 연차적인 경제개발계획이 지닌 구속력은 줄어들었고 얼마 안 가 경제개발계획 자체가 존재하지 않게 되었다. 또한 시중은행이 민영화된 것을 비롯하여 실물과 금융부문에 존재하던 많은 국유기업들이 민영화되고 있다.

아직도 정부개입주의 대 시장경제주의, 재벌규제 대 민간자율이라는 양면적인 흐름이 공존하고는 있으나, 점차 후자가 전자를 압도해 가고 있다. 국내시장의 독점적 지배와 자본수출을 새로운 성장기반으로 삼은 한국재벌의 이해는 시장경제와 국제화를 표방하는 신자유주의 이데올러기와 정확하게 일치한다.

1990년대 이후 한국에서 이 이데올로기가 국가 정책의 기조로 자리잡은 것은 정치권력으로부터 재벌로 힘이 이동하고 있는 현실을 반영한다. 'GM의 이익이 바로 미국의 이익'이라는 말이 이제 적용되는 시점이 되었다.

독점자본으로서 재벌이 성장할수록 정치권력의 친재벌주의는 강화될 수밖에 없다. 과거에도 정치권력은 재벌은 위한 권력이었다. 그러나 이제는 단순히 재벌을 위한 권력일 뿐만 아니라 재벌에 의한 권력으로 그 성격이 바뀌고 있다. 한국에서 부와 권력은 항상 밀접한 것이었지만, 과거에는 권력이 부를 만들었다면 점차 부가 권력을 만들어 내는 시대로 접어들고 있는 것이다.

2. 재벌과 중소기업 및 소비자

한국의 재벌은 정치권력과의 유착을 통해 금융자원 등 국민경제의 희소자원을 우선적, 독점적으로 활용해 왔고 자신의 사적 이익을 국가정책을 통해 관철시켜 왔다. 이 점에서 재벌의 성장은 다른 경제구성원의 성장이나 이익실현의 기회를 그만큼 배제하는 가운데 이루어진 것이었다.

그러나 이러한 정치적 특혜만 한다면, 재벌이 오늘날의 지위에 도달하고 그 지위를 유지하는 것은 전적으로 재벌 총수의 '기업가 정신과 탁월한 경영능력'에 의한 것이고, 국민경제의 다른 구성들과는 무관한 것인가? 앞서 언급한 바와 같이 한국 재벌의 성장 원천은 시기에 따라 변화되어 왔다. 1980년 이후 독점자본으로 성장하면서 재벌은 경쟁적산업자본이 누리지 못하는 독점적 초과이윤을 획득하게 되었다. 그런데 아래에서는 보는 바와 같이 독점적 초과이윤의 일정부분은 하청 중소기업과 소비자로부터 창출된 것이다.

즉 재벌의 자본축적은 국민경제의 다른 구성원과 무관한 것이 아니라 밀접한 관계 속에서 진행되고 있고, 1980년대 이후 재벌의 자체 축적능력의 급속한 성장은 바로 비재벌 부문에 대한 독점적 지배의 급속한 확장과 연관되어 있다.

(1) 재벌과 중소기업

한국 경제의 발전과정에서 중소기업의 국민경제적 비중은 1970년대 말을 전환기로 하여 그 이전에는 지속적으로 저하되었으나, 이후 추세가 반전되어 그 비중이 지속적으로 커지고 있다.

예컨대 사업체 수에서 보더라도 중소기업의 비중은 1963~1978년간에는 98.5%에서 93.6%로 저하하였으나, 그 이후에 상승하여 1995년에는 다시 98.2% 수준으로까지 높아지게 되었다. 이러한 중소기업의 발전추세 변화는 1980년대 재벌의 독점자본화와 밀접한 관련을 맺고 있다.

1970년대까지 재벌의 성장은 중소기업의 광범한 도태를 수반하면서 진행되었지만, 1980년대 이후 재벌은 중소기업을 자신의 축적 원천으로 활용하게 됨으로써 중소기업과 재벌이 동시에 성장할 수 있는 영역이 확보되기 시작하였다.

일반적으로 중소기업의 존립영역은 전통적인 내수부문, 수출부문, 그리고 대기업의 하청부문으로 구분할 수 있다. 이 가운데 하청부문은 독점자본이 형성됨에 따라 새롭게 창출되는 영역이라 할 수 있다. 1970년대 말까지는 중소기업 가운데 수출업체와 하청업체의 비중이 낮았고, 따라서 이 시기까지 한국의 중소기업은 전통적 내수부문을 중심으로 편성되어 있었다고 볼 수 있다.

그런데 내수시장은 재벌과 경쟁관계에 있는 영역이고, 중소기업의 생산력이 상대적으로 낮기 때문에 재벌이 성장함에 따라 중소기업의 활동 범위는 점차 축소될 수밖에 없었다. 이것이 이 시기 중소기업의 전반적인 비중 저하로 나타났다.

그러나 1978~1987년간의 지표를 보면 중소기업 가운데 하청업체의 비중이 18.2%에서 48.5%로 급속하게 증가하고 있다. 이것은 1980년대 이후 한국 중소기업이 전통적인 내수부문을 대신하여 대기업 하청부문을 중심으로 재편성되고 있음을 말해 준다.

이 부문은 성격상 재벌기업과 경쟁적인 영역이 아니라 보완적인 영역이고, 재벌이 성장함에 따라 함께 성장하는 영역이다. 1980년대 이후 중소기업의 국민경제적 비중이 증대되고 있는 것은 이러한 영역으로의 중소기업 진출이 증대한 결과라 할 수 있다.

〈표-4〉 중소기업의 존립영역

(단위 : %)

	1970	1978	1987
하청	17.4(16.8)	18.2(15.5)	48.5(31.5)
수출	6.0(9.1)	14.0(20.3)	21.1(32.2)

주 : 괄호 밖은 사업체 수 비중이고 괄호 안은 판매액 비중임.
자료 : 상공부, 중소기업은행

이 시기까지 한국의 중소기업은 전통적 내수부문을 중심으로 편성되어 있었다고 볼 수 있다. 그런데 내수시장은 재벌과 경쟁관계에 있는 영역이고, 중소기업의 생산력이 상대적으로 낮기 때문에 재벌이 성장함에 따라 중소기업의 전반적인 비중 저하로 나타났다.

그러나 1978~1978년간 의 지표를 보면 중소기업 가운데 하청업체 비중이 18.2%에서 48.5%로 급속하게 증가하고 있다. 이것은 1980년대 이후 한국 중소기업이 전통적인 내수부문을 대신하여 대기업 하청부문을 중심으로 재편성되고 있음을 말해 준다.

이 부문은 성격상 재벌기업과 경쟁적인 영역이 아니라 보완적인 영역이고, 재벌이 성장함에 따라 성장하는 영역이다. 1980년대 이후 중소기업의 국민경제적 비중이 증대되고 있는 것은 이러한 영역으로의 중소기업 진출이 증대한 결과라 할 수 있다.

물론 1980년대 이후라고 해서 재벌과 중소기업간의 경쟁관계가 사라진 것이 아니다. 전통적인 내수부문에서는 여전히 치열한 시장경쟁이 벌어지고 대기업의 시장잠식으로 인한 중소기업의 도태가 이어지고 있다. 중소기업의 고유 사업영역으로 지정하여 법으로 보호하고 있는 중소기업 고유업종에 대해서조차도 재벌기업의 진출이 끊어지고 있다. 이와 관련하여 1996년 한 해만 도 23개 대기업이 입건되었고, 이 중 15개 대기업이 정부에 의해 고발 조치되었다.

그러나 1980년대 이후 하청관계가 전개됨에 따라 생산과정에서 재벌과 중소기업간의 보완관계가 형성되고 있다. 하청관계의 형성과 발전은 재벌의 자본축적에서 점점 더 필수적인 요소가 되고 있다. 부품산업을 중심으로 전개되고 있는 하청관계에서 재벌은 상대적으로 값싼 하청기업으로 하여금 필요한 생산설비 및 생산기술을 대신 확보하게 함으로써 고정비용을 줄이고 생산성을 높일 수 있다.

1993년의 경우 103개 재벌 계열기업은 30,233개의 중소기업을 하청기업으로 거느리고 있고, 일부 기업은 1천 개가 넘는 하청기업을 거느리고 있다. 특히 전자, 자동차, 조선 등 부품산업을 중심으로 재벌과 중소기업의 분업관계가 심화되고 있다.

여기서는 전통적인 내수부문과는 반대로 재벌사업영역의 중소기업으로의 이양도 이루어지고 있다. 1995년의 경우 32개 재벌 계열기업은 종래 자신이 제조하던 1,744개 품목의 사업을 303개 중소기업으로 이양하였다. 또한 여기서는 재벌의 중소 하청기업에 대한 경영상의 지원도 증가하고 있다. 1995년에는 재벌의 하청기업에 대한 자금지원이 2조 9,780억 원에 달하였고, 기술이전도 2,005건에 달하였다.

그러나 생산과정에서 이처럼 보완적 분업관계가 심화되고 있음에도 불구하고 재벌과 중소기업간 하청관계의 성격은 대등한 관계가 아니라 지배와 종속의 일방적인 관계라 할 수 있다. 대부분의 하청기업은 자신의 존립을 특정 재벌기업으로부터의 수주에 전적으로 의존하고 있다. 1994년 현재 자동차산업의 경우 하청기업의 전속거래율은 현대 67.9%, 기아 50.5%, 대우 49.6% 등으로 높다. 이러한 독점적 거래관계 위에 재벌은 유통과정에서 중소 하청기업에 대한 지배를 강화하고 있다.

무엇보다도 재벌은 자신의 독점적 지위를 이용하여 하청기업이 납품하는 생산물의 가격을 필요에 따라 조정할 수 있다. 실제로 한국의 재벌은 하청기업 생산물에 대한 가격결정에서 주도권을 쥐고 있으며, 항상적인 가격인하의 압박을 가하고 있다.

1995년의 실태조사에 의하면 하청 중소기업들이 모기업과 거래하면서 겪는 가장 큰 애로로 72.1%가 납품 단가 인하요구를 들었다. 하청기업은 많은 경우 시장가격보다도 낮은 가격으로 생산물을 공급하고 있으며, 단순 임가공 하청인 경우는 물론이고 부품산업의 하청에서도 하청기업이 재벌에 공급하는 생산물의 납품 단가는 대개 수지를 간신히 맞출 수 있을 정도의 수준에서 결정되고 있다.

또한 재벌기업은 독점적 시장지위를 이용한 각종 불공정거래를 통해서 추가적인 이득을 얻고 있다. 그 하나가 대금결제과정인데, 1995년 현재 모기업의 납품대금 지급방식은 어음결제가

73.1%로 대부분이고, 현금결제는 17.4%에 불과하였다.

그리고 어음결제에서 대금지급이 법정기일인 60일 이내에 이뤄진 것은 52.6%에 불과하고 90일을 초과한 어음도 22.5%에 달하였다. 1995년 27개의 재벌 건설회사에 대한 조사결과를 보면 그 중 4개사를 제외한 23개사가 납품대금이나 어음할인료를 제대로 주지 않은 등의 불공정거래를 하고 있었다.

한편 중소기업에 대한 지배는 관련 생산물을 동일 재벌 내의 다른 계열기업으로부터 동시에 조달하는 경우 더욱 심하게 나타난다. 30대 재벌의 내부거래 비중은 1989년 현재 23.7%이고, 5대 재벌은 29.6%에 달한다. 이 계열기업간 내부거래와 비교하여 중소기업과의 거래에서는 생산물의 단가, 대금지급방법 등에서 각종 차별이 만연해 있다.

재벌은 중소기업을 생산과정에 하청기업으로 활용함으로써 비용을 절감하고 있을 뿐만 아니라 유통과정에서 중소기업을 독점적으로 지배함으로써 중소기업의 부를 이전 받아 독점적 초과이윤을 취득하고 있다. 그러나 유통과정에서비용을러한 부비용을전 결과 중소기업의 자체 축적능력은 매우 취약한 상태이다. 따라서 1980년저감하후 하청기업이 수적으로 늘고 있음에도 불구하고, 개별 하청기업이 부를 축적하고 대규모적으로 성장할 가능성은 훨씬 제약되어 있다.

(2) 재벌과 소비자

우리나라 실물부문에서 재벌 형성초기인 1950년대 이래 오늘날에 이르기까지도 경쟁부문보다는 독점부문의 비중이 훨씬 큰 시장구조의 특징이 변함없이 나타나고 있다.

1980년대 이후의 경우만 보더라도 상위 3사 집중률이 30% 미만인 비교적 경쟁적인 시장의 비율은 1981년 3.1%, 1994년 7.5%로 대단히 낮다. 반면, 대부분의 시장이 독과점상태에 있는데 1994년 현재 상위 3사 집중률50%이상인 시장이77.0%이고, 상위 3사 집중률이 70% 이상인 시장의 비율도 58.6%에 달하였다.

경제 규모가 급속하게 확대되고 있음에도 불구하고 경쟁적 시장구조로의 변화는 일어나지 않고 있으며, 독점적 시장구조가 그대로 유지되고 있는 것이다. 한국에서 독점적 시장구조를 형성하고 그것을 유지해 가는 주체는 물론 재벌이다.

1994년 현재 30대 재벌이 생산하고 있는 생산물 가운데 시장점유율이 1위인 것의 비율은 1982년 16.5%에서 1994년 33.2%로 늘어났고, 5대 재벌의 경우도 20.0%에서 37.7%로 늘어났다. 특히 1980년대 이후에는 시장개방으로 국내시장에서 대외경쟁요인이 크게 증대한 시기임에도 불구하고 한국 재벌의 독점적 지위는 오히려 강화되고 있는 것이다.

1970년대까지 생산물시장에서 재벌의 독점적 지위는 주로 제도적 요인에 의해 형성되고 유지되었다. 정부는 경제개발과정에서 중화학공업 등 국민경제적 비중이 크고 성장가능성이 높은 전략사업에 대해 소수의 기업을 실수요자로 선정한 후 다른 기업의 신규진입을 허가하지 않음으로써 이들이 국내시장을 독점할 수 있도록 하였다.

그리고 이들 기업의 국내시장을 대외경쟁으로부터 보호하기 위해 강력한 수입자유화정책을 실시하였다. 수입자유화율은 1978년 이전에는 50% 내외로 낮은 수준이었고, 수입자유화율이 74.7%로 높아진 1981년까지도 독과점품목의 수입자유화율은 35.7%에 불과하였다. 따라서 1970년대 말까지 국내시장에서 재벌의 독점적 지위는 정부에 의해 정책적으로 창출되고 보호된 것이었다. 그러나 1980년대 들어 국내시장에 대한 정부의 보호정책은 약화되었다.

〈표-5〉 재벌의 생산물시장에서의 지위

(단위: 개, %)

	5대 재벌		30대 재벌	
	1982	1994	1982	1994
1위	92 (20.0)	284 (37.4)	186 (16.5)	566 (33.2)
2위	169 (36.7)	171 (22.5)	441 (39.2)	312 (18.3)
3위	105 (22.8)	90 (11.8)	219 (19.5)	221 (13.0)
기타	95 (20.6)	215 (28.3)	279 (24.8)	606 (35.5)
	461 (100.0)	760 (100.0)	1,125 (100.0)	1,705 (100.0)

자료 : 한국개발연구원

중요산업의 경우 국내기업의 신규진입은 정부가 인허가제도를 통해 계속 규제하였지만, 대외경쟁요인은 대폭적으로 증대되었다. 수입자유화율은 1987년에 이르러 93.6%로 높아졌고, 특히 독과점 품목의 자유화율 역시 91.2%로 높아져 그 동안 독과점기업에 차등적으로 부여된 대외보호장벽은 제거되었다.

물론 정부는 관세를 통해 재벌의 국내시장을 보호하고 있으나, 관세장벽은 수입규제에 비해 시장보호기능이 약할뿐더러 관세율 수준자체가 추세적으로 낮아지고 있다. 따라서 1980년대 이후 재벌은 제도적 진입장벽에 전적으로 의존할 수 없었고 스스로 기술적 우위를 구비하지 않고서는 독점적 지위를 유지하기가 어려워졌다.

이런 이유로 1980년대이래 재벌의 시장지배 원천은 제도적 요인에서 기술적 요인으로 점차 이동하게 되었다.

실제로 1980년대부터 한국 재벌의 자체 기술능력이 확충되기 시작하였다. 기술연구소 설립이 본격화되었고, 연구개발 투자와 연구인력 확충이 실질적으로 이루어졌다.

기술력 강화의 노력은 상위 재벌로 갈수록 두드러지게 나타났다. 1991년 현재 상위 5대 재벌의 기술연구소 연구개발 투자와 연구인력이 기업체 전체에서 차지하는 비중도 각각 56.8%, 45.5%에 이른다. 전체 기술도입 대가 지불액에서 5대 재벌이 차지하는 비중도 62.4%이다. 생산과정에서의 기술적 우열은 유통과정에서 시장지배력을 결정하는 요소이다. 기술력의 독점은 이 시기에 상위 재벌이 국내시장에서 독점적 지위를 유지하고 강화시키는 기본적인 요소가 되었다.

일반적으로 진입장벽이 있는 독점시장에서는 경쟁시장보다 높은 가격이 설정되기 때문에, 소비자의 이익이 감소하고 경제 전체적으로도 사회적 후생이 감소한다.

한국 재벌 역시 국내 생산물시장에서 독점적 지위를 이용하여 자신의 생산물에 대해 독점적 초과이윤을 획득해왔다. 독과점 생산물의 대외개방이 급진전 되었던 1981~1987년 사이 주요 독과점 생산물의 수출가격과 내수가격을 비교해 보면 두 가지 특징을 발견할 수 있다.

첫째 개방화의 진전에도 불구하고 양자의 전반적인 격차는 줄어들지 않고 있다는 점이다. 이처럼 재벌의 독점력이 일정하게 유지되고 있는 것은 앞서 지적한 재벌의 기술력 내지 생산력의 강화와 연관된 것으로 볼 수 있다.

둘째 소비재가 생산재에 비해 그 격차가 월등히 높다는 점이다. 그 이유의 하나는 생산재의 경우 주된 수요자가 재벌(독점자본)이라는 점에서 독점적 시장지배가 어렵지만, 수요자가 일반 국민인 소비재의 경우는 제약 없이 독점적 지배를 실현할 수 있었기 때문이다.

1987년의 주요 소비재의 내수가격을 수출가격과 비교해 보면 설탕 198%, 화학조미료 167%, 맥주 192%, 스웨터 220%, TV 147%, 냉장고 146%, 세탁기 288% 등 평균적으로 174%에 이르고 있다. 재벌은 가격지배뿐만 아니라 다른 독점적 시장행동을 통해서도 추가적인 이득을 취하고 있다.

재벌의 독점적 시장행동도 대부분 소비재산업에서 집중적으로 일어나고 있다. 그런데 가격의 공동인상이나 출고량의 공동조절 등의 담합, 유통업체의 재판매 가격 유지 강제 등의 독점적 시장지배는 소비자의 이익과 전적으로 대립된다.

1980년대 이후 대외개방에도 불구하고 한국 재벌은 기술력을 강화함으로써 국내시장에서 독점적 지위를 유지하고 있으며, 소비자에 대한 시장지배의 결과 막대한 초과이윤을 획득하고 있다. 이것은 앞서 본 중소기업에 대한 독점적 지배로부터 획득하는 초과이윤과 더불어 한국 재벌의 급속한 성장의 기반이 되었다.

제 5 절 재벌개혁 정책과 개편방향

1. 독과점 규제 및 공정거래 감시 강화

재벌은 정치권력과 법조 · 언론 등에 대한 전 방위적인 로비로 초법적 지위를 누리며, 시장을 지배하고 중소기업의 성장기회를 제한하고, 민주화의 진전과 더불어 재벌은 정치인에 대한 정치자금 지원, 검찰 및 법조계, 학계, 문화계 및 우리 사회 여론 주도층에 대한 로비와 영향력을 점점 더 확대해 왔다. 재벌은 사회적인 혹은 시장 권력으로 부상하여 초법적인 존재로 군림하고 있다는 것이다.

대기업 집단은 국내의 판매시장과 구매시장에서 모두 독과점 시장 점유율을 차지하고 있다. 교역재의 경우, 수입자유화로 재벌의 독과점을 견제할 수 있어 소비자가 입는 손실은 그리 크지 않을 수도 있다. 그러나 서비스가 대종을 이루는 비교역재의 경우, 재벌이 시장지배력을 남용하여 불공정한 방법으로 경쟁력이 있거나 새로운 기술을 개발하는 중소기업들을 편입하거나 골목상권을 장악하여 소비자들과 중소기업이 피해를 입는다면, 이는 법적인 제제의 대상이 된다.

재벌이 구매자로서 원자재 · 중간재를 구입하는 경우 재벌은 가격을 통제하거나 부품공급 업체들의 납품 가격을 강압적으로 인하하는 부당한 거래를 강요할 가능성이 있다. 바로 이러한 독과점의 병폐인 불공정거래를 방지하고 제제하기 위해 제정도니 법이 공정거래법이다.

그러나 재벌의 공정거래법을 포함하는 위법행위 사례는 감소하기보다는 오히려 증가하고 있다. 일감 몰아주기로 사회적인 지탄이 일고 있음에도 불구하고 재벌의 내부거래는 증가하고 있다. 2012년 46개 대기업 집단의 내부거래금액은 186조원으로 2010년보다 30%나 증가했다. 내부거래는 재벌 2.3세의 편법상속의 수단으로 이용되고 있는 것으로 알려져 있다.

여기에 더하여 부당한 담합행위, 독과점 행위, 시장 지배적 지위를 남용한 불공정 하도급거래 및 지원, 골목 상권 잠식 등 그 리스트는 계속 늘어만 가고 있다. 이 뿐만 아니라 삼성 에버랜드 전환 사채 편법 증여, 한화 회장 배임, 현대차 비자금 조성, SK의 분식회계 등 재벌 총수의 위법 사례는 꼬리를 물고 있다. 이러한 위법행위 때문에 재벌은 인기만 없는 것이 아니라 일반 국민의 지탄의 대상이 되고 있는 것이다.

2. 불공정한 시장경쟁질서 개선

재벌들이 판매 · 구매 시장에서 모두 독과점적인 영향력을 행사하여 공정한 경쟁질서가 확립되지 않는 경우 정부는 규제를 발동하여 시장 질서를 바로잡아야 한다. 재벌이 우월한 지위를 이용하여 경쟁 질서를 왜곡하는 행위, 소비자 · 노동자 · 이해 당사자들의 이익을 침해하는 행위는 법적인 제제와 규제대상이 되어야 한다.

그러나 정부가 헌법과 규제의 테두리 내에서 재벌 규제를 등한시 · 외면한 결과, 행정 · 사법부가 입법취지대로 법을 집행하지 못하여 재벌의 위법행위가 용인되고 있다면 경쟁 질서를 바로 잡을 방법이 없다.

즉 정부가 무능하거나 아니면 재벌의 막강한 힘과 영향력에 압도 혹은 포획(capture)되어 본연의 역할을 하지 못하거나 망각하고 있을 경우, 재벌의 위법행위를 처벌하지 못하고 있다면 어떠한 방법으로 재벌을 개혁할 수 있겠는가? 재벌을 비난하기 전에 사회 전반에 걸쳐 만연된 비리와 부조리부터 제거해야 할 것이며, 제거하지 못하는 정부, 특히 감독 당국에게 책임을 물어야 한다.

예를 들어, 재벌들이 불법으로 상속하고, 이해 당사자들의 이익을 무시하고, 비자금을 조성하는 등의 위법행위를 자행하고 있으나 이를 적발하여 처벌하지 못한다면 그 책임은 정부에도 있는 것이다. 이런 비정상의 척박한 환경에서 재벌의 비대를 억제한다고 해서 재벌의 불공정거래와 비리가 사라질 가능성은 희박 하다. 재벌개혁에 앞서 정치, 정부, 사법부의 개혁이 선행되어야 한다는 주장이 설득력을 얻는 이유가 바로 여기에 있다.

만일 재벌들이 법을 지키고 사회적인 책임을 수용하여 도덕성과 공정성을 사업에 반영 한다면, 재벌의 비대는 사회적인 문제가 되지 않을 수도 있다. 재벌 개혁은 성장규제보다 재벌의 법과 정의를 무시하는 관행을 바로잡는 데 초점이 맞추어져야 할 것이다.

3. 재벌의 비도덕 부당행위 규제강화

자유 시장 체제는 정의와 공정성에 눈이 어둡다. 기업이 어떻게 이윤을 창출하던 법을 위반하지 않는 한 자유 시장 제도는 그 수단과 방법에 대해 아무런 도덕적인 판단을 내릴 수 없다. 도덕적인 판단은 사회전체가 결정할 과제로 남게 된다.

그러나 사회적인 윤리관이나 공공성의 관점에서 볼 때, 재벌은 도덕적으로 해서는 안될 일이 있다. 예를 들어 재벌이 정치자금지원, 로비, 자문용역 등을 통해 정당, 행정부, 언론, 심지어 학계와 법조계에 까지 영향력을 미치고 있다면, 이러한 행태는 불법은 아니라도 도덕적인 비난을 면할 수 없다.

도덕적으로 부당한 행위는 아무리 그 행위가 경제논리로는 합리화 도리 수 있다 하더라도 사회적 형평의 기준에 어긋난다면 제재의 대상이 된다. 그 하나의 예가 재벌의 중소기업 영역으로의 무분별한 진출이다. 재벌이 전문화를 추구하기보다는 문어발식 경영으로, 그것도 중소기업 고유 업종을 잠식하여 규모를 확대하여 간다면, 그 경제적인 당위성은 무엇이든 한국 사회가 도덕적으로 용납하지 못한다면 재벌은 중소기업 분야 진출을 자제해야 할 사회적인 책임이 있다.

진보적인 성향의 참여 정부는 2006년 말 중소기업 고유 업종제도를 폐지했다. 형평을 포기 했다기보다는 대내외 경제 여건의 변화로, 제도의 실효성이 낮아지고 경쟁제한, 중소기업의 기술개발 노력 부족에 따른 국제 경쟁력 저하, 기존 참여 대기업에 대한 독과점적 시장 확보 등의 부작용에 따른 불가피한 선택이었다.

참여 정부는 고유 업종 제도 대신 대 · 중소기업 상생 협력 촉진에 관한 법률을 제정하여 대기업의 무분별한 중소기업 영역 침해는 사업 조정제도를 통하여 최소화하기로 하였다.

이명박 정부의 동반성장정책은 공정거래 질서를 확립하고 대기업의 중소기업 경쟁력 제고를 지원하는 등 상생을 원칙으로 하고 있다. 그러나 실효성이 없는 것으로 검증된 교역재 부문의 중소기업 적합업종을 선정하여 대기업의 진입을 규제하고 있다.

대기업과 마찬가지로 제조업부문의 중소기업의 활동무대도 전 세계로 확대되고 있다. 특히, 대기업에 부품을 납품 하거나 내수용 소비재와 정보기술 서비스를 생산하는 교역재(tradables) 부문의 중소기업은 기술개발, 제품의 품질향상, 판매망 확충으로 경쟁력을 길러 세계시장에서 사업의 발판을 구축해야 한다. 정부의 지원도 이런 중소기업의 세계화에 집중되어야 한다.

국내시장에서도 경쟁력이 없는 교역재 부문의 중소기업을 무작정 보호할 수는 없다. 보호보다는 퇴출을 유도하여 퇴출되는 중소기업이 구조조정으로 타 업종에서 재기 할 수 있는 기회를 만들어 주는 장치를 마련하는 것이 좀 더 효과적인 정책일 것이다.

그러나 서비스가 대종을 이루는 내수 중심의 비교역재 부문의 경우 문제는 달라진다. 대부분의 서비스는 수출하기도 어렵고 수입도 되지 않는다. 교역제의 경우와는 달리 서비스 시장에서의 경쟁은 외국보다는 주로 국내 생산자들 간에 이루어진다. 재벌들은 이미 기업형 수퍼마켓, 대형마트, 식 · 음료 소매업, 상조업, 웨딩 서비스 등 중소기업의 적격서비스 사업에 대거 진출하여 골목상권을 장악하고 있어 재벌의 적수가 되지 않는 중소영세 기업들이 밀려나고 있다.

최근 3년간(2009-2011) 기업형 SSM 3사(롯데슈퍼, 홈플러스 익스프레스, GS슈퍼)의 현황을 보면, 가맹점 및 직영점의 개수가 롯데 쇼핑 7개→ 55개, 홈플러스 131개→ 257개, GS슈퍼 138개→ 230개로 증가했다.

공정위 가맹본부 정보공개서 등록 현황에 따르면, 2008년 정보공개서 등록제 도입 이후 최근 3년간 가맹본부(Franchise 본부) 수는 연평균 34.0%, 영업표지(브랜드)수는 32.6% 증가하였으며, 2011년 말 현재 국내 전체 가맹본부 수는 2,431개, 영업표지(브랜드) 수는 2,976개에 달하고 있다.

재벌들의 경쟁상대는 다른 재벌과 대기업 그리고 골목안의 중소 및 종업원 5-9명의 영세 상인들이다. 재벌과 대기업들은 경쟁상대가 약하다 보니 품질과 서비스 경쟁을 벌이기보다는 자금력을 앞세워 중소 영세 상인들의 상권을 장악하여 시장점유율을 확대하는 손쉬운 전략에 전념하게 된다. 이 과정에서 중소기업들은 밀려 나고 재벌들은 담합을 통해 시장을 분할 할 수도 있고 만일 규제가 없다면 독과점적인 시장구조를 형성하여 초과이윤을 획득하게 된다.

재벌의 비교역재 분야로의 진출은 소비자들의 편익을 증가시키지 못하는 반면 형평과 공정성을 위배하는 도덕성의 문제를 제기할 가능성이 높다. 공정거래위원회는 경제의 효율성과 사회적 형평성의 기준에 따라 재벌의 신규진입을 제한하거나, 이미 진출한 기업도 사업을 철수 하도록 사업조정제도를 강화해야 할 것이다.

4. 재벌의 사회적 책임강화와 기업 집단법

재벌의 서비스업 진입을 억제하는 경우 효율성 및 공정성과 관련된 여러 현실적인 문제가 제기될 것으로 예상 된다. 예를 들어 규제대상은 63대 재벌에 국한할 것인가? 만일 재벌 진입 규제로 기존 중소기업이나 중견 기업의 시장 지배력이 증가하여 경쟁질서가 왜곡된다면 상대적으로 규모가 큰 중소기업의 투자도 억제해야 하는가?

재벌의 진입을 규제해야 하는 당위성은 인정되나 규제만으로 골목 상권을 보호할 수는 없을 것이다. 만일 재벌이 기업의 사회적인 책임을 수용하여 즉 사회적인 안정이 궁극적으로는 재벌의 이익에 부합한다는 사실을 인정하여 자발적으로 진출을 자제 한다면 정부의 규제는 좀 더 효과 적일 것이다.

문제는 비도덕적 형태 특히 경제력을 남용하는 불공정한 행위인데 이를 법으로 정하고 규제하는 것이 쉽지 않다. 무엇보다도 비도덕성의 기준을 정하기 어렵기 때문이다. 현실적으로 기업집단법에 포함될 기업집단을 정의하는 것도 쉬운 일이 아니다. 현재 자산 5조이상의 63개 재벌이 대기업집단으로 지정되어 있으나, 이들 재벌들은 자산과 매출액 측면에서 커다란 편차를 보이고 있다.

예를 들어 총수가 있는 4대 재벌이 10대 재벌 총매출 (2011년 기준)의 73%, 30대의 경우 60%, 그리고 63개 재벌의 50% 이상을 차지하고 있다. 어느 재벌은 수출에 전문화 되었는가 하면 다른 재벌들은 내수산업을 장악하고 있다. 이처럼 서로 다른 재벌들을 동일한 잣대로 규제한다는 것이 가능하거나 공평한 일인지도 분명치 않다.

재벌을 포함하는 대기업군의 사회적 책임을 법으로 정할 수 없다면, 좀 더 현실적인 대안으로 기업의 이해당사자, 중소 영세업자, 소비자, 언론, 비정부기구, 그리고 정부가 참여하여 기업 특히 대기업 집단의 사회적인 책임의 범위와 한계를 정하고 책임 이행을 감시 할 수 있는 사회적 감시망을 구축할 수 있을 것이다.

재벌들이 글로벌 시장의 경쟁에서 뒤지지 않도록 신기술과 상품개발을 지속하고, R&D투자와 혁신증대 활동은 강화해야 한다. 그러나 사회정의에 반하는 경제력 집중심화, 비도덕적 활동 등에 대해서는 규제를 강화하고, 재벌들이 사회적 책임을 증대시킬 수 있는 방안들이 모색되어야 할 것이다.

1) 김대환, 김균공편(1999), [한국재벌개혁론], 서울경제신문 산업부(1995), [재 벌], 변형윤외(1999), [IMF관리후 한국의 경제정책], 송병락(2010), [한국경제의 길], 한국경제학회(2012, 겨울), [한국경제포럼] 등 참조

제 11 장

한국의 금융제도와 시장

제 1 절 금융제도 개관

The pessimist sees difficulty in every opportunity.

The optimist sees the opportunity in every difficulty.

-W. Churchill-

1. 금융제도의 의의

금융이란 경제주체간의 자금의 융통을 의미한다. 타인에게서 자금을 빌리거나 타인에게 자금을 빌려주는 금융행위는 일시적인 자금 잉여 및 부족으로 인한 지출변동을 줄임으로써 소비나 기업 경영을 안정화하는 기능을 한다.[10)]

금융제도(financial system)는 이러한 금융거래에 관한 일체의 체계와 규범을 총칭하는 개념으로 금융기관, 금융시장, 금융수단, 금융상품 등의 구조나 형태를 포괄하는 핵심적인 경제제도의 하나이다. 예금자나 투자자의 입장에서 본다면 금융제도는 저축이나 투자 자산을 안심하고 맡길 수 있도록 각종 장치를 갖춰 자산관리를 제도화시킨 것이라 할 수 있겠다.

금융제도는 ①금융거래가 이루어지는 **금융시장과** ②금융거래를 중개하는 **금융기관,** ③금융거래를 지원하고 감시하는 **금융하부구조**의 세 가지로 구분 할 수 있다.

먼저 금융시장은 자금의 수요자와 공급자가 금융거래를 하는 조직화된 장소를 말한다. 금융시장은 만기 1년 이내의 단기금융상품이 거래되는 단기금융시장과 장기금융상품이 거래되는 자본시장으로 구분된다. 또한 증권거래소처럼 다수의 자금공급자와 수요자가 구체적인 장소에 모여 거래하는 장내시장과 전화나 전산망을 통해 거래하는 장외시장으로 나누어 볼 수도 있다.

---

10) 이 장의 내용은 한국은행(2011),[한국의 금융제도] 및 [우리나라의 금융시장]의 내용 및 금융감독원 자료를 수정 · 보완하였음.

아울러 자금공급자와 수요자간에 직거래가 이루어지는 직접금융시장과 금융기관을 통해 거래가 이루어지는 간접금융시장으로 구분되기도 하며, 거래되는 금융상품 종류에 따라 주식시장, 채권시장, 파생금융 상품시장 등으로 분류되기도 한다. 이러한 금융시장은 금리 주가 환율 등 금융자산 가격변수를 통해 자금의 수요와 공급을 조절하는 중요한 기능을 한다.

금융기관은 자금공급자와 수요자간에 거래를 성립시켜 주는 것을 목적으로 하는 사업체를 말한다. 금융기관의 역할을 살펴보면 (가)자금공급자와 수요자가 직접 거래할 경우 높은 탐색비용으로 거래 자체가 불가능할 수 있지만 금융기관은 **거래비용을 절감**시켜 소규모 금융거래도 가능하게 함으로써 금융거래를 활성화 한다.

(나)그리고 금융기관은 다수로부터 거액의 자금을 모아 다양한 자산에 운용함으로써 투자자로 하여금 간접적으로 **리스크를 줄이고 분산투자**하는 혜택을 누릴 수 있게 해준다. (다) 차입자의 신용도 분석에 관한 전문적인 노하우를 축적하고 지속적 · 반복적 거래를 통해 획득한 차입자에 대한 정보를 활용하여 정보의 비대칭성 문제를 완화함으로써 **자금공급의 효율성**을 높이는 역할도 수행한다

금융하부구조란 시장의 거래준칙이나 금융기관 인가 및 경영, 재산권 보호 등을 규정하는 법률체계와 금융거래에 직접 참여하지는 않지만 금융거래와 금융기관 업무를 지원하고 감시하는 각종 기구를 말한다. 금융거래는 정보의 비대칭성 문제를 수반하기 때문에 이를 악용한 불공정 · 불건전 금융행위를 금지하고 금융기관의 과도한 위험추구행위를 제한하는 법률과 이러한 법률이 제대로 시행되는지를 감시하는 장치가 필요하다.

이러한 금융제도는 자금공급자와 수요자간 자금이전을 원활하게 함으로써 금융 및 실물거래를 활성화하고 개인 후생과 기업투자자금 공급 및 기업지배구조 등에 지대한 영향을 미치고 나아가 한 나라의 경제발전에 기여한다. 금융기관 및 금융시장 등을 통해 금융시스템은 크게 ①지급결제 ②저축의 풀링(pooling) ③시간과 공간 차원의 자금이전 ④ 리스크의 풀링 ⑤ 정보비용의 감축 등의 기능을 수행한다.

먼저 재화 및 서비스, 금융자산 거래를 위한 지급수단으로 현금 수표 신용카드 전자자금결제 등의 제공된다. 금융제도는 소규모 저축 자금을 모아 대규모 투자자본 조달을 가능하게하고 규모의 경제, 분업의 원리 등을 통해 거래비용을 절감할 수 있다. 개인들이 라이프사이클에 따라 소비를 배분할 수 있게 하고 생산성이 높은 산업에 투자자금을 공급한다. 포트폴리오를 다양화함으로써 투자가들의 리스크를 축소하고 보험회사가 판매하는 보험사품을 통해 미래의 손실에

대비할 수 있다.

기업들은 파생금융상품 거래를 통해 각종 리스크를 투자가들에게 이전시킬 수 있다. 그리고 금융거래에 수반되는 각종 위험을 축소함으로써 개인의 저축동기를 유발하는 기능을 수행한다.

또한 전문 금융중개기관은 신용정보수집 등의 탐색비용(search cost)을 축소하며, 금융시스템은 차입자의 신용정보를 전달해주며 금융시장에서 형성되는 증권가격은 기업투자나 가계저축 의사결정을 잘 할 수 있도록 신호를 보냄으로써 효율적 자금배분에 기여한다.

2. 금융제도의 유형

(1) 은행중심 금융제도와 자본시장중심 금융제도

모든 제도가 그렇듯이 금융제도도 각국의 정치 · 경제 · 법률 · 역사적 배경 등에 따라 다른 것이 일반적이지만, 크게 한국 일본 독일 등과 같은 간접금융위주의 **은행중심 금융제도**(bank-based financial system)와 미국 영국 등의 직접금융 위주의 **자본시장중심 금융제도**(capital market-based financial system)로 대별할 수 있다.

직접금융은 자금의 공급자와 수요자가 계약당사자로서 직접 금융거래를 하는 형태이며, 간접금융은 금융기관이 자금공급자나 수요자를 대신하여 계약의 일방이 됨으로써 자금의 공급자와 수요자를 연결하는 금융형태를 말한다.

예를 들어 대표적인 직접금융수단인 회사채의 경우 자금수요자인 기업이 자금공급자로부터 자금을 직접 조달한다. 반면에 간접금융수단인 은행대출에서는 은행이 예금 등을 통해 자금공급자로부터 조달한 자금을 대출계약을 통해 기업에 공급한다. 그리하여 시장중심 금융제도에서는 주식과 채권이 거래되는 자본시장이 중요한 역할을 하고 은행중심 금융제도에서는 은행이 중추적인 기능을 한다.

시장중심 금융제도와 은행중심 금융제도는 기업 감시에 있어서도 차이가 있다. 시장중심 금융제도에서는 주가 변동과 적대적 인수합병이 기업 감시에 중요한 역할을 하기 때문에 기업회계의 투명성과 투자자 보호가 중시된다. 반면 은행중심 금융제도에서는 주가 변동보다는 은행과 기업간 장기적 관계를 통해 기업 감시가 이루어진다.

국가별로는 시장중심 금융제도가 발달한 나라로 미국과 영국을, 은행중심 금융제도가 발달한 나라로 독일과 일본을 둘 수 있다. 금융이 발달한 선진국들도 이렇게 금융제도가 서로 다름에 따라 지난 20년간 시장중심 금융제도와 은행중심 금융제도의 상대적 우월성에 대한 논쟁이 꾸준히 있어 왔으며 이를 뒷받침하기 위한 이론 및 실증분석 연구들도 많이 이루어졌다.

은행중심 금융제도가 효율적인가, 시장중심 금융제도가 효율적인가에 관한 과거의 논쟁은 기본적으로 직접금융과 간접금융이 상호 경쟁 관계에 있다는 인식에 바탕을 두고 있다. 그러나 최근에는 직접금융과 간접금융이 상호 경쟁적일 뿐 아니라 보완적이기도 하다는 인식이 높아지면서 직접금융과 간접금융 모두 필요하며, 두 금융방식이 균형적으로 발전하여야 한다는 쪽으로 의견이 모아지고 있다.

이러한 견해는 두 금융방식이 자금 지원에 있어 비교우위가 있는 부문이 서로 다르다는 점에 근거를 두고 있다. 직접금융은 시장인지도가 높고 회계정보가 잘 갖추어져 있어 경영정보를 얻기 쉬운 대기업에 유리한 반면 간접금융은 시장인지도가 낮고 회계정보가 불충분한 중소기업에 유리하다.

일반적으로 직접금융수단인 시장성 자산은 무임승차(free rider) 문제로 인해 정보생산의 유인이 약하기 때문에 중소기업에게 적절하지 못한 반면 은행을 이용하면 장기간 거래로 축적된 기업정보가 정보의 비대칭 문제를 완화할 수 있는 이점이 있기 때문이다.

또한 직접금융과 간접금융은 성과구조(payoff structures)가 달라 위험에 대한 투자자의 인식에도 큰 차이가 있다. 대표적인 직접금융수단인 주식의 경우 투자수익이 기업의 경영성과에 비례하기 때문에 투자자는 기업이 좀 더 많은 위험을 감수하는 것을 용인하는 경향을 보인다.

반면 간접금융수단인 은행대출의 경우 투자성과가 사전에 정해지는 반면 기업이 부도나면 이자는 물론 원금마저 회수할 수 없는 위험에 빠질 수 있으므로 대출기업의 자산운용에 대하여 보다 보수적인 입장을 취하게 된다. 따라서 직접금융은 투자위험이 큰 산업에 대한 자금공급에, 은행대출 등 간접금융수단은 수익이 낮지만 상대적으로 안전한 산업에 대한 자금공급에 유리하다.

직접금융과 간접금융은 투자자들의 의견 수용 면에서도 산업간 비교우위에 차이가 있다. 은행 대출은 다수의 투자자로부터 모은 자금을 운용하는 만큼 투자자들의 견해 일치에 무리가 없는 전통산업에 적절한 반면 직접금융은 투자자들의 견해가 일치할 필요가 없는 혁신산업에 유리하다. 즉 직접금융은 주가를 매개로 투자자와 기업간 의사소통이 끊임없이 이루어지기 때문에 경영방식에 대한 경험이 축적되지 않은 혁신산업의 감시 및 자금지원에 유리하다.

직접금융과 간접금융이 균형적으로 발전해야 하는 또 다른 이유는 양자가 서로의 발전을 촉진한다는 점에 있다. 먼저 자본시장은 금융기관의 금융중개 업무를 감시하는 역할을 수행한다. 금융기관은 정보생산 능력을 토대로 기업정보비대칭 문제를 완화할 수 있으나 자신의 경영 불투명성을 해결하지는 못한다. 경영의 불투명성은 정보독점을 가능케 하여 정보취득의 동기를 부여하는 면이 있으나 금융기관의 위험추구 행동을 외부인이 감시하기 어렵게 하는 문제를 갖고 있다.

그런데 자본시장이 효율적으로 기능한다면 금융기관이 발행한 주식이나 채권의 가격변동을 통해 금융기관의 위험추구 행동을 통제할 수 있게 된다. 반대로 금융기관의 금융중개기능 발전 역시 자본시장의 발전을 촉진하는 역할을 수행한다. 즉 금융기관은 축적된 정보를 토대로 자금 차입자의 신용위험 등에 대한 정확한 정보를 생산 공급함으로써 자본시장이 해당 기업의 주식 가격 등을 더 정확히 책정하는데 도움을 준다.

금융제도의 유형을 비교해보면 표와 같이 다양한 구조적 차이가 있다. 은행중심의 금융제도는 장기고객관계에 의한 정보 비대칭 축소, 제조업의 경쟁력 강화 등에 유리하나 기업이 부실화되면 은행의 동반 부실화될 가능성이 있다.

반면 시장중심의 금융제도는 자금배분의 적정화, 부실기업 조기정리 등의 장점이 있으나 기업경영자와 투자자간의 정보비대칭, 투자자금공급체계의 높은 변동성(volatility), 단기성과 중시로 인한 과소투자 우려 등이 단점으로 지적된다. 이와 같이 은행중심제도와 시장중심의 양 제도가 장단점이 있어 어느 하나가 일방적으로 우월하다고는 할 수 없으나, 보통은 은행제도의 발전을 기반으로 하여 점차 금융제도가 성숙단계로 발전해가면서 자본시장의 기능이 확대되는 것이 바람직하다.

그러나 직접금융과 간접금융의 상대적 비중이 어느 정도이어야 이상적인지는 해당 국가의 경제발전단계나 경제구조에 따라 달라질 수밖에 없다. 일반적으로 대기업보다 중소기업의 비중이 높은 국가일수록 정보의 비대칭성 문제를 완화하기 위해 간접금융이 더 중요하고, 혁신산업에 의해 주도되는 경제일수록 직접금융의 역할이 더 중요할 것이다.

〈표 -1〉 금융제도 유형 비교

	은행중심 금융제도	시장중심 금융제도
금융시장 형태	간접금융 중심의 부채관리형	자본시장 중심의 자산관리형
대출위험	은행부담	투자자간 분산
차입자 정보	은행 생산(비객관화 정보, 정보비대칭성 해소)	전문기관 생산(객관화된 정보)
투자성과	장기	단기
기업구조조정 지원	신축적 지원 가능	경직적
비교우위, 금융형태	중소기업, 관계금융	대기업, 거래금융
주요 국가	독일, 일본, 개발년대 한국	영국, 미국, 외환위기후 한국

(2) 전업주의와 겸업주의

금융제도는 금융기관의 업무영역을 제한하는 정도에 따라 전업주의 금융제도와 겸업주의 금융제도(universal banking)로 분류되기도 한다. 전업주의 금융제도에서는 한 금융기관이 은행, 증권, 보험 등 여러 금융서비스를 함께 취급할 수 없으며, 각 금융서비스가 해당 전문 금융기관에 의해서만 제공될 수 있다. 반면 겸업주의 금융제도에서는 이러한 제한이 없을 뿐만 아니라 이사회 활동 등을 통해 비금융 기업의 경영에 참여하는 것이 허용되기도 한다.

전업주의 금융제도와 겸업주의 금융제도는 근본적으로 금융기관 업무범위에 대한 규제 형태에 달려있다. 미국의 경우 1933년 은행업과 증권업의 겸영규제를 골자로 하는 은행법(Glass-Steagall Act)을 제정한 것이 전업주의 도입의 근거가 되었다. 동 법 제정에는 은행업과 증권업 겸영이 이익상충 문제를 심화시켜 1930년대 초 금융공황로 발전하였다는 판단이 크게 작용하였다.

겸업주의 문제점은 ① 이해상충, ② 대형화 위험추구, 금융제도의 불안전성 증대, ③ 증권부문의 부실이 은행으로 전이 등이 있다. 이해상충이란 금융기관이 여러 고객과 거래하면서 한 고객의 이익을 위해 다른 고객을 희생시키거나, 고객의 이익보다 금융기관 스스로의 이익을 위해 거래하는 것을 말하는 것이다.

이해상충문제 이외에 겸업을 반대하는 또 다른 이유는 겸업이 금융제도의 불안 정상을 높인다는 것이다. 일반적으로 겸업 금융기관은 그렇지 않은 금융기관보다 규모가 크기 때문에 도산 시 전체 금융제도가 불안정해질 수 있는 가능성이 높다. 겸업주의 대형화에 따른 대마불사(too-big-to-fail) 등을 통해 금융기관의 위험추구 유인을 강화하여 금융불안 가능성을 높일 수 있는 것이다.

또한 지급결제에 있어 중추적 역할을 하는 은행의 특성 때문에 은행이 위험성이 높은 증권업무를 함께 취급할 경우 증권부문의 부실이 은행부문으로 전이되어 금융부문 전체가 위기에 빠질 수 있다는 점도 지적되었다.

반면 겸업주의의 장점으로는 ① 정보생산의 우월성, ② 성장단계별 다양한 형태 자금지원, ③ 범위의 경제 등이 있다.

첫째 정보생산의 우월성을 살펴보면, 겸업 금융기관은 다양한 금융서비스를 통해 거래기업과 폭넓고 영속적인 관계를 유지할 수 있고, 거래기업의 경영실태를 좀 더 정확히 파악할 수 있다. 기업과의 폭넓은 거래관계가 기업경영실태 파악에 도움이 되는 이유는 거래기업의 차입행위는 물론 주식발행에 대한 정보를 취득함으로써 기업의 자금조달 및 운용실태를 종합적으로 관찰할 수 있기 때문이다.

둘째 겸업주의는 성장단계별 다양한 형태의 자금지원이 가능하다. 기업의 설립에서 성숙에 이르는 과정에 필요한 여러 가지 자금조달 형태에 부응할 수 있기 때문에 기업과 영속적으로 거래관계를 유지할 수 있다. 기업의 자금조달 패턴을 보면 시장인지도가 낮은 설립초기단계에는 내부유보나 은행대출 등 간접금융에 주로 의존하지만 인지도가 어느 정도 쌓인 성숙단계에 이르면 회사채나 주식 등 직접금융을 통한 자금조달 비중을 높이는 것이 일반적이다.

따라서 전업주의 금융제도 하에서는 은행과 증권사가 각각 설립초기단계 및 성숙단계의 기업과 주로 거래하게 되지만 겸업주의 금융제도 하에서는 하나의 금융기관이 직 · 간접금융을 모두 취급하므로 기업의 설립초기단계부터 성숙단계에 이르기까지 장기간에 걸쳐 거래관계를 유지할 수 있게 된다.

셋째 겸업주의 금융제도의 또 다른 장점으로 범위의 경제가 있다. 범위의 경제란 여러 업무를 동시에 취급할 경우 따로 취급할 때에 비해 업무취급 비용을 절감할 수 있음을 의미한다. 범위의 경제가 발생하는 원인은 생산과 소비 측면으로 구분해 볼 수 있다.

생산면에서는 먼저 정보취득에 있어서의 범위의 경제를 생각할 수 있다. 예를 들어 기업에 대출하거나 유가증권을 인수할 경우 해당 기업의 경영상태에 대한 조사가 필요한데 각각을 별도의 금융기관에서 취급할 경우 금융기관별로 기업경영실태조사가 필요하지만 대출과 유가증권 인수를 한 금융기관에서 취급할 경우 한번 경영실태 조사만이 필요하다.

또한 고정적인 투입요소를 여러 금융업무에서 공동을 사용함으로써도 누릴 수 있다. 기존 업무에서 시장인지도를 쌓은 만큼 신규업무 취급시 마케팅비용을 절감할 수도 있는 것이다. 한편 소비면에서는 한 금융기관이 여러 종류의 금융서비스를 함께 제공함으로써 금융소비자의 탐색비용을 절감하는 효과가 있다.

1990년대 이후 금융혁신과 금융기관간 경쟁 격화 등으로 업무범위 규제의 실효성이 저하되는 상황에서 각국의 금융제도는 업무영역규제를 완화하는 방향으로 변화하고 있다. 다만 이익상충문제를 최소화하고 이종업무간 위험 전염을 차단하기 위해 한 금융기관이 모든 금융업무를 취급하는 독일식 겸영방식보다는 자회사나 지주회사 형태를 통해 겸영을 허용하는 추세가 최근의 글로벌 금융위기까지 이어졌다.

3. 글로벌 금융위기 이후 세계금융제도 개편 논의

지난 1980년대 이후 대다수 국가에서는 규제완화, 금융자유화가 적극 추진되었다. 이는 그간 국내 저축동원이나 금융안정을 위해 금융부문에 가해오던 폭넓은 규제가 경쟁제한을 초래하여 금융기관의 혁신 노력을 제약함으로써 금융효율이 저하되었다는 인식에 바탕을 둔 것이다.

이에 따라 각국은 금융규제를 완화하거나 폐지하게 되었는데 그 결과 신종금융상품이 등장하고 새로운 금융시장이 형성되는 등 금융혁신이 활발하게 일어났다. 이와 함께 금융기관의 업무영역 제한이 완화되면서 금융겸업화가 진전되었고 금융시장 통합화, 금융국제화, 금융기관의 대형화 등이 나타났다. 각국의 정책당국도 증권화 또는 자산유동화, 파생금융상품의 유용성을 강조하면서 금융기관의 엄격한 리스크 관리 등 시장규율을 강조하였다.

그러나 이러한 경쟁체제를 구축하는 자유화, 규제완화 추세는 글로벌 금융위기 이후 상당한 수정 또는 변화를 모색하는 전환기를 맞고 있다. 2008년 글로벌 금융위기를 계기로 미국, 영국 등 주요 선진국에서는 금융혁신과 금융규제 완화의 부작용이 재인식 됨으로서 금융위기 억제 및 재발방지를 위하여 그동안의 금융완화 기조를 재점검하고 시스템리스크를 예방하기 위한 규제강화 방안이 논의되고 있다.

(1) 금융기관 겸업 제한

1990년대 이후 각국은 자국의 금융경쟁력을 강화하기 위해 겸업주의를 적극 도입 · 추진하였다. 전통적으로 전업주의 원칙을 고수하던 영국, 미국 및 일본 등이 금융기관의 업무범위 제한을 완화하는 움직임을 보였다. 영국은 1986년 **빅뱅(Big Bang)**을 통해 일찍이 은행의 증권사 인수를 허용함으로써 전업주의 원칙을 수정하였다.

일본은 1993년 금융개혁 관련 법률 시행을 통해 은행의 증권자회사 취득을 허용한 데 이어 1998년 금융지주회사법을 도입하여 금융겸업화를 본격적으로 도입하였다. 미국도 1999년 금융서비스현대화법(Gramm-Leach-Bliley Act)을 제정하여 1933년 은행 · 증권 겸업을 금지한 글래스-스티걸법을 사실상 폐지하고, 금융지주회사가 은행 이외에 증권회사를 자회사로 둘 수 있게 하였다.

독일 등 유럽 대부분의 국가들에서는 금융산업이 은행중심으로 발전함에 따라 영미권 국가보다 훨씬 이전부터 겸업주의를 유지 · 발전시켰다. 독일은 1990년대 수차례에 걸쳐 자본시장 진흥법을 정비하여 투자자보호와 자본시장의 투명성을 높이는 조치를 취하였다. 우리나라도 금융환경 변화에 대응한 금융산업의 경쟁력 강화를 위하여 2000년에 금융지주회사법을 제정하여 금융지주회사를 통한 금융겸업화를 추진하였다.

그러나 글로벌 금융위기를 계기로 금융겸업의 부작용 우려가 다시 부각되면서 이를 억제하기 위한 논의가 미국, 영국 등에서 진행되고 있다. 미국에서는 겸업은행들이 예금보장제도 및 중앙은행의 자금지원 등에 대한 기대를 바탕으로 과도한 리스크를 추구하고, 투자은행 부문의 위험이 상업은행 부문으로 전이되면서 겸업은행들이 도산하였다는 비판이 제기되었다.

이에 따라 2010년 7월 제정된 미국의 도드-프랭크법(Dold-Frank Wall Street Reform and Consumer Protection Act)에서는 은행 · 은행지주회사 및 계역 자회사가 고객서비스와 관련 없는 자기매매거래(proprietary trading), 헤지펀드 및 PEF 투자 등의 투자은행업무의 겸업을 원칙적으로 금지하는 일명 '볼커 룰(Volcker Rule)'을 도입하였다. 다만 국공채 매매, 유가증권 인수, 시장조성 및 리스크 관리 관련 자기매매 등에 대해서는 예외를 허용하였다.

영국에서는 은행부문 개혁방안을 마련하기 위해 설치된 은행개혁위원회(Independent Commission of Banking)가 2011년 9월 겸업은행에서 소매금융부문을 은행 그룹 내의 자회사로 존치시키되, 독립된 이사회와 별도의 자본금을 보유하도록 하여 여타 부문과 엄격히 격리하는 계획을 발표하였다. 여타 유럽지역 국가들은 이러한 움직임에 대한 지지의사를 밝혔으나 실질적인 도입은 추진되지 않고 있어 향후 귀추가 주목된다.

(2) 시스템리스크 관리 강화 및 대형화 규제

금융규제가 금융시스템 안정에 충분치 않았다는 지적이 제기되면서 국제기구에서는 시스템리스크 관리를 강화하기 위한 방안이 활발히 논의되고 있다. 먼저 금융시스템 불안을 초래할 수 있는 시스템상 중요 금융기관(SIFIs; Systemically Important Financial Institutions)에 대한 별도의 규제 도입이 추진되고 있다.

특히 2009년 4월 G20 정상회의에서 시스템상 중요 금융기관의 도덕해이를 억제하기 위한 규제 · 감독을 실시하기로 합의하면서 국제적 논의가 본격화되었다. 규제의 초점은 동 금융기관을 선정하고 감독하는 방안, 동 금융기관의 파산시 금융시장 붕괴를 예방하고 납세자의 부담을 줄이기 위한 정리(resolution) 방안 마련 등이었다. 국제기준 제정기구인 금융안정위원회(FSB; Financial Stability Board)와 바젤은행감독위원회(BCBS; Basel Committee on Banking Supervision)가 2011년 7월 발표한 시스템상 중요 금융기관의 규제강화에 대한 공개권고안이 같은 해 11월 G20 정상회의에서 채택됨에 따라 2016년부터 동 금융기관에 대한 규제가 도입될 예정이다.

이와 함께 **유사은행업**(shadow banking)에 대한 규제도입이 FSB를 중심으로 추진되고 있다. 유사은행업은 전통적 은행과 달리 중앙은행 대출과 예금보험제도의 지원대상은 아니지만 은행과 유사한 금융중개기능을 수행하는 기관을 지칭한다.

이들은 기관투자자로부터 RP, CP 등의 비예금성부채로 자금을 조달하여 은행과 달리 엄격한 규제를 적용받지 않고 공적 보호장치에서 배제되어 있다. 또한 과도한 레버지지를 이용하여 투자하고 있기 때문에 시장신뢰가 부족하여 차입이 어려워질 경우 시스템리스크로 전이도리 가능성이 높다.

2010년 11월 G20 정상회의에서는 FSB에 유사은행업에 대한 규제강화 권고안을 마련하도록 요청함에 따라 동 기구는 유사은행업의 동향 파악 및 리스크 억제 방안 등을 담은 보고서를 2011년 10월에 발표하였다. 유사은행업에 대한 최종적인 규제는 실무그룹의 추가 논의를 거쳐 2012년말에 완료될 예정이다.

금융기관의 규모 및 자산집중도가 커질수록 파산시 금융시장 및 실물경제에 미치는 영향이 증대되므로 금융기관의 규모를 제한해야 한다는 주장이 제기되고 있다. 이는 대형금융회사가 파산할 경우 정책당국이 경제적 충격을 줄이기 위해 구제금융을 실시할 것이라는 기대로 인해 금융부문의 대형화와 위험추구 경양이 심화되는 대마불사를 해소하는 데에 목적이 있다.

미국에서는 도드-프랭크법에서 은행지주회사, 예금취급기관 및 동 기관의 지배회사 등의 인수 · 합병을 통한 대형화를 제한하는 규제를 도입하였다. 금융기관 대형화 억제에 대한 국제적 논의는 시스템상 중요 금융기관에 대한 규제와 함께 다루어지고 있다.

(3) 거시건전성정책 논의 및 감독체계 개편

최근 금융위기가 특정 금융기관의 부실보다는 신용팽창 및 자산가격 거품 등 거시경제 불균형과 그 조정과정에서 발생함에 따라 종래의 미시적 금융 감독만으로는 금융안정을 도모하기 어렵다는 인식이 확산되었다. 이에 따라 세계적으로 개별 금융기관에 대한 건전성 규제와는 별도로 국가경제 전체 또는 금융시스템 차원에서의 거시건전성 정책이 필요하다는 공감대가 형성되었다.

글로벌 금융위기 이후 주요국 중앙은행제도 및 금융감독체계 개편은 ① 중앙은행의 금융안정 기능 강화와 ② 이원적 금융감독기구방식(twin peaks approach)으로 특징지워진다. 미국은 재무부, 중앙은행, 감독기구 등이 참여하는 기관간 협의체를 구성하였고, 연준이 금융시스템에 큰 영향을 미치는 대형금융회사에 대한 건전성 기준을 제정하고 필요시 직접자료요구 및 검사가 가능하도록 하였다.

중앙은행으로부터 감독기능을 분리시켰던 영국의 경우 중앙은행 내에 거시건전성 감독을 총괄하는 위원회(FPC)를 신설하고 금융감독원을 중앙은행 산하로 통합하여 2012년부터 시행할 예정이다.

EU는 거시건전성에 관한 정보를 수집하고 대응조치를 권고하는 등의 기능을 담당하는 유럽시스템리스크위원회(ESRB를 신설하고 유럽중앙은행(ECB)이 동 사무국 역할을 수행하도록 하였다. 최근 금융감독체계를 개편한 국가들은 대부분 미시건전성 규제와 금융소비자보호를 별개의 기구에서 담당하는 이원적 감독기구방식을 채택하고 있다.

제 2 절 우리나라 금융제도의 변천

1. 자주적 금융제도의 확립

우리나라의 근대적인 은행제도는 1878년 6월 일본 제일국립은행의 부산지점 설치로 시작되었다. 그 후 조선은행 (1896년), 한성은행(1897년), 대한천일은행(1899년) 등 민족자본계 은행의 설립이 이어지면서 발전하였다. 그러나 자주적 금융제도의 확립은 당시 정치 · 경제상황 하에서 기대하기 어려웠고 결국에는 한일합방으로 해방 후로 미루어질 수 밖에 없었다.

해방 후에도 수년간 우리 경제는 정체 · 사회적 혼란 속에서 물가가 급등하고 신용질서 및 금융조직체계가 문란한 상황이 지속되었다. 이에 1948년 수립된 대한민국 정부는 금융제도 개편에 착수하였다. 먼저 금융제도의 근간이 되는 중앙은행과 일반은행의 체계 확립을 위하여 1950년 5월 한국은행법과 은행법을 제정 공포하고 6월 한국은행을 설립하였다. 그러나 곧이어 6 · 25 전쟁이 발발하면서 은행법의 시행이 유보되고 금융제도의 정비가 지연되었다.

1953년 휴전성립 후에는 금융부문의 전후 경제재건 지원을 원활히 하는 동시에 자주적 금융제도 정비를 위한 방안이 구체화되었고 이에 따라 1954년 은행법이 시행되었다. 이와 함께 은행의 민영화가 추진되어 정부소유 일반은행 주식이 소수 재벌에게 불하되었는데, 이는 금융기관이 대주주의 사금고화 하고 정치자금의 공급원이 되는 폐단을 낳기도 하였다.

또한 전쟁피해 복구를 위한 금융지원체제의 일환으로 한국산업은행이 1954년 1월 기존의 식산은행으로부터 개편 설립되었다. 아울러 농업제도의 정비가 착수되면서 농업은행(1956년)이 설립되었고, 자본시장 발전을 위한 기반으로 대한증권거래소(1956년)가 설립됨으로써 비로소 자주적 금융제도의 기반이 구축되었다.

2. 개발금융체제의 구축

1960년대에 들어서는 경제개발 5개년 계획이 수립됨에 따라 이를 효율적으로 뒷받침하기 위한 금융제도는 개편이 이루어졌다. 즉 1950년대 후반의 민영화 이후 소수 재벌에 의해 지배되어

온 일반은행의 주식이 부정축재재산 환수처리의 일환으로 정부에 다시 귀속되었다.

한국은행법이 전면 개정(1962년)됨으로써 금융기관에 대한 정부의 영향력이 대폭 강화되었으며 개발자금의 원활한 지원을 목적으로 농업협동조합(1961년), 중소기업은행(1961년), 국민은행(1963년), 한국외환은행(1967년), 한국주택은행(1969년) 등 특수은행이 대거 설립되었다. 또한 경제개발에 필요한 민간자본 동원체제를 확립하기 위하여 대구은행, 부산은행 등의 지방은행이 설립(1967년)되었다. 이에 따라 우리나라의 금융제도는 정부의 경제개발계획을 효율적으로 지원하기 위한 성장금융체제로 변모되었다.

1970년대 들어서자 우리 경제는 고도성장의 부작용으로 기업의 재무구조가 크게 부실해지고 인플레이션 압력이 높아지는 등 어려움에 봉착하고 있었다. 아울러 국제통화제도의 불안 등 세계경제여건의 악화로 국제수지 적자도 확대되었다. 이에 정부는 1972년 **[8 · 3긴급경제조치]**를 단행하는 한편 사금융의 제도금융화 및 금융구조의 다원화를 적극 추진하였다.

그 결과 단기금융업법, 상호신용금고법, 신용협동조합법 등 이른바 사금융양성화 2법(1972년)과 「종합금융회사에 관한 법률」(1975년)이 제정되어 투자금융회사, 상호신용금고, 신용협동조합, 종합금융회사 등 다양한 형태의 비은행금융기관이 신설 또는 정비되었다.

이와 함께 직접 금융시장을 통한 자금조달을 뒷받침하기 위해 증권시장에서도 일대 정비가 이루어졌다. 기업공개 및 주식의 소유분산을 촉진하기 위해 기업공개 촉진법을 제정(1972년)하였고, 증권투자신탁 전문회사인 한국투자신탁을 설립(1974년)하였다. 또한 증권관리위원회와 증권감독원을 설립(1977년)하여 증권시장의 감독 및 관리체계를 확립하였다.

3.시장자율체제로의 전환 모색

1980년대에 들어 만성적 인플레이션, 금융산업 낙후 등 고도성장과정에서 누적되어 온 여러 구조적인 문제점들이 드러났다. 정부는 경제정책의 기본목표를 성장에서 안정으로 전화하였다. 이와 함께 경제운용방식도 시장기능을 존중하는 방향으로 전환하려는 노력이 강화되었으며, 그 일환으로 금융 자유화 및 개방화시책이 추진되었다.

우선 은행의 자율경영체제 확립을 위해 1981- 83년중 시중은행을 모두 민영화하고, 은행 내부경영의 자율성을 제약하는 각종 규정 및 통첩을 축소 정비하였다. 또한 금융기관간 경쟁을 촉진하기 위하여 금융시장진입 제한을 완화함으로써 1982- 83년중 2개 시중은행(신한은행 및 한미

은행)과 12개 투자금융회사, 58개 상호신용금고 및 1개 투자신탁회사가 신설되었다.

금융기관의 신규 설립은 1988- 89년중 재개되어 여덟 번째 시중은행인 동화은행, 중소기업전문은행인 동남은행과 대동은행이 설립되었으며, 5개 지방 투자신탁회사, 11개 지방 리스회사 등 다수의 비은행금융기관도 추가 설립되었다.

이와 함께 금융기고나 취급업무도 다양화되어 은행의 경우 신용카드업무, 상업어음일반매출 및 환매조건부채권매도(RP), 양도성예금증서(CD)업무 등이 도입되는 한편 상호부금 및 신탁업무의 취급도 단계적으로 확대 허용되었다. 그리고 투자금융회사 및 증권회사의 경우 팩토링, 신종기업어음(CP), 어음관리계좌(CMA), 통화채권펀드(BMF) 등 신종금융상품이 차례로 개발 도입되었다.

아울러 통화관리에 있어서도 직접규제방식에서 탈피하여 간접규제방식으로 점차 이행하게 되었다. 이와 함께 금리자유화의 기반 조성을 위하여 1980년대 초반이후 정책금융과 일반금융의 금리격차 축소, 은행대출금리의 차등금리제 도입, 일반 금융시장상품의 발행금리 자유화 등의 조치가 취해졌다.

특히 1988년 12월에는 정책금융을 제외한 모든 여신금리와 금융기관의 만기 2년 이상 장기수신금리에 대한 최고이율규제를 철폐하는 등 광범위한 금리자유화조치를 단행하였다. 그러나 금리자유화로 물가가 불안해지면서 자유화 금리와 규제 금리간의 격차가 지나치게 확대되는 등 부작용이 나타났다. 그 결과 금리자유화 조치가 소기의 성과를 거두지 못하고 후퇴함으로써 실질적인 금리규제가 그 이후로도 지속되었다.

한편 1980년대에는 금융자율화와 더불어 금융시장의 대외개방도 점진적으로 확대되었다. 외국은행의 지점 증설이 허용되고 외국생명보험회사의 지점설치, 합작회사 또는 현지법인 설립 등이 이루어졌다. 아울러 외국인전용수익증권, 외국투자전용회사 등을 통한 외국인의 국내증권 간접투자도 허용되었다.

4. 금융자유화 · 개방화 추진

이러한 시장자율체제로의 전환 노력에도 불구하고 금융부문에 대한 정부의 규제와 간섭은 1990년대 들어서도 지속되었다. 그 결과 금융산업의 경쟁력 및 효율성 저하라는 구조적 문제점들이 해소되지 않은 채 남아 있었다. 더욱이 미국 등 선진국으로부터 국내금융시장 개방 압력도 거세어져 국내 금융산업의 경쟁력 강화가 시급한 과제로 대두되었다. 이에 따라 정부는 금융자율화 및 개방화를 좀 더 빠른 속도로 추진하게 되었다.

먼저 1991년 3월 「금융기관의 합병 및 전환에 관한 법률」이 제정되어 8개 투자 금융회사가 합병 또는 단독으로 2개 시중은행(하나은행, 보람은행) 및 5개 증권회사로 전환되었다. 또한 종합금융회사를 투자은행으로 육성한다는 계획에 따라 1995년 12월 「종합금융회사에 관한 법률」을 개정하여 종합금융회사의 업무범위에 어음중개업무, 유가증권의 매매 · 위탁매매 · 매매의 중개 또는 대리업무 등을 추가하였다. 1996년 7월에는 15개 투자금융회사를 종합금융회사로 전환시켰다.

1995년 12월에는 증권투자신탁업법을 개정하여 증권회사와 투자신탁회사에 대하여 자회사 방식을 통한 상호 진출을 허용하였고, 투자신탁업이 장기적으로 종합자산운용업으로 발전할 수 있도록 자산운용업무와 판매업무를 분리하였다.

은행의 경우 1992년 11월에 근로자에 대한 금융지원을 위주로 하는 평화은행이 설립되었고, 특수은행인 국민은행과 한국주택은행이 1995년 1월과 1997년 8월에 각각 일반은행으로 전환하였다. 한편 1995년 4월에는 고가의 내구재, 주택, 기계 등을 구입하고자 하는 소비자에게 자금을 대여해 주고 이를 분할 상환토록 하는 할부금융제도가 도입되었다.

금융기관의 업무범위도 지속적으로 확대되어 은행의 경우 신종환매조건부채권매도, 표지어음매출, 국공채창구판매, 금융채(일반은행) 발행 등이 추가되었다. 증권회사에 대하여는 외화입출금, 환전, 외화매입, 외화차입 등의 외국환업무가 제한된 범위 내에서 단계적으로 허용되었다.

한편 보험회사에게는 국공채 창구판매 업무 취급이, 투자신탁회사에게는 단기금융상품펀드(MMF)의 취급이 허용되었다. 상호신용금고의 경우 지역밀착형 금융기관으로서 역할 강화를 위해 적금 등 일부 은행업무 취급이 허용되었다. 이 밖에 1994년 11월에는 증권회사와 은행에 국한되던 금융기관간 환매조건부채권매매(RP)업무가 콜시장에 참여하는 모든 금융기관으로 확대되었다.

금융시장의 대외개방도 적극 추진되어 1992년 1월부터는 외국인에 대하여 일정한도 범위 내에서 국내 상장주식에 직접 투자할 수 있도록 허용함으로써 주식시장이 본격적인 개방의 시대를 맞이하게 되었다.

또한 1993년 8월에는 금융개혁을 위한 핵심과제의 하나인 금융실명제를 「금융실명거래 및 비밀보장에 관한 긴급재정경제명령」에 의거 전격 실시하였다. 이로써 모든 금융기관과 거래할 때 실명 사용이 의무화되었으며 이와 함께 금융거래정보의 비밀보장도 강화되었다.

5. 위기극복 및 금융선진화를 위한 금융개혁 추진

우리나라는 1990년대 이후 금융제도 면에서 여러 가지 제도개선을 추진하였지만 금융자유화 및 개방화의 결실을 보지 못한 채 1997년말 외환위기를 겪게 되었다. 이는 적절한 금융하부구조를 갖추지 못한 채 금융자유화 · 개방화가 추진됨에 따라 금융기관간 과당경쟁이 무분별한 자본유입과 과다여신으로 연결되었고, 그 결과 금융기관 경영이 부실해졌기 때문이었다.

이에 따라 1998년 이후 추진된 금융개혁에서는 금융기관의 경영 건전성을 조기에 회복하는 동시에 금융자유화 · 개방화의 긍정적 효과가 나타날 수 있도록 금융하부구조를 개선하는데 초점이 두어졌다.

먼저 금융기관의 생존 가능성을 판단하여 퇴출 또는 인수 · 합병 등의 방법으로 부실금융기관을 정리하였다. 그 결과 1997년말 33개에 달했던 은행이 2005년 말에는 19개로 줄었다. 또한 한때 30개에 달했던 종합금융회사도 거의 대부분 경영부실로 퇴출되어 2005년 말에는 2개사로 줄어들었다.

상호저축은행 등 서민금융기관도 다수가 경영부실로 퇴출되었다. 이 과정에서 정부는 약 168조원의 공적자금을 조성 · 투입하고 금융기관의 생존가능성 판단이나 부실금융기관의 매각 등에서 주도적인 역할을 담당하였다.

정부는 금융자유화 · 개방화를 추진하면서 이에 따른 소기의 성과가 나타날 수 있도록 금융하부구조 개선을 적극 추진하였다. 금융개방과 관련해서는 1997년 12월 관리변동환율제도에서 자유변동환율제도로 이행하고 대외송금을 전면 자유화하는 등 외환자유화조치를 실시하였고, 외국인주식투자한도를 1998년 5월 폐지하였다.

또한 금융기관 업무영역 확대, 금리자유화 등 규제완화를 추진하였다. 금융기관 경쟁력 강화와 다양한 금융서비스 제공을 위해 금융기관 업무영역에 대한 규제를 대폭 완화하였고, 2000년에 금융지주회사법을 제정하였다. 1998년 9월 은행의 수익증권 판매를 허용하였으며 2003년 8월에는 방카슈랑스를 도입하였다.

2004년 1월에는 간접투자자산운용업법을 제정하여 간접투자증권 판매를 활성화하고 간접투자기구의 자산운용을 확대하였다. 이와 함께 보험회사, 증권회사 등 금융기관의 설립기준을 완화하고 자산운용 및 점포에 대한 규제를 완화하였다. 그리고 2004년 12월 요구불예금에 대한 금리규제를 폐지함으로써 1991년부터 추진된 4단계 금리자유화계획을 완결하였다.

금융기관의 부실 재발을 방지하기 위하여 금융기관 경영건전성에 대한 규제를 강화하였다. 1998년 4월 적기시정조치제도를 은행, 종합금융회사 및 증권회사를 대상으로 도입한 후 그 대상을 보험사(1998년 6월), 상호저축은행(1999년 12월), 신용협동조합(2003년 12월) 등으로 점차 확대하였다.

1998년 7월에는 금융기관의 자산건전성 분류기준을 강화하여 종전에는 6개월 이상 연체시 요주의 자산으로 분류하던 것을 3개월 이상 연체시 요주의 자산으로 분류하도록 하였다. 또한 2000년 1월에는 차주의 미래채무상환능력까지 감안하는 자산건전성 분류기준인 FLC(Forward Looking Criteria)제도를 은행에 도입하고, 추후 종합금융회사(2000년 6월), 보험회사(2000년 9월) 등에도 적용하였다.

한편 경영의 투명성을 제고하고 책임경영체제를 확립하기 위해 금융기관의 회계 및 공시제도를 강화하였다. 1998년 11월 회계제도의 신뢰성 제고를 위해 금융기관 보유 유가증권에 대한 가치평가방식을 시가평가방식으로 전환하였다. 아울러 2005년 1월에는 공시서류의 허위기재, 미공개 정보의 이용, 시세조작 등으로 인한 피해 구제를 위해 증권관련 잡단소송제도를 도입하였다.

이 밖에 건전한 금융자본 출현을 유도하고 금융기관의 책임경영을 촉진하기 위해 금융기관의 소유 · 지배구조 개선을 추진하였다. 2002년 4월 은행법 및 금융지주회사법을 개정하여 은행 및 은행지주회사의 의결권 있는 주식에 대한 동일인 보유한도를 4%에서 10%로 확대하는 등 금융기관의 소유제한을 완화하였다.

2000년 1월에는 외부감사제도의 충실화를 위해 은행, 종합금융회사 및 일정 규모 이상의 증권회사, 보험사, 자산운용사 등에 대해 사외이사 중심의 이사회 제도를 도입하고 감사위원회의 설치를 의무화하였다.

한편 자본시장에서는 1999년 4월 선물거래소가, 2000년 3월에는 증권거래소와 코스닥시장에서 거래되지 않는 주식을 대상으로 하는 장외주식호가중개시장(제3시장)이 개설되었다. 또한 2001년 12월에는 거래소와 코스닥시장에서 거래되는 250개 종목을 대상으로 정규시장 조율 이후에도 거래가 가능하도록 하는 전자장외증권중개시장(ECN시장)이 개설되었다.

2005년 1월에는 증권거래소, 코스닥, 선물거래소 등을 통합하여 한국증권선물거래소가 새로이 출범하였고 2009년 2월에는 명칭을 한국거래소로 변경하였다. 또한 직접금융을 통한 자금조달을 활성화하기 위해 자산유동화제도(1998년 9월), 회사형 투자수익증권제도(1998년 12월) 및 모기지론제도(1999년 4월)가 연이어 도입되었다.

6. 자본시장 및 금융투자업 규제 개편

외환위기 이후 정부는 금융구조조정과 함께 금융개방, 금융규제 완화, 금융하부구조 개선 등을 꾸준히 추진해온 결과 금융시장 안정, 대외신인도 향상, 금융기관 경영건전성 제도 등의 성과를 거두었다. 이를 바탕으로 정부는 2000년대 중반 이후 금융업을 높은 부가가치와 양질의 고용을 창출할 수 있는 성장산업으로 육성하기 위한 금융제도 개선을 추진하였다.

먼저 2007년 8월 종래의 「증권거래법」 「간접투자자산운용업법」 「신탁업법」 등 자본시장 관련 6개 법률을 통합한 「자본시장과 금융투자업에 관한 법률」(2009년 2월 시행, 이하 「자본시장법」 이라 함)이 제정되었다.

자본시장과 금융투자업에 대한 규제를 재편하여 금융혁신과 경쟁을 촉진하고, 대형 투자은행 육성과 자본시장 활성화 등 직접금융시장을 확충함으로써 기존 은행중심의 간접금융체계와 조화를 도모하기 위한 기반을 조성하는 것이었다. 금융투자업을 투자매매업 · 투자중개업 · 집합투자업 · 신탁업 · 투자일임업 · 투자자문업 등 6개로 구분하고 금융투자업을 영위하려는 자로 하여금 원하는 업무를 복수 또는 단수로 선택적으로 인가를 받거나 등록을 한 후 영업을 할 수 있도록 하였다.

이와 관련하여 이해상충 발생 가능성이 높다고 인정되는 금융투자업 간에는 매매에 관한 정보제공 금지, 임직원의 겸직제한, 사무공간 등의 공동이용제한 등을 의무화하였다. 또한 고유자산 및 운용재산이 각각 2조원 이상, 6조원 이하인 금융투자업자는 의무적으로 사외이사를 선임하고 감사위원회를 설치하도록 하였다. 동법은 금융투자상품을 포괄주의에 입각하여 원본손실이 발생할 가능성이 있는 모든 금융상품으로 정의하였다.

〈표-2〉 금융기관 수 변동 추이

(단위: 개)

	1997(A)	2005	2010	2015(B)	비 고
국 내 은 행	33	19	18	17	
외 은 지 점		29	29	31	
상호저축은행	231	111	105	79	
신 협	1,666	1,051	962	910	
새마을 금고	2,743	1,612	1,480	1,335	
상 호 금 융	1,733	1,522	1,392	1,360	
여신전문금융회사		47	63	78	
생명보험회사	31	23	23	25	
손해보험회사	14	28	30	31	
증 권 회 사	36	54	62	56	
선 물 회 사		14	9	6	
자산운용회사	31	46	80	93	
종 금 사	30	2	1	1	

자료: 금융감독원, 한국은행: ECOS.

금융투자상품을 증권, 장내파생금융상품, 장외파생금융상픔으로 구분하고 증권은 다시 채무증권, 지분증권, 수익증권, 증권예탁증권, 투자계약증권, 파생결합증권 등으로 구분하였다. 이러한 자본시장 확대 및 제도 정비 등에 따라 2000년대 중반 이후 증권 관련 기관의 신설이 크게 늘어났다. 외환위기 이후 서민금융기관인 상호저축은행, 농수축협의 상호금융, 새마을금고, 신협 등은 지속적인 감소추세를 보여주고 있다. 반면에 자본시장 활성화로 증권회사는 1997년의 36개에서 2010년에는 62개로 증가하였으며, 2015년에는 56개로 감소하였다. 자산운용회사는 1997년의 31개에서 2010년 80개, 2015년에는 93개로 지속적인 증가추세를 보여주고 있다.

한국산업은행을 국책은행에서 주식회사로 전화하여 원칙적으로 은행법의 적용을 받고, 업무범위도 일반은행의 업무범위 수준으로 확대하는 등 상업은행들과 경쟁할 수 있는 기반을 마련하였다.

한편 외환위기 이후 부실 금융기관 정리와 은행의 인수합병 과정을 통해서 서민의 소액 생활자금을 취급하는 금융기관이 크게 감소함에 따라 대부업체가 늘어났다. 이에따라 정부는 미등록 사체업자 및 대부업자의 고율이자 및 불법영업으로부터 저신용 서민계층을 보호하고자 관련 제도를 정비하였다.

제 3 절 현행 금융제도의 개요

1. 금융기관

금융기관은 금융시장에서 저축자와 차입자 사이에서 저축과 투자를 연결해 주는 기능 등을 수행하며 보통 은행, 비은행 예금취급기관, 금융투자업자, 보험회사, 기타 금융기관, 그리고 금융보조기관 등 6개 그룹으로 구분한다.

이러한 분류체계를 중심으로 각 그룹에 포함되는 금융기관을 구체적으로 보면 우선 은행에는 일반은행과 특수은행이 있다. 일반은행은 시중은행, 지방은행, 그리고 외국은행 국내지점으로 구성된다. 특수은행은 은행법이 아닌 개별적인 특별법에 의해 설립되어 은행업무를 핵심으로 취급하고 있는 금융기관이다. 여기에는 한국산업은행, 한국수출입은행, 중소기업은행, 그리고 농업협동조합중앙회 및 수산업협동조합중앙회 등이 포함된다.

비은행 예금취급기관은 은행과 유사한 여수신업무를 주요 업무로 취급하고 있지만 보다 제한적인 목적으로 설립되어 자금조달 및 운용 등에서 은행과는 상이한 규제를 받는 금융기관이다. 즉 지급결제기능을 전혀 제공하지 못하거나 제한적으로만 제공할 수 있는 등 취급업무의 범위가 은행에 비해 좁으며, 영업대상이 개별 금융기관의 특성에 맞추어 사전적으로 제한되기도 한다. 여기에 분류되는 금융기관으로는 상호저축은행, 신용협동조합 · 새마을금고 · 상호금융 등 신용협동기구, 그리고 종합금융회사 등이 있다.

금융투자업자는 직접금융시장에서 유가증권의 거래와 관련된 업무를 주된 업무로 하는 금융기관을 모두 포괄하는 그룹이다. 여기에는 투자매매중개업자(증권회사 및 선물회사), 집합투자업자, 투자일임자문업자, 그리고 신탁업자가 있다.

보험회사는 사망 · 질병 · 노후 또는 화재나 각종 사고를 대비하는 보험을 인수 · 운영하는 기관이다. 보험회사는 업무 특성과 기관 특성을 함께 고려하여 생명보험회사, 손해보험회사, 우체국보험, 공제기관 등으로 구분된다. 손해보험회사에는 일반적인 손해보험회사 이외에 재보험회사와 보증보험회사가 있다.

기타 금융기관은 앞에서 열거한 그룹에 속하는 금융기관의 업무로 분류하기 어려운 금융업무들을 주된 업무로 취급하는 기관을 말한다. 여기에는 여신전문금융회사(리스회사, 신용카드회사, 할부금융회사, 신기술사업금융회사), 벤처캐피탈회사(중소기업창업투자회사), 증권금융회사 미 공적 금융기관 등이 있다.

<표-3> 우리나라 금융기관 현황

	구 분	기 관
은 행	일반은행	시중은행, 지방은행, 외국은행 국내지점
	특수은행	중소기업은행, 농협은행, 한국산업은행, 한국수출입은행, 수협중앙회
비은행예금 취급기관	신용협동기구	신용협동조합, 새마을금고, 상호금융
	상호저축은행	상호저축은행
	종합금융회사	종합금융회사
	우체국 예금	우체국 예금
금융투자업자	투자매매중개업자	증권회사, 선물회사
	집합투자업자	자산운용회사
	신탁업자	은행, 증권, 보험, 부동산 신탁회사
보험회사	생명보험회사	
	손해보험회사	손해보험회사, 재보험회사
	공제회사	우체국 보험, 신협, 상호금융, 새마을금고, 교직원공제
기타 금융기관	금융지주회사	은행지주, 비은행지주
	여신전문회사	리스, 카드, 할부금융, 신기술사업금융회사
	벤처캐피탈회사	중소기업창업투자회사
	금융공기업	한국무역보험공사, 한국주택금융공사, 한국자산관리공사, 한국투자공사, 한국정책금융공사
금융보조기관		금융감독원, 예금보험공사, 금융결제원, 한국예탁결제원, 한국거래소, 신용보증기관, 신용정보회사, 자금중개회사

자료: 금융감독원

금융보조기관은 금융거래에 직접 참여하기보다 금융제도의 원활한 작동에 필요한 여건을 제공하는 것을 주된 업무로 하는 기관들이다. 여기에는 금융감독원, 예금보험공사, 금융결제원, 한국예탁결제원 등 금융하부구조와 관련된 업무를 영위하는 기관과 한국거래서, 신용보증기금 · 기술보증기금 등 신용보증기관, 신용정보회사, 자금중개회사 등이 포함된다.

금융시장이 급변하면서 금융기관별 자산증가 현태가 다르게 나타났다. 금융기관 중 증권회사가 최근 10년 동안 총자산증가율이 371.2%로 가장 높았다. 손해보험 회사가 361.2%, 여신전문금융회사가 250%로 증가한 것으로 나타났다.

협동조합 금융기관들 중에는 신협이 175%로 가장 높았고, 새마을금고 139.6%, 농협상호금융이 86.3%로 나타났다. 반면에 상호저축은행은 4.8%, 종금사는 9.1%에 그쳐 성장률이 저조하였다.

〈표-4〉 금융기관 총자산 추이

(단위: 조원, %)

	2005(A)	2010	2015(B)	증감율
국내은행	1,232	1,841	2,449	102.8
외은지점	69	162	209	202.9
상호저축은행	42	87	44	4.8
신 협	24	48	66	175.0
새마을 금고	53	91	127	139.6
상호금융	153	217	285	86.3
여신전문금융회사	58	121	203	250.0
생명보험회사	235	408	725	208.5
손해보험회사	49	99	226	361.2
증권회사	73	200	344	371.2
선물회사	1.2	1.8	3.8	216.7
자산운용회사	1.6	3.7	5.2	225.0
종금사	1.1	1.8	1.2	9.1

자료: 금융감독원, 한국은행: ECOS.

2. 금융시장

금융시장은 경제주체들이 금융상품 거래를 통하여 필요한 자금을 조달하고 여유자금을 운용하는 조직화된 장소를 말한다. 먼저 금융시장은 금융거래가 금융중개기관을 통해 이루어지느냐에 따라 간접금융시장과 직접금융시장으로 구분된다.

간접금융시장은 예금과 대출을 통해 자금이 중개되는 것으로 예대시장이 대표적이다. 즉, 은행, 비은행 예금취급기관, 집합투자업자, 신탁업자 등이 예금증서나 출자계정, 수익증권과 같은 간접증권 등을 통해 자금을 조달하여 대출 또는 이들이 발행한 직접증권을 매입하는 방식으로 자금을 공급하는 금융거래가 이루어진다.

반면 직접금융시장에서는 자금의 최종수요자가 발행한 채무증서나 회사채 등과 같은 직접증권 또는 본원적 증권을 자금 공급자가 직접 매입하는 형태로 금융거래가 이루어진다. 따라서 금융중개기관에 의존하지 않는 직접금융시장이 간접금융시장에 비해 시장의 역할이 크고 보다 세분화된다.

직접금융시장의 경우 금융상품 만기를 기준으로는 자금시장(money market)과 자본시장(capital market)으로 구분하는 것이 일반적이다. 여기에 금융상품의 특성을 고려하여 외환시장과 파생금융상품시장을 별도 구분하기도 한다.

자금시장은 단기자금의 수요자와 공급자간 수급불균형을 조절하기 위하여 통상 만기 1년 이내의 금융상품이 거래되는 시장이다. 현재 우리나라에는 자금시장으로 콜시장, 기업어음시장, 양도성예금시장, 환매조건부매매(RP)시장, 통화안정증권시장, 표지어음시장 등이 있다.

자본시장은 장기자금의 조달수단인 주식, 채권 등이 발행되고 유통되는 시장으로서 주식시장과 채권시장으로 구분된다. 주식시장 중 유통시장은 상장주식이 거래되는 유가증권시장 및 코스닥시장과 비상장주식이 거래되는 프리보드로 구분된다. 채권시장은 만기 1년 이상 장기채권이 발행되고 유통되는 시장이다.

채권시장 중 유통시장은 상장채권이 거래되는 장내시장(유가증권시장)과 비상장채권을 포함하는 모든 채권이 거래되는 장외시장으로 구분된다. 자본시장에는 최근 기업 및 금융기관의 자금조달수단으로 새롭게 부각되고 있는 자산유동화증권시장도 포함된다. 동 시장은 부동산, 매출채권, 주택저당채권 등과 같이 유동성이 낮은 자산을 기초로 발행되는 자산유동화증권(ABS)이 거래되는 시장이다.

외환시장이란 외환의 수요자와 공급자간에 외환거래가 정기적 또는 지속적으로 이루어지는 시장을 가리킨다. 외환시장은 일반고객과 외국환은행간 외환거래가 이루어지는 대고객 시장과 외국환은행간 외환거래가 이루어지는 은행간 시장으로 나누어진다. 그러나 매매기준율이 은행간 시장에서 결정됨에 따라 일반적으로 외환시장은 은행간 시장을 의미한다.

〈그림 -1〉 우리나라 금융시장의 구조

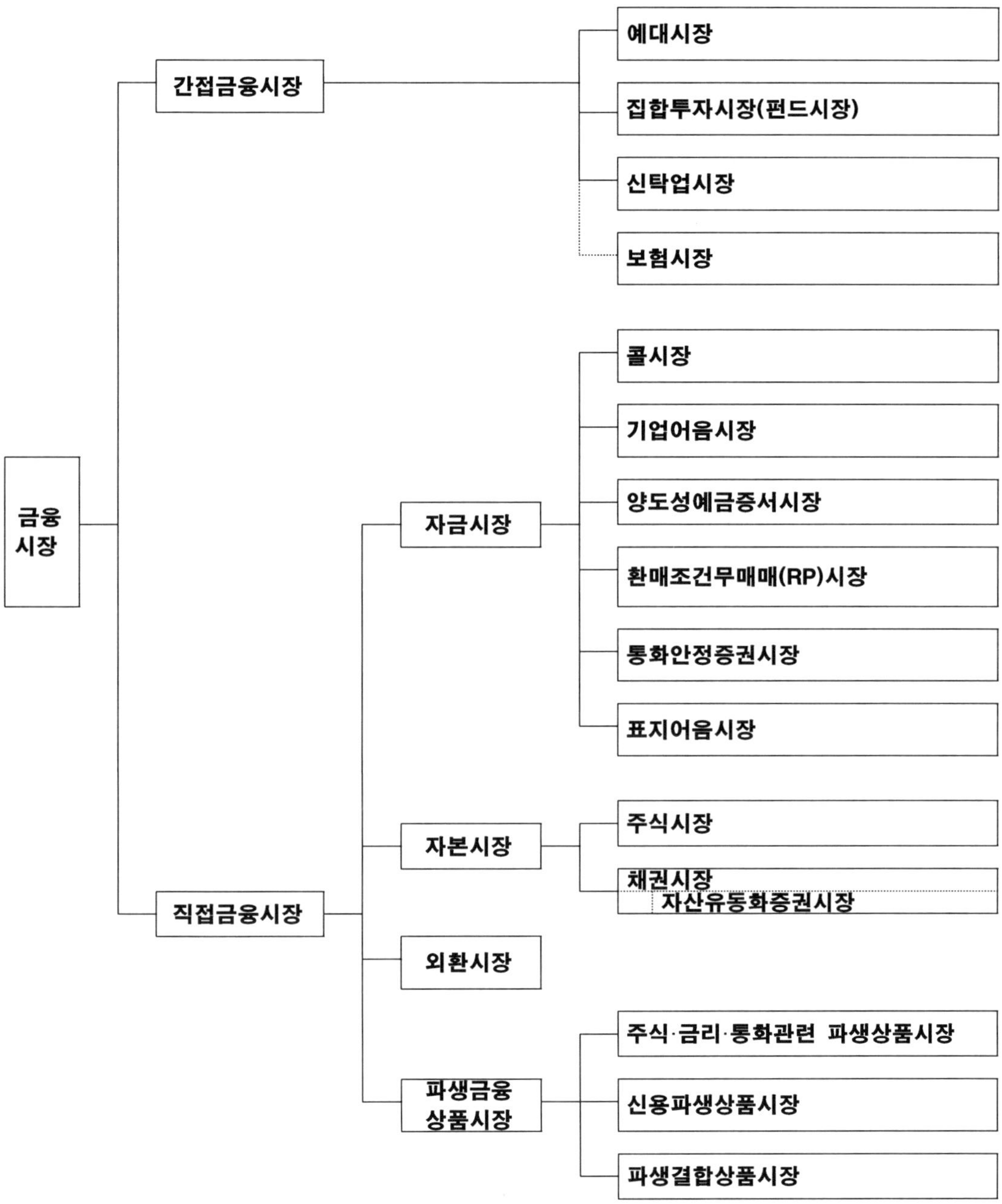

파생금융상품시장은 기초금융자산의 가치변동에 따른 위험을 회피하기 위한 파생금융상품이 거래되는 시장을 말한다. 우리나라의 파생금융상품시장에는 주식 · 금리 · 통화관련 파생상품시장 외에 신용파생상품 및 파생결합증권 시장이 있다.

한편 우리나라 금융시장의 규모는 경제성장, 경제주체들의 자금조달 및 운용기법 개선, 자본시장 육성 및 대외개방정책, 금융 · 외환위기 이후 하부구조의 정비 등으로 지속적으로 확대되었다. 2010년말 기분으로 단기금융시장과 자본시장을 합한 우리나라 금융시장의 규모는 총 2,356조원으로 1990년 174조원의 15배에 달하고 있다. 금융시장 규모의 GDP 비율도 1990년 0.91에서 2010년말 2.23으로 높아졌다.

〈표-5〉 금융시장 규모 추이(기말잔액 기준)

(단위:10억원)

	1990	2000	2005	2010
자금시장	44,335	138,757	201,938	259,946
자본시장	130,137	641,741	1,446,128	2,356,213
금융시장	174,472	780,498	1,648,066	2,616,158
경상 GDP	191,383	603,236	865,241	1,172,803
금융시장/GDP	0.91	1.29	1.90	2.23

자료 : 한국은행, 한국거래소

3. 금융하부구조

금융하부구조란 금융거래가 원활히 이루어지도록 금융시장 및 금융기관을 지원 · 감시하는 법률체계 또는 기관을 의미하며 중앙은행제도, 지급결제제도, 금융감독제도, 예금보험제도 등이 여기에 해당된다.

중앙은행제도는 중앙은행과 그 조직 및 의사결정 체계, 업무범위 등을 포괄한다. 중앙은행은 발권력을 가진 최종대부자(leader of last resort)로서 금융기관 예금에 대하여 지급준비금을 부과하고 필요시 금융기관에 부족자금을 공급하는 기능을 수행한다. 이러한 기능은 금융제도 안정뿐만 아니라 물가안정에도 기여한다. 우리나라에서는 1950년 6월 12일 설립된 한국은행이 이러한 중앙은행 역할을 담당하고 있다.

지급결제제도는 실물 및 금융 거래에서 발생한 채권 · 채무를 완결시키는 기능을 수행하며 지급수단, 참가기관 및 결제시스템으로 구성된다. 지급수단에는 현금과 비현금 지급수단인 어음, 수표, 신용카드 등이 있다. 참가기관은 은행, 우체국, 카드회사 등 비현금 지급수단을 제공하는 금융기관, 금융기관간 채권과 채무를 상계 처리하는 금융결제원 등 청산기관, 그리고 금융기관의 당좌계정간 차액이체를 통해 지급결제를 완결시키는 한국은행 등이 있다.

결제시스템은 결제방식에 따라 차액결제시스템과 총액결제시스템으로, 대상거래에 따라 소액(retail)결제시스템과 거액 결제시스템으로 나누어 진다. 거래 특성상 소액결제는 차액결제시스템으로, 거액결제는 총액결제시스템으로 운영되는 것이 일반적이다. 우리나라의 경우 총액 · 거액결제시스템으로 한국은행이 운영하는 한국은행금융결제망(BOK-Wire+)이, 소액 · 차액결제시스템으로 금융결제원이 운영하는 어음교환시스템, 지로시스템, 은행공동망 등이 있다.

금융 감독제도는 금융기관으로 하여금 금융 중개를 공정하게 하고 경영 건전성을 유지하도록 함으로써 금융소비자의 재산을 보호하고 금융거래를 활성화하는 것을 목적으로 한다. 금융 감독기관은 이를 위해 금융기관의 설립을 인가하고 금융기관이 업무수행시 지켜야 할 각종 규칙을 제정하며, 이의 준수 여부를 감시하는 기능을 수행한다.

우리나라의 금융감독제도는 금융위원회 및 금융감독원이 거의 모든 금융기관을 감독하는 통합형 금융감독제도이다. 금융위원회는 금융 감독 관련 정책 및 금융기관 인 · 허가 등 금융 감독과 관련한 중요사항을 심의 · 의결한다.

금융감독원은 금융위원회가의 결정한 사항을 집행하거나 금융기관을 검사 · 감독 하는 업무를 수행한다. 이 밖에 금융감독원에 대한 검사 요구나 공동검사 참여 등을 통해 제한적인 금융감독 기능을 보유하는 한국은행과 예금보험공사 등도 부분적으로는 금융감독기능은 수행하고 있다.

예금보험제도는 금융기관이 경영부실 등으로 예금 원금이나 이자를 자급할 수 없을 때 예금보험기관이 해당 금융기관을 대신하여 예금주에게 원리금의 전부 또는 일부를 지급하는 일종의 보험제도이다. 예금보험제도는 소액 예금주들을 금융기관의 경영부실로부터 보호하고 예금인출 사태가 발생하지 않도록 방지하는 금융안전망(financial safety net) 구실을 한다.

우리나라의 예금보험제도는 1886년 예금보험공사의 설립을 계기로 체계화되었다. 현재 은행

예금은 물론 증권사, 보험회사 등의 일부 금융상품도 예금보호대상에 포함 되어 있다. 한편 신용협동조합, 새마을금고, 농업협동조합, 수산업협동조합, 산림조합 등의 서민금융기관은 조합원간 상호부조를 목적으로 하는 기관이라는 점에서 금융권별로 자체 예금보호제도를 두고 있다. 그리고 우체국 예금 · 보험은 관련 법령에 의거 국가가 지급을 보장하고 있어 예금보험공사의 부보대상에는 포함되지 않는다.

제 12 장

신자유주의적 구조개혁과 개선방향

제 12 장 신자유주의적 구조개혁과 개선방향

There is only one justification for universities, as distinguished from trade schools. They must be centers of Criticism--Robert M. Hutchins--

제 1 절 아시아 위기와 IMF체제

1. 금융자유화와 금융위기

금융위기는 Kaminsky & Reinhart(1996)에 의하면 은행위기와 외환위기를 포함하는 것으로 정의된다. 금융위기는 보통 금융기관 수신의 급격한 감소와 뱅크런, 금융기관 도산과 그 폐쇄, 인수, 합병 및 정부에 의한 금융기관의 대대적 지원으로 연결되는 사태를 말한다[1].

외환위기는 외화의 순유출이 지속되고 자국화폐에 대한 투기적 공격이 심화됨에 따라 대폭적인 평가 절하, 외환보유고의 감소, 자본의 통제, 외환시장의 일시적 정지, 통화의 태환성 정지 같은 비상사태가 발생하는 상황을 의미한다.

1980년대 이후의 금융위기 사례를 검토하면 은행위기가 외환위기로 연결되는 경향이 있는 것으로 나타나고 있다. 즉 은행위기가 발생하면 금융부실화 처리를 위한 비용을 정부 재정이나 중앙은행이 부담하게 된다. 이로 인한 화폐발행의 증가는 인플레이션을 일으킴으로써 중앙은행의 통화방어능력을 약화시키거나 추후 세금 부담의 증대를 초래한다.

이는 다시 재정적자를 지속시키고 민간의 인플레이션 기대심리를 높이게 된다. 이로 인해 자국통화가치에 대한 하락이 가중되면서 외환위기는 자기실현적 기대 메카니즘에 의해 발생하게 된다. 동아시아의 경우에도 대체로 대출채권의 부실화로 인한 은행위기에 잇따라 외환위기가 발생하는 과정을 보여주고 있다.

<표 -1> 국제 민간자본의 개도국 유입 추이

(단위 : 10억달러)

	1990	1991	1992	1993	1994	1995	1996
수단별							
직접투자	18.8	32.1	37.9	56.9	75.5	87.3	105.9
포트폴리오	17.0	39.7	59.2	106.8	97.2	31.6	58.7
기 타	9.9	68.0	36.3	-2.7	-25.7	73.9	70.6
지역별							
아시아	21.4	37.7	22.4	59.5	75.1	98.9	106.8
중남미	10.3	24.9	55.4	61.7	44.9	35.7	77.7
중동.유럽	7.0	73.3	42.8	24.1	-1.1	15.3	22.2
이행기경제	4.2	-1.6	7.1	10.9	15.4	29.1	19.4
아프리카	2.9	5.5	5.7	4.7	12.7	13.6	9.0
합 계	45.7	139.8	133.4	161.0	192.8	192.8	235.2

자료 : World Bank, 「Private Capital Flows to Developing Countries」, 1997.

동아시아의 경우도 대체로 금융자율화로 인한 규제완화와 외화유입의 증대 이후에 금융위기가 나타남은 여타 지역의 경우와 마찬가지라고 할 수 있다. 금융개혁을 추진한 이후에 금융위기를 경험한 국가로 중남미의 우루과이, 아르헨티나, 칠레, 베네주엘라, 멕시코 그리고 유럽의 노르웨이, 스웨덴, 핀란드의 사례연구결과를 보면 금융자율화가 자본유입과 이로 인한 대출붐을 조성하고, 나아가 자산가격의 거품과 소비붐을 유발하는 것을 보여주고 있다.

<표 -1>은 개발도상국으로의 민간자본 순유입액을 보여주고 있다. 1993년까지는 중남미에 대한 민간자본 순유입액이 아시아보다 많았음을 알 수 있다. 그러나 1994년부터는 아시아에 대한 순유입액이 중남미의 그것을 크게 능가하는 것을 알 수 있다.

국제적 투기자본을 포함하여 국제민간자본이 고이윤 확보를 목표로 아시아 국가에 집중적으로 투자되었음을 알 수 있다. 이때에 아시아 국가들은 금융개혁과 금융시장개방을 통하여 이들 민간자본의 유입을 확대하고자 하였다고 할 수 있다.

2. 동아시아 금융위기의 현황

최근 동아시아의 외환위기는 지난 7월 2일 태국이 과거 13년간 유지해온 복수통화

〈표 12-2〉 주요 아시아 국가들의 환율 추이

		96말	97.6말	97.9말	97.12말	98.1말
태 국	Baht/U$	25.61	24.70	36.18	47.25	45.45
필 리 핀	Peso/$	26.18	26.38	34.00	35.05	40.00
인도네시아	Ru/$	2,362	2,432	3,269	5,500	16,500
말레이시아	Rt/$	2.54	2.52	3.25	3.39	3.88
싱가포르	$/U$	1.40	1.43	1.53	1.58	1.68
대 만	NT$/u$	27.49	27.80	28.60	30.84	32.26
홍 콩	HK$/U$	7.73	7.75	7.74	7.73	7.75
한 국	W/U$	844.2	888.1	914.8	1695.8	1,570.4

자료 : 한국은행, 「주간 해외 경제」, 각호

바스켓제도를 포기하고 관리변동환율제도로 이행하면서 외환시장에서 태국 바트화 시세가 폭락한 것이 직접적인 계기가 되었다. 변동환율제로의 이행 후에도 외국인 투자자금의 급격한 이탈로 환율이 급등하고 주가가 폭락하고 다시 외화유출로 외환보유고가 고갈상태에 이르자 태국 정부는 8월초 IMF에 긴급 구제금융을 요청하게 되었다.

〈표-3〉 ASEAN 4국의 주요경제지표

	타 이	말레이시아	인도네시아	필 리 핀	멕시코(94)
1인당 명목GDP(달러)	3,084	4,680	1,139	1,162	4,534
실질GDP성장률(%)	6.4(8.6)	8.0(9.5)	7.8(8.1)	5.7(4.8)	3.5(0.6)
저축율(%)	34.5	37.0	32.3	21.3	13.7
투자율(총자본형성/GDP)(%)	43.5(42.3)	n,a(45.5)	n,a(34.9)	24.7(17.4)	21.6
소비자물가상승률(%)	5.8	3.5	7.9	8.4	7.1
재정수지(억달러)	41.1	7.2	3.5	2.4	-29.4
경상수지대비GDP(%)	-8.2	-6.0	-3.4	-4.2	-7.0
수출대비전년도 축소률(%)	-1.3(22.6)	5.8(26.0)	9.7(13.4)	17.7(29.7)	
외화준비(억달러)	387	306	191	117	119
대외채무잔고(억달러)	785	287	1,093	419	1,399
대외채무대비 GDP(%)	43.0	29.3	48.4	50.2	33.2
단기채무/총대외채무(%)	32.2	21.2	20.7	13.4	28.1
국내대출프레미업레이트(%)	13.1	9.0	21.5	14.5	30.0
부동산건설등/대출총액비(%)	13.6	27.0	20.0	22.5	

주 : 기준년도 96년(외화준비, 대외채무잔액, 국내대출프레미엄은 96년말). ( )안은 95년도 계수.
자료 : IMF, IFS ; World Bank, Global Development Finance, 1997 ; 국혼, 「국운무역통계」, 각국통계.

인도네시아는 86년부터 루피아의 급격한 평가절하에 따른 충격을 최소화하기 위하여 경상수지의 상황에 따라 자국화폐를 점진적으로 평가절하 하여 왔다. 그러나 97년 7월 태국의 바트화 폭락으로 야기된 동아시아 국가 통화에 대한 불신이 확대되면서 8월 들어 급격히 하락하기 시작하였다. 인도네시아 정부는 외환보유고 활용, 완전변동환율제로의 전환, 외환투기에 대한 제제 등의 조치를 취했으나 9월, 10월에도 루피아의 하락은 지속되었다. 인도네시아도 10월 IMF에 구제금융지원을 요청하였다.

태국, 인도네시아의 금융위기는 인접국으로 확산되는 조짐을 보였다. 10월 홍콩 주식시장에서 주가가 폭락하고 이에 따라 평가절하 압력이 가중되었다. 그러나 홍콩 금융당국은 환율상승 압력에 대하여 외환 보유고의 방출과 금리인상으로 대응하면서 현행 달러당 7.8홍콩달러 환율을 유지해오고 있다. 홍콩 금융당국은 홍콩통화의 안정이 홍콩을 국제금융센터로 유지, 발전시키는 데 필수적이라고 보기 때문이다.

한국의 금융위기는 1997년부터 표면화되기 시작하였다. 1996년 대규모의 경상수지 적자, 1월의 한보사태 이후 삼미, 진로, 대농, 한신공영, 기아그룹의 도산으로 인한 금융기관의 부실, 이에 따른 국제 신용도의 하락으로 외화유입에 차질이 생기면서 환율은 점차 상승하기 시작하였으나 그 상승폭은 그리 크지 않았다.

그러나 10월 홍콩에서의 주가폭락 이후 한국 외환시장에서의 환율은 급등하기 시작하였다. 그리고 11월 외환보유고가 거의 바닥이 나는 가운데 11월 21일 정부가 IMF에 구제금융을 요청하였고 12월 3일 550억 달러의 자금 지원 및 이에 따른 가혹한 내용의 구조조정 조항을 담은 양해 각서가 체결되었다.

3. 동아시아 금융위기의 원인

동아시아에서 은행위기와 외환위기로 이어지는 금융위기가 발생한 원인은 다음과 같다.

첫째 기본적으로 **기초경제 여건(economic fundamental)이 악화**된 데 기인한 것이다. 동아시아 국가들은 정부에 의한 성장극대화 전략, 자본자유화에 따른 해외자본의 유입 등으로 높은 경제 성장을 유지해왔다. 높은 성장률의 지속에 따른 수입수요 확대와 가격경쟁력 약화에 따른 수출둔화로 95-96년 중 경상수지가 크게 악화되었다.

태국의 경상수지는 1995년에 이어 96년 중에도 GDP 대비 8%를 상회하는 큰 폭의 적자를 기록하였다. 필리핀, 말레이지아의 경우도 수출 증가세가 둔화되면서 경상수지 적자가 확대되어 GDP에 대한 비율이 5%를 상회하였다. 한국의 경우도 96년 경상수지 적자 규모는 237억 달러로서 GDP의 4.8%에 이르렀다.

둘째로 **과다한 외환차입**을 들 수 있다. 각국이 성장극대화 정책으로 늘어난 수입수요를 외자도입으로서 보전하고자 하였다. 특히 일본은 프라자합의 이후 엔고 상황에서 해외 직접투자를 크게 증가시켰다. 또한 90년대 일본의 엔고 불황에 따라 일본이 저금리 정책을 폄으로써 일본의 저리자금이 아시아 전 지역에 다량으로 유입되었다.

동아시아 제국은 선진국의 압력 하에 또는 외자유치를 위하여 자본 및 금융의 국제화와 시장

개방을 적극적으로 추진하였다. 각국은 대규모 외화유입으로 실물시장에서의 환율저하 압력을 상쇄할 수 있고 기존 경제여건과 괴리되는 통화의 고평가가 유지될 수 있었다.

셋째로 **금융기관의 부실화**를 들 수 있다. 태국의 금융위기는 1997년 3월 1일 자산규모 12위 은행인 태국 다뉴은행이 최대 금융회사인 Finance One Plc를 합병하기로 한 이후 금융기관의 부실화에 대한 불안감이 확산되면서 발생되었다고 할 수 있다.

태국에는 90년대초 투자회사들이 난립하고 이 투자회사는 단기 해외 차입금을 바탕으로 비생산적인 부동산 부문에 대한 장기대출에 주력하였다. 경기침체로 부동산가격이 폭락하자 금융기관의 부실채권은 급속히 증가하였다.

〈표 -4〉 동남아시아 금융 취약성 (96년말)

(단위 : 억달러, %)

	태 국		인도네시아		말레이시아		필리핀	
	금액	비중 (대GDP)	금액	비중 (대GDP)	금액	비중 (대GDP)	금액	비중 (대GDP)
은행총부채	3,556	197.9	2,472	109.5	1,659	175.1	1,080	129.6
총 외 채	765	42.6	1,093	48.4	364	38.5	402	48.3
외채원리금 상환	74	4.1	168	7.4	53	5.5	58	6.9
은행자본비율	9.8		9.9		6.3		13.2	
은행부실 채권비율	7.7		5%(민간은행) 17%(국영은행)		3.9		1.2	
사무실공실율	13.9		12.4		2.9		2.0	
부동산부문 대출비율	13.7		19.7		25.5		10.9	

자료 : 「Far Eastern Economic Review」, 1997. 9. 25

인도네시아의 경우 대부분의 은행이 재벌에 속해 있어 자산운영의 투명성이 결여되어 있고 은행이 기업의 사금고화 되어 있다. 또한 그 동안 은행신용이 확대되면서 태국과 마찬가지로 부동산 부문에 대한 여신이 급증하였고 부동산가격이 급락에 따라 은행의 부실채권은 급증하게 되었다.

넷째로 동아시아 제국에 있어서 **환율운용의 경직성**을 들 수 있다. 동남아 각국은 경제성장 둔화, 경상수지 적자 확대 등 경제여건 악화에도 불구하고 경직적인 환율제도 등으로 인하여 환율이 과도하게 고평가 되었고, 이것이 외환위기를 초래한 주요 요인 중의 하나가 됐다고 할 수 있다.

특히 태국의 경우 1995-96년 중 경상수지 적자가 GDP의 8%수준으로 상승하였으나 외자의 지속적 유입을 유도하기 위해 복수통화바스켓제도를 채택하여 바트화 환율을 장시간 고평가 상태로 방치하였고, 이는 일본 엔화와 중국 위안화의 하락과 맞물려 수출의 가격경쟁력을 하락시키고 경상수지 적자를 악화시키는 요인으로 작용하였다고 할 수 있다.

다섯째로 동아시아의 자본 자유화와 함께 헤지펀드와 같은 **투기적 거래자들이 급성장**한 사실을 들 수 있다. 특히 파생 금융상품 시장의 급속한 발달로 레버리지 효과를 이용한 소액 투자만으로 대량의 거래가 가능하게 되었고, 기초 경제여건이 취약해진 국가에 대한 국제투자자들의 투기적 공격이 용이해졌다는 사실을 들 수 있다.

마지막으로 변화하는 국제분업구조에 있어서의 각국의 동태적인 구조조정과정의 부진을 들 수 있다. 태국, 인도네시아, 말레이지아는 한국식 중화학산업 육성책으로 중화학 대형 프로젝터에 대규모의 투자를 하였으나, 저기술, 저효율로 고전하고 있다. 한편 경공업 부문에서는 중국, 베트남의 부상으로 경쟁력을 상실하고 시장을 잠식당했다.

한국은 수익성이 뒷받침되지 않는 재벌 중심의 비효율적 대형 투자가 이루어지고 이것이 공급과잉을 발생시켜 수출가격이 폭락하는 현상을 보였다. 한편 서비스부문, 금융부문, 첨단 산업부문에서는 미국, EU, 일본에 비해 그 경쟁력이 크게 뒤떨어져 있다.

부즈 앨런 & 해밀턴(1997)은 이러한 한국 경제의 취약성을 "한국은 중국과 같은 저비용 국가와 경쟁을 해야 하는 동시에 경영능력, 시장의 이해, 첨단기술 부문에서 우위에 있는 일본과 같은 국가와 경쟁을 하는 경제적 넛크래커(nutcracker)에 시달리고 있다."고 설명하고 있다.

제 2 절 IMF의 구조개혁 프로그램과 경제개혁

1. 동아시아 금융위기에 대한 IMF의 처방

동아시아 각국에서 외환위기가 악화되는 가운데 각국은 IMF에 구제금융을 신청하였다. 이미 앞에서 설명한대로 태국이 97년 8월에 IMF구제금융을 인도네시아는 10월 31일에 그리고 한국이 11월 21일에 구제 신청에 나섰다.

물론 외환위기에 처한 동아시아 각국은 IMF 구제금융 지원 이전에 각국 정부에 금융지원을 요청하는 등 노력을 안 한 것은 아니다. 그러나 선진국 정부는 이를 IMF 구제금융 신청과 함께 지원하겠다는 입장을 표명하였다. IMF는 구제금융 지원과 함께 지원 신청국에 재정 금융정책을 통제할 수 있고 그 나라의 금융시장, 기업, 노동시장의 구조조정을 강제할 수 있고 이를 통해서 금융채권의 상환을 보장받을 수 있기 때문이라고 할 수 있다.

IMF는 어떤 의미에서 해당국을 외환위기로부터 구제하는 따라서 '최종대부자'로서의 역할을 하는 한편 지원 신청국을 IMF의 통제하에 둠으로써 선진국 금융자본의 이해를 지키는 역할을 하기도 한다는 것을 알 수 있다.

IMF가 부과하는 구제금융의 조건은 우선 긴축적인 재정 금융정책이다. 외환위기를 초래한 경상수지 적자가 정부와 민간 양측에서 소득을 초과한 지출에서 비롯된다고 보기 때문이다. 우선 성장률 목표를 하향 조정한다. 태국은 95년 8.7%, 96년 6.4%의 성장률을 달성하였다. 태국 정부는 IMF와의 협상가운데 97년, 98년의 목표성장률을 2.5%, 3.5%로 조정하였다. 이어서 98년의 목표 성장률 3.5%가 지나치게 낙관적인 목표라는 것이 밝혀지자 0~1%로 수정 조정하였다.

인도네시아는 10월 31일 구제금융을 신청하였고 100억달러 규모의 IMF 구제금융이 결정되었다. 물론 경제정책이 IMF 통제하에 들어가는 것은 물론이다. 인도네시아는 96년 8%의 성장률을 달성하였다. IMF '신탁통치'하에서 인도네시아는 97년, 98년 목표성장률을 5%, 3%로 조정하였다.

그러나 98년의 목표성장률이 지나치게 낙관적인 것으로 밝혀지면서 그것을 제로 성장률로 수정하였다. 한국의 경우도 비슷하다. 98년 합의된 목표성장률 3.0%가 1~0%로 수정되었다.

〈표-5〉 IMF 구제금융 프로그램 사례

	멕시코	태 국	인도네시아
지 원 규모	178억 달러 (총 528억)	40억 달러 (총 179억 달러)	100억 달러 (총 330억 달러)
거 시 경제 정책	성장률목표 : -2.0% 재 정 : -GDP대비 4.4% 흑자 -부가가치세율인상 : 10% → 15% -공공투자 삭감 물가 : 9% 임금인상 : 10% 이내로 억제 공공요금 인상 : 전기20%, 휘발율 35%	성장률 목표 : 3.5% 재 정 : -GDP 대비 1% -부가가치세율 인상 : 7%→10% - 공공투자 삭감 물가 : 6.0% 이내 경상수지 적자 : GDP 대비 1.8%이내	성장률 목표 : 0% 재 정 : 균형 물가 : 20.0% 경상수지 흑자
구 조 조정	환율 : -변동환율제로 이행 -선물시장 설립 금융기관 자기자본비율 달성 강제 국내신용 한도 설정 은행부실자산 정리 공기업 민영화 : 발전소,공항,항만,통신등	부실금융기관 정리 : 58개 시중 금융기관 업무정지, 이중 30개 기관 폐쇄 금융기관의 외국인 지분확대 공기업에 대한 보조금 중단 에너지, 통신, 인트라부문에 대한 민영화	부실금융기관 정리 : 16개 시중은행 정리 공공사업 투명성 보장 공기업의 농산물수입독점폐지 시멘트가격 상한철폐 국민차사업조정 2000년까지 국산부품 사용 규정폐지

IMF는 구제금융 지원에 대한 대가로 긴축적인 재정·금융정책을 요구함과 동시에 구조조정 정책을 요구하게 된다. 〈표 -5〉에는 IMF에 의하여 요구되고 지원대상국과 합의된 구조조정 대책이 제시되어 있다. 이들을 보면 대체로 금융기관의 정리와 개혁, 무역 및 자본의 자유화, 기업경영의 투명성 제고 등 기업의 지배구조 개선, 그리고 노동시장의 유연화 등 노동시장 구조의 개선 등이 포함된다. 한마디로 신자유주의적 이념에 따라 경제질서와 구조를 변혁시키겠다는 정책의지의 표현이라고 할 수 있다.

〈표 -6〉 IMF 구제금융에 따른 양해각서 주요내용

구 분	주 요 내 용
거시 경제 목표	·경상수지 적자를 98, 99년 GDP 대비 1% 이내 유지 ·물가를 9% 이내로 유지 (당초 5%에서 9%로 완화) ·성장률은 98년 1-2%이내, 99년에는 잠재성장률 수준으로 회복 (당초 3%에서 하향조정)
통화 금리	·통화 긴축 기조로 전환 ·시장금리는 시장 상황에 따라 상승 요인 ·M3 증가율 : 11% (당초 9%에서 완화)
재정	·세율 인상 및 부가가치세 과세 범위 확대 ·경상지출 삭감 및 순위 낮은 자본 지출 삭감
금융 기관 구조 조정	·회생 가능성 없는 금융기관 폐쇄 ·국제적으로 인정된 회계 법인의 감사 의무화 ·외국인 은행 현지법인, 증권사 설립 98년 중반까지 허용 ·건전성 감독 기준을 BIS 감독 핵심 원칙에 맞춰 상향 조정 ·예금 보장 제도를 부분 보장제로 전환
기업 구조 조정	·국제회계원칙 적용으로 재무제표 투명성 제고 ·정부의 은행 경영과 대출 결정 개입 금지 ·부채비율 축소 ·계열사간 상호 채무 보증 관행 시정 ·노동시장 유연성 제고와 고용보험제도 기능 강화
자본 및 무역 자유화	·무역 관련 보조금, 수입승인제, 수입선다변화 제도 폐지 ·주식 채권 시장 개방 ·외국 국내 금융기관 국내 진출 자유화 ·민간 기업의 해외 차입 제한 철폐
노동 시장	`·노동시장 유연화 ·고용 보험제도 강화

IMF는 채권의 확보와 투자가치의 확보를 위해서 지원 대상국의 경상수지가 획기적으로 개선될 수 있도록 강도 높은 긴축정책을 요구하게 된다. 긴축정책의 결과 해당국은 저성장 심지어 마이너스 고통을 받으나 대부분의 고통은 노동자에게 전가되는 것이 현실이다. 실업률이 상승하고 실질임금이 급격히 인하되기 때문이다. 결국 IMF구제 금융에 따른 긴축정책으로 국제수지 불균형의 책임이 국제수지 적자국 노동자에게 전가되는 것이다.

IMF가 구제금융 지원요청국에 부과하는 구조조정 정책 역시 신자유주의적 개혁 방향이라는 것을 알 수 있다. 구조조정 정책은 각 나라마다 그 나라의 경제적 여건에 따라서 약간 상이하다. 그러나 개괄적으로 보면 그것은 크게 ① 변동환율제도로의 이행 또는 환율변동폭의 확대 ② 부실금융기관의 정리 ③ 금융시장 자유화 및 규제완화 ④ 무역 및 자본의 자유화와 시장개방 ⑤ 기업경영의 투명성 제고 ⑥ 노동시장의 유연성 확대 등이다.

외환위기에 처한 나라들이 자국의 통화가치를 과대평가한 것이 경상수지 적자를 누적시킨 중요한 요인이 된 만큼 변동환율제도로의 이행은 외환위기를 해소시킬 수 있는 하나의 제도적 개선책이 될 수 있다.

그러나 다른 한편 변동환율제도로의 이행 또는 환율변동폭의 확대는 환율을 인상시키고 원자재, 자본재의 수입가격을 상승시킴으로서 단기적으로 극심한 인플레이션을 촉발할 가능성이 크다. 또한 실업과 노동시장의 유연화로 명목임금의 상승이 억제되거나 하락하는 상황하에서 인플레이션은 노동자의 실질임금을 더욱 하락시키고 그들의 삶의 질을 크게 악화시킬 수밖에 없게 된다.

부실 채권 및 부실 금융기관의 정리, 그리고 금융시장에 대한 규제 완화는 금융자유화 또는 신자유주의적 개혁 조치라고 할 수 있다. 관치금융하에서 그리고 재벌과 금융기관간의 유착구조 하에서 금융기관은 부실해 질 수밖에 없다.

또한 부실채권과 부실 금융기관을 중앙은행의 지원이나 정부 재정부담으로 지원하는 것은 금융기관의 부실을 더욱 확대시킬 가능성이 있고 외국 자본의 유출을 더욱 가속화시킬 가능성이 있다. 이러한 면에서 외환위기, 은행위기의 해소를 위해서 부실채권을 정리하고 부실 금융기관을 파산처리하는 것은 불가피한 정책조치하고 볼 수 있다. 또한 금융시장의 규제 완화와 금리의 자율화 등도 불가피한 측면이 있다.

그러나 이러한 조치가 금융긴축과 환율상승에 따른 인플레이션과 상승작용을 일으키면서 단기금리의 급등을 가져올 것이다. 그 결과 외부차입 의존도가 높은 기업, 그리고 금융기관에의 접근 가능성이 낮은 중소기업의 파산을 부채질하고 실업률을 높일 수 있다.

IMF가 요구하는 신자유주의적 정책 처방 중 중요한 것의 하나가 자본시장 개방 및 무역 자유화이다. IMF는 자본자유화가 외국자본의 유입을 촉진시키고 무역자유화가 자유로운 경쟁을 높여서 경쟁력을 강화시킬 것이라는 논리, 즉 신자유주의적 논리로 이와 같은 조치를 요구한다.

그러나 〈표 -5〉과 〈표 -6〉를 비교하여 보면 알 수 있듯이 이러한 시장 개방에 대한 요구는 멕시코, 태국, 인도네시아보다 한국에 대해서 더 집중적으로 요구하고 있는 것으로 보인다. 이는 아마도 멕시코나 태국, 인도네시아 등의 경우 자유화가 우리보다 더 큰 폭으로 이미 이루어졌고 이들 나라의 경우 시장 진출의 필요성이 한국에 비해 덜하기 때문이 아닌가 생각된다.

IMF는 구제금융과 함께 대부분의 국가에 대하여 공기업의 민영화를 요구한다. IMF는 공기업의 존재가 정부의 경제활동에 대한 직접적 개입을 의미하고 또한 이러한 개입은 비효율성을 초래한다는 논리하에, 즉 자유로운 시장질서를 확립하고 관료제적 비효율성을 제거한다는 명목하에 공기업의 민영화를 요구한다. 또한 선진국은 개도국의 공기업 민영화와 함께 이들 기업에 대한 기술제휴, 자본참여 등의 방식으로 시장진출의 여지가 더욱 확대될 것이다.

IMF가 기업에 대하여 요구하는 개혁조치는 기업경영의 투명성 제고이다. IMF는 산업 구조 조정 및 대기업 지배구조 개선과 관련해서 멕시코, 태국, 인도네시아에 대하여 특이한 구조조정 처방을 요구하고 있지는 않다. 그러나 한국에 대해서는 강도 높은 구조조정을 주문하고 있다. IMF가 이러한 강도 높은 구조조정을 요구하는 것은 한국의 경제위기의 근본적 원인이 과도한 정부의 개입, 기업-은행-정부의 유착이라는 근본적 결함에서 기인한다고 보는 IMF의 인식에서 비롯되고 있다고 볼 수 있다.

IMF가 정부-재벌 주도형의 경제성장시스템을 한국경제 위기의 근본적인 요인으로 보면서도 IMF 요구하는 산업과 기업의 구조조정은 ① 재벌기업의 차입의존적 경영형태 쇄신 ② 그리고 상호지급 보증 폐지, 재무제표 공표 등을 통한 기업 경영 투명성의 제고 일 뿐이다.

IMF로서는 여전히 재벌의 소유권을 확실히 유지하고, 가족 중심의 족벌경영 자체에 메스를 가할 필요까지는 없는 것으로 보고 있다. 다만 기업 경영의 투명성 제고를 통해서 기업의 경영 효율을 높이고자 하고 있고 국제금융자본의 투자환경 조성을 노리는 것이라고 할 수 있다.

제 3 절 신자유주의적 구조개혁의 성과와 문제점

1. 금융 빅뱅과 금융패러다임 변화

금융부문의 비약적인 성장과 경쟁심화가 자본주의 세계경제의 기본질서를 변화시키고 있다. 세계적인 금융 빅뱅과 금융혁신으로 금융시장의 패러다임이 급변하고 있다.

글로벌 금융자산의 급팽창과 금융시장 통합화, 급속도로 빨라진 금융거래와 금융시장 동조화, 다양한 형태의 금융신상품 증대, 금융업종간의 겸영증대, 금융기관간의 경쟁격화와 리스크 증대 등과 같은 현상을 초래하고 있다. 이같이 금융중심의 특성을 지닌 자본주의를 **금융자본주의**(Financial Capitalism) 혹은 **신자본주**의(The New Capitalism)라고도 한다.

글로벌 금융 빅뱅과 자율화·개방화로 세계금융시장이 하나로 통합되면서 금융시장의 글로벌화(Globalization)와 동조화(Syncronization)가 심화되고 있다. 세계적인 금융의 자유화와 글로벌화는 1980년에 선진국, 1990년에는 개발도상국에서 크게 진전되었으며, 중남미•아시아지역의 금융위기, 세계무역기구(WTO)의 출범과 FTA추진 등을 계기로 더욱 활발히 진행되고 있다.

금융자율화와 통합화, 패러다임 변화의 배경은 국제적인 자유화와 규제완화, 디지털혁명과 정보통신기술의 혁신 등이다. 2차 세계대전 후 세계적인 교역량과 상호의존성의 증대로 국제금융거래가 폭발적으로 증대하였고, 디지털혁명과 금융의 전자화로 금융혁신과 다양한 금융상품 개발이 촉진되었다. 아울러 소득수준의 향상과 금융자산축적에 의한 소비자들의 금융수요 다양화, 국제화 등을 들 수 있다.

특히 금융위기를 IMF지원으로 극복한 대부분의 국가들은 IMF 구조개혁 프로그램과 자금 지원국들의 요구로 외국인 투자제한 철폐와 금융시장의 완전개방을 강요받고, 금융시장개방과 해외금융자본 유입증대로 글로벌금융시장에 편입되게 된다. 이 같은 과정에서 부실 금융기관과 기업의 해외 매각, 금융개혁과 건전성 제고를 위한 외자유치 등으로 외국계 금융기관의 진출과 지배가 본격화 된다.

외환위기를 겪은 남미 국가들의 외국금융기관 시장점유율은 금융위기전인 90년대 초의 5%미만에서 97년에는 50%이상으로 급격히 상승하였다. 아시아 외환위기 극복과정에서도 인도네시아, 태국, 말레지아, 한국 등의 많은 금융기관들이 해외자본에 매각되었으며, 외국자본의 금융산업에 대한 지배와 영향력이 증대되었다.

우리나라에서도 구조조정과정에서 부실정도가 심한 금융기관들이 공적자금 투입후 해외자본에 매각되었고, 국민•신한•하나은행 등 우량 시중은행들을 중심으로 7대 시중은행의 외국인 지분율이 73.6%(2007.6)에 이르고 있으며, 외자계 은행의 총자산기준 비중은 28%(07.6)로 1997년 말의 3.5%에 비해 8배 증가했고, 증권과 보험 등 제2금융권의 지배력도 증대되고 있다.

해외금융자본의 영향력이 증대됨에 따라 금융기관의 운영방식이 영·미식을 중심으로 글로벌 스탠다드(Global Standard)화 하고 있다. 금융시스템의 운영방식에서는 은행중심시스템(독·일식)이 약화되고 시장중심시스템(영·미식)이 부상되고 있다.

은행중심제도는 정보의 비대칭성문제를 효과적으로 해결하고, 은행과 기업간의 장기적인 결속관계를 중심으로 장기자금을 안정적으로 공급할 수 있는 장점이 있으며, 정부의 적절한 개입과 규제를 통해 후발자본주의 국가들의 성장과정에서 큰 역할을 수행하였다. 반면에 시장중심제도는 자본의 효율성과 수익성이 강조되며, 주주들의 수익극대화와 성과급 등의 인센티브제도가 발달되어 있다.

금융기관의 경영전략도 종전의 시장점유율(market share)중심에서 수익성(profit)위주로 바뀌고 있으며, 조직의 구조도 수직적 계층구조에서 네트워크화하고 있다. 금융기관 경영에서 형식보다는 실질적인 성과를 중시하며, 건전성과 투명성을 강조하고 연봉제와 계약제의 도입 등 철저한 수익과 실적 중심으로 운영되고 있다.

한편 금융시장이 하나로 통합되는 가운데 국가간 자본이동이 빈번해지고, 금융시장의 상호의존성이 심화되고 있다. 인터넷혁명과 사이버거래의 증대로 국경의 의미가 약해지면서 금융시장의 세계적 빅뱅이 가속화되고 있는 것이다. 유럽과 미국을 중심으로 증권시장의 통합과 교차상장이 가시화되고 있으며, New York 금융시장의 금리, 주가 등의 변동이 여타 국가로 파급되는 금융시장의 동조화가 심해지고 있다.

금융시장 통합화와 함께 전업주의가 퇴조하고 금융의 겸업화와 증권화가 확대되고 있다. 금융시장의 단일화에 따른 경쟁격화로 은행, 증권, 보험 등의 업무장벽이 철폐되면서 금융산업의 중심이 은행에서 증권·투신업으로 이동하고 있으며, 전통적인 은행가보다 금융공학 등 첨단지식을 갖춘 투자전문가들이 부상하고 있다.

투자은행을 중심으로 산업자금을 공급했던 독일 등 대륙계 은행들은 겸업주의를 채택하였고,

영국과 미국 등은 금융업종간의 분리를 중시하는 전업주의를 견지해 왔다. 그러나 1980년대부터 금융혁신과 금융자율화로 금융기관간의 경쟁이 격화되면서 새로운 금융상품의 개발과 수익원의 개발을 위해 업무영역간 상호진출이 증대되었다.

은행들은 전통적인 예대업무 이외에 자산운용과 투자자문, M&A 및 증권발행, 보험업무 등에 진출하였고, 증권과 보험회사들도 은행과 유사한 금융상품을 취급하고 있다. 세계적인 금융 빅뱅과 금융시장 통합화로 겸업주의가 확산되고 있으며, 은행과 보험이 통합되는 방카슈랑스(Bancassurance)와 금융기관간의 제휴상품판매가 증대고 있다.

1930년대 대공항의 여파로 미국의 많은 금융기관들이 도산하였으며, 이에 대처하기 위해 많은 금융제도 개혁법이 제정되었다. 1933년의 은행법(Glass-Steagall Act)은 은행업무와 증권업무의 분리, FRB에 금리상한 규제권 부여, 연방예금공사의 설립 등을 주요 내용으로 한다. 금융위기 재발을 방지하고 금융기관의 안정성을 높이기 위해 제정된 이 법은 오랫동안 미국 금융제도의 근간이 되었다.

금융환경변화로 1970년대에 들어서 은행과 증권업무의 명확한 구분이 무너지기 시작하였다. 1970년'은행지주회사법'의 수정으로 FRB는 은행지주회사의 자회사가 진출할 수 있는 업무를 소비자금융, 신용카드, 모기지(mortgage), 산업대출, 신탁과 투자자문, 리스와 보험인수 등으로 확대하였고(Regulation Y), 1983년부터 증권브로커, 정부증권, 단기금융시장 증권인수, 선물브로커업무 등이 가능하게 되었다.

1980년의 '예금기관규제완화 및 통화관리법'에 따라 최고금리한도규정(Regulation Q)를 1986년까지 단계적으로 폐지하였다. 1994년에는 Riegle Neal법의 제정으로 주간(州間) 업무제한을 철폐하였다.

특히 1999년 11월에 Glass Steagall법을 무력화시키는 금융제도개혁법(Gramm Leach Billey Act)으로 금융겸업과 은행지주회사의 일반기업 경영참여가 허용되었다. 금융산업 경쟁력 강화를 위한 미국의 규제완화정책과 빅뱅으로 금융기관간의 인수합병(M&A) 확대, 신상품개발과 새로운 금융기법의 증대 등 금융기관간의 경쟁이 심화되고 있다.

EU 국가들도 전통적인 유로시장을 육성하고 금융산업의 경쟁력 강화를 위해 금융자유화정책을 실시하게 된다. 영국은 1971년 시중은행간 금리협정의 폐지로 금리자유화정책을 실시하였고, 1979년에는 외환규제를 철폐하였다. 1980년대 들어서는 자유화정책이 가속화되는데 은행의 자회사설립을 통한 업무영역제한 철폐, 증권시장 개혁 등의 정책을 추진하였다.

특히 1986년의 금융 빅뱅(Big Bang)으로 금융규제를 대폭적으로 완화하였고, 겸업주의 도입으로 증권을 비롯한 금융산업의 경쟁력 향상을 도모하게 된다. 대폭적인 규제완화는 영국 금융기관들의 경쟁압력을 가중시켰고, 은행들은 카드, 소비자금융, 부동산, 보험, 증권 등의 영역에 진출하여 은행의 백화점화 경향을 촉진시켰다. 영국의 빅뱅은 유럽 국가들과 미국, 캐나다 등에서의 빅뱅을 불러 일으켰고, 아시아 국가들에도 영향을 미쳤다.

Ψ 금융 빅뱅(Big Bang)이란?

빅뱅(Big Bang)은 원래 '우주의 대폭발'을 의미하나, 금융 빅뱅은 1986년 런던증권시장에서 단행된 대개혁을 지칭한다. 영국은 1986년 금융서비스법(Financial Services Act)을 제정하고 금융산업의 효율성향상과 경쟁력강화, 국제금융센터의 지위를 유지하기 위해 증권시장의 개혁정책을 실시하였다.

주요 내용은 (1)고율의 증권매매 수수료를 인하하기 위한 수수료의 자유화, (2)단일자격제도(single capacity system)를 폐지하여 증권업무의 종합화 도모, (3)주식과 국채의 매매시스템을 개혁하여 거래정보전달시스템(SEAQ)도입, (4)폐쇄적이던 증권거래소 회원권을 개방하여 외국기관의 참가허용 등이다. 1986년 당시 29개의 증권사중 21개사가 상업은행 등과 합병하여 거대 금융그룹으로 발전하게 된다. 영국은 금융산업 개혁을 통해 런던을 뉴욕에 버금가는 세계금융시장 중심지로 부상시켰다.

은행 겸업화의 구체적 형태는 국가에 따라 차이가 있다. 미국 은행들의 겸업화 방식은 지주회사를 통해 증권회사 및 보험회사와 수평적 계열관계를 맺는 방식으로 진출하고 있으며, 영국의 경우에도 자회사를 통해 증권과 보험업에 진출한다. 겸업화의 전통이 강한 독일의 은행은 예대업무와 증권업무를 겸업하고 있으며, 보험업에는 자회사를 통해 진출하고 있다.

세계화와 통합화에 대응하여 세계적인 금융기관들은 전략적 제휴와 인수·합병(M&A)을 통한 대형화와 금융과점화를 확산시키고 있다. 세계금융시장의 통합화로 전 세계적인 네트워크를 구축하고, 첨단정보통신 장치를 갖춘 금융기관이 경쟁에서 유리해 지기 때문이다.

M&A를 통한 대형화는 ①중복점포의 폐쇄와 인원감축 등을 통한 비용절감, ②디지털혁명으로 인한 금융의 정보화, 장치산업화에 따른 규모의 경제효과, ③금융의 겸업화, 이업종간의 통합화에 따른 전문인력과 지식의 확보용이, ④금융기관의 신뢰도 제고와 위험의 분산 등의 효과가 있다.

미국과 유럽 등 금융선진국에서는 1980년대부터 금융기관간 M&A가 활발하게 진행되었고, 우리나라에서도 외환위기이후 구조조정과정에서 정부에 의해 강제로 합병되거나 소규모 금융기관간의 통합이 진행되고 있다. 금융기관 M&A형태는 지역과 국가의 사정에 따라 차이가 있다.

미국에서는 1980년대 이후 Bank One, First Bank 등 지역은행간의 합병 혹은 합병후 다른 금융기관과 재합병 등이 주류를 이루었으나, 1990년대 후반부터 Chemical과 ChaseManhattan(96), Citicorp와 Travellers Group(98), NationsBank Corp와 Bank of America(98), Chase Manhattan과 JP Morgan(2000), Bank of America와 MBNA(06)등 초대형 은행간의 합병이 증대되고 있다.

일본에서는 대형화를 통한 국제경쟁력 강화 및 1990년대에 들어서 증가된 파산금융기관을 구제하기 위한 합병이 많았다. 초대형 합병은 三井銀行과 太陽神戶銀行이 합병하여 사쿠라은행(90). 미쓰비시은행과 도카이은행(96), 스미토모은행과 사쿠라은행(99), 도카이은행, 아사히은행, 산화은행(2000), 도쿄미쓰비시와 미쓰비시신탁(00) 등이 있다.

특히 금융규제가 대폭적으로 완화된 1998년의 「금융시스템개혁법」의 통과이후 일본 금융시장 방어와 종합금융서비스 제공을 통한 경쟁력 강화를 위해 거대인수합병(Megamerger)이 활성화되고 있다.

EU 출범에 따른 시장확대에 대응하여 유럽에서도 초대형은행간 합병과 금융의 과점화가 확산되고 있다. UBS(스)와 SBC(1997, 세계 2위), Deutsche Bank와 Bankers Trust(98, 세계 1위), Royal Bank of Scotland와 NatWest(2000), HSBC(영)과 CCF(프)(00), Barclays Bank(영)와 ABN AMRO(네)(07) 등이 있다. 유럽에서는 동일업종보다 이업종간의 합병이 다수를 차지하고 있으며, 특히 은행·보험간의 방카슈랑스(Bancassurance)가 활발하다.

한편 정보통신 기술혁신에 따른 가상공간 거래활성화로 금융혁신과 신상품개발이 확산되고 있다. 전자금융의 급속한 발전은 정보통신 및 반도체기술 발달, 금융기관간의 경쟁격화에 따른 신속성·편리성 등 차별화된 서비스와 신상품 개발경쟁에 기인한다. 디지털혁명과 정보통신기술의 발전은 공간적인 거리제약을 해소시켰으며, 국경을 초월한 금융거래를 실시간으로 가능케

하여 금융의 통합화를 가속화시키고 있다.

금융거래 시스템이 전자화되면서 금융거래비용이 감소하고 새로운 형태의 금융서비스 및 상품의 개발을 촉진시켰고, 금융기관간의 전자금융 네트워크도 활발하다. 선물, 스왑, 옵션 등의 파생금융상품(derivatives)은 고도의 정보처리능력을 바탕으로 한 금융공학의 발전에 기초하고 있고, 금융자산의 위험관리기법이나 프로그램거래 등의 능력이 고도화하고 있다.

다양한 정보통신기술과 전자금융의 발전으로 금융기관의 핵심경쟁력이 영업 인력의 수, 영업망 등에서 정보통신기술, 신상품 개발, 체계적인 리스크관리능력 등으로 급속히 이동될 것이다. 지점위주의 영업전략이 퇴조하고 정보통신 기술력을 바탕으로 하는 공간과 시간, 가격 경쟁력, 금융공학을 이용한 신상품개발능력 등의 중요성이 증대되고 있다.

비용절감을 위해 인터넷, 유무선 전화, 단말기 등을 이용한 전자금융서비스가 확서비스가 확서비또한 전자금융을 위한 다양한 소프트웨어의 개발과 기술혁신은 대형통신이나 유통회사 등 비금융기관들의 금융기관 영역침식이 증대되고, 금융기관과 비금융기관간의 경쟁을 심화시킬 것이다.

2. 금융기관의 구조조정의 성과와 문제점

외환위기 이후 우리나라는 IMF와의 협의에 의해 금융산업의 구조조정과 개혁정책을 추진하여 빠른 속도로 위기를 극복하였으나 값비싼 대가를 지불하였다. 구조조정을 통하여 금융의 건전성과 수익성, 경영의 투명성과 개방성, 금융인프라 등이 개선되었으나, 금융산업의 외자지배가 강화되었고 세계금융시장에 통합되면서 국제위험분담과 변동성이 증대되고 있다. 금융시장 양극화로 금융취약계층의 금융접근성 제약이 심화되었고, 고용불안과 설비투자 부족으로 성장잠재력이 약화되고 있다.

개발연대를 통해 정부주도적 개발전략을 효율적으로 수행하기 위한 중요한 수단이 정책금융이었다. 금융의 공급선도적 기능이 강조되어 산업지원 금융체제가 확립되었고, 전략부문에 자금지원을 극대화하기 위해 정부가 금융기관을 직접 통제하고 신용배분에 관여하여 금융산업의 발전이 위축되었다.

금융을 고부가가치 산업으로 육성하기 보다는 실물경제발전을 위한 자금동원의 수단으로 인식하는 경향이 강했다. 관치금융하의 금융억압적(Financial depression) 성장정책의 결과 우리나라 금융기관들은 선진국에 비하여 자산과 자본규모가 영세하고, 수익성과 생산성이 낮으며, 금융기법의 낙후와 전문 인력의 부족 등의 문제점을 안고 있어 금융산업의 선진화와 경쟁력 강화가 시급한 과제로 부각되었다.

선진국들의 개방압력과 대내적 금융환경 변화로 우리정부도 1980년대부터 본격적인 금융자유화정책을 실시하게 된다. 대외적으로 세계적인 자유화추세와 미국 등 선진국들의 금융시장 개방압력이 거세졌고, 대내적으로는 정부주도에서 민간주도로 경제운용기조가 변모되었기 때문이다. 금융산업의 효율성과 경쟁력 향상 없이 산업자금의 효율적 동원과 배분에 한계가 있었으며, 금융시장개방에 따라 선진국 금융기관들과의 경쟁이 어려웠기 때문이다.

금융기관들을 단계적으로 민영화하였고 금융기관의 경영자율화와 업무영역 확대정책을 추진하였다. 1988년에는 경상거래를 완전 자유화하고 IMF 제8조국으로 이행하였다. 금융시장개방과 활성화정책으로 외국금융기관들의 국내진출과 금융기관신설이 급증하였고, 외환·금리자유화를 단계적으로 추진하였다.

특히 1990년대에 들어서는 "3단계 금리자율화 및 개방계획('92.3)"이 제시되었고, "신경제 5개년계획('93.6)"에서 구체화되었다. 1994년에는 OECD가입을 앞두고 '외환제도 개혁계획'을 발표하여 외환 및 자본자유화를 확대하였다.

우리나라의 자본자유화는 1997년의 외환위기 이후 급속히 진전되었다. IMF와의 협약에 의해 금융산업의 구조조정과 개편작업이 시행되었고, 외국인 투자제한 철폐와 외환시장 자유화, 금융선진화를 위한 한미FTA 추진과 자본시장통합법 등 자본시장의 자유화정책을 추진하고 있다.

(1) IMF 외환위기 이후 금융산업 구조조정

외환위기 당시 금융기관들은 누적된 부실채권과 지불능력부족 등으로 위기상황이었다. 정부는 IMF와의 협의에 의해 금융기관부실의 정비와 금융시스템의 효율성을 향상시키기 위해 강도 높은 금융산업 구조조정과 금융개혁을 시행하였다. 부실금융기관과 부실채권의 처리, 은행경영의 상업성 확대와 자본시장 발전, 외국인 투자제한 철폐와 자본시장 자유화 정책 등이 추진되었다.

부실화된 금융기관에 대해서는 경영개선명령을 내리거나 인가취소, 합병, 해산·파산·영업이전 등의 형태로 구조조정을 취해나갔다. 강도 높은 구조조정결과 1997년 외환위기 이후 수많은 금융기관들이 합병되거나 퇴출되었다.

금융권역별 금융회사수를 보면 은행은 26개에서 17개로 34.6%감소하였다. 우리금융지주회사에 편입 3개 은행(우리, 경남, 광주), 신한금융지주회사 편입 2개 은행(신한, 제주) 감안시 14개이다.

〈표-7〉 금융기관 구조조정 현황

(단위: 개, %)

	1997(A)	2000	2010	2015(B)	(B-A)/A
은 행	26	22	18	17	-34.6
상호저축은행	231	147	105	79	-65.8
신 협	1,666	1,317	962	910	-45.4
여신전문회사	68	53	63	78	14.7
생명보험회사	33	23	23	25	-24.2
손해보험회사	17	17	30	31	82.4
증 권 회 사	58	64	62	56	-3.5
선 물 회 사	-	14	9	6	-
자산운용사	24	40	80	93	287.5
종 금 사	30	10	1	1	-96.7
합 계	2,153	1,707	1,353	1,296	-39.8

* 여신전문금융회사: 신용카드사, 리스사, 할부금융사, 신기술금융사

자료: 금융감독원, [금융통계월보], 각 월호.

1998년 6월 29일 5개 은행(대동, 동남, 동화, 충청, 경기)이 부실금융기관으로 결정되어 업무정지 및 계약이전 명령을 받았고, 상업은행과 한일은행이 합병하여 한빛은행(1998), 보람은행이 하나은행에(1998), 장기신용은행이 국민은행에(1998), 충북과 강원은행이 조흥은행에(1999), 축협중앙회가 농협중앙회에(2000) 각각 흡수합병되었다.

국민은행과 주택은행이 합병하여 국민은행(2001), 평화은행이 우리금융지주회사로 편입되었다(2001). 또한 서울은행이 하나은행에 합병(2002)되었고, 조흥은행과 신한은행이 합병(2006)하였다. 론스타에 매각되었던 외환은행은 하나은행에 인수합병(2012)되었다.

종금사는 30개에서 1개로 96.7%가 감축되었고, 증권회사와 자산운용사는 외환위기 직후 퇴출이 많았으나 자본시장 활성화로 신설기관이 증가하여 현재 기관수가 오히려 증가하였다. 증권회사는 1997년의 58개에서 2000년에 64개까지 증가하였으나 2015년에 56개로 감소하였고, 자산운용사는 24개에서 93개로 288%증가하였다.

상호저축은행은 1997년말에 231개가 영업하였으나 지속적인 구조조정으로 2015년에 79개가 운영되어 66%의 퇴출율을 보여주고 있다. 신용협동조합도 1,666개중 45.4%가 퇴출되어 910개가 영업하고 있다.

금융산업의 구조조정과 전반적인 재편과정에서 지역밀착형 서민금융이 위축되고 있다. 정부는 금융산업의 국제경쟁력을 향상시키기 위해 인수합병을 통한 대형화, 금융시장의 자율화와 빅뱅, 해외자본 유치 등을 추진하였다.

따라서 서민금융기관의 구조조정은 대형 금융기관 위주의 금융산업 개편의 큰 틀 하에서 부수적이고 종속적인 차원에서 이루어지고 있다. 금융기관의 합병, 자본참여, 부실채권의 매입과 외자유치 등의 구조조정 계획이 대형금융기관 위주로 추진되었고, 시중은행들을 중심으로 금융산업의 외자지배와 독과점화가 심화되고 있다.

정부의 지역밀착형 서민금융기관 구조조정의 특징은 지원을 통한 정상화보다는 퇴출과 합병 등의 조기정리 위주로 진행되었다. 경제에 미치는 영향이 큰 대형금융기관은 공적자금의 투입을 통해 정상화한 것과 대조를 이루고 있다. 이 같은 정책으로 외환위기 이후 금융기관 점포수 추이를 보면 일반은행에 비해 지역밀착형 서민금융기관들의 감소가 월등히 많은 것으로 나타났다.

금융개혁으로 국민들의 안전한 금융기관 선호현상이 강화되었고 은행들의 소매금융 강화 등으로 자금의 예금은행 집중현상이 증대되고 있다. 반면에 서민금융기관인 상호금융과 신용협동조합, 새마을금고 등은 감소한 것으로 나타났다.

부실정도가 심한 금융기관에 대해서는 출자, 출연, 예금대지급과 부실채권매입 등의 형태로 1997년 외환위기 이후 2015년 6월까지 168.7조원의 공적자금이 지원되었다. 공적자금은 출자나 출연, 예금대지급, 자산매입 및 부실채권 매입 등의 형태로 지원되었다. 2015년 6월 말까지 지원된 공적자금의 용도별 내역을 살펴보면 출자에 63.5조원, 출연금 18.6조원, 예금대지급 30.3조원, 자산매입 17.8조원, 부실채권 매입에 38.5조원 등이다.

2015년 6월말 현재 지원된 공적자금 중 주식매각, 부실채권매각, 파산배당 등을 통해 회수한 자금은 110.2조원으로 회수율은 65.3%이다. 회수자금 중 42조 9,995억원이 금융구조조정에 재

사용되었다. 기금별로는 예금보험기금 채권상환기금으로 26조 637억원, 부실채권정리기금으로 16조 9,357억원을 재사용하였다.

〈표-8〉 공적자금 지원현황

(1997.11- 2015.6월말, 단위 : 조원)

금융권		출자	출연	예금 대지급	자산 매입등	부실채권 매입	계
은 행		34.0	13.9	-	14.4	24.6	86.9
제2금융권	종 금	2.7	0.7	18.3	-	1.0	22.8
	증권투신	10.9	0.4	0.01	2.1	8.5	21.9
	보 험	15.9	3.1	-	0.3	1.8	21.2
	신 협	-	-	4.7	0.3	-	5.0
	저축은행	-	0.4	7.3	0.6	0.2	8.5
	소 계	29.5	4.7	30.3	3.3	11.5	79.4
해외금융기관		-	-	-	-	2.4	2.4
합 계		63.5	18.6	30.3	17.8	38.5	168.7

자료: 공적자금관리위원회, [2015년 공적자금백서].

공적자금의 금융권별 지원현황은 은행에 대한 지원액이 86.9조원으로 전체의 51.5%를 차지하며, 제2금융권에 79.4조원으로 47.1%, 해외금융기관 등에 1.4%가 투입되었다. 금융기관별 지원내역은 종합금융사 22.8조원, 증권과 투신사 21.9조원, 보험회사 21.2조원, 신용협동조합 5조원, 저축은행에 8.5조원이 지원되었다.

금융권역별 임직원수 추이를 보면 대형은행과 증권회사 등을 중심으로 한 금융구조개혁으로 은행과 증권회사 임직원수는 증가하였으나, 지역밀착형 서민금융기관들과 보험회사는 대폭적으로 감소하였다.

국내 일반은행과 특수은행의 임직원수는 1997년말의 128,503명에서 2015년말에는 133,620명으로 4%증가하였다. 증권회사는 1997년에 25,515명에서 2015년에 36,118명으로 41.6% 증가하였다.

〈표-9〉 금융권역별 임직원수

(단위: 명, %)

	1997(A)	2000	2015(B)	증감C(B-A)	C/A
은 행	128,503	119,980	133,620	5,117	4.0
종 금 사	1,510	588	99	-1,411	-93.4
상호저축은행	9,975	5,781	8,451	-1,524	-15.3
신용협동조합	30,122	23,433	17,440	-12,682	-42.1
생명보험회사	51,962	33,118	27,312	-24,650	-47.4
증 권 회 사	25,515	33,858	36,118	10,603	41.6

자료: 금융감독원, [금융통계월보], 각 월호.

반면에 1997년말 30개사에서 2015년에 1개회사로 구조조정 한 종금사는 임직원도 93%가 감축되었다. 상호저축은행과 신용협동조합의 임직원은 각각 15.3%, 42.1%감소하였으며, 생명보험회사도 47.4% 감축되었다. 반면에 자본시장과 대형투자은행(IB)육성정책으로 증권회사 임직원 수는 41.6%증가하였다.

(2) 금융의 수도권 집중과 지역서민금융 위축

IMF구조개혁 프로그램에 따른 신자유주의적 금융개혁으로 금융의 수도권 집중과 독과점화가 심화되었고, 지역금융의 낙후와 금융 양극화를 초래하였다. 은행과 비은행부문을 차별화하여 은행부문에 우선순위를 두었고, 지역금융기관과 서민금융기관들은 설립목적이나 특수성을 고려하기 보다는 퇴출위주로 정리되었다.

금융기관간 M&A를 통한 대형화와 그룹화가 추진되었고, 대형은행 위주의 금융개혁으로 금융의 수도권집중과 독과점화, 외국자본의 금융지배를 증대시키고 있다. 비은행금융권 위축과 금융시장 양극화로 금융취약계층의 제도금융접근성 제약이 심화되었으며, 금융의 공공성 및 성장통화 공급기능 약화로 설비투자가 위축되어 성장 잠재력이 약화되고 있다. 또한 투자나 대출 및 금융기관 영업형태 등에서 금융기관간의 과다한 경쟁으로 개인과 금융기관 군집행동(herd behavior)이 빈번하게 발생하여 금융불안과 변동성 증대요인이 되고 있다.

금융의 기업성과 재무안정성 강조에 따른 소매금융 강화와 관계금융 축소로 금융양극화가 확대되었고, 서민층의 자금접근성 약화는 경제양극화를 심화시키는 요인이 되고 있다.

은행중심의 구조조정으로 대형화된 대형은행이나 외국계 은행들은 중소기업 대출을 크게 줄여 지역중소기업의 자금난을 심화시켰으며, 설비투자와 경제성장을 정체시키고 저소득층의 금융접근도 더욱 어렵게 만들고 있다.

특히 지방은행 및 지역밀착형 서민금융기관들의 퇴출 증대와 신인도 저하로 지역의 자금이 이탈하여 대형우량금융기관이 있는 수도권의 금융집중을 심화시키고 있다. 또한 금융 빅뱅(Big Bang)으로 금융의 증권겸업전자화 경향이 증대되면서 자금의 수도권집중과 지역금융의 위축을 가속화시키고 있다.

외환위기 이후 금융산업 구조조정과정에서 자금의 수도권집중현상은 심화되었다. 예금은행의 예금추이를 보면 수도권(서울, 인천, 경기)의 구성비가 1997년의 60.3%에서 2015년에는 69.2%로 증가하였으며, 대출금도 65.5%에서 65.3%로 집중도가 높은 수준이다.

서민금융기관의 여수신 수도권비중은 예금은행에 비하여 큰 폭으로 증가하였다. 특히 지방의 퇴출이 많았던 상호저축은행은 수도권 비중이 대폭 증가하여 수신비중이 1997년의 49.5%에서 2015년에는 74.5%로 증가하였고, 여신비중도 46.7%에서 80%로 증대되었다.

신용협동조합의 수신비중도 1997년의 24.7%에서 2015년에 30%, 여신비중은 21.8%에서 29.7%로 증가하였다. 새마을금고 예수금의 수도권 비중은 30.9%에서 37.8%로 증가하였고, 여신비중도 28.8%에서 36.1%로 증대되었다.

〈그림-1〉 여수신 수도권 비중 추이

(단위 : %)

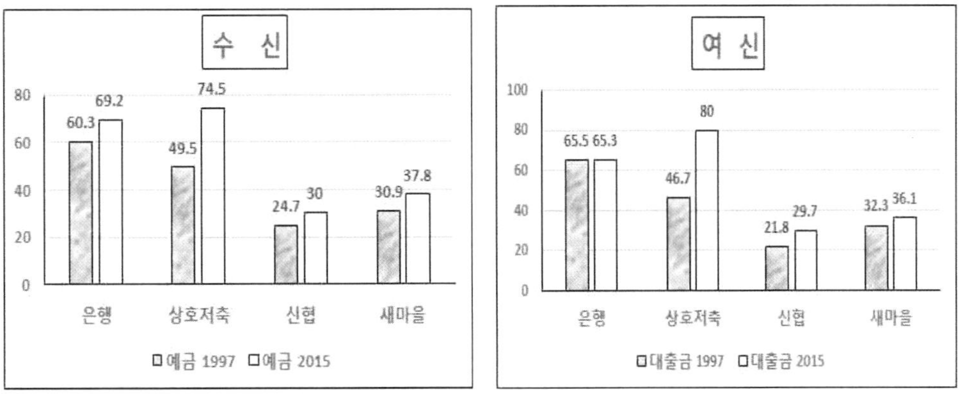

금융산업 구조개혁과정에서 인수합병을 통한 대형화가 추진되면서 금융의 독과점화가 심화되었고, 금융기관 집중도가 높아지고 있는 것으로 나타났다.

은행의 대형화와 금융의 증권화는 지역중소기업에 부정적인 영향을 미칠 수 있다. 대형은행들은 정보수집비용 등으로 경성정보를 활용한 거래금융(transaction banking)에 치중하는 경향이 있으며, 중소기업의 연성정보를 활용하는 관계금융(relationship banking)이 위축되어 중소기업 대출이 감소할 수 있다.

(3) 금융 글로벌화와 금융산업 개편

세계경제의 글로벌화와 금융시장의 통합화로 지식기반산업이면서 고부가가치 첨단산업인 금융산업을 육성하려는 경쟁이 치열해지고 있다. 금융산업은 자금중개와 효율성을 증대시켜 실물경제발전을 촉진하는 역할을 담당할 뿐만 아니라 그 자체가 고부가가치를 창출하는 유망산업으로 부상하고 있는 것이다.

금융산업은 고부가가치와 양질의 고용을 창출하는 지식기반서비스업으로 주목받고 있다. 미국과 영국을 비롯한 금융선진국들은 금융혁신을 통해 금융산업을 전략산업으로 발전시키고 있으며, BRICs와 동북아 국가들도 국가전략차원에서 주요 도시를 거점으로 금융허브 육성에 주력하고 있다.

우리경제가 성장한계를 극복하고 선진경제로 도약하기 위해서는 금융산업을 비롯한 서비스업의 경쟁력 강화를 통한 새로운 성장동력 확보가 시급하다. 우리나라의 금융산업의 GDP비중은 7.5%로 영국 8.2%, 미국 7.8%에 비하여 낮으며, 2000~2005년의 기간중 GDP성장기여율도 8.23%로 영국 15.47%, 미국 11.11%에 비하여 낮았다.

1980년대부터 시행하였던 금융자유화 정책이 외환위기 이후 가속화되었으며, 금융기관의 인사 및 자금운용 등 경영자율성을 저해하던 금융규제가 완화되었고, 금융감독기능을 통합하여 금융감독위원회를 설치하였다. 금융감독 및 규제, 회계 및 공시제도, 투자자보호 등 시장규율과 지급결제시스템 등 금융인프라도 개혁되었다.

금융산업의 겸업화를 촉진하고 은행중심으로 금융그룹화 하여 대형화와 경쟁력 향상을 위해 금융지주회사제도(2000.10)를 도입하였다. 4대 시중은행중 3개가 지주회사체제로 전환하였고, 나머지 1개도 추진중에 있다. 그러나 은행중심의 금융지주회사는 은행의 비중이 압도적으로 높고, 증권과 보험 등 비은행계열사의 비중이 10%에도 미치지 못하여 종합금융화를 통한 시너지 효과를 발휘하지 못하고 있다.

특히 참여정부의 금융정책은 구조조정보다 국제경쟁력 향상과 효율성을 중시하는 금융선진화 정책으로 전환되었다. 금융산업의 선진화와 국제경쟁력을 제고하기 위해 금융산업의 대형화와 겸업화, 금융 선진국들과의 FTA추진과 '자본시장통합법'제정, 금융혁신의 확산과 금융허브 육성 등의 금융 글로벌화와 금융산업 발전정책을 추진하고 있다.

세계적인 FTA확산 추세에 부응하여 정부는 "동시다발전인 FTA추진전략"을 시행하고 있다. 2014년 현재 칠레, 싱가포르, EFTA, ASEAN, 인도, EU, 페루, 미국, 터키,호주 등 48개국과 FTA가 발표되었으며, 인도네시아 등과 협상을 진행하고 있다.

그 동안의 FTA추진 현황을 보면 칠레(2004.4), 싱가포르(2006.3), 스위스, 노르웨이 등 EFTA(2006. 9), ASEAN(2009.9), 인도(2010.1), EU(2011.7), 페루(2011.8), 미국(2012.3), 터키(2013.5), 호주(2014.12), 캐나다(2015.1) 등과는 FTA체결을 완료하였다. 중국(2014.11), 뉴질랜드(2014.12) 등과는 협상타결을 선언하였고, 인도네시아, 일본 등과는 협상을 추진중이다.

특히 무역규모나 영향력이 큰 한·미FTA발효는 금융부문의 개방확대, 제도의 정비 및 투명성의 강화, 미국자본의 한국투자 증대와 한국금융기관들의 미국진출 환경개선 등의 변화를 초래할 것이다.

한•미FTA 금융협정은 적용범위와 원칙, 관련조직 등을 규정한 본문과 금융부속서 등으로 구성되었다. 한•미FTA 금융서비스 개방방식은 일반협정(GATS)방식을 채용하였고, 포괄주의(Negative)방식을 통해 원칙적으로 전면개방하고 있다. 국경간 금융서비스는 국제거래관계에 관련된 서비스(해상, 항공, 수출입적하보험 등)와 금융기관의 업무를 지원하기 위한 부수서비스(보험계리, 투자자문 등)에 한정하여 개방하기로 하였다. 또한 신금융서비스는 건별 인허가제도의 운용 등의 제한조건하에 허용하도록 하였다.

서민금융과 관련된 주요 내용을 살펴보면 금융기관의 행정지도는 구두보다 서면에 의하도록 하여 행정지도의 투명성 제고하며, 협동조합(신협, 농협, 수협, 새마을금고 등) 판매보험의 건전성 제고를 위해 감독기능을 통합하고, 협정발표 후 3년 이내에 금융감독위원회 감독을 받도록 하였다. 또한 우체국보험과 민영보험의 공정경쟁 여건의 제고를 위해 금융감독위원회의 우체국보험 감독기능을 강화한다는 것 등이다.

한•미FTA타결로 금융상품개발에 대한 규제가 철폐되어 네거티브환경으로 전환되며 소비자들의 편익이 증대되고, 글로벌수준의 제도정비와 투명성제고 및 금융의 상호진출과 개방확대 등의 긍정적 효과가 기대된다.

반면에 해외자본의 국내금융시장 지배확대와 자금중개기능의 왜곡심화, 외국자본의 적대적 M&A 및 국부유출 증대, 금융시장 양극화 심화와 지역밀착형 금융기관들의 경영여건 악화 등의 부정적 효과가 발생할 수 있다.

한편 한•미FTA타결에 이어 [자본시장과금융투자업에관한법률」(이하 자본시장통합법)'이 국회를 통과('07.7.3)하여 2009년부터 시행에 들어갔다. 자본시장통합법은 자본시장에서의 금융빅뱅을 유도하며, 자본시장의 중개기능과 투자자보호를 강화하고, 규제개혁과 금융투자업의 혁신 및 국제경쟁력 제고 등을 목적으로 제정되었다.

현재 자본시장을 규율하는 모든 법률 중 6개(증권거래법, 선물거래법, 자산운용업법, 신탁업법, 종금사에 관한 법률, 증권선물거래소법) 등을 폐지하여 자본시장통합법으로 통합하며, 나머지 법률도 일부개정하거나 정비된다. 통합 후 금융법체계는 은행법, 자본시장통합법, 보험업법, 서민금융•여신전문금융업법 등으로 개편된다. 이 법의 골자는 금융업종별 칸막이와 규제를 제거하고, 창의적인 금융상품의 개발과 경쟁촉진, 선진수준의 투자자보호 강화 등이다.

◎ 자본시장통합법 핵심 내용

첫째 금융투자상품의 포괄주의(Negative) 도입이다. 원본손실이 발생할 수 있는 금융투자상품의 열거주의(Positive)규제를 포괄주의로 바꿔 향후 출현 가능한 모든 금융투자상품의 개발과 판매를 허용하고, 이를 통해 금융투자회사의 취급가능상품과 투자자 보호규율 대상을 확대하였다.

대형투자회사를 중심으로 증권관련 상품은 물론 주식, 채권, 부동산, 원자재, 파생상품 등을 포함하는 다양한 형태의 혼합자산펀드와 복합금융상품의 판매가 증대될 것이다.

둘째 업종별로 상이한 기관별 규율체제(Institutional Regulation)를 기능별 규율체제(Functional Regulation)로의 전환이다. 경제적 실질을 고려하지 않고 별도법률에서 개별적으로 규제되던 금융투자업을 6개 업무로 단순화하고, 금융기능이 동일한 경우 금융회사의 형태가 다르더라도 시장진입과 건전성, 영업행위 등에 대한 규제를 동일하게 적용하게 된다.

셋째 업무범위의 확대이다. 금융회사별로 세분하여 겸영을 제한하던 6개 금융투자업(투자매매업, 투자중개업, 집합투자업, 투자자문업, 투자일임업, 신탁업)간 겸영제한을 폐지하고, 겸영에 따른 이해상충방지를 위해 이해상충방지체계(Chinese Wall 등)마련을 의무화하였다.

부수업무의 포괄적 허용으로 금융투자업과 관련된 모든 부수업무를 영위할 수 있도록 하되, 예외적으로 금융당국이 사후 금지하는 체제로 전환된다. 또한 상품 접근성을 높이기 위한 투자권유대행인(Broker)제도 도입을 통해 판매망을 확충하고, 투자자에 대한 손해배상 책임을 위탁한 금융투자회사에게도 병과하게 된다.

또한 펀드종류를 광역화하고 투자대상제한을 폐지하여 자유롭게 운용 가능한 혼합자산펀드를 신설하는 등 집합투자의 범위를 확대하였다. 투자자의 편익제고를 위해 투자자 예탁계좌내의 현금으로부터 고객이 결제, 송금, 수시입출금 등 부가서비스를 제공받을 수 있게 하였다.

넷째 투자자 보호제도의 선진화이다. 선진국 수준의 투자자 보호장치의 제도화를 위해 그 동안 금융규제가 없었던 장외 파생상품업, 비정형간접투자업 등 일부 금융투자업에 대해서도 투자자 보호규제를 적용하도록 하였다.

또한 "투자권유 규제"의 도입으로 투자자보호제도를 강화하였다. 구체적인 내용을 보면 ① 상품의 내용과 위험 등을 투자자가 이해할 수 있도록 설명해야 하는 설명의무(Product Guidance)의 전면도입, ② 투자권유 전에 투자자의 투자목적, 재산상태 등을 파악한 후 특성에 적합하게 투자를 권유하도록 의무화한 Know your customer rule 및 적합성(Suitability)원칙 도입, ③투자자가 원하지 않거나 요청하지 않은 투자권유(Unsolicited) 및 재권유 규제 신설 등이다.

아울러 특정 투자자의 이익을 희생하여 금융투자회사나 타 투자자의 이익을 추구하는 이해상충 방지체제를 설치하고, 상시적으로 이해상충 내용을 파악·관리하는 내부시스템의 구축을 의무화하고 있다. 투자광고를 규제하며 투자자 보호 필요성이 있는 모든 증권으로 발행 공시 규제 적용범위를 확대하였다.

금융개방과 자율화의 확대는 외국인투자 확대, 기업경영의 투명성과 재무건전성 제고, 선진투자기법의 도입 등에 기여할 수 있다. 특히 한·미FTA와 자본시장통합법으로 금융 빅뱅이 가속화되고 금융기관간의 경쟁이 치열해질 것이다.

자본시장 규제완화와 장벽철폐로 자본시장의 자금중개기능을 효율화하고 금융업의 국제경쟁력을 제고시키며, 투자자 보호 강화를 통한 자본시장의 신뢰성을 제고하고, 선진 투자은행(IB)과 경쟁할 수 있는 대형금융투자회사의 출현기반 마련 등의 긍정적 효과를 기대할 수 있을 것이다.

반면에 국내금융기관의 전문인력 및 국제화 역량 부족 등으로 선진금융기관들의 국내시장 잠식과 지배가능성이 높아진다. 투기적 단기자본유입증대로 시장변동성이 확대되고[11], 단기수익 중심의 경영으로 실물투자를 위축시킬 가능성이 높다. 금융시장의 양극화심화로 지역밀착형 서민금융기관들의 경영여건이 악화되고, 금융취약 계층인 서민과 영세상공인들의 금융시장 접근이 더욱 어려워지는 금융배제(financial exclusion)현상이 심화될 수 있다.

11) 토빈세 : 1970년대 초 미국의 경제학자 제임스 토빈이 제안한 것으로, 단기성 외환거래에 부과하는 금융거래세를 말한다. 국제투기자본의 급격한 자금 유출입은 이러한 유출입이 일어나는 국가의 외환 금융시장이나 실물경제에 큰 타격을 줄 수 있다. 이러한 부작용을 완화하고 통화위기가 촉발되는 것을 막기 위해 도입된 규제 방안 중 하나가 토빈세이다. 그러나 이 제도가 일부 국가에서만 시행된다면 국제자본이 토빈세가 없는 국가로 집중될 수 있으므로 도입 시 국제적 공조가 필요하다.

제 4 절 금융구조개혁의 개선방향

개발년대를 통하여 실물부문에 성장통화를 공급하였고, 금융의 기업성보다 공공선을 강조하였기 때문에 우리 나라의 금융기관의 경쟁력은 약화되었다. 미래의 성장산업인 금융산업의 경쟁력을 향상시키기 위해서는 정부, 금융인, 금융 소비자들의 인식과 제도개혁이 시급하다.

1. 시장규율(market principle)이 정착된 금융

우리나라 금융은 그동안 정부의 과도한 규제와 보호에 의해 보되어 온 결과 경제주체들의 도덕해이(moral hazard)가 만연함으로써 시장규율이 정립되지 못하였다.

첫째 금융기관은 손실이 발생하더라도 정부가 이를 보상해 줄 것이며 적자가 누적되어도 결코 파산하지 않을 것이라는 암묵적인 믿음을 가지고 영업을 해왔으며, 금융기관의 소유자인 주주나 채권자인 예금자의 이익은 도외시 하는 경향이 있다.

둘째 기업은 창업규모가 커지면 커질수록 부실화되더라도 금융기관이 부도처리를 하기 어렵다는 대마불사의 신화를 맹신하고, 부실이 심할수록 차입의존적 경영형태를 유지하였다.

셋째 예금자들도 고수익성 금융상품은 높은 위험을 수반한다는 사실은 도외시하고, 금융기관이 파산하더라도 정부가 예금을 보호해줄 것이라는 믿음하에 고금리만을 추구하고 있다.

이와 같은 시장규율의 부재는 우리 금융이 후진성을 벗어나지 못하게 한 원인이 되었으나, 외환위기 이후 대기업은 물론 은행까지 퇴출되고 금융기관 예금도 전액 보장되는 것이 아니라는 인식이 확산되면서 시장규율이 차츰 자리잡혀 가고 있다. 앞으로 시장규율이 완전히 정착된 선진금융의 모습을 갖추기 위해서는 정부개입의 한계를 분명히 하여 금융기관의 자율적인 판단과 행동은 최대한 보장하되 그 결과에 대해서는 책임을 철저히 묻는 관행을 꾸준히 만들어 나갈 필요가 있다.

특히 금융구조 조정과정에서 정부가 불가피하게 금융기관의 대주주가 되었으나 이는 과도기적 현상이기 때문에 금융기관의 경영에 대한 직접적인 간여는 자제하는 것이 바람직하다. 또한 금융이용자가 금융거래에 수반되는 위험의 소재를 인식하고, 그 결과에 대하여 책임지는 풍토를 조성하기 위해서도 금융거래에 대한 일반국민의 이해를 넓힐 필요가 있다.

2. 여신심사기능의 강화와 실물경제발전을 선도하는 금융

금융산업의 가장 기본적인 기능은 차주의 신용도를 정확히 평가하여 자금을 효율성이 가장 높은 부문에 배분함으로써 지속적이고 건실한 경제성장을 이끄는 데 있다. 특히 우리나라의 금융제도는 영국·미국 등의 시장중심체제(market-oriented system)와는 달리 독일·일본 등의 은행중심체제(bank-oriented system)이기 때문에 금융기관의 자금분배 기능은 매우 중요하다.

그러나 그동안 우리 금융기관들은 정부의 보호와 만성적인 초과자금수요에 힘입어 안정적인 예대마진을 확보할 수 있었기 때문에 여신심사에는 소홀했던 측면이 있다. 그 결과 대기업의 부실투자를 사전에 방지하지 못하였을 뿐 아니라 외형과 담보 위주의 대출관행이 상당 기간 이어짐에 따라 사업성은 있으나 담보가 부족한 유망중소기업으로의 자금공급이 위축되어 경제의 활력이 저하되었다.

앞으로는 기업들도 과거와 같이 무분별한 투자를 하지는 않겠지만 금융기관들도 기업의 투자계획에 대한 제2의 심사기능을 제대로 수행하여 과잉투자를 사전에 방지하고 유망한 기업을 발굴, 육성해야 한다.

이를 위해서는 금융정보의 축적 및 관리체계를 개선하여 정보생산자로서 은행의 역량을 높이고, 이를 통해 차주의 신용 위험을 정확하게 분석하여 대출여부 및 대출금리 수준을 결정하는 한편 차주에 대한 사후적인 감시기능을 강화해야 한다. 아울러 개별기업 뿐만 아니라 업종리 경기동향과 전망까지 감안한 신용평가 및 여신심사를 실시해야 할 것이다.

3. 금융산업의 국제경쟁력 강화

우리나라에서는 금융업이 높은 부가가치를 창출할 수 있는 하나의 독자적인 산업이며, 영리를 추구하는 사적 기업이기보다는 실물경제의 발전을 위해 봉사하고 희생하는 업종이라는 인식이 아직도 강하다. 그러나 대다수의 선진국들이 금용의 정보화, 겸업화, 대형화를 통해 금융업의 경쟁력 강화를 추진하고 있다는 사실에서 알수 있듯이 금융업은 그 자체로서 높은 부가가치를 창출할 수 있는 산업이다.

또한 97년 이후 나타난 개도국들의 외환위기에서 보듯이 부실한 금융시스템은 경제위기를 촉발할 수 있다. 금융업이 강해지지 않으면 그 나라 경제의 존립 자체가 위태로워질 수도 있기 때문에 새로운 시대에 지향해야 할 금융의 이미지는 「개별산업으로서의 경쟁력이 강화된 금융」이어야 할 것이며, 이를 위해 다음과 같은 과제를 실천해야 한다.

첫째 최근 활발히 이루어지고 있는 은행간 인수·합병이 자동적으로 효율성 증대와 경쟁력 향상을 보장해 주는 것은 아니다. 따라서 중복부서나 점포의 정리, 인원감축 등을 통해 비용절감 효과를 극대화시키고, 구성원간의 인적융화도 이루어 나갈 수 있어야 한다.

미국을 대상으로 90년대 초반에 이루어진 9건의 합병사례를 실증분석한 결과에 따르면 이들 은행들의 종합적인 효율성이 합병 이후 높아진 것으로 나타났는데 이는 인건비 등의 감축으로 비용을 크게 낮춘 데 상당부분 기인한다. 각종 사례를 중심으로 First Manhattan Consulting Group이 작성한 미국 주요합병은행의 비이자비용 절감률을 평균 15%(영업구역외 합병) 정도이므로 합병이 성공하기 위해서는 적어도 이 정도의 절감효과는 거두어야 하는 것으로 분석되고 있다.

한편 90년대 중반 이후 업무다각화를 통한 범위의 경제를 겨냥한 은행합병이 크게 늘어났으나, 실제로는 범위의 경제에 의한 비용절감효과는 거의 없는 것으로 나타났다. 일반은행업무와 투자은행업무를 겸업하던 미국의 Citicorp, 영국의 Natwest은행, 스페인의 Santander은행, 네덜란드의 ING Group 등이 최근 투자은행 업무를 포기하거나 포기할 것으로 알려지고 있는 것도 범위의 경제가 발휘되지 못한 데 기인한다.

둘째, 선진금융기법으로 무장한 외국계 금융기관들과 경쟁하기 위해서는 모든 업무를 백화점식으로 취급하는 것보다는 전문분야 및 경쟁력 우위분야를 적극 발굴하여 이 부문에 핵심력량을 집중할 필요가 있다.

특히 우리나라 은행들은 군집행동(head behavior)'에 익숙해져 있어 대체로 동일한 영업전략을 추구하는 경향이 있는데 이런 방식으로는 앞으로의 치열한 경쟁환경에서 생존하는 것이 쉽지 않다. 핵심력량을 구축하기 위해서는 해당분야의 전문가를 육성하는 것이 가장 중요하며, 조직체계도 이에 맞도록 재조정할 필요가 있다.

"금융업은 사람 사업(banking is a people business)"이라는 말이 있듯이 앞으로 개별 금융기관의 경쟁력은 조직구성원 중 전문금융인을 얼마나 확보하느냐에 달려있다는 점을 인식하여 인재양성과 적절한 동기부여에 관심을 가져야 할 것이다.

셋째 외환위기를 거치면서 우리나라에서도 금융의 증권화가 빠르게 진전되고 있으나, 아직은 초보단계에 있으므로 선진화된 금융기법을 활용하여 수익성 있는 상품의 개발·판매에 주력하여야 할 것이다.

금융기관 및 성업공사 등이 보유하고 있는 채권, 토지 등의 자산을 조기에 현금화할 수 있도록 하는 한편 주택저당채권을 유동화하여 장기주택금융기반을 확충할 목적으로 「자산류동화에 관한 법률」(98.9.16일 시행)과 「주택저당채권류동화회사법」(99.4.30일 시행)을 제정하였다.

법제정 이후 98.12.30 동양카드가 처음으로 오리온 유동화전문휴한회사를 설립하여 2,500억원 규모의 자산을 유동화하였으며, 이후 삼성할부금융이 퍼스트유동전문유한회사를 통하여 620억원의 유동화증권을 발행하였다. 특히 저금리로 은행예금이 이탈되는 조짐을 보임에 따라 은행들은 뮤추얼 펀드와 유사한 단위형신탁상품을 신규로 판매하여 호조를 보이고 있다.

넷째 금융·자본 자유화에 따른 환율과 금리 등 가격변수의 변동성 확대, 새로운 금융상품의 등장, 금융기관간 경쟁심화 등으로 리스크관리(risk management)의 중요성이 증대되고 있는 점을 감안하여 이에 대한 지속적 투자와 관심을 기울여야 할 것이다.

대부분의 은행들이 리스크전담팀을 운영하고 있으나 지난해 미국계 헤지펀드인 LTCM(Long-term Capital Management)의 위기사례에서 보듯이 리스크를 잘못 관리 할 경우 금융기관의 도산사태로까지 발전할 가능성이 있으므로 가능한 한 이조직을 확대 운영하는 것이 필요하다.

리스크관리에 필요한 모델개발과 각종 자료의 DB화를 추진하고 리스크관리 실태가 은행의 최고경영층에 상시적으로 신속히 보고될 수 있도록 체계를 구축해야 한다. 아울러 개별점포나 단위조직의 성과를 평가함에 있어서도 리스크의 크기를 감안함으로써 보다 합리적인 평가를 수행할 수 있도록 해야 한다.

◎ 금융지주회사

지주회사란 한 회사가 타회사 주식의 전부 또는 일부를 소유하여 다수 기업을 지배 또는 관리하는 회사로서 금융지주회사와 일반지주회사로 대별할 수 있다. 금융지주회사의 형태로는 순수지주회사와 사업지주회사가 있다. 순수지주회사는 주식투자를 통한 타사 지배만을 목적으로 은행·증권·보험사들이 지주회사를 만들고, 그 아래 각 업종 계열사를 두어 종합금융서비스를 제공하는 페이퍼 컴퍼니(Paper Company)형태이다. 사업지주회사는 지주회사 자신이 금융업무를 영위하면서 타 금융기관을 계열사로 보유, 관리·경영하는 형태이다.

금융지주회사는 금융기관의 대형화, 겸업화의 추세와 맞물려 확산되고 있다. 미국의 경우 금융권간 업무분리가 장기간 유지되어 왔으나, 겸업화를 기본으로 삼고 있는 유럽 금융회사들과 글로벌 경쟁에 대응하기 위해 금융회사의 대형화·겸업화를 통한 업무확대의 방법으로 금융지주회사제로가 부각되었다.

금융지주회사의 장점은 첫째, 자회사를 통한 금융업무의 범위 확대와 전문화가 가능하고, 자회사간의 독립성 보장으로 책임경영체제의 구축이 가능하여 금융산업의 경쟁력을 강화할 수 있다. 둘째, 지주회사와 자회사간, 자회사 상호간 차단벽(fire-wall)의 설치가 가능하여 서로의 이해상충을 예방할 수 있다. 셋째, 특정 자회사의 부실이 그룹 전체로 전염되는 것을 방지할 수 있어 금융불안시 시스템의 안정성을 확보할 수 있다.

반면 금융지주회사의 단점으로는 경제력 집중이 심화될 가능성이 높다는 점이다. 적은 자본으로 다수 금융기관의 지배가 가능함에 따라 금융산업 내의 경제력 집중의 심화가 가능하다.

미국은 은행지주회사제도를 도입·운영하여 오다가 금융기관 경쟁력 제고를 위한 금융개혁 차원에서 1999년 11월 금융서비스 현대화법을 제정함에 따라 금융지주회사 제도가 도입되었다. 금융지주회사는 은행, 증권, 보험업무, 투자회사업무, 종합금융업무 등 제반 금융업무를 자회사 형태로 영위할 수 있다.

금융지주회사는 대부분순수지주회사 형태로 운영되고 있으며, 금융서비스현대화법 시행 이후 은행지주회사들이 금융지주회사로의 전환을 통해 종합금융그룹화를 적극 추진하고 있다. 미연준에 의하면 2000년 6월 23일 현재 315개 은행지주회사가 금융지주회사로 전환되었다.

2001년 4월 출범한 국내 최초 금융지주회사는 우리금융그룹이다. 금융구조조정을 추진하면서 은행간 합병이나 대형 선도 금융회사를 육성하기 위한 방안으로 금융지주회사제도가 논의되었고, 공적자금을 받은 한빛은행과 평과, 광주, 경남은행 등 4개 은을 묶은 우리금융지주회사가

4월 출범했다. 신한은행, KB, 하나은행 등 대형시중은행들이 금주지주회사로 전환하였고, 지방은행중 독자적으로 생존한 대구은행, 부산은행, 전북은행도 금융지주사로 전환되었다. 2015년말 현재 9개의 금융지주회사가 있다.

〈 조세천국 : Tax Haven〉

조세피난처는 하루아침에 이루어진 것이 아니다. 세금을 피해 이익극대화를 추구하는 다국적 기업, 재산을 해외로 빼돌려 은익하려는 최상위 부유층, 자금세탁을 원하는 뇌물 혹은 범죄집단, 그리고 이런 사업을 통해 막대한 이익을 누리는 국제 금융자본이 공모한 결과다.

네비스는 푸에르토리코 동쪽의 소앤틸리스 제도에 속한 작은 섬나라다. 다른 카리브해 섬나라인 케이맨제도, 영국령 버진아일랜드 등처럼 과거 노예 섬이었다. 1983년 영연방 회원국으로 독립했지만, 당시 네비스에는 일자리가 거의 없었다. 한때 번창했던 사탕수수 산업은 수명을 다했고 관광 산업은 제자리걸음이었다. 대부분 노예의 후손인 인구 1만 2천 명 가운데 젊은이들은 섬을 떠나고만 싶어 했다.

새로운 일자리 창출이 시급했던 네비스에 미국 변호사가 조세회피처 사업을 제안한다. 1984년 네비스 정부의 허락을 받은 미국 변호사는 미국 동부의 조세회피처 델라웨어를 모델 삼아 인프라를 구축했다. 필요한 법률을 만들고 직원들을 교육한 뒤 기업등록 수수료를 정했다. 소득세나 재산세 같은 직접세는 없앴다. 미국 변호사는 네비스의 투자 중개인으로 10년간 일했고, 그 독점계약이 끝나자 경쟁자들이 조세회피 시장에 뛰어들었다.

조세회피처는 '세금을 피할 수 있는 지역' 이라는 뜻이다. 방법은 '법인'을 쉽게 등록하도록 하는 것이다. 법인 자격을 취득해야 사업도 하고 돈도 보유할 수 있어, 대다수 나라에선 법인 설립 절차가 까다롭고 엄격한 요건을 요구한다.

첫째, 법인의 운영 방향을 결정하고 책임지는 자, 즉 이사가 누구인지 밝혀야 한다. 둘째, 각종 규제를 받고 세금을 내야 한다. 하지만 조세회피처에선 신청서와 등록세만 내면 법인 설립을 허가하고 비밀유지와 낮은 세율도 보장한다. 역사적으로 조세회피처를 '조세천국'(Tax Haven),으로 부른 이유다.

세금을 내야 하는 역내(onshore)는 '지옥'이며 세금을 내지 않는 국가들은 '조세피난처'(Tax Shelter)로 일컬러 진다. 룰셈부르크 · 네덜란드 · 스위스 등은 특정한 형태의 기업이나 사업 활동에 세제상 우대 조처를 주는 '조세휴양지'(Tax Resort)로, 키프로스 · 마카오 등은 소득이나 자본에 낮은 세율을 매기는 '낮은 조세 천국'(Low-tax Haven)으로 구분된다.

우리나라에서는 법인의 부담세액이 당해 실제 발생 소득의 100분의 15이하인 국가 또는 지역을 '조세피난처'로 규정하고 있다. 비합법적으로 벌어들인 돈을 외국으로 빼돌리거나 자금 거래에 따른 세금을 내지 않으려는 사람들이 조세회피처의 주요 고객이다.

섬나라 네비스로 돌아가 구체적인 사례를 살펴보자, 이곳의 최고 상품은 IBC (International Business Company · 국제비즈니스 회사)다. IBC 법인을 만들려는 고객은 인터넷 웹사이트에 등록된 60여 곳의 에이전시 중 하나를 고르고 서류를 작성한 뒤 신분증과 운전면허증, 그리고 몇 가지 위임장을 네비스로 보낸다. 정보 노출을 막기 위해 일반 우편 송달이 아니라 에이전시가 제공하는 택배를 활용한다.

에이전시는 설립자의 범죄 기록만 확인한 뒤, 새 법인으로 등록해준다. 모든 과정이 마무리되는 데까지 걸리는 시간은 채 24시간도 안 된다. 비용은 정부에 내는 사업자 등록 수수료(220달러)에 에이전시의 서비스비가 더해져 1천 달러 정도에 불과하다. 등록된 회사의 경영자는 공개하지 않고 거래는 외국에서만 하도록 돼 있어 세금은 없다. 네비스 정부는 2만 여개의 페이퍼 컴퍼니를 개설하고 440만달러(약 49억원) 가량의 수수료를 매년 얻을 뿐이다.

◈ 많은 국가들 역외 서비스 제공

정작 조세회피처는 이처럼 큰돈을 벌고 있는 게 아니다. "조세회피처는 정거장에 불과할 뿐 거미줄 같은 국제 금융자본의 배후에는 영국 런던과 미국 뉴욕이 자리잡고 있다. 최대 32조달러로 추정되는 조세회피 자금이 국경을 넘나들 수 있는 이유는 돈이 컴퓨터에 존재하는 시대이기 때문이다.

예를 들어 국외투자 자금이 스위스 취리히에서 남태평양의 섬나라 바누아투와 케이맨제도를 거쳐 룩셈부르크로 흘러간다고 하면, 실질적으로는 런던 · 프랑크푸르트 혹은 취리히 금융가의 한 컴퓨터에서 비트와 바이트 몇 개만 달라질 뿐이다. 결국 조세회피처의 법인은 전세계를 망라하는 금융시스템의 주변부에 불과하다. 그 중심에는 막강한 국가와 은행, 세무 전문가, 변호사로 구성된 글로벌 대표 금융센터가 서 있다. 중심부가 없다면 당연히 무너질 수밖에 없는 구조다.

역외 지역 전문가 니컬러스 색슨은 독일시사지 〈차이트〉와의 인터뷰에서 "조세피난처라는 개념은 신중해야 한다"고 말했다. "사람들은 으레 카리브해의 조그만 섬나라나 기껏해야 스위스와

모나코 등을 떠올린다. 하지만 실제 많은 국가가 역외 서비스를 제공하고 있다. 빛의 속도로 국경을 자유자재로 옮겨 다니는 대규모 금융자본을 유치하기 위해 혈안이 돼 있다."

그런 의미에서 런던의 금융 중심지 '시티오브런던'(City of London)을 최대 규모의 '조세회피처'로 전문가들은 꼽는다. 미국은 아예 본토에 역외 체제가 있다. 1970년대부터 미국 은행들은 남미로부터 조세회피 자본을 유치해왔고 일부 연방주에서는 누구든 신분증 없이 법인을 설립할 수 있다. 도 미국은 상당 수준의 비밀 보장을 약속하고 금융거래 정보를 대부분 교류하지 않는다.

〈표〉 주요 조세회피처의 특징

유럽
1. 스위스, 룩셈부르크, 리히텐슈타인, 키프로스 2. 전통의 역외 프라이빗뱅킹 강국, 러시아 등 유럽 부호들 애용
영국 · 아일랜드 1. 영국, 채널제도(건지섬 · 저지섬), 맨섬 2. 영국계 투자회사 · 은행, 사모펀드가 애용
아시아 1. 홍콩, 싱가포르, 마카오 2. 최근 규모가 큰 투자운용사나 신탁회사들에 각광받음
미국 1. 마이애미, 델라웨어, 미국령 버진아일랜드 2. 역외 자금이 들어올 경우 상당한 세제 혜택 부여
카리브해 1. 케이맨제도, 바하마, 버뮤다, 파나마 2. 헤지펀드와 법인회사 중심이나 최근 이용자 다변화
키타 1. 두바이, 모나코, 모리셔스, 사모아, 세이셸 2. 유럽 부유층이나 아프리카 진출 투자회사들이 주로 이용

미국 · 영국 등 주요 7개국(G7)과 러시아는 6월 17~18일 영국에서 열리는 정상회의에서 조세회피처를 의제로 다룰 예정이다. 하지만 색슨은 "말만 거창할 뿐 실제 행동으로 옮기는 경우를

찾아보기 힘들었다"며 냉소적으로 전망했다. 실제로 경제협력개발기구(OECD)는 2000년에 조세 정보교환에 잘 나서지 않는 파나마 · 모로코 · 리히텐슈타인 등 35개 국가와 지역을 조세회피처로 지목하며 탈세와의 전쟁에 나섰다.

그러나 지난해 말 기준으로 OECD가 정한 조세회피처는 남태평양의 영국령 나우루와 뉴질랜드령 니우에 2곳뿐이다. 조세회피처로 지목된 국가들이 OECD의 권고 기준을 최소한으로 맞추고는 "리스트에서 빼달라"고 항의했기 때문이다. 하지만 국제 금융계에선 조세회피처 리스트에 올랐던 나라들이 여전히 실질적으로 탈세에 기여한다고 보고 있다.

2009년 4월 OECD는 '조세회피처에 숨긴 자산 규모'를 1조 5천억-11조 5천억 달러라고 추정했다. 영국 런던에 본부를 둔 비정부기구(NGO) '조세정의 네트워크'는 1970년대부터 2010년까지 세계 80개 이상의 조세회피처로 흘러간 금융자산 누적액이 최소 21조 달러에서 최대 32조 달러라고 밝혔다. 21조달러면 미국과 일본의 국내총생산(GDP)을 합한 것과 맞먹는 규모다(Economy Insight, 2013.6).

- 조세회피처 분류

① 조세천국(Tax Paradise): 개인소득세 · 법인세 등 자본세를 전혀 부과하지 않는 지역-바하마, 버뮤다제도 등

② 조세피난처(Tax Shelter): 국외 원천소득에 과세하지 않고 국내 원천소득에만 과세하는 곳 - 홍콩, 파나마, 코스타리카 등

③ 조세휴양지(Tax Resort): 일반국가처럼 소득과 자본에 정상적 과세를 하지만 특정한 형태의 기업이나 사업 활동에 세제상 우대 조처를 부여하는 곳-룩셈부르크 등

④ 낮은 조세 천국(Low-tax Haven): 소득이나 자본에 대한 세율이 낮은 지역-키프로스, 바레인, 모나코, 마카오 등

1) 서울사회경제연구소(1998), 「위기의 한국경제」.

2) IMF를 통한 선진국 거대금융자본의 후진국 자본시장 진출과 지배에 관한 자세한 논의는 M.Goldstein & P.Turner(1996), M.Chossudovsky(1997), World Bank(1999), 이찬근(1999), Kho,B.C. & R.M.Stulz(1999), Kane,E.J.(2000) 등 참조.

3) 은행중심시스템(Continental Model)은 일본(MainBank)과 독일(Hausbank) 등에서 발달된 제도로서 정보의 비대칭성 문제를 효과적으로 해결하고, 은행과 기업간의 장기적인 결속관계를 중심으로 장기자금을 안정적으로 공급할 수 있는 장점이 있다. 정부는 산업정책을 지원하기 위해 은행을 직접적으로 규제하며, 정부와 은행간에 밀착관계가 형성된다. 금융기관은 관계기업의 경영에 직간접으로 관여하게 되며, 금융헌신(financial Commitment)과 정부의 적절한 개입·규제를 통해 후발자본주의 국가들의 성장과정에서 큰 역할을 수행하였다. 영·미국에서 발달한 시장중심시스템(Anglo-Saxon Model)은 은행과 기업간의 상호소유금지와 견제를 강조하며, 자본의 효율성과 수익성이 강조된다. 투자자 위험분산과 금융시스템의 안정성 및 금융기관 건전성이 중시되고, 신속한 산업재편성이 가능하며 주주들의 수익극대화와 성과급 등의 인센티브제도가 발달되어 있다. J.Bisignano(1999), M.Goldstein & Turner(1996), E.Kane(2000) 등은 아시아 금융위기 해결을 위해 시장중심시스템으로의 이행을 지적하고 있다.

4) 증시빅뱅의 핵심은 증시합병을 통한 초대형화(megabourse)와 글로벌 거래체제의 구축이다. 유럽 1, 2위인 런던증권거래소(London Stock Exchange)와 프랑크푸르트 증권거래소(Deutsche Bourse)가 합병하여 ix(International Exchange)를 설립하였으며, 이태리, 스페인, 아일랜드, 오스트리아 등도 참여할 예정이다. Nasdaq은 ix와 합작으로 [Nasdaq Europe]을 설립하기로 하였다. 한편 뉴욕증권거래소(NYSE)와 Nasdaq은 유럽과 아시아, 남미 등의 주요 증시와 형력하여 글로벌 증시를 추진하고 있다.

5) 삼성경제연구소(2000.4)

6) 전업주의에 기초한 1933년의 은행법(Glass-Steagall Act)은 은행업무와 증권업무의 분리, 요구불예금에 대한 附利 금지, FRB에 정기예금 금리상한 규제권 부여, 연방예금보험공사의 설립 등을 주요 내용으로 한다. 금융기관의 안정성을 높이기 위해 제정된 이 법은 상당 기간 동안 미국 금융제도운용의 근간이 되었다.

7) 우리나라에서 산업자본과 결합하지 않으면서 2개 이상의 금융기관으로 그룹화된 금융그룹(Financial Conglomerates)은 1999년말 기준 7개이다. 5개는 시중은행중심으로 증권, 보험, 투신, 리스, 신용카드 등의 자회사로 구성되며, 금융기관 수는 제일 4, 한빛 4, 외환 7, 신한 6, 하나은행 2개이다. 증권회사와 보험회사가 지주회사의 성격을 가지고 있는 그룹은 2개이며, 대신증권 5개, 교보생명 3개이다. 한편 재벌기업을 중심으로 산업자본의 지배에 있거나 특수관계에 있는 혼합금융그룹은 12개이며, 금융기관 자회사는 61개였다.

8) 금융의 대형화와 인수·합병이 증가하면서 금융기관의 수가 급격히 감소하고 있다. 미국의 은행점포수는 1985년의 14,400개에서 99년에는 약 8,600개로 40.3% 감소하였고, 이같은 추세는 앞으로도 지속될 전망이다. 우리 나라의 금융기관 점포 수(생명보험회사, 체신예금포함)도 96년의 30,720개에서 99년말 22,960개로 25.3% 감소하였다.

9) 전자화폐(Electronic Money)의 구체적 형태와 활용방식은 나라마다 매우 다양하다. 디지털화폐(Digital Money), 사이버캐시(Cybercash), 가상화폐(Virtual Money), 디지캐시(Digicash), 스마트캐시(Smartcash), 몬덱스(Mondex), 전자지갑(Electronic Purse), 체크프리(Checkfree), 넷체크(Netcheck) 등으로 다양하게 사용되

고 있다.

10) CitiBank, HSBC 등의 세계적 은행들은 아시아에서 인터넷뱅킹을 적극적으로 확대하고 있다. CitiBank는 연 20억 달러를 인터넷뱅킹사업에 투자하고 있고, Bank of Irland의 자회사인 Fsharp Bank 등은 역외 인터넷금융서비스를 제공하고 있다.

11) 원투원 마케팅(one to one marketing)은 인터넷의 웹상에서 고객 단위의 다양한 서비스를 제공하는 것을 말한다. 뱅크오브아메리카의 '당신만의 은행(Build your own bank)' 캠페인은 원투원 마케팅의 대표적인 예이다. 인터넷 상에서 고객이 고객에 관련된 기본정보와 자신이 원하는 금융서비스를 알려주면, 금융기관은 고객에게 필요한 각종 정보와 다양한 금융서비스를 제공한다.

12) BooZ-Allen & Hamilton(1996), Internet Banking : A Survey of Current and Future Development, 미상무성 전자상거래국(1999) 재인용.

13) 미국의 Barnettt은행은 ATM, 온라인 이용고객에게 한달에 4달러를 할인해주는 인센티브 제도를 도입했고, 퍼스트시카고 NBD는 1995년에 고객의 '셀프서비스'를 강화하고 창구서비스에 대한 수수료를 받기 시작하여 대형은행에 확산시켰다. 1995년 10월에는 세계 최초의 인터넷은행인 SFNB(Security First Network Bank)이 설립되었다. 98년 10월에 설립된 영국의 Egg Bank는 1년만에 예금자 70만명, 수신 70억파운드 규모로 성장했다. Prudential에 의해 설립된 Egg Bank는 순수 인터넷 은행으로 지점이나 ATM 등이 없으며 인터넷, 콜센터 및 우편 등을 통해 소비자금융에 특화하고 있다. CitiBank는 인터넷뱅킹을 통해 2010년까지 전세계 고객을 10억명으로 증가시킬 계획이다. 은행의 주수익원은 예대마진이 아니라 보험, 투자상품의 판매수수료와 투자수익이다. 또한 사이버금융은 직접금융화를 촉진시키고 있는데, 미국의 Spring Street Brewing사는 1995년에 사이버공모를 처음 실시하여 160만달러를 직접 조달하여 사이버금융을 확산시키는 계기를 마련하였다.

14) 미래에셋은 사이버 증권사인 E*미래에셋 증권을 설립하여 2000년 1월부터 영업을 시작하였고, E*트레이드 코리아는 동년 2월부터 영업을 시작하고 있다. 그밖의 증권사와 은행들도 가상점포를 운영하거나 도입중이다.

15) 은행들은 경영합리화와 비용절감, 고객서비스 개선효과가 큰 인터넷뱅킹 활성화를 위한 다양한 인센티브와 부가서비스를 제공하고 있다. 2000년 3월말 현재 16개 은행이 인터넷 뱅킹서비스, 6개은행이 모바일뱅킹 서비스를 제공하고 있다. 인터넷을 통해 예금에 가입하면 0.2~1.0%포인트 높은 가산금리를 제공하고 대출이자도 0.5%포인트 감면해주고 있으며, 송금수수료의 면제 등 다양한 혜택이 주어진다. 휴대전화 혹은 PDA(Personal Digital Assistant)와 인터넷을 결합하여 종합금융서비스를 제공하는 모바일뱅킹(Mobil Banking)이 급속히 도입되고 있으며, ISP(Internet Service Provider)와의 업무제휴가 확대되고 인터넷뱅킹 전문은행이 추진되고 있다.

제 13 장

금융위기의 원인과 금융산업 발전방향

제 13장 금융위기의 원인과 금융산업 발전방향

雨歇長堤草色多(비 개인 긴 강둑에 풀빛 더욱 새로운데)

送君南浦動悲歌(남포에는 이별의 슬픈 노래 그칠 날이 없구나)

大同江水何時盡 (대동강 물은 언제나 마르려나)

別淚年年添綠波 (해마다 이별의 눈물 물결위에 뿌리는데)

送人(송인)– 정지상–

제 1 절 금융위기의 정의와 원인

금융시장은 자금의 효율성을 높이고 위험을 분산시켜 경제발전에 기여하는 역할을 하고 있다. 그러나 금융시장은 버블형성과 붕괴 및 자본의 투기화로 경제 주체들에게 혼란과 피해를 주기도 한다. 역사적으로 볼 때 금융위기가 발생할 때마다 금융시스템 개혁과 규제가 이루어지고 있지만 금융위기는 반복적으로 발생하고 있다[1].

금융위기란 일반적으로 "금융기관의 채무불이행 가능성 등에 기인한 금융불안 지속으로 금융시장의 자금중개기능이 약화되고, 금융시스템의 붕괴 가능성이 크게 높아짐에 따라 실물경제에도 커다란 부정적 효과가 파급되는 상황"으로 정의된다.

거시적 관점에서 Keynes 학파는 경기변동과 연관지어 이해하려는 시각으로 "경기상승기에 형성된 자산가격 버블이 경기수축기에 급격히 붕괴되는 과정"이라고 정의한다. 반면에 통화주의 학파에서는 순수한 화폐적 현상으로 이해하며 "결제수단 으로서의 화폐(High-Powered Money)에 대한 수요가 급증하여 은행대출이 감소하고 통화가 급격하게 수축하는 현상"으로 정의하고 있다.

〈표-1〉 세계 10대 금융 버블

버블 명칭	발생 년도	
네덜란드 튤립버블	1636년	구근1뿌리= 주택가격
영국 남해회사(South Sea Company) 버블	1720년	독점무역권, 투기
프랑스 미시시피회사(Mississippi) 버블	1720년	존로, 불환지폐
대공황 주식버블	1927- 1929년	새 시대종말
멕시코 등 신흥개발도상국 버블	1970년대	신흥국 채권, 주식붐
일본 부동산 및 주식 버블	1985- 1989년	가미가제 자본주의
북유럽 3국 부동산 및 주식 버블	1985- 1989년	투기자본 유입
동남아 주식 및 부동산 버블	1992- 1997년	투기자본, 자본유입
멕시코 투자 버블	1990- 1993년	//
미국 나스닥 주식버블	1995- 2000년	인터넷, 신경제 환상

자료: C.P.Kindleberger(2005), *Manias Panics and Crashes: A History of Financial Crisis.*

사람들은 돈을 벌기 위해 투기를 한다. A.Smith는 투기꾼이란 '이익을 얻을 수 있는 기회를 재빠르게 포착할 준비가 되어 있는 사람'이라고 정의했고, J.M.Keynes는 "투기란 시장의 심리변화를 예측하는 것"이라고 했다.

가치투자가로 유명한 B.Graham은 '투자는 예측할 수 없는 상황에서도 원본을 지켜낼 수 있는 최소한의 안전장치가 필요하다'고 지적했다. 사람들은 욕망과 미몽에 빠져 자신들이 속해 있는 집단의 생각에 쉽게 동조하며, 집단적인 투기열풍에 빠지기 쉽다. 역사적으로 유명한 금융위기의 전개과정 즉 버블의 형성과 붕괴과정은 유사하다.

(1) 새로운 혁신이나 시장의 출현과 같은 변위요인(displacement)의 출현 → (2)호황국면의 시작 → (3)투자기회 증대와 신용확대 → (4)버블의 형성과 붕괴 → (5)경제 전반의 충격 → (6)최종대부자(중앙은행, 정부)의 개입이라는 전개상 특징을 가지고 반복되고 있다.

이러한 금융위기는 1618년 이후 현재까지 총 48건이 발생하였으며 20세기 들어서만도 1929년 대공황을 비롯하여 총 12차례 발생하였다. IMF의 분석에 의하면 과거 30년간의 금융위기 중

주택 등 부동산 버블과 관련된 위기는 통상의 경기후퇴보다 2 - 4배 긴 불황이 지속되었다.

대공황 이후 주요 금융위기를 비교해 보면 대체로 금융자유화 및 금융완화에 따른 버블형성 → 감독 불충분 등에 따른 버블형성 촉진 →금융긴축 등에 기인한 버블붕괴 → 금융시스템 불안 → 실물경제 침체로 이어지는 공통점이 존재한다.

제 2 절 대공황이후 주요 금융위기

투기열풍이 몰아치는 시대마다 '자본주의가 새 시대에 들어섰다'는 관념이 지배했다. 1920년대에도 미국 경제가 끝없는 번영의 새 시대에 들어섰다는 관념이 유행했다. 유명한 경제학자인 어빙피셔(I.Fisher)는 1929년 가을 "주가가 아주 높은 고원의 경지에 이르렀다"고 선언했다. 이 선언이 나온 몇 주 뒤에 다우지수는 30%이상 폭락하였다. 새 시대가 종말을 고한 것이다.

1. 주요 금융위기의 개관

(1) 대공황(The Great Depression)

(가) 대공황의 원인

대공황은 1929년 10월 29일 뉴욕 주식시장의 주가폭락을 계기로 발생한 1929~1933년까지의 혹독한 경기후퇴를 지칭한다. 1929~1933년중 총 9,755개의 은행이 도산한 데 이어 1933년 실질 GNP는 1929년 대비 26.5% 감소되었다. 주가는 정점대비 89.2% 하락하였으며 실업률은 공황이전 8.7%(1929년)에서 24.9%(1933년)로 상승하였다.

1929년 여름부터 고용과 생산이 저하되기 시작하여 10월의 주식시장 붕괴를 계기로 미국경제는 급속히 경기불황에 빠져들었다. 1933년 3월 뉴딜정책의 실시로 회복되어 갔으나 고용과 산출이 다시 완전고용 수준에 도달한 것은 1941년이었기 때문에 대공황은 1929~1941년까지 약 12년간 지속되었다고 보는 견해도 있다.

대공황의 원인으로는 ① 호경기 지속과 과잉 유동성 등에 따른 버블형성, ② 경기과열 방지를 위한 긴축정책, ③ 금융감독 미비, ④ 금본위제, ⑤ 관세율 인상 및 환율 절하경쟁에 따른 세계무역의 축소, ⑥ 소득분배의 불평등 확대, ⑦ 미국 금융정책의 오류 등 정책의 실패 등이 주장되고 있다.

첫째 **호경기 지속과 과잉 유동성 등에 따른 버블형성**이다. 제 1차 세계대전 후 미국의 1920년대는 호경기 지속으로 인한 사회적 풍요와 해외로부터 유입된 과잉자본이 주식과 부동산에 대한 투기적 대출로 이어졌으며, 1920년대 중반에는 주택시장, 1920년대 말에는 주식시장에서 버블이 발생하였다.

1920년대 미국은 전쟁으로 생산설비가 파괴된 유럽과는 달리 상대적으로 호황을 누리면서 라디오, 자동차 등이 대량생산되어 보급되는 한편 헐리우드 영화산업도 급성장되는 등 사회적으로 들뜬 분위기가 형성되었다. 특히 자동차는 국민 5명당 1대를 소유하였으며 자동차 산업과 관련된 철강, 비철금속, 유리, 가죽, 섬유, 건설 등 연관산업도 크게 발달하였다.

대외적으로 영국의 금본위제로의 복귀(1925년)는 평가절하를 동반하였기 때문에 영국에서 미국으로 자금이 유입되어 미국에서는 과잉유동성과 버블이 발생하였다. 한편 정부의 시장개입 등 적극적인 경제활동에 반대하는 자유방임주의 경제사상의 팽배도 버블형성을 촉진하였다. 자원의 배분은 가격기구가 해결하며 공급이 수요를 창조한다는 세이의 법칙을 신봉함에 따라 정부가 민간의 경제활동에 간섭하는 것은 시장기능을 저해한다는 자유방임주의 사상이 팽배하였다.

둘째 경기과열 방지를 위한 **긴축정책**이다. 경기과열을 우려한 FRB가 이자율을 급격하게 인상하면서 주가폭락 등 버블붕괴와 은행의 도산을 초래하였다. FRB는 1929년 8월에 재할인율을 5.0%에서 5.74%로 인상하고 9월에 다시 6.0%로 추가 인상하는 등 급격한 금융긴축을 단행하였다. 그 결과 다우존스 공업평균주가 기준으로 1929년 9월 3일 381.2(정점)에서 1929년 10월 29일 230.1(저점)으로 39.4% 폭락하였다.

셋째 **금융감독기능의 미비**이다. 미국에서의 금융위기는 19세기 이래 수시로 발생해 왔으며 이에 대처하고자 1913년 FRS(연방준비제도)가 설립되었으나, 대공황 시기에는 금리를 올리고 통화량을 줄이는 방식으로 위기에 대응함으로써 위기를 더 욱 악화시켰다.

넷째 금본위제도에 따른 **통화정책의 신축성 결여**이다. 금본위제란 화폐를 금과 결부시켜 물가수준을 조절하고자 하는 제도이다. 금본위제도하에서는 불황기에 해외자본이 투자자금을 금으로 바꾸어 해외로 가지고 나가기 때문에 불황을 증폭시킬 가능성이 크다. 따라서 금유출을 방지하고 금본위제를 유지하기 위해서는 이자율 인상이 필요하며 그 결과 불황이 더욱 심화되는 악순환을 초래한다.

다섯째 관세율 인상 및 환율 절하경쟁에 따른 **세계무역의 축소**이다. 1930년 스무트 호리법(Smoot-Hawley)에 의해 미국의 관세율 인상은 각국의 관세율 인상으로 이어졌으며, 이는 세계

무역의 축소를 초래하여 세계 경제의 정체를 심화시켰다.

미국은 자국산업 보호를 위해 40%의 고율관세를 부과하는 등 보호무역을 강화함 에 따라 1931년 10월~1932년 3월 기간 중 덴마크, 영국, 스웨덴, 네덜란드, 프랑스, 벨기에, 스위스 등도 관세율을 인상하였다. 이와 더불어 각국은 금본위제 유지를 위해 환율을 경쟁적으로 절하시켰다.

여섯째 대공황이후 **소득분배의 불평등이 확대** 되었다. 1929년에 1%의 부유층에게 국부의 40%가 집중되었으며 0.3%에 해당하는 사람들이 전체 주식배당금의 78%를 차지하는 등 부의 편중이 극심하였다. 소득불평등 확대는 소비성향 저하와 유효수요의 부족을 초래하였으며, 부유층을 중심으로 형성된 저축은 투자를 통해 소득순환과정으로 재투자되지 않고 투기성의 주식투자로 이어지는 등 경제불안을 심화시켰다.

일곱째 미국 금융정책의 오류 등 **정책의 실패** 등이 지적되고 있다. 미국은 “영국을 대신할 패권국으로서의 능력이 부족”하며, 미국 금융정책의 오류 등 정책의 실패가 상황을 악화시켰다고 지적하는 견해와 “수요부족”이 경기후퇴 장기화의 근본원인이라는 견해 등이 있다.

(나) 위기의 영향

버블붕괴는 사회경제적으로 많은 영향을 미친다. 금융위기로 은행도산 등 금융시스템이 붕괴되고, 경제성장과 투자 등 실물경제가 위축되며, 위기로 인한 실업증대와 소득분배 불평등의 심화로 사회적 불만이 고조되게 된다.

첫째 금융위기는 은행도산 등으로 **금융시스템을 붕괴**시킨다. 1929년 10월의 주가 폭락이 경기후퇴를 더욱 격화시켰고, 경기후퇴는 다시 주가하락으로 이어지는 등 악순환이 발생하였다. 이러한 가운데 은행의 경영악화가 심화되었다. 1929년~1933년 기간 중 대규모 은행도산사태(bank failure)가 3차례 발생하여 9,755개의 은행이 도산하였다.

소규모 단일점포 위주인 미국 은행제도의 특성으로 인하여 은행도산사태가 더욱 크게 확산되었고, 은행 도산이 종료된 후에도 경기침체로 인한 자금수요 저조 등으로 은행대출이 장기간 부진하였다. 주가수준도 1929년 9월 3일 381.2(정점)에서 1932년 7월 8일에는 41.2로 1/10 수준으로 하락하였고, 시가총액도 1/6수준으로 감소하는 등 주식시장도 장기간 저조하였다.

대공황시대의 미국 GDP와 은행대출

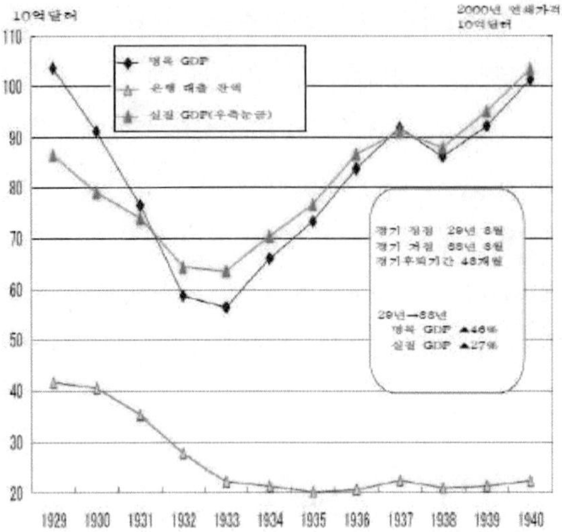

대공황 전후의 NY다우 평균주가의 추이

자료 : 미국 상무성, Bloomberg 등

둘째 경기침체가 장기화되고 심각해지면서 소득감소, 실업률 급상승, 물가폭락 등 **실물경제가 크게 위축**되었다. 미국의 경기는 1929년 8월 정점에 달하였으며 1933년 3월까지 경기후퇴가 지속되어 후퇴기간은 43개월이었다. 1933년 명목GNP는 1929년 대비 46.4% 감소하였고, 실업률은 공황 이전 8.7%(1929년)에서 24.9%(1933년)로 급상승하였다.

1933년 3월 뉴딜정책의 실시로 경기는 완만한 회복과정에 진입하였으나 1937년에 재차 경기후퇴에 진입하였다. 이후 명목GNP가 위기 전 상황을 회복한 것은 1941년이었다.

셋째 실업증가와 물가불안, 소득격차의 확대 등으로 **사회적 불만이 고조**되었다. 수 백 톤의 식량이 창고에 쌓인 채 썩어가지만 사람들은 굶주리는 상황이 발생하고, 소비가 극도로 위축되면서 식량배급을 받기 위해 늘어 선 줄은 더욱 길어지는 상황이 발생하는 등 미국 국민들은 "풍요속의 빈곤"이라는 고통을 경험하였다. 그 결과 대기업과 자본가, 은행가 등에 대한 불신이 고조되는 등 사회적 불만이 크게 확산되었다.

(2) 일본의 금융위기

1980년대 초반까지 호황을 누리던 일본경제는 1980년대 중반이후 장기적인 침체국면을 맞고 있다. 1985년 9월 플라자 합의 이후 장기간의 금융완화정책에 기인한 자산가격 상승을 억제하기 위해 급격한 긴축정책으로 선회한 결과 버블이 붕괴되면서 발생한 위기(1991.2~2002.1)로 "장기불황" 또는 "잃어버린 10년"으로 불린다.

주가는 정점대비 절반 수준으로 폭락하고 지가도 1991년 이후 15년간 하락세를 지속하여 1/4 수준으로 하락하였다. 금융기관 부실채권이 증가하면서 1990~2001년중 총 142개 금융기관이 도산하였으며, 실질GDP 성장률은 버블붕괴 이전 연평균 3.9%에서 버블붕괴 이후 1.0%로 하락하였다.

(가) 위기의 원인

일본의 금융위기는 1980년대의 금융자유화와 정책당국의 적극적인 대응부족으로 인한 장기간의 금융완화정책과 금융기관간의 무리한 대출경쟁이 지속되었고, 자산가격 급등에 따른 급격한 긴축정책으로의 전환 등이 복합적으로 작용한 결과이다.

첫째 **장기간의 금융완화정책**이다. 일본의 금융산업은 정부의 엄격한 규제를 받아왔으나 1980년대 들어 금융자유화가 빠르게 확산되었다. 여신금리 규제가 철폐(1975년) 된데 이어, 대외거래 규제 완화(1980년), 수신금리 자유화(1985년) 등 은행과 관련한 대부분의 규제가 단계적으로 폐지되었다.

이와 더불어 1985년 9월 "플라자 합의" 이후의 급속한 엔화 강세에 따른 경기악화(円高不況)에 대응하여 금융완화정책으로 전환하였고, 이를 장기간 지속하는 한편 적극적인 내수확대정책을 추진하였다. 1985년~1987년간 3회에 걸쳐 총 13.5조엔 규모의 경제대책을 시행하였으며, 금리인하 및 통화공급 확대를 실시하였다. 기준금리도 5%에서 2.5%로 인하하여 1989년 5월까지 유지하였다.

일본의 금리인하 추이

(단위 : %)

1985.1	1986.1	1986.3	1986.4	1986.11	1987.2
5.0	4.5	4.0	3.5	3.0	2.5

둘째 1980년대 금융자유화에 따른 규제완화 및 기업의 은행이탈현상 가속 등을 배경으로 금

융기관간 대출경쟁이 심화되었다. 특히 금융자유화에 따라 기업들의 자본시장을 통한 자금조달 확대는 기업의 은행이탈 현상을 가속화시키는 요인으로 작용하였다.

은행들은 과거와 같은 초과이윤 획득이 어렵게 되자 중소기업 및 개인, 부동산 관련업 등에 대한 대출을 경쟁적으로 확대하였는데, 이는 1990년대 자산 버블붕괴에 따라 부실채권의 증대로 연결되었다. 총대출 중 중소기업 및 개인에 대한 대출 비중이 1985년 52.9%에서 1990년에는 72.1%로 상승하였다. 또한 주택금융전문회사(住專)와 같은 비은행 금융회사가 급증하여 부동산 및 건설업 등에 대한 자금지원을 대폭 확대하는 등 은행의 이들에 대한 대출경쟁도 격화되었다.

셋째 자산가격 급등에 따른 급격한 긴축정책으로의 전환 등 **정책대응의 실패**도 위기의 요인이 되고 있다. 장기간에 걸친 금융완화정책 및 규제완화, 금융기관의 과도한 대출 확대 등으로 주가와 지가가 큰 폭으로 상승하였다.

1980년대 후반 일본경제의 버블은 자산가격의 급격한 상승, 경제활동의 과열, 통화량 공급 · 신용의 팽창이라는 세 가지의 형태로 나타났으며, 버블기간은 대체로 1986년 12월~1991년 2월(51개월)까지를 지칭한다.

닛케이 평균주가는 1985년말 13,113엔에서 1989년말에는 38,915엔으로 급등(약 3배로 상승)하였으며, 지가도 1980년대 중반부터 1991년까지 3배 이상으로 상승하였다. 통화량의 경우에도 1980년대 후반 통화량(M2+CD) 증가율이 명목 GDP 성장률(연평균 6.3%)을 크게 상회하였다.

일본의 주가 및 부동산 가격 추이

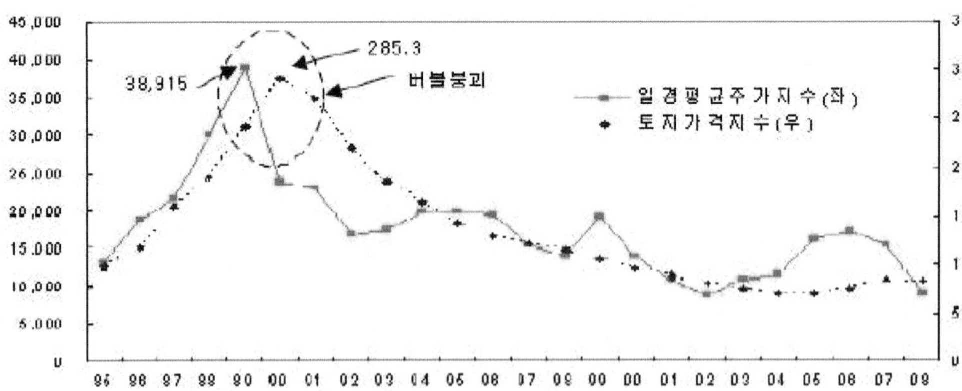

주 : 토지가격지수는 6대 도시 평균. 2000년=100

이러한 자산가격 상승과 통화량 증가에 대응하여 1989년 이후 급격한 금융긴축과 부동산 관련 대출에 대한 강력한 규제를 시행하면서 주가 (1990년 초)와 부동산가격(1991년 초) 등 자산가격이 대폭 하락하였다. 일본은행은 1989년 5월~1990년 8월까지 기준할인율을 5차례에 걸쳐 3.5%p(2.5%→6.0%) 인상하고, 1990년 3월에는 부동산 관련대출의 총량규제를 실시하였다.

넷째 버블붕괴 후 **기업의 과잉채무**가 장기불황의 요인으로 작용하였다. 기업부채는 1989년 명목 GDP의 2.4배까지 증가하였는데, 이는 버블 붕괴 이후 기업들이 채무상환에 주력하게 하여 설비투자 저조로 이어지는 결과를 초래하였다. 자산가격 하락으로 보유자산 가치가 저하되고 경기위축에 따라 수익성이 악화되는 상황에서 기업들은 경영의 최우선 목표를 이윤극대화에서 부채 최소화(Debt minimization)로 전환함에 따라 부채상환이 완료될 때까지 이익이 발생하더라도 투자를 기피하게 되었다.

(나) 위기의 영향

첫째 금융기관 부실채권 및 손실이 급증하였다. 자산 버블붕괴 이후 장기간에 걸쳐 지속된 경기불황과 신용경색으로 기업도산이 크게 증가함에 따라 금융부실 규모는 더욱 확대되었다.

1990년~1994년중 버블 붕괴에 따른 자본손실액(capital loss)은 주식 490조엔, 부동산 528조엔 등 약 1천조엔으로 당시 GDP 2년분에 달하는 것으로 추정된다. 이러한 금융기관의 부실채권 증가는 디플레이션 악순환(Deflationary Spiral)을 통해 경기침체 및 자산가격 하락을 심화시켰다. 즉 기업 및 금융기관의 재무상황 악화 → 자산처분 확대 → 자산가격 추가 하락→ 담보가치 저하 → 부실채권 증가 → 신용경색에 따른 경기 위축의 악순환을 초래하게 되었다.

둘째 금융기관의 도산이 급격히 증가하였다. 1990년대 들어 경영규모가 영세한 신용협동조합, 신용금고 등 중소금융기관을 중심으로 금융기관 파산이 시작되었고, 1990년대 중반 이후에는 은행, 증권, 보험 등 전 업종으로 확산되는 등 금융시스템 위기가 발생하였다.

1994년말 도쿄쿄와(東京協和)신용조합 등 2개 신용조합의 도산을 시작으로 금융위기가 급격하게 확산되었다. 1970년대 후반에는 일본 10대 은행인 홋카이도 다쿠쇼쿠(北海道拓植)은행 및 4대 증권사인 야마이치(山一)증권, 산요(三洋)증권 등이 도산하였고, 1990년에서 2000년까지의 기간중 은행 14개, 증권 27개, 보험 7개, 신용금고 15개, 신용조합 79개가 도산하였다. 일본정부는 이를 수습하는 과정(1992~2002년중)에서 총 180개 은행 및 신용조합 등에 24조 9,894억엔의 공적자금을 투입하였다.

금융기관 도산 추이[1)]

(단위 : 개)

	1990~1996	1997	1998	1999	2000	계
은행	3	4	2	5		14
증권[2)]		10	13	3	1	27
보험		1		1	5	7
신용금고[3)]	2			6	7	15
신용조합[3)]	11	6	25	34	3	79
계	16	21	40	49	16	142

주 : 1) 회계연도(당해년도 4월~익년도 3월) 기준
2) 영업정지 처분 및 자진 휴폐업 포함 3) 예금보험기구를 통한 정리 실적
자료 : 「일본의 금융구조조정 현황 및 시사점」, 한국은행, 2001. 7

셋째 금융위기로 실물경제가 위축되었다. 자산 버블붕괴에 따른 소비위축 및 투자부진 등으로 실물경제른 소비9소 및2월을 정점으로 급격한 하강국면에 진입하였다. 경기후퇴는 2002년 1월까지 지속되었으며 실질GDP 성장률은 자산 버블붕괴 이전(1981~1991년) 연평균 3.9%에서 버블붕괴 이후(1992~2002년)에는 1.0%로 하락하였다.

수출은 비교적 양호한 상태를 유지하였으나 가계소비와 설비투자가 각각 3.6%에서 1.4%로, 7.4%에서 -0.8%로 감소하였다. 물가상승률이 지속적으로 하락세를 지속하여 디플레이션 상태로 진입하였으며 실업률도 1990년대 초반 2.5%에서 2001년에는 5%대로 상승하였다.

버블붕괴 전후 실질GDP 성장률 비교

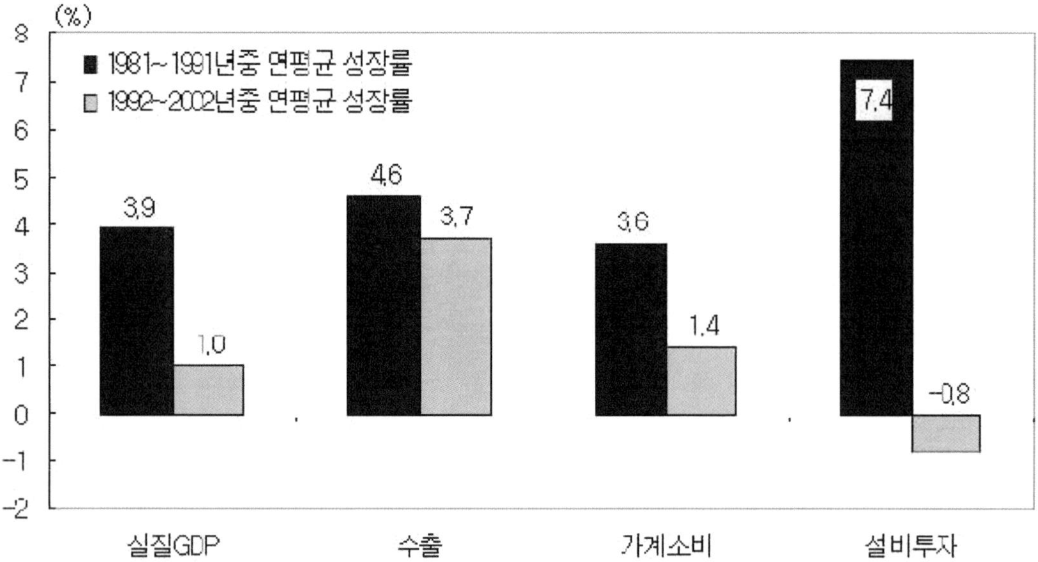

(3) 서브프라임 위기

미국의 1990년대 후반에서 2000년 초의 IT 버블붕괴 이후 금융완화정책을 실시하자 주식 및 부동산가격이 급등하면서 긴축정책으로 선회하게 된다. 2001년부터 시작된 긴축정책으로 금리가 인상되고 유동성이 축소되면서 서브프라임 모기지사태가 발생하였고 다시 경기가 침체하게 된다.

(가) 위기의 원인

첫째 IT버블 붕괴 후 **장기에 걸친 금융완화정책**이다. 2000년대 초 IT버블 붕괴로 경기가 침체되자 2001년부터 금융완화정책을 실시한다. FRB 금리를 2000년 5월 6.5%에서 2003년 6월까지 1%(-5.5%p)로 인하 하여 2004년 6월까지 이 수준으로 유지하였다. 또한 통화증가율이 명목 GDP 성장률을 상회하여 유동성이 과잉공급된다.

미국의 금리인하 추이

(단위 : %)

2000.5	2001(11회)	2002.11	2003.6
6.50	6.00→1.75	1.25	1.0

둘째 금융기관간의 무리한 **대출경쟁**이다. 금융기관들이 저금리 기조하에서의 수익확보를 위해 신용도가 낮은 저소득층에게도 無서류(low-doc, no-doc) 대출이나 NINJA대출[2] 은 물론 LTV를 100%까지 인정하는 대출, 통상적인 대출한도를 초과하는 점보(jumbo) 대출도 적극적으로 실시하였다.

셋째 자산가격 급등으로 인한 버블형성과 **급격한 긴축정책**으로의 전환이다. 장기간에 걸친 금융완화정책과 금융기관의 과도한 대출 확대로 부동산시장이 호황을 보이자 신용등급이 낮은 사람들을 위한 주택담보대출인 서브프라임 모기지 대출이 급증함에 따라 주택가격 버블이 형성되었다. 주택가격은 1997년부터 상승하기 시작하여 2006년 중반까지 190.2% 상승하였으며, 주가도 2003년 2월을 저점으로 상승하기 시작하여 2007년 10월까지 82.8% 상승하였다.

주택가격 상승과 통화량 증가에 대응하여 급격히 금융긴축으로 전환하면서 주택가격 및 주가의 대폭 하락과 서브프라임 모기지 대출의 연체가 급증하였다. 또한 금융긴축으로 선회하게된 것은 1990년 이후 미국은 대규모 경상수지 적자가 지속되고, 무역적자는 아시아와 산유국으로부터의 자본유입으로 메워지는 이른바 "세계적 불균형(global imbalance)"에 따른 달러화 하락과 인플레 압력에 대응하기 위해 2004년 하반기부터 불가피하게 이자율을 인상하게 된 배경도 존재한다.

2004년 6월 긴축정책으로 전환하여 연방은행 기준금리를 2006년 6월까지 5.25%로 인상하였다. 이에 따라 과열 양상을 보이던 주택경기가 냉각되면서 2006년 6월말(정점) 대비 2009년 3월말 주택가격은 1/3수준(-33.1%)으로 하락하였으며, 다우존스 공업평균주가는 2007년 10월 9일 14,164(정점)에서 2009년 3월 5일에는 6,594(저점)로 절반수준(-53.4%)으로 하락하였다. 서브프라임 사태가 발생하자 경기침체에 대응하여 2007. 9월 이후 총 10회에 걸쳐 5%p(2007.9.18일 5.25% → 2008.12.16일 0.25%)로 인하 하였다.

미국의 금리인상 추이

(단위 : %)

2003.6	2004(5회)	2005(8회)	2006.1.31	2006.3.28	2006.5.10	2006.6.29
1.0	1.25→2.25	2.50→4.25	4.5	4.75	5.0	5.25

넷째 세계적인 금융자유화에 부응한 **금융규제 완화와 미흡한 감독체계**이다. 증권거래위원회(SEC)는 투자은행들의 총부채가 순자본의 15배 이내여야 한다는 레버리지 규제를 철폐(2004년)함으로써 투자은행들은 단기금융시장에서 순자본의 20~30배까지 자금을 차입할 수 있게 되었다.

그러나 자산유동화의 위험성과 규모를 제대로 파악하지 못하고 있었을 뿐만 아니라 통합감독기구 없이 여러 기관에서 감독업무를 분담함으로써 감독 사각지대가 발생하는 등 리스크 관리를 위한 감독체계는 미흡하였다. 연방차원에서만 총 17개 감독기관이 존재하여 총체적 위기관리 메카니즘이 작동하지 못하였고, 특히 금융파생상품 등의 리스크가 관리되지 못하였다.

다섯째 **가계부채 규모가 빠르게 증가**하였다. 가계부채 증가는 금리상승에 따라 연체율 상승과 금융기관 부실로 이어져 금융시스템 위기를 초래하는 요인으로 작용하였다. 미국의 가계부채는 2007년말 13.8조달러로 2000년 대비 2배로 빠르게 증가되었으며, 연평균 가계부채 증가율은 1990년대 6.8%에서 2000～2006년중에는 10.6%로 급상승하였다.

여섯째 미국의 **대규모 무역적자**와 동아시아 및 산유국들의 무역흑자간의 글로벌 불균형(Global Imbalance)이 장기간 지속되었다. 신흥국 및 산유국들이 잉여저축으로 미국의 달러 자산을 구입하여 미국의 적자를 메워주고, 이를 다시 미국이 신흥국 등에 투자함으로써 미국의 막대한 경상수지 적자와 신흥국 등의 경상수지 흑자가 장기간 유지되어 온 불균형 현상이 개선되지 못하고 있다.

1990년대 말 이후 신흥국과 산유국에서 미국으로 유입된 자금이 저금리와 신용완화 등과 융합되면서 미국 주택시장의 버블을 형성하였다. 1980~1999년까지는 경상수지 흑자국의 GDP대비 경상수지 흑자비율이나 경상수지 적자국의 GDP대비 경상수지 적자비율이 약 1%대로 안정적이었다.

그러나 2000년대 들어서는 경상수지 흑자비율 및 경상수지 적자비율이 크게 확대되기 시작하였고, 2007년에는 경상수지 흑자비율 3.2%, 경상수지 적자비율은 -2.7%로 크게 확대되었다. 세계의 경상수지 적자의 약 절반을 미국이 차지하고 있으므로 세계자본의 약 절반이 미국으로 유입된 것으로 추정할 수 있다.

세계의 경상수지 흑자비율 및 경상수지 적자비율

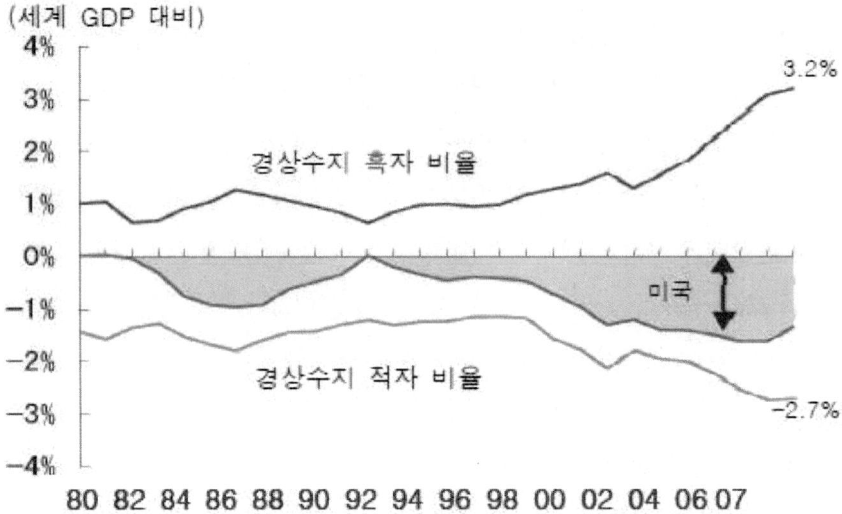

주 : 경상수지 흑자국, 경상수지 적자국으로 나누어 각각의 경상수지를 합산
자료 : みずほ總合研究所

(나) 위기의 영향

첫째 금융기관들이 부실화되었고 유동성 위기가 발생하였다. 증권화 상품의 디레버리지(de-leverage) 발생으로 가격하락이 급속화되었다. 디레버리지는 금융기관이 레버리지(자산/자기자본) 비율을 줄이기 위해 소유자산을 매각하여 대차대조표상의 자산 및 부채를 축소하는 과정이다.

2007년 8월 BNP Paribas의 펀드환매 중단사태 이후 신용경색 우려가 확산되었으며, Citigroup, Deutsche Bank 등 대형 금융기관이 서브프라임 모기지 관련 증권화 상품의 거액손실을 계상함에 따라 동 상품의 신용도가 크게 저하되었다.

◎ RMBS(Residential Mortgage-Backed Securities: 주택론 담보증권) : 다수의 주택론 채권을 담보로 발행하는 증권

◎ CDO(Collateralized Debt Obligation: 채무담보증권) : RMBS와 사채 등 복수의 채권을 조합하여 발행한 증권

◎ ABCP(Asset-Backed Commercial Paper: 자산담보부 기업어음) : 모기지 대출채권을 기초자산으로 하는 자산담보부 기업어음

◎ SIV(Structured Investment Vehicle) : 금융기관 등이 투자목적으로 설립한 특별목적회사로 자산을 담보로 단기자금을 조달하고 RMBS, CDO 등 증권화 상품에 투자하여 수익을 창출

신용평가회사인 Moody's사와 S&P사가 모노라인에 대한 신용등급을 격하시킴으로써 크레디트 시장으로부터 자금 이탈은 물론 미국 채권의 신용평가 시스템에 대한 신뢰가 저하되었다. 또한 패니메이(Fannie Mae)와 프레디 맥(Freddie Mac) 등 정부지원기관이 발행하는 주택대출의 증권화 상품가격도 하락하였다.

또한 유동성 위기 및 금융기관 영업정지가 발생하였다. 2008년 2월 하순 이후 금융기관의 대외지급능력이 저하되어 자금조달이 어려워지는 상황이 발생하는 등 유동성 위기와 영업정지 금융기관들이 출현하였다. 또한 서브프라임 모기지 관련 금융기관의 손실규모 확대전망, 투자은행 등에 대한 신용등급 하향조정과 유동성 위기 발생, 은행의 영업정지 등으로 금융시장에서 불안심리가 증폭되었다.

〈參考〉 **디레버리지(de-leverage)의 악순환**

□ 은행의 대출자금 회수, 담보가치 하락에 따른 추가담보 요구(margin calls)가 확산되면서 투자은행, 헤지펀드 등 레버리지 비율이 높은 금융기관의 유동성 압박이 가중

○ 다수의 금융기관이 유동성 확보를 위해 보유자산을 매각하면서 자산가격 하락폭이 확대되고 이것이 다시 담보가치를 하락시키는 악순환 발생으로 신용경색이 지속

de-leverage의 악순환

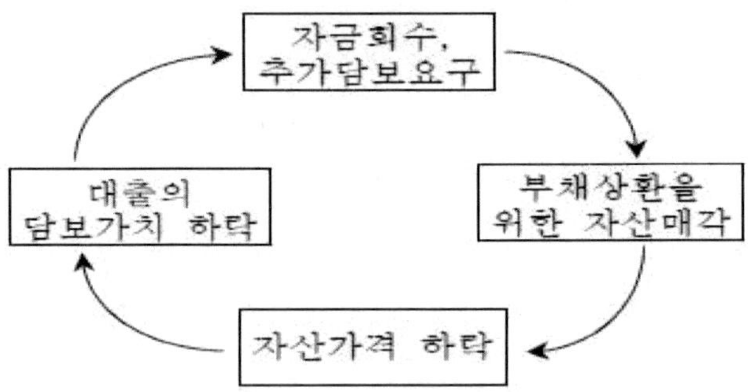

자료 : Morgan Stanley

아울러 금융기관 손실액이 증가되었다. 서브프라임 모기지 사태 이후 금융기관 손실액은 2009년 5월 현재 약 1조 4,547억 달러, 주요 금융기관의 자본 증감액(정부의 자본투입 포함)도 약 1조 1,100억달러로 증가되었다. IMF에 따르면 향후 발생할 손실을 포함한 잠재적 손실액은 이를 크게 상회하는 약 4.1조 달러(2007~2010년중)로 추정되고 있다.

둘째 위기가 실물경제 및 세계경제로 파급되었다. 서브프라임 모기지 사태로 발단이 된 금융위기가 전 세계로 확산되면서 세계경제는 1929년 세계 대공황 이래 최악의 상황으로 발전하였다.

세계 경제상장률이 2007년 5.2%에서 2008년에는 3.2%로 크게 하락하였으며, 2009년에는 전후 처음으로 마이너스 성장률을 기록하고 세계 교역량도 대폭 감소할 것이다. 주가 하락률도 정점 대비 53.8% 하락하여 대공황 당시 수준(약 50%대)에 근접하고 있다.

주가로 본 과거 경기침체기와의 비교

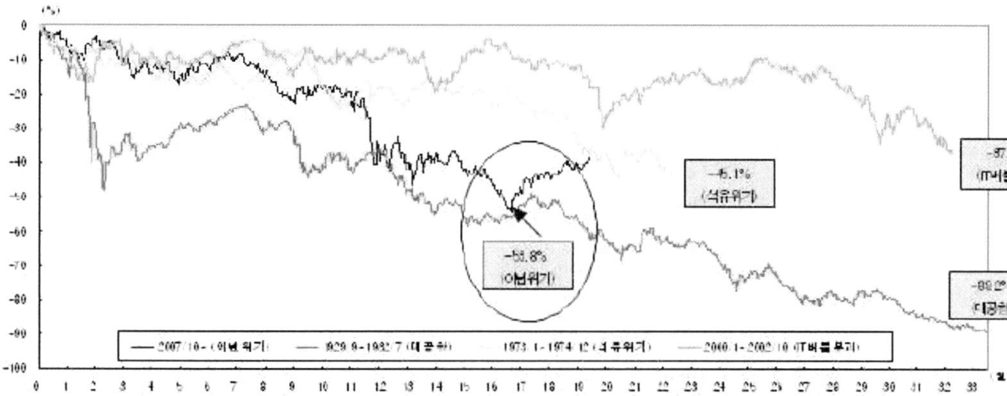

주 : 다우공업주 평균 30종의 정점 대비 하락률　　　　자료 : 블룸버그 등

셋째 미 달러화의 위상 저하 및 기축통화 변경이 논의되고 있다. 서브프라임 모기지 사태에서 비롯된 금융위기가 세계적으로 확산되면서 기축통화로서의 미국 달러화에 대한 국제적 위상이 크게 저하되었다. 제 2차 세계대전 이후 미국 달러화는 기축통화로서 독보적 지위를 누려왔으나, 최근 미국경제의 대외불균형이 심화되면서 기축통화 변경에 대한 논의가 제기되고 있다.

가까운 시일 내에 기축통화가 변경될 가능성은 낮으나 세계경제는 점차 미 달러화에 대한 의존도를 줄여나갈 것이며, 기축통화로서 달러화의 지위도 장기간에 걸쳐 서서히 낮아질 것으로 예상된다.

제 3 절 신자유주의적 글로벌화와 금융위기

근대사회의 형성과 함께 등장한 자유주의는 본질적으로 개인의 자유를 증진시키기 위한 이론과 수단을 지칭한다. 인류가 발견한 경제제도중 경쟁을 통해 경제적 효율성의 극대화를 추구하는 자본주의 시장경제는 자유주의에 바탕을 두고 있다.

그러나 자본주의 시장경제는 주기적인 경제공항과 분배구조의 악화 등의 문제가 있기 때문에 정부의 개입을 통해 문제를 해결하게 되었고, 경제환경의 변화에 따라 개입주의가 주류를 이루거나 자유주의가 우세하게 된다.

우리 경제는 외환위기 이후 IMF협약에 기초하여 신자유주의적 구조개혁을 추진하였다. 신자유주의적 구조개혁은 경제의 체질개선과 경쟁력 향상을 위해 긍정적인 측면이 있으나, 빈부격차 심화, 문화적 다양성의 파괴, 경제적 종속의 심화 등의 문제를 야기할 가능성이 높다.

1. 신자유주의와 세계화 저항운동

신자유주의(Neoliberalism)란 시장의 효율성과 작은 정부를 강조하는 경제사조이다. 18~19세기의 고전적 자유주의자들은 절대주의 국가에 대항해서 법의 지배를 통한 인권, 사유재산권의 보장과 시장경제를 주창하였다. 반면에 20세기 후반의 신자유주의자들은 현대의 비대한 관료국가에 대항해서 국가개입의 축소와 시장의 복원을 강조한다.

신자유주의가 등장한 배경을 살펴보면 17세기에 등장하여 19세기 중반까지 발전한 고전적 자유주의는 빈부격차심화, 세계경제의 침체와 대공황 등으로 위기를 맞았다. 이러한 시대적 배경하에 국가의 적극적 개입로 위해 시장의 불완전성과 사회적 파괴현상을 수정함으로써 자본주의의 지속적 발전이 가능하다고 주장하였다. 경제전반에 대한 정부의 적극적 개입, 복지정책과 재정·금융정책의 적절한 조합으로 자본주의는 1950년대에서 1960년대까지 황금기를 맞이하였다.

그러나 1970년대의 오일쇼크, 스태그플레이션, 재정적자의 누증과 금융시장의 세계화 등으로 국가개입의 비효율성이 부각되었다. 신자유주의는 1970년대 중반이후 케인즈경제학의 개입주의를 비판하면서 발전되었고, 시카고학파의 통화주의, 공급측경제학 등으로 이어지고 있다. 미국의 레거노믹스, 영국의 대처리즘 등으로 대표되는 신자유주의적 개혁은 경제의 세계화를 가속화하였고, 후진국에서는 선진국의 압력, 국제경제규범의 강화, 국내적 필요성 등에 의해 수용되어 신자유주의는 세계적으로 확산되고 있다.

신자유주의의 3대 행동강령은 시장만능주의, 작은 정부, 자본의 세계화이다. 신자유주의가 추구하는 세계는

① **시장 만능주의**: 민간의 경제활동에 정부가 개입하지 말아야 한다. 정부개입은 비효율과 부정부패의 원천이며 자유시장경제만이 효율성과 성장의 증대를 가져올 수 있다.

② **경쟁지상주의**: 경쟁을 제약하는 장애요소는 제거되어야 하며, 사회적 통합보다는 경쟁을 통한 적자생존 논리를 관철시켜야 한다.

③ **노동시장 유연성**: 자본과 노동간의 힘의 균형보다는 자본축적이 용이하도록 노동시장 유연성을 확보해야 한다.

④ **성장지상주의**: 공평한 분배보다는 경제성장(파이 키우기)이 중요하다. 따라서 초국적 자본을 중심으로 한 기업의 인수합병, 계층간 혹은 국가간 격차의 심화와 절대빈곤의 증대 등을 효율의 부산물 정도로 취급한다.

⑤ **우파적 파괴주의**: 효율을 저해하는 전통적 가치와 제도는 파괴되어야 한다. 사람들의 사고방식이 세계 어디에서나 균일해야 하며 자유주의 경제질서 이외에는 어떤 질서도 부정한다.

시장기구를 신봉하는 신자유주의(Neoliberlism)의 메시지는 간단하다. 종교·정치·공동체사회·국가 등 시장활동에 장애가 되는 모두는 시장에서 떠나라는 것이다. 시장이 자유로우면 경제가 활성화되고 사회는 평화롭고 정의롭게 된다는 것이다.

그러나 시장은 평화나 정의를 수호하지 않으며, 경쟁을 통해 적자생존의 논리를 관철시키는 냉혹한 시스템이다. 시장의 효율성을 강조하는 신자유주의적 개혁정책은 중산층의 약화, 복지제도의 쇠퇴와 분배구조의 악화를 초래한다. 경쟁력이 약한 노동자와 기업은 퇴출의 위협으로부터 안전하지 못하다. 후진국의 노동집약적 산업이나 농업 등과 같은 경쟁력이 떨어지는 산업기반을 위축시켜 공동체의 정체성을 약화시키고 있다.

경쟁에서 승자가된 거대한 자본은 자신들의 이익증대를 위해 세계질서를 재편하고, 국가를 무력화 시키고 있다. 새 천년이 시작되면서 통신, 자동차, 금융 등의 분야에서 세계적 초국적 기

업들간의 전략적 제휴와 M&A가 확대될 전망이다.

신자유주의적 세계화가 확산됨에 따라 저항운동도 강하게 대두되고 있다. 세계화 저항운동은 이론적인 논거를 제시하는 학자들과 노동·인권·환경·종교단체 등의 NGO를 중심으로 전개되고 있다. 이들의 **세계화 반대논리**는 세 가지로 요약할 수 있다.

첫째 초국적기업(TNC)중심의 세계화는 초국적기업 주주의 이익만을 중시하는 세계시장의 탄생을 가져올 수 있으며, 신자유주의적 세계화의 규법, 원칙, 규칙과 의사결정절차들이 초국적기업에게 유리하게 전개될 수 있다. 초국적기업은 개도국의 농촌경제를 잠식하고 노동조건을 악화시키며, 지역민의 생활터전과 공동체를 파괴하게 된다는 것이다.

둘째 초국적기업 위주의 세계경제질서를 뒷받침한다고 인식되는 WTO, IMF, World Bank, OECD 등의 국제기구와 경제협력체를 강력하게 비판하고 있다. 이들은 신자유주의적인 경제정책을 추진하도록 강요하여 초국적기업의 활동을 도와주게 된다는 주장하고, 초국적기업의 활동을 규제할 수 있는 규범과 규칙을 만들 것을 제창하고 있다.

셋째 신자유주의적 세계화는 남북문제 및 경제·사회적 불평등을 심화시킨다. 세계화는 소수의 기업과 국가에게만 부를 집중시키고, 대다수의 국민과 개도국 및 빈국에게는 발전의 기회를 차단하거나 더욱 빈곤하게 만든다고 주장하고 있다.

2. 카지노 자본주의와 금융위기

신자유주의적 세계화는 금융시장의 빅뱅과 투기화를 가속화시키고 있다. 역사적으로 20세기 초의 극단적 자유주의는 빈부격차를 심화시켰고, 세계적인 자본 투기와 수요부족으로 대공황을 야기하였다.

1980년대부터 본격적으로 맹위를 떨치고 있는 신자유주의는 초국적 자본과 기업의 이익을 극대화 시키고 있으며, 효율의 극대화 혹은 생산성 향상이라는 이름으로 포장되어 국가간의 장벽을 제거하고 있다. 특히 WTO, World Bank, IMF 등과 같은 국제기구를 통하여 이데오르기를 전파하고, 이들을 매개로 한 선진자본들은 아시아와 남미의 금융위기 해소과정에서 개방과 자유화를 강요하고 있다.

자본시장의 통합화로 국제간에 헤지펀드(Hedge Fund)를 중심으로 한 자본의 투기적 이동이 증대되어 카지노자본주의(Casino-Capitalism)화하고 있으며, 핫머니(Hot Money)의 투기적 행태가 멕시코, 아시아, 러시아 등의 외환위기 주범으로 지목 받고 있다. 연구보고서에 따라 차이가 있지만 1조에서 2조 달러(US)로 추산되는 투기자본의 금융폭격은 원자탄보다도 훨씬 큰 파괴력으로 해당국가의 경제를 초토화 시킬 수 있는 것이다.

따라서 아시아 금융위기의 원인과 처방에 대해서도 신자유주의적 처방을 강조하는 신자유주의 헤게모니 블록(NHB: Neoliberal Hegemony Bloc)과 시장의 불완전성과 투기화를 막기 위해 시장규제가 필요하다는 반 헤게모니 블록(CHB: Counter Hegemony Bloc)이 상반된 견해를 제시하고 있다.

3. 신자유주의 찬동그룹: NHB

NHB의 3대 명제는 (1)자본의 자유화는 불가역의 대세이다. (2)개도국이 시장 기능을 활성화하지 못한 것이 위기 발생의 근본 원인이다. (3)국제 금융질서의 획기적 개편은 불필요하며, 정치적으로도 현실성이 없다.

이 같은 입장을 견지하는 단체나 기구는 ① 월가와 미재무부 동맹(유태 자본), ② 워싱턴 컨센서스(IMF-세계은행-미 행정부), ③ G7연대, 다보스포럼(Davos Forum), 서방 채권자 모임인 파리클럽, 런던클럽, ④ CNN, 에코노미스트, 포린어페어 등 언론기관, ⑤ Moody's와 Standard & Poors 등의 신용평가기관들이 깊은 연대를 형성하고 있다.

4. 신자유주의 반대그룹

반면에 반헤게모니 블록(CHB)의 3대 명제는 (1)자본 자유화의 폐해가 이익보다 크며, (2)시장실패를 보완하기 위한 제도적 장치가 필요하고, (3)국제 금융질서의 획기적 개편을 위해 국제적 연대가 이루어 져야 한다는 것이다.

신자유주의적 구조개혁을 반대하는 학자로는 바그와티(J.Bhagwati), 삭스(Jeffrey Sachs), 스티글리츠, 토빈, 폴 크루그만 등이 있으며, 금융거래과세연합(ATTAC) 등의 시민단체, 카톨릭의 Jubilee 2000, 무역개발위원회(UNCTAD) 등이 있다.

CHB는 시장개입을 강조하고 있으며 6가지의 대안을 제시하고 있다. 즉 ① 투기 자본 원천규제 방안, ② 토빈세 과세 방안, ③ 목표 환율대 설치 방안, ④ 세이프 가드 방안: 금융시장 위기시 긴급자본 통제, ⑤ AMF창설 방안, ⑥ 채무탕감 방안 등이다.

제 4 절 금융위기의 교훈과 대응방향

역사적으로 볼 때 금융당국이 금융위기를 방지하기 위하여 유동성 확대를 억제하고 감독을 강화해 왔으나, 금융위기는 동일한 메커니즘을 가지고 반복적으로 발생하고 있다.

대공황 이후 주요 금융위기를 비교해 보면 ① 금융완화 등에 기인한 자산버블 형성 → ② 불충분한 금융감독 및 대출경쟁 격화 등으로 버블형성 촉진 → ③ 금융긴축 및 규제강화 등에 따른 버블붕괴 → ④ 금융시스템 위기 및 실물경제 침체라는 일련의 순환과정으로 진행되고 있다.

경제주체들에게는 단기간에 많은 부를 축적하려는 비합리적 탐욕(greed)이 팽배해 있기 때문에 향후에도 동일한 금융위기가 발생할 가능성을 배제할 수 없다. 따라서 금융위기의 근본원인을 이해하여 폐해를 최소화할 수 있도록 선제 대응할 필요성이 높아지고 있다.

(가) 평가와 교훈

역사적으로 볼 때 금융당국이 금융위기를 방지하기 위하여 유동성 확대를 억제하고 감독을 강화하여 왔으나, 금융위기는 동일한 메커니즘을 가지고 반복적으로 발생하고 있다. 1636년 네덜란드의 튤립 투기에서부터 최근의 서브프라임 모기지 사태에 이르기까지 금융위기의 원인에는 근본적으로 공통적인 요소가 존재한다.

기본적으로 개인, 기업 등 경제주체들에게는 단기간에 적은 자본을 가지고 많은 부를 축적하려는 비합리적 속성과 탐욕(greed)이 팽배하여 과잉투기가 발생하고 이는 버블로 연계되고 있다. 영국의 철학자 데이비드 흄(David Hume)은 "탐욕과 부에 대한 욕망은 보편적인 인간의 성향이며, 이는 시간과 공간을 초월하여 모든 사람들 마음속에 자리 잡고 있다"고 갈파하였다.

튤립투기의 경우 화훼산업의 무궁한 발전가능성에 대한 기대, 일본 장기불황은 부동산 불패신화에 대한 신념, IT버블은 신기술에 대한 맹목적인 기대, 서브프라임 모기지 사태의 경우 주택가격의 지속적 상승 기대 등 낙관적인 환상만으로 가득하였다.

투자은행을 비롯한 금융기관들은 전문적 지식을 이용하여 새로운 금융상품을 만들어 일반 투자자들에게 투기적 환상을 자극하고, 일반 투자자들은 정보와 지식의 불충분으로 맹목적인 투자를 실행한다. 지금까지 금융위기가 발생할 때마다 개혁과 규제가 이루어지고 있지만 시장은 금융혁신 등을 통해 정책과 제도를 우회하여 유동성을 팽창시키는 새로운 금융상품을 만들어내는 등 버블형성의 원천을 제공하고 있다.

아울러 금융시스템의 복잡성과 금융기관의 취약한 재무구조, 주주 자본주의의 팽배, 투기열풍에 따른 경기호조와 세수증대 등을 배경으로 한 정책당국의 묵인 등도 공통적 요인으로 작용하고 있다. 이처럼 자본주의 체제는 향후에도 금융위기가 발생할 가능성을 항상 내포하고 있기 때문에 금융위기의 근본원인을 이해하여 폐해를 최소화할 수 있도록 선제 대응할 필요가 있다.

(나) 금융위기 대응과제

버블의 형성을 원천적으로는 봉쇄할 수 없다 하더라도 자산가격 상승이 버블붕괴로 이어져 금융위기로 발전하지 않도록 장기적 관점에서 사전적으로 대응책을 준비해야 한다. 자산가격의 상승은 천천히, 자산가격의 하강은 급속하게 진행되는 등 비대칭성이 존재하고 있으며, 일단 정책당국이 신뢰를 잃어버리면 그 회복에는 장기간이 소요되기 때문이다.

첫째, 대공황 이후 금융위기는 장기간의 금융완화로 인한 유동성 팽창이 투기로 이어져 발생한 것이므로, 늘어난 유동성이 투기자금으로 흘러가지 않도록 자금흐름을 통제할 필요가 있다.

이를 위해서는 금융기관의 자산건전성 및 자산가격 변화추이를 파악할 수 있는 체제구축이 필요하다. 자산가격이 통화정책의 운용목표가 될 수는 없으나 통화정책운용에 필요한 정보를 담고 있다는 점에서도 이의 동향을 항상 유의하여 관찰·분석할 필요가 있다.

이와 아울러 정책이 신속하게 수행될 있도록 버블붕괴에 따른 해악이 막대하다는 인식을 유관 정책당국은 물론 국민들도 공유할 필요가 있다. 일본은행의 경우 버블경제 초기 창구지도, 시장금리의 상승 유도, 인플레이션 압력에 대한 우려 표명 등의 시그널을 보냈으나 그 정도가 미흡하여 일반의 기대를 변화시키지 못함으로써 정책효과가 미약하였다.

둘째, 자산가격 상승에 대한 통화정책적 한계를 보완하고 규제완화 및 금융혁신에 적절히 대응하기 위해서는 감독체계 개편이 필요하다. 중앙은행은 물가안정과 금융시스템 안정이라는 2개의 목표를 달성하기 위해서는 2개의 정책수단이 필요한 것이 아니라 장기적으로 1개의 목표를 달성하기 위해 1개의 커다란 정책도구 세트가 필요하다는 사실을 인식할 필요가 있다.

특히 리스크 관리의 사각지대 방지와 고도의 파생금융상품 내용을 파악할 수 있는 체제와 전문인 양성이 필요하다. 은행과 실질적으로 동일한 기능을 수행하는 "그림자 금융 시스템(shadow banking system)" 등에도 엄격한 감독기준을 적용해야 할 것이다.

셋째, 기업, 가계 및 국가의 과도한 부채 증가는 경제전반의 리스크를 증폭시키는 요인으로 작용하므로 이를 적정한 수준으로 조절할 필요가 있다. 미국은 가계부채, 일본은 기업부채의 급증을 사전에 방지하는데 실패함으로써 자산가격의 버블 및 이의 붕괴에 따른 금융위기와 실물경제 침체를 경험하였다.

우리나라 기업부채는 2005년 이후 연평균 13.2%로 급증하고 있으며 2008년말 기업의 부채비율(총부채/자기자본)은 130.6%로 미국(123.2%)보다 높은 수준이다. 명목 GDP대비 기업부채비율도 153.5%로 미국(90.3%)을 크게 상회하고 있다. 또한 가계부채도 2004년 이후 빠른 속도로 증가하여 금융부채상환능력을 나타내는 금융자산 대비 가계부채비율은 2008년말 50.9%로 미국(34.9%)보다 매우 높은 수준이다.

특히 빠른 속도로 증가하고 있는 국가채무비율을 방치할 경우 만성적인 재정적자 늪에 빠져 경제성장의 걸림돌로 작용할 뿐만 아니라, 부채상환 능력에 대한 시장의 우려로 국가경제 전체의 위기로 발전할 가능성에 유의할 필요가 있다.

IMF에 따르면 우리나라의 GDP대비 재정적자 비율은 2009년 -3.2%에서 2010년에는 -4.7%로 1.5%p 증가하면서 재정악화 속도가 G20 중 가장 빠를 것으로 예상되고 있다. 향후 인구감소에 따른 세수 감소와 고령화에 기인한 연금 및 의료보험지출의 증가는 재정적자 확대의 최대요인으로 작용할 것이다.

◎ **그림자 금융 시스템(shadow banking system)**

투자은행, 헤지펀드 및 사모펀드 등 비은행 금융기관이 고위험 고수익 관련 증권화 상품 등에 활발하게 투자하면서 새로운 유동성을 창출하게 되는 시스템으로 2000년대 초반 이후 주로 미국 및 유럽을 중심으로 활발

◎ 버블경제의 폐해

□ 버블경제는 다음과 같은 메카니즘으로 인해 붕괴시의 폐해가 형성시의 일시적인 이익에 비해 비대칭적으로 크게 발생하고 경제의 장기침체를 초래할 가능성이 큼

(1) 투자설비의 가치 감소

○ 버블 형성기에는 자산가격 상승 및 이에 따른 경제활동 호조를 전제로 하여 투자지출이 크게 증가하여 과잉설비가 발생

○ 그러나 버블이 붕괴되면서 과잉설비의 가치가 크게 하락하는데 특히 최근 기술의 발달 속도가 빨라 과거 설비의 이용가치가 단기간 내에 격감

○ 이는 버블경제 기간 중의 잘못된 가격정보(misguided prices)가 경제의 자원 배분을 왜곡시킨 결과라고 볼 수 있음

(2) 금융기관 및 기업의 대차대조표 악화

○ 버블붕괴시 자산가격 하락에 따라 금융기관 및 기업의 자산이 부실화되고 이는 자기자본을 감소시켜 금융기관 및 기업의 대차대조표가 함께 악화

○ 이에 따라 여신공급이 위축되는 한편 신용위험에 대한 우려로 자금운용이 보수화되면서 전반적인 신용경색현상으로 이어지고 나아가 금융기관, 기업 및 개인 등의 도산 증가

○ 「기업 도산 → 금융기관 부실 → 여신공급 위축 → 기업 도산」의 악순환이 발생하면서 금융위기와 경제의 장기침체를 초래

(3) 전반적인 수요 위축

○ 버블경제 기간 중의 경기호조 지속 기대가 급격히 퇴조하면서 소비, 투자 등 경제활동이 위축되고 자산가격 하락에 따른 역자산 효과가 가세하여 총수요가 크게 감소

❀ 버블의 정의와 발생이론

(1) 버블의 정의

□ 외환, 주식, 부동산 등의 자산가격이 미래의 경기전망, 수익성, 금리수준 등과 같은 기초경제여건(fundamentals)보다는 주관적 심리변동, 충동 등과 같은 심리적 요인에 의하여 내재적 가치와 크게 괴리된 수준에서 형성될 때 이를 버블(bubble) 또는 투기열풍(mania)이라고 정의

* 경제이론에 의하면 자산가격의 이론치(내재가치)는 그 자산을 보유함으로서 기대되는 장래의 금융적 수익(주식의 경우는 배당, 토지의 경우는 지대)을 장기금리 와 리스크 프리미엄의 합으로 할인하여 계산한 현가를 말함

따라서 버블이란 자산가격의 붕괴시 경제운영에 큰 혼란을 초래할 정도로 자산가격의 현실치와 이론치의 괴리가 큰 상태를 지칭

(2) **버블발생에 관한 이론**

□ 자산시장에서의 투기현상을 설명하는 이론으로는 투자자의 합리적 투기심리로 설명하는 이론과 비합리적 군중심리(gate-shut-panic)로 설명하는 이론으로 양분

1) 합리적 투기설(rational speculative attacks)

○ Stephan W. Salant와 Dale W. Henderson에 의해 소개된 이론으로서 Krugman에 의해 외환시장 및 여타 시장에까지 확대·응용

- 투자자들이 정책당국의 정책방향을 사전에 예측하여 합리적으로 대응하기 때문에 자산시장에서의 투매 또는 매집 현상이 나타난다는 이론
- 이론에 의하면 외생적인 대사건(big events)이 발생하지 않아도 자산가격은 내생적으로 항상 상·하 양방향으로 변동하게 되며, 특히 기관투자가들의 신 금융기법을 이용한 자금운용이 자산가격의 등락폭을 더욱 확대시키게 됨

2) 비합리적 투기설

○ 투자가들의 비합리적 군중심리에 의한 매집 또는 투매행위로 자산가격의 급등락이 발생한다는 이론으로서 Kindleberger 교수는 이를 “gate-shut-panic"이라고도 표현

① 불안정 투기설(destabilizing speculation) : 일단 자산가격이 상승추세(하락추세)에 있으면 투자가들은 가격상승(하락)이 지속될 것으로 예상하여 자산구입(매각)을 확대하게 된다. 이러한 움직임은 군중심리효과 (bandwagon effect)에 의해 더욱 가속화되어 급격한 가격등귀(하락) 현상을 동반하게 된다는 이론

* Aftalion(1927)이 처음으로 외환시장의 급등락 현상을 외환시장 투자가들의 심리적 효과(psychological effect)에 의해 설명한 것이 그 효시임

② 제동점설(trigger points) : 자산가격이 명시적 또는 암묵적인 특정수준 이하(이상)로 하락(상승)할 경우 기관투자가들을 중심으로 한 일단의 투자가들이 자동적으로 대량 매각(매입)함으로써 자산시장에서 큰 가격변화가 초래된다는 이론

* 투자가의 수익이 없는 수준이거나 투기적 투자가가 손실방지(stop-loss) 전략의 일환으로 정한 수준임

③ 유지가능설(sustainability) : 정보의 불완전성으로 내재가치 이상의 고(저)수준을 유지하던 특정자산 가격이 더 이상 유지될 수 없다는 회의가 투자가들 사이에 팽배해지면서 투매(매집)현상이 나타나 자산가격의 급등락이 초래된 다는 이론

< 금융경제 산책 >

버블여행과 헬리콥터 머니

도박꾼들의 세계를 다룬 영화인 '타짜'나 '도성(賭聖)'을 보면 인간의 탐욕과 도박성은 병적인가 보다. 프랭크 파르노이는 전염병의 비유를 통해 금융시장의 탐욕과 과도한 위험 추구를 전염성 탐욕(Infectious Greed)으로 보고, 기만과 위험의 금융활극과 시장의 부패를 비판하였다.

역사적으로 엄청난 부작용을 초래했던 금융투기가 반복되는 이유는 무엇인가? 투기는 투자와 도박의 요소를 겸비하고 있기 때문이다. 투자라는 이름으로 자기합리화 하면서, 도박의 마력으로 빠져나오기 어렵다. 인류는 투기역사로부터 교훈을 얻었음에도 불구하고 탐욕적인 투기는 반복되고 있다. 탐욕의 한 시대가 종료되면 언젠가 시작될 다음 차례의 탐욕시대가 잉태되고 있는지도 모른다.

인류 역사상 최초의 투기는 기원전 2세기 로마시대까지 거슬러 올라간다. 그러나 금융위기와 관련된 것은 1630년대 네덜란드의 '튤립투기'이다. 터키가 원산지인 튤립은 선풍적인 인기를 끌었다. 튤립에 대한 수요가 급증하면서 가격이 비정상적으로 폭등하였다. 1634년에는 프랑스에서도 튤립시장이 열려 투기가 국제화되었다.

1936년에는 가장 인기 있던 황제튤립의 가격이 3천 길더였는데, 당시 이 돈은 보통가정의 10년치 생활비였고 대저택을 구입할 수 있었다. 그러나 불안해하던 일부사람들이 팔기시작하면서 와해되기 시작하였고, 1937년 2월에 붕괴되었다. 튤립버블의 붕괴로 네덜란드는 수 년동안 심각한 경제불황을 겪는 등 심각한 후유증에 시달렸다.

튤립버블의 열풍과 붕괴가 발생한지 80여년이 지난 1720년에 영국에서는 남해회사(South Sea)버블, 프랑스에서는 미시시피회사 버블로 알려진 금융위기가 비슷한 양상으로 발생한다. 이들은 정부의 부채를 인수하는 대가로 무역독점권 등을 획득하였고, 주식발행과 관련은행을 통한 주식구입자금 대출 및 은행권발행 등으로 투기열풍과 버블을 가속화시켜 주가를 수십 배씩 상승시켰다가 붕괴하였다.

1820년대에는 남미광산을 비롯한 이머징마켓 투기가 성행하였고, 1840년대에는 철도버블이 발생하였다. 그리고 1929년의 대공황은 자본주의체제를 붕괴시킬 만큼 거대하였다. 1929-1932년 사이 다우지수는 90%이상 폭락하였다. 금융위기로 금융시장이 자체적인 균형회복능력을 상실하였고, 케인즈 혁명에 기초한 정부의 개입과 규제강화로 시스템위기를 극복할 수 있었다.

그 밖에도 1980년대 일본의 부동산과 주식버블, 1990년대 중반의 동아시아 버블, 1990년대 초의 멕시코 버블, 1990년대 말의 미국 나스닥 버블 등 20세기에는 수많은 버블들이 생성하였다가 붕괴하였다. 글로벌 금융시장이 통합되면서 끈질긴 생명력을 자랑하는 잡초처럼 금융위기는 반복되면서 더욱 위세를 떨치고 있다.

서브프라임 사태로 촉발된 미국발 금융위기도 버블의 형성과 붕괴라는 금융투기의 이론적 토대를 크게 벗어나지 않는다. 즉 투기적 광기와 패닉 등의 심리적 요소, 지역 및 다른 상품으로 전염되며 다양한 새끼버블 양산, 신용과 통화 등의 유동성 팽창, 경기변동과 통화당국의 정책 등이 맞물리면서 진행되었다.

최근의 버블은 대공황과 비유될 수 있는 대형버블이며 버블붕괴의 여파도 크게 나타나고 있다. 금융시장에서 금융자산(어음, 주식, 채권 등)은 그 자체로서 내재적인 사용가치를 지니지 못하는 일종의 권리이며, 발행자의 실물자산 가치에 의존한다. 그런데 금융자산이 급격히 증대되고 본질가치를 평가하기 어려운 유동화증권과 파생상품 등이 발달하면서 금융투기의 가능성을 증대시켰다.

1980년에는 전 세계 GDP와 금융자산 규모가 비슷했으나, 2007년에는 금융자산이 GDP의 3배 규모로 급팽창하였다. 투기자본들은 금융, 석유, 식량, 원자재시장을 넘나들며 위기를 일으키고 있다. 특히 첨단금융기법으로 무장한 다양한 파생금융상품, 유동화 증권의 발달과 금융시장 글로벌화로 버블의 속도와 크기를 증폭시켰다.

버블이 붕괴되면서 대공황에 버금가는 금융위기에 대응하여 세계 각국은 금리인하와 함께 '헬리콥터 머니(Hellicopter money)'정책을 시행하고 있다. 침체된 경기를 살리기 위해 금리를 거의 제로수준으로 낮추어도 투자가 늘지 않는 '유동성함정'에 빠진 경우 가계나 기업에 돈을 직접 뿌리는 양적완화정책이 필요하다.

밀턴 프리드먼은 돈을 헬리콥터에서 뿌리거나 아니면 선물(Gift money)을 나눠주라고 하였다. 미국의 연방은행(FRB), EU 및 일본 등은 금융위기에 따른 경기침체를 막기 위해 천문학적인 자금을 시장에 공급하고 있다. 대량의 자금공급은 금융시장을 안정시키고, 수출증대와 실물경제 회복에 기여할 수 있다.

그러나 헬리콥터 머니는 세계 경제의 불균형과 불안정성을 증폭시킬 가능성이 높다. 통화공급 증대로 물가상승 압력이 높아지고, 경기불황속에 금과 석유, 곡물과 원자재가격의 급등으로 인한 스태그플레이션 가능성 등 경제불안 요인이 증대될 것이다.

특히 통화발행 증가에 따른 달러가치의 하락은 달러자산 매각가능성, 미국채권의 매입기피, 통화전쟁과 외환보유의 다변화 등으로 외환시장의 혼란, 투기자본 이동에 따른 석유위기, 식량위기 가능성이 높아질 수 있다.

버블의 붕괴는 정치, 경제적으로 많은 변화를 가져온다. 우선 경제패러다임이 자유방임에서 규제 강화와 시장개입 증대로 바뀌게 될 것이다. 미국중심의 헤게모니가 중국을 중심으로 한 브릭스로 이동하고, 이머징 마켓의 입지가 강화될 것이다. 투자은행(IB) 중심의 월가모델이 쇠락하고, 금융이 실물경제 성장을 뒷받침하는 본래의 기능으로 돌아가야 한다는 주장이 힘을 얻고 있다.

글로벌 금융위기가 최악의 고비를 넘기면서 주요 8개국(G8)이 위기 이후를 대비한 '출구전략'을 논의하기 시작하였다. 우리도 '슈퍼추경'을 비롯한 확장적 통화 · 재정정책의 부작용을 최소화하기 위한 정책들이 강구되어야 한다. 주요 선진국들과 정책공조체제와 협력을 강화하고, 변동성 확대에 대비한 국내경제의 생산성향상과 경쟁력 강화노력이 중요하다.

---

1) 정 후석(2009.8), "대공황이후 주요 금융기관 비교", [한은조사연구], 에드워드 챈슬러(김남규역)(2005), [금융투기의 역사], 국일증권연구소, 프랭크 파트노이(이명재역)(2007), 필맥 등 요약 정리.

2) No Income, No Job & No Assets의 약자로 소득도 직업도 재산도 없는 개인에게까지 모기지 자금을 대출해 줌.

제 14 장

북한경제와 협동조합 역할

제 14 장 북한경제와 협동조합의 역할

If We are to achive results never before accomplished,
we must expect to employ methods never before attempted.
- F.Bacon -

제 1 절 북한 경제와 남북경협

베르린 장벽이 무너지면서 한반도의 통일과 경제협력 활성화에 대한 관심이 높아지고 있다. 그러나 북한의 핵문제와 대외정책의 예측 어려움, 미국과 중국을 중심으로 한 강대국들의 대립구조 등으로 남북간의 교류협력이 어려움을 겪고 있다.

특히 북한경제성장의 정체로 남북간의 경제력 격차가 심화되면서 막대한 통일비용문제가 통일의 걸림돌로 작용할 가능성이 높다. 따라서 남북경협 활성화를 통해 경제적 · 문화적 · 정치적 교류를 활성화하고, 남북간의 공동체를 회복할 방안들이 강구되어야 할 것이다. 특히 고령으로 시간이 많이 남아있지 않은 이산가족 상봉문제, 금강산 관광과 개성공단 활성화, 추가적인 경협 활성화 방안들이 모색되어야 한다.

북한 통계는 발표기관에 따라 편차가 크고, 경제체제의 상이함 때문에 산정방식에도 차이가 있어 남북한 경제력 비교에는 한계가 있다. 그러나 미국 CIA, 한국은행, KDI, 현대경제연구원 등의 자료를 통해 남북경제력을 개괄적으로 비교해 본다[12].

미국 중앙정보국(CIA)자료에 따르면 북한의 2012년 인구는 2,472만명으로 239개 국가중 49위를 기록하고 있다. 기대수명은 69.5세로 남한의 79.5세에 비하여 10살 정도 낮다.

북한의 식량난이 심각하여 UN발표에 의하면 2010-2012년 기간중 북한 인구의 32%인 800만명이 영양실조 상태로 집계되었다.

1. 국민소득 및 대외교역 규모

2012년 북한의 국민총소득(명목GNI)은 33.5조원으로 한국의 1/38 수준으로 나타났다. 1인당 국민총소득(GNI)은 137.1만원으로 한국의 1/19 수준이었다.

〈표-1〉 북한의 경제규모 및 1인당 GNI

	북 한 (A)		한 국 (B)		B/A(배)	
	2011	2012	2011	2012	2011	2012
명목 G N I (한국 조원)	32.4 (8.0)	33.5 (3.2)	1,238.4 (5.4)	1,279.5 (3.3)	38.2	38.2
1인당GNI (한국 만원)	133.4	137.1	2,487.8	2,558.9	18.6	18.7
인 구 (천 명)	24,308	24,427	49,779	50,004	2.0	2.0

주 : ( )내는 전년대비 증감률(%)

2012년 북한의 대외교역 규모(수출+수입, 상품기준)는 68.1억달러(남북교역 제외)로 전년(63.6억달러)보다 4.5억달러 확대되었다. 북한의 교역상대국 중에는 중국이 압도적 1위를 차지해 중국의존도가 높아지는 것으로 나타났다. 북한의 대중국 무역액은 60억 1천만 달러(수출 24.8억달러, 수입 35.3억달러)로 전체교역 규모의 88.3%에 달했다.

12) 한국은행(2013), [2012년 북한 경제성장률 추정결과], 현대경제연구원(2013), [현안과 과제: 2012년 북한 1인당 명목 GDP 추정], 통계청, KOSIS 등 참조.

연도별 대중국 의존도는 2004년 48.5%, 2009년 78.5%, 2010년 83.0%, 2011년 89.1%로 높아지고 있다. 북한과의 교약액은 중국에 이어 홍콩(1.1억 달러), 러시아(0.96억 달러), 인도(0.76억 달러), 태국(0.62억 달러)순 이었다.

북한의 주요 수입 품목은 원유 등 연료 8.1억 달러, 기계류 3.2억 달러, 전기전자 3억 달러 순이었다. 반면에 주요 수출품목은 석탄 12.4억 달러, 섬유제품 4.8억 달러, 광물 3.5억 달러 순이었다.

〈표-2〉 북한의 대외교역규모(남북교역 제외)

(단위 : 억달러)

	북 한 (A)		한 국 (B)		B/A (배)	
	2011	2012	2011	2012	2011	2012
교 역 규 모	63.6 (52.3)	68.1 (7.1)	10,796.3 (21.1)	10,674.5 (-1.1)	169.8	156.7
수 출	27.9 (84.2)	28.8 (3.3)	5,552.1 (19.0)	5,478.7 (-1.3)	199.0	190.2
수 입	35.7 (34.1)	39.3 (10.2)	5,244.1 (23.3)	5,195.8 (-0.9)	146.9	132.2

주 : ( )내는 전년대비 증감률(%)

ㅁ 한편 2012년중 남북교역 규모는 전년보다 15.0% 늘어난 19.7억달러를 기록하였으며, 개성공단을 통한 반출입이 전체의 99.5%를 차지하였다.

- 우리나라에서 북한으로의 반출은 기계류(+28.2%), 전기전자제품(+16.1%)을 중심으로 전년대비 12.1% 증가
- 북한에서 우리나라로의 반입은 전기전자제품(+25.8%), 섬유류(+12.8%) 등이 늘어나면서 전년대비 17.5% 증가

〈표-3〉 남북교역 추이

(단위 : 백만달러, %)

	'05	'06	'07	'08	'09	'10	'11(A)	'12(B)	(B-A)	증감률
반 출[1)]	715.5	830.2	1,032.6	888.1	744.8	868.3	800.2	897.2	97.0	12.1
반 입[2)]	340.3	519.5	765.3	932.3	934.3	1,043.9	913.7	1,074.0	160.3	17.5
계	1,055.8	1,349.7	1,797.9	1,820.4	1,679.1	1,912.2	1,713.9	1,971.1	257.3	15.0

주 : 1) 우리나라에 대한 북한의 수입 2) 우리나라에 대한 북한의 수출

자료 : 통일부

〈표-4〉 북한의 경제활동별 국내총생산

(단위 : 한국 십억원, %)

	실 질		증감률	명 목		구성비 (2012)
	2011	2012		2011	2012	
농 림 어 업	6,035.0	6,272.2	3.9	7,429.5	7,763.6	23.4
광 공 업	7,181.3	7,272.0	1.3	11,775.3	11,914.3	35.9
광 업	2,597.2	2,618.7	0.8	4,702.5	4,636.7	14.0
제 조 업	4,571.9	4,642.9	1.6	7,072.8	7,277.6	21.9
전기 가스 수도업	1,140.9	1,159.1	1.6	1,011.6	1,175.9	3.5
건 설 업	2,193.7	2,157.7	-1.6	2,547.2	2,579.4	7.8
서 비 스 업	8,293.3	8,299.2	0.1	9,464.3	9,778.7	29.4
정 부	5,805.2	5,792.3	-0.2	6,842.3	7,061.8	21.3
기 타	2,488.4	2,509.1	0.8	2,622.0	2,716.8	8.2
(도소매 및 음식숙박)	118.9	121.5	2.2	128.0	129.8	0.4
(운 수 및 통 신)	761.1	776.0	2.0	683.4	706.1	2.1
(금융 보험 부동산)	1,608.2	1,613.2	0.3	1,810.6	1,880.9	5.7
국 내 총 생 산	24,792.9	25,117.3	1.3	32,227.8	33,211.9	100.0

2. 경제성장과 산업구조

(1) 경제성장율

2012년 북한의 실질 국내총생산(GDP)은 전년에 비해 1.3% 증가하였다. 제조업이 경공업, 중화학공업 모두 늘어나며 증가로 전환된 가운데 농림어업 등의 호조로 증가세를 보여주었다.

〈표-5〉 북한의 경제성장률 추이

(단위 : %)

'90	'95	'00	'01	'02	'03	'04	'05	'06	'07	'08	'09	'10	'11	'12
-4.3	-4.4	0.4	3.8	1.2	1.8	2.1	3.8	-1.0	-1.2	3.1	-0.9	-0.5	0.8	1.3
(9.3)	(8.9)	(8.8)	(4.0)	(7.2)	(2.8)	(4.6)	(4.0)	(5.2)	(5.1)	(2.3)	(0.3)	(6.3)	(3.7)	(2.0)

주 : ( )내는 우리나라 경제성장률

경제성장률 비교

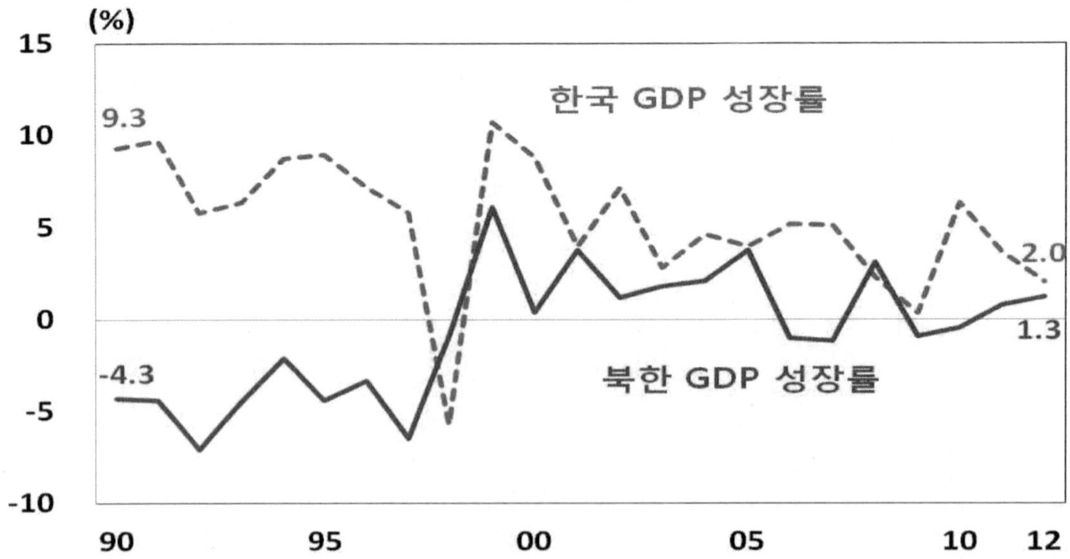

(2) 산업별 동향

농림어업은 벼, 옥수수 등 농작물 생산이 비료투입량 증대 등으로 확대되었으며, 양돈, 가금 등의 축산업 생산(+12.3%)도 늘어 전년대비 3.9% 증가 (전년 +5.3%)하였다.

□ 광업은 석탄 증산에 힘입어 전년대비 0.8% 증가 (전년 +0.9%)
- 금속광물은 전년대비 0.5% 감소하였으나 석탄이 1.2% 증가

□ 제조업은 경공업과 중화학공업 생산이 모두 증가로 전환하면서 전년대비 1.6% 증가 (전년 -3.0%)
- 경공업은 식료품, 담배 등이 크게 늘면서 전년대비 4.7% 증가 (전년 -0.1%)
- 중화학공업은 화학제품, 운수장비 등이 늘면서 전년대비 0.2% 증가 (전년 -4.2%)

□ 전기가스수도업은 수력 및 화력 발전이 늘어 전년대비 1.6% 증가 (전년 -4.7%)

□ 건설업은 도로건설 등 토목건설이 줄어 전년대비 1.6% 감소 (전년 +3.9%)
- 건물건설은 제철 및 시멘트 공장 신축 등으로 3.4% 증가하였으나 토목건설은 9.9% 감소

□ 서비스업은 정부서비스(-0.2%)가 줄었으나, 운수 및 통신(+2.0%), 도소매 및 음식숙박(+2.2%) 등이 늘어 전년대비 0.1% 증가 (전년 +0.3%)

〈표-6〉 북한의 산업별 성장률

(단위 : %)

	북한			한국	
	2010	2011	2012	2011	2012
농림어업	-2.1	5.3	3.9	-2.1	-0.6
광공업	-0.3	-1.4	1.3	7.2	2.2
광업	-0.2	0.9	0.8	-4.8	1.3
제조업	-0.3	-3.0	1.6	7.3	2.2
(경공업)	(-1.4)	(-0.1)	(4.7)	(4.1)	(-0.4)
(중화학공업)	(0.1)	(-4.2)	(0.2)	(7.9)	(2.7)
전기가스수도업	-0.8	-4.7	1.6	2.9	2.8
건설업	0.3	3.9	-1.6	-4.3	-1.6
서비스업	0.2	0.3	0.1	2.6	2.5
(정부)	(0.2)	(0.1)	(-0.2)	(1.4)	(2.2)
(기타[1])	(0.3)	(0.6)	(0.8)	(2.8)	(2.6)
국내총생산 (GDP)	-0.5	0.8	1.3	3.7	2.0

주 : 1) 도소매 및 음식숙박, 운수 및 통신, 금융보험부동산 등을 포함

(3) 산업구조

□ 2012년중 북한의 산업구조를 보면, 농림어업 및 전기가스수도업의 비중(명목GDP 대비)이 전년에 비해 높아졌으나 광공업 비중은 하락

- 농림어업, 전기가스수도업은 전년대비 각각 0.3%p, 0.4%p 상승한 23.4%, 3.5%를 기록
- 광공업은 35.9%로 전년대비 0.6%p 하락
  ㅇ 제조업이 전년(21.9%)과 동일했으나 광업(14.0%)이 전년보다 0.6%p 하락
- 서비스업은 29.4%로 전년수준을 유지

〈표-7〉 북한의 산업구조[1)]

(단위 : %)

	북한			한국	
	2010	2011	2012	2011	2012
농림어업	20.8	23.1	23.4	2.7	2.6
광공업	36.3	36.5	35.9	31.5	31.3
광업	14.4	14.6	14.0	0.2	0.2
제조업	21.9	21.9	21.9	31.3	31.1
(경공업)	(6.6)	(6.5)	(6.7)	(4.9)	(4.8)
(중화학공업)	(15.3)	(15.4)	(15.2)	(26.4)	(26.2)
전기가스수도업	3.9	3.1	3.5	1.9	2.1
건설업	8.0	7.9	7.8	5.9	5.8
서비스업	31.0	29.4	29.4	58.0	58.2
(정부)	(22.4)	(21.2)	(21.3)	(10.1)	(10.5)
(기타[2)])	(8.6)	(8.1)	(8.2)	(47.9)	(47.8)
국내총생산	100.0	100.0	100.0	100.0	100.0

주 : 1) 명목GDP에서 차지하는 각 산업별 생산액의 비중
2) 도소매 및 음식숙박, 운수 및 통신, 금융보험부동산 등을 포함

제 2 절 한국협동조합의 역할과 과제

우리나라는 2차 세계대전이후 식민지로부터 독립한 국가들 중에서 짧은 기간 내에 빈곤의 덫으로부터 탈출하고 민주주의를 달성한 몇 안 되는 나라이다. 빈곤의 덫으로부터 탈출하기 위하여 허리띠를 졸라매고 저축을 늘렸고, 정부는 세계시장에 경쟁할 수 있는 대표기업에게 가능한 모든 자원을 몰아주었으며, 국민들은 자신들의 소중한 권리마저 유보하는데 적지 않게 동의하였다[13].

이렇게 국민적 차원의 자원동원 메카니즘을 통하여 고도성장에 성공한 이후에 한국사회는 새로운 사회경제적 과제에 직면하고 있다. 세계화와 지식기반 경제시대에 지속적인 성장동력을 확보하여 구조적 실업문제에 대응하는 일, 기업규모간 · 일자리간 · 지역간 구조적 격차와 양극화의 문제에 대처하는 일, 기후변화와 환경악화 문제에 효율적으로 대응하는 일 등이 우리사회가 직면한 주요한 시대적 과제로 제시되고 있다.

협동조합은 자본주의가 등장한 이후 각종 시대적 과제를 해결함에 있어서 효과적인 조직적 대응 방법의 하나였다고 평가될 수 있다. 자본주의 형성 및 발전 초기에 시장이 발전하지 않은 부문과 지역에서 담보가 부족한 경제적 약자들에게 '신뢰'를 기반으로 신용을 창출한 혁신적 형태의 기업이었다.

독과점시장구조로 경제적 약자가 피해를 볼 뿐만 아니라 거래가 활성화되기 어려운 곳에서는 독과점을 제어하는 경쟁척도(competitive Yardstick)기능을 수행하는 기업이었으며, 지역사회의 개발을 매개하고 지역주민의 민주주의 역량과 연대의식을 함양하는데 기여하는 사회적 자본(social capital)의 창출 기업이었다.

우리나라의 협동조합도 고도성장기에 빈곤 탈출이라고 하는 시대적 과제를 해결하는데 적지 않게 기여해왔다고 할 수 있다. 그러나 고도성장의 방식이 정부 주도의 자원동원형과 자원의 편중배분형이었기 때문에 농협, 신협, 새마을금고 등도 이러한 정부 주도의 경제개발정책의 주요한 집행 파트너로서의 역할에 치중되었고, 주로 고리대 정리를 위한 금융협동조합의 기능에 편중되어 발전되어 왔다.

---

13) 이하의 내용은 장 종익(2013), "한국협동조합의 역할과 과제", [2013년 한국사회경제학회 여름 학술대회 발표논문집] 등을 요약 · 정리하였음.

빈곤으로부터 탈출한 우리나라가 사회구성원의 삶의 질을 향상시키는 방향으로 사회경제구조를 혁신해야하는 시대적 과제에 직면한 현 단계에서 협동조합부문 또한 새로운 역할과 과제가 요구되고 있다. 2012년 12월 1일부터 시행된 협동조합기본법은 이러한 협동조합부문의 새로운 시대적 역할과 과제를 수행할 수 있는 법적인 전환점으로 볼 수 있다.

이 글에서는 협동조합부문이 우리 사회의 시대적 과제를 해결하기 위하여 어떠한 역할을 할 수 있는지를 이론적으로 검토하고, 협동조합부문이 이러한 역할을 효과적으로 수행하기 위해서는 어떠한 과제가 해결되어야 하는지를 제시한다. 이를 위하여 외국 협동조합 조직 및 제도의 역사적 발전과정으로부터의 시사점을 활용한다.

1. 한국사회의 시대적 과제와 협동조합의 역할

(1) 압축 고도성장의 빛과 그림자, 그리고 정부 역할의 재정립

한국은 2차 세계대전이후 식민지로부터 독립한 국가들 중에서 짧은 기간 내에 고도성장과 민주화를 동시에 이룩한 몇 안 되는 나라이다. 그러나 1인당 국민소득 2만 달러가 넘은 한국인들의 삶의 질은 그러한 외형적인 정치경제적인 성과에 미치지 못하고 있는 실정이다. 세계적으로 가장 높은 자살율과 가장 낮은 출산율이 이를 웅변적으로 나타내주는 지표라고 할 수 있다.

장시간 노동 관행은 소득수준의 향상만큼 줄어들지 않고 있고, 일자리는 정규직과 비정규직이라고 하는 차별적 이중구조로 고착화되어 가고 있어서 블랙홀이 된지 오래이다. 더욱이 괜찮은 일자리의 수는 줄어들고 있고, 고용의 안정성이 낮은 자영업자의 수는 늘어나고 있으며, 재벌과 중소기업 사이의 갈등과 격차, 수도권과 비수도권과의 격차는 더욱더 벌어지고 있다.

이러한 구조적인 문제들은 우리나라의 고도성장방식의 사회경제구조적 귀결로 비롯된 것임과 동시에 세계화와 정보통신기술혁명 등의 환경변화에 대한 국가 차원의 전략적 대응의 미흡에서 비롯되었다고 할 수 있다. 이 두 가지 문제를 차례로 살펴보자, 우리나라의 고도성장방식은 성장전략 측면에 볼 때, 정부의 신용할당을 정책수단으로 하고, 수출주도전략을 규율의 수단으로 하여 국가 주도의 선별적 산업정책을 통하여 달성되었다.

이러한 세 가지 요소를 조절하는 중요한 메커니즘이 국가 주도의 중앙집권적 조절 메커니즘이었다고 할 수 있다. 또한 제도적 측면에서 볼 때, 농지개혁을 통한소유권의 평등한 배분과 전

근대적 지주계급 및 신분제 유제의 철폐와 기회의 균등화, 그리고 행정부, 대기업, 은행, 언론사 등의 일자리를 배분함에 있어서 입사시험이라고 하는 객관적 평가방식에 입각한 경쟁체제의 도입이 성장을 촉진하였다.

그러나 국가 주도의 자원동원 및 편중 배분전략은 재벌의 확대 강화를 가져오고, 경제성장과 재벌의 확대 강화는 금융 및 자본의 자유화를 추동하도록 하였으며, 자본에 대한 정부의 규율기능을 무력화시키는 방향으로 작용하여 기존의 조절 매커니즘이 한계에 봉착하게 된 것이다. 또한 입사경쟁시스템은 교육부문에서 과도한 입시경쟁을 초래하여 일과 거래의 조직화 방식에 있어서 경쟁과 협동의 조화를 깨트리는 부작용을 초래하였다.

그러므로 정부는 시장이 대폭 확장된 상황에서 새로운 역할을 수행해야하는 과제에 직면하게 된 것이다. 과거에는 정부가 기술수준이 높은 다른 나라의 경쟁자로부터 국내 기업을 보호하고 지원하는 일과 시장을 조성하는 일에 치중한다면, 이제는 독과점행위를 방지하고, 공공재, 정의 외부효과, 부의 외부효과, 정보의 비대칭성문제 등 각종 시장의 불완전성문제를 해소하기 위하여 각종 제도와 조직을 구축하고 장려하는 일에 초점을 맞출 필요가 있다.

또한 시장경쟁에서 패배한 사회구성원에 대하여 소득을 재배분하고 시장대응역량을 향상시키는데 도움을 주는 일, 사회의 다양한 구성원 및 조직 사이에서의 상호작용과정에서 발생할 수 있는 이해관계의 대립 및 분쟁을 조정하는 일 등에 보다 집중할 필요가 있다. 이러한 정부의 새로운 역할은 과거와 같이 강력한 정부의 중앙집권적 의사결정방식만으로는 달성되기 어렵고, 시장에서의 다양한 경제조직과 시민사회에서의 다양한 형태의 조직의 발전을 통하여 보다 효과적으로 수행도리 수 있다. 그리고 우리사회의 과도한 경쟁의 비효율을 보정하는 협동의 문화를 장려하는 방향으로 제도적 · 정책적 노력이 기울여질 필요가 있다.

(2) 협동조합을 통한 시장의 불완전성문제에 대응

먼저 시장의 불완전성문제를 해소하기 위한 과제에서 협동조합의 역할을 살펴보자. 전통적으로 협동조합은 시장에서의 독과점문제에 대한 경제주체들의 자발적인 대응방식의 하나로 평가되어 왔다. 19세기 말에 서구에서 발전해온 각종 농산물 판매 및 가공 협동조합은 구매자독과점기업의 수탈 행위에 대응하기 위한 대표적인 사례라고 할 수 있다.

네덜란드의 각종 원예농협들은 세계적인 경매시스템의 구축을 통하여 농산물구매기업들의 담합 등 독과점행위에 효과적으로 대처하였으며, 미국, 덴마크, 네덜란드 등의 낙농협동조합들은 낙농가공기업들의 독과점행위에 대응하기 위하여 농민들이 자발적으로 설립된 성공적인 사례라고 할 수 있다. 이러한 농업협동조합들은 대부분 성공적이었으며, 시장점유율이 매우 높은 효율적인 기업으로 발전해왔다.

서구의 소비자협동조합들도 19세기 중후반에 시장제도가 거의 구축되지 않은 생필품 소매시장에서의 지역독과점 문제에 소비자들이 대응하기 위하여 설립된 조직들이다. 대표적인 영국의 소비자협동조합들은 초창기 이러한 지역독과점상인들의 부당한 가격부과 행위, 품질 및 중량의 속임수 행위 등에 대응하여 이용고배당(patronage refund)이라는 방식을 통하여 소비자조합원들의 조합사업 이용률을 높이고 도매부문까지 진출하여 소배시장부문의 혁신을 선도하는 기업으로 발전하였다.

이러한 독과점 행위에 대응하기 위한 소비자협동조합들 중에서 핀란드의 소비자협동조합은 최근에 40%의 시장점유율을, 노르웨이는 25%의 시장점유율 차지하고 있다. 특히 이탈리아의 레가협동조합연합회는 소비자협동조합(Coop Italia)의 설립과 발전뿐만 아니라, 지역의 소규모 소매상인들의 협동조합(CONAD)을 설립하여 대규모슈퍼유통체인에 대응할 수 있도록 하였다. 프랑스의 Intermarche와 Lecierc, 독일의 Rewe와 Edeke도 소매상들의 성공적인 도매협동조합들이다.

다음으로 정보의 비대칭성문제로 인한 시장의 구축(驅逐)현상에 대한 협동조합적 대응방식의 유용성이다. 정보의 비대칭성문제로 인한 거래의 미발달 문제를 일찍이 해결한 협동조합은 신협이라고 할 수 있다.

저축할 자금이 없었고 대금업자로부터 고율로 자금을 빌릴 수밖에 없었던 18세기 중엽에 이러한 악순환으로부터 벗어나기 위하여 농촌과 도시의 사회적 자본(social capital)의 형성논리와 박애정신을 지니고 있는 일부 부자들의 노력이 상호 결합하여 설립한 것이 바로 독일의 신용협동조합이었다.

신협조합원간의 밀착성 및 신뢰의 형성이 투자자소유은행이 가난한 자에 대하여 대출을 기피하는 원인을 해소하는데 기여하였고, 예금보험기능이 부재하였던 시기에 금융기관으로서의 신협에 대한 예금자의 소유권 확립이 신협에 대한 잠재적 예금자들의 불신을 크게 완화시켰다.

고객과 은행사이에 수신 및 여신서비스의 거래에 있어서 정보의 비대칭성이 큰 문제로 작용하거나 장기계약거래가 이루어질 때, 고객과 기업사이의 신뢰관계의 형성이 매우 중요하게 된다. 특히 물적 담보가 매우 부족할 때에는 사회적 자본이 보완적 역할을 하게 된다. 그런데 이러한 신뢰 관계는 상호성(mutuality)에 의존하며, 이러한 상호성은 고객에 의한 기업 소유권의 확보 여부에 크게 의존한다.

소위 고객에 의한 신협의 소유권 확보가 당시 금융거래에 있어서 정보의 비대칭성문제를 해소하는데 크게 기여한 것이다. 신협은 조합원들이 소유자이고, 이러한 설립조합원들이 서로에 대하여 매우 잘 알 수 있는 범위로 조합을 구성함으로써 담보가 거의 없는 저소득자에게 신용을 제공함에 있어서 발생하는 거래비용, 즉 차입자에 대한 심사문제, 사후 감동문제, 미상환의 가능성문제 등을 해소하는데 크게 기여하였다.

이러한 신뢰관계 또는 사회적 자본의 형성을 통하여 대부자의 잠재적인 기회주의적 행동을 효과적으로 예방할 수 있었다. 대부분의 신용협동조합이 설립초기에 공동유대(common bond)를 강조하는 것은 바로 이러한 이유 때문이었다. 이러한 신협의 장점으로 투자자소유은행이 기피하는 소규모 기업이나 가계에 대한 대출시장에서 신협이 크게 성장할 수 있었다.

다음으로 친환경 농식품의 거래를 조직화하는데 특화한 우리나라의 생협도 정보의 비대칭성문제를 해결하는데 성공한 대표적인 사례라고 할 수 있다. 친환경농식품이 지니고 있는 안정성 및 환경보호라고 하는 차별적 속성은 육안으로 확인하거나 섭취를 통하여 확인하기가 매우 어려운 특징을 지니고 있다.

즉, 이러한 제품은 생산자와 소비자 사이에 정보의 비대칭성이 매우 높은 신뢰재(credence good)적 특성을 지니고 있다. 친환경농식품의 차별적 속성은 생산과정에서 형성되기 때문에 이 속성이 유지되고 있는지에 대하여 생산자는 잘 알고 있는 반면에 이를 구매하는 개별 소비자는 직접적으로 전혀 알 수 없는 처지에 놓이게 된다.

이러한 특징으로 인하여 비인격적 거래(impersonal transactions)에 있어서 생산자는 자신이 생산한 친환경 농식품의 진위 여부를 소비자에게 전달하여 확인시킬 수 있는 방법이 용이하지 않거나 투자수익의 극대화를 목표로 하는 주식회사방식의 생산기업이나 유통기업은 품질을 속여 이윤을 추구할 유인이 강하다고 할 수 있다.

또한 친환경농식품의 생산은 일반 농산물의 생산보다 더 많은 비용이 소요되고 재배과정에서의 위험성이 높을 뿐만 아니라 장기적인 노력과 투자를 통하여 생산성의 회복이나 생산의 안정을 이룩할 수 있다. 특히 유기농업이나 무농약농업의 장기투자 혹은 투자성과의 이연적 특성은 수요처가 명확히 가시화되지 않은 상황에서는 농민들로 하여금 장기투자를 기피하게 만들고 결국 친관경농산물 거래의 활성화를 저해하게 된다.

이러한 정보의 비대칭성 및 거래상의 높은 위험성의 문제를 우리나라 생협이 해결하면서 친환경농식품의 거래가 크게 활성화되었다. 생협은 소비자와 생산자의 조직화를 통하여 인격적 거래로 출발하여, 점차 소비자 조합원을 확대하고 생산자의 조직화를 촉진하면서 신뢰적 거래관계를 구축하여 정보의 비대칭성문제를 해결한 것이다.

소비자협동조합은 주식회사와 달리 소비자와 투자자가 일치하기 때문에 품질을 속이면서 투자수익을 높일 유인이 높지 않기 때문이다. 이러한 품질에 대한 정보의 비대칭성문제는 의료, 육아, 돌봄 서비스 등 서비스산업이 발전하면서 크게 부각되고 있는 문제라고 할 수 있어 협동조합의 장점과 역할이 발휘될 분야는 크게 증가할 것으로 전망된다.

(3) 세계화에 따른 구조적 실업문제에 대한 협동조합적 대응

1990년대 이후 세계화와 정보통신기술혁명이 급격히 진행됨에 따라 한 산업 내 여러 공정이 일국에서 이루어졌던 방식에서 요소투입비용과 생산성 및 전략적 시장의 위치 등의 요인에 따라 세계에 여러 나라로 분산 · 배치할 수 있게 되었다. 이에 따라 부의 창출과 고용 창출 사이에 공간적 분리 현상이 확산되고 있다.

그리하여 선진국 경제권에서도 저기술 산업이 퇴조하자 미숙련 노동자에 대한 수요가 급격히 감소하면서 임금하락과 실업의 증가가 발생하고 있다. 이러한 추세는 한국에서도 진행되고 있다. 재벌 대기업의 해외투자와 글로벌 생산네트워크는 중소기업과 고용의 양극화를 유발하고 있는 것으로 분석되고 있다.

이러한 세계화의 진행 결과, 특정 지역에서는 전통적 산업이 크게 쇠락하고 이에 따라 금융, 유통, 서비스산업마저 동반 쇠락하는 현상으로 이어지면서, 지역 자체가 슬럼화되는 현상마저 발생하고 있다. 이러한 상황 하에서는 구조적 실업이 만연하게 된다. 이러한 실업 하에서는 저소득계층의 기본적인 복지서비스도 충족되지 못하는 경우가 발생할 수 있다. 이러한 지역의 장기적 실업의 문제에 대응함에 있어서 협동조합은 유용한 조직적 수단으로 활용도리 수 있다.

첫째 노동자협동조합을 통한 대응이다. 노동자협동조합은 질 높은 고용의 안정적 유지를 목표로 운영되기 때문에 노동자들은 제품의 품질 향상과 비용 절감을 위한 노력을 보다 더 기울일 유인이 높다고 할 수 있다. 또한 노동자조합원들은 안정적 고용을 목적으로 노동자협동조합에 투자하기 때문에 공개주식회사와 달리 단기적 수익 극대화의 유인이 적고 장기적인 발전에 투자하는 유인이 높은 편이라고 할 수 있다.

몬드라곤의 협동조합복합체는 이를 보여주는 대표적인 사례로 잘 알려져 있다. 또한 제조업, 건설업, 도소매 등 다양한 산업분야에서 노동자생산협동조합이 발전해온 이탈리아의 경우, 1985년에 제정된 마르코라법(Marcora)에 힘입어 노동자협동조합이 지역에서 고용의 유지와 확대에 기여한 사례라고 할 수 있다.

이탈리아정부는 이법에 의하여 산업구조조정으로 고용과잉상태인 노동자, 도산위기에 처한 기업의 노동자 중에서 노동자협동조합을 만드는 노동자들에게 출자금의 3배에 해당하는 자금을 정부가 보조하도록 하는 정책을 실시함으로써 노동자협동조합의 설립의 저해요인 중의 하나인 자본금 조달의 문제를 해결하는데 기여하였다.

둘째 소규모사업자들의 협동조합을 통한 대응이다. 소상인, 소규모 음식업자, 소규모 숙박업자, 운송자영업자, 공인들의 협동조합인 소사업자협동조합(small entrepreneurs' cooperative)은 독립적인 사업체 지위는 유지하면서 공급체인의 전방(판매, 가공, 홍보, 수출 등) 혹은 후방단계(구매, 물류, 제품개발, 스토아 매니지먼트 등)의 사업 활동에 공동으로 투자하여 운영하는 전략적 제휴 혹은 프랜차이즈 시스템이라고 할 수 있다.

이러한 소사업자협동조합은 시장 및 기술환경의 급격한 변화의 시기에 대규모기업의 경쟁압박의 희생양으로부터 벗어나 규모의 경제 및 범위의 경제의 실현을 통하여 비용을 절감하고, 제품 및 서비스의 혁신 및 시장 공동 개척을 도모할 수 있음과 동시에 소사업자의 지위를 유지함으로써 "혁신"을 통한 적응과 빈부 격가 등을 완화할 수 있는 전략이라고 할 수 있다.

대표적인 사례는 유럽 독립적인 소매업자들의 협동조합(UGAL)인데, 이는 유럽 내 32만 5천명의 소매상들이 가입한 31개 소매상협동조합의 연합체로서 총 3백 59만 명의 종업원을 보유하면서 카르푸 등 대규모 슈퍼체인과의 경쟁에서 희생되지 않게 만드는 역할을 수행하고 있다. 이밖에 미국의 건축자재소매상들의 협동조합(AMAROK Coperative), 프랑스의 안경판매상들의 협동조합(Cooperative Optic), 핀란드의 의류소매상들의 협동조합(Texmoda Fashion Group), 미국의 제과점들의 협동조합(Valley Bakers Cooperative Association)등이 잘 알려져 있다.

셋째 신용협동조합 또는 협동조합은행을 통한 대응이다. 신협은 지역사회에서 고용의 창출과 유지에 크게 기여할 수 있는 장점이 있다. 지역을 기반으로 하는 신협은 투자자소유은행에 비하여 사업 및 재무적 위험도가 낮은 편이다. 그 이유는 두 가지로 요약될 수 있다.

우선 ① 신협의 이용자가 소유자이기 때문에 신협은 투자자소유은행과 달리 배당의 극대화를 위한 이윤극대화의 압력에 놓여 있지 않기 때문에 고수익 · 고위험의 투자포트폴리오를 기피할 수 있다. ② 신협은 자로 지역에 강한 기반을 두고 있기 때문에 고객의 위험정도에 대한 정보의 비대칭성문제에 덜 노출될 수 있다.

19세기 신용의 결핍의 시대에서 발전한 협동조합은행이 이제는 신용의 과잉인 시대에서도 여전히 성장하고 있는 비결은 고객과의 지속적인 거래와 신뢰 형성(relationship banking)을 통하여 지역사회의 주민들에게 맞춤형 종합금융 서비스를 제공하고 있기 때문이다. 이러한 장점이 가장 잘 발휘되는 사례는 캐나다 신협이라고 할 수 있다.

캐나다 신협은 일반은행들이 수익성이 낮다는 이유로 지점을 폐쇄해온 소규모 농촌지역에서 지속적으로 사업을 영위해왔다. 이러한 노력들을 통하여 캐나다 신협의 조합원 수는 1975년에 520만 명에서 2001년에 1천 80만 명으로 증가하였고, 자산규모도 확대되어왔다.

또한 캐나다의 퀘벡주를 기반으로 하는 데잘뎅(Desjardins) 신협그룹은 지역사회에 수익을 환원함으로써 지역경제 활성화에 기여하고 문화와 복지에 대한 지원을 통하여 낙후된 지역사회를 개선하는데 기여하고 있다. 데잘뎅 신협그룹은 2005년도에 기부금, 장학금, 상호부조 등에 총이익금의 43%를 사용하여 지역사회의 활성화를 도모하였다.

데잘뎅 신협그룹은 지역투자기금을 조성하고 지역기업을 적극적으로 지원하며, 퀘벡에서 소유해야만 한다고 생각되는 대규모 기업에 대한 투자 등을 담당하는 자회사를 설립하여 지역경제 발전을 도모하였다. 또한 데잘뎅 신협그룹은 1900년대 설립이후부터 협동조합과 비영리조직의 발전에 큰 기여를 해왔다.

일부 인민금고들은 조합원 배당이외의 잉여금 일부를 가지고 사회적 혹은 지역공동체 기금을 설립해왔다. 데잘뎅 신협그룹의 이러한 노력을 통하여 퀘벡주에는 소비자협동조합과 주택협동조합, 노동자협동조합뿐만 아니라 최근에는 연대협동조합(solidarity cooperatives)이 발전해왔다. 이렇게 신협이 지역사회의 고용을 유지하기 위해 인구 과소지역에 지점을 유지하고, 지역사회의 개발을 위한 각종 투자 활동을 할 수 있었던 것은 강력하고 전문화된 서비스를 제공하는 협동조합중앙은행이 존재하였기 때문이다.

마지막으로 사회적 협동조합 혹은 연대협동조합을 통한 낙후된 지역사회의 고용 창출과 사회복지서비스의 제공이다. 이탈리아의 사회적 협동조합과 캐나다 퀘벡주의 연대협동조합은 대표적인 사례들이라고 할 수 있다. 전통적으로 가정이 사회적 복지를 책임져 온 이탈리아는 1990년대 초 경제성장의 악화로 가정의 복지를 담당했던 여성들이 노동시장에 진출하였고 노령 인구가 늘어나면서 실업문제를 비롯한 사회적 서비스의 수요가 늘어났다.

정부가 담당해오던 전통적인 현금 급여 정책이 한계에 부딪치면서 제3부문의 자율적인 사회서비스의 역할이 부활하였다. 조합원의 민주적 참여와 지역사회의 다양한 이해관계자들에 의한 연대적 기여라고 하는 원리에 입각하여 전통적인 협동조합과는 달리 유금근로자, 자원봉사자, 서비스 수혜자, 후원자, 공공부문 등이 조합에 참여하도록 하는 혁신적 형태의 협동조합인 사회적 협동조합이 탄생한 것이다. 1991년 사회적 협동조합법의 제정으로 사회적 협동조합은 2006년 말 기준 7천 여개가 넘고 여기에 종사하는 유급직원은 25만 여 명에 달한다.

캐나타 퀘벡주도 지역의 과소화, 보육 및 노인케어활동의 사회화, 취약계층의 일자리 창출 문제에 대응하기 위하여 1997년 기존의 협동조합법의 개정을 통하여 연대협동조합을 도입하였다. 캐나다 퀘벡에서 논의되어온 연대협동조합은 다음과 같은 측면에서 이탈리아의 사회적 협동조합 등과 크게 다르지 않다. 1997년부터 2007년까지 479개의 연대협동조합이 설립되었고 2008년 기준 실제로 운영되고 있는 조합 수는 모두 328개로 알려지고 있다.

(4) 사회적 자본 창출과 협동조합

사회적 자본(social capital)은 지역사회의 구성원들이 가족이외의 사람들과 협동할 수 있는 능력을 일컫는다. 비교적 최근의 사회과학적 연구들에 의하면 이러한 사회적 자본은 공공재의 제공에 기여하고, 경제성장에 기여하는 것으로 분석되고 있다. 한번 형성된 신뢰와 협동의 장점에 대한 믿음은 지역사회에서 가족이나 사회적 참여활동을 통하여 세대 간에 걸쳐서 이전되기 때문에 이러한 사회적 자본은 오랫동안 지속되는 것으로 알려지고 있다.

이러한 사회적 자본은 현존하는 부와 가치를 자신들에게 유리한 방향으로 재배분하도록 하기 위하여 활동되는 사회적 관계망(social network)과는 차이가 있다. 새로운 부와 가치를 창출하는 생산과 거래에 있어서 긍정적으로 작용하는 신뢰로서, 이는 특정한 지역사회 내에서의 불특정 타인에 대한 일반적인 신뢰를 의미한다. 사회적으로 유익한 이러한 사회적 자본은 여러 가지 경로를 통하여 생겨날 수 있는데, 다양한 시민조직과 협동조합에 대한 참여활동을 통하여 형성될 수 있다.

협동조합은 기존의 혈연, 학연, 지연이라고 하는 사회적 관계와 달리 주체적 시민으로서 1인 1표의 의사결정원리에 입각하여 다른 시민들과의 사회적 관계를 형성하고 이를 바탕으로 협동의 이익을 창출하는데 활용되어온 조직이다. 유럽에서 여성이 참정권을 획득하기 이전부터 성적 · 종교적 차별 없이 민주주의가 관철된 조직이었다.

또한 협동조합에의 참여활동은 한 지역 내에서만 머무른 것이 아니라 동종협동조합과의 연합조직의 결성, 더 나아가 이종 협동조합과의 연대를 통하여 사회 전체의 신뢰관계를 구축하는데도 기여하였다. 협동조합이 오랫동안 지향해온 자조, 자기책임, 민주주의, 평등, 형평, 연대 등의 가치와 정직, 공개, 사회적 책임, 타인에 대한 배려 등의 윤리적 가치는 이러한 신뢰적 관계를 형성하는데 중요한 매개적 요인으로 작용한다고 할 수 있다.

오늘날 비인격적 거래의 세계적 차원에서의 증가에 따른 사회적 자본의 빈곤화 현상이 가중되고 있는 현실에서 사회적 자본의 창출에 기여하는 협동조합의 역할이 주목되고 있다. 우리나라의 경우에도 지위획득을 위한 과다한 제로섬 게임경쟁에 함몰되어 있는 교육의 문제, 재벌기업과 중소기업의 대립문제, 정규직과 비정규직의 대립문제, 극한적 정치적 대립문제 등을 해소하는데 어려움을 겪고 있는 이유의 근저에는 이러한 사회적 신뢰의 빈곤문제가 자리 잡고 있다. 협동조합을 통한 자조와 참여활동, 그리고 연대적 지원 활동은 지역사회에서 장기적으로 사회적 신뢰를 높이고 우리 사회가 보다 따뜻한 연대적 사회로 발전하는데 기여할 수 있을 것이다.

2. 한국 협동조합의 발전과정과 현 단계 특징

(1) 개발연대 협동조합의 양적 성장과 질적 퇴행

그렇다면 우리나라의 협동조합부문은 이러한 사회경제적 문제의 해결에 얼마나 기여해 왔다고 평가할 수 있는가? 오늘날 우리나라의 협동조합은 일제 총독부가 설립한 금융조합과 어업조합을 물적 기반으로 하는 농협과 수협, 고도 성장기에 민간이 자발적으로 설립한 신협과 새마을금고, 1990년대 이후에 소비자들이 자발적으로 설립한 소비자생활협동조합, 그리고 최근에 설립되기 시작한 노동자생산협동조합 및 협동조합형 사회적 기업 등으로 나누어 볼 수 있다.

〈표-8〉 협동조합관련 법의 발전과정

법률명칭	법제정일	소관부처
농업협동조합법	1957. 2 (일제하 연원)	농림수산식품부
중소기업협동조합법	1961. 12	중소기업청
수산업협동조합법	1962. 1 (일제하 연원)	농림수산식품부
엽연초생산협동조합법	1963. 5	농림수산식품부
신용협동조합법	1972. 8	금융감독위원회
산림협동조합법	1980. 1 (일제하 연원)	산림청
새마을금고법	1982. 12	행정안전부
소비자생활협동조합법	1999. 2	공정거래위원회
협동조합기본법	2011 .12	기획재정부

물적인 측면에서 보면 농협이 가장 규모가 크다. 1961년 8월에 탄생한 종합농협은 1907년에 설립된 금융조합을 전신으로 하는 농업은행에 해방이후에 설립된 구 · 판매농협이 흡수된 양상이었다. 농협중앙회는 불특정다수를 대상으로 하는 비협동조합적 금융사업을 통하여 자금을 조달하고 수익을 올려 조합의 상호금융사업의 종자돈을 마련하고 회원조합을 관리해 왔다.

농협은 1961년 발족 이후 자산과 조직 규모 면에서 비약적인 성장을 이룩하였다. 회원조합이 취급하고 있는 상호금융의 총수신 평잔액은 168조원으로 중앙회 은행 금융 총수신 평잔액 124조원을 넘어서고 있다.

이처럼 정부가 고도성장시기에 개발기구로서 운영해온 농협은 사업면에서 가장 큰 규모를 지니고 있지만 협동조합의 정체성 측면에서 매우 취약하다고 할 수 있다. 즉, 협동조합의 민주적 운영, 조합원 참여에 의한 사업방식 개발, 이종 협동조합과의 연대를 통한 지역사회에의 기여 등 협동조합의 가치와 원칙에 기초한 운영이 미흡한 상태라고 할 수 있다.

관제 성격이 강한 농협 및 수협이 정부 주도로 정비되던 1960년대에 카톨릭이 중심이 되어 자발적으로 신용협동조합운동 전개되었다. 1972년에 신협법이 제정되어 이를 근거로 1973년 277개 신협을 회원으로 하는 신용협동조합연합회가 공식 발족하였다. 한편, 1963년 재건국민운동본부를 중심으로 새마을금고 설립운동을 전개하였는데, 1982년 내무부 (현재 행정안전부)를 주무관청으로 하는 새마을금고법의 제정에 근거하여 새마을금고와 새마을금고연합회를 별도로

운영해오고 있다. 그러나 1980~90년대 국가경제가 급격히 발전하며 은행이 성장하게 되고, 이들과 경쟁이 격화되면서 신협과 새마을금고는 협동조합 고유의 장점을 발휘하는 전략을 개발하지 못한 채 부실이 발생하게 되었다. 특히 신협은 IMF 경제위기과정에서 1,666개 신협에 경영위기가 발생하였으며, 그 결과 433개 신협이 해산 또는 청산하게 되었고, 결국 신협은 예금보호공사로부터 공적자금을 받게 되고, 금융기관의 관리감독을 받게 되었다.

우리나라 신협과 새마을금고, 그리고 농협의 주 사업이었던 상호금융사업은 선진국의 신용협동조합은행처럼 자본주의발전 초기에 금융배제층에 대한 신용의 제공이라고 하는 기능을 수행해온 협동조합이라고 할 수 있다. 그러나 1990년대 이후에 세계화와 정보통신기술혁명이라고 하는 시장 및 기술 환경의 급격한 변화와 금융시장에서의 경쟁의 격화에 직면하게 되었다.

신용협동조합은 금융배제층에 대한 신용의 제공이라고 하는 초기 미션의 중요성은 낮아지고, 보다 저렴하고 다양한 금융서비스의 제공, 지역사회의 지속적인 발전에 기여하는 지역개발금융으로서의 기능, 새로운 협동조합의 설립과 운영을 위한 지원금융이라고 하는 새로운 미션에 직면하게 되었다.

(2) 1900년대 이후 새로운 협동조합의 약진

우리나라가 1960~80년대에 고도성장을 달성하여 1인당 소득수준이 1만 달러에 도달한 1990년대에 소비자생활협동조합, 노동자생산협동조합 등 새로운 협동조합이 시민들의 자발적인 노력으로 설립되어 발전해오고 있다. 오늘날 한국에서 활동하고 있는 소비자생산협동조합은 생활재 공동구매 협동조합, 대학생활협동조합, 의료서비스 공동구매 협동조합, 육아서비스 공동구매 협동조합 등 네 가지 종류로 나누어진다.

우리나라의 소비자공동구매협동조합은 일제하부터 시작되어 간헐적이고 특정 지역에 한정되어 설립된 이후 사업체로서의 생명을 우지하지 못하고 사라진 경우가 대부분이다. 그러나 1980년대 후반에 유기농산물의 공동구매사업에 특화한 생협조직들이 최근까지 가장 대중적 규모로 확대되어 발전하고 있다.

한 살림, iCOOP생협, 두레생협, 여성민우회생협 등 네 갈래의 생협들은 2011년 말 현재 공급액이 6,137억원에 달하고 조합원은 52만 명에 이른다. 전국에 122개의 단위생협들이 조직되어 활동하고 있는 네 갈래의 생협들은 각각 연합사업조직을 운영하고 있다. 1998년에는 조합원 3만 여명에 공급액 165억 원에 불과하였으나, 이러한 생협들이 정부나 외부의 지원 없이 지역 소비자들의 자발적 협동의 힘으로 13년 만에 조합원은 17배, 공급액은 37배가 증가하였다.

〈표-9〉 한국 친환경생활재 공동구매생협의 공급액 추이

(단위 : 억 원)

	1998	2001	2003	2005	2007	2009	2011
iCOOP생협	15	83	278	584	942	2,062	3,002
한살림	117	272	495	809	1,090	1,594	2,226
두레생협	21	61	136	204	242	416	740
민우회생협	12	30	57	67	86	154	169
합계	165	446	965	1,665	1,417	4,366	6,137

출처: 각 연합조직 총회 자료집

우리나라의 생협은 친환경유기농식품의 조직화된 거래를 통하여 안전한 식품의 생산과 소비, 적정한 농업과 환경의 보전 등이라고 하는 시대적 과제를 해결하기 위해 노력해왔을 뿐만 아니라 생협조직에서의 안정적인 일자리의 창출이라고 하는 역할도 수행하기 위해 노력하고 있다. 더 나아가 우리의 생협은 지역에서의 다양한 시민사회세력과 더불어 공정무역, 도농교류, 교육문제 해결, 의료 등 다양한 생활문화 서비스의 제공 등을 통하여 지역공동체의 활성화에 기여하고 있다. 생활재공동구매 생활협동조합이외에도 1994년에 처음으로 설립된 안성의료생협을 시작으로 의료생협연대에 소속된 의료생협이 15개가 있으며, 의료생협의 설립을 준비하는 지역이 늘어나고 있다. 또한 1994년 '신촌 우리어린이집'이 설립된 이후 공동육아협동조합도 2010년 기준 71개에 달하는 것으로 조사되고 있다.

노동자협동조합은 노동자의 기업인수, 노동자들의 노동자 생산협동조합의 설립, 빈민지역의 생산협동조합의 설립 등 세 가지 갈래로 전개되었다. 1988년에 마산의 광동택시가 노동조합이 기업을 인수하는 첫 번째 사례로 나타났다. 최근에는 버스노동조합을 중심으로 노동조합의 기업인수 사례가 늘어나고 있다.

2005년 청주의 우진교통, 진주의 삼성교통, 2006년 대구의 달구벌버스가 노동자 자주관리기업으로 전환되었다. 노동자생산협동조합의 설립운동은 1990년대에 봉제와 건설, 청소용역 부문에서 시도되었으나 성공한 사례가 많지 않았다. 빈민지역에서 시도된 자활생산협동조합은 정부의 자활지원사업에 힘입어 주택관련 개보수 서비스나 돌봄서비스, 청소용역 서비스를 전문으로 하는 자활사업단으로 발전하였다.

이러한 여러 갈래의 노동자생산협동조합 추진주체들은 2003년 한국 노동자협동조합연합회를 결성하고 이를 더욱 확대하여 2007년 대안기업연합회를 발족하여 운영되고 있다. 한국대안기업연합회에 소속된 노동자생산협동조합은 2011년 6월 기준 총 140개로 청소서비스분야에 23개, 재활용분야에 14개 집수리분야에 80개, 돌봄서비스분야에 19개, 기타 4개 등 다양하게 발전하고 있다.

의료서비스 공동구매협동조합이나 노동자생산협동조합은 조합원의 편익 증진을 위한 자조 및 협동이라고 하는 전통적인 협동조합의 형태를 지니고 있는 경우와 한계노동자들의 노동통합이나 취약계층에 대한 사회복지서비스 제공이라고 하는 목표로 운영되고 있는 경우 등 두 가지가 포함되어 있는 것이 특징이다. 후자는 정부의 사회적 기업육성지원 정책에 도움을 받고 성장한 측면이 있다.

(3) 한국협동조합의 현 단계 특징과 문제점

한국협동조합은 다음과 같은 특징을 지니고 있는 것으로 요약된다. 첫째, 협동조합이 1차 산업과 금융분야에서 제한된 형태로 발전하였고 2차 및 기타 서비스분야, 노동자생산협동조합, 생산자협동조합, 사회적협동조합 등에서는 거의 발전하지 않거나 매우 취약한 실정이다. 그러므로 한국 협동조합은 분야별로 조직발전단계 상의 차이가 명확히 존재한다.

〈표-10〉 한국 협동조합의 종류별 발전 정도

<table>
<tr><th>협동조합종류</th><th>세 분류</th><th>발전 정도 평가</th></tr>
<tr><td rowspan="2">소비자
협동조합</td><td>생필품 공동구매</td><td>초기성장단계</td></tr>
<tr><td>주택 공동건설 · 구매,
육아 · 의료 · 장례서비스공동구매,
문화 · 스포츠서비스공동구매</td><td>거의 전무 혹은 미미한 단계</td></tr>
<tr><td rowspan="4">생산자
협동조합</td><td>농업인 · 어업인 · 임업인협동조합</td><td>퇴화단계</td></tr>
<tr><td>공인협동조합</td><td>거의 전무한 단계</td></tr>
<tr><td>소상인협동조합</td><td>미미한 단계</td></tr>
<tr><td>운송인협동조합/기타 사업자협동조합</td><td>거의 전무한 단계</td></tr>
<tr><td>노동자생산
협동조합</td><td>제조, 건설, 운수, 의료, 법률, 컨설팅,
디자인, 문화, 예술 등</td><td>거의 전무한 단계</td></tr>
<tr><td rowspan="2">금융
협동조합</td><td>경제적 약자간의 자금의 상호융통과
보험(공제)</td><td>성숙 및 퇴화 단계</td></tr>
<tr><td>협동조합에 대한 투자 및 융자</td><td>거의 전무한 단계</td></tr>
<tr><td rowspan="3">사회적
협동조합</td><td>사회서비스협동조합(노인 · 아동 · 장애인
등에 대한 돌봄 서비스)</td><td>맹아 단계</td></tr>
<tr><td>취약계층 노동통합형 일자리창출
협동조합</td><td>맹아 단계</td></tr>
<tr><td>지역 보전 및 공동개발
(문화 · 예술 · 관광 · 도농교류 등)</td><td>거의 전무한 단계</td></tr>
</table>

출처: 장종익(2013)

한국 협동조합은 개발연대에 금융의 빈곤문제 해결에 주력하면서 발전해온 농협과 금융협동조합이 조합원 수 미 직원 수면에서 큰 규모를 형성하고 있다. 반면에 개발연대 이후에 다양한 생활상의 문제, 고용, 지역의 통합문제 해결을 위한 설립되어온 소비자생활협동조합과 노동자생산협동조합, 사회적 협동조합은 이제 초기 및 성장단계에 있다.

기업의 생명주기설(life-cycle theory)에 입각해 볼 때, 농협과 수협은 약 100여년의 역사를 지니고 있는 노년기에 해당하고 금융협동조합은 50여년의 역사를 지니고 있는 중년기에 해당한다. 반면에 최근에는 설립된 협동조합들은 유아기, 아동기, 청소년기에 해당한다고 말할 수 있다. 그러나 조직의 생명주기는 조직의 새로운 혁신을 통하여 물리적 연령에도 불구하고 활력을 되찾을 수 있다. 이러한 측면에서 새롭게 등장하고 있는 협동조합들이 노년기 및 중년기에 해당하는 협동조합들의 혁신에 긍정적인 역할을 할 수 있을 것으로 기대된다.

둘째, 한국 협동조합들은 이종 협동조합 사이의 협동과 연대의 정신이 매우 미흡한 것이 특징이다. 다양한 종류의 협동조합들이 하나의 총연합회에 소속되어 있는 것이 아니라 정부의 각 부처에 계통조직화 되어 있고, 기능별로 분열되어 있으며, 심지어 같은 종류의 협동조합 사이에도 분열이 지속되고 있다.

이는 개발연대 정부주도형 압축고도성장방식의 유제가 그래도 지속되고 있다는 의미이다. 협동조합이 정부의 각 부처에 계통조직화되어 있게 되면 시대환경의 변화에 따른 조합원의 필요와 열망을 조직화한 협동조합적 사업 개발 유인이 약해지고, 정부를 통하여 현존하는 부와 가치를 재배분하려고 하는 유인이 강해질 수밖에 없다.

셋째, 지역에서도 협동조합 간 협동이 좀처럼 이루어지지 않고 오히려 중복되어 경쟁하는 낭비적 구조가 지속되고 있다. 이러한 분열적 구조하에서는 지역사회의 공동체성 회복과 지속가능한 개발이라고 하는 협동조합에 주어진 시대적 과제를 효과적으로 수행하기 어려울 것이다.

4. 한국 협동조합의 활성화를 위한 과제

위에서 서술한 한국협동조합부문의 어두운 측면은 2011년 12월에 제정된 '협동조합기본법'의 제정으로 과연 해소될 수 있으며, 우리 사회의 당면한 과제의 해결에 긍정적으로 기여하는 방향으로 발전할 수 있을 것인가? 그동안 협동조합부문은 각 부문별로 특별법의 규율을 받아 왔고, 엄격한 규제가 존재하여 자유로운 설립이 용이하지 않았다. 더욱이 노동자생산협동조합 등은 설립의 법적 근거가 존재하지 않았다.

그런데 협동조합기본법이 제정되어 다양한 분야에서 협동조합이 자유롭게 설립될 수 있게 되었다. 협동조합기본법이 실시된 지 7개월 동안 설립된 협동조합 수는 모두 1,461개에 달한다. 이 중에서 소비자협동조합, 생산자협동조합, 노동자(직원)협동조합 등 일반협동조합의 수는 1,411개이고, 사회적 협동조합의 수는 50개이다.

총 3만 4천 467명이 설립동의자로 참여하였으며, 이들이 출자한 금액은 349억원에 달한다. 신규 설립된 협동조합이 종사하려고 하는 분야는 상업, 농업, 제조업, 식품산업, 음식업, 숙박업, 재활용, 태양열에너지생산, 교육, 문화, 사회서비스, 컨설팅 등 매우 다양하다.

〈표-11〉 협동조합기본법에 근거하여 설립된 협동조합의 누계 추이

	2013년 1월	2013년 2월	2013년 3월	2013년 4월	2013년 5월	2013년 6월
일반협동조합	221	437	681	922	1,173	1,411
사회적협동조합	4	7	14	24	37	50
합계	225	444	695	946	1,210	1,461

자료: 기획재정부

한국협동조합은 새로운 시대적 과제에 직면해 있다. 협동조합은 조합원의 필요와 열망을 조직화하여 사업으로 전환시키고, 이러한 사업을 통하여 사회적 영향력을 행사하는 조직이다. 이러한 사업과 활동의 내용이 우리 사회의 시대적 과제를 담을 때 한국 협동조합의 존재가치가 빛날 수 있다.

협동조합 섹터가 우리나라가 직면하고 있는 새로운 시대적 과제 해결에 기여할 수 있기 위해서는 다양한 분야에서 새로운 협동조합들이 설립되고 활성화도리 필요가 있다. 협동조합기본법에 기초한 협동조합 설립의 법적 근거를 마련한 것은 협동조합 화성화의 필요조건의 한 가지를 충족시킨 것일 뿐 충분조건은 아니라고 할 수 있다. 앞에서 살펴본 바와 같이 협동조합은 여러 가지 장점이 있지만 동시에 단점이 도사리고 있기 때문이다.

협동조합의 단점은 크게 네 가지로 정리된다. 첫째, 집단적 의사결정비용이 높은 편이다. 협동조합은 이용자가 소유자이기 때문에 이용자가 조합의 사업 방향과 전략 등에 관한 의사결정에 참여하게 되고 1인 1표에 의한 의사결정방식으로 인하여 집단적 의사결정비용이 높아질 수 있다. 이러한 집단적 의사결정비용은 특히 노동자생산협동조합이나 생산자협동조합에서 두드러지게 나타난다.

둘째, 무임승차자문제이다. 협동조합이 시장에서 살아남기 위해서는 규모의 경제를 실현해야 함에 따라 조합원의 수가 늘어나면서 무임승차자 문제는 더 커질 수 있다.

셋째, 자본투자 기피경향이다. 협동조합은 그 소유구조의 특성상 외부에서 자본을 조달하기 용이하지 않게 되는데, 경제적 약자인 조합원들이 협동조합기업이 위험에 처할 경우에 일자리도 잃고 투자금도 잃게 되는 이중의 위험이 발생할 수 있어 노동자협동조합이나 생산자협동조합의 경우 조합에의 자본투자를 기피하는 경향이 있다.

넷째 조합의 규모가 커짐에 따라 발생하는 경영자 통제비용의 상승 경향이다. 협동조합은 경영 목적의 특성 및 주식시장의 부재로 인하여 경영성과를 측정하기가 어렵기 때문에 경영자의 혁신 노력이 부족하고 효율성이 낮아질 수 있다.

협동조합의 발전 정도가 나라마다 또는 협동조합 종류별로 차이가 있는 것은 이러한 단점에 대처하는 각 나라 혹은 지역의 제도적 · 전략적 차이가 있기 때문이다. 이러한 점에서 협동조합 발전 전략이 필요하고 제도적 · 정책적 지원 중 생태계의 구축이 필요하다. 이를 차례로 살펴보자.

(1) 부문 및 지역을 기반으로 한 협동조합 연대체제의 구축

협동조합의 단점 중 집단적 의사결정비용 및 자본투자기피 경향을 해소하기 위해서는 동종 및 이종 협동조합이 사업적으로 협력하고 연합회를 결성할 필요가 있다. 이탈리아에서 다양한 협동조합이 크게 성장할 수 있었던 것은 지역 및 전국 연합회의 다양한 지원활동이 큰 요인이라고 할 수 있다.

향후에 이러한 동종 부문에서 협동조합연합회가 설립되어 컨설팅, 중재기능 등 다양한 서비스를 회원조합에게 제공하여 개별 협동조합의 경영위험을 줄이지 않으면 개별 협동조합의 생존율은 낮아질 수밖에 없을 것이다. 스페인 몬드라곤이나 이탈리아의 레가코프는 동종 및 이종협동조합간의 강력한 연합회를 결성하고 지원시스템을 갖춘 대표적인 사례라고 할 수 있다.

또한 지역을 기반으로 하여 다양한 협동조합들이 설립되고 이러한 협동조합들이 서로 협동하여 동조합의 사회적 역할을 수행하고 지역의 문제에 공동으로 대처하는 전통을 확립할 필요가 있다. 역사적인 ICA 레이들로의 보고서(1980)는 새 시대에 가장 환영받을 협동조합은 경제적으로 효율적일 뿐만 아니라 사회적으로도 영향력 있는 협동조합일 것이고 특히 지역사회단계에서 다목적 종합협동조합에 중점을 두면서, 여러 규모의 다양한 협동조합이 요구될 것이라고 전망하였다.

그는 한 종류의 협동조합에게 사회의 개혁과 개선을 기대하기는 역부족이라고 보고 협동조합 지역사회의 건설이 필요하다고 주장하였다. 주택, 저축과 신용, 의료, 식품과 기타 일용품, 노인 보호, 탁아와 유치원 등의 서비스를 각종 협동조합이 제공하고, 보험, 금융, 신탁은 전국협동조합조직의 지점이 제공하며, 가정용품의 수리, 제과점, 이발소, 미용실, 구두수선, 세탁소, 자동차 수리 등의 업종으로 각종 노동자협동조합이 설립되는 것이다.

더 나아가 취미나 공예센터, 화랑, 음악당 등의 문화활동공간을 경제활동의 공간과 최대한 일치시켜 배치함으로써 자동차에 대한 의존도를 감소시키고, 주민간의 교류를 촉진하며, 취약계층에 대한 지원도 동시에 가능하도록 함으로써 도시 안에 마을을 건설한다는 것이다. 이러한 협동조합지역사회의 건설 이상은 스페인의 몬드라곤, 이탈리아의 볼로냐, 캐나다 퀘벡, 그리고 성남, 마포 성미산마을 등에서 시도되고 있다.

이러한 지역공동체가 활성화되는 지역이 생겨나면 교육환경, 쾌적함, 교통의 편리성 등의 기준이외에 사회적 자본(신뢰, 친근감, 안정감)을 기준으로 살고 싶은 마을과 지역이 생겨날 수 있고, 이러한 지역주민의 신뢰증가는 예를 들면 카풀(car pool)의 촉진 등으로 에너지문제 등 각종 문제에 보다 용이하게 대처할 수 있게 된다.

이러한 지역사회의 공동체성 제고와 지속가능한 발전을 위하여 다양한 종류의 협동조합, 사회적 기업, 기타 시민조직 등이 사회적 경제연대조직을 결성하여 지방자치단체 및 주민들과 협력하여 새로운 협동조합 및 사회적 기업의 설립을 지원할 체제의 구축이 필요하다.

이러한 점에서 최근에 서울시를 중심으로 하여 광역자치단체 및 기초자치단체차원에서 사회적경제네트워크 혹은 협의회 등의 설립이 확산되고 있고, 이러한 민간영역과 자치단체 간에 파트너십이 형성되고 잇는데 이는 매우 고무적인 현상이다. 이러한 연대조직에 농협, 신협, 새마을금고도 참여하게 될 때, 연대역량과 효과는 커지고 이러한 전통적 협동조합도 활력을 되찾을 수 있을 것으로 판단된다.

(2) 협동조합 지원금융체제의 구축과 기존 금융협동조합의 혁신

협동조합은 주식회사와 다른 사업운영 및 경영방식을 채택하고 있다. 그러므로 협동조합에 특화된 지원금융체제의 구축은 협동조합의 발전에 필수불가결한 요소이다. 미국의 세계적인 협동조합으로 알려지고 있는 선키스트(Sunkist)는 1933년에 설립된 협동조합은행인 코뱅크(CoBank)의 금융적 지원을 받아왔으며, 네덜란드의 세계적인 원예협동조합인 그리너리(Greenery)는 세계적인 협동조합은행인 라보뱅크(Rabobank)의 금융적 지원을 받고 있다.

또한 미국에서는 소비자협동조합에 대한 금융적 지원을 전문적으로 수행할 전국소비자협동조합은행(National Consumer Cooperative Bank)이 1978년에 설립되었다. 몬드라곤 협동조합복합체가 발전하는데 핵심적인 역할을 수행한 것은 노동인민금고였다. 노동인민금고가 존재하지 않았다면 오늘날의 몬드라곤협동조합은 상상하기 힘들 것이다.

유럽의 다른 나라에 비하여 협동조합은행이 덜 발달된 이탈리아에서는 다양한 협동조합 지원

금융체제를 구축해왔다. 레가협동조합연맹은 1977년부터 투자, 대출, 협동조합의 신용과 채무의 청산기능 담당하는 금융기관(Fincooper)을 운영해왔다.

협동조합-금융-기업(Cfi)은 1986년에 설립되어 마르코라기금(Marfora fund)를 운영하고 있는데, 주로 파산한 주식회사를 종업원소유기업으로 전환하기 위한 금융지원을 담당하고 있다. 1992년 모든 기존 협동조합이 순이익금의 3%를 협동조합연대기금에 출연하도록 법적으로 의무화함에 따라 이탈리아 세 개의 협동조합총연합회가 이를 운영하여 새로운 협동조합의 설립을 지원하고 있다.

이러한 사례들은 협동조합에 대한 수요를 충족시킬만한 공급이 이루어지기 위해서는 협동조합 지원금융체제가 필수적이라는 점을 시사한다. 협동조합지원금융기관은 협동조합의 설립 촉진을 위한 인큐베이팅 기능, 성장자본에 대한 투융자기능, 경영컨설팅기능, 경영위기 시 구제금융의 제공기능 등으로 나누어 볼 수 있다. 우리나라에서 이러한 협동조합지원금융체제의 구축 방안의 경로는 두 가지인 것으로 보인다.

첫째, 기존 농협, 신협, 새마을금고를 통합하여 협동조합은행으로서의 정체성을 확보하는 것이다. 농협중앙회는 은행금융을 전문으로 하기 때문에 별도의 주식회사로 독립시키고, 농협의 상호금융, 신협, 새마을금고의 연합회 부분을 통합하여 협동조합중앙은행의 위상을 정립하고 독립된 농협중앙회 은행금융과 제휴관계를 형성하는 것이다.

이러한 협동조합은행은 광역 및 기초자치단체 단위로 농협, 신협, 새마을금고의 협동조합 지원금융체제 구축의 네트워크 기능을 수행하는 것이다. 이러한 협동조합금융기관에서 지역공동체활성화기금이나 사회투자기금을 설립할 수 있을 것이다. 이러한 방안이 용이하지 않다면 별도의 협동조합지원금융기관의 설립을 허용할 필요가 있다. 영국이나 이탈리아에서 설립되고 있는 윤리은행(ethical bank)의 사례를 참조할 수 있다.

이러한 점에서 국회 차원에서 5개 부처로 분산되어 감독되고 있는 협동조합금융기관의 정비 및 혁신소위원회를 구성하여 종합적인 방안을 마련할 필요가 있다. 또한 일반금융기관이나 신용보증기관에서 협동조합에 적합한 신용평가 및 보증매뉴얼을 마련하여 협동조합이 불이익을 받지 않도록 인프라를 구축할 필요가 있다.

(3) 협동조합관련 제도 및 정책의 개선방향

마지막으로 협동조합의 단점을 보완하여 협동조합의 발전에 기여할 수 있는 적절한 제도적 유인이 필요하다. 우선 서둘러 제정되다보니 미흡한 협동조합기본법의 개정을 준비할 필요가 있다.

첫째, 협동조합의 정의 및 종류에 관한 법적인 규정이 명확하게 이루어질 필요가 있다. 협동조합은 주식회사와 비교해볼 때 상호성(mutuality) 또는 이용자=소유자 일치성 측면에서 차이가 있고, 사회적 협동조합은 비영리성(수익청구금지조항)이나 다중이해관계자 조합이라는 점에서 전통적인 협동조합과 차이가 있기 때문에 이를 법에 명확히 규정해둘 필요가 있다.

이러한 규정은 비조합원의 사업이용에 관한 규제, 협동조합에 대한 세제 혜택, 임직원 겸직금지 조항 등과 밀접히 연결되어 있기 때문에 서둘러 정비될 필요가 있다. 아울러 주식회사의 협동조합으로의 전환, 일반협동조합의 사회적 협동조합으로의 전환 등의 절차 및 조건에 대한 규정도 마련될 필요가 있다. 또한 협동조합의 불분할자본금에 대한 규정도 마련될 필요가 있다.

둘째, 협동조합기본법에서는 금융업과 보험업에 관해서는 협동조합 설립을 금지하고 있다. 그런데 취약계층의 자활조직인 자활공동체 회원들이 이미 70여개이상의 공제조합을 결성하여 정기적금과 1-3%의 저리 소액대출업무를 성공적으로 추진하고 있다는 현실을 법적으로 뒷받침할 수 있는 노력이 시급히 이루어질 필요가 있다. 이러한 점에서 보험업법 상의 보험업과 각종 특별법, 예를 들면 사회복지사법 상 공제사업이나 사학연금법상의 공제 및 대출사업 등을 구분하여 후자의 범주에서 공제사업을 허용하는 방안 등을 검토할 필요가 있다.

셋째, 협동조합의 지속적인 성장을 도모할 수 있는 자금조달 관련 제도를 시급히 검토할 필요가 있다. 협동조합 기본법에는 협동조합의 자본조달 상의 단점을 보완할 수 있는 조항은 전무하다고 할 수 있다. 이탈리아와 프랑스 협동조합법에서 허용되고 있는 투자조합원제도, 협동조합 및 연합회가 채권을 발행할 수 있는 법적인 근거조항, 연합회가 자회사 및 금융관련 자회사를 설립할 수 있는 근거조항 등이 미비한 상태이다. 협동조합의 성장 자본조달 및 지원금융체제를 위한 종합적인 대책이 마련될 필요가 있다.

넷째, 협동조합간 협동 및 연대성을 강화하고 위장형 협동조합 선별을 위한 제도적 보완책을 마련할 필요가 있다. 이탈리아 및 프랑스의 노동자 생산협동조합부문에서 조합의 연합회 가입 및 회비납부를 의무화하여 연합회가 회원조합에 대한 컨설팅기능을 수행하고, 연합회가 위장형 협동조합을 가려내는 중요한 역할을 수행하도록 하는 사례를 검토하여 우리나라의 실정에 맞게 도입할 필요가 있다.

또한 협동조합 간 협동을 촉진하고 새로운 협동조합의 설립을 촉진하는 협동조합연대기금 설치와 세제혜택과의 연계, 협동조합에 대한 교육 촉진 및 이에 대한 공공기관의 지원 등이 협동조합의 설립과정에서 나타날 수 있는 죄수의 딜레마 문제를 해결하는데 큰 도움이 될 수 있다.

오늘날 협동조합부문은 정보의 비대칭성문제, 지역사회의 활력 유지, 환경, 전 세계적 차원의 공정거래, 지구적 차원의 빈곤퇴치 등의 문제에 대처함과 동시에 경제적으로도 효율적인 기업으로 생존하기 위한 조직혁신의 과제를 안고 있다. 우리나라의 경우에도 개발연대의 협동조합의 역할과 운영방식에서 탈피하여 사회혁신과 사회통합을 통하여 삶의 질을 향상하고 국민들의 위험을 낮추는 방향으로 기여하기 위한 혁신이 이루어질 필요가 있다.

협동조합기본법은 우리나라 협동조합의 혁신과 발전을 도모할 수 있는 중요한 계기라고 할 수 있다. 협동조합부문이 세계화와 기술혁명의 진전에 개별 협동조합 차원에서 대응하기에는 한계가 분명하고, 환경의 변화에 따라 협동조합의 조직형태상의 혁신이 필요할 뿐만 아니라 실제로 가능하다는 점을 알 수 있다. 협동조합 지역사회의 대표적인 사례들이 주는 시사점은 기존 협동조합이 새로운 형태의 협동조합의 설립을 개발하고 지원하는 노력 자체가 기존 협동조합의 정체성을 강화하고 이해관계자로부터의 신뢰도를 높이는데 기여하게 된다는 것이다.

또한 자본주의시장환경이 변화함에 따라 시장 및 정부의 불완전성 혹은 비효율성의 영역과 특징은 다르게 나타나는데 이에 대한 대응에 있어서 기존 협동조합방식이 적합하지 않다는 점을 기존 협동조합의 주체들이 파악하고 새로운 종류 미 새로운 조직형태의 협동조합을 개발하고 설립을 지원할 의지가 있을 때 협동조합 지역사회의 문은 열리게 될 수 있다.

이러한 점에서 협동조합의 가치와 원칙을 규범적으로 강조하기 보다는 우리들 앞에 직면하고 있는 사회 · 경제적 과제를 해결하는데 적합한 '일의 조직화방식' 상의 혁신을 도모하는 창의성이 협동조합 진영, 더 나아가 사회적 경제부문 진영에서 요구되고 있다.

<금융경제 카페>

창조경제 생태계와 기업가 정신

21세기의 지식중심사회에서 새로운 금맥은 새로운 아이디어와 혁신이다. 마이크로소프트사의 빌게이츠, 애플사의 스티브잡스 등은 혁신적인 신제품개발로 당대에 세계 최고의 부자가 되었다. 열악한 자연조건하에서도 창조경제 생태계가 발달한 이스라엘과 핀란드는 세계 최고수준의 경쟁력을 자랑하고 있다.

한국경제의 질적 도약을 위한 박근혜정부의 핵심전략(GHnomics)은 창조경제다. 창조경제를 이끌어갈 미래창조과학부를 신설했고, 선도 · 창의형 경제로 한국경제의 체질을 변화시켜 지속성장과 양질의 일자리 창출을 도모한다는 것이다.

창조경제(Creative economy)는 사용자에 따라 의미와 강조점이 차이가 있는 다소 추상적인 개념이다. 경제발전과정에서 기술혁신과 창조를 강조한 학자는 슘페터이다. 슘페터는 낡은 것을 파괴하고 새로운 것을 창조하는 창조적 파괴와 혁신이 자본주의 경제발전의 원동력이라고 보았다.

영국 경제학자 존 호킨스는 2001년 출판한 〈창조경제〉에서 창조경제의 가장 중요한 동력은 자본이 아니라 창조적 아이디어와 지식재산이라고 주장하였다. 유엔무역개발협의회(UNCTAD)는 2010년 〈창조경제보고서〉에서 '창조경제는 경제발전과 성장을 유도하는 창조자산을 근거로 하며, 기술과 지적재산, 관광산업 등과 상호작용하는 경제적 · 문화적 측면을 포괄한다'고 보았다.

스티그리츠는 미국경제위기의 원인은 실물경제 위기이며, 기술과 교육투자확대를 통해 소비자가치를 창조하는 창조경제로의 전환이 중요하다고 주장했다. 창조경제는 새로운 아이디어와 창의성, 융합지식, 첨단 과학기술에 기반하여 새로운 성장동력과 시장, 일자리를 창출하는 것이다.

창조경제로의 성공적인 패러다임 전환을 위해서는 창의지향적인 교육시스템의 개혁, 도전정신과 기업가 정신의 함양, 창의적 사고를 통해 부(富)를 창출하고 혁신과 창업하기 좋은 창조경제 생태계를 구축하는 것이 중요하다.

첫째 암기와 입시위주의 교육시스템을 창의와 융합적 인재를 양성하도록 개혁해야 한다. 창조경제가 발달된 이스라엘, 핀란드, 스웨덴 등은 창업관련교육이 활발하다. 스웨덴에서는 초등학생부터 창의적 교육에 힘쓰며, 대학의 예술관련 학과에서도 창업과 기업경영관련 교육을 실시한다.

우리나라 학부모들은 아이들이 '학교에서 몇 점을 맞았는지'를 묻지만, 이스라엘 부모들은 '학교에서 무엇을 질문했는가'를 묻는다고 한다. 교사들은 "왜(Why?), 다른 학생과 다른 너의 생각은?" 등의 질문과 토론을 통해 학생들의 창의성과 사고력을 키워준다.

도서관의 좌석배치도 토론식으로 정렬되어있어 동료들이나 선후배들 간의 질문과 토론으로 창의적 사고를 배양한다. 끊임없는 질문과 토론으로 배양된 창의성과 정부의 체계적인 지원으로 이스라엘은 세계 최고의 창업경제로 발전하고 있다.

충청도 크기의 면적에 인구 750만명의 작은 나라에서 노벨상 수상자를 4명이나 배출할 정도로 탄탄한 기술력을 자랑한다. 미국 나스닥에 54개 기업이 상장되어 있으며, IBM, MS, GE, 오라클, 애플 등 290개의 다국적 기업이 이스라엘에 R&D센터를 두고 있다.

유태인들의 창의성중시 교육은 글로벌경제에서 더욱 빛을 발하고 있다. 세계인구의 0.2%(약 1300만)에 불과하지만 역대 노벨상 수상자의 22.3%, 미국 아이비리그 대학교수의 30%를 차지하고 있다. 미국과 유럽의 주요 금융회사, 언론기관, 석유 및 곡물회사, 급성장한 IT회사 등에서 핵심적인 역할을 담당하고 있다.

둘째 기업가정신을 살리고 창업의 성공률을 높일 수 있는 창업경제 생태계를 조성해야 한다. 기업가 정신의 함양은 모든 분야에서 교육의 핵심이 되어야 한다. 지난해 신설법인 수는 약 7만 5천개지만, 대부분이 생계형 서비스업이고 기술창업으로 볼 수 있는 제조업비중은 23.9%에 불과하였다.

창업기업들이 시장진입의 성패를 결정하는 죽음의 계곡(death valley)을 지나 10년간 생존한 비율은 25%에 불과하다. OECD가 발표한 나라별 기업가정신 조사에서 '창업을 좋은 기회로 본다'는 비율은 스웨덴 71%, 핀란드 61%였으나 한국은 11%에 불과하였다. 한국은행의 기업가정신 지수는 2000년의 49.6에서 최근에는 음(-)으로 급락하고 있다.

창업기업들의 생존율을 높이고, 창업에 실패해도 재도전할 수 있는 생태계를 구축하는 것이 중요하다. 자연생태계의 통섭과 공생원리를 이용해 융합과 퓨전기술, 감성이 접목된 신상품개발을 촉진하고, 창조적 공존이 가능한 생태계를 구축해야 한다.

셋째 과학기술자와 창업 기업가를 우대하는 사회분위기 조성과 지원시스템 개혁이 시급하다. 우수한 인재들이 의대나 로스쿨로 모이는 것은 의사나 법조인들의 기대수익이 높기 때문이다. 새로운 아이디어와 혁신을 주도할 과학기술인들에 대한 처우를 획기적으로 개선하고, 마음 놓고 연구와 혁신에 전념하도록 연구인프라 투자확대를 통한 연구환경 개선이 시급하다.

창조경제 생태계를 성공적으로 구축하기 위해서는 정부운영 시스템부터 창조적으로 변모해야 한다. 역대 정부에서 그랬듯이, 구호만 요란하고 정부의 모든 시책에 창조라는 용어를 넣는 것에 그쳐서는 곤란하다. 공공조직이 더 많은 혁신을 선도하도록 인센티브를 제공해야 한다.

아울러 창조적 파괴와 혁신을 선도하는 기업가들이 존중받고 신명나게 일할 수 있는 분위기 조성이 중요하다. 분야별 · 지역별 열린 플랫폼을 만들어 새로운 지식과 아이디어의 소통과 통섭이 활발하도록 하고, 산학연관간의 유기적인 협력을 강화해야 한다. 창조경제 패러다임의 성공적인 전환을 통해 혁신 선진사회로 도약을 기대해 본다〈대전상공2013〉

1) KDI(1995), [한국경제 반세기: 역사적 평가와 21세기 비젼]

2) 이 절의 내용은 Seri(2006) 등을 참조.

〈참 고 문 헌〉

갈브레이드, 롤러3세(박수규역)(1994), [21세기 기업], 한국경제신문사

김현기외(2008), [2018, 인구변화가 대한민국을 바꾼다], 한스미디어.

김홍범(2007), "금융규제감독의 경과와 개선 과제", 한국금융학회 정책심포지엄 발표논문.

루비니(허익준역)(2010), [위기 경제학], 청람출판사.

류덕위(2008), "외환위기 이후 금융구조정과 신용협동조합 발전방안", 「2008년 춘계학술대회 발표논문」

______(2009), "대전충남의 지역금융 문제점과 발전방안", 「한국협동조합연구」, Vol.27, No.1.

______(2011), "금융양극화와 신용협동조합의 역할 제고", [신협연구], 제57호.

마티아스 호르크스(박희라역)(2009), [미래에 집중하라].

미셸초스프스키(이대훈역)(1998), [빈곤의 세계화], 당대.

미첼 월드롭(김기식, 박형규역), [카오스에서 인공생명으로], 범양사출판부.

박영숙, 제롬글렌(2009), [유엔미래보고서2: 2020년 위기와 기회의 미래]

박종현외(2007.7), [금융양극화의 심화와 새로운 금융모델의 제언], 금융경제연구소.

부즈·앨런 & 해밀턴(1997), [한국보고서: 21세기를 향한 한국경제의 재도약].

사울싱어외(윤종록역)(2010), [창업국가].

송병락(1997), [한국경제론], 박영사.

_______(2010), [한국경제의 길], 박영사.

신상기, "경제위기 이후 10년의 국제경제여건변화와 우리나라 금융변화에 대한 의미", [2007년 추계학술대회 발표논문집], 한국경제발전학회, 2007.

신장섭, [금융전쟁: 한국경제의 기회와 위협], 청람출판사.

이제민(2007), "한국의 외환위기: 원인, 해결과정과 결과", [경제발전연구], 제13권, 제2호.

이찬근(1999), [뉴금융라운드], 모색.

이천우(2013), [현대 한국경제의 이해], 두남.

쑹홍빈(차혜정역)(2008), [화폐전쟁], 랜덤하우스 코리아.

장종익(2013), “한국협동조합의 역할과 과제”, [2013년 한국사회경제학회 여름 학술대회 발표 논문집], 한국사회경제학회.
장하준, [그들이 말하지 않은 23가지], 2010, 부키.
전철환(1986), [한국경제론], 창작사.
조복현(2005), “외환위기 이후 금융개혁의 경제적 효과”, [사회경제평론], 제24호, 한국사회경제학회.
_____(2005.9), “서민에 대한 금융배제 증대실태와 대응책”, [서민금융/지방금융 어떻게 살릴 것인가?], 서민금융/지방금융 정책토론회.
진재훈外(1996), [기술화와 자방화의 연계방안에 관한 영구], 과학기술정책관리연구소
챈슬러(강남규역), [금융투기의 역사], 2005, 국일출판사.
퍼거슨(김선영역), [금융의 지배], 2010, 민음사.
함준호(2007), “외환위기 10년: 금융시스템의 변화와 평가”, [경제학연구], 제55집 4호.
과학기술부, 「과학기술연감」, 각년도.
국가과학기술위원회(2013), [2012 과학기술통계백서]
금융감독원(2005), [주요국의 서민금융기관 운영 현황].
__________(2016), [금융감독 월보]
__________(2016), [금융감독 연차보고서]
기획재정부(2016), [경제백서 2015}
삼성경제연구소(1997), [IMF와 한국경제].
______________(2000), [디지털의 충격과 한국경제의 선택]
______________(2010), [저출산 극복을 위한 긴급제언]
재정경제부, [공적자금 통계자료], 2008.1.
전국경제인연합회(2011), [미리 가본 대한민국].
중앙일보 미래탐사팀(2012), [10년후 세상].
한국경제학회(2016), [한국경제포럼]
한국금융연구원(2007), [대부업 제도개선 및 금융소외계층 지원방안].
한국은행(2011), [한국의 금융제도].

________(2012), [한국의 통화정책].

-------(2016), [경제통계연보]

현대경제연구소(2010), 「국내빈곤층의 구조적 특징과 과제」

Banarjee,A.V., T.Besley & T.W.Guinnane, "The neighbor's keeper: the design of a credit cooperative with theory and test", *Quarterly Journal of Economics,* 1994.

Chen,S.(1997), "A New Paradigm for Knowledge-based Competition: Building an Industry Through Knowledge Sharing", *Technology Analysis & Strategic Management, Vol.9*

Cooper,C.(1994), *Technology and Innovation in the International Economy*, Edward Elgar.

hopra, Ajaji, Kenneth Kang, Meral Karasulu, Liang Hong, Henry Ma and Anthony Richards, "From Crisis to Recovery in Korea: Strategy, Achivements and Lessons", a Paper presented at the Conference on Korean Crisis and Recovery co-organized by IMF and KIEP, May, 2001.

Chung, Duck-Koo and Barry Eichengreen, *The Korean Economy Beyond the Crisis*, Edward Elgar, 2004.

Corsetti, Giancarol, Paolo Pesenti & Nouriel Roubini, "What Caused the Asian Currency and Financial Crisis?", *Japan and World Economy*, Vol.11, No.3, 1999.

Drucker,P.F.(1993), Post-Capitalist Society, Harper-Collins.

Elam,M.(1993), "Markets, Morals and Powers of Innovation", *Economy and Society*, Vol.22.

Feinberg,R., "Explaining the Credit Union Branch Entry Decision and Implications for Performance", Filene Research Institute, 2007.

Feldstein,M.,"Refocusing the IMF", *Foreign Affaires*, Mar/Apr 77.

Fisher,S., "In Defence of the IMF", *Foreign Affaires*, July/Aug 77, 1998.

Fried,H.O., C.A.K.Lovell & S.Yaisawarng, "The impact of mergers on credit union service provision", *t union serBanking and Finance* 23, 1999.

Furman,J. & J.E.Stiglitz, "Economic Crisis: Evidence and Insights from East Asia", *Brookings Papers on Economic Activity*, Vol.2, 1998.

Hobday,M.(1995), *Innovation in East Asia*, Edward Elgar

Hahm, Joon-Ho & Frederic S. Mishkin, "Causes of the Financial Crisis: Lessons for Policy", *NBER Working Paper*, No.7483, 2000.

Jordan,J.(1997), "Competing Through Knowledge", *Technology Analysis & Strategic Management, Vol. 9.*

Kennedy,P.(1993), *Preparing for the Twenty-First Centry*, Random House

Kruger,P., "The Myth of Asian Miracle", *Foreign Affairs*, Nov/Dec, 1994.

Kwasnicki,W.(1996), *Knowledge, Innovation and Economy*, Edward Elgar.

Lazonicl,W. & M.O'Sullivan, "Maximizing Shareholder Value: A New Ideology for Corporate Governance", *Economy & Society*, Vol.29, 2000.

Malecki,E.J., *Technology and Economic Development*, Longman, 1991.

Martin,I., D.Hulme & S.Rutherford, "Finance for the Poor: Microcredit to Microfinancial Services", *Journal of International Development*, 14, 2002.

Navratil,F.J., "An Aggregate Model of the Credit Union Industry", *Journal of Finance*, 1981.

Naisbitt,J., *Megatrends Asia*, Simon & Schuster, 1996

Radelet, S. & J. Sachs, "The East Asian Financial Crisis: Diagnosis, Remedies, Prospects", *Brookings Papers on Economic Activity,* No.1, 1998.

Ralston,D., A.Wright & K.Garden, "Can mergers ensure the survival of credit unions in the third millenium?", *Journal of Banking and Finance* 47, 2001.

Steil,B. & R.Lithan, *Financial Statecraft*, Yale Uni. Press, 2006.

Stiglitz,J., "Peer monitoring in Credit markets", *World Bank Economic Review*, IV, 1990.

Stiglitz,J.E., [인간의 얼굴을 한 세계화], 홍민경역, 21세기북스, 2008.

Stockhammer,E., "Financialization, Corporate Governance and Effectve Demand: Financialization and the Slowdown of Accumulation", Vienna Uni. of Economics, 2001.

Porter,M.E., *Competitive Strategy*, The Free Press, 1990

Thurow,L.C., *The Future of Capitalism*, William Morrow & Co, 1996

_____________, *Building Wealth*, L.C.Thurow C/O Leighco Inc, 1999.

UNDP(2013), *Human Development Report 2013.*

World Bank(2016), *World Development Indicators 2016.*

---

1) 4차 산업혁명에 대한 자세한 논의는 K.Schwab(송경진역,2016), [제 4차 산업혁명], 새로운 현재, 요시카 료조 외(2016), [제 4차 산업혁명], 한일IT경영협회, 장윤종(2016), "4차 산업혁명과 한국산업의 과제", [KIET산업경제], 6월호 등 참조

2) KDB(2016.10), *Weekly KDB Report*

3) 전 영수(2015), [인구 충격의 미래 한국], 프롬북스

4) I.Adelman & S.Robinson, "Income Distribution and Development", in H.Chenery and T.N.Srinivasan(ed)(1989), Handbook of Development Economics, G.M.Meier & J.E.stiglitz(ed)(2002), Frontiers of Development Economics, Oxford.

5) D.A.Aaker & G.S.Day(1978), Consumerism: Search for the Consumer Interest, The Free Press. Baily,M.N., G.Burtless & R.E.Litan(1993), Growth With Equity, The BrBrBGrgs Institss. B.Dsst, A.K. & K.P.Jameter(1992), NewFrerecs. Bs in Development Economics, Edward Elgar.

저자약력

류덕위 : 한밭대학교 경제학과 교수

한국경제론

2019년 2월 25일 초판 인쇄
2019년 2월 28일 초판 발행

지 은 이 류덕위
발 행 인 배영환
발 행 처 도서출판 현우사
등록번호 제10-929호
주 소 서울시 영등포구 영중로 138-1(영등포동 8가 80-2) 드림프라자 B 901호
Tel 02) 2637-4806, 4863 Fax 02) 2637-4807
홈페이지 www.hyunwoosa.co.kr
E-mail okpress1208@naver.com
정 가 23,000 원
I S B N 978-89-8081-534-0 93320